Ivan Turgenevs Ökonomien

Basler Studien zur Kulturgeschichte Osteuropas

Band 6

Herausgegeben von
Andreas Guski und Heiko Haumann

UNI
BASEL

Anton Seljak

Ivan Turgenevs Ökonomien

Eine Schriftstellerexistenz zwischen Aristokratie, Künstlertum und Kommerz

PVER
VALA
ERNG
LAGO

Zürich

Bibliographische Information der Deutschen Bibliothek
Die Deutsche Bibliothek verzeichnet diese Publikation in
Der Deutschen Nationalbibliographie;
detaillierte bibliographische Daten sind im Internet über http://dnb.ddb.de abrufbar.
ISBN 3-907576-65-9

www.pano.ch

Druck: Erland, Banská Bystrica

Meinen Eltern gewidmet

Die innere Polarität im Wesen des Geldes: das absolute *Mittel* zu sein und eben dadurch psychologisch für die meisten Menschen zum absoluten *Zweck* zu werden, macht es in eigentümlicher Weise zu einem Sinnbild, in dem die grossen Regulative des praktischen Lebens gleichsam erstarrt sind.

Georg Simmel, *Philosophie des Geldes*

Inhalt

Vorbemerkung

Die vorliegende Arbeit knüpft thematisch und methodologisch an das Nationalfonds-Projekt „Literatur und Kommerz. Schriftstellerberuf und Geldsymbolik im russischen Realismus 1840-1880“ an, das zwischen 1999 und 2002 am Slavischen Seminar der Universität Basel unter der Leitung von Prof. Dr. Andreas Guski durchgeführt wurde und die Entwicklung des professionellen Schriftstellertums im Russland des 19. Jahrhunderts sowie die literarische Konstruktion ökonomischer Motive bei Dostoevskij, Turgenev, Gončarov und Aleksandr Ostrovskij untersuchte.

Mein besonderer Dank gilt Prof. Dr. Andreas Guski und Prof. Dr. Ulrich Schmid, die mir in allen Phasen der Arbeit mit Kritik und Anregung zur Seite gestanden und mich geduldig durch alle Höhen und Tiefen des Vorhabens begleitet haben. Für fruchtbare Diskussionen und Ratschläge danke ich Natal'ja Nikolaevna Mostovskaja, Alexandre Zviguilsky, Nicholas Žekulin, Patrick Waddington, Margarita Borisovna Kaprelova, Tamara Alekseevna Semenova, Ljudmila Borisovna Aleksandrova, Sabine Dönninghaus, Annette Luisier, Andrea Zink, Heinrich Riggenbach und Ilja Karenovics. Für das Korrekturlesen der Druckfahne bin ich Sabine Dönninghaus verbunden.

Den Mitarbeiterinnen und Mitarbeitern des Slavischen Seminars der Universität Basel, der Universitätsbibliothek Basel, der *Rossijskaja nacional'naja biblioteka* in St. Petersburg (RNB), des *Rossijskij gosudarstvennyj istoričeskij archiv* in St. Petersburg (RGIA), des *Puškinskij Dom* in St. Petersburg (IRLI), der *Biblioteka Rossijskoj Akademii nauk* in St. Petersburg (BAN), des *Rossijskij gosudarstvennyj archiv literatury i iskusstva* in Moskau (RGALI) und der *Bibliothèque nationale de France* in Paris (BNF), die meinen Anliegen mit Interesse und Wohlwollen entsprachen, bin ich für ihre unermüdliche und unbürokratische Unterstützung bei der Beschaffung der Literatur und Archivmaterialien verpflichtet.

Namhafte finanzielle Zuwendungen seitens des Schweizerischen Nationalfonds, der Freiwilligen Akademischen Gesellschaft Basel, der Max Geldner-Stiftung Basel, der Jubiläumsstiftung der Basellandschaftlichen Kantonalbank und des Stipendienamts des Kantons Baselland haben das Dissertationsprojekt überhaupt erst ermöglicht. Meine Archivreisen nach St. Petersburg und Paris finanzierten der Schweizerische Nationalfonds und der Reisefonds der Universität Basel, während die Max Geldner-Stiftung, der Rektoratsfonds für Druckkostenzuschüsse an der Universität Basel sowie der Werenfels-Fonds die Drucklegung der Arbeit grosszügig unterstützt haben.

Anton Seljak, Juli 2004

1. Einleitung

1.1. Thema

Гордись, толпа! Ликуй, толпа моя!
Лишь для тебя так ярко блещет небо...
Но всё ж я рад, что независим я,
Что не служу тебе я ради хлеба...

Tolpa (1844; PSS, I, 25)[1]

Je vois bien qu'il y aura fort à faire pour remettre la barque à flot – mon oncle l'a laissé terriblement ensablée... les deux premières années je serai obligé de tirer la Muse par l'oreille – puisque la littérature donne encore.

Turgenev in einem Brief vom 22. März (3. April) 1867 an Pauline Viardot (PSP [2-e izd.], VII, 148)[2]

Für die Beziehung zwischen Künstler und Geld lässt sich eine sonderbare Ambivalenz beobachten, ein Zugleich von Hass und Begehren, von öffentlich wie auch privat manifestierter Verachtung oder zumindest skeptischer Perzeption einerseits und einem Bedürfnis, ja einer Sehnsucht nach Geld andererseits, die in eine pragmatische Orientierung des professionellen Künstlers am Marktabsatz seiner Erzeugnisse münden kann. Dieser Antagonismus beruht möglicherweise auf einem gemeinsamen Problemhorizont, der als *tertium comparationis* zwischen Kunst und Geld die Repräsentation und Zweitcodierung von Welt aufweist und damit den poetischen Geldhass semiotisch deuten lässt als Unbehagen an einer Kultur, in der „die Frage, was ein Zeichen ist", weit weniger interessiert

1 Die Zitate aus den Werken und Briefen Turgenevs beziehen sich hier und im folgenden – sofern nicht anders vermerkt – auf die 28-bändige Ausgabe I. S. Turgenev: *Polnoe sobranie sočinenij i pisem v dvadcati vos'mi tomach.* Moskva – Leningrad 1960-68. Textstellen aus den Werken (Sočinenija v pjatnadcati tomach) werden mit PSS, jene aus den Briefen (Pis'ma v trinadcati tomach) mit PSP bezeichnet. Die Verwendung der seit 1978 erscheinenden neuen Gesamtausgabe I. S. Turgenev: *Polnoe sobranie sočinenij i pisem v tridcati tomach* (Sočinenija v dvenadcati tomach. Moskva 1978-1986; Pis'ma v vosemnadcati tomach. Moskva 1982-) bietet sich derzeit nur bedingt an, da, erstens, die Veröffentlichung der Briefe noch nicht abgeschlossen ist und, zweitens, viele der in der ersten Werkausgabe abgedruckten Textvarianten in der neuen Edition nicht mehr wiedergegeben werden.

2 Die Datierung folgt – wie zumeist in Turgenevs Briefen – sowohl der julianischen als auch der gregorianischen Zeitrechnung. Wo nur ein Datum verzeichnet ist, bezieht es sich auf den gregorianischen Kalender, der trotz der Gregorianischen Kalenderreform von 1582, die auf den 4. gleich den 15. Oktober folgen liess, in Russland erst am 1. (14.) Februar 1918 eingeführt wurde. Deshalb sind bei der Umrechnung den russischen Daten für den Zeitraum vom 1582 bis 1700 zehn Tage, für das 18. Jahrhundert elf, für das 19. Jahrhundert zwölf und für die Jahre von 1900 bis 1918 dreizehn Tage hinzuzuzählen (HAUMANN 1996, 16).

„als die Frage, was Zeichen wert sind" (BORST). Dass darüber hinaus das Geld laut Max Weber das Abstrakteste und Unpersönlichste sei, das es im Menschenleben gebe, dürfte ein weiterer Grund dafür sein, weshalb die Dichtung derart abweisend auf das „fünfte Element" reagiert. Tatsache ist, dass das Geld in der neuzeitlichen Literatur als das eigentümliche Medium zu beobachten ist, das gleichermassen verdammt und verehrt wird.[3]

Bereits in der Antike erwuchs der ästhetischen „Ver-Dichtung" von Realität mit dem Geld ein erfolgreicher, schliesslich sogar siegreicher Antipode, dessen sich die Kunst fortan zu erwehren suchte.[4] Und gerade weil sie das Ideal des Problems teilen, dürften die Zusammenhänge von Geld und Literatur weitreichender und auch substantieller sein als zunächst angenommen. Unabhängig von ihrem kommerziellen Erfolg bleibt Literatur nicht nur ökonomischen Sachzwängen unterworfen und unterlegen. Vielfach usurpiert sie auch die ökonomische Logik, indem sie die Homologien von ‚Sinn' und ‚Geld' auslotet und zu einem Teil ihres Diskurses macht. Ferner universalisiert sich das Geld über seine spezifische Funktion hinaus, während das Medium Dichtung selbst Universalitätsansprüche stellt und vielleicht deshalb so neidisch auf das Medium Geld blickt. Insofern handelt es sich beim Protest der Kunst gegen das Geld in letzter Konsequenz wohl am ehesten um eine Feindschaft aus allernächster Nähe.[5]

Versucht man der Entwicklung dieses Gegensatzes von Geist und Geld nachzugehen, so gilt es, sich den bereits in der Antike einsetzenden Differenzierungsprozess innerhalb der Gelehrtenschicht vor Augen zu führen. Aus diesem ging schliesslich der sogenannte ‚freie' Schriftsteller hervor, der den Anspruch erhebt, einzig und allein vom Ertrag seiner Feder zu leben. Der Weg zu dieser Autorenrolle führte allerdings durch ein ganzes Spektrum anderer Existenzmöglichkeiten, die, je nach Epoche, alles andere als befriedigend waren: Für jene Gelehrten und Intellektuellen, die gar nicht oder nur unzureichend etwa durch ein öffentliches Amt (Kirche, Hof, staatliche Bürokratie) versorgt waren und weder auf die finanzielle Unterstützung durch Mäzene noch auf persönlichen Besitz vertrauen konnten, war das Schreiben keine Frage der Emanzipation, sondern eine unabdingbare Notwendigkeit zur Existenzsicherung. Erst mit der Herausbildung eines Buch- und Literaturmarktes gelang es den Autoren, sich die wirtschaftlichen Chancen ihrer schriftstellerischen Tätigkeit bewusst zunutze zu machen. Die wachsende Leistungsfähigkeit dieses Marktes liess auch die Verdienstmöglichkeiten zunehmen, so dass die Schriftsteller immer deutlicher ihren Anspruch auf eine Teilhabe erhoben. Mit den überkommenen Vorstellungen von Stand, Ehre und Verhalten des Gelehrten-Dichters war diese Entwicklung aber nicht ohne weiteres zu vereinbaren: Eine Konfliktsituation ergab sich vor allem

[3] POHLMANN 1987, 101; DENKINGER 1990, 308; LAUER 1994, 7; BORST 1995, IV, 2013; HÖRISCH 1996, 96, 197 u. 217.

[4] LAUER 1994, 7; HÖRISCH 1996, 53f.

[5] HÖRISCH 1996, 21 u. 91; HÖRISCH 1990, 341 u. 343; LAUER 1994, 7 u. 9.

daraus, dass die im traditionellen Verständnis ‚hohe' Literatur den Gesetzen und Regeln einer säkularisierten und zunehmend vom Geld beherrschten Gesellschafts- und Wirtschaftsform untergeordnet und damit zur Ware degradiert wurde. Der Versuch eines Schriftstellers, den materiellen Ertrag seiner literarischen Arbeit möglichst zu vergrössern oder gar einen dauernden wirtschaftlichen Gewinn aus seiner Tätigkeit zu erzielen, kollidierte mit tradierten Wahrnehmungsmustern, die gerade der Poesie das Ergebnis einer höheren Inspiration, die Wiedergabe eines nicht vom Autor selber Geschaffenen zuschrieben.[6] Dass dieser Wandel des schriftstellerischen Selbstverständnisses und der wirtschaftlichen Bedingungen für die Literaturproduktion auch mit dem Aufkommen neuer literarischer Strömungen einherging, zeigen neuere medientheoretische Untersuchungen. Ihnen zufolge stellten der sich vielerorts im Europa des 19. Jahrhunderts manifestierende Übergang von der Metall- zur Papierwährung und die damit verbundene monetäre Durchdringung der Lebenswelten der Literatur ein neues Hauptthema bereit, während gleichzeitig der verstärkte Prozess semantischer Kodierung von Realität eine der Grundlagen des literarischen Realismus wurde.[7]

Für das Russland des 19. Jahrhunderts ergibt sich über diesen Gleichschritt der Medien ‚Literatur' und ‚Geld' hinaus auch dadurch eine Korrespondenz, dass der literarische Professionalismus hier ungefähr zu jenem Zeitpunkt in Erscheinung zu treten begann, als die Romantik sich in ihrer späten Phase befand und die meisten bedeutenden Vertreter des russischen Realismus debütierten, also an der Schwelle zu den 1840er Jahren. Noch aber wirkte das Dilemma des romantischen Dichters nach, der sich sowohl mit dem allmählichen Zerfall der aristokratischen Zirkelkultur nach 1825 als auch mit der etwa gleichzeitig einsetzenden Etablierung eines literarischen Marktes konfrontiert sah. Aus diesem Basiskonflikt der 1820er und 1830er Jahre erwuchs immer deutlicher ein professionelles Autorenbild, dessen Problematik vor allem Aleksandr Puškin in zahl-

6 STEINER 1998, 32-34; WOODMANSEE / OSTEEN 1999, 6-12.

7 MICHAELS (1987); HÖRISCH 1996, 91f.; WOODMANSEE / OSTEEN 1999, 19; DELANY 2002, 22f.; LAUER 1994, 7f. („Die sozialen Funktionen von Geld und poetischen Fiktionen basieren beide auf einem stillschweigenden Konsens über die Realitätsmächtigkeit ihrer Fiktionen. Ohne Glaube kein Geld und keine Dichtung: Beide sind Formen eines sozialen Kontrakts über die Geltung von Repräsentationen [...]" [ebd. 8]). VERNONS These lautet, dass die Entwicklung des europäischen Realismus eng an den Triumph des modernen Papiergeldes gekoppelt war, das Vordringen der Geldwirtschaft also mit der Tendenz des 19. Jahrhunderts zur Nachahmung der Wirklichkeit einherging: „The transition from metal currency to paper money indicates a more general cultural shift that submitted immediate reality to a kind of semantic coding; and the realistic novel was part of this shift. As money was becoming more fictional, fiction was becoming not only more profitable, not merely more concerned with economic themes, but also more mediated, more representational, more omniscient – in a word, more realistic – and consequently less reliant upon the diary, the letter, the memoir, the first person, or the preface that [...] claimed the story was literal fact." (1984, 17f.).

reichen poetologischen Texten immer wieder reflektierte. Der sich entfaltende Literaturmarkt bediente die Interessen eines überwiegend nichtaristokratischen Publikums von Beamten und Kleinbürgern und erlebte während der 1830er Jahre einen nachhaltigen, eng mit dem Wirken des Verlegers und Buchhändlers Aleksandr F. Smirdin verbundenen Aufschwung. Smirdins professionelle, auf eine durchgreifende Kommerzialisierung der Literaturproduktion ausgerichtete Geschäftspolitik führte zu einer tiefgehenden Spaltung der russischen Schriftsteller in Anhänger und Gegner der kommerziellen Richtung, was ein überaus heterogenes Bild des Dualismus von Kunst und Kommerz ergab. Diesem Widerstreit lag nicht zuletzt jene historisch weit zurückreichende Problematik zugrunde, die sich im Konflikt zwischen einer normativen Ablehnung der Honorierung und der Unumgänglichkeit wirtschaftlicher Existenzsicherung äusserte.[8] Zudem bestimmten mit dem Beginn der Industrialisierung und dem allmählich aufkommenden Kapitalismus in Russland zwei weitreichende sozioökonomische Umbruchsbewegungen die Manifestation und Relevanz des Geldthemas in der öffentlichen Diskussion wie auch in der Textproduktion. Da sich beide Phänomene in Russland erst in den 1830er und 1840er Jahren und damit wesentlich später als in Westeuropa bemerkbar zu machen begannen,[9] setzte auch die Diskursivierung von Geldmotiven in der russischen Literatur verzögert ein.[10]

Die 1840er Jahre brachten dann ein neues Literaturkonzept hervor, das sich in der veränderten gesellschaftlichen Position des Autors, aber auch in der literarischen Bearbeitung ökonomischer Themen niederschlug. Parallel dazu nahm jene Entwicklung neue Züge an, die noch in der Romantik als Antagonismus zwischen modernen und traditionellen dichterischen Rollenentwürfen, zwischen Geniekult und wachsender Kommerzialisierung der literarischen Sphäre fassbar war und sich im Realismus in modifizierter Form fortsetzte. Spätestens seit den 1840er Jahren büsste das Konzept des Autors als Originalgenie den Rest seiner

[8] PAPERNO 1988, 43; ANIKIN 1994, 103f.; GROB 2001, 45-51; RIGGENBACH 2004 (im Druck). Ausführlich hierzu: GRIC / TRENIN / NIKITIN 1929 u. SMIRNOV-SOKOL'SKIJ 1957. Puškins Haltung zu den neuen Strömungen im Literaturbetrieb war höchst widersprüchlich: Während er Smirdin und Konsorten verachtete und Solidarisierungstendenzen gegenüber den Kritikern des *torgovoe napravlenie* erkennen liess, zeichnete sich seine eigene professionelle Praxis durch Profitmaximierung und Gewinnorientierung aus. Vor sich selbst rechtfertigte Puškin diese ambivalente Einstellung zur Kapitalisierung dichterischer Inspiration, indem er den Verkauf eines Manuskripts für legitim erklärte, sofern dieser mit der ideologischen Distanzierung von jeglicher Kommerzialisierung einherging (ANIKIN 1999, 238-241; GROB 2004 [im Druck]).

[9] DANILOV 1925, 20. Ist von der „Industrialisierung" Russlands in der ersten Hälfte des 19. Jahrhunderts die Rede, so muss präzisiert werden, dass sich nur die Textilindustrie und mit ihr die Baumwollverarbeitung in grösseren Komplexen zu entwickeln vermochte, während der Eisenbahnbau und mit ihm auch die Schwerindustrie erst im letzten Drittel des Jahrhunderts entscheidend an Bedeutung gewannen (SCHEIBERT 1973, 238; KAPPELER 1997, 30 u. 80f.).

[10] ANIKINE 1993, 106; ANIKIN 1999, 69f. u. 239. Vgl. hierzu auch GORBAČEV 1928, 9-30.

Akzeptanz ein. Dieser Vorgang war insofern komplex motiviert, als sich auf der einen Seite die Slavophilen in durchaus romantischer Tradition an präauktorialen Formen von Literatur im Sinne einer mythisch-kollektiven Autorschaft orientierten, während auf der anderen Seite mit Vissarion G. Belinskij und seiner Schule die Vertreter eines liberalen Fortschrittsdenkens standen. Diese massen die Rechtfertigung der Institutionen ‚Literatur' und ‚Autor' allein an ihrem Beitrag zur Erweiterung des gesellschaftlichen Bewusstseins und zur Änderung der sozialen Verhältnisse insgesamt. Eine derart progressive Position implizierte eine Umkodierung des literarischen Diskurses auf eine transitive, publizistische Schreibweise (*natural'naja škola*) und damit auch eine Neukonzeption des Autors, der nunmehr als Aufklärer, Journalist und Propagandist auftrat. Die fortschreitende Ausdifferenzierung des intellektuellen Feldes führte zu einer Verschärfung der literarischen Richtungskämpfe und zum Erstarken eines berufsständischen Bewusstseins der Schriftsteller. Für viele Autoren stellte das literarische Feld nunmehr in erster Hinsicht einen von wirtschaftlichen Interessen beherrschten Bereich dar, so dass das Geld im Bewusstsein mancher Literaten zu einem zentralen, wenn nicht gar zum beherrschenden Thema schlechthin wurde.[11]

In diese Umbruchsphase der russischen Literatur- und Kulturgeschichte fällt das Schriftstellerdebüt Ivan Sergeevič Turgenevs (1818-1883), der in der zweiten Hälfte der 1830er Jahre seine Werke zu veröffentlichen begann und später sowohl die tiefgreifende Kommerzialisierung der literarischen Märkte in Russland und Westeuropa als auch den allgemein wachsenden Einfluss des Kapitalismus mit all seinen Implikationen in Ost und West miterlebte. Bereits als junger Autor lernte Turgenev die ökonomische Realität einer Schriftstellerexistenz und damit auch die Regeln des noch jungen Literaturmarktes in Russland kennen. Da die wirtschaftlichen, institutionellen und juristischen Umbrüche der darauffolgenden Jahrzehnte in diesem Bereich mit Turgenevs Aufstieg zu einem im In- und Ausland populären Autor einhergingen, ist eine enge Verschränkung von Turgenevs schriftstellerischer Tätigkeit mit den wechselnden Bedingungen von Buchmarkt und Verlagswesen anzunehmen. Aus diesem Grunde ist ferner davon auszugehen, dass auch Turgenev, wie viele andere Autoren seiner Zeit, die Relevanz des Mediums ‚Geld' für das Auskommen eines Schriftstellers, ja für die Lebenswirklichkeit des Menschen insgesamt reflektierte.

Und doch mag die Verbindung von Geld, Kommerz und Ökonomie mit der

[11] GORBAČEV 1928, 30-40; MATLAW (1954); GROB (2001/2004 [im Druck]); Vgl. hierzu auch HINGLEY 1966, 32: „[…] les biographies et la correspondance des auteurs russes du XIXe siècle contiennent beaucoup plus d'allusions aux espèces sonnantes qu'à l'âme russe. Ces écrivains, sans cesse à court d'argent, faisaient preuve d'une incroyable insouciance dans la façon de mener leurs affaires. On empruntait facilement, on jouait, on oubliait ses dettes. Des supplications affolées, des débauches d'autojustifications, des querelles et des réconciliations accompagnaient habituellement ces transactions."

Person ebenso wie dem Werk Turgenevs auf den ersten Blick etwas sonderbar anmuten. Denn längst zum Topos arriviert ist das Bild vom wohlhabenden, attraktiven, begnadeten und erfolgreich dichtenden Gutsbesitzer-Aristokraten. Vorweggenommen wurde dieses hartnäckige Klischee von Fedor Dostoevskij, der bereits 1845 in einem Brief an seinen Bruder über den zu jenem Zeitpunkt noch keineswegs im Zenit seines Erfolgs stehenden Turgenev schrieb:

> Но, брат, что это за человек? Я тоже едва ль не влюбился в него. Поэт, талант, аристократ, красавец, богач, умен, образован, 25 лет, – я не знаю, в чем природа отказала ему?[12]

Hinzu kommt die Diskretion, die Turgenev in bezug auf bestimmte Einzelheiten aus seinem Privatleben walten liess und die mit dazu beigetragen hat, dass manche Detailprobleme aus seinem Leben bis heute teilweise oder gar vollständig ungeklärt geblieben sind. Dann ist es aber auch Turgenevs Werk, das in seiner Ästhetik des Massvollen, seiner harmonischen Ausgewogenheit und der exemplarischen Gestaltung zentraler existentieller Daseins-, Glaubens- und Überzeugungsfragen bzw. Grundprobleme wie Liebe, Tod, Vergänglichkeit, Krankheit, Einsamkeit, Hoffnung und Entsagung die Darlegung von Motiven, die sich nicht unmittelbar in diesen idealtypischen Themenkatalog einbetten lassen,[13] dem Rezipienten gegenüber in den Hintergrund treten lässt. Dass das Geldthema bei Turgenev nur auf ein sehr geringes Interesse stiess, erklärt sich unter anderem aus der Haltung einiger Turgenev-Forscher, die sich der althergebrachten Vorstellung anschlossen und die ökonomische Unabhängigkeit Turgenevs als Tatsache absolut setzten.[14] Dabei offenbart gerade eine genauere Betrachtung seiner Korrespondenz ebenso wie seines Werkes, dass das Geld in den biographischen Bezügen und den fiktiven Texten nahezu permanent präsent ist und eine zentrale Rolle, bisweilen sogar die Hauptrolle spielt. Das Vorurteil, dem zufolge Turgenevs Existenz in finanzieller Hinsicht weitgehend sorgenfrei gewesen sei, versperrt denn auch den Blick auf die Relevanz des Ökonomischen und den bisweilen stark ausgeprägten Gelddiskurs in seinem Leben und Werk.

12 DOSTOEVSKIJ, PSS, XXVIII$_1$, 115.

13 Vgl. KLUGE 1992, 9f. u. THIEME 2000, 15.

14 „Turgenev was a genuine literary professional. As he was independently wealthy, he had time to polish his efforts, for he did not depend upon literature for his living (an economic reason for the inordinate length of many Russian novels is that Russian writers of the nineteenth century were paid according to the number of pages they produced)." (MOSER 1972, 4). „He (Turgenev, A.S.) is one of the last gentleman-writers in Russian literature. Turgenev generally did not need to write for an income, although later his literary earnings did contribute substantially to his economic well-being. Not everyone was so fortunate, and writers like Dostoyevsky, for whom writing and publishing were an economic necessity, looked on with a certain amount of envy." (KORSUN 1990, 93). Auch FRANK (1995, 33) bedient sich des Klischees vom „reichen Landbesitzer Turgenev"

1.2. Forschungsstand

In jüngster Zeit hat das Thema des Geldes im engeren, der Ökonomie und des Tausches im weiteren Sinne in den neueren Philologien, allen voran in der Amerikanistik, Anglistik und Germanistik, markant an Bedeutung gewonnen. Ein intensives Forschungsinteresse lässt sich dabei vor allem im Hinblick auf ökonomische Motive in der Literatur beobachten. An diesbezüglich neueren Untersuchungen sind POTEMPA (1978), VERNON (1984), BINSWANGER (1985), KLAWOHN (1985), BUSCHMEIER (1990),[15] WATTS (1990), PURDY (1993), DIGAETANI (1994), LAUER (1994), COPELAND (1995), STOTZ (1998) oder DELANY (2002) zu nennen. Eine Vielzahl von Arbeiten zur literarischen Semiotik des Geldes und der Ökonomie rekurriert auf SIMMELS *Philosophie des Geldes* ([1900] 1996), die das Geld als universales, dynamisches Organisationsinstrument der Neuzeit begreift und den Einfluss der Geldwirtschaft auf den Charakter sozialer Beziehungen in modernen Gesellschaften untersucht. Weitergeführt wurde dieser Ansatz später unter anderem von FOUCAULT (1974), der in seiner Archäologie der menschlichen Taxonomien auf die vergleichbare Struktur der sprachlichen Weltkonstituierung, des naturwissenschaftlichen Denkens und schliesslich auch der ökonomischen Beziehungen eingegangen ist.

Dass zwischen Literatur und Geld ein homologes Verhältnis bestehe, ein ‚Wert' (Wahrheit, Kaufkraft) sich in beiden Fällen auf eine allgemeine Anerkennung von Fiktionalität gründe und die monetäre Durchdringung der literarischen Fiktion in dem Masse zugenommen habe, wie das Geld fiktionaler geworden sei, wurde zunächst von der englischen bzw. amerikanischen Literaturwissenschaft herausgestellt (SHELL 1982; VERNON 1984; WATTS 1990; PURDY 1993; DIGAETANI 1994) und in den 1990er Jahren unter dem Schlagwort „New Economic Criticism" weiter vertieft (WOODMANSEE / OSTEEN 1999). Hinter diesem Begriff verbirgt sich die Vorstellung, dass bestimmte Aspekte der Literatur- und Kulturkritik auf ökonomischen Paradigmen, Modellen und Tropen gründen, die Rekonzeptualisierung von Wert und Geld mithin die kulturellen Auffassungen von Fiktionalität beeinflusst habe. Damit einher geht die ebenfalls unlängst weiter nuancierte These einer strukturellen Homologie zwischen linguistischen und ökonomischen Systemen, die nach Repräsentationsmustern von Geld- und Wirtschaftsmechanismen im Sprachgebrauch bzw. in literarischen Texten und damit nach der Sprache und Logik fragt, welche poetische ebenso wie ökonomische Systeme teilen[16] (GOUX 1999; vgl. WOODMANSEE / OSTEEN 1999, 13-21).

In den achtziger, insbesondere aber in den neunziger Jahren des 20. Jahrhunderts hat sich dann auch die Germanistik vermehrt mit der symbolischen Ökonomie literarischer Texte beschäftigt (HÖRISCH 1983/1989/1990/1996; LAU-

[15] BUSCHMEIER (1990, 11, Anmerkung 1) verweist auf weitere Beispiele von jüngeren Analysen aus dem Bereich der englischen und amerikanischen Literatur.

[16] Weitere bibliographische Hinweise hierzu sind bei POSTOUTENKO (2004 [im Druck]) zu finden.

ER 1994) und im Zusammenspiel von kulturgeschichtlichen Deutungsversuchen und Einzeltextanalysen das Geld als „Leitmedium" der Neuzeit erkannt, das, zumindest seinem Anspruch nach, eine universale Übersetzbarkeit aller Phänomene gewährleiste. In seiner hermeneutischen Funktion löse der Geldwert, so Hörischs These, die mittelalterliche Eucharistie ab, die den Sinn der Welt auf die rituelle Teilhabe am göttlichen Heil fixiert habe. In der historischen Entwicklung sei eine zunehmende Abstrahierung der Medien feststellbar, so dass auch der Geldwert sich immer mehr zur reinen Information verflüchtige und ein virtuell transportierbares sowie audiovisuell darstellbares Medium präsentiere (HÖRISCH 1989/1990/1996).

Während für die Russistik entsprechende Untersuchungen bis vor kurzem nur in Ansätzen vorlagen (GORBAČEV 1928; ČUKOVSKIJ 1960; OLLIVIER 1971/1984/1992; INGOLD 1972; ANIKIN 1989/1994/1999; ANIKINE 1993; VLASKIN 1998),[17] hat sich seit einigen Jahren das Interesse an der Repräsentation von Geld und Eigentum in der russischen Literatur, aber auch an Fragen nach der Korrelation von Sprache und Ökonomie deutlich verstärkt (LUISIER 2000; WEITLANER 2001; GUSKI / SCHMID 2004). Diese Entwicklung trägt nicht zuletzt dem Umstand Rechnung, dass ökonomische Probleme gerade in wichtigen russischen Texten des 19. Jahrhunderts eine zentrale Rolle spielen und in hohem Masse das Spannungsfeld des fiktiven Geschehens bestimmen.

Im Gegensatz zu den Analysen der literarischen Symbolik von Geld und Ökonomie bieten die einzelnen Philologien bislang jedoch kaum mikroökonomische Studien an, welche die Frage nach der ökonomischen Bedingtheit des schreibenden Subjekts stellen und sich der soziologisch relevanten Rolle des Autors im Spannungsfeld von finanziellen Bedürfnissen, institutioneller Abhängigkeit und juristischer Kodifikation widmen. Für die deutsche Literatur kann auf die Untersuchungen von VON UNGERN-STERNBERG (1974), NEUSCHÄFER (1981), STEINER (1998) und BÖHLER (2002), vor allem aber auf CORINOS Aufsatzsammlung (1987) verwiesen werden, die allerdings keine epochenübergreifende Synthese bietet. Das Interesse der Anglistik und Amerikanistik an diesem Thema ist durch die Arbeiten von VERNON (1984), WATTS (1990), DIGAETANI (1994), COPELAND (1995), CROSBY (1999) oder DELANY (1999/2002) belegt. Im Bereich der Russistik liegen, neben einigen allgemeinen Untersuchungen (ŠAŠKOV 1876; RUSAKOV 1904; EVGEN'EV-MAKSIMOV 1946b; HINGLEY 1966; REJTBLAT 1991), die Monographien von TODD (1978/1986) und BROOKS (1985) vor, die den Wechselwirkungen zwischen den Institutionen ‚Literatur' und ‚Gesellschaft' bzw. der Rezeptionssteuerung und den Distributionsmechanismen der

17 Bedingt war diese jahrzehntelange Vernachlässigung auch durch die traditionelle Tendenz der sowjetrussischen Literaturwissenschaft, die Verbindung von Kunst und Kommerz wenn nicht ganz zu unterschlagen, so doch weitgehend auszublenden bzw. dem offiziellen politischen Diskurs unterzuordnen.

schriftstellerischen Produktion auf dem russischen Literaturmarkt im 19. Jahrhundert nachgehen. Die wenigen vorhandenen Fallstudien konzentrieren sich dagegen primär auf Puškin (GESSEN 1930, DUBININ 1975; ANIKIN 1999; REJTBLAT 2001; GROB 2001/2004) und die Autoren aus dem Umfeld der *Biblioteka dlja čtenija* (GRIC / TRENIN / NIKITIN 1929; SMIRNOV-SOKOL'SKIJ 1957). Erst seit kurzem werden auch andere Autoren wie etwa Nikolaj Nekrasov (LUISIER 2000) auf ihr ökonomisches Denken und auf finanzielle Aspekte ihrer schriftstellerischen Produktion hin untersucht.

Verglichen mit anderen Motivkomplexen in Turgenevs Biographie und Werk ist dem Geldthema in der Rezeption bislang ein geradezu verschwindender Stellenwert eingeräumt worden, und dies trotz der in den vergangenen Jahrzehnten gewandelten Forschungstendenzen und der Erkenntnis, dass gerade Turgenevs Schaffen weitaus ambivalenter und vielschichtiger sei als angenommen. Während die Auseinandersetzung mit den philosophisch-weltanschaulichen Aspekten seines Œuvres mittlerweile im Zentrum des Forschungsinteresses zu stehen scheint,[18] ist die Frage nach den ökonomischen Dimensionen seines Werkes bzw. seiner Existenz als Schriftsteller und Gutsbesitzer bislang entweder überhaupt nicht oder allenfalls am Rande gestellt worden. So sind Turgenevs Privatökonomie und sein Umgang mit Geld lediglich in einigen Werken der Sekundärliteratur – vornehmlich in Turgenev-Biographien bzw. knappen biographischen Abrissen innerhalb von thematisch breiter angelegten Untersuchungen – punktuell beleuchtet worden (MALYŠEVA 1915a-d; NARYKOV 1940; RACHMANOWA 1952; OKSMAN 1957; YARMOLINSKY 1959; ZABOROVA 1967; MAVER LO GATTO 1967 u. 1973/74; BRANG 1977; PRITCHETT 1986; KNOWLES 1988; SCHAPIRO 1982; TROYAT 1985; KORSUN 1990; ZÚÑIGA 2001; ZVIGUILSKY, T. 1980/1988/1993). Des weiteren liefern die Anmerkungen in den Briefausgaben (PSP; PSP [2-e izd.]; ZVIGUILSKY A. 1971/1972/1989; GRANJARD / ZVIGUILSKY A. 1972) sowie die Chroniken, welche selbst die entlegensten Details aus Turgenevs Leben beschreiben, aufschlussreiche Angaben nicht nur zur kommerziellen und juristischen Bedingtheit seiner literarischen Produktion, sondern auch zu den materiellen Verhältnissen seiner Existenz als Gutsbesitzer (KLEMAN 1934; NIKITINA 1995; MOSTOVSKAJA 1997/1998). Und schliesslich lassen einige, bisweilen jedoch sehr tendenziöse zeitgenössische Memoiren Rückschlüsse auf Turgenevs Verhältnis zu Geld und Ökonomie zu (BIZJUKIN 1885; FET 1890; ANNENKOV 1928; GRIGOROVIČ 1928; ŽITOVA 1961; GROMOV 1966; ANNENKOV 1969; KOVALEVSKIJ 1969; PANAEVA 1969; ŽITOVA 1969).

Allerdings liegt bislang keine systematische mikroökonomische Studie vor, die sich mit Turgenevs privater wirtschaftlicher Situation auseinandersetzt. Die wenigen Untersuchungen, die explizit den materiellen Aspekten seiner Existenz nachgehen, beschränken sich auf die knappe und höchst fragmentarische Darle-

[18] Vgl. NOHEJL 1995, 109.

gung von Besitzverhältnissen (BEL'ČIKOV 1964; WADDINGTON 1974) oder der finanziellen bzw. juristischen Dimensionen seiner Autorschaft (DRIZEN 1913; MIRONOV 1961; VON RIMSCHA 1970).

Noch weniger Aufmerksamkeit ist bisher dem Thema Geld und Ökonomie in Turgenevs Werk geschenkt worden. Die wenigen vorhandenen Publikationen, die auf sozioökonomische Aspekte in den fiktiven Texten eingehen (DANILOV 1925/1927; GORBAČEV 1928, 34-38; THIERGEN 1989; SELJAK 2001), können allenfalls erste Anhaltspunkte zu einer Semiotik des Geldes bei Turgenev geben.

1.3. Vorgehen

Angesichts dieser Forschungslücke zielt die vorliegende Untersuchung sowohl auf eine umfassende Dokumentation der persönlichen finanziellen Verhältnisse Turgenevs als auch auf eine hermeneutische Analyse ökonomischer Motive in seinem Werk. Es geht darum, die über die einzelnen Philologien vertretenen Ansätze zu verbinden und gleichzeitig weiterzuführen, indem Turgenevs Privatökonomie mit einer literaturwissenschaftlichen Analyse der fiktionalen Verarbeitung von Geldmotiven verglichen werden soll.

Im ersten Hauptteil gilt das Forschungsinteresse den Geldattitüden Turgenevs, die, ausgehend von den vorhandenen Quellen, auf einer empirisch-soziologischen Ebene untersucht werden. Diese ‚Finanzbiographie' berücksichtigt die verschiedenen Rollen Turgenevs als Schriftsteller, Gutsbesitzer und Beamter, sie analysiert die Möglichkeiten und Grenzen, die ihm einerseits das literarische Metier, andererseits seine Besitztümer in Russland als Einnahmequelle boten, und sie versucht, Turgenevs habituelle Grundmuster im Umgang mit Geld und Wirtschaftsfragen herauszuarbeiten. Angestrebt wird dabei nicht eine lückenlose Dokumentation der Turgenevschen Individualökonomie mit exakt ausgewiesenen Einnahmen und Ausgaben, sondern eine repräsentative Beschreibung der ökonomischen Bedingungen, unter welchen er lebte und schrieb.

In einem zweiten Hauptteil soll dann auf einer textbezogenen Ebene die symbolische Repräsentation von Geld und Ökonomie beleuchtet werden. Dabei geht es nicht darum, eine Motivuntersuchung im Sinne einer erschöpfenden Bestandsaufnahme aller Existenzformen von Geld in Turgenevs Œuvre vorzunehmen. Vielmehr soll das Geld auf seine wichtigsten Funktionen in den einschlägigen Texten hin untersucht werden. Während in einem ersten Schritt nach der innerliterarischen, erzähltechnischen Rolle des Geldes für den Handlungsablauf gefragt wird, behandeln die darauffolgenden Kapitel die Relevanz sowie die geldvermittelten Verrechnungsleistungen und Kommensurabilitäten in Turgenevs frühen Dichterbildern, sodann auf der Ebene der personalen Werte (Liebe, Geldheirat, Prostitution, Figurencharakteristik) und schliesslich im Hinblick auf die sozialen Interaktionen der Figuren (Reichtum und Macht, Recht bzw. Unrecht). Abgerundet werden die Analysen durch den Entwurf einer Axiologie des Geldes, wie sie sich im ästhetischen System des Gesamtwerkes präsentiert,

Das Schlusskapitel ist dem Versuch gewidmet, den inneren Zusammenhang zwischen der literatursoziologisch beschreibbaren Produktions- bzw. Lebenssituation Turgenevs und der in seinen fiktiven Texten entworfenen Semiotik des Geldes nachzuzeichnen. Der Vergleich der literarischen Konstruktion von Geld mit dem persönlichen Geldverhalten soll dazu dienen, die Tiefenstrukturen des Mediums ‚Geld' in Turgenevs Weltsicht aufzudecken und erste Aussagen zu einer Poetik des Geldes bei Turgenev machen zu können.

Dem Vorhaben liegen zwei Leitthesen zugrunde, die abschliessend verifiziert werden sollen: Erstens kann anhand von Turgenevs schriftstellerischer Tätigkeit die zunehmende Kommerzialisierung und Marktorientierung der literarischen Produktion in Russland zwischen 1840 und 1880 aufgezeigt werden. Zweitens ist Turgenevs Gesamtwerk im Hinblick auf die textuelle Verarbeitung von Geldmotiven ebenso wie hinsichtlich der ökonomischen Axiologie innerhalb seines ästhetischen Systems in sich konsistent, d. h. die symbolische Ökonomie unterliegt in den Texten der unterschiedlichen Schaffensphasen zwar Variationen, bildet im Grunde jedoch lediglich eine Kontinuität bereits früh vorhandener Themen und Motive.

Als *ein* hermeneutisches Instrumentarium sowohl für die Untersuchung der Realienseite wie auch für die abschliessende Zusammenschau von Finanzbiographie und Werkanalyse soll Pierre Bourdieus Feld- und Habituskonzept herangezogen werden, das – wie neuere Untersuchungen gezeigt haben[19] – auch auf Kontexte ausserhalb des literarischen Feldes Frankreichs anwendbar ist. Zu diesem Zweck werden im Rahmen eines Exkurses zunächst die Grundzüge des Bourdieuschen Theorieangebotes veranschaulicht mit dem Ziel, ein terminologisches und konzeptionelles Gerüst für die anschliessenden Ausführungen zu Turgenevs Privatökonomie und Habitus bereitzustellen. In diesem Zusammenhang soll auch der Begriff der „sozialen Rolle" geklärt und den darauffolgenden Untersuchungen zugrunde gelegt werden.

Das methodische Konzept der Arbeit verbindet literatursoziologische Ansätze mit einer motivorientierten Textanalyse, in deren gemeinsamem Fluchtpunkt eine Aussage über die habituellen Grundmuster Turgenevs im Umgang mit Geld sowie über die Positionen und Konnotationen des Geldes innerhalb seines poetischen Systems stehen soll. Die Untersuchung will einen Beitrag sowohl zu einem bislang völlig vernachlässigten Bereich der Turgenev-Forschung als auch zur Soziologie der russischen Literatur und damit zur russischen Kulturgeschichte des 19. Jahrhunderts insgesamt leisten.[20]

[19] Vgl. JURT 1995, ix-xi.

[20] Ganz ausgeklammert werden in der vorliegenden Untersuchung formallinguistische Ökonomiekonzepte, die etwa nach Formen von ‚Haushaltung' in Turgenevs Texten bzw. Erzähltechniken fragen. Ebensowenig berücksichtigt werden mögliche ‚kommerzielle' Verfahren, die, im Text verankert, der Erhöhung des Leserinteresses dienen sollen.

In den Appendices sind zum Teil bislang unveröffentlichte Quellen zu Turgenevs Staatsdienst, vertraglichen Vereinbarungen mit Verlegern sowie Gutsverwaltungsfragen abgedruckt. Zu finden sind dort des weiteren alle erhaltenen Testamente Turgenevs, eine Tabelle mit den durchschnittlichen Wechselkursen des Rubels in London, Paris und Hamburg bzw. Berlin, Übersichten über Turgenevs Honorare und einige Beispiele von Preisen und Lebenshaltungskosten, die als Vergleichswerte zu den in der vorliegenden Arbeit angeführten Geldsummen dienen sollen.

1.4. Exkurs: Rolle – Habitus – Feld – Kapital – sozialer Raum

Laut Ralf Dahrendorf erfolgt die Verortung des Individuums in der Gesellschaft über *soziale Positionen*, d. h. über ‚Plätze' in einem Feld gesellschaftlicher Beziehungen (z. B. Geschlechts-, Alters-, Familien-, Berufs-, National- oder Klassenposition). Solche Positionen können entweder zugeschrieben oder erworben werden, wobei Letzteres dem Einzelnen gewisse Wahlmöglichkeiten lässt, die wiederum durch Faktoren wie Bildung, Leistungsprinzip und zugeschriebene Position beeinflusst werden. Jeder Einzelne nimmt in der Regel mehrere verschiedenen Positionen ein, deren Zahl desto höher ausfällt, je komplexer eine Gesellschaft ist.[21]

Verknüpft sind alle Positionen mit einer *sozialen Rolle*, einem Bündel von Erwartungen und Ansprüchen der Gesellschaft an den jeweiligen Inhaber bestimmter Positionen. Jeder Mensch übernimmt als soziales Wesen in der gesellschaftlichen Wirklichkeit Rollen, die er aber, im Gegensatz etwa zum Schauspieler, der Rollen spielt, nicht einfach als ‚Masken' ablegen kann. Die sozialen Rollen sind insofern vom Individuum unabhängig, als ihre Inhalte von der Gesellschaft definiert und verbindlich gesetzt werden. Die gesellschaftlichen Ansprüche beziehen sich einerseits auf das Rollenverhalten, andererseits auf das Aussehen und den ‚Charakter' – die Rollenattribute – von Positionsträgern. Beide Begriffe, „Position" und „Rolle", machen den sogenannten *homo sociologicus* (DAHRENDORF) aus.[22] Während also die Position den Ort eines Individuums innerhalb von Bezugs- bzw. Positionsfeldern bezeichnet, bestimmt die Rolle die spezifische Art der Beziehungen zwischen den Trägern von Positionen innerhalb eines Bezugsfeldes.[23]

[21] DAHRENDORF 1961, 18-21, 38f.

[22] „Am Schnittpunkt des Einzelnen und der Gesellschaft steht *homo sociologicus*, der Mensch als Träger sozial vorgeformter Rollen. Der Einzelne *ist* seine sozialen Rollen, aber diese Rollen *sind* ihrerseits die ärgerliche Tatsache der Gesellschaft." (DAHRENDORF 1961, 12; Hervorhebungen im Original, A.S.).

[23] DAHRENDORF 1961, 12-18, 22-24; HILLMANN 1994, 742.

Nun bestimmt die gesellschaftliche Erwartungshaltung das Verhalten und Selbstverständnis eines Individuums dermassen, dass das wahre Selbst und die soziale Rolle nicht mehr voneinander zu trennen sind. Positive oder negative Sanktionen, die von verschiedenen Bezugsgruppen einer Position ausgeübt werden, dienen der Steuerung des Rollenverhaltens und verschaffen gesellschaftlichen Verhaltensvorschriften entsprechende Geltung. So haben etwa die Bezugsgruppen eines Studierenden (Professoren, Eltern, Kommilitonen, Freunde, Arbeitgeber etc.) unterschiedliche Ansprüche an diesen, und sie alle versuchen, ihre eigenen spezifischen Erwartungen durchzusetzen. Eine solche Erwartungsvielfalt an eine Rolle kann beim Individuum zu Dilemmata führen, die sich in Rollendiffusion, Rollendistanz oder Rollenkonflikten manifestieren. Dennoch gelingt es den meisten Menschen, ihre eingenommenen Rollen mehr oder weniger ohne grössere Probleme auszufüllen und zu koordinieren.[24]

Die Rolle bestimmt zu einem grossen Teil das Verhalten eines Menschen, da dieser sich zwar gesellschaftlichen Zwängen unterwerfen muss, dafür aber auch Sicherheit, gesellschaftlichen Schutz und ‚Halt' für seine Handlungsweise erlangt. Jede Rolle verfügt zudem über einen Bereich, der in seiner Gestaltung dem Einzelnen selbst überlassen bleibt. Durch die Sozialisation des Individuums, also durch Beobachtung, Indoktrination, Nachahmung und bewusste Aneignung, lernt dieses, seine Rollen auf ‚angemessene' Art und Weise auszufüllen. Die Chance der ‚Freiheit' liegt demnach in einem harmonischen Gleichgewicht von rollenbestimmtem Verhalten und individueller Autonomie.[25]

Der für Pierre Bourdieus Kultursoziologie grundlegende Terminus des *Habitus* (lat. Haltung, Habe, Gehabe) hat eine lange philosophische und soziologische Tradition. Seine vielschichtige Bedeutung wird mit den Begriffen ‚Anlage', ‚Haltung', ‚Erscheinungsbild', ‚Gewohnheit' oder ‚Lebensweise' angemessen umschrieben. Als Theorie der alltagspraktischen Erkenntnis stellt das Habituskonzept in *formaler* Hinsicht ein Instrumentarium dar, das auf theoretischer Ebene zwischen Objektivismus und Subjektivismus, Individuum und Gesell-

[24] DAHRENDORF 1961, 12-18, 24-28, 55f.; HILLMANN 1994, 743-748. Die Bedeutung von Rollen und Rollenerwartungen unterliegt einem Massstab, der von gesamtgesellschaftlichen Normen definiert wird. Je nach dem Grad ihrer Institutionalisierung wird zwischen „Muss"-, „Soll"- und „Kann"-Erwartungen unterschieden, deren Übertretung, Erfüllung oder gar Übererfüllung negative bzw. positive Sanktionen unterschiedlichen Grades nach sich zieht. Unter „Muss"-Erwartungen sind ausdrücklich formulierte Ansprüche zu verstehen, deren Verbindlichkeit nahezu absolut ist, so dass die Sanktionen ausschliesslich negativ ausfallen. „Soll"-Erwartungen implizieren ‚erzwingbare' Verbindlichkeiten und ziehen überwiegend negative Sanktionen, aber auch Anerkennung durch Einhaltung nach sich. „Kann"-Erwartungen beruhen auf Freiwilligkeit und führen, je nach Sanktion, zu Anerkennung und Schätzung oder Antipathie und sozialem Ausschluss.

[25] DAHRENDORF 1961, 28f.

schaft, Innen und Aussen zu vermitteln sucht.[26] *Inhaltlich* gesehen wird in Bourdieus Habitustheorie das konzeptualisiert, was an Individuen in ihrer Eigenschaft als soziale Akteure soziologisch relevant ist.[27] Während der *Subjektivismus* eine theoretische Erkenntnisweise darstellt, die ausschliesslich an subjektive Gegebenheiten anknüpft (Praktiken, Wahrnehmungen, Intentionen oder kognitive Repräsentationen, wie sie mit der praktischen Erfahrung sozialer Akteure unmittelbar einhergehen), bezieht sich *objektivistische* Erkenntnis auf weitgehend subjektentbundene Sachverhalte (Gesetze, Systeme oder Strukturen). Da Gegensatzpaare wie Bewusstsein vs. Unbewusstes, Finalismus vs. Determinismus, Individuum vs. Gesellschaft, Lebenswelt vs. System, Phänomenologie vs. Strukturalismus oder interpretatives vs. normatives Paradigma laut Bourdieu künstliche und falsche Oppositionen bilden, gelte es, die relativen Wahrheiten von Subjektivismus und Objektivismus zusammenzuführen und ihre Gegensätze abzuschwächen.[28]

Sehr allgemein ist unter Habitus bei Bourdieu das Dispositionssystem sozialer Akteure zu verstehen, also die Art und Weise, wie ein Individuum aufgrund persönlicher Anlagen, psychisch-charakterlicher Dispositionen und sozialisationsbedingter Prägungen gesellschaftlich in Erscheinung tritt und im sozialen Raum handelt. Der Habitus fungiert als Vermittlungskategorie zwischen Struktur und Praxis, zwischen der Position innerhalb des sozialen Raumes und spezifischen Praktiken bzw. Vorlieben. Er ist eine allgemeine Grundhaltung, eine Disposition gegenüber der Welt, die zu systematischen Stellungnahmen

26 In seinen Untersuchungen setzt sich Bourdieu mit sozialen Klassifikations- und Repräsentationsprozessen anhand erkenntnissoziologischer und ästhetischer Theoreme auseinander und unternimmt den Nachweis der Existenz klassenspezifischer Wahrnehmungs- und kultureller Konsummuster. Sein wissenschaftliches Interesse gilt vorrangig dem Verhältnis von Kultur, Gesellschaft und sozialer Ungerechtigkeit. Bourdieu vertritt die These, dass Kultur das entscheidende Medium zur Reproduktion von Klassenstrukturen in spätkapitalistischen Konsumgesellschaften sei. Dementsprechend ist seine Gesellschaftstheorie als soziokulturelle Klassentheorie angelegt, die den Zusammenhang zwischen Klassenlagen, sozialen Positionen, Bildungspartizipation, Kulturkonsum und Lebensstilen zum Gegenstand hat und in ihrem Fluchtpunkt zur Aussage gelangt, dass Klassenzugehörigkeit am deutlichsten in differentiellen Lebensstilen zum Ausdruck komme, sich „Geschmack" mithin als bevorzugtes Merkmal von „Klasse" anbiete. Bourdieus Ansatz hat in hohem Masse zur Neuorientierung der Ungleichheitsforschung, der Erziehungs- und Bildungssoziologie, der Sozialisationsforschung, der Kultursoziologie sowie der Freizeit-, Konsum- und Lebensstilforschung beigetragen. (MÜLLER 1986, 162 u. 180). Ausführlich dazu: MÜLLER 1986; JURT 1995; SCHWINGEL 1998; SCHÜRZ 2001. Zu den Unzulänglichkeiten und systematischen wie auch terminologischen Unklarheiten von Bourdieus Theorien vgl. MÜLLER 1986, 181-183.

27 JURT 1995, 79; SCHWINGEL 1998, 53f. Die (biologischen) „Individuen" werden bei Bourdieu als „Akteure" („agents") konstruiert und damit nicht zuletzt auch terminologisch in deutliche Opposition zum Determinismus gesetzt.

28 JURT 1995, 80; SCHWINGEL 1998, 35-51.

führt.[29] Bourdieu geht davon aus, dass soziale Akteure über Anlagen verfügen, die für ihre Praxis wie auch für ihre Reflexion über die Praxis grundlegend sind, so dass im Habitus kognitive, evaluative und motorische Schemata zu einem systematisch strukturierten generativen Prinzip sozialer Praxisformen verschmelzen. Wesentlich ist dabei, dass dieses Dispositionssystem gesellschaftlich konstituiert ist, sich also durch die spezifische Position bestimmt, die der Akteur oder eine Gruppe von Akteuren innerhalb der Sozialstruktur einnimmt. Damit ist jede individuelle Habitusform immer auch durch klassenspezifische Faktoren bedingt, und die weitere soziale Laufbahn eines Akteurs verändert über die sich vollziehende Erfahrung und Sozialisation dessen Habitus.[30]

Folglich ist die gesamte Struktur des Systems von Existenzbedingungen in den Dispositionen des Habitus angelegt, und die grundlegenden Oppositionen innerhalb dieser Struktur setzen sich tendenziell als Strukturierungsprinzipien der Praxisformen sowie deren Wahrnehmung durch.[31] Im Zentrum von Bourdieus soziologischem „Menschenbild" steht denn auch nicht das nach einem freien, selbstgewählten Entwurf handelnde Subjekt, sondern der gesellschaftlich prädeterminierte Akteur. Der Habitus ist damit zugleich Produkt kollektiver Geschichte und individueller Erfahrung, er ist nicht angeboren, sondern auf individuellen und kollektiven Erfahrungen beruhend, er stimmt objektive Chancen und subjektive Aspirationen aufeinander ab, stiftet sowohl Realitätssinn als auch den Sinn für die eigenen Grenzen und integriert klassenspezifische Verhaltensformen mit nutzorientierten Strategien. Strenggenommen ist nicht der soziale Akteur an sich gesellschaftlich bedingt, sondern sein Habitus, und dieser stellt nicht das ausschliessliche Prinzip des Handelns dar, sondern *ein* Produktionsprinzip von Praktiken unter anderen. Der Habitus ist also das Resultat der Inkorporierung sozialer Existenzbedingungen: Eine Struktur führt bei Individuen und Gruppen zu einer bestimmten Disposition, die wiederum praktische Handlungen sowie Strategien und damit neue Strukturen generiert.[32] Die repräsentierte soziale Welt konstituiert sich in der Beziehung der beiden den Habitus

29 BOURDIEU 1992b, 31; BÖHLER 2002. Vgl. BOURDIEU 1980, 88f. „Les conditionnements associés à une classe particulière de conditions d'existence produisent des *habitus*, systèmes de *dispositions* durables et transposables, structures structurées prédisposées à fonctionner comme structures structurantes, c'est-à-dire en tant que principes générateurs et organisateurs de pratiques et de représentations qui peuvent être objectivement adaptées à leur but sans supposer la visée consciente de fins et la maîtrise expresse des opérations nécessaires pour les atteindre, objectivement « réglées » et « régulières » sans être en rien le produit de l'obéissance à des règles, et, étant tout cela, collectivement orchestrées sans être le produit de l'action organisatrice d'un chef d'orchestre." (Hervorhebungen im Original, A.S.).

30 BOURDIEU 1979, 190f.; BOURDIEU 1992a, 450; SCHWINGEL 1998, 54f.

31 BOURDIEU 1979, 191; JURT 1995, 81; SCHWINGEL 1998, 59f.

32 BOURDIEU 1979, 190; BOURDIEU 1980, 91; MÜLLER 1986, 163; SCHWINGEL 1998, 55; BÖHLER 2002.

definierenden Leistungen: der Hervorbringung klassifizierbarer Praxisformen und Werke zum einen, der Unterscheidung wie auch Bewertung der Formen und Produkte (Geschmack) zum anderen. Der Habitus stellt, wie der Begriff schon sagt, etwas *Erworbenes* und zugleich auch ein *Haben* dar.[33]

Analytisch lassen sich an der Disposition des Habitus mit den *Wahrnehmungs-, Denk- und Handlungsschemata* drei Aspekte unterscheiden, die *realiter* – im Vollzug der Praxis – miteinander verknüpft sind und dauerhaft zusammenwirken. Mit ihnen einher geht die Vorstellung der Unbewusstheit, Implizitheit, Instinkthaftigkeit, ja Unreflektiertheit der alltäglichen Wahrnehmungs- und Denkstrukturen, und zwar in dem Sinne, dass die Genese – also die ‚Geschichte' – dieser Muster vergessen wurde: Sie erreichen die Ebene des diskursiven Bewusstseins nicht oder nur höchst bruchstückhaft.[34] Das habituelle Dispositionssystem dient der Orientierung innerhalb der sozialen Welt sowie der Hervorbringung adäquater, ‚sinnvoller' Praktiken und bildet nach Bourdieu die Grundlage des sogenannten sozialen Sinnes oder Praxissinnes („le sens pratique"), der den Akteuren hilft, sich in der sozialen Welt und in den spezifischen Praxisfeldern zurechtzufinden. Mit dem Praxissinn verfügen die Akteure über ein erworbenes Präferenzensystem, ein System von Wahrnehmungs- und Gliederungsprinzipien, von Anschauungs- und Wertungskategorien sowie von Klassifizierungs- und Organisationsprinzipien.[35]

Die Stellung eines Akteurs innerhalb der gesellschaftlichen Hierarchie, seine soziale Laufbahn und seine Verfügung über die verschiedenen Kapitalformen – dies alles beeinflusst seine praktische Wahrnehmung der sozialen Welt sowie die Praktiken, die aus den Erwartungen und Bestrebungen erwachsen und ihm als ‚angebracht' erscheinen. Der ‚äussere' Determinismus, die „Struktur", verlagert sich dabei gleichsam in das Innere des Akteurs und tritt in eine dualistische Beziehung zu seiner praktischen Wahlfreiheit. Durch die gesellschaftlichen Strukturen und deren Transformation in habituelle Denk-, Erwartungs- und Handlungsmuster werden lediglich die Grenzen ‚möglicher' bzw. ‚unmöglicher' Praktiken und damit der Spielraum dessen, was an Praxis möglich ist – nicht aber die Praktiken an sich – festgelegt. Auch bestimmt der Habitus weniger einzelne Praktiken inhaltlich als vor allem die *Art und Weise* ihrer Ausführung, so dass er mit dem Begriff *modus operandi* eine terminologisch exaktere Umschreibung erfährt. In diesem Sinne ist etwa das Engagement des von Bourdieu häufig thematisierten Kleinbürgertums, sich Praktiken anzueignen, die traditionell dem Gross- bzw. Bildungsbürgertum vorbehalten waren (etwa die Ausübung bestimmter prestigeträchtiger Sportarten oder der Besuch von Museen, Konzerten und Theaterabenden), durchaus üblich. Doch die Art der Ausführung dieser Praktiken wird sich durch ihren spezifischen *modus operandi* als typisch

[33] BOURDIEU 1979, 189f.; BOURDIEU 2001, 286.

[34] BOURDIEU 1980, 94.

[35] SCHWINGEL 1998, 57 u. 68; SCHÜRZ 2001.

kleinbürgerlich zu erkennen geben, im vorliegenden Fall durch die Bestrebung, gross- bzw. bildungsbürgerliche Ziele oder Standards zu erreichen. Bei den Schemata des Habitus handelt es sich also nicht um Elemente einer Theorie, einer Ethik und einer Ästhetik, sondern um die Verschmelzung von *Eidos* (hier verstanden als System logischer Schemata), *Ethos* und *Geschmack*:[36] Geschmacksausbildung, soziale Position, soziales Umfeld, aber auch Bildungsniveau und kulturelle Kompetenzen hängen demzufolge zusammen. Bei Bourdieu wurzelt der Geschmack nicht als individuelles Empfinden in einem gleichsam angeborenen und ganz persönlichen Blick für das Schöne, sondern erscheint als sozial ‚Ererbtes', als ‚natürliche Mitgift', die als Ausdruck gewohnheitsmässiger Einstellungen, Moralvorstellungen oder einer Familientradition festlegt, ob jemand zu den gesellschaftlichen ‚Gewinnern' oder ‚Verlierern' gehört. Der Geschmack ist Element einer ganzen Lebensweise, ist „Natur gewordene Kultur" und bestimmt über den gesellschaftlichen Erfolg des Einzelnen. Ästhetische Einstellungen können Tätigkeiten hervorbringen, die ihren Zweck in sich selbst zu tragen scheinen, faktisch aber Aufstiegs- und Machtinstrument in einer Hierarchie gesellschaftlicher Ungleichheit darstellen.

Die Begriffe *Habitus* und *Feld* gehören bei Bourdieu als die beiden Existenzweisen des Sozialen zusammen, da es sich um zwei in einem Komplementärverhältnis stehende Theoriekomponenten handelt, welche die Opposition von Individuum vs. Gesellschaft und damit eine weitere Variante des Gegensatzes Subjektivismus vs. Objektivismus zu überwinden suchen.[37] Der Habitus ist nicht als solcher beobachtbar, sondern nur in Verbindung mit einem Feld, das den Habitus und die Bedingungen seiner Wirksamkeit im Feld selbst strukturiert. Der Habitus wiederum verleiht dem Feld Sinngehalt, indem er Praktiken erzeugt, wenn er auf einen Raum trifft, der objektive Chancen vorgibt. Der Habitus ist, pointiert gesagt, der strukturierte Körper, der die Strukturen eines bestimmten Feldes verinnerlicht und Wahrnehmung sowie Handeln strukturiert. Dementsprechend lautet Bourdieus Formel für die sozialen Praktiken: {(Habitus) (Kapital)} + Feld = Praxis / Praktiken.[38]

Bourdieus Feldkonzept dient der Differenzierung des globalen Gesellschaftsbegriffs und trägt sowohl der realen Autonomisierung der einzelnen Bereiche als auch der relationalen Denkweise Rechnung. Gesellschaften stellen weder einen einheitlichen Kosmos noch einen geschlossenen Block von ‚Dominierenden' und ‚Dominierten' dar, sondern bilden Felder aus, die aufgrund der Praxis sozialer Akteure existieren, autonom sind und eigene Gesetze haben (z. B. Feld der Macht, literarisches Feld, ökonomisches Feld). Die Struktur eines Feldes beruht auf der Distributionsstruktur der spezifischen, im entsprechenden Feld wirksamen Kapitalarten, während die Verhältnisse zwischen den einzelnen

36 BOURDIEU 1992b, 33; SCHWINGEL 1998, 57 u. 61-65.

37 JURT 1995, 81; SCHWINGEL 1998, 69f. u. 75.

38 KORITZ A. / KORITZ D. 1999, 409; SCHÜRZ 2001.

Feldern, etwa jenem der Literatur und jenem der Ökonomie, nicht statisch sind. Da ein Feld als Kraft- und Machtfeld aufzufassen ist, lassen sich die einzelnen Institutionen nur verstehen, wenn man sie in das System der objektiven Beziehungen einordnet, die den Raum der Konkurrenz mit anderen Institutionen bilden.[39] Innerhalb eines Feldes wird um die Wahrung oder aber Veränderung der bestehenden Kräfteverhältnisse „gespielt“, wobei „Spiel“ als ein Synonym für „Kampf“ zu verstehen ist. Charakteristisch für alle Felder ist der Umstand, dass es um die legitime Definition, die ‚Zugangsberechtigung‘ zum Feld, geht. So legen bestimmte, ‚autorisierte‘ Gruppen oder Institutionen fest, wer beispielsweise als Schriftsteller anerkannt, zum literarische Feld zugelassen und dort an einem bestimmten Platz verortet wird. Überdies gibt es in einem Feld Kräfte, die mit der ‚etablierten‘ Ordnung, den ‚bevollmächtigten‘ bzw. ‚sich bevollmächtigenden‘ Organen zu brechen und – etwa als künstlerische Avantgarde im literarischen Feld – eine neue Struktur zu etablieren, eine Veränderung des Raumes herbeizuführen suchen.[40]

In jedem Feld ist eine eigene Form von Interesse wirksam, die sich wiederum aus der Sicht eines anderen Feldes als Interessenfreiheit oder auch als Absurdität präsentieren kann. Die Voraussetzung für das ‚Funktionieren‘ eines Feldes ist daher der Glaube an seine Wichtigkeit (*illusio*), an den Wert der darin ge- und verhandelten Produkte sowie an den Wert des Produzierens an sich. Mit Illusio ist das Sich-Einlassen auf und das Anerkennen der relevanten Elemente des Feldes gemeint. Dabei besteht die stillschweigende Übereinkunft, dass sich der ‚Kampf‘ um die wesentlichen Interessen und Dinge lohnt.[41]

Nun wirken zwischen den Feldern insofern Homologien, als überall ‚Dominierende‘ und ‚Dominierte‘ Kämpfe um die bestimmenden Momente innerhalb eines Feldes austragen, wobei jedoch die Merkmale der Auseinandersetzungen eine feldspezifische Dimension annehmen. Trotz der Vielfalt von Feldern besteht aufgrund ihrer Überlappungs- und Porositätstendenz die Möglichkeit, die Erträge aus einem Feld in ein anderes zu übertragen, Ressourcen und Kapitalarten zu akkumulieren und zu transformieren. Von allen Feldern stellt das Feld der Macht einen Sonderfall dar, weil hier der relative Wert – der ‚Wechselkurs‘ – der verschiedenen Kapitalsorten bestimmt wird, während das literarische Feld angesichts der Tatsache, dass die Intellektuellen eine beherrschte Fraktion der herrschenden ‚Klasse‘ darstellen, seinerseits eine spezifische Rolle im Hinblick auf das Machtfeld spielt: Obwohl ihre Aufgabe eigentlich keine bewusste Absicherung der Klassenherrschaft ist, leisten die Intellektuellen, indem sie ihre eigenen Ziele verfolgen, einen Beitrag zur Herrschaftsbewahrung.[42] Eine Analyse in Feldbegriffen umfasst also drei notwendige Faktoren: erstens die objektive

39 JURT 1995, 81f.

40 SCHÜRZ 2001.

41 BOURDIEU 2001, 360-365; SCHÜRZ 2001.

42 MÜLLER 1986, 165; SCHÜRZ 2001.

Struktur der Relationen zwischen den Positionen der im Feld konkurrierenden Momente, zweitens den Habitus der Akteure, und drittens die Verteilungsstruktur der in einem Feld relevanten Kapitalsorten, welche die Struktur des Feldes bestimmt.[43]

Der ursprünglich ökonomische Begriff *Kapital* wird bei Bourdieu aus dem rein wirtschaftlichen Kontext gelöst, analog zu ökonomischen Investitionen auf alltägliche Kategorien des Austauschs bezogen und in seinen unterschiedlichen Erscheinungsformen, seiner Konvertierbarkeit und dem damit verbundenen Schwundrisiko untersucht. Nach Bourdieu sind alle Handlungen, selbst jene, die interesselos, zweckfrei und damit von der Ökonomie ‚befreit' erscheinen, als ökonomische, d. h. auf die Maximierung materiellen oder symbolischen Gewinns ausgerichtete Aktionen zu verstehen: Denn wo Kultur den Charakter von Bildung annimmt, wird sie zu einer Ressource bzw. zu „Kapital", so dass neben dem ökonomischen Kapital weitere Kapitalsorten existieren. Vom Grundverständnis her ist Kapital akkumulierte Arbeit – entweder als Material oder in verinnerlichter, „inkorporierter" Form – und umfasst subjektive, körperliche, vergegenständlichte oder institutionalisierte Formen (Dinge, Titel), aber auch Beziehungsnetze und Handlungsressourcen der Akteure. In diesem Sinne ist ökonomischer Tausch nur ein spezifischer Fall sozialen Austausches, und alle sozialen Beziehungen nehmen die Gestalt von Tauschbeziehungen an. Die Gesellschaft bildet sich mit ihren sozialen Differenzierungen in Repräsentationsformen ab, deren Überbau eine Ökonomie der Welt des Symbolischen ist. Diese erfolgt ebenso interessegeleitet und berechnend wie das ökonomische Kalkül in der Welt der Wirtschaft. Das Ergebnis ist ein ‚Markt', auf dem die Preise der kulturell-symbolischen Güter und damit Angebot und Nachfrage geregelt bzw. verhandelt werden.[44]

Analog zur gegenseitigen Bedingtheit von Habitus und Feld existiert auch das Kapital nur im Zusammenspiel mit einem Feld: Innerhalb eines Feldes offenbart das Kapital die wichtigsten Unterschiede und entscheidet über die Machtverhältnisse, also die Produktions- und Reproduktionsmittel, deren Distribution die Struktur eines Feldes bestimmt. Eine bestimmte Kapitalsorte determiniert die Profitchancen, bildet die Verfügungsmacht im entsprechenden Feld und ist insofern von überlebensstrategischer Bedeutung, als sie die Trägheit von Strukturen verstärkt. Sie kann sich selbst reproduzieren, Gewinne abwerfen, wachsen. Was etwa im literarischen Feld ‚zählt', ist in anderen Feldern weniger wichtig oder sogar irrelevant. Kapital bedeutet bei Bourdieu aufbewahrte, ‚gespeicherte' Macht, die in einem gegebenen Kontext eingesetzt werden kann.[45]

Das *ökonomische Kapital* (Geld, Produktionsmittel, Grundbesitz etc.) ist unmittelbar sowie direkt in Geld konvertierbar und eignet sich in Form von Ei-

43 SCHÜRZ 2001.

44 MÜLLER 1986, 163-166; BOURDIEU 1992b, 49; SCHÜRZ 2001.

45 MÜLLER 1986, 166; BOURDIEU 1992b, 50; KORITZ / KORITZ 1999, 415; SCHÜRZ 2001.

gentumsrechten besonders zur Institutionalisierung. Als grundlegendes Medium ist es der Schlüssel, der Tür und Tor zur sozialen Welt und anderen Kapitalarten – etwa zu sozialem Kapital – öffnet, ganz nach dem Prinzip, dass wer Geld besitze, auch Beziehungen habe. In all seinen Erscheinungsformen – Vermögen und Einkommen – ist das ökonomische Kapital eine bewegliche Ressource.[46]

Als Kapital an sozialen Verpflichtungen umfasst das *soziale Kapital* die Gesamtheit der aktuellen und potentiellen Ressourcen, die sich aus einem dauerhaften Netz von mehr oder weniger institutionalisierten Beziehungen gegenseitigen Kennens oder Anerkennens ergeben (Verwandtschaft, Clubs, Adelsgruppen, politische Parteien etc.). Das soziale Kapital ist insofern Produkt von Investitionsstrategien, als Beziehungsarbeit – bewusst oder unbewusst – in Form von Austauschakten geleistet wird, in denen gegenseitige Anerkennung immer wieder von neuem bestätigt werden muss. Entscheidend für das ‚Volumen' dieser Kapitalform sind sowohl die Ausdehnung des mobilisierungsfähigen Netzes als auch der Umfang des Kapitals, über welches die Beziehungspartner verfügen. Unter bestimmten Voraussetzungen ist das Sozialkapital in ökonomisches Kapital konvertierbar und etwa in Form von Adelstiteln institutionalisierbar. Zugleich ist es aber auch ein flüchtiges Medium, da es ständiger Pflege bedarf, und es birgt, wie alle nicht-vertraglichen Sozialbeziehungen, in sich Risiken der Undankbarkeit, Unzumutbarkeit oder Statusungleichheit zwischen Partnern: So kann die *Do ut des*-Logik von einem unzuverlässigen Partner einfach unterlaufen werden, der Balanceakt zwischen praktischem Geschäftssinn, ökonomischem Kalkül und enger Freundschaft scheitern.[47]

Das *kulturelle Kapital* schliesslich stellt, vereinfacht gesagt, das über den Schulabschluss operationalisierte Bildungskapital dar. Da hierbei sowohl die quantitative als auch die qualitative Dimension, d. h. die Erwerbsmodalitäten (Familie versus Schule), relevant sind, unterscheidet Bourdieu drei Erscheinungsformen des kulturellen Kapitals: Erstens den inkorporierten, ‚körpergebundenen' Zustand – die dauerhaft verinnerlichten Dispositionen und Fertigkeiten einer Person, die im kognitiven Sinne oder als Geschmack im ästhetischen Sinne fungieren und zum Habitus der Person geworden sind, zweitens den objektivierten Zustand, in dem Kulturkapital als Ensemble von Kulturgütern erscheint, die als juristisches Eigentum (Bilder, Bücher, Lexika, Instrumente oder Maschinen) materiell übertragbar sind, und drittens den institutionalisierten Zustand, der über Bildungsqualifikationen etwa in Form von Titeln zu einer Objektivierung von inkorporiertem Kulturkapital führt. Der hohe Verschleierungsgrad der erblichen Übertragungsform von Kapital zeigt sich daran, dass die Akkumulation kulturellen Kapitals von frühester Kindheit an ohne Verzögerung und Zeitverlust nur in Familien stattfindet, die über ein sehr hohes Kulturkapital verfügen, wodurch im günstigsten Fall die gesamte Zeit der Sozialisation zu ei-

46 MÜLLER 1986, 166; BOURDIEU 1992b, 52.

47 MÜLLER 1986, 166; BOURDIEU 1992b, 52f. u. 63-70.

ner Zeit der Akkumulation wird. Ein besonders wichtiges Moment ist die Konvertierbarkeit und gegenseitige Beeinflussung der Kapitalformen: So ist etwa die Akkumulation von kulturellem Kapital einfacher, wenn ökonomisches oder soziales Kapital zur Verfügung steht, und der Erwerb von Kulturgütern ist, wie beim ökonomischen Kapital, über den Preis geregelt, wobei die symbolische Genussfähigkeit wiederum vom vorgängigen Bildungserwerb, also vom inkorporierten Kulturkapital, abhängt. Auch Bildungstitel, die wie ein Adelsprädikat wirken und ihrem Träger bestimmte Kompetenzen zuschreiben, können sich ‚bezahlt' machen, d. h. in ökonomisches Kapital umgewandelt werden. So liegt einerseits das ökonomische Kapital allen anderen Kapitalarten zugrunde, andererseits sind aber seine transformierten Erscheinungsformen niemals ganz auf das ökonomische Kapital rückführbar, da die spezifischen Wirkungen der übrigen Kapitalien erst durch die Verbergung dieses Bezugs hervortreten.[48]

In seiner institutionalisierten Form stellt das kulturelle Kapital ein Beispiel für eine besondere Kapitalform dar, die Bourdieu als *symbolisches Kapital* bezeichnet. Unter diesen komplexen Begriff lassen sich Bekanntheit, Anerkennung, Prestige oder Renommee einer Person subsumieren. Das symbolische Kapital ist als wahrgenommene und legitim anerkannte Form der vorgenannten Kapitalien zu verstehen. Symbolische Macht entfaltet sich auf der Ebene von Sinn und Erkennen und muss, wie jede Form des performativen Diskurses, auf dem Besitz von symbolischem Kapital gründen. Dieses hat seinerseits zur Vorbedingung, dass es wahrgenommen und als legitim anerkannt wird, wobei es in den verschiedensten Formen von Kapital (ökonomisch, kulturell, sozial) erscheinen kann.[49]

Die analytische Konstruktion des *sozialen Raumes*, der die Teilungsprinzipien gegenwärtiger Gesellschaften enthält, dient Bourdieu der Zusammenführung seiner verschiedenen Strukturierungsaspekte: In diesem Modell wird die moderne Sozialwelt als mehrdimensionaler Raum begriffen, dessen einzelne Dimensionen aus den vorherrschenden Teilungsprinzipien und ihren Eigenschaften bestehen. Letztere bilden die strategisch wichtigen Ressourcen – die Sorten von Kapital oder Macht. Anhand des Umfanges und der Verteilungsstruktur der Kapitalarten kann die relative Stellung von Akteuren oder Gruppen in der Gesamtgesellschaft bestimmt werden. Die Verortung des Einzelnen wird über seine Ausstattung mit den verschiedenen Kapitalsorten geregelt, welche Ressourcen des Aufstiegs und damit auch der Möglichkeit, gesellschaftliche Machtpositionen zu bekleiden, darstellen. Entsprechend zeichnen Konglomerate von sozialen Lagen und Positionen analytisch konstruierte soziale Klassen aus. Die Art, in der sich Akteure und Gruppen voneinander unterscheiden, und die Beziehung, in welcher sie zueinander stehen, bezeichnen das Differenzierungsprinzip, das zu konstruieren ist und auf dessen Grundlage sich der empirisch be-

48 MÜLLER 1986, 167; BOURDIEU 1992b, 52-63; SCHÜRZ 2001.

49 SCHWINGEL 1998, 86-88; BOURDIEU 1992b, 52; SCHÜRZ 2001

obachtete soziale Raum theoretisch nachzeichnen lässt. Demnach sind alle Gesellschaften soziale Räume und damit Strukturen von Unterschieden. Konzipiert wird die soziale Welt als ein Ort ständiger „Kämpfe“ um den Sinn der Welt. Indes erweist sich der soziale Raum nicht als Universum vollkommener Konkurrenz, sondern als eine Welt von Trägheit und Akkumulation mit mehreren Dimensionen. Die Akteure definieren sich zweidimensional über ihre relative Stellung im Raum: In einer ersten Raumdimension erfolgt die Positionierung nach dem *Gesamtumfang* an Kapital, in einer zweiten Dimension ist die *Zusammensetzung* dieses Kapitals, d. h. das relative Gewicht der verschiedenen Kapitalsorten, relevant. Während der soziale Raum in seiner vertikalen Dimension den Stand des Status- und Prestigekampfes der verschiedenen Berufsgruppen abbildet, differenziert er sich in der horizontalen Dimension in spezifische soziale Felder.[50]

Nach Bourdieu wird der Klassencharakter einer Gesellschaft erst dann sichtbar, wenn ökonomische Unterschiede symbolisch in soziale Klassifikationen und prestigedifferenzierte Lebensstile übersetzt werden, also sozial zu exklusiven Lebensstilen und individuell zu einer ‚vornehmen‘, ‚distinguierten‘ Persönlichkeit führen. Der ökonomische „Klassenkampf“ wird folglich durch den symbolischen erweitert, so dass der ‚Kampf‘ nicht mehr nur um die Verteilung von Gütern und Dienstleistungen geht, sondern auch um die ‚richtigen‘ Werte, die legitimen Standards und distinktiven Lebensstile. Soziokulturelles Milieu, Geld und Zeit sind kognitive und zugleich auch klassenspezifische Kriterien für die unterschiedliche Verteilung von Erkenntnisfähigkeiten und Wahrnehmungsweisen, darüber hinaus aber auch die wesentlichen Determinanten des ästhetischen Urteilsvermögens.[51]

50 MÜLLER 1986, 164f. u. 171; SCHÜRZ 2001.

51 MÜLLER 1986, 171 u. 175. Bourdieu verwendet einen ethnographischen Klassenbegriff, versteht unter „Klasse“ Alters-, Geschlechts- und Gesellschaftsklassen und untersucht im einzelnen die kulturellen Präferenzen von Klassenfraktionen bzw. Berufsgruppen.

2. Turgenevs ökonomische Positionen

Впрочем: денежная беда – не беда.
Ivan Turgenev, 1882

2.1. Abstammung, Kindheit und Jugend – Rollenkonformität und materielle Sicherheit

Про свои ребяческие лета знаю только то, что я был баловень...
Turgenev, <Nabrosok avtobiografii> (PSS, I, 438)

Ivan Sergeevič Turgenev wurde als zweiter von drei Söhnen am 28. Oktober (9. November) 1818 in Orël, der Hauptstadt des gleichnamigen Gouvernements, geboren. Seine Eltern, Sergej Nikolaevič Turgenev (1793-1834) und Varvara Petrovna Turgeneva (1787/88-1850, geborene Lutovinova), entstammten beide russischen Adelsgeschlechtern und verfügten über entsprechende Standesprivilegien.[52]

In den russischen Chroniken ist der Name Turgenev, dessen Abkunft ursprünglich tatarisch war, oft zu finden. Die Nachkommen des Familiengründers Lev Turgen, der 1440 von der Goldenen Horde an den Hof des Moskauer Grossfürsten Vasilij II. Vasil'evič („der Geblendete") gelangt war und den christlichen Glauben angenommen hatte,[53] dienten dem russischen Thron als Botschafter, Militärkommandeure und Inhaber anderer hoher Ämter, wofür sie von den Zaren in erster Linie mit Grundbesitz bedacht wurden.[54] Solche Schenkungen besiedelten Landes waren bis zum Ende des 18. Jahrhunderts durchaus üblich und bildeten die Grundlage für das oft beträchtliche Vermögen vieler adliger Staatsdiener in Spitzenpositionen, deren ökonomische Prosperität mithin von

52 ZVIGUILSKY T. 1980, 43; KORSUN 1990, 53; NIKITINA 1995, 11. Varvara Petrovna Lutovinova wurde am 30. Dezember 1787 alten Stils, d. h. am 10. Januar 1788 neuen Stils geboren.

53 Laut MAGARSHACK (1954, 18) war der Stammvater des Geschlechts der Tatarenprinz Khan Turga, der im 15. Jahrhundert die Goldene Horde verliess, um am Hofe Vasilijs zu dienen. SCHAPIROS (1982, 1) Behauptung, Lev Turgen habe 1440 die Goldene Horde verlassen, um unter dem Grossfürsten Vasilij Ivanovič zu dienen, kann insofern nicht stimmen, als es sich beim erwähnten Vasilij Ivanovič um Vasilij III. Ivanovič handeln muss, der allerdings erst 1505 Grossfürst von Moskau wurde.

54 MAGARSHACK 1954, 18; SCHAPIRO 1982, 1; BRANG 1977, 7. Vgl. in diesem Zusammenhang auch STÖKL 1983, 184f.: „Diese Tataren, die gewöhnlich bald Christen wurden und nicht selten zu hohen Würden aufstiegen – eine nicht geringe Zahl sehr bekannter russischer Adelsgeschlechter hat einen solchen getauften Tataren zum Stammvater –, bildeten in der ihnen völlig fremden russischen Umwelt ein ausschliesslich auf die Gnade des Grossfürsten angewiesenes und ihm daher treu ergebenes Element".

der Zentralmacht abhängig blieb. Dadurch konnte nicht zuletzt auch das Streben der Adligen nach mehr politischem Einfluss ausserhalb des Staatsapparates weitgehend verhindert werden.[55]

Turgenevs Vater, ein Veteran der Schlacht bei Borodino 1812, quittierte bereits 1821 im Range eines Obersten den Dienst und liess sich auf dem Gut seiner Frau in Spasskoe-Lutovinovo nieder, das 10 Werst von der Stadt Mcensk und fünfzig Werst von der Provinzhauptstadt Orël entfernt lag. Turgenevs Mutter war wesentlich älter und auch weitaus vermögender als ihr Gatte: Während dieser lediglich 130 Leibeigene besass und ohne Einkommen war (PSP, X, 256), brachte Varvara Petrovna zwanzig Güter mit Tausenden von Desjatinen Land sowie 5'000-6'000 leibeigenen, männlichen Bauern („Seelen") in die Anfang 1816 geschlossene Ehe. Zugleich übernahm sie die Verwaltung des gesamten, nahezu autarken Familienbesitzes, den sie als energische Feudalherrin einer pedantischen, bis ins Detail geregelten Organisation unterwarf.[56] Varvara Petrovnas zu jenem Zeitpunkt beträchtlicher Reichtum ist darauf zurückzuführen, dass im 17. Jahrhundert zwei Vorfahren für ihren Militärdienst mit Ländereien in Spasskoe belohnt worden waren. Das Gut blieb fortan im Besitz der Familie und ging 1813 als Nachlass Ivan Ivanovič Lutovinovs an dessen zu jenem Zeitpunkt nur gerade sechsundzwanzigjährige Nichte und Alleinerbin Varvara über, die damit in der Vermögenshierarchie des gesamten russischen Landadels zum obersten Halbprozent und, abgesehen von der Zarenfamilie, zu den 600 reichsten Leuten in Russland gehörte.[57]

55 GRENZER 1995, 21. Im politischen und materiellen Selbstverständnis des russischen Adels hatten die Zuweisung von Grundbesitz sowie die Vergabe von Prestigeobjekten und Geld als sichtbare Beweise erfolgreichen Dienstes wie auch zarischer Gunst und Gnade immer eine bedeutende Rolle gespielt (RÜSS 1994, 108f.).

56 ZVIGUILSKY T. 1980, 48f.; PRITCHETT 1986, 7; BRANG 1977, 7; KORSUN 1990, 56; KLUGE 1992, 20; ZÚÑIGA 2001, 19-21. Zu Varvara Petrovnas Besitz vgl. ANNENKOV 1928, 622: „Варвара Петровна Тургенева [...] обладала в одной Орловской губернии состоянием, равным, по тогдашнему счету, силе 5.000 душ крепостных работников." Nach Varvara Petrovnas eigener Aussage belief sich ihr Vermögen im September 1838 noch auf 3'000 Leibeigene (männliche „Seelen") (RICE 1997, 3, Anm. 8). Dieser Schwund ist, sofern er den Tatsachen entsprach, vermutlich auf Verkäufe zurückzuführen, die in den vorangegangenen zwanzig Jahren erfolgt waren (SCHAPIRO 1982, 2). Demgegenüber soll laut Varvara Petrovnas Ziehtochter Varvara N. Žitova der Besitzstand ihrer Adoptivmutter im Jahre 1847 nach wie vor 5'000 „Seelen" betragen haben (ŽITOVA 1961, 101).

57 ZVIGUILSKY T. 1980, 43-47; SCHAPIRO 1982, 3; KORSUN 1990, 54; RICE 1997, 3. Ivan Lutovinov soll zur Zeit des Napoleonischen Russlandfeldzuges an einem Schlaganfall gestorben sein, nachdem er erfahren hatte, dass Moskau gefallen war (BIZJUKIN 1885, 372). Dieses Detail ist insofern von Bedeutung, als Lutovinov beabsichtigt hatte, seine Nichte aufgrund des gespannten persönlichen Verhältnisses zu enterben. Dazu kam es jedoch wegen seines plötzlichen Todes nicht mehr (SCHAPIRO 1982, 5). Obwohl Nachlassverfahren damals in Russland bis zu mehreren Jahren dauern konnten, gelang es Varvara Petrovna, das Erbe ihres Onkels innerhalb eines einzigen Monats anzutreten. Da Lutovi-

Allgemein herrschte die Überzeugung, dass Sergej Turgenev die Ehe mit Varvara Petrovna aus rein ökonomischen Erwägungen eingegangen war. Sein Vater soll ihn sogar nachgerade angefleht haben, das Familiengut Turgenevo im Gouvernement Tula vor der Versteigerung zu bewahren, woraufhin sich dieser erst zur Vermählung entschloss.[58] Doch auch Varvara Petrovna, eine gebildete, launische und herrschsüchtige Frau, dürfte der Eheschliessung nicht nur aus Liebe zugestimmt haben. Vielmehr ist davon auszugehen, dass sie sich auch um des Ansehens willen in eine der ältesten Adelsfamilien Russlands eingeheiratet hatte, wo sie ihren Einfluss vor allem durch ihr Vermögen geltend machen konnte.[59]

Den heranwachsenden Söhnen blieben die emotionalen, aber auch finanziellen Spannungen zwischen ihren Eltern nicht verborgen.[60] Ivans Kindheit war denn auch einerseits vom distanzierten Verhältnis zum Vater, der sich wenig um seine Familie kümmerte, andererseits von der ambivalenten Beziehung zu seiner Mutter geprägt: Während Varvara Petrovna Ivan ihre Zuneigung zunächst kaum spüren liess und den Knaben einer strengen Erziehung unterzog,[61] muss sie – wie eine Notiz in ihrem Album zeigt – ihren „Vanička" doch sehr geliebt haben:[62]

> 1839. A mon fils Jean. C'est que Jean c'est mon soleil à moi, je ne vois que lui et lorsqu'il s'éclipse, je ne vois plus clair, je ne sais plus où j'en suis. Le cœur d'une mère ne se trompe jamais et vous savez, Jean, que mon instinct est plus sûr que ma raison.[63]

Seine ersten neun Lebensjahre verbrachte Ivan, abgesehen von einer Auslandsreise 1822, auf dem mütterlichen Erbgut Spasskoe und, während der Wintermonate, in Moskau. Den Turgenevs mangelte es an nichts, sie lebten das typische Leben des wohlhabenden russischen Adels, der in seinen Residenzen auf dem Land und in der Stadt den luxuriösen Stil der westeuropäischen Hocharistokratie pflegte. Wie die Erinnerungen ihrer Adoptivtochter Varvara Nikolaevna Žitova (geborene Bogdanovič-Lutovinova) zeigen, setzte Varvara Petrovna ihren

novs Schwestern ihre Ansprüche zu spät geltend gemacht hatten, wurden sie bei der Erbschaftsregelung nicht mehr berücksichtigt (ZVIGUILSKY T. 1980, 47).

58 MAGARSHACK 1954, 17f.; BRANG 1977, 7; SCHAPIRO 1982, 2.

59 MAGARSHACK 1954, 17; ZVIGUILSKY T. 1980, 56; KORSUN 1990, 54 u. 59. ZVIGUILSKY T. (1980) hat sich in ihrer Schrift, ebenso wie bereits zuvor MALYŠEVA (1915a, 1915c u. 1915d), um ein differenzierteres Bild von Varvara Petrovna bemüht und in diesem Zusammenhang etwa ihre Verdienste bei der Krankenversorgung und beim Schulbau in Spasskoe herausgestellt (ebd. 48f.).

60 KORSUN 1990, 60.

61 KLUGE 1992, 20; SCHMID 1993, 344.

62 SCHMID 1993, 344.

63 Zitiert nach ŽITOVA 1961, 30f.

Reichtum sowohl zum Zwecke der eigenen Kurzweil als auch zur Erhöhung ihres Sozialprestiges ein:[64]

> Вышедши замуж, Варвара Петровна зажила тою широкою, барскою жизнью, какою живали наши дворяне в былые времена. Богатство, красота ее мужа, ее собственный ум и умение жить привлекли в их дом все, что было только знатного и богатого в Орловской губернии.[65]

Und auch Turgenev selbst äusserte sich später ähnlich zu den Annehmlichkeiten, die in seinem Elternhaus den Alltag prägten:

> […] семья Тургеневых зажила деревенской жизнью, той дворянской, медленной, просторной и мелкой жизнью, самая память о которой уже почти изгладилась в нынешнем поколении, – с обычной обстановкой гувернеров и учителей, швейцарцев и немцев, доморощенных дядек и крепостных нянек. (*Avtobiografija*, PSS, XV, 206).

Der Reichtum der Familie wurde geradezu ostentativ zur Schau gestellt, was vor allem für das Anwesen mit dem Herrschaftshaus in Spasskoe galt. Das Gebäude verfügte über einundzwanzig Zimmer und war so konzipiert, dass es nicht den ästhetischen Geschmack des Betrachters, sondern in erster Linie die Vorliebe für ausserordentliche Dimensionen bediente und, zusammen mit dem angrenzenden prächtigen Park, seinen Repräsentationszweck voll erfüllte. Einen Eindruck von diesem architektonischen Ensemble vermitteln die Aufzeichnungen V. V. Kolontaevas, die als Varvara Petrovnas Pflegekind in Spasskoe lebte:[66]

> Село Спасское было в то время настоящим барским имением. Широкие, длинные аллеи из исполинских лип вели с разных сторон к господской усадьбе, во главе которой возвышался старинный, большой дом, о трех или четырех этажах, деревянный, на каменном фундаменте. Архитектор, строивший его, мало заботился, как видно, о его красоте и правильности, а имел только в виду, чтоб он был повыше, пошире и подлиннее; если что и придавало наружному виду его некоторый характер, то это галереи, украшенные колоннами, которые шли полукругом, по обеим сторонам дома и оканчивались флигелями. За домом тянулся обширный, роскошный сад, густые темные аллеи которого шли уступами к прудам, окаймлявшим сад и всю усадьбу.[67]

[64] Brang 1977, 7f.; Zviguilsky T. 1980, 47; Korsun 1990, 55 u. 64.

[65] Žitova 1961, 25.

[66] Schapiro 1982, 4.

[67] Kolontaeva, V. V.: Vospominanija o sele Spasskom. In: *Istoričeskij vestnik* 10 (1885), 44 (zitiert nach Nikitina 1995, 14). Eine Beschreibung des grossen Hauses, seiner Möblie-

Neben den zahlreichen Angestellten, zu denen Arzt, Briefbote, Lakaien, Kammermädchen, Köche und Haushofmeister gehörten, verfügten die Turgenevs sogar über ein eigenes Orchester, über Sänger sowie ein Theater, in welchem Leibeigene als Schauspieler auftraten.[68]

Zu Ivans prägenden Kindheitserlebnissen gehörte demnach einerseits der Mangel an elterlicher Zuneigung, andererseits ein Leben in Luxus und Komfort – ein Zugleich also von affektiver Entbehrung und ökonomischem Überfluss. So wenig Liebe Ivan von seinem unnahbaren Vater und seiner autoritären Mutter empfing, so sehr wurde er mit materiellen Annehmlichkeiten und Vorzügen buchstäblich überschüttet. Besondere Aufmerksamkeit wurde der Bildung der Söhne zuteil. Neben Fedor Ivanovič Lobanov, einem russischen Leibeigenen, der als Varvara Petrovnas Sekretär fungierte und die Aufsicht über das flüssige Kapital hatte, kümmerte sich eine ganze Reihe von Hauslehrern um die Erziehung der Kinder, und dem jungen Ivan, der schon früh ein leidenschaftlicher Leser war, kamen Varvara Petrovnas opulente Bibliothek mit ihrer Sammlung französischer Bücher ebenso zugute wie die Kenntnisse seines Vaters in Französisch, Deutsch, Mathematik, Geschichte und Geographie. Turgenevs Vater war es auch, der auf den sorgfältigen Umgang seiner Söhne mit der russischen Sprache achtete.[69]

Während der reiche Lebensstil der Turgenevs dem jungen Ivan in allen Belangen zuteil wurde, prägte die emotional ambivalente und keineswegs leichte Kindheit nachhaltig die Persönlichkeit des Knaben.[70] Und ungeachtet des stets verfügbaren Reichtums sowie aller damit verbundenen Annehmlichkeiten soll der Junge die sozialen Verhältnisse auf den Gütern seiner Eltern sehr kritisch wahrgenommen und sich heftig gegen die Mutter aufgelehnt haben, wenn diese ihre Bauern seiner Meinung nach ungerecht behandelte.[71]

Bereits als Kind verinnerlichte Turgenev jene externen sozialen Strukturen, die durch die Zugehörigkeit seiner Familie zu den wohlsituierten Kreisen des russi-

rung und Gemäldesammlung, aber auch des grossen Parks mit seinen mächtigen Bäumen und einem seeartigen Teich ist in Turgenevs Novelle *Faust* (1856) zu finden. Vgl. hierzu auch BIZJUKIN 1885, 348-351.

68 ŽITOVA 1961, 25; ZVIGUILSKY T. 1980, 47; ZÚÑIGA 2001, 20f.

69 ZVIGUILSKY T. 1980, 51; KORSUN 1990, 64f. Vgl. hierzu auch KLEMAN 1921.

70 Zu Turgenevs Persönlichkeitsentwicklung vgl. SCHMID 1993, 344-347.

71 LOWE 1989, 16; SCHAPIRO 1998, 17; KLUGE 1992, 22. In den *Literaturnye i žitejskie vospominanija* versah Turgenev 1868 seinen Kampf gegen die Leibeigenschaft explizit mit dem Nimbus des „Hannibalschwurs“ (PSS, XIV, 9). Die Forschung hat diesen Eid allerdings wiederholt als eine Selbsttäuschung Turgenevs gedeutet und die Entschlossenheit seiner Auflehnung gegen die Leibeigenschaft abgemildert (vgl. BRANG 1956, 371 u. 405, PETERS 1972, 74f. sowie BRANG 1977, 76). Auch soll sich Turgenev während seiner Studienzeit in Berlin nach Aussage eines Kommilitonen nie explizit für die Abschaffung der Leibeigenschaft ausgesprochen haben (SCHAPIRO 1982, 34).

schen Adelsstandes mit allen damit einhergehenden Privilegien sowie gruppenspezifischen Ansprüchen an Lebensstandard und -praktiken gegeben waren. Die Rollenerwartungen, die mit Turgenevs sozialer Position verbunden waren, beschränkten sich im wesentlichen auf den Erwerb von Bildung und die Übernahme von ‚standesgemässen' Attributen bzw. Verhaltensweisen. Während sich bis dahin Rollenkonflikte allenfalls dort bemerkbar gemacht hatten, wo der junge Turgenev mit dem problematischen Verhältnis seiner Mutter gegenüber ihren Leibeigenen konfrontiert wurde, änderte sich diese Situation mit seinem Studiengang in Russland und Deutschland: Turgenevs Loslösung von seinem Elternhaus und seine Anspruchshaltung an Wohlstand und finanzielle Verfügungskraft führten schon bald zu wachsenden Spannungen mit seiner Mutter, die ihrerseits ganz bestimmte Erwartungen an die künftige Berufsrolle ihres Sohnes und dessen Umgang mit dem elterlichen Vermögen hatte.

2.2. Studium in Russland – Akkumulation von kulturellem Kapital

Anfang 1827 zogen die Turgenevs nach Moskau, wo Varvara Petrovna drei Jahre zuvor für 70'000 Rubel ein Haus gekauft hatte.[72] Hier besuchte Ivan zunächst zwei Jahre lang das deutsche Pensionat Weidenhammer und wurde anschliessend von Privatlehrern unterrichtet. Eigentlich hatten seine Eltern für ihn eine militärische Laufbahn vorgesehen, was ihn beruflich mit seinem Vater, Onkel und auch älteren Bruder Nikolaj verbunden hätte. Statt dessen nahm er im selben Jahr als nur gerade fünfzehnjähriger „Student auf eigene Kosten" („svoekoštnyj student") sein Studium der Literatur und Philosophie an der Moskauer Universität auf.[73] 1834 wechselte er, wiederum als „svoekoštnyj student", an die Philosophisch-Historische Fakultät der Petersburger Universität. Am 30. Oktober (11. November) desselben Jahres starb Turgenevs Vater im Alter von lediglich 41 Jahren in St. Petersburg.[74] Vor seinem Tode hatte Sergej Nikolaevič seinen Sohn Ivan – und nicht Nikolaj – zum künftigen Familienoberhaupt be-

[72] *Avtobiografija*, PSS, XV, 206; NIKITINA 1995, 16. Da der Kaufpreis des Hauses nicht ausdrücklich in *Silberrubeln* genannt wird, ist davon auszugehen, dass es sich um 70'000 *Assignatenrubel* handelte, die 1827 ungefähr 18'800 Silberrubeln entsprachen (ZIMARINA 1994, 41).

[73] BRANG 1977, 8; KLUGE 1992, 22; NIKITINA 1995, 16 u. 23. RICE 1997, 5. Vgl. auch Turgenevs Antrag an die Leitung der Moskauer Universität: „Родом я из дворян, от роду мне шестнадцатый год […] Ныне, желая усовершенствовать в высших науках, покорнейше прошу сие Правление, подвергнув меня надлежащему испытанию, включить в число своекошных (sic, A.S.) студентов по Словесному отделению." (PSP, I, 423). Turgenev war zu jenem Zeitpunkt nicht einmal 15 Jahre alt, so dass seine Altersangabe im Gesuch deutlich übertrieben war. Auf dem Antrag ist denn auch die von unbekannter Hand hinzugefügte Bemerkung „14 лет и 11 месяц" zu finden (PSP, I, 632).

[74] NIKITINA 1995, 25.

stimmt.[75] Nach Nikolaj Sergeevič Turgenevs Tod soll Varvara Petrovnas Besitz rund 5'000 (männliche) „Seelen“ und etwa 100'000 Desjatinen (rund 1'100 km²) besiedelten wie auch unbesiedelten Landes in verschiedenen Landkreisen der Gouvernements Orël, Tula, Tambov, Kursk sowie Kaluga und damit überwiegend im fruchtbaren Zentralen Schwarzerdegebiet umfasst haben.[76]

1836 schloss Turgenev als „Wirklicher Student“ („Dejstvitel’nyj student“) die Universität ab. Am 10. (22.) Juli 1837 erlangte er den Titel eines „Kandidaten“ der Philosophie,[77] jenes Fachs, dem sein wissenschaftliches Interesse fortan galt. In Würdigung seiner Fähigkeiten bot ihm die Petersburger Universität die Möglichkeit, mit einer Dissertation eine akademische Berufslaufbahn zu beginnen. Doch Turgenev entschied sich gegen dieses durchaus attraktive Angebot, weil ihn – wie er einige Jahre später behauptete – die Jagd, der er sich seit 1835 intensiv widmete, zu sehr beanspruchte.[78] Dass er sich damals gegen eine Universitätsstelle in Russland aussprach, war aber eher auf den seiner Ansicht nach dürftigen Kenntnisstand an den dortigen Universitäten und die damit verbundenen begrenzten Entwicklungsmöglichkeiten zurückzuführen (*Literaturnye i žitejskie vospominanija 1854-1883, Vmesto vstuplenija*; PSS, XIV, 8).[79] Turgenev wollte zunächst seine Studien in Berlin fortsetzen, dem damaligen Zentrum der modernen idealistischen Philosophie. Mit den ihm von seiner Mutter bereitgestellten finanziellen Ressourcen konnte er nicht nur seine Jagdpassion ausleben, sondern eben auch den Sprung in das „deutsche Meer“[80] wagen. Damit wurde die Diskussion um seine Universitätslaufbahn vorerst vertagt. Als nämlich Varvara Petrovna um 1837 den Plänen ihres Sohnes für Berlin zustimmte, bestand Turgenevs feste Absicht nach wie vor darin, in Deutschland etwa zwei Jahre zu verbringen und dann wieder an eine russische Hochschule zurückzukehren.[81] So

75 RICE 1997, 6f.

76 BIZJUKIN 1885, 340; GUT’JAR 1907, 208. Zum Umfang von Varvara Petrovnas Landbesitz vgl. Anmerkungen 56 und 331.

77 Vgl. hierzu auch PSP, I, 633.

78 KORSUN 1990, 91f. Im Unterschied zum Westen war die Jagd in Russland zwar eine beliebte Beschäftigung des Adels, nicht aber ein herrschaftliches Privileg (RÜSS 1994, 198). Trotzdem ist davon auszugehen, dass die Jagd gerade für den sich immer häufiger in Westeuropa aufhaltenden Turgenev zu den ‚standesgemässen‘ Betätigungen gehörte und eine aristokratische Habitualisierung erfuhr, die dann 1879 in der ikonographischen Fixierung Turgenevs als Jäger durch den Maler Nikolaj D. Dmitriev-Orenburgskij kulminierte (vgl. KUZ’MINA 1967).

79 MALYŠEVA 1915a, 25; PSS, XV, 207; BJALYJ / MURATOV 1970, 30.

80 Vgl. *Literaturnye i žitejskie vospominanija 1854-1883, Vmesto vstuplenija*: „Я бросился вниз головою в «немецкое море», долженствовавшее очистить и возродить меня, и когда я наконец вынырнул из его волн – я все-таки очутился «западником», и остался им навсегда.“ (PSS, XIV, 9).

81 „[…] я еду за границу – в Берлин, где я проведу года два – буду учиться прилежно и, вернувшись – надеюсь выдержать экзамен в магистры.“ (Aus einem am 26. März [7. April] 1838 aus St. Petersburg an Sergej M. Figlev gerichteten Brief; PSP, I,

teilte er noch Ende Oktober 1840 seiner Mutter in einem Brief mit, er wolle Professor an der Moskauer Universität werden.[82]

1842 bestand Turgenev an der Petersburger Universität die Magisterprüfung in seinem Hauptfach Philosophie sowie in den Nebenfächern Griechisch und Latein.[83] Seine Vorbereitungen auf die Examina verbrachte er in einer behaglichen Umgebung, die ihm alle nur erdenklichen Annehmlichkeiten bot und seinen Ansprüchen an Komfort und Opulenz in jeder Hinsicht gerecht wurde:

> На будущей неделе у меня экзамен из философии – я готовлюсь и никого не вижу. […] Совсем стал другим человеком. Брат мне отвел прекрасную комнату с камином и *тремя*, заметьте – тремя волтеровскими креслами: а сколько подушек – уму непостижимо. Мы живем <на> уединенной улице – шуму не слышно ни в какое время дня – брата почти не бывает дома; я пью утром славный чай – с прекрасными кренделями – из больших чудесных английских чашек. У меня есть и лампа на столе. Словом, я блаженствую и с трепетным, тайным, восторженным удовольствием наслаждаюсь уединеньем – и работаю – много работаю.[84]

Noch 1842 betrachtete Turgenev seine berufliche Zukunft an einer Hochschule als denkbare Option. Davon zeugt etwa sein Eintrag unter dem Jahre „1842", den er 1852 oder 1853 in seinem *Memorial* notierte:[85] „Я хочу быть профессором философии!" (PSS, XV, 201). Und auch seine Mutter hoffte noch eine Zeitlang, ihr Sohn könnte Professor der Philosophie an der Moskauer Universität werden, auf diese Weise dem Staate dienen und standesgemässe gesellschaftliche Anerkennung erlangen.[86] Indes zerschlugen sich Turgenevs Hoffnungen auf eine Professur, als das Fach Philosophie unter Nikolaj I. an den Hochschulen eingeschränkt und zeitweilig sogar ganz verboten wurde. Dies betraf auch das Ordinariat in Moskau, das seit dem Dekabristenaufstand unbesetzt war.[87] Diese Missstände sowie die Tatsache, dass sich Turgenev für das zwin-

171).

82 Schapiro 1982, 25.

83 Brang 1977, 10f.

84 Aus Turgenevs Brief vom 3. (15.) April 1842 an Aleksej und Aleksandr Bakunin (PSP, I, 222; Hervorhebung im Original, A.S.).

85 PSS, XV, 396.

86 Rice 1997, 7.

87 Kluge 1992, 55. Vgl. hierzu auch Nikitina 1995, 60: Am 11. (23.) Januar 1841 schrieb Nikolaj Turgenev an seinen Bruder Ivan, er habe im Hinblick auf Ivans Lehrstuhlaspiration mit dessen ehemaligem Mathematikprofessor Platon N. Pogorel'skij gesprochen. Dieser habe Ivan angeraten, ein anderes Fach zu wählen, da die Philosophie in Russland einen sehr schweren Stand habe („философии у нас в России не только в Москве – не имеется. – Философия изгнана вовсе.").

gend erforderliche Dissertationsvorhaben, dessen erfolgreicher Abschluss normalerweise zu einem Lehrstuhl geführt hätte, letztlich doch nicht entschliessen konnte, vor allem aber sein immer stärkeres Engagement als debütierender Schriftsteller führten schliesslich zur Aufgabe seiner Pläne.[88] Mit Turgenevs Abkehr von der Universität konnte sich Varvara Petrovna lange nicht abfinden. So erinnerte sie ihn noch 1844 vergeblich an sein Versprechen, eine Dissertation verfassen zu wollen.[89]

Während seiner Studienzeit in Russland widmete sich Turgenev neben der Philosophie auch eingehend der Literatur und machte ab 1834 selbst erste literarische Versuche in Puškinscher und Byronscher Manier.[90] Erleichtert wurde ihm der Zugang zur Schriftstellerei durch seine gesellschaftliche Position und seine Fähigkeit, sich die Bekanntschaft mit dem Dichter, Kritiker und Professor für Literaturwissenschaft Pëtr A. Pletnev, einem Freunde Aleksandr Puškins, zunutze zu machen. Diesem legte Turgenev Ende 1836 sein erstes umfangreicheres Opus, das 1834 verfasste „dramatische Poem" *Steno*, und ein paar kürzere Gedichte vor. Daneben schrieb er in den 1830er Jahren weitere Verserzählungen, die nicht erhalten sind, sowie rund hundert kleinere Gedichte. Einige wenige davon erschienen 1838 im Druck, so etwa das 1837 verfasste Gedicht *Večer*, das im April 1838 in der ersten Nummer des *Sovremennik* mit der Unterschrift „— — — въ" publiziert wurde und Turgenevs erste bedeutende Veröffentlichung darstellte.[91]

Zurückzuführen sind Turgenevs literarische Anfänge als Lyriker sowohl auf einen inneren Impuls als auch auf die Anregungen seines Studiums, seiner akademischen Lehrer und des romantischen Zeitgeistes. Mit finanziellen Erwägungen oder materiellen Erfordernissen waren sie nicht verbunden, jedenfalls war Turgenev zu jenem Zeitpunkt auf Einkünfte, die er als Debütant mit seinen Publikationen allenfalls erzielte oder hätte erzielen können, nicht angewiesen. Seinen Lebensunterhalt konnte er nach wie vor auf der Grundlage jener Geldmittel bestreiten, die ihm seine Mutter zur Verfügung stellte. Nur wenige Schriftsteller seiner Generation befanden sich damals in einer ähnlich glücklichen Lage, und Autoren wie etwa Fedor M. Dostoevskij, für den die literarische Arbeit eine ökonomische Notwendigkeit darstellte, verfolgten mit Neid die schriftstellerische Entfaltung dieses wohlhabenden und zugleich begnadeten Talents, dessen

88 LN 1964, I, 357; KORSUN 1990, 131f.

89 NIKITINA 1995, 96.

90 BRANG 1977, 8; KLUGE 1992, 22; PSS, I, 503.

91 BRANG 1977, 8 u. 44; PSS, I, 503 u. 511; NIKITINA 1995, 32f. Vgl. auch PSS, XIV, 11 u. 430. Strenggenommen erfolgte Turgenevs allererste Publikation im Jahre 1836, als er noch Student an der Petersburger Universität war und auf Wunsch seiner Mutter hin einen kleinen Artikel („в виде пробы пера") für K. S. Serbinovič, den Redakteur des *Žurnal Ministerstva narodnogo prosveščenija*, verfasste. Es handelte sich dabei um eine Rezension über A. N. Murav'evs *Putešestvie po svjatym mestam russkim*, die ohne Turgenevs Wissen abgedruckt wurde (PSP, XI, 161; NIKITINA 1995, 28).

Lyrik eine sprachliche wie auch metrisch-rhythmische Perfektion offenbarte und von der Kritik durchaus honoriert wurde.[92] Es schien, als begleiteten von Anfang an Wohlstand und Begabung Turgenevs schriftstellerischen Werdegang.

Frei von materiellen Zwängen, konnte sich Turgenev in jenen Jahren vollständig dem Bildungsgang widmen. Dementsprechend vorrangig war für ihn die weitere Akkumulation von kulturellem Kapital, die, so die Hoffnung seiner Mutter, schliesslich zu einer Professur und damit auch zu einem Zuwachs an Sozialprestige führen würde. Demgegenüber war die utilitaristische Perspektive der ökonomischen Welt (noch) nicht Bestandteil seiner Aufmerksamkeit. Angesichts der wirtschaftlichen Sicherheit verliefen Turgenevs Jugend- und Ausbildungsjahre weitgehend in geordneten Bahnen, und sein Aufenthalt in Berlin, wo er wertvolle akademische und persönliche Erfahrungen sammelte, stand angesichts seiner Ambitionen, aber auch der finanziellen Mittel, über die er verfügte, unter einem guten Stern.

92 KORSUN 1990, 38 u. 93.

2.3. Studium in Berlin – Abkoppelung des eigenen ökonomischen Habitus von der familiären Hauswirtschaft

> Твоими письмами никто из нас, твоей семьи, не доволен, потому что ты не пишешь о том, что нас всех более всего интересует – о расходах своих.
>
> *Aus Varvara Petrovnas Brief vom 17. (29.) Januar 1839 an Turgenev.*[93]

> Богатырь ты стал с виду, а душой... баюшки-баю.
>
> *Aus Varvara Petrovnas Brief vom 30. November (12. Dezember) 1840 an Turgenev.*[94]

Turgenev hielt sich in Berlin vom Mai 1838 bis zum September 1839 und vom Mai 1840 bis zum Mai 1841 auf. Im Herbst 1839 kehrte er für einige Monate nach Russland zurück, Ende Januar 1840 begab er sich auf eine Italienreise.[95] In Berlin geriet er nicht nur unter den seine persönliche Entwicklung nachhaltig prägenden Einfluss der deutschen Hegelianer, sondern auch unter jenen der Berliner Bohème, die Anfang des 19. Jahrhunderts durch die Vertreter der Romantik eine erste Blütezeit erfuhr. Charakteristisch für diese Kreise von Studenten, Künstlern und Literaten war ein unkonventioneller Lebensstil: Mit der ihnen eigenen intensiven Geselligkeit, ihrem stolzen ästhetischen Individualismus und der daraus resultierenden Fremdheit und Gleichgültigkeit gegenüber dem sozialen und politischen Geschehen ihrer Zeit hatten viele von ihnen eine kämpferisch-hämische Einstellung zur bürgerlichen Gesellschaft und den herrschenden Lebensgewohnheiten.[96] Der Weg in die Bohème wurde von den Bohémiens als ‚Ausbruch' aus der Gesellschaft, als bewusste Abkehr vom Milieu der ‚autoritären' Schule, der elterlichen Familie, des bürgerlichen Berufs oder der Akademie erlebt, zumindest aber später dahingehend interpretiert.[97] Darüber hinaus verfügte die Berliner Bohème – im Gegensatz etwa zu jener in Paris – über erhebliche Geldmittel,[98] die sie für die zahlreichen ‚Tafelrunden', modischen Accessoires, aber auch zur gegenseitigen finanziellen Unterstützung im Falle von materiellen Engpässen einsetzten. Entsprechend widersprüchlich war das Verhältnis der Bohémiens zu Besitz und Erwerb, das im Zeichen von Verzicht *und* Verschwendung stand. Leichtsinn, der sich aller Sorgen entschlug,

93 Zitiert nach NIKITINA 1995, 42.
94 Zitiert nach MALYŠEVA 1915c, 109.
95 BRANG 1977, 9.
96 BAB 1994, 8-12.
97 KREUZER 2000, 48.
98 SCHEERBART 1993, 10.

ging einher mit der Fähigkeit zur Reduktion der Bedürfnisse, mit der Bedenkenlosigkeit einer ‚schmarotzerhaften' Existenz sowie mit einer Solidaritätsgesinnung in Gelddingen. Die Unregelmässigkeit der Einkünfte und die Verachtung jeglicher Planung führten zu jähem Wechsel von momentanem Überfluss und Phasen der finanziellen Entbehrung.[99]

Der junge Turgenev, der damals gerade seine romantisch-idealistische Phase durchlebte,[100] gelangte in ein Milieu, das seinem Streben nach Bildung, Gemeinschaft, aber eben auch nach familiärer und gesellschaftlicher Abkoppelung weitgehend entsprach.[101] Doch schon bald machte sich ein ernsthaftes Problem bemerkbar, das aus dem Gegensatz von Turgenevs materiellen Ansprüchen und seiner eben nicht unbegrenzten Finanzkraft entstand: der permanente Streit mit seiner Mutter um ihre Unterhaltszahlungen.

Die Korrespondenz zwischen Turgenev und seiner Mutter war während der Berliner Zeit besonders intensiv.[102] Die Briefe lassen ein Spannungsverhältnis zwischen Mutter und Sohn erkennen, dem vor allem zwei Ursachen zugrunde lagen: einerseits Turgenevs ausschweifender Lebensstil und seine bisweilen exorbitante Geldverschwendung, für die dann seine Mutter einstehen musste, andererseits seine demonstrative Zurückweisung ihrer symbiotischen, ans Krankhaft-Possessive grenzenden Fürsorglichkeit. Entsprechend aufmerksam verfolgte Varvara Petrovna den Aufenthalt ihres Sohnes in Berlin, verlangte Rechenschaft über alle neuen Bekanntschaften, die er schloss, und machte sich Sorgen um die Gesundheit ihres Sohnes wie auch um seinen Ruf. Dass Turgenev den Forderungen seiner Mutter nach eingehender Berichterstattung nur widerstrebend nachkam und ihren Sorgen allzu nachlässig Rechnung trug, trieb Varvara Petrovna oft beinahe zur Verzweiflung:[103]

99 Kreuzer 2000. 49.

100 Brang 1977, 9f.; Schmid 1993, 346.

101 Ein von der Bohème explizit kultiviertes Moment war die Heimatlosigkeit. Turgenev äusserte sich später wiederholt resigniert über sein „Zigeunerleben" („цыганская жизнь") (Knowles 1988, 123; PSP, II, 245), dem er aufgrund seiner ständigen Reisen und Umzüge unterworfen sei. Und auch der damit einhergehende Gedanke der „Nestlosigkeit" („без гнезда") ist in seinen Briefen und Werken häufig zu finden (vgl. Séménoff 1933, 62).

102 Die *Rossijskaja Nacional'naja Biblioteka* (*RNB*) in St. Petersburg erwarb kurz vor Ausbruch des Ersten Weltkrieges 175 Briefe Varvara Petrovnas an Ivan Turgenev, die in den Jahren 1838 bis 1844 geschrieben worden waren (Malyševa 1915a, 25) und bislang nur teilweise veröffentlicht worden sind (vgl. Malyševa 1915a, 1915c u. 1915d sowie Rice 1997). Laut Zviguilsky T. (1980, 60), Rice (1997, 1) und Zúñiga (2001, 40) beläuft sich die Zahl der in der *RNB* archivierten Briefe lediglich auf 125. Obwohl Turgenevs Schreiben an seine Mutter nicht erhalten sind, gibt Varvara Petrovnas epistolarer Nachlass Aufschlüsse über Turgenevs Zeit in Berlin, da Varvara Petrovna in ihren Briefen immer wieder auf Repliken ihres Sohnes eingeht und diese in ihren Zuschriften zum Teil auch zitiert (Rice 1997, 1).

103 Korsun 1990, 121.

> Моя жизнь от тебя зависит… Как нитка в иголке; куда иголка, туда и нитка. Cher Jean. – Я иногда боюсь, чтобы тебя не слишком ожесточить своими упреками и наставлениями. – Но! – ты должен принять мое оправданье. Век мой имела я одних врагов, одних завистников. – Я должна была дорого платить за все блага, которые мне посылал Создатель. […] Я горжусь своим твореньем. О, как приятно мне слышать, когда вас хвалят! Зато уже и покор вам… – смерть моя… На воспитанье ваше я ничего не щадила.[104]

Zwar gab es durchaus Briefe, in welchen sich Varvara Petrovna ihrem Sohn gegenüber zustimmend äusserte, doch wurden diese Schreiben immer wieder von Anschuldigungen und Unmutsbezeugungen überschattet. Sogar auf Gedichte, die ihr Turgenev schickte, reagierte sie kritisch, unter anderem auch, weil ihr Sohn Experimente mit dem russischen Vers machte, die sie nicht verstand.[105] So erstaunt es nicht, dass Turgenev seiner Mutter nur unregelmässig und vor allem dann schrieb, wenn ihm das Geld auszugehen drohte oder bereits ausgegangen war.[106] Varvara Petrovna warf denn auch ihrem Sohn immer wieder vor, er bitte sie zu häufig um Geld. Ihre Unzufriedenheit galt dabei aber nicht in erster Linie der Höhe der Beträge – für Turgenevs ordentliche Unterbringung in Berlin scheute sie keine Kosten, und mit Porfirij T. Kudrjašev stand ihm sogar eine Art ‚Kammerdiener' zur Verfügung.[107] Was Varvara Petrovna vielmehr aus der Ruhe brachte, war die Tatsache, dass ihr Sohn über die in Berlin ausgegebenen Summen, die in die Tausende von Assignatenrubeln gingen, kaum Rechenschaft ablegen konnte:

> А потом и другая болезнь очень нас обеспокоила, – кошельковая. Да по скольку же ты проживаешь на месяц?[108]

Da Turgenev ein ziemlich extravagantes Leben führte und mit dem ihm zur Verfügung stehenden Geld sehr leichtsinnig umging, war Varvara Petrovnas Forderung nach genauen Abrechnungen nur allzu verständlich:

> Например, ты Порфирию сделал гардероб на *1000*. Да скажи, ради Бога, на что это? Во сколько же тысяч твой гардероб тебе стал? Ты – господин его, тебе втрое – *3000*, итого *4000*. Еще

104 Zitiert nach Malyševa 1915a, 33f.

105 Vgl. hierzu Malyševa 1915c, 107.

106 Pritchett 1986, 30.

107 Nikitina 1995, 34. Bei Porfirij Kudrjašev handelte es sich strenggenommen um Turgenevs älteren Halbbruder, der als Sohn von Turgenevs Vater und einer Leibeigenen zur Welt gekommen war (PSP, II, 672). Kudrjašev nutzte seinen Aufenthalt in Berlin, um sich medizinische Kenntnisse anzueignen. Später war er in Spasskoe lange Zeit als Varvara Petrovnas Leibarzt tätig (Zviguilsky T. 1980, 53; Zúñiga 2001, 267, Anm. 8).

108 Brief vom 31. Januar (12. Februar) 1839 (*RNB*, f. 795, № 99, l. 87).

> *1000* на промены и проч. – *5000.* Но! – все-таки осталось *4000.* Прошло ровно 3 месяца и ты опять просишь денег [...].[109]

> *Беда не мера* – русское слово, непонятное для тебя. Спроси растолкования у тех, кто испытал беду не меру – или бедность в деньгах.[110]

So freute sich Varvara Petrovna zwar durchaus über die Reiseeindrücke, die ihr Ivan bereitwillig in seinen Briefen schilderte, mehr aber noch interessierte sie der Zustand seines Finanzhaushalts.[111] Varvara Petrovna verfolgte von Anfang an aufmerksam das Finanzgebaren ihres Sohnes, der bereits nach wenigen Monaten den ihm zugestandenen Jahresetat zu überziehen drohte. Seinen Beteuerungen, er sei sparsam im Umgang mit Geld, hielt Varvara Petrovna ihre eigenen Berechnungen entgegen und band diese in den Kontext des familiären, offenbar mit Schulden belasteten Gesamtbudgets wie auch jenes Vermögens, über welches Turgenev virtuell – nicht aber faktisch – verfügte:

> Хотя ты уверяешь меня, что экономен, но! – за исключением обмундировки, в месяц проживаешь более *1000.* [...] Помни, что у тебя *1000* душ и *150 000* долгу. По тысячи рублей на месяц тебе никак не достанет.[112]

Ihre fordernde Haltung rief bei Turgenev zu Recht den Eindruck hervor, dass seine Mutter ihm in Geldangelegenheiten misstraute und in jeder Hinsicht sein Leben zu überwachen suchte.[113] Varvara Petrovna war sich der Problematik, die sich aus den ständigen Streitereien um die Unterhaltszahlungen ergab, durchaus bewusst. So schrieb sie am 16. (28.) Dezember 1838 an Turgenev:

109 Aus Varvara Petrovnas Brief vom 25. September (7. Oktober) 1838 (*RNB*, f. 795, № 99, l. 33; Hervorhebungen im Original, A.S.). Bei den angeführten Summen handelt es sich um *Assignaten*rubel, deren Verhältnis zum *Silber*rubel damals 3,5 : 1 betrug. Um Missverständnissen bei der gleichzeitigen Verwendung der beiden Währungseinheiten zu begegnen, wurden Beträge in Silberrubeln explizit mit der Abbreviatur „р. с." oder „р. сер." für „рубль серебром" versehen. Hin und wieder ist auch bei Summenangaben in Assignatenrubeln die Ergänzung „р. асс(иг)." für „рубль ассигнациями" zu finden. Ausführlich zum russischen Währungssystem: SELJAK 2002/2004a (im Druck).

110 Aus Varvara Petrovnas Brief vom 1. (13.) Januar 1839 (zitiert nach MALYŠEVA 1915c, 106; Hervorhebung im Original, A.S.).

111 YARMOLINSKY 1959, 36; ZVIGUILSKY T. 1980, 61f.

112 Aus Varvara Petrovnas Brief vom 23. August (4. September) 1838 (*RNB*, f. 795, № 99, l. 29; Hervorhebungen im Original, A.S.).

113 MALYŠEVA 1915a, 35; SCHAPIRO 1982, 25; KORSUN 1990, 121f.

> На счет твоих оправданий на мои требования скажу: ты можешь не записывать расход. Можешь мне сказать, что из посланных мною тебе денег *расходы знать твое, а не мое уже дело.* […] *Делай, что хочешь* – говоришь ты… Разумеется, тем кончу, что замолчу. Но! – ты мне напомнил об отце очень кстати, потому что при его необыкновенных достоинствах денег не любил считать. Так, но! – на тебе бы взыскал, и также как я!… а может быть, и более меня, – счету бы потребовал… он не любил баловать, да и мне не заказывал. […] Долги – короста.[114] Нужно сесть прыщу – все тело скоро покроет – говорит Васильевна.[115]

Nach Varvara Petrovnas Ansicht verabscheute ihr Sohn, wie einst auch sein Vater, das *Zählen* von Geld. In der Tat scheint der junge Turgenev diesbezüglich eher die Rolle eines aristokratischen Ignoranten eingenommen zu haben, dem Geld einfach zur Verfügung stand: Ständige Buchprüfung und haushälterisches Wirtschaften waren seine Sache nicht. Er gab aus, was er besass, ohne sich Gedanken zu machen, welche Konsequenzen seine Verschwendung haben könnte. Und wenn seine Liquidität gefährdet war, lieh er sich Geld, wohl wissend, dass hinter ihm – gleichsam als Sicherheit – seine finanzkräftige Mutter stand. Doch diese lehnte das Finanzgebaren ihres Sohnes vehement ab, und auch Nikolaj, der damals gerade als Fähnrich seinen Militärdienst versah, ermahnte seinen Bruder im Herbst 1838 zu einem besonneneren Umgang mit dem familiären Vermögen:

> Ты сам был в деревне, видал и знаешь, как тяжко достается копейка, а со всем тем ты тратишь и не оглядываешься. Прекрасная есть у нас на Руси пословица: по одежде протягивай ножки… Придет время, ты остепенишься да как взглянешь на прошлые шалости да мотовство бесполезное, так будешь жалеть. Если ты молодым студентом с посохом в руках тратишь так много, что же будет, если ты останешься там служить, надо будет, по крайней мере вдвое. (PSS, I, 604)

Als Entgegnung auf das Schreiben seines Bruders verfasste Turgenev das Epigramm <*N. S. Turgenevu*>, in welchem er – nach dem Motto „sorglos der Geist, schwach das Fleisch“ – seinen Standpunkt mit spitzer Feder darlegte:

> Напрасно, добрый милый брат,
> [Ты распекаешь брата Ваньку:]
> Я тот же [толстый] кандидат
> И как ни бьюсь напасть на лад,
> А всё выходит наизнанку.

[114] Короста = „Krätze“, „Schorf“.

[115] Zitiert nach MALYŠEVA 1915a, 34f., wo laut NIKITINA (1995, 41) der Brief falsch datiert ist (November statt Dezember) (Hervorhebungen im Original, A.S.).

Поверь, умею я [ценить]
Всю пользу дружеских нападок,
Но дух беспечен – плоть слаба,
[Увы!] к грехам я слишком падок!

Пока напиток жизни сладок…
Я всё тяну… и не гляжу
Не много ль уж я разом пью. (PSS, I, 349)

Da Varvara Petrovna Schulden zuwider waren, versuchte sie in ihren Briefen auf verschiedene Weise, Turgenevs Verschwendungssucht zu dämpfen und ihren Sohn von Zahlungsrückständen abzuhalten. Häufig leitete sie ihre Argumente mit guten Ratschlägen ein, ging dann zu konkreten Aufstellungen seiner Ausgaben über – sofern ihr diese überhaupt bekannt waren – und legte genau fest, wieviel Geld sie ihm künftig schicken würde. Dann wieder nahm sie, wenig charakterfest, seine Namenstagsfeier oder Kuraufenthalte zum Vorwand, um die ihm zustehende Summe doch noch zu erhöhen. Und gleichzeitig verlangte sie von ihm ein zumindest knappes Verzeichnis seiner Lebenshaltungskosten:[116]

> Опять о счетах!.. Проклятые счеты, скажешь ты. А они для всего хороши, для справки, для поверки, для сравнения прошлого года с нынешним… и пр. и пр. И, право, не могу я тебя, как друг, не посоветовать – хотя приказать их вести Порфирию. Положим, будет неверно. Да разве ты казенный казначей, в ссылку что ли тебя сошлют за неисправность. Попробуй-ка с 1839 года, с генваря. Примерно. А – столь, квартира и еще кой-что домашнее, а я уже по этому и подумаю, сколько же денег то нужно… на нужное, необходимое… прихотное…[117]

Das Ausbleiben einer Reaktion auf solche Ermahnungen hatte Konsequenzen. Am 2. (14.) Dezember 1838 erläuterte Varvara Petrovna ihrem Sohn Sinn und Zweck einer exakten Buchführung:

> С сею почтою дядя послал тебе *3.000*, чтобы ты деньгами не нуждался. Как ты хочешь, а я прошу тебя, как друг, уже не приказываю, как мать, – ежемесячно me tenir au courant de vos affaires. С 1839 года вкратце, *тако*: chère maman… с 1-го генваря было денег у меня столько то… Потом высыпь на столь свой мешок и сочти. И напиши искренно правду – на февраль и далее осталось столько то. – Спрашиваю тебя, – трудно ли еще тебе? – Положим, тебе трудно расход вести. Но! – высыпать деньги на столь, счесть наличность и сказать мне: денег я имею столько

[116] Malyševa 1915a, 35.

[117] Aus Varvara Petrovnas Brief vom 16. (28.) Dezember 1838 (zitiert nach Malyševa 1915a, 35f.).

то еще, – ей Богу, это нетрудно! Почему я у тебя это прошу? Резон самый простой, – чтобы, заглянув в твой кошелек, могла бы я видеть, сколько еще времени могу я остаться, не пересылая денег. Это для тебя же. Дурак, дурак…[118]

Gleichzeitig begann Varvara Petrovna, Turgenevs allzu sorglosem Umgang mit Geld schärfere pädagogische Massnahmen entgegenzusetzen:

Ведь ты напишешь мне в ответ следующее: Maman, по 1-ое генв. 1839-го года оставалось у меня на прожиток – 000… (sic, A.S.), да ты прислала *3.000.* – А теперь из всего этого на 1-е число февраля dans ma goussine – в наличности… И поверь мне… поверь честному моему слову – упреку не получишь более за прожиток. Сам разсчитывай, сам себе выговаривай. А я не доведу, чтобы мой сын имел на меня негодованье за деньги. Будут деньги, – пришлю, не будут, – скажу – нету. Теперь, в начале года, я тебе скажу, что могу тебе дать. Теперь посылаю *3.000* – январь, февраль, март, апрель. К 14 мая получишь ты *4.000* на май – июнь – июль – август; к 10-му сентября пришлю еще *3.000* последние, на сентябрь, октябрь, ноябрь, декабрь…[119]

Obwohl ihre eigenen Einkünfte zu jenem Zeitpunkt nicht besonders hoch waren, räumte Varvara Petrovna ihrem Sohn für das Jahr 1839 erneut ein stattliches Budget von insgesamt 10'000 Assignatenrubeln ein.[120] Sie machte ihm jedoch auch klar, dass die Auszahlung des Geldes in Raten erfolgen würde. Und schliesslich bekräftigte sie mehrmals, Turgenev würde, abgesehen von dieser Summe, keine weiteren Gelder mehr erhalten.[121]

Надо послать Николаю 0,. Ивану 0, – послала и осталась без копейки. И живу волею или неволею в Спасском. […] - я полагаю тебе в год 8 тысяч ассиг., что по нашему $10^{\underline{м}}$ на монету. Итак, это выйдет на месте твоего житья в месяц по *833.* […] Я думаю, что тебе будет достаточно *4*, т. е. *12* тысяч в год на монету, т. е. с тем, то 10 $^{\underline{\text{ассигн.}}}$. Кажется, что ежели к этому приложить экономию, то будет тебе очень достаточно.[122]

118 Zitiert nach Malyševa 1915a, 37 (Hervorhebungen im Original, A.S.).

119 Aus Varvara Petrovnas Brief vom 2. (14.) Dezember 1838. Zitiert nach Malyševa 1915a, 37 (Hervorhebungen im Original, A.S.).

120 Vgl. hierzu Varvara Petrovnas Brief vom 17. (29.) Januar 1839: „Весь наш доход состоит сего 1839 года из $4^{\underline{х}}$ раз 26000 […] а 10 Ассигн. блудному сыну и кандидату, залетной и отлетной птицы." (*RNB*, f. 795, № 99, l. 81).

121 Vgl. Nikitina 1995, 43.

122 Aus Varvara Petrovnas Brief vom 31. Dezember 1838 (12. Januar 1839) (*RNB*, f. 795, № 99, l. 71f.; Hervorhebungen im Original, A.S.).

> Я согласна, что я тебе подарила 1.000 р. на часы и удовольствия. А что я обязана была для того, чтобы ты барился… – жить в деревне… Но – нет, я заняла *8.000*, потому что ты один, кроме брата, стоишь мне, как я писала в письме перед этим в 1838 году – до 20.000 на монету. Да! … да… да… вот счеты лежат передо мной… Что это за слово – подарено? Я не считаюсь с вами, все ваше, это одна проформа. Итак… так… так… до 20 тысяч на монету стоишь ты; 16 – брат.[123]

Hinter diesen Disziplinierungsmassnahmen steckte nach wie vor der Versuch, Turgenev zu einem besonneneren Geldhaushalt zu zwingen, obwohl es Varvara Petrovna im Grunde vor allem darum ging, von ihrem Lieblingssohn häufiger Briefe mit Informationen über sein Studium, sein Leben und sein Befinden zu erhalten. Turgenevs finanzielle Engpässe dienten ihr denn auch in erster Linie dazu, den sich abnabelnden Sohn wieder enger an sich zu binden (auch wenn dies allenfalls im materiellen Sinne möglich war) und seine Lebensgestaltung zu kontrollieren. Für diese Annahme spricht auch Varvara Petrovnas Inkonsequenz, wenn sie etwa in ein und demselben Brief an Turgenev seine unverhältnismässigen Ausgaben tadelte, zugleich aber in Sorge um seine schwache Gesundheit diesen beschwor, für Arztkonsultationen keine Kosten zu scheuen und nur die allerbesten Mediziner zu Rate zu ziehen.[124] Trotzdem blieb Varvara Petrovnas Misstrauen, und sie ging sogar so weit, dass sie in ihren Zornesausbrüchen Turgenevs gesamten Studienaufenthalt als Fehler betrachtete und hinter seiner Prasserei sogar Glücksspiel vermutete – ein ‚Laster', das ihr äusserst zuwider war und das zu meiden ihr Turgenev vor seiner Abreise nach Deutschland hatte versprechen müssen:

> Я обманулась в тебе. Я точно глупо сделала, что позволила тебе так молоду ехать за границу. Я виновата, что дала тебе Порфирия, из которого ты, вместо слуги, сделал компаньона. Я виновата, что не послушала дядю и послала тебе денег, когда у тебя было в кредитиве на целый год. Я виновата, что и *еще* послала. – Ты поехал не шататься по свету, а учиться – чему?… учиться мотать! – О! за этим не нужно ехать было из России.
> Мне иногда приходит в голову – прости Господи, – что ты *проиграл в рулетку*. Да не простит тебе Господ, ежели ты скрыл это от меня, от меня, столь нежной матери для вас. Итак – prenez,

123 Aus Varvara Petrovnas Brief vom 14. (26.) März 1839. Zitiert nach MALYŠEVA 1915a, 32 (Hervorhebung im Original, A.S.). Laut YARMOLINSKY (1959, 36) verbrauchte Turgenev 1838 15'000 Assignatenrubel. Es ist davon auszugehen, dass sich seine tatsächlichen Ausgaben zwischen 15'000 und 20'000 Assignatenrubeln bewegten.

124 Vgl. Varvara Petrovnas Briefe vom 31. Januar (12. Februar) und 14. (26.) März 1839 (NIKITINA 1995, 42 u. 44).

> mais ne volez pas, т. е. не крадите вашей доверенности ко мне. Я тогда при моих 3.000 душах буду нищая.[125]

Anfang 1839 wollte Varvara Petrovna sogar persönlich nach Berlin reisen, um sich endlich ein allgemeines Bild von Turgenevs Leben im Ausland zu machen: „Я самовластна, вы от меня пока зависите […]. Не над твоим поведеньем еду я наблюдать, но! – быть твоею экономкой."[126]

Doch Turgenev verbat sich alle Einmischungsversuche seiner Mutter. Entsprechend zerrüttet blieb sein Haushalt, obwohl sein Budget weiterhin grosszügig alimentiert wurde. Geldbeträge erhielt er aus Russland per Post zugeschickt, bisweilen wurde ihm auch angekündigt, wann er Geld erwarten konnte. Oft war in den Begleitschreiben explizit festgehalten, wofür die Summen gedacht waren. Im Oktober 1838 etwa schickte ihm sein Bruder Nikolaj 1'000 Rubel nach Berlin, die mit Ivans Lebenshaltungskosten ausdrücklich nicht verrechnet wurden („не в зачет […] жалования") und als Geburtstagsgeschenk gedacht waren – 500 Rubel von Varvara Petrovna für eine Uhr mit Kette sowie 500 Rubel von seinem Onkel Nikolaj Nikolaevič.[127]

Zu den Ausgaben, die das Leben des jungen Studenten in Berlin angenehm gestalteten, kamen auch gänzlich unvorhergesehene Kosten hinzu. So verpflichtete sich Turgenev, Michail A. Bakunin, der mit geliehenem Geld ins Ausland gereist war und von seinen Eltern keinerlei materielle Unterstützung erhielt, finanziell unter die Arme zu greifen und von Varvara Petrovna Geldmittel zu beschaffen, die Bakunin als Darlehen auf unbefristete Dauer erhalten sollte.[128] In einem Fall führten Turgenevs Kontakte zu Prostituierten dazu,[129] dass er mit einer seiner Ansicht nach ungerechtfertigten Vaterschaftsklage konfrontiert wurde. Obwohl er einen Anwalt hinzuzog, kam er letztlich nicht umhin, für die Konsequenzen dieser Angelegenheit finanziell aufzukommen (das Kind war nach der Geburt gestorben), und dies, obwohl ihm, wie er am 8. (20.) Juni 1839 an seinen ehemaligen Petersburger Studienkollegen und späteren Professor Timofej N. Granovskij schrieb, die Umstände der ganzen Geschichte sowie die gegen ihn hervorgebrachten Anschuldigungen höchst fragwürdig erschienen:

> […] некая бестия, которую человек мой приводил 2 раза ко мне в ноябре и которую я в лицо – à la lettre – не знаю (в комнате было темно), подала на меня просьбу о взыскании с меня – за

[125] Aus Varvara Petrovnas Brief vom 25. September (7. Oktober) 1838 (Hervorhebungen im Original, A.S.). Zitiert nach MALYŠEVA 1915a, 38, wo der Brief laut NIKITINA 1995, 37 falsch datiert ist (31. Dezember 1838/10. Januar 1839).

[126] Aus Varvara Petrovnas Brief vom 17. (29.) Januar 1839. Zitiert nach NIKITINA 1995, 42.

[127] NIKITINA 1995, 36, 40 u. 43.

[128] LUNIN 1980, 45.

[129] KORSUN 1990, 118f.

> родины, крестины и похороны будто бы моего детища, за 6-ти недельнюю болезнь и, что смешней всего – за «defloratio». Я – и нарушение невинности! Скажите на милость! С убытками процесса вся штука станет мне талеров 200: я взял адвоката и – жребью грозному послушный, я потупил равнодушно безнадежное чело. Всё это очень горько. (PSP, I, 172f.)

Angesichts solcher Episoden erstaunt es nicht, dass Varvara Petrovna befürchtete, ihr Sohn könnte durch Leichtsinnigkeit seine Reputation gefährden.[130] Dass Turgenevs ‚weltmännisches Gehabe' zudem ins Geld ging, wies Varvara Petrovna exakt nach. So legte sie ihrem Sohn am 1. (13.) März 1839 in einem Schreiben eine detaillierte Bilanz dessen vor, was er sie bis zu jenem Zeitpunkt gekostet hatte:

> – Vous n'êtes pas si grand, seigneur, pour voyager en commun. В чем можно себе отказать одному,... в таком товариществе совестно. Вот почему ты и протратил в вояже столько денег. Конечно, ты не много прожил в Берлине, *3000.* Но! – я *total* считаю не с приезду твоего в Берлин, а с отъезду из Петербурга, что вышло из моего кармана. – Ты сам знаешь, что кроме твоих карманных денег, было в кредите *7000* у тебя. В Любеке ты получил еще *2000*, – это *9000*, да от сентября до января *3000*, итого – *12000.* Вычтя на погорелое *4000*[131] – *8000* осталось. Теперь спрашиваю тебя, как же ты будешь жить, имея на 12 месяцев *10000.* Счет кругл. – Покупка ли часов, лорнеток, – что хочешь, а я взяла у себя *12000*, да тысяча три ты мне стоил до отъезда за границу, – итак *15000.*[132]

130 Vgl. auch ZVIGUILSKY T. 1980, 62.

131 Vermutlich bezieht sich Varvara Petrovna hier auf den Zwischenfall, der sich während Turgenevs Reise von Russland nach Deutschland ereignet hatte und ein für ihn unrühmliches wie auch für sein gesellschaftliches Ansehen folgenreiches Kapitel darstellte. Auf der Überfahrt von St. Petersburg nach Lübeck war kurz vor dem Zielhafen an Bord der „Nikolaj I." Feuer ausgebrochen. Obwohl die Schiffsbesatzung umsichtig reagierte und fast alle Passagiere in die Boote gerettet wurden, offenbarte Turgenev in der allgemeinen Panik ein wenig couragiertes Auftreten und versuchte, sich mit allen Mitteln in Sicherheit zu bringen (*Un incendie en mer*, PSS, XIV, 187). Sein Verhalten während der Rettungsaktion wurde bald darauf wenig schmeichelhaft wiedergegeben und machte in Russlands Öffentlichkeit die Runde. Turgenev habe sich, so einige Aussagen, als Feigling entpuppt, der Frauen zur Seite gestossen und dabei gerufen habe: „Спасите, спасите меня, я единственный сын у матери!" (PSS, XIV, 504; PSS, XV, 147). Einige Monate vor seinem Tode 1883 diktierte Turgenev dann Pauline Viardot *seine* Version der Geschehnisse auf der „Nikolaj I." (*Un incendie en mer*, PSS, XIV, 186-194). Die Anspielung seiner Mutter auf die „verbrannten 4000" Rubel ist wohl darauf zurückzuführen, dass Turgenev seine Habe – und auch sein Geld – an Bord zurückgelassen hatte.

132 *RNB*, f. 795, № 99, l. 99; Hervorhebungen im Original, A.S.

Zwei Wochen später, am 14. (26.) März 1839, mahnte sie ihn abermals, kostspielige Extravaganzen zu unterlassen. Varvara Petrovna wusste um die Vorliebe ihres Sohnes für Täuschungen, Scherze und Selbstinszenierung:

> Лови здоровье, лето употреби на это, т.-е. курс вод. – Ты увидишь там порядочное общество. Старайся быть, как другие. Не ори в театрах, как ты хвастаешь.[133]

> [...] зачем ты поехал баричем в коляске... а не пустился пешком сделав себе, вместо гардеробу, самую необходимую одежду и посох в руки... и котомку... где принанял *ваген* что ли, а не дилижанс, да где купил кусочек сыру, где хлеб с маслом, вот так, как вояжируют студенты, протягивая проезжающим шляпы. Это тебе ненужно, т. е. шляпы протягивать, а не бариться... Vous avez monté trop haut votre instrument – и струна не выдержала, квинта лопнула.[134]

> А что, – я обязана была, для того, чтобы ты барился и пил *виндеграв*, – жить в деревне, чтобы иметь возможность... Но! – нет, заняла *8000* тысяч (sic, A.S.), потому что ты один, кроме брата, стоишь мне, как я писала в письме перед этим, в 1838$^{\underline{м}}$ году, – до *20000* на монету. Да! да... да... вот счеты лежат передо мной.[135]

Ihren Berechnungen zufolge hatte Turgenev 1838 mit Aufwendungen von über 20'000 Assignatenrubeln sein eigenes Budget ebenso bei weitem überzogen wie jenes seiner Mutter und damit offenbar Varvara Petrovnas Liquidität untergraben. Desungeachtet ging es Varvara Petrovna nach wie vor nicht in erster Linie um die Exorbitanz der ausgegebenen Geldsummen, obwohl sie immer wieder betonte, welche finanziellen Opfer sie persönlich erbringen musste, um ihre beiden Söhne zu unterhalten. Was sie vielmehr von Ivan einzufordern nicht müde wurde, war eine knappe monatliche Abrechnung, da sie befürchtete, ihr Sohn könnte ohne eine zumindest rudimentäre Buchführung der „allgemeinen russischen Angewohnheit" erliegen und seinen Lebensunterhalt längerfristig auf Schulden gründen:

> За расходы не гневаюсь, а требую только ежемесячного счету, что в кармане, чтобы я не доводила тебя до нужды и чтобы ты не взял привычки, общей русской, – жить в долг.[136]

[133] Zitiert nach MALYŠEVA 1915c, 101.

[134] Zitiert nach MALYŠEVA 1915a, 32 (Hervorhebung im Original, A.S.). Zur korrekten Datierung des Briefes vgl. NIKITINA 1995, 44.

[135] *RNB*, f. 795, № 99, l. 93; Hervorhebungen im Original, A.S.

[136] Aus Varvara Petrovnas Brief vom 1. (13.) Mai 1839 (*RNB*, f. 795, № 99, l. 112).

Obwohl Varvara Petrovna ihrem Sohn schon Anfang Mai 1839 klar gemacht hatte, dass er mit 10'000 Assignatenrubeln das ganze Jahr würde bestreiten müssen,[137] waren nach nur gerade drei Monaten bereits 9'000 Rubel aufgebraucht.[138] Turgenevs Geldverschwendung, vor allem aber seine weiterhin auffallende Distanziertheit gegenüber seiner Mutter führten schliesslich dazu, dass Varvara Petrovna ihrem Ärger freien Lauf liess und nicht nur den Charakter ihres Sohnes scharf kritisierte, sondern diesen auch ultimativ vor einer Verschuldung warnte. Dabei machte sie sich Turgenevs Angst vor öffentlichen Skandalen zunutze:

> Mais vous… vous… Ты эгоист изо всех эгоистов. Был бы сыт ты!.. и только. И ежели ты и отдашь, что у тебя не попросишь… то не от щедрости. А ты рад сбыть деньги куда бы то ни было, чтобы тебе их не считать, не записывать… Есть у тебя – будешь роскошничать, нет, – будешь нуждаться. Я знаю твой нрав, более, нежели ты сам. […] О! Нет! – пророчу тебе, – ты не будешь любим женою. Ты не умеешь любить, т. е. ты будешь горячо любить не жену, т. е. не женщину, – а свое удовольствие…
> Не затейся знакомство свести с актрисами в Берлине. Помни, что именье твоего отца не дает на уплату в казну доходу. А я при первом твоем долге публикую, даю тебе честное слово, публикую в газетах, что имение у вас не отцово, и что я за вас долгов платить не буду. Это не сделает тебе чести, конечно. Но! – по крайней мере с меня за твои долги взыскать не будут.[139]

Während Varvara Petrovna die unkontrollierten Ausgaben ihres Sohnes und seine Aversion gegen Bilanzen bisweilen polemisch kritisierte („Решено, что ты уже не можешь обойтись без министра финансов, потому что сам, не в осужденье тебе сказать, – *бессчетный*.“[140]), ertrug sie die wirklich grossen finanziellen Verluste überraschend gefasst. Als am 1. (13.) Mai 1839 ihr Anwesen in Spasskoe einem Brand zum Opfer fiel, erlitt Varvara Petrovna – ungeachtet ihres enormen Reichtums – einen nachhaltigen materiellen Schaden. Bereits am 6. (18.) Mai schrieb sie über diese Begebenheit an Turgenev: „Что спасли? – спросишь ты. Деньги, вещи, – и только. Вынесли все, но! – все перебили, остальное разокрали; нас грабили просто. Мы бедны движимым, как самые беднейшие люди, и без пристанища.“[141] Und doch

[137] Vgl. Varvara Petrovnas Äusserung vom 1. (13.) Mai 1839: „вот тебе твои 10 тысяч в год, делай, что хочешь.“ (*RNB*, f. 795, № 99, l. 115).

[138] YARMOLINSKY 1959, 36.

[139] Zitiert nach MALYŠEVA 1915a, 43.

[140] Aus Varvara Petrovnas Brief vom 1. (13.) Mai 1839 (Hervorhebung im Original, A.S.). Zitiert nach NIKITINA 1995, 44.

[141] NIKITINA 1995, 45; Zitiert nach MALYŠEVA 1915a, 44f.

scheute sie trotz dieses Ereignisses keine Ausgaben, um Ivan während der für sie schweren Zeit zur Rückreise nach Spasskoe zu bewegen:

> Завтра суббота, тяжелая почта. Посылаю тебе на дорогу две тысячи ассигнаций. Кажется, тебе нечего в Берлине мешкать. Я и прежде об этом писала, а нынче я требую, чтобы ты приехал, не мешкав. Мне нужно вашего с братом присутствия. Я бы не желала приказывать, но! – мне нечего делать. Я не в силах тебя более содержать за границей.[142]

Verschärft wurde die Situation 1840 durch Ernteausfälle und eine schwere Hungersnot.[143] Varvara Petrovnas Einkünfte sanken dermassen, dass sie Turgenev mitteilte, sie könne seinen Auslandsaufenthalt nicht mehr länger finanzieren. Andererseits deutete sie ihm gegenüber am 14. (26.) Dezember desselben Jahres ihre Bereitschaft an, trotz Missernte und Schuldenlast zusätzliches Geld zu überweisen, sofern er sie darum bäte:

> Иван, клянусь тебе, что в поле не было колосу,... одного колосу хлеба. Прокормить, обсеять, жить, – все, все занятое. – И потому говори просто, не прибавляя ни в *счет*, ни *жалованья*. – Говори: maman, деньги мне нужны, денег пришли. И вышлются, сколько станет силы.[144]

Obwohl sich die ökonomische Situation in Spasskoe verschlechtert hatte, erhielt Turgenev 1840 insgesamt gut 11'000 Assignatenrubel, so dass er sich gegenüber den Vorjahren nicht sonderlich einschränken musste.[145] Anfang 1841 rechnete Varvara Petrovna in einem Brief ihrem Sohn – offenbar auf dessen Wunsch hin – vor, welche Geldbeträge sie ihm zu welchem Zeitpunkt des Vorjahres überwiesen hatte. Auffallend sind dabei die regelmässigen Zahlungsunterbrüche, die vermutlich der Disziplinierung Turgenevs dienen sollten:

[142] Zitiert nach MALYŠEVA 1915a, 45.

[143] Vgl. hierzu ZVIGUILSKY T. 1980, 48.

[144] *RNB*, f. 795, № 99, l. 170; Hervorhebungen im Original, A.S.

[145] YARMOLINSKY 1959, 36.

Ты требовал счету что послано тебе денег в 1840^{м} году. Вчера все счеты сведены. И вот верные расписки тебе с генваря.

1. В Генваре не посылалось
2. В Феврале ___________________________ 2000.
3. В Марте __________________________ 81 – 34.
4. В Апреле _____________________________ 300.
5. В Мае
6. В Июне не посылалось
7. В Июле______________________________ 5000.
8. В Августе ____________________________ 1000.
9. В Сентябре не посылалось
10. В Октябре ___________________________ 1000. В подарок
11. В Ноябре не посылалось
12. В Декабре Кривцову __________________ 1515.

Тебе за доктору Берсу за лечение 200.

И того всех денег в год __________________

11206. рубл.[146]

Вот Ваничка верной счет что я в 1840^{м} году издержала на тебя,
– Это бы было ничего ежели бы не голодной год.
Теперь поговорим о будущем.[147]

[146] Obwohl die Addition der einzelnen Positionen nicht 11'206 Rubel ergibt, ist davon auszugehen, dass die angeführte Endsumme der tatsächlichen Zuwendung für das Jahr 1840 entspricht.

[147] *RNB*, f. 795, № 94, l. 7. Im Frühjahr 1840 war offensichtlich eine Unregelmässigkeit in Turgenevs Bilanz entstanden. Seine „Rechnung" entsprach bei weitem nicht jener, die seine Mutter geführt hatte. So schrieb Varvara Petrovna am 29. Mai (10. Juni) 1840 an ihren Sohn: „Иван, что ты пишешь: *в нынешнем году* я получил *2000.* Это твой счет. – По моему ты получил *6000.*" (*RNB*, f. 795, № 99, l. 295; Hervorhebungen im Original, A.S.). Vergleicht man diese Zahlen mit der oben angeführten Abrechnung für das gesamte Jahr 1840, so hatte Turgenev in der Tat bis Mai 1840 kaum mehr als 2'000 Rubel erhalten.

„*Вот Ваничка верной счет*“ (*RNB*, f. 795, № 94, l. 7)

Das Schwanken zwischen finanzieller Grosszügigkeit und strengen Auflagen, deren Erfüllung in Berlin ausblieb, die Sehnsucht nach ihrem ‚verlorenen Sohn‘ sowie die materiellen Engpässe, die sich in Spasskoe einstellten, führten dazu, dass Varvara Petrovna ihren Sohn immer stärker zur Rückkehr in die Heimat drängte. In der Tat hatte ihr Besitzstand einen empfindlichen Einbruch erlitten – einerseits infolge der Brandkatastrophe und Missernte, andererseits aber auch aufgrund der mangelhaften Wirtschaftsführung in Spasskoe, für die allem Anschein nach Nikolaj Nikolaevič Turgenev verantwortlich war:

> Имение наше большое, но! – совершенно разстроенное (sic, A.S.), благодаря упрямству и самолюбию Николая Н., братца, быть управителем, не понимая совершенно хозяйственной части и даже не вникая в оное. Но! – брат так малочинен, что грех

будет прапорщиком взять в отставку, по крайней мере я буду противиться этому…[148]

Am 25. Juli (6. August) 1840 forderte Varvara Petrovna ihren Sohn in einem Brief auf, seine Studien in Berlin zu beenden, nach Russland zurückzukehren und sich ernsthafte Gedanken über seine berufliche Zukunft zu machen: „тебе пора оставить чужие края, пора начинать службу, пора подумать о себе. Пора перестать мучить мать и дядю своим отсутствием."[149] Dabei betonte sie noch einmal, welche materiellen Opfer sie bis dahin für ihre beiden Söhne erbracht hatte:

> Возвратясь из чужих краев, мне оставалось поддержать начатое. А чем? – не жалеть денег. – Более я ничего не могла для вас. Брат был содержан не хуже товарищей, были лошади, экипажи, все нужное. – Ремонт был куплен на мои деньги. Ты хотел ехать в чужие края, я отпустила и давала денег и даю сверх моих возможностей даже. […] вы оба должны решиться на что нибудь. *Ты* Иван, – начнешь и где начнешь свою службу?[150]

Während Nikolaj seinen eigenen Weg ging, aus der Armee austrat, eine dürftig bezahlte Stelle im Innenministerium annahm und durch seine Heirat mit der Deutschen Anna Jakovlevna Švarc (Schwartz), einer Kammerzofe Varvara Petrovnas, den Bruch mit seiner Mutter und das Ende ihrer finanziellen Zuwendungen herbeiführte,[151] versuchte Ivan, nach seiner Rückkehr aus Berlin, wo er sogar noch Schulden hinterlassen hatte, die eigenen Ansprüche mit den Forderungen Varvara Petrovnas in Einklang zu bringen.

Während der Berliner Studienzeit hatten sich bei Turgenev zwei Tendenzen bemerkbar gemacht, die nicht nur seinem Wunsch nach grösserer Eigenständigkeit entsprachen, sondern auch für seine weitere persönliche Entwicklung von Bedeutung waren. Auf der einen Seite wuchs Turgenevs Interesse an der literarischen Tätigkeit. Während eines Aufenthaltes in Russland im Dezember 1839 sprach er mit dem Schriftsteller Fedor A. Koni über eine mögliche Mitarbeit bei der Monatszeitschrift *Panteon russkogo i vsech evropejskich teatrov* (PSP, I, 176 u. 525): „я всё еще колеблюсь погрузиться в русский литературный мир – в «сей грязный омут, господа»."[152] Auf der anderen Seite begann er, seine Finanzkraft breiter abzustützen und auch in diesem Bereich seine Unab-

[148] Aus Varvara Petrovnas Brief vom 28. Mai (9. Juni) 1839. Zitiert nach MALYŠEVA 1915a, 46.

[149] Zitiert nach NIKITINA 1995, 52.

[150] Zitiert nach MALYŠEVA 1915a, 47f. (Hervorhebung im Original, A.S.).

[151] MALYŠEVA 1915a, 48; ZVIGUILSKY T. 1980, 58-60. Laut ŽITOVA (1961, 74) akzeptierte Varvara Petrovna Nikolajs Heirat erst 1849.

[152] Aus Turgenevs Brief vom 4. (16.) Dezember 1839 an T. N. Granovskij (PSP, I, 176). Turgenevs Mitarbeit bei Koni kam dann doch nicht zustande.

hängigkeit von Varvara Petrovna etwas zu vergrössern. In Berlin hatte Turgenev Geld nicht nur verliehen, sondern auch aufgenommen, und seine Neigung zur Geldanleihe verstärkte sich nach seiner Rückkehr deutlich. Demgegenüber waren seine Versuche, als zeitweise illiquider Kreditor geliehene Summen wieder einzutreiben, eher zaghaft. So schrieb er etwa im Dezember 1839 an Granovskij: „Если Драшусов приехал и может располагать деньгами, то нельзя ли получить от него, что он мне должен? Мне деньги теперь крайне нужны. Кланяйтесь ему от меня. Что его здоровье?“ (PSP, I, 177).

Allerdings führten weder die zahlreichen Darlehen noch solche ‚Geldeintreibungen‘, sofern ihnen überhaupt Erfolg beschieden war, längerfristig zu einer Entspannung der prekären finanziellen Situation Turgenevs. Gereizt reagierte Varvara Petrovna auf die Aktionen ihres Sohnes, die ihr nicht verborgen blieben. Besonders stiess sie sich daran, dass Turgenev Drittpersonen – so auch seinen eigenen Bruder – um Geld bat, anstatt sich an seine Mutter zu wenden:

> Это не дело, писать к брату – займи, – когда мать не отказывает, когда дядя старик украл бы и послал своему любимцу. Грех тебе жаловаться, что не имеешь собственности [...] Брат твой не имеет способу тебе помочь. – Пусть буду вашим ростовщиком – *я*. Просите у меня взаймы. – А проценты платите вашею нежностью. А капитал уплотите (sic, A.S.), как войдете в люди, в чины, в почести.[153]

Die Ökonomie wurde, obwohl eine Mutter-Kind-Beziehung eigentlich antiökonomisch ist, zum habituellen Leitgedanken der Interaktion zwischen Varvara Petrovna und ihren beiden Söhnen erhoben. Immer deutlicher gestaltete sie ihr Verhältnis zu Ivan und Nikolaj nach ökonomischen Prinzipien, da ihr bewusst geworden war, dass sie den Emanzipationsbestrebungen der beiden nur wenig entgegensetzen konnte.[154] Hatte Varvara Petrovna früher noch wirtschaftliche Sachzwänge ihren Erwartungen hinsichtlich ‚Wohlverhalten‘ und Rollenkonformität zugrunde gelegt, ‚verrechnete‘ sie nunmehr einfach alles – bis hin zu Respekts- und Gefühlsbezeugungen, die, sofern ‚adäquat‘ entrichtet, in klingende Münze umgewandelt werden konnten. Sie forderte bei ihren Söhnen, vor allem aber bei Ivan, Liebe ein und bot im Gegenzug finanzielle Unterstützung.

153 Aus Varvara Petrovnas Brief vom 29. Mai (10. Juni) 1840 (Hervorhebung im Original, A.S.). Zitiert nach NIKITINA 1995, 51.

154 Auffallend ist, dass Varvara Petrovna auch das Verhältnis zu ihren Leibeigenen, insbesondere aber zu ihrem Hofgesinde, einer solchen ökonomischen Pragmatik unterordnete. So wurden, wie ihr Hauswirtschaftsbüchlein vom 23. November (5. Dezember) 1846 zeigt, Wohlverhalten und Diensteifer belohnt, Nachlässigkeit und Unordentlichkeit hingegen bestraft (was wesentlich häufiger vorkam) (*Kniga dlja zapisyvan'ja ne ispravnostej moich ljudej, za čto budet im vyčitat'sja ich žalovan'e, za ispravnoe že poveden'ja* (sic, A.S.) *budet nagražden'e.*; *RGALI*, f. 509, op. 1, № 171, ll. 1-4).

Dieses Verfahren war jedoch höchst instabil, da sich Varvara Petrovnas Söhne nicht erpressen liessen und immer wieder aus anderen Quellen Geld beschafften.

Während Turgenev in Berlin von Varvara Petrovna trotz aller Ermahnungen und der ökonomischen Verluste in Spasskoe noch grosszügig unterstützt worden war (1838 beliefen sich seine Ausgaben auf 15'000 bis 20'000 Assignatenrubel, 1839 versuchte Varvara Petrovna, sein Budget auf 10'000 Rubel festzulegen, 1840 erhielt er weitere 11'000 Rubel), musste er sich nach seiner Rückkehr an die Tatsache gewöhnen, dass der Widerwille seiner Mutter wuchs, ihm eine regelmässige und vor allem in seinen Augen ‚angemessene' Zuwendung zu entrichten. Dieser Umschwung traf ihn offenbar unvorbereitet, zumal Annehmlichkeiten und Komfort zum festen Bestandteil seines Lebens geworden waren und mit seiner bereits damals bewusst kultivierten Rolle als leichtlebiger Causeur und „Salonlöwe" einhergingen („Я лев"[155]).[156] Als Sohn aus gutem Hause hatte Turgenev Zutritt zu einigen der bekanntesten Salons in Moskau und St. Petersburg.[157] Die ihm nunmehr auferlegte Verpflichtung, sich um ein regelmässiges Einkommen zu bemühen, entsprach denn auch keineswegs seinen Vorstellungen. Darüber hinaus war auch nicht klar, ob die neue Situation von Dauer wäre – schliesslich hatte er Aussicht auf ein beträchtliches Erbe, das er in absehbarer Zeit antreten würde.[158] So erstaunt es nicht, dass sich Turgenev eher bedächtig auf die Suche nach einer Stelle im Staatsdienst machte, um dem Anliegen seiner Mutter zu entsprechen. Schliesslich wurde er in seinen Ansprüchen an Lebensstil und Luxus von seinem Onkel Nikolaj Nikolaevič bestätigt, der sich um das äussere Erscheinungsbild seines Neffen sorgte und diesem riet:

> Пожалоста (sic, A.S.), не отказывай себе в подобных прихотях. Например, я знаю, что ты без приличного знакомства жить не можешь, да и <не> должен, а чтоб поддержать знакомство свойственно твоего звания нужен, необходимо иметь екипаж (sic, A.S.), а не так, как ты пишешь, что покрыл платком шляпу. Се-

155 *Memorial*, *sub anno* „1842" (PSS, XV, 201).

156 Korsun 1990, 131 u. 135. Zum „russischen Dandy", seinem äusseren Erscheinungsbild und „inneren aristokratischen Wesen" vgl. Lotman 1997, 130-143.

157 Yarmolinsky 1959, 66. Dadurch, dass der Salon im 18. Jahrhundert kulturelle Funktionen des Hofes übernommen hatte, förderte er als Ort, wo „der Geist nicht länger Dienstleistung für den Mäzen" war (Habermas), die Polarisierung von Staat und Gesellschaft, höfisch-repräsentativer und gesellschaftlich-privater ‚Öffentlichkeit'. Der Salon wurde gleichsam zur gesellschaftlichen ‚Enklave', in der sich sozial grundverschiedene Kreise wie Stadtaristokratie, Grossbürgertum der Finanzwelt und der Administration oder Intelligenz, sonst funktionell und hierarchisch streng geschieden, auf gleichem Boden begegneten. Es bildete sich eine ‚Publikumskultur' heraus, ein Kulturraisonnement, an dem – zumindest dem Prinzip nach – jeder einzelne im Salon beteiligt war. Der private Salon wurde damit zu einer Instanz der literarischen Öffentlichkeit (Kreuzer 2000, 189f.).

158 Korsun 1990, 131.

го выражения я простить тебе не могу [...] Действуй, хлопочи, копай в небе дырочку, выдерись и стань твердой ногой на степень твоего достоинства.[159]

Nach Varvara Petrovnas Ansicht hatte Turgenev – abgesehen von den fruchtlosen Versuchen, sparsamer zu leben – nur zwei Möglichkeiten, um seiner notorischen Geldknappheit zu begegnen: Er konnte sich an seine Mutter wenden und sie um Geld bitten, dafür verlangte sie jedoch ‚Zinsen' in Form von Aufmerksamkeit und Zärtlichkeit. Oder aber er konnte in den Staatsdienst eintreten, der ihm ein bestimmtes Ansehen sichern würde. Varvara Petrovna hatte ja die Weiterbildung ihres Sohnes in Berlin – eine ‚Investition' mit dem Ziel der Entfaltung von Talent und Gelehrtheit – nicht zuletzt in der Hoffnung unterstützt, dass Turgenev anschliessend seine Universitätslaufbahn weiterverfolgen würde, um Professor und „Ernährer" seiner Mutter zu werden:[160]

Я не верю своему счастью. Как, Иван, ты подлинно хочешь исполнить мои любимые мечты, ты будешь моим кормильцем, будешь покоить мою больную старость, ты будешь профессором при *московском* университете, – неужели? И ты у меня просишь позволение, – да это будет верх моего блаженства. Да я бы (и без черевик), – на что мне твои чины, места, почести. Ежели бы ты и не магистром, да жил при мне только, это бы уже было мое блаженство... О! как счастлив тот сын, кому мать это скажет *кормилец* мой! прекрасное русское крестьянское слово...[161]

Auf jeden Fall war Varvara Petrovna nicht mehr länger bereit, für die extravaganten Einfälle Turgenevs einzustehen. So griff sie, um die Lebensführung ihrer beiden Söhne zu kontrollieren, auf das äusserste und zugleich einzige Mittel zurück, das ihr noch verblieben war: Sie hielt die beiden fortan äusserst knapp bei Kasse.[162] Hinzu kam noch, dass sie, wie die Erinnerungen ihrer Ziehtochter Varvara Žitova zeigen, vom Schriftstellerberuf, zu dem es Turgenev immer mehr hinzog, im Grunde wenig hielt. Einerseits äusserte sie sich durchaus positiv über einige seiner Gedichte. Dabei gefiel ihr insbesondere sein im Frühjahr 1843 erschienenes Poem *Paraša*, weil das literarische Prestige ihres Sohnes ihrer mütterlichen Eitelkeit schmeichelte.[163] Andererseits gab sie Turgenev aber auch deutlich zu verstehen, dass ihrer Ansicht nach ein Adliger seine berufliche Erfüllung anderweitig zu suchen hatte:

159 Aus Nikolaj Nikolaevič Turgenevs Brief vom 5. (17.) Februar 1843. Zitiert nach *T sb*, III, 223f.

160 Vgl. Malyševa 1915c, 103, 106 u. 109.

161 Aus Varvara Petrovnas Brief vom 30. November (12. Dezember) 1840 (Hervorhebungen im Original, A.S.). Zitiert nach Malyševa 1915c, 110.

162 Pritchett 1986, 31.

163 Malyševa 1915d, 110-112; Zviguilsky T. 1980, 64-67; Zúñiga 2001, 41.

> [...] - какая тебе охота быть писателем? Дворянское ли это дело? Сам говоришь, что Пушкиным не будешь. Ну еще стихи, такие, как его, пожалуй, а писатель! что такое писатель? По моему, écrivain ou gratte-papier c'est tout un. И тот, и другой за деньги бумагу марают. Дворянин должен служить и составить себе карьеру и имя службой, а не бумагомаранием. Да и кто же читает русские книги? Определился бы ты на настоящую службу, получал бы чины, а потом и женился бы, ведь ты теперь один можешь поддержать род Тургеневых![164]

Varvara Petrovna teilte fast uneingeschränkt die zeitgenössische Ansicht, wonach die Schriftstellerei ein Lohnhandwerk und damit keine Angelegenheit des Adels sei (wobei sie jedoch forderte, dass ein Adliger die Literatur *kennen* müsse[165]). Der junge Turgenev sah sich also einer widersprüchlichen Erwartungshaltung seiner Mutter ausgesetzt: Er hatte sein aussichtsreiches dichterisches Talent zu beweisen und gleichzeitig einer beruflichen (Haupt-)Tätigkeit nachzugehen, die ‚standesgemäss' war.[166] Nur so wäre es ihm gelungen, Varvara Petrovnas Klage über Fehlinvestition und Undankbarkeit zu begegnen: „Я сожалею, что тратила деньги на твое воспитание, ежели воспитание ведет к неблагодарности."[167]

Die von Turgenev bis dahin kultivierte Rollenvielfalt als Dichter, Bohémien, Student, Salonlöwe und Adliger drohte, sich in einen folgenschweren Rollenkonflikt zu verwandeln: Nach Ansicht seiner Mutter schlossen sich Aristokratie und Schriftstellerei kategorisch aus, und Turgenev hatte dieses Dilemma unter dem Damoklesschwert drohenden Geldentzugs zu lösen. Eher halbherzig entschied er sich sowohl für den eigenen Rollenentwurf als auch für die ihm aufoktroyierte Rolle. Obwohl er sich neue Geldquellen zu erschliessen suchte, war er nach wie vor auf die finanzielle Unterstützung seiner Mutter und die mehr oder weniger regelmässigen Geldsendungen aus Spasskoe angewiesen. Da er erst am Anfang seiner literarischen Karriere stand und zudem noch zögerte, sich völlig der Welt der Schriftstellerei hinzugeben, die in den 1840er Jahren ohnehin

[164] Zitiert nach ŽITOVA 1961, 67. Vgl. hierzu auch LOTMAN 1997, 27: „Hatte nun ein Angehöriger des Adels niemals einen Dienst ausgeübt, und das konnte sich nur ein Begüterter, ein Sohn eines hohen Würdenträgers leisten, der den grössten Teil seiner Zeit im Ausland verbrachte, verschaffte ihm in der Regel seine Verwandtschaft eine fiktive Anstellung, häufig einen Hofdienst. [...] Wenn im Moskau der zweiten Hälfte der zwanziger Jahres des vorigen (des 19., A.S.) Jahrhunderts die fürsorglichen Mütter Sorge hatten, ihre verträumten und der deutschen Philosophie zuneigenden Sprösslinge die Gardekasernen beziehen zu lassen, bot sich als einer der typischen fiktiven Dienste der Eintritt in das Archiv des Kollegiums für auswärtige Angelegenheiten an."

[165] MALYŠEVA 1915c, 104.

[166] MALYŠEVA 1915c, 105; MALYŠEVA 1915d, 111f. u. 114.

[167] Aus Varvara Petrovnas Brief vom 31. August (12. September) 1840. Zitiert nach MALYŠEVA 1915c, 103.

noch wenig lukrativ war,[168] erstaunt es nicht, dass Turgenev eine berufliche Neuorientierung vorzog. Er musste eine Lösung für seine pekuniären Probleme finden. Sein extravaganter Lebensstil und sein dandyhaftes Gebaren,[169] das sich in seinem äusseren Erscheinungsbild mit Attributen wie Lorgnette und Spazierstock offenbarte, riefen bei zahlreichen Zeitgenossen Befremden hervor.[170] So etwa äusserte sich Avdot'ja Ja. Panaeva 1843 in der Petersburger Italienischen Oper unmissverständlich über den Lebenswandel des jungen Aristokraten:

> Ich kann diesen Turgenjew einfach nicht verstehen! Ist stolz auf seine Aristokratenehre, blickt auf uns von oben herab, aber dass er uns, wenn ihm sein Mütterchen gerade kein Geld schickt, den besten Platz in der Loge wegnimmt, dazu sind wir ihm gut genug! Bei den ersten Schneidern lässt er sich ein Kostüm um das andere machen, in den feinsten Restaurants diniert er, alles auf Pump! Und seine Schriftstellerei! In Russland hat er die Universität absolviert, in Berlin hat er studiert, jedes zweite Wort bei ihm ist Hegel, aber statt das Talent zu pflegen, das er zweifellos besitzt, statt richtig zu arbeiten, denkt er darüber nach, welche Grösse die Knöpfe an seinen blauen Fracks, welche Farbe seine Westen und Krawatten haben sollen![171]

In seinen Grundzügen entwickelte sich Turgenevs wirtschaftlicher *modus operandi*, also seine Kompetenz bzw. Inkompetenz im Umgang mit ökonomischen Ressourcen, seine Haltung zu Kreditoren und Debitoren wie auch seine spezifischen Bedürfnisse und Ansprüche an eine bestimmte Lebensart, während seines Studienaufenthaltes in Berlin. Die ungeachtet aller Schwankungen weitgehend geordneten materiellen Existenzbedingungen in seinem familiären Umfeld trugen in hohem Masse zur Ausformung eines Lebensstils bei, der sich fortan nicht mehr grundlegend verändern sollte. Als Angehöriger der Aristokratie und Sohn aus reichem Hause mit entsprechenden Wahrnehmungs- und Denkmustern blieb Turgenev einerseits (adels-)gesellschaftlichen Standesprivilegien, Erwartungen und Einflussfaktoren unterworfen, andererseits wusste er

168 ŠAŠKOV 1876, 31f. Vgl. hierzu auch Varvara Petrovnas Brief vom 25. Juni (7. Juli) 1843: „Я хотела пошутить над твоими доходами с сочинений, – но я бы была несправедлива. В первую минуту я прочла „Парашу“ без внимания.“ (zitiert nach MALYŠEVA 1915d, 113).

169 Vgl. PANAEVA 1969, 121.

170 MAGARSHACK 1954, 56; KORSUN 1990, 135 u. 137. Vgl. etwa ZAJCEV 1949, 43: „Внешний его облик довольно долго еще не совпадал с тем, чем надлежало ему быть в действительности. Многих это обманывало.“ Vgl. hierzu auch LOTMAN 1997, 137: „Eine grosse Rolle spielte für das Auftreten eines Dandys die Brille, ein Detail, das die Stutzer der vorangegangenen Epoche ihm vererbt hatten. […] Den Blick durch die Brille setzte man dem Blick in ein Gesicht aus grösster Nähe gleich und sah darin eine Geste der Unverfrorenheit.“

171 Zitiert nach RACHMANOWA 1952, 14f.

die räumliche Distanz zu seiner Mutter zu nutzen, um sich – auch in ökonomischer Hinsicht – einen individuellen Spielraum zu schaffen und die ihm zur Verfügung stehenden Geldmittel für jene Lebensgestaltung heranzuziehen, die ihm selbst vorschwebte. Zudem erfuhr sein Habitus in Berlin insofern eine besondere Ausprägung, als zwei wesentliche Einflussfaktoren Turgenevs Studienzeit prägten: zum einen die Berliner Bohème mit ihren spezifischen Ansprüchen an ‚Geschmack', Stil und ‚Originalität', zum anderen die ausgehende Romantik mit ihrem exaltierten Freundschaftskult und ihren Inszenierungsmustern von Narzissmus, Melancholie, Liebessehnsucht und Freiheitsdrang. Turgenevs Lebensweise in Berlin entsprach denn auch ziemlich genau den bestimmenden Zügen der Bohème, die sich, ohne Scheu vor Provokation, oft durchaus mit Lust an ihr, von Konventionen der Lebensführung und des ästhetischen, moralischen und politischen Urteilens emanzipierte und eine Opposition gegen die Geldwirtschaft kultivierte.[172]

Demzufolge lässt sich Turgenevs permanenter Konflikt mit seiner Mutter aus dem Widerstreit zweier Lebensentwürfe erklären: Während Varvara Petrovna klare Forderungen an ihren Sohn stellte – Akkumulation von kulturellem Kapital im Ausland, ‚standesgemässe' Lebensführung bei gleichzeitiger wirtschaftlicher Besonnenheit und Rückkehr sowie Dienstantritt als Professor –, verbat sich der junge Turgenev jede mütterliche Kontrolle über Umgang, Lebensform und Finanzhaushalt seiner Person. Dies hatte zur Folge, dass Varvara Petrovna, in ihrer Eitelkeit tief verletzt, die Unterhaltsgelder für ihren Sohn kürzte. Als Turgenev dann nach seiner Rückkehr aus Deutschland wieder in den unmittelbaren Einflussbereich seiner Mutter gelangte und sich erneut ihren Erwartungen und finanziellen Druckmitteln ausgesetzt sah, gab er, was seine berufliche Zukunft anbelangte, vorerst nach. Immerhin blieben ihm gewisse Wahlmöglichkeiten, da ihm Varvara Petrovna hinsichtlich der Tätigkeit als Beamter keine genauen Vorschriften machte:

> На счет твоей службы мне совершенно все равно, где будешь ты служить, только определись на службу, настоящую [...].[173]

[172] KREUZER 2000, 48.

[173] Aus Varvara Petrovnas Brief vom 6. (18.) Februar 1843 (*RNB*, f. 795, № 96, l. 5). Zur Tradition adligen Staatsdienstes in Russland vgl. BECKER 1985, 116-119.

2.4. Im Spannungsfeld von Schriftstellerei und Beamtenberuf – Turgenevs Doppelrolle

[...] служил очень плохо и неисправно
Turgenev, Avtobiografija (PSS, XV, 207)

Im Januar 1843 bemühte sich Turgenev erfolgreich um eine Anstellung im Innenministerium, wo er einer agronomisch-ökonomischen Abteilung unter der Leitung des Schriftstellers, Ethnographen und Lexikographen Vladimir I. Dal' (1801-1872) zugeteilt wurde („для занятий по Особенной Канцелярии Министра") (*RGIA*, f. 1284, op. 28, d. 285, l. 11; PSP, I, 427f. u. 634). Unter Nikolaj I. war die Erkenntnis gereift, dass die Beibehaltung des Leibeigenschaftssystems einen erheblichen Nachteil für die russische Wirtschaft und Gesellschaft darstellte. Um die internationale Konkurrenzfähigkeit des Landes zu erhalten – und dies forderte die Staatsräson –, wurden Projekte in Auftrag gegeben, die zu einer Verbesserung in diesem Bereich führen sollten.[174] Dementsprechend widmete sich das Innenministerium damals auch der Bauernfrage und bereitete Reformkonzepte vor, während Dal's Kanzlei die Situation des Hofgesindes, das auf den Gütern Hausdienst sowie Handwerks- und Manufakturarbeiten zu verrichten hatte, untersuchte und Gesetzesvorlagen plante. Da Turgenevs offizielle Aufgabe in der Auseinandersetzung mit den Erfordernissen des russischen Agrarwesens bestand, beschäftigte er sich primär mit agrarökonomischen und sozialen Problemen des Landlebens.[175]

Der Staatsdienst war gerade unter Nikolaj I. populär, da er in der öffentlichen Wahrnehmung sowohl eine berufliche Karriere als auch den Zugang zur höheren Gesellschaft versprach. Anfang der 1830er Jahre waren rund 105'000 Beamte beim russischen Staat angestellt, später wuchs diese Zahl sogar über den vorgesehenen Etat hinaus an, was zu Besoldungsproblemen und zur Rückstellung von Dienstanwärtern führte: So dienten etwa in den 1850er Jahren 3'000 sogenannte *pričislennye*, die, ohne ein reguläres Gehalt zu beziehen, auf eine vakante Stellte warteten.[176] Von allen russischen Ministerien war das Innenmini-

[174] STÖKL 1983, 485-488 u. 536f.

[175] PSP, I, 427f. u. 634; OKSMAN 1957, 176; LUNIN 1980, 59; PRITCHETT 1986, 31; KORSUN 1990, 132; KLUGE 1992, 58. Das Hofgesinde stellte schon insofern einen Problemfall innerhalb des russischen Leibeigenschaftssystems dar, als viele Leibeigene, die von ihrem Grundherrn zum Dienst auf dem Gutshof herangezogen wurden, kein Land bewirtschafteten und damit in völliger wirtschaftlicher Abhängigkeit lebten.

[176] ŠEPELEV 1999, 116, 119 u. 123. Die Zulassung zum Staatsdienst war 1827 durch einen Ukaz Nikolajs I. vorwiegend auf Adlige beschränkt worden, wobei die Befreiung von der Steuerpflicht als Hauptkriterium galt. Vom Staatsdienst explizit ausgeschlossen waren Kaufleute, Freigelassene, Kleinbürger, Ausländer, pensionierte nichtadlige Militärs, Geistliche und die Kinder von Hofangestellten, die keinen Rang erreicht hatten. Mit dieser Restriktion wollte Nikolaj den Staatsdienst für den Adelsstand attraktiver machen und diesen durch die Einbindung in staatliche Verwaltung und Rangsystem ‚disziplinieren'

sterium hinsichtlich der Zahl der Bediensteten das grösste. Nachdem 1819 die bis dahin dort angegliederten Bereiche Handel und Gewerbe dem Finanzministerium überantwortet worden waren, entwickelte sich das Innenministerium zu einer Wirtschafts- und Polizeibehörde mit einer Vielzahl von Aufgaben (unter anderem befasste es sich mit fremden Konfessionen, dem Städtebau, der medizinischen Versorgung, der administrativen Statistik und der Entwicklung der Landwirtschaft).[177] Die intensive Auseinandersetzung des Innenministeriums mit der Bauernfrage erklärt sich vor allem aus der bereits unter Nikolaj I. gewonnenen Erkenntnis, dass die Beibehaltung des Leibeigenschaftssystems die internationale Konkurrenzfähigkeit Russlands in Wirtschaft und Gesellschaft beeinträchtigte. Auf Dauer war eine Reform in diesem Bereich unerlässlich, wollte man mit der immer rascheren wirtschaftlichen, technischen und militärischen Entwicklung Europas Schritt halten – allerdings wurde diese Problematik erst durch den Ausgang des Krimkrieges 1855 in ihrer ganzen Tragweite deutlich.[178]

Turgenevs Dienstantritt verlief nicht ganz problemlos, da zuerst der Minister für Volksaufklärung seine Einwilligung geben musste: Turgenev hatte zwar 1842 die Magisterprüfung in Philosophie abgelegt, für den Grad eines Magisters, der ihm einen uneingeschränkten Zugang zu den Ämtern des Innenministeriums ermöglicht hätte, fehlte ihm jedoch noch die Dissertation. Deren nachträgliche Abfassung wurde, wie aus dem Brief des Ministers vom 19. Februar (3. März) 1843 an Innenminister L. A. Perovskij hervorgeht, von Turgenev erwartet:

> Тургенев уже выдержал испытание для приобретения звания Магистра и ему остается еще защитить диссертацию для того, чтоб быть удостоену этой ученой степени. По защищении своего рассуждения Тургенев, без сомнения, в непродолжительном времени приобретет Магистерское достоинство [...] он может тогда быть определен на службу по всем ведомствам, не подчиняясь ограничениям [...].[179]

Turgenev reichte denn auch sein Gesuch an den Innenminister (PSP, I, 427f.) als „Kandidat der Philosophie“ ein, und erst auf der Grundlage eines Erlasses des Zaren („*Vysočajšee razrešenie*“) erfolgte schliesslich am 8. (20.) Juni 1843 die Anstellung (*RGIA*, f. 1284, op. 28, d. 285, l. 11).[180]

Anlässlich seiner Bewerbung verfasste Turgenev auf Perovskijs Auftrag hin Ende Dezember 1842 (Anfang Januar 1843) das Memorandum *Neskol'ko zamečanij o russkom chozjajstve i o russkom krest'janine* (PSS, I, 459-472):

(Šepelev 1999, 117-122).

177 Šepelev 1999, 28f.

178 Stökl 1983, 536f.

179 *RGIA*, f. 1284, op. 28, d. 285, l. 9-9 ob.

180 Vgl. hierzu auch PSP, I, 634.

> […] хоть я исключительно не занимался политической экономиею, но знаком со всем, что, принадлежа собственно к науке государственного хозяйства, входит в область истории и географии; сверх того, мне известно довольно значительное количество отдельных фактов, собранных мною на опыте и посредством чтения. […] Я вырос и жил довольно долгое время в деревне, находящейся в одной из плодороднейших губерний России, в Орловской, и имел случай познакомиться с русским крестьянином и с русским помещиком. (PSS, I, 459 u. 462)

In seiner Schrift, einer eigentümlichen Mischung aus Obrigkeitsgläubigkeit[181] und offener Kritik am russischen Wirtschaftssystem, misst Turgenev der Lösung der Agrarfrage sowie der Modernisierung des anachronistischen Verhältnisses zwischen Gutsbesitzern und Bauern höchste Priorität zu. Russland sei, so Turgenev, trotz des Industriezeitalters immer noch den alten patriarchalischen Strukturen verpflichtet, gegen die sich Peter der Grosse als Erster gewendet habe (PSS, I, 462). Land*bearbeiter*, also Bauern, und Land*besitzer*, die Adligen, seien trotz des Leibeigenensystems durch Geschichte und Volksgemeinschaft „Brüder", von deren Zusammenwirken die Zukunft Russlands abhänge (PSS, I, 460f., 469 u. 472).

Kernstück des Memorandums sind sieben Punkte, welche die nach Turgenevs Ansicht wichtigsten Missstände umfassen: 1) Die unzureichende Rechtslage, welcher die Landeigentümer aufgrund der Gemengelage des Bodens unterworfen seien,[182] 2) die durch das althergebrachte Patriarchalsystem bedingte mangelnde Gesetzlichkeit im Hinblick auf das Verhältnis zwischen Gutsbesitzern und Bauern, deren Wohlergehen allenfalls vom Grossmut des Grundherrn – und nicht von verbindlichen Normen – abhänge,[183] 3) das unzulängliche Niveau der Agrarwissenschaften, das auf den Absentismus der reichen Gutsbesitzer, aber auch auf die eingeschränkte Kapitalkraft und mangelnde Initiative des Kleinadels zurückzuführen sei und dementsprechend zu unbefriedigenden Erträgen führe, 4) die fehlende Koordination von Handel und Landwirtschaft sowie Schwächen der Infrastruktur, die den Warenaustausch zwischen den einzelnen

[181] Auffallend ist der ‚amtliche' Diskurs des Memorandums, dessen rhetorischer Ton immer wieder durchbricht und den offiziellen Charakter der Schrift offenbart (vgl. OKSMAN 1957, 177).

[182] Charakteristisch für die russische Landwirtschaft war eine beträchtliche Bodenzerstükkelung. Oft lagen die Parzellen der Bauern und der Grundherren, vielfach auch die Ländereien verschiedener Gutsbesitzer in der Breite eines Gartenbeetes strichweise durcheinander, so dass nur ein Flurzwang Abhilfe schaffen konnte (SCHEIBERT 1973, 200).

[183] Turgenev war denn auch der Ansicht, dass sowohl das System des *obrok* als auch jenes der *barščina* Missbrauchspotential boten. So geschah es etwa, dass Gutsherrn den *obrok*-Zins willkürlich erhöhten und ihre Bauern zu zusätzlichen Arbeitsdiensten heranzogen. Jene Bauern, die Fronarbeit zu verrichten hatten, hingen ohnehin völlig vom Wohlwollen ihrer Herrn ab (ebd.).

Landesteilen ebensowenig erleichtern wie sie Missernten und Preisschwankungen für Erzeugnisse auffangen können, 5) der völlig unterentwickelte Bildungsstand der Bauern, ihr dürftiges Staatsbewusstsein und die Hoffnungslosigkeit, die viele Leibeigene empfinden und durch Trunksucht zu dämpfen suchen,[184] 6) veraltete Einrichtungen und Gewohnheiten wie der inflationäre Einsatz des Hofgesindes, aber auch die zu Pferde- und Holzdiebstahl führende unzureichende materielle Versorgung der Bauern sowie 7) der unter dem russischen Adel weit verbreitete Mangel an „Gesellschaftsgeist" (PSS, I, 463-466).

Des weiteren stellt Turgenev fest, dass der unbezahlte Einsatz von Leibeigenen in den Fabriken der Adligen zu wesentlich schlechteren Produktionsergebnissen geführt habe, als dies in vergleichbaren Werkstätten von Kaufleuten der Fall sei, wo ein – wenn auch häufig nur unbedeutender – Lohn vergütet werde: „[…] они (благоразумные помещики, A.S.) убедились, что работа, не вознаграждающая работника, не вознаграждает и заставляющего работать…" (PSS, I, 470). Turgenev betont in seiner Schrift mehrfach, dass seinen Überlegungen sowohl eigene Erfahrungen als auch Ansichten von Spezialisten zugrunde liegen.[185] Möglicherweise stand er unter dem Einfluss Adam Smiths und dessen liberalen Wirtschaftslehren über die Vorteile der Freiheit von Arbeiterschaft und Handel, zumal Smiths Rezeption in Russland bis ins späte achtzehnte Jahrhundert zurück reicht, als seine Ideen zunächst in akademischen Zirkeln erörtert worden waren. Sein Hauptwerk *An Inquiry into the Nature and Causes of the Wealth of Nations* (1776) lag zum ersten Mal 1802-06 in einer vom russischen Staat geförderten Übersetzung vor und hatte während der Regierungszeit Aleksandrs I. grossen Erfolg. In jenen Jahren erschienen auch zahlreiche Übersichtsdarstellungen und populärwissenschaftliche Schriften über Smiths Werke. Nachdem die öffentliche Diskussion über politische Wirtschaftsfragen in den 1820er und 1830er Jahren stagniert hatte, erfolgte in den späten 1840er Jahren insofern ein erneuter Aufschwung der Debatte, als die Überlegenheit der ‚freien' Arbeit in akademischen Zirkeln und publizistischen Schriften eingehend erörtert wurde.[186] Es ist durchaus anzunehmen, dass Turgenev schon damals mit Smiths Schriften vertraut war, auch wenn Smith weder in Turgenevs Korrespondenz noch später in seinem Œuvre eine prominente Rolle spielt.[187]

In Reaktion auf die oben genannten Defizite propagiert Turgenev, zwanzig Jahre vor der Aufhebung der Leibeigenschaft in Russland, behutsame Reformmassnahmen, die Schaffung verbindlicher Gesetze im Verhältnis des leibeige-

[184] Für Turgenev war der Alkoholismus der russischen Bauern ein ernst zu nehmendes Problem, das er noch Jahrzehnte später beklagte (MAGARSHACK 1954, 67f.).

[185] Vgl. etwa „[…] мне известно довольно значительное количество отдельных фактов, собранных мною на опыте и посредством чтения." (PSS, I, 459) sowie „[…] я частию основываюсь на мнении знатоков, частию на собственном опыте." (ebd. 470).

[186] EMMONS 1968, 37f.; ANIKINE 1993, 108.

[187] Explizit erwähnt wird Smith lediglich in *Dym* (PSS, IX, 154) und in *Nov'* (PSS, XII, 68).

nen Bauern zum Gutsbesitzer, damit der Bauer ein selbständiges Bewusstsein und damit die Fähigkeit zu eigenverantwortlichem Handeln entwickeln könne, die Modernisierung der landwirtschaftlichen Arbeitsmethoden, die Hebung des Bildungsniveaus sowie die Förderung des gesellschaftlichen und staatlichen Bewusstseins bei Bauernschaft und Adel. Den Schritt zur persönlichen Freiheit der Bauern erachtet Turgenev allerdings nur dann für praktikabel, wenn der Übergang mit einer angemessenen Landzuteilung einhergehe. Ohnehin setze, so Turgenev, das russische Land schon aufgrund seiner Weitläufigkeit eine Vielzahl von Landbesitzern voraus (PSS, I, 463-471):[188]

> Да и, сверх того, русская земля по своей обширности требует, чтобы владельцев было много, чтобы они пристально и трудолюбиво занимались ее обрабатыванием; весь наш сельский быт должен измениться [...], и это превращение должно совершаться медленно, постепенно; и не совершиться, если не всё дворянское сословие будет участвовать в этом перевороте. (PSS, I, 467f.).

Für Turgenev war klar, dass eine Verbesserung der rechtlichen und materiellen Situation der russischen Bauern auch im Interesse von Gutsbesitzer und Staat lag, dass sich Wohlstand und Wohlergehen gegenseitig bedingen: „Истина неоспоримая: если возделывающий своими руками землю, если крестьянин не удовлетворен и не обеспечен, владелец богатым быть не может." (PSS, I, 464). Er liess aber auch keinen Zweifel daran, dass adäquate Reformen nur ‚von oben' eingeleitet werden konnten:

> Прежнее, для крестьян и для владельцев равно бесполезное, *проживание* дворян в своих имениях должно будет уступить место положительной деятельности, желанию и *умению* усовершенствовать состояние хозяйства, потому что до сих пор многие помещики, не имея положительных сведений о сущности и потребностях земледелия, часто прибегали к эмпирическим мерам и потом при неизбежной неудаче упадали духом. [...] Наши братья, русские земледельцы, вправе ожидать от своих более образованных соотечественников деятельной, усердной помощи, а под руководством нашего правительства мы и в этом отношении можем повторить слова поэта:
>
> > В надежде славы и добра
> > Глядим вперед мы без боязни...[189]

Es ist davon auszugehen, dass dieses Memorandum wesentlich zu Turgenevs Anstellung beim Innenministerium beitrug.[190] Die Niederschrift solcher Es-

[188] Vgl. hierzu auch GRANJARD 1954, 154-156, SCHAPIRO 1982, 34f. u. THIERGEN 1989, 2f.

[189] PSS, I, 469 u. 472; Hervorhebungen im Original, A.S.

[190] GRANJARD 1954, 128; KORSUN 1990, 132. Demgegenüber vermutet SCHAPIRO (1982, 33)

says war offenbar fester Bestandteil des Bewerbungsprozederes mit dem Ziel, Aufschluss über Kompetenz und Denkweise der Anwärter zu erhalten (PSS, I, 629).[191]

Turgenevs „Bemerkungen" über den wirtschaftlichen und juristischen Zusammenhang zwischen Gutsbesitzertum, Bauernschaft und Staat bildeten, obwohl sie seinerzeit ganz ohne Wirkung geblieben waren,[192] jene Grundlage, auf welcher Turgenev noch vor der Abschaffung der Leibeigenschaft seinen Bauern die Wahl zwischen dem Status von gewöhnlichen Leibeigenen, die drei Tage pro Woche Fronarbeit zu leisten, d. h. unentgeltlich das Herrschaftsland zu bestellen hatten (*barščina*), der Option auf eine jährliche Zinszahlung (*obrok*) und der Möglichkeit eines Freikaufs zu vorteilhaften Bedingungen bot.[193] Auf jeden Fall hatte Turgenev bereits Ende 1842 die Komplexität sowohl der Bauernfrage selbst als auch ihrer zweckmässigen Lösung kritisch reflektiert. Doch noch vermied er es, offen gegen das Leibeigenensystem anzugehen und in seinem Memorandum dessen Abschaffung zu fordern. Dies hätte ihm wahrscheinlich die Ablehnung seiner Bewerbung und wohl auch weitere Unannehmlichkeiten ein-

hinter Turgenevs Memorandum einen vergeblichen Versuch, bereits Anfang 1843 in den Staatsdienst einzutreten. Dieser Annahme entspräche Turgenevs Eintrag im *Memorial* (*sub anno* „1843"): „Желание определиться на службу. – Не удается." (PSS, XV, 201). Möglicherweise stand Turgenev aber auch bereits im Dezember 1842 inoffiziell im Dienste des Innenministeriums und verfasste das Memorandum auf Anweisung seiner Vorgesetzten (GRANJARD 1954, 154, Anm. 21).

191 BRANG (1977, 67) weist darauf hin, dass seit 1842, als Turgenev sein Memorandum *Neskol'ko zamečanij o russkom chozjajstve i o russkom krest'janine* eingereicht hatte, jede öffentliche Diskussion der Leibeigenenfrage in Russland untersagt war. Demnach mussten, so BRANG, auch politische Gründe Turgenev zur Wahl seines ruralen Sujets bewogen haben.

192 KLUGE 1992, 58; MAGARSHACK 1954, 67. Nachdem Turgenev seine Schrift Ende Dezember 1842 / Anfang Januar 1843 eingereicht hatte, hörte er nichts mehr davon. Ohnehin ist davon auszugehen, dass eine Drucklegung des Memorandums nie erwogen wurde (OKSMAN 1957, 177).

193 MAGARSHACK 1954, 132; YARMOLINSKY 1959, 119; SCHAPIRO 1982, 95 u. 139; TROYAT 1985, 65; KORSUN 1990, 263. Obwohl den Gutsherren gesetzlich verboten war, den Frondienst auf mehr als drei Tage pro Woche auszudehnen bzw. unverhältnismässig hohe Zinsbeträge von den Bauern einzufordern, wurden solche Vorschriften in der Praxis auf verschiedene Weise umgangen (ROOSEVELT 1995, 233). Bei erheblichen Übergriffen seitens eines Gutsherrn konnte allerdings dessen Gut sequestriert und die Leibeigenen zu Staatsbauern gemacht werden (was seit der Adelscharta von 1762 nur selten geschah und erst unter Nikolaj I. häufiger praktiziert wurde) (SCHEIBERT 1973, 199). Das *obrok*-System gestattete den Bauern, gegen Zahlung eines Leibzinses beliebiger Erwerbstätigkeit nachzugehen, d. h., sie konnten über ihre Zeit und Arbeitskraft nahezu frei verfügen und ihre wirtschaftliche Existenz auf verschiedene Arten gestalten (SCHAPIRO 1982, 138f.; GITERMANN 1987, III, 79f.). Ausführlich zu *barščina* und *obrok*: GITERMANN 1987, III, 79-96.

gebracht.[194] Allerdings ist fraglich, ob Turgenev zu jenem Zeitpunkt radikalere Massnahmen überhaupt in Erwägung zog. Denn vieles spricht dafür, dass er schon damals mit seiner behutsamen Argumentation und Propagierung massvoller Veränderungen ein Verhaltensmuster offenbarte, das fortan für viele seiner politischen Stellungnahmen charakteristisch war und ihm, dem ‚Liberalen', von linken wie auch rechten Kreisen erhebliche Kritik einbrachte.[195]

Die Tatsache, dass sich Turgenev verbeamten liess, war insofern nicht aussergewöhnlich, als in den 1840er Jahren noch die meisten Schriftsteller einem ‚Brotberuf' – und dies überwiegend beim Staat – nachgingen.[196] Turgenev stand allerdings noch ganz am Anfang seiner schriftstellerischen Karriere, so dass sein literarisches Rollenbewusstsein und sein Interesse am literarischen Markt noch wenig ausgeprägt war. Seinem Entschluss, Beamter zu werden, lagen andere Überlegungen zugrunde, und über die Gründe für Turgenevs Dienstantritt gehen die Ansichten auseinander – er selbst hat sich dazu nicht explizit geäussert.[197] Die Erklärungsversuche reichen von der Hypothese, Turgenevs Dienst im Innenministerium sei vor dem Hintergrund seiner Freundschaft zu Bakunin und dem Ziel, an der Aufhebung der Leibeigenschaft produktiv mitzuwirken, zu sehen,[198] über die Vermutung, Vladimir Dal' habe den wankelmütigen Turgenev zum Dienst überredet, bis hin zur Behauptung, Turgenev habe mit dem Einschlagen einer wie auch immer gearteten Beamtenlaufbahn seine Mutter beschwichtigen und sich so ihre finanzielle Unterstützung sichern wollen.[199] Auch

194 MAGARSHACK 1954, 67; SCHAPIRO 1982, 34; KORSUN 1990, 132. Vgl. PSS, I, 468: „Разбирая неудобства нашего хозяйства, я с намерением не упомянул *крепостного состояния* наших хлебопащцев. Их так называемое рабство было предметом многих довольно пустозвонных разглагольствований, показывающих часто совершенное неведение истинных потребностей России." (Hervorhebung im Original, A.S.).

195 MAGARSHACK 1954, 69.

196 ŠAŠKOV 1876, 30-32.

197 Vgl. OKSMAN 1957, 172f.

198 MAGARSHACK 1954 67; OKSMAN 1957, 174-178; LUNIN 1980, 59; SCHAPIRO 1982, 32f.; LOWE 1989, 19; ZÚÑIGA 2001, 118. So lautet OKSMANS Fazit zu Turgenevs Memorandum *Neskol'ko zamečanij o russkom chozjajstve i o russkom krest'janine*: „Записка Тургенева не оставляла никаких сомнений о том, что предстоящая служба рассматривалась им как ответственный политический акт, как большое жизненное дело, как высшая форма служения родине." (177). Die Turgenev-Forschung bekräftigt diese These auch durch den Hinweis auf die Tatsache, dass Innenminister Perovskij in seinen Jugendjahren den Dekabristenkreisen nahegestanden war und als prononcierter Kritiker der Leibeigenschaft galt (SCHAPIRO, ebd.).

199 OKSMAN 1957, 174-178. MALYŠEVA (1915a, 48), YARMOLINSKY (1959, 65f.), LUNIN (1980, 59) und PRITCHETT (1986, 31) gehen davon aus, Turgenev habe sich auf Varvara Petrovnas Drängen hin für den Beamtenberuf entschieden. Vgl. hierzu auch Varvara Petrovnas Brief vom 4. (16.) Juli 1843 „Тебе надо хлопотать о штатном месте, все бу-

Annenkov behauptete später, Turgenev sei nur wegen seiner materiellen Notlage und der hartnäckigen Forderungen seiner Mutter Beamter geworden:

> Гонимый нуждою и исполняя настоятельные требования матери, он по прибытии в Россию определился на службу в канцелярию министра внутренних дел [...][200]

In der Tat fiel Turgenevs Bewerbung in einen Zeitraum, als er und sein Bruder erneut von Varvara Petrovna mit unangenehmen Geldfragen konfrontiert wurden. So schrieb sie am 29. Januar (10. Februar) 1843 an Nikolaj:

> А вот я тебя теперь спрошу и приказываю мне отвеча<ть:> в 1842$^{\underline{\text{м}}}$ году переслано мною или дано вам обо<им> денег 23800. – Вам положить назначено было по *10000.* Я имею от вас расписки что вы оных денег получали. – Иван пишет что на 1843$^{\underline{\text{й}}}$ год осталось у вас 1800.[201]

Am 12. (24.) Februar 1843 wollte sie dann von Ivan wissen, auf wessen Rechnung sie die Mehrausgaben vom Vorjahr setzen solle, da die beiden ihr für das Jahr 1842 auf je 10'000 Assignatenrubel (rund 2'800 Silberrubel) festgelegtes Budget überzogen hätten.[202] Turgenevs offenbar bescheidene Replik darauf entsprach, wie Varvara Petrovnas Brief vom 14. (26.) März 1843 zeigt, nicht ganz ihrem Wunsch nach Rechenschaft:

> В прошедшем, 1842$^{\underline{\text{м}}}$ году, из конторы моей прислано было денег вам обоим *23844* р. По вашим распискам это верно. – Ты пишешь: я получил 10 тысяч, брат – 12$^{\underline{\text{ть}}}$. Так-ли? – Я требую, чтобы брат твой подтвердил сие и чтобы он сказал: я получил прошлого, 1842$^{\underline{\text{го}}}$ года, из присланных 23844 руб. денег 12$^{\underline{\text{тысяч}}}$. [...] Теперь на 1843$^{\underline{\text{й}}}$ год скажу. [...] положенные вам на сей 1843$^{\underline{\text{й}}}$ год, по *6000.* Вдобавок *2155.*[203]

Hinter der für 1843 vorgenommenen Kürzung der jährlichen Unterhaltszahlungen standen die wirtschaftlichen Einbussen in Spasskoe, aber auch die Tatsache, dass mehr Geld ausgegeben als eingenommen worden war. Entsprechend wuchs Varvara Petrovnas Schuldenberg, wie sie behauptete, von Jahr zu Jahr:

> Ежегодно наши долги возрастали от неурожаев, от пожаров, от прожитку более денег, чем могли мы проживать при наших

дет жалованье в добавок к домашним.“ (zitiert nach NIKITINA 1995, 83).

200 ANNENKOV 1969, 101.

201 *RNB*, f. 795, № 116, l. 6; Hervorhebung im Original, A.S.

202 NIKITINA 1996, 76.

203 *RNB*, f. 795, № 99, ll. 269-270; Hervorhebungen im Original, A.S.

плохих приходах. Долги возросли до 700 тысяч. [...] Мне на прожиток 30 тысяч. Вам назначила 16ть.[204]

Varvara Petrovna misstraute ihren Söhnen dermassen, dass sie deren jeweilige Abrechnungen für das Jahr 1842 gegenseitig bestätigt haben wollte. Durch dieses Vorgehen hoffte sie, wenigstens ansatzweise eine Übersicht über Zuteilung und Restbetrag der Wechsel zu erhalten. Mit der fixen Budgetvorgabe für das laufende Jahr versprach sie sich hingegen ein aus ihrer Sicht konformeres Geldverhalten ihrer Söhne. So ermahnte sie Ivan auch in der Folge, sich und seinen Lebensstil auf das ihm zustehende Budget zu beschränken. Dieses hatte sie für 1843 zunächst auf 6'000, dann auf 8'000 Assignatenrubel (rund 1'700 bzw. 2'300 Silberrubel) festgesetzt, wobei sie den beiden dieselbe Summe zuwies und sie gleichzeitig ermahnte, mit dem Geld sparsam umzugehen bzw. sich weitere Einkommensquellen zu erschliessen:

Я уже писала, что я нынешний год дам вам каждому по рукам по 4000, а 4000 на общий расход, т. е., квартира и пр. – Нынешний год не могу я дать вам обоим более 12 тысяч. Старайтесь получать жалованья и к этому прибавлять, да берегите деньги, а не сорите их.[205]

Ваня, не забудь, что вы имеете в год только по *8000*. – То по этому масштабу и живите.[206]

Doch bereits im Sommer 1843 machte Varvara Petrovna – einmal mehr – weitere Konzessionen an ihre Söhne und erhöhte das ihnen zuerkannte Jahresbudget auf je 10'000 Assignatenrubel (etwa 2'800 Silberrubel), wobei sie auch diese Summe nicht definitiv setzte:

Я отделила вам каждому свои части и вместо 8 тысяч назначила вам с именья по 10ти тысяч. – Твое – в распоряженьи у дяди. – Чего не достанет, я добавлю своим [...].[207]

Vor dem Hintergrund dieser durchaus grosszügigen finanziellen Unterstützung, zugleich aber auch der apodiktischen Erwartungshaltung Varvara Petrovnas gegenüber Turgenevs Berufswahl erscheint dessen Kandidatur beim Innenministerium plausibel. Eine finanzielle Erleichterung brachte ihm die Anstellung allenfalls dadurch, dass er sich seiner Mutter unterordnete und von ihr, wie gezeigt wurde, weitere Zuschüsse erhielt. Offiziell besoldet wurde Turgenev nämlich nicht, zumindest ist in einem Anstellungsdokument vom 6. (18.) Oktober

204 Aus Varvara Petrovnas Brief vom 6. (13.) Februar 1843 (*RNB*, f. 795, № 99, l. 258).

205 Aus Varvara Petrovnas Brief vom 2. (14.) Januar 1843 (*RNB*, f. 795, № 99, l. 254).

206 Aus Varvara Petrovnas Brief vom 20. Mai (1. Juni) 1843 (*RNB*, f. 795, № 99, l. 282; Hervorhebung im Original, A.S.).

207 Aus Varvara Petrovnas Brief vom 31. Juli (12. August) 1843 (*RNB*, f. 795, № 99, l. 320).

1843 ein Passus zu finden, der auf eine unbezahltes Arbeitsverhältnis hindeutet: „Тургенев по состоянии его при м<инистерст>ве жалованья не получает.“[208] Seinen Lebensunterhalt finanzierte folglich weiterhin seine Mutter.

Erschwerend kam hinzu, dass Turgenev seinen bei Varvara Petrovna in Ungnade gefallenen Bruder finanziell unterstützte und nach wie vor für Bakunins Schulden aufzukommen versuchte, was ein grosszügiges Unterfangen darstellte, das nicht nur Turgenevs Finanznöte, sondern auch sein Verhältnis zur Mutter wieder verschärfen sollte.[209] Allerdings gelang es ihm nicht, diesen selbst auferlegten Verpflichtungen nachzukommen. So musste Bakunin, der sich 1840 in Berlin ein Semester lang mit Turgenev ein Zimmer geteilt hatte (PSP, X, 161), feststellen, dass Turgenev sein Versprechen, die Zahlungsrückstände seines Freundes zu begleichen, nicht eingelöst hatte.[210] Immerhin schickte Turgenev im März 1843 noch 1'000 Rubel an Bakunin und versprach ihm, seine Schulden über 2'000 Taler im Laufe desselben Jahres zu begleichen. Es war wohl kein Zufall, dass er einen Monat zuvor Bakunin die Geldüberweisung angekündigt und gleichzeitig seinen Onkel Nikolaj Nikolaevič gebeten hatte, ihm das Jagdgewehr, den Hund sowie 1'000 Rubel „сверх жалования“ zu schicken.[211] Das Beispiel gibt nicht nur Aufschluss über Turgenevs gönnerhaftes Verhalten jenseits aller Finanznöte, sondern auch über das Verständnis, das bei den Turgenevs im Hinblick auf die Unterhaltszahlungen herrschte. Terminologisch ausdrücklich als „Lohn“ bzw. „Gehalt“ („жалование“) bezeichnet, implizierten sie eine Gegenleistung, die Turgenev durch seinen Dienst zu erbringen hatte. Insofern war Turgenev vom Staat angestellt und von seiner Mutter ‚besoldet‘.

Varvara Petrovnas Haltung gegenüber der finanziellen Situation ihres Sohnes blieb widersprüchlich: Während sie zum einen betonte, sie würde für keine

208 *RGIA*, f. 1284, op. 28, d. 285, l. 18 ob. Vgl. demgegenüber YARMOLINSKY (1959, 66), wo von einem „Gehalt“ die Rede ist, das aber einen „Hungerlohn“ dargestellt habe. Aufgrund der vorhandenen Quellen und der Tatsache, dass sich Turgenev nie über entsprechende Einkünfte äusserte, ist davon auszugehen, dass in seinem Fall tatsächlich keine Besoldung erfolgte.

209 YARMOLINSKY 1959, 66; NIKITINA 1995, 75-99; RICE 1997, 7.

210 YARMOLINSKY 1959, 66; KORSUN 1990, 130f.

211 *T sb*, I, 358; NIKITINA 1995, 79. Auch später stand Turgenev Bakunin finanziell bei: Nachdem Bakunin aus seiner Verbannung in Sibirien über Japan und die USA nach London geflohen war und, wie immer, ohne Geld und verschuldet dastand, organisierte Turgenev für ihn 1862 einen Fonds, in den er selber 500 Francs (etwa 140 Rubel) einlegte. Darüber hinaus kümmerte er sich um den Umzug von Bakunins Frau aus Irkutsk auf das Gut der Bakunins im Gouvernement Tver' – ein Unterfangen, das die Einwilligung der russischen Behörden, die Kooperation der Bakunin-Familie sowie Geld voraussetzte (PSP, IV, 335; SCHAPIRO 1982, 195). Michail Katkov kritisierte übrigens Turgenevs finanzielle Unterstützung des verarmten Bakunin öffentlich derart scharf, dass es Turgenev noch 1880 bei der Moskauer Puškinfeier zweimal ablehnte, mit Katkov anzustossen (MASARYK 1995, 285).

einzige Kopeke seiner Schulden aufkommen, solange sie lebte,[212] griff sie zum anderen in den frühen 1840er Jahren mehrfach den Plan auf, ihren Besitz aufzuteilen bzw. ihre Söhne auszuzahlen. Obwohl sie dieses Vorhaben im Herbst 1841 nach aussen hin konkret darstellte – so beabsichtigte sie etwa, Spasskoe Nikolaj zu überlassen –, kam es letztlich zu keinen fassbaren Ergebnissen.[213] Und Ende 1843 versprach sie Ivan anlässlich seines fünfundzwanzigsten Geburtstags sogar, alle seine Schulden innerhalb von zwei Monaten zu begleichen: „Будь уверен, что через два месяца, как бы долг твой велик ни был, будет уплочен. И никогда ни малейшего упреку не будет тебе от меня.“[214]

Dass angesichts der beträchtlichen Zuwendungen, der abrupten Zahlungsunterbrüche und des eine Zeitlang in greifbare Nähe gerückten Erbschaftsvorbezuges bei den Turgenevs letztlich unterschiedliche Auffassungen über ‚Besitz‘ und ‚Abhängigkeit‘ herrschten, erstaunt nicht. Jedenfalls warf Varvara Petrovna Ivan jenes egoistisch-possessive Verhältnis zu Familie und Vermögen vor, das sie im Grunde genommen selbst seit Jahren an den Tag legte:

> Мне даже смешно, что ты плакал когда брат приехал без собаки. – Смешно, что ты жалуешься, что тебе отказали в твоей *собственности*. Кажется, ты так избалован нами, что мы *все* без исключения были твоей собственностью. В особенности *я* никогда не умела отказать в просьбе моих детей, ежели они только что у *меня просили*. – je vous permets de me donner un dementi.[215]

So bat Turgenev seine Mutter weiterhin um Geld und verharrte auf seiner Beamtenstelle – vorläufig blieb ihm auch nichts anderes übrig. Seinen Dienst verrichtete er vom 8. (20.) Juni 1843 bis zum 18. (30.) April 1845. Bereits am 29. Juli (10. August) 1843 erhielt er den Titel eines Kollegiensekretärs (*kolležskij sekretar'*) („со старшинством со дня вступления его в действительную службу.“; *RGIA*, f. 1284, op. 28, d. 285, l. 17-18 ob.). Diesen niedrigen Beamtenrang sollte er auch nach seinem Ausscheiden in den Ruhestand tragen und fortan in offiziellen Dokumenten anführen.[216]

212 NIKITINA 1995, 97.

213 NIKITINA 1995, 64 u. 73. Vgl. Varvara Petrovnas Brief vom 14. (26.) März 1843: „Приезжайте, примите свою собственность; узнайте ее и требуйте от того, кому вы поручите управлять, ваши доходы“ (zitiert nach NIKITINA 1995, 77).

214 Aus Varvara Petrovnas Brief vom 30. Oktober (11. November) 1843 (zitiert nach NIKITINA 1995, 88).

215 Aus Varvara Petrovnas Brief vom 15. (27.) Juli 1843 (*RNB*, f. 795, № 96, l. 37; Hervorhebungen im Original, A.S.).

216 PSP, I, 554, 634; BRANG 1977, 11f. Laut der 1722 eingeführten *Tabel' o rangach* gehörte der *Kolležskij sekretar'* zur zehnten Klasse (von insgesamt vierzehn, wobei die erste Klasse die höchsten militärischen und zivilen Ränge umfasste) (vgl. RUSSKIE PISATELI, I, 661-663). KLUGES Behauptung, Turgenev habe den Staatsdienst im Rang eines Kollegienassessors quittiert (1992, 58), ist nicht korrekt. Der *Kolležskij asessor* gehörte der

Obwohl Turgenev versichert hatte, „seine ganze Zeit dem Studium der Staatswirtschaft zu widmen",[217] verrichtete er seiner eigenen Aussage nach den Dienst sehr nachlässig: „служил очень плохо и неисправно" (*Avtobiografija*, PSS, XV, 207), „на службу почти не ходил, только числился" (PSP, XIII$_2$, 210). In der Tat soll er morgens regelmässig zu spät zur Arbeit erschienen sein, um dann George Sand zu lesen oder Verse zu schreiben.[218] Turgenevs Leichtfertigkeit hatte in einem Fall, der ihn auch später unangenehm berührte, schwerwiegendere Folgen: Weil ihm seine Schreibfeder ausgeglitten war, wurde ein kleiner Dieb mit dreissig Knutenschlägen statt Peitschenhieben bestraft.[219] Turgenevs Balanceakt zwischen dem literarischen Feld und dem Feld der Macht misslang zusehends. Wohl war es die Dominanz des ökonomischen Kapitals, die Turgenev eine Position innerhalb der zaristischen Regelkultur und damit auch im Feld der Macht einnehmen liess. Doch nicht nur Turgenevs Disposition – seine Indifferenz gegenüber dem prestigeträchtigen Beamtenberuf und seine immer deutlichere Neigung zur Literatur –, sondern auch sein halbherziger Positionsbezug im Feld der Macht erschwerten es ihm, sich an die Spielregeln zu halten. Turgenevs wenig gewissenhafte Dienstauffassung wurde denn auch von einem seiner Mitarbeiter, A. V. Golovin, auf den Punkt gebracht:

> Тургенев не любил чиновничьей службы, это был плохой и ленивый чиновник; сама служба была для него делом подневольным, так как тридцать или сорок лет тому назад состоять на службе было просто необходимо из чувства самосохранения, в особенности для человека, подвизающегося на литературном поприще.[220]

Verärgert reagierte Varvara Petrovna auf Ivans Widerwillen gegen den Beamtenberuf. So schrieb sie in ihrem Brief vom 19. (31.) Juli 1844:

> Я получила твое письмо <от> 10-го июля [...] Я не очень хорошо поняла в письме, что значат твои слова: „Я не езжу в департамент". Что же ты, оставил службу, что ли [...] или так уволен, или сам себя уволил [...]. Что ты будешь? – Ничем, в России нельзя быть ничем.[221]

achten Klasse an, und Kollegiensekretäre wurden nur bis 1811 in zentralen Einrichtungen („Kollegien") direkt in den Rang von Kollegienassessoren überführt (Russkie pisateli, I, 662f.; Šepelev 1999, 137f. u. 154).

217 *Neskol'ko zamečanij o russkom chozjajstve i o russkom krest'janine* (PSS, I, 459).

218 Granjard 1954, 128; Yarmolinsky 1959, 66.

219 Yarmolinsky 1959, 67.

220 Zitiert nach Oksman 1957, 173. In seinen *Zapiskach (dlja nemnogich)* hielt Golovin dann über Turgenev fest: „[...] жаль было бы употреблять его перо на бюрократический труд наших департаментов и канцелярий." (zitiert nach Zaborova 1982, 215).

221 *T sb*, I, 363.

> Mon fils, vous commencez à entrer dans un âge où un homme doit absolument se rendre utile aux autres, et songer à la Société à laquelle il appartient. Le temps des fantaisies particulières, de la liberté illimitée de la première jeunesse, du vagabondage de l'esprit et du corps, est passé pour vous, je dirais même que vous êtes resté<s> trop longtemps dans cet état d'oisiveté et d'indépendance absolue, que l'incapacité ou l'extrême jeunesse peuvent seules justifier.[222]

> [...] надо начать уже какую-нибудь путную карьеру. [...] Вот два года ты в департаменте, какую будущность ты себе приготовил? Поскакал лечиться в Берлин. – Там сделался болен; больной приехал, выздоровел, служил ладошами Виардо. – Поехал в Москву на короткое время и опять был очень болен. – Возвратясь, лето живешь в Парголове, делаешь кой-что или совсем ничего [...].[223]

Während seiner Dienstzeit im Innenministerium wurde Turgenev auch auf für ihn unangenehme Weise mit seinen Berliner Schulden konfrontiert: Da er Zahlungsrückstände in der Höhe von 350 Écus (zu jenem Zeitpunkt etwa 320 Silberrubel[224]) beim russischen Botschafter in Berlin, Baron P. K. Mejendorf, hinausgezögert hatte, wandte sich dieser schriftlich an Turgenevs Dienststelle. Im Februar 1844 wurde Turgenev vom *Departament obščich del Ministerstva vnutrennich del* gemahnt und beeilte sich, nicht nur diese Angelegenheit in Ordnung zu bringen, sondern auch seine beim Berliner Bankier Schickler offenen Schulden über 150 Écus (rund 140 Silberrubel) zu begleichen (PSP, I, 428f. u. 635).

Angesichts solcher Episoden und des weiterhin hohen Geldbedarfs ihres Sohnes wurde Varvara Petrovna klar, dass Turgenev auch während seiner Amtszeit weder ihre zahlreichen Ratschläge beherzigt noch die eigenen Finanzen in den Griff bekommen hatte:

> [...] ты моими деньгами распорядился по свойски; не так как я желала, не так как приказывала и остался сам без ресурсу. [...] Я хотела тебе предложить способ достать денег *2000* рублей не руками а головой, работою. Несколько по твоей лени трудную. – Но за 2000 рублей можно поработать.[225]

222 *RNB*, f. 795, № 97, l. 20.

223 Zitiert nach NIKITINA 1996, 97.

224 Da der Taler im Französischen als „écu" bezeichnet wurde und 350 Taler preussisch Kurant damals rund 1'300 Francs entsprachen (vgl. SCHNEIDER / SCHWARZER 1990, 350), beliefen sich Turgenevs Schulden auf etwa 330 Silberrubel. Die Währungsumrechnung erfolgt hier und im folgenden unter Berücksichtigung der jeweiligen Jahresmittelkurse, die in Appendix G, S. 489, aufgeführt sind.

225 Aus Varvara Petrovnas Brief vom 29. Juni (11. Juli) 1844 (*RNB*, f. 795, № 97, ll. 11 u.

Bereits am darauffolgenden Tag machte Varvara Petrovna klar, für welche „Arbeit“ sie ihrem Sohn 2'000 Rubel zu erstatten bereit war:

> Насчет моего предложения о 2000 рублях я охотно тебе их дам, ежели ты выдержишь диспут, написав диссертацию, и будешь магистром.[226]

Doch ihre Liebe zu „Vanička“ und ihr Stolz auf seinen Beamtenstatus überwogen ihre Empörung über Turgenevs nach wie vor ungebremste Verschwendungssucht. Am liebsten wäre Varvara Petrovna für immer zu ihrem Sohn nach St. Petersburg gezogen, um sich bei ihm „einzunisten“:

> Я хочу жить с тобою, но! Только там где ты угнездишься, ты зовешь меня приехать. Но! Я не могу приехать, я должна переехать и угнездиться. – и потому ты должен сказать Maman. - я в Петербурге взял службу. Я тут должен прослужить по крайней мере *столько то.* – и тогда я буду собираться к сыну. И скажу Иван служит тут. Я этого дивно дожидаю – А теперь требую решенья.[227]

Turgenev kam aber auch dieser Forderung nicht nach, und Varvara Petrovna sah ihren Sohn auch künftig nur sehr selten, so etwa während seiner Urlaubsreisen, die er unter anderem mit dem Hinweis auf die angeschlagene Gesundheit seiner Mutter erwirken konnte (PSP, I, 429). Unterbrochen wurde Turgenevs kaum zweijährige Dienstzeit des weiteren durch Erkrankungen, für die er jeweils Gutachten vorlegte. In einer Bescheinigung (*Attestat*), die er am 5. (17.) Mai 1845 im Zusammenhang mit seiner Demission erhielt (vgl. Appendix A, S. 479), sind seine Krankheits- und Urlaubsabsenzen detailliert aufgeführt:

> [...] в отпусках был: с 14 февраля 1844 на 28 дней, явился 17 ма<я> того года по болезни, в удостоверение чего представил свидетельство выданное ему московским обер полицеймейстером, и с 9 февраля 1845 года на два месяца из сего отпуска невозвращаясь по болезни о которой прислал медицинское свидетельство, уволен согласно его прошению от службы.[228]

12; Hervorhebung im Original, A.S.).

226 Zitiert nach Malyševa 1915d, 115.

227 Aus Varvara Petrovnas Brief vom 18. (30.) Juli 1844 (*RNB*, f. 795, № 97, l. 19; Hervorhebung im Original, A.S.).

228 *RGIA*, f. 1284, op. 28, d. 285, l. 42 ob.-43. Vgl. hierzu auch das Gutachten, welches ein Arzt am 2. (14.) April 1845 für Turgenev ausstellte: „[...] при осмотре у него оказалось: простудная горячка при ревматизме нижних конечностей, каковое болезненное состояние препятствует в настоящее время ему отправиться к месту своего служения и коему медицинское пособие подается г. штаб-лекарем Берс.“ (zitiert nach Oksman 1957, 183).

Eigentlich waren Turgenevs persönliche Ansprüche, Erwartungen und Dienstvorstellungen dem gewählten Beamtenberuf diametral entgegengesetzt. Die Diskrepanz zwischen ihm und seinem pedantischen, auf Pünktlichkeit und Genauigkeit bedachten Vorgesetzten Dal' hätte grösser nicht sein können. Während seines Dienstes widmete sich Turgenev denn auch weiterhin der schriftstellerischen Tätigkeit und nahm bald seinen Abschied:[229]

> Он пробыл тут недолго, потому что начальник его принадлежал к числу *прямолинейных* особ, которые требуют строгой аккуратности в исполнении обязанностей и уважения не только к своим служебным требованиям, но и к своим капризам... Тургенев невзлюбил начальника – собрата по ремеслу писателя – и скоро вышел в отставку, возвращаясь к старой скудости и к старому исканию эффектов и оригинальности.[230]

Verweist man in den Bereich der Legende, Turgenevs Dienst habe dem Kampf gegen den ‚inneren Feind', die Leibeigenschaft, gegolten und seine Demission sei aus Enttäuschung über den mangelnden Erfolg seiner Bemühungen um eine Besserstellung der russischen Bauernschaft erfolgt,[231] so scheint das kurze Beamtenintermezzo vor allem von ökonomischen Überlegungen und familiärer Rücksichtnahme geprägt gewesen zu sein. Turgenev, dem einflussreiche Positionen im Staatsdienst zeit seines Lebens suspekt waren,[232] wollte sich Varvara Petrovnas Gunst und damit auch ihre regelmässigen finanziellen Zahlungen sichern. Insofern machte sich sein Beamtenstatus durchaus bezahlt – auch wenn er kein offizielles Gehalt erhielt. Sein bescheidener Diensteifer und seine zahlreichen Abwesenheiten deuten darauf hin, dass Turgenev von seinem ‚zweiten Beruf' wenig angetan war und über dessen Prestigewert hinwegsah („не получил на службе ни знаков отличия, ни выговоров"; PSP, V, 391). Hinzu kam ein offenbar ernsteres Augenleiden, das Turgenev am 9. (21.) Januar 1845 in einem Brief an Aleksej A. Bakunin erwähnte: „глаза мои очень стали плохи; и одно серьезное лечение может мне принести некоторое облегченье" (PSP, I, 240).[233] Diese Krankheit war der Anlass für Turgenevs Entlassungsgesuch, das er am 3. (15.) April 1845 an Nikolaj I. richtete:

229 KORSUN 1990, 133.

230 ANNENKOV 1969, 101 (Hervorhebung im Original, A.S.).

231 Obwohl Turgenev ausdrücklich darauf hingewiesen hat, dass er sich stets vehement gegen die Leibeigenschaft aufgelehnt habe (vgl. Anmerkung 71), erscheint seine Beamtentätigkeit weder in seiner Korrespondenz noch in den autobiographischen Skizzen als Politikum.

232 KNOWLES 1988, 59.

233 Vgl. hierzu auch ŽITOVA 1961, 69: „у Ивана Сергеевича сильно болели глаза. Зрачки так уходили, что иногда видны были почти одни белки. Он лечился и прикладывал к ним компрессы из какой-то зеленой жидкости."

> Состоя в службе Вашего Императорского Величества при Министерстве Внутренних Дел, по слабости зрения не могу далее продолжать (своей) службы, по каковой причине всеподданнейше прошу.
>
> К сему
>
> Дабы повелено было об увольнении меня в отставку сделать надлежащее распоряжение, снабдив меня о службе аттестатом и паспортом для прожития в России, для получения коих я имею – возвратиться в Санктпетербург по истечении срока дозволенному мне начальством отпуску в столичный город Москву.[234]

Am 18. (30.) April 1845 wurde Turgenevs Gesuch entsprochen (*RGIA*, f. 1284, op. 28, d. 285, l. 40). Schon eine Woche später reiste er zusammen mit Pauline und Louis Viardot nach St. Petersburg, von wo er im Mai desselben Jahres nach Paris aufbrach.[235] Ausschlaggebend für Turgenevs Ausscheiden aus dem Staatsdienst war weniger sein Augenleiden als seine Liebe zu Pauline Viardot.[236] Neben seiner Neigung für die französische Sängerin gab es aber noch einen weiteren Grund für Turgenevs Entlassungsgesuch: Er wollte sich nunmehr vollständig der Literatur widmen.[237] Nicht zuletzt unter dem Einfluss Belinskijs entschied er sich gegen den Staatsdienst und für den Schriftstellerberuf, gegen seine Mutter und für Pauline Viardot. Varvara Petrovna verurteilte die ‚Mesalliance' ihres Sohnes aufs schärfste. 1845 kam es zu einem heftigen Streit zwischen ihr und Turgenev. In der Folge wurden ihm zeitweilig alle finanziellen Zuwendungen gestrichen. Überdies drohte Varvara Petrovna ihrem Sohn wegen seines Verhältnisses zur Viardot mit Enterbung.[238]

Turgenevs Schritt hatte einschneidende Folgen für seinen Finanzhaushalt in den folgenden Jahren. Seine Mutter kürzte ihm ihre monatlichen Zuschüsse dermassen, dass er an manchen Tagen nicht einmal genug Geld für eine Mahlzeit oder Tasse Tee hatte, geschweige denn für eine Flasche Wein, mit welcher er die Gastfreundschaft seiner Bekannten hätte erwidern können. Seine Wohnung blieb oft ungeheizt, weil er sich kein Brennholz mehr leisten konnte. Und wiederholt musste er sich sogar von den Leibeigenen seiner Mutter 30 oder 50 Kopeken borgen, um den Kutscher für die Heimfahrt zu bezahlen.[239] Nichtsdestoweniger hielt er an seinen alten Gewohnheiten fest und versuchte, um jeden

234 *RGIA*, f. 1284, op. 28, d. 285, l. 36-36 ob. Vgl. auch PSP (2-e izd.), I, 347.

235 NIKITINA 1995, 104.

236 FITZLYON 1964, 185; SCHAPIRO 1982, 48f.

237 BRANG 1977, 12f.

238 KLUGE 1992, 56.

239 MAGARSHACK 1954, 71f u. 75; ŽITOVA 1961, 128; TROYAT 1985, 41.

Preis aufzufallen.[240] Rasch reihte er sich unter jene vielen „eleganten Proletarier mit Schreibfeder" ein, die die Zeitschriftenredaktionen heimsuchten und sich aufs Notwendigste beschränken mussten, um ihren angestammten Platz in den Salons überhaupt halten zu können.[241] So sprach Turgenev Einladungen aus, um dann seiner Wohnung aus unerklärbaren Gründen fernzubleiben, und gab sich einer Prahlerei hin, die nicht in Einklang zu bringen war mit seinem Unvermögen, selbst bescheidenste Ausgaben zu bestreiten. Auch verstand er es auf geradezu erstaunliche Weise, sich nach dem Essen aus einem teuren Restaurant zu entfernen und seinen Freunden die Rechnung zu überlassen.[242]

Ivan Turgenev in den 1840er Jahren (Daguerreotypien)[243]

Turgenevs Lebensstil entsprach in keiner Weise seiner Finanzkraft. Sein verschwenderischer Umgang mit den sporadischen Zuschüssen seiner Mutter zwang ihn immer wieder, Geld aufzunehmen und sich bei den elementarsten Dingen des täglichen Bedarfs einzuschränken. Dennoch beteiligte er sich rege am mondänen und entsprechend kostspieligen Leben der Petersburger Bohème und versuchte, seine finanziellen Engpässe vor seinen Bekannten zu verbergen, indem er etwa zu Soireen lud und dann den Peinlichkeiten, die sich durch seine Mittellosigkeit ergeben hätten, durch unerwartete Abwesenheit auswich. Ent-

240 Vgl. ANNENKOV 1928, 618 u. 615: „Цели юного Тургенева были ясны: они имели в виду произведение *литературного эффекта* и достижение репутации *оригинальности*. В этом заключается и ключ к их правильному пониманию." (Hervorhebungen im Original, A.S.). Vgl. auch MAGARSHACK 1954, 72 und PANAEVA 1969, 122f.

241 GRANJARD 1954, 129.

242 MAGARSHACK 1954, 72.

243 PIŠČULIN 1988, 13 u. 15.

sprechend vielfältig waren seine Strategien, wenn es darum ging, Zahlungsverpflichtungen zu umgehen.

Im Gegensatz zu Dostoevskij, dessen notorische Verschuldung ihn schon früh zu der Überzeugung brachte, nicht nur Schuldner, sondern auch ‚Schuldiger' zu sein,[244] scheint Turgenev unter der Last seiner Rückstände keinerlei Schuldgefühle entwickelt zu haben. Schulden stellten für ihn eher eine mitunter unangenehme, aber notwendige Massnahme dar, um die persönliche und künstlerische Unabhängigkeit zu wahren. Da er eigene Ansprüche und finanzielle Möglichkeiten nicht anzugleichen bereit war, ergaben sich zuweilen Situationen, die Turgenev offensichtlich nicht nur akzeptierte, sondern als Teil seiner Lebensführung regelrecht kultivierte. Es erstaunt daher nicht, dass seine Mutter ihr Augenmerk vor allem auf das Finanzgebaren ihres Sohnes richtete und seinen leichtsinnigen Umgang mit Geld als Charakterschwäche ansah. Turgenevs Solvenz aufrechtzuerhalten kam nach Varvara Petrovnas Ansicht dem Füllen eines Fasses ohne Boden gleich.

> А тебе, как в бездонную кадку, ничем не насытишь. И потому я, хоть и объявила, что даю по *8000*, но! – я не знаю, будет ли вам и того довольно, когда получите вдвое.[245]

Hin und wieder erhielt Turgenev von seiner Mutter Geldbeträge mit der Massgabe, Hüte oder Zeitschriften für sie zu besorgen. Doch bevor er überhaupt Zeit für die Einkäufe fand, war das Geld weg – es schien tatsächlich nachgerade aus seinen Taschen ‚herauszuströmen'.[246]

Finanzielle Autonomie und Mündigkeit hatte Turgenev bis zu jenem Zeitpunkt nicht einmal ansatzweise erlangt; nach wie vor blieb er von seiner Mutter abhängig. Auch ist nicht davon auszugehen, dass er für seine kurze Dienstzeit im Innenministerium eine Pension erhielt – weder hätte dies der üblichen Praxis entsprochen,[247] noch ist im *Attestat* ein entsprechender Passus zu finden: Turgenev hatte nämlich die für eine Teilrente erforderliche Mindestdienstzeit nicht erfüllt und auch sein Augenleiden nicht in finanzieller Hinsicht geltend zu machen versucht.[248] Im übrigen äusserte er sich selbst nie zu diesem Punkt, und die Tat-

[244] INGOLD 1972, 3.

[245] Aus Varvara Petrovnas Brief vom 25. Juni (7. Juli) 1843 (*RNB*, f. 795, № 99, l. 311; Hervorhebung im Original, A.S.).

[246] YARMOLINSKY 1959, 66; PRITCHETT 1986, 30.

[247] Zur Regelung der Pensionsansprüche im zivilen Staatsdienst vgl. RASKIN 1992, 611f. sowie ŠEPELEV 1999, 120f.

[248] Anrecht auf die volle Pension hatten Beamte, die 35 Jahre „tadellosen" Dienst geleistet hatten. Für eine Dienstzeit von 30 Jahren kamen den Amtsinhabern $^{2}/_{3}$ der vollen Pension zugute, für 20 Jahre noch $^{1}/_{3}$. Beamte, deren Gesundheit im Amt Schaden genommen hatte und die deshalb in den Ruhestand treten mussten, erhielten nach 25 Dienstjahren die volle Pension. Nach 20 Jahren standen ihnen $^{2}/_{3}$, nach 10 Jahren noch $^{1}/_{3}$ zu. Bestimmte, in einer Liste angeführte Krankheiten berechtigten die Betroffenen nach 20

sache, dass er unbesoldet Dienst verrichtet hatte, dürfte seinen Anspruch auf eine Pension kaum erhöht haben.

Dass Turgenev 1845 das Kapitel „Staatsdienst" geschlossen und sich endgültig vom Feld der Macht verabschiedet hatte, zeigte sich noch viele Jahre später. Als ihm nämlich 1860 Egor P. Kovalevskij, Schriftsteller, Mitinitiator des *Literaturnyj fond* und von 1856-1861 Direktor des Asiatischen Departements im Aussenministerium, eine Stelle in seinem Ressort anbot, lehnte Turgenev elegant ab, indem er Kovalevskij kurzerhand einen Beamten aus Moldawien für den Posten empfahl (PSP, IV, 7 u. 434). Und noch 1864 betonte er gegenüber der Gräfin Elizaveta Lambert, dass er der Heimat nur als Schriftsteller, als Künstler Nutzen bringen könne:

> Вы говорите: должно служить отечеству – прекрасно; но Вы согласитесь, что я не могу служить ему ни как военный, ни как чиновник, как агроном или фабрикант: посильную пользу приносить могу я только как писатель, как артист. (PSP, V, 278f.)

Turgenevs dürftige Erfahrungen mit dem russischen Verwaltungswesen fanden kaum Eingang in sein literarisches Schaffen. Falls er überhaupt diesbezüglich weitreichende Erkenntnisse gewonnen hatte, so allenfalls die Gewissheit, dass das Erlangen einer einflussreichen Machtposition im Staate einen sehr langsamen und unsicheren Weg darstellte. Er sah sich jedenfalls innerhalb des Beamtenapparates fehl am Platze.[249]

Turgenevs Dilemma bestand in erster Linie darin, dass sich seine verschiedenen Rollen als Künstler, Staatsdiener und Adliger an mehreren Widerständen brachen – an den Erwartungen seiner Mutter und den damit verbundenen Geldmitteln, am Beamtenberuf, der Turgenev nicht einmal ansatzweise zu erfüllen vermochte, und am bereits etablierten literarischen Markt, der die Interessen eines überwiegend nichtaristokratischen Publikums von Beamten und Kleinbürgern bediente und dem sich beruflich zu verschreiben Turgenev noch zögerte. Nichtsdestoweniger fühlte er sich immer deutlicher zur Schriftstellerei hingezogen und stellte diese Berufung Mitte der 1840er Jahre endgültig über den Brotberuf als Beamter, allerdings nicht aus materieller Notwendigkeit, sondern aus innerer Überzeugung: Denn einerseits konnte er als Debütant vorerst ohnehin nur mit geringen literarischen Einkünften rechnen, andererseits riskierte er mit dieser Entscheidung, genau jene ökonomische Lebensgrundlage einzubüssen, derentwegen er in den vergangenen Jahren so viele Konzessionen gemacht hatte. Enttäuscht und gereizt verfolgte Varvara Petrovna den Weg ihres Sohnes in jene

Dienstjahren zur vollen Pension, nach 10 Jahren noch zu $^2/_3$ und nach 5 Jahren zu $^1/_3$. Beamten, die arbeitsunfähig geworden waren, ohne jedoch die für die einzelnen Anspruchsstufen notwendige Dienstzeit hinter sich gebracht zu haben, wurde gewöhnlich ein einmaliger Beitrag in der Höhe eines Jahresgehalts ausbezahlt (RASKIN 1992, 611).

249 KORSUN 1990, 133.

Richtung, die aus seiner Neigung einen von ihr keineswegs anerkannten Beruf machen sollte:

> […] хотя ты и пишешь, что очень много работаешь. Но! Эта работа, не работа, она ни к чему тебя не ведет, никакой пользы никому не делает – а разве тебе только вред, досаду.[250]

[250] Aus Varvara Petrovnas Brief vom 19. (31.) Juli 1844 (*RNB*, f. 795, № 97, l. 20 ob).

2.5. Turgenev als Berufsschriftsteller – endgültiger Rückzug in das literarische Feld

> мне приходится зарабатывать свой насущный хлеб.
>
> *Turgenev 1849 an A. Kraevskij* (PSP, I, 378)

> По-моему «литератор» такое же звание или определение рода занятий, как «сапожник» или «пирожник». Но есть пирожники хорошие и дурные, и литераторы тоже.
>
> *Turgenev 1872 an A. Fet*[251]

2.5.1. Erste literarische Versuche

In den Jahren nach seiner Demission aus dem Innenministerium hatte Turgenev mit zum Teil erheblichen Geldproblemen zu kämpfen, die er durch seine literarische Tätigkeit aufzufangen und deren Ernst er gleichzeitig vor seinen Freunden zu verbergen suchte:

> Во всяком случае, Тургенев нуждался тогда в литературе, почерпая в ней средства для своего существования. С самого начала сороковых годов он уже находился в ссоре с своей матерью, богатой и капризной помещицей Орловской губернии, которая, лишив содержания, предоставила его самому себе. Вплоть до конца его искуса, когда умерла мать (Варвара Петровна Тургенева скончалась в ноябре 1850 г.), Тургенев представлял из себя какое то подобие гордого нищего, хотя и сознавшегося в затруднительности своего положения, но никогда не показывавшего приятелям границ, до которых доходили его лишения.[252]

Wie in Berlin und während seiner Beamtentätigkeit ging bei Turgenev die Schere zwischen Lebensstil und Einkommen weiterhin auseinander: Die materielle Abhängigkeit von seiner Mutter, ihre Enttäuschung über sein Ausscheiden aus dem Staatsdienst und sein Unvermögen, die eigenen Finanzen in den Griff zu bekommen, führten dazu, dass sich Turgenev in der zweiten Hälfte der 1840er Jahre abwechselnd akuter Geldnot und erheblichen, wenn auch nicht regelmässigen Zuschüssen seitens der Mutter ausgesetzt sah. Dennoch war er nach wie vor nicht bereit, sich in irgendeiner Weise einzuschränken. Vielmehr kaschierte er seine Mittellosigkeit durch Geldanleihen und machte dieses Verhalten zum festen Bestandteil seiner bohèmehaften Lebensweise:

> Никто из друзей не догадывался о скудости его средств в это время (um 1847, A.S.). Он умел мастерски скрывать свое положе-

[251] Zitiert nach OSTROVSKIJ 1939, I, 371.
[252] ANNENKOV 1928, 618.

> ние, и никому в голову не могла прийти мысль, что по временам он нуждался в куске хлеба. Развязность его речей, видная роль, которую он всегда предоставлял себе в рассказах, и какая-то кажущаяся, фальшивая расточительность, побуждавшая его не отставать от затейливых похождений и удовольствий и уклоняться незаметно от расплаты и ответственности, отводили глаза. До получения наследства в 1850 году он пробавлялся участием в обычной жизни богатых друзей своих – займами в счет будущих благ, забиранием денег у редакторов под не написанные еще произведения – словом, вел жизнь богемы знатного происхождения, аристократического нищенства, какую вела тогда и вся золотая молодежь Петербурга, начиная с гвардейских офицеров.[253]

Eine Vorstellung von Turgenevs nach wie vor überspannten Ansprüchen in jenen Jahren gibt überdies sein Schreiben vom 8. (20.) November 1846 an Pauline und Louis Viardot:

> J'ai trois petites chambres assez jolies où je vis en vrai solitaire avec mes livres, que je suis enfin parvenu à rassembler des quatre parties du monde – mes espérances et mes souvenirs. J'aurais bien voulu avoir ici l'excellent cheval que je montais à la campagne, mais la vie est si chère à Pétersbourg! C'était une jument anglaise bai clair, admirable d'allure, de douceur, de force et de vigueur. J'ai eu de même le bonheur de faire l'acquisition d'un excellentissime chien de chasse, ou plutôt d'une chienne. (PSP, I, 251)

Vor allem seine teure Leidenschaft für die Jagd wollte Turgenev nicht mässigen, und so blieb er auf Darlehen angewiesen. Seine Methoden zur Geldanleihe hatte er inzwischen erweitert. So bezog er etwa als vielversprechender Debütant Honorare für Werke, die noch gar nicht vorlagen. Zudem war er sich sehr wohl bewusst, dass er eines Tages als Erbe in den Besitz des beträchtlichen Vermögens seiner Mutter gelangen und alle bis dahin anfallenden Schulden tilgen würde. Insofern erstaunt es nicht, dass er sich trotz seiner Liquiditätsprobleme mehrfach als äusserst grosszügig erwies:

> Впрочем, он никогда не терял надежды сделаться большим барином и однажды, несмотря на свои лишения, обещал Белинскому 100 душ крестьян, как только представится возможность к тому. Белинский принял в шутку подарок. «Жена, – закричал он, – иди благодарить Ивана Сергеевича: он нас помещиками делает».[254]

[253] ANNENKOV 1969, 111f.
[254] ANNENKOV 1969, 112.

Bis 1843 hatte Turgenev schon eine ganze Reihe von Gedichten sowie einige Poeme verfasst und teilweise auch veröffentlicht. Doch erst der Erfolg der im April 1843 auf eigene Kosten[255] als Einzelausgabe herausgegebenen Verserzählung *Paraša*, die in 300 – freilich schlecht gedruckten und nachlässig gebundenen – Exemplaren in den Buchhandel gelangte,[256] bedeutete für ihn den wirklichen Beginn seiner literarischen Laufbahn, wenngleich noch unter dem Pseudonym „T.L." (Turgenev-Lutovinov): „В том же году (1843, A.S.) он вступил на литературное поприще – напечатал небольшую поэму «Парашу», не выставив, однако, своего имени..." (*Avtobiografija*, PSS, XV, 207).[257] Nimmt man Turgenevs Aussage ernst, so wird deutlich, in welchem Masse er bereits zu Beginn seines Dienstes im Innenministerium 1843 die literarische Produktion über seinen zweiten Beruf stellte. Und auch der russische Buchmarkt reagierte positiv auf Turgenevs Debüt. So bedauerte Belinskij im Juli desselben Jahres in einem Brief an Turgenev, dass dieser ihm die Exemplare von *Paraša* nicht früher nach Moskau geschickt habe: „...все спрашивали ее давно, и разошлось бы много."[258]

Noch handelte es sich bei Turgenevs ersten literarischen Versuchen um Gelegenheitswerke, die ihm kein oder nur wenig Geld einbrachten.[259] Allerdings scheint sich Turgenev damals auch diesbezüglich kaum Gedanken gemacht zu haben. Jahrzehnte später distanzierte er sich dann entschieden von seinen Gedichten, gegen die er eine fast „physische Antipathie" empfand (PSP, X, 256).

[255] PRITCHETT 1986, 32.

[256] MALYŠEVA 1915d, 110; NIKITINA 1995, 80.

[257] Vgl. in diesem Zusammenhang auch Turgenevs Vorwort *Vmesto vstuplenija* zu seinen *Literaturnye i žitejskie vospominanija*: „этою поэмой (*Paraša*, A.S.) я вступил на литературное поприще." (PSS, XIV, 7).

[258] Zitiert nach NIKITINA 1995, 84.

[259] PRITCHETT 1986, 35. Vgl. hierzu auch REJTBLAT 1991, 90: „Позже всего гонорар проник в поэзию – самый «артистичный» и «аристократичный» вид литературного творчества. Долгое время стихи печатались бесплатно, да и позднее бесплатная публикация стихов являлась нормой для начинающих поэтов, провинциалов, многочисленных поэтов-дилетантов."

2.5.2. Exkurs: Turgenev über Kunst und Geld

> в наше время не ценить литературу на деньги – значит не ценить ее ни во что, не признавать ее существования.
>
> *Belinskij 1845*[260]

Anfang der 1840er Jahre scheint Turgenev den Rollenkonflikt des Schriftstellers, der sich vor dem Hintergrund der ausgehenden Romantik zwischen alltags- und kommerzentrücktem Dichtertum und den Erfordernissen der Privatökonomie zurechtzufinden hatte, sehr stark empfunden zu haben. Dass sich besonders nach Puškins Tod bei manchen russischen Autoren der Geniegedanke weitaus grösserer Akzeptanz erfreute als das sich parallel dazu herausbildende Konzept des professionellen und profitorientierten Schriftstellerberufes, wird in Turgenevs Fall implizit aus seiner anfänglichen Vorliebe für das romantische Genre und aus seiner, ökonomisch gesehen, vorerst noch unbedeutenden Teilnahme am Literaturmarkt deutlich. Explizit propagierte Turgenev die Distanz zwischen Dichtertum und literarischem ‚Brotberuf' 1844 in seinem Gedicht *Tolpa*:

> Гордись, толпа! Ликуй, толпа моя!
> Лишь для тебя так ярко блещет небо…
> Но всё ж я рад, что независим я,
> Что не служу тебе я ради хлеба…   (PSS, I, 25)

In der Tat konnte sich Turgenev zu dieser Zeit wegen der finanziellen Unterstützung durch sein Elternhaus seine ökonomische Unabhängigkeit noch weitgehend bewahren. Doch schon bald begann bei ihm – nicht zuletzt infolge der Tatsache, dass er seinen Finanzhaushalt aus verschiedenen Quellen alimentieren musste – die Vorstellung vom literarischen Schaffen als *Metier* zu dominieren. So sprach er etwa während einer ernsten persönlichen Schaffenskrise im Jahre 1855 ausdrücklich von seiner „literarischen Karriere", die er zu jenem Zeitpunkt beendet glaubte:

> Мне всё что-то кажется, что собственно литературная моя карьера кончена. […] Я напрасно сказал – *литературная* карьера, я хотел сказать – карьера беллетриста, потому что я надеюсь умереть литератором и ничем другим быть не желаю.[261]

Turgenev nahm die Schriftstellerei nunmehr als harte „Arbeit" wahr, die der Künstler „im Schweisse seines Angesichts" leisten müsse, damit sein Talent nicht versiege und er selbst nicht zum Dilettanten verkomme:

[260] Zitiert nach ŠAŠKOV 1876, 24.

[261] Aus Turgenevs Brief vom 20. August (1. September) 1855 an Aleksandr V. Družinin (PSP, II, 309; Hervorhebung im Original, A.S.).

> Собственно говоря, в нашем ремесле удовольствий довольно мало – да оно так и следует: все, даже артисты, даже богатые, должны жить в поте лица… а у кого лицо не потеет, тем хуже для него: у него сердце либо болит, либо засыхает.[262]

Indes steckte hinter dieser Vorstellung vom künstlerischen „Handwerk" nicht der Gedanke, dass mit dem Schriftstellerberuf zwangsläufig ein entbehrungsreiches Leben einhergehen müsse. Turgenev war eher der Ansicht, dass ein guter (auch wohlhabender) Autor seine Begabung durch Fleiss, regelmässige schriftstellerische Betätigung und ständige Überarbeitung seiner Werke fördern solle (PSP, II, 305; IV, 226; XI, 181f. u. 280). Seine Einstellung zur Kommerzialisierung des literarischen Gewerbes war ambivalent. Einerseits war er dagegen, da er glaubte, dass ein Schriftsteller, der für Geld schreibe, durch Hast seinem Werk schade. Andererseits hatte er aber Verständnis für minderbegüterte Autoren und betrachtete deren Marktinteressen als legitim – vor allem eben dann, wenn sie der Unabhängigkeit und Freiheit des Künstlers dienten.[263] In diesem Punkt näherte sich Turgenev Puškin an, der ebenfalls die Autonomie eines Schriftstellers als Voraussetzung für sein Schaffen beurteilte, Freiheit mit Geldbesitz verschränkte und unter „Professionalismus" gerade nicht den Dienst am Publikum verstand.[264]

In seiner Korrespondenz äusserte sich Turgenev wiederholt über die mit der literarischen Profession verbundenen Schwierigkeiten:

> […] мне кажется, человеку с истинным талантом спешить нечего. Писать же для денег – это должно делать только в крайнем случае. […] Молодые таланты иногда скрывают желание явиться в печати под предлогом денежной необходимости, и предлог

262 Aus Turgenevs Brief vom 27. März (8. April) 1859 an die Gräfin Lambert (PSP, III, 281). Die Wendung „в поте лица" kann mythologisch mit dem Sündenfall und der Vertreibung des Menschen aus dem Garten Eden in Verbindung gebracht werden: Demnach ist der Künstler – wie einst Adam (Gen 3,17-23) – zur lebenslangen harten Arbeit ‚verurteilt'. Übrigens wird in Turgenevs Briefen die schriftstellerische Tätigkeit auffallend oft mit dem Verb „работать" verbunden.

263 Vgl. aber Turgenevs Brief vom 22. April (4. Mai) 1870 an Aleksej Pisemskij: „Ведь можно, в случае нужды, и не печататься." (PSP, VIII, 222).

264 PSS, XIV, 107; Eichenbaum 1987, 73-75; Anikin 1999, 33. Symptomatisch für Puškins Standpunkt, dass im sogenannten „Eisernen Zeitalter" (*železynj vek*) Freiheit nur durch Geld erreicht bzw. gesichert werden könne, ist die Replik des „Buchhändlers" an den „Dichter" in *Razgovor knigoprodavca s poėtom* (1824): „Прекрасно. Вот же вам совет. / Внемлите истине полезной: / Наш век – торгаш; в сей век железный / Без денег и свободы нет." (Puškin, Izbr. proizv., 112; vgl. hierzu Anikin 1999, 215-217 u. 228). Der von Puškin verwendete Begriff des *železynj vek* soll terminologisch die Epoche der Kommerzialisierung von Literatur sowie des Aufkommens kapitalistischer Wirtschaftsformen insgesamt wiedergeben.

этот очень хорош – какому молодому человеку не нужны деньги?[265]

Итак, Corragio, Santo Padre! – Corragio, Signore Alexis! – Работайте стойко, спокойно, без нетерпенья: всякая земля дает только тот плод, который она дать может.[266]

Вы решительно слишком торопитесь (из желания ли деньги получить – я не знаю), – но эдак – право, право – ей-же-ей – нельзя. [...] один мерзлый стих, один неуклюжий или бессильный поворот – и всё пропало! Пожалуйста, не спешите – а деньги придут в свое время.[267]

Берите либретты, берите деньги – всё это нужно и необходимо, – хотя бы для того, чтобы сохранить *независимость*, без которой плохо везде, а особенно в искусстве![268]

Я – писатель, как я это представил самому государю, – писатель независимый, но добросовестный и умеренный писатель, – и больше ничего.[269]

Пусть молодой автор продолжает учиться, читать, размышлять; пусть он ближе ознакомится с правилами стихосложения; пусть он пишет всё, что ему придет в голову, – но только не печатает.[270]

Я посоветовал ей (Ėrmionii S. Poltorackoj, A.S.) продолжать работать – но не думать о печати. Ничего не может быть хуже, как начать слишком рано.[271]

265 Aus Turgenevs Brief vom 6. (18.) Oktober 1852 an Konstantin N. Leont'ev (PSP, II, 67).
266 Aus Turgenevs Brief vom 29. September (11. Oktober) 1858 an den Dichter Aleksej N. Apuchtin (PSP, III, 239).
267 Aus Turgenevs Brief vom 28./29. November (10./11. Dezember) 1859 an Afanasij A. Fet (PSP, III, 375).
268 Aus Turgenevs Brief vom 17. (29.) Dezember 1859 an den Komponisten und Glinka-Schüler Vladimir N. Kašperov (PSP, III, 389; Hervorhebung im Original, A.S.).
269 Aus Turgenevs Brief vom 25. Januar (6. Februar) 1863 an Pavel Annenkov (PSP, V, 89).
270 Aus Turgenevs Brief an Marija I. Gordeeva, die Mutter der Schriftstellerin Irina V. Gordeeva-Ščerbinskaja, aus dem Jahre 1867 (PSP, VII, 21).
271 Aus Turgenevs Brief vom 10. (22.) Oktober 1872 an Sergej D. Poltorackij (PSP, IX, 353).

> Хорошо бы продать твою поэму «Делу»; но только не для того, чтобы заплатить мне 200 р. – это совершенно не нужно – а для того, чтобы «подлить масла в лампу твоего хозяйства».[272]

Talentierte Autoren unterstützte Turgenev nicht nur mit Zuspruch, sondern auch materiell. Im Oktober 1852 etwa bot er dem jungen Konstantin N. Leont'-ev offen finanziellen Beistand an:

> […] я, хоть сам литературный инвалид в отставке, могу еще помочь вам, но во всяком случае пришлите мне вашу вещь. Деньги же, если вам нужны, возьмите у меня прямо и совершенно независимо от литературной вашей деятельности. (PSP, II, 67)

Die ‚Aufrichtigkeit' eines Werkes sah Turgenev gefährdet, wenn ein Autor mit schnellem Geld kokettierte. So schrieb er 1853 an Leont'ev:

> […] для вас самих, для будущности вашего таланта, не думайте, пожалуйста, что можно шутить с публикою – написать, как вы говорите, «что-нибудь полное лжи и лести» для денег, а потом показаться в настоящем свете. Знайте: публику не надуешь ни на волос – она умнее каждого из нас; знайте также, что, принося ей всего себя, всю свою кровь и плоть, вы должны быть еще благодарны ей, если она поймет и оценит вашу жертву, если она обратит на вас внимание; и это понятно, скажу более: это справедливо. Не вы ей нужны, она нужна вам. […] будьте тем, чем вас бог создал, давайте всё, что в вас есть, и если ваш талант оригинален, если ваша личность интересна, публика признает вас и возьмет вас и будет пользоваться вами […]. (PSP, II, 166f.)

Im weiteren warnte Turgenev, dem die Mechanismen des Buchmarktes bestens bekannt waren, Leont'ev davor, sich als Feuilletonist zu vergeuden und sich gerissenen „Entrepreneurs" wie Andrej A. Kraevskij, dem Herausgeber der *Otečestvennye zapiski*, auszuliefern:

> […] не соглашайтесь ни на какую фельетонную работу. Кроме того, что это дело дилетантов, я никак не вижу в вас, не скажу тех качеств, а тех недостатков, которые необходимы фельетонисту. Вы для этого слишком молоды, свежи и, в счастливом смысле этого слова, неопытны. А Краевский рад какую-нибудь пользу извлечь из вас. Это очень смышленый антрепренер, но вам не должно даться ему в руки. (PSP, II, 167)

Der kommerzielle Erfolg und die Reputation der *Otečestvennye zapiski* hatten seinerzeit auch Turgenev beeindruckt. So soll er als junger Dichter einzig

[272] Aus Turgenevs Brief vom 25. September (7. Oktober) 1874 an Jakov P. Polonskij (PSP, X, 304).

wegen der zahlreichen Abonnenten in den *Otečestvennye zapiski* publiziert haben, wie Petr Pletnev im Juli 1844 in einem Brief an Ja. K. Grot festhielt:

> Случайно на даче встретился я с поэтом, автором «Параши», Тургеневым. Он признался, что в «Отечественных записках» печатает свои стихи единственно потому, что у них много читателей. Не так ли когда-то и мы с тобою думали! Нет любви к искусству, нет потребности делиться идеями с человеком, который бы вполне понимал поэта: читала бы толпа, да и только! А Пушкин и Дельвиг не так чувствовали.[273]

Turgenev war sich der Kehrseite des Künstlertums und damit der Notwendigkeit des Broterwerbs bewusst (vgl. PSS, XIV, 49f.), allerdings hielt er dem Streben nach Geld die Tugend der Geduld entgegen, die er ohnehin als allgemeingültiges Gebot betrachtete:

> А взять деньги, как говорится, с нахрапу – трудно и неудобно. Посмотрите, даже Меньшикову ничего не удалось взять в Константинополе сразу. Время необходимо везде. Посейте только доброе зерно – жатва взойдет в свою пору. (PSP, II, 168)

Dem Übersetzer Ludwig Pietsch gegenüber machte er 1863 deutlich, dass seiner Ansicht nach „der wahre Lohn des Schriftstellers" darin bestehe, „einem lieben und gescheiten Freunde ein paar gute Stunden verschafft" zu haben. Alles Übrige, so Turgenev, sage wenig aus (PSP, V, 122).

Doch letztlich konnte sich auch Turgenev der literarischen Produktion unter bisweilen extremem Zeitdruck nicht entziehen. Ende 1870 schrieb er tatsächlich „im Schweisse seines Angesichts", allerdings nicht zur Bewahrung des Talents, sondern zur Erfüllung seiner Zusicherungen gegenüber dem Herausgeber des *Vestnik Evropy*, Michail M. Stasjulevič: „Деньги его я зарабатываю в поте лица. Что-то выйдет?" (PSP, IX, 152). Obwohl er nach wie vor daran zweifelte, dass unter solchen Bedingungen qualitativ Hochstehendes verfasst werden könne, untergruben Geldmangel und Loyalitätsbekundungen immer wieder Turgenevs Prinzipien. Kurz vor seinem Tode stellte er seine Überzeugungen sogar offen in Frage:

> Я слишком старый и ломаный человек, чтобы верить еще в то, что резкая критика доставляет удовольствие автору, что автор не читает рецензий, что он пренебрежительно относится к собственным произведениям (на что он не имеет даже никакого права), что он иначе пишет для денег, чем когда «творит» для себя, и т. д. Это всё старье, которое давно пора сдать в архив. (PSP, XIII_2, 157f.)

[273] Zitiert nach NIKITINA 1995, 96.

Die Vorstellung, dass ein Autor unter ökonomischem Zwang anders schreibe als im zweckentbundenen ‚Schöpfungsakt', verflüchtigte sich bei Turgenev gegen Ende seines Lebens. Er wusste aus eigener Erfahrung, was Geldnot für einen jungen Schriftsteller bedeutete und mit welchen materiellen Widrigkeiten ein Debütant zu kämpfen hatte. Nichtsdestoweniger schrieb er 1879 an seinen engen Freund Gustave Flaubert, der sich noch entschiedener als er selbst gegen die profitorientierte Schriftstellerei wandte und Kunst mit Geld für unvereinbar hielt, zu jenem Zeitpunkt aber infolge akuter Geldprobleme auf der Suche nach einen zweiten Beruf war:[274] „Allons, mon bon vieux – il faut jeter tout cela pardessus bord – et se remettre au travail, au travail littéraire, le seul digne d'un homme tel que vous."[275] Trotz seines Pragmatismus blieb für Turgenev ein Autor vor allem Künstler und ‚Schöpfer' – eben *Auctor* –, dessen erklärtes Ziel darin bestand, Kunstwerke zu schaffen.

2.5.3. 1847-1850: Zwischen finanzieller Abhängigkeit und ökonomischer Autonomie

Als Turgenev im Januar 1847 mit einer bescheidenen Geldsumme ausgestattet[276] St. Petersburg in Richtung Westeuropa verliess, wo er fast ununterbrochen bis Juni 1850 lebte,[277] war sein Ruf als Schriftsteller noch keineswegs gefestigt. In den folgenden drei Jahren arrivierte er jedoch zu einem der bekanntesten Autoren Russlands. Sein Auslandsaufenthalt wirkte in hohem Masse befruchtend auf seine literarische Aktivität, so dass er nicht zufällig Courtavenel, seinen Hauptwohnsitz in Frankreich, als „Wiege seines Ruhmes" betrachtete.[278] In Westeuropa arbeitete er intensiv – nicht zuletzt deshalb, weil er sich seinen Lebensunterhalt selber verdienen musste. So hatte er nach eigener Aussage während seines Aufenthaltes bis August 1849 literarische Einkünfte über mindestens 1'000 Francs (etwa 250 Silberrubel) erzielt (PSP, I, 372). Obwohl Turgenev als Hausgast bei den Viardots, die in Courtavenel verhältnismässig einfach lebten, kaum Geld für seine Lebenshaltungskosten aufwenden musste, hing seine Liquidität zu jenem Zeitpunkt doch in hohem Masse von Honoraren, Vorschüssen und Geldanleihen ab:[279] „Я прожил три года за границей, не получая от нее

274 Vgl. ZVIGUILSKY A. 1989, 110f.

275 ZVIGUILSKY A. 1989, 256.

276 ŽITOVA 1961, 94.

277 KLEMAN 1934, 42-55 u. 366 (Itinerarium); PSP, I, 640. BRANGS Behauptung, Turgenev habe von Juli 1846 bis Juni 1850 ununterbrochen in Westeuropa gelebt (1977, 17), ist nicht korrekt. Turgenev verliess St. Petersburg erst im Januar 1847 in Richtung Berlin (KLEMAN 1934, 42).

278 KORSUN 1990, 183.

279 GRANJARD 1954, 211; MAVER LO GATTO 1973/74, 248; FISCHER-DIESKAU 1990, 162 u. 168; ZÚÑIGA 2001, 90-92.

(Варвары Петровны, A.S.) ни копейки – и все-таки не подумал потребовать свое наследство."[280]

Anzunehmen ist, dass Turgenev in den Jahren 1847 und 1848 jeweils 6'000 Assignatenrubel (etwa 1'700 Silberrubel) von seiner Mutter erhielt.[281] Dafür spricht die Tatsache, dass er sich im Herbst 1849 Kraevskij gegenüber beklagte, seine Mutter halte das ihm für das laufende Jahr zustehende Geld zurück.[282]

Überdies fällt auf, dass Turgenev 1847 und 1848 keine Gesuche um Vorschüsse an seine Zeitschriftenredakteure richtete, also offensichtlich über genügend Mittel zur Finanzierung seines Lebensunterhaltes verfügte.[283] Dagegen beklagte er sich 1849 wieder mehrmals über Geldnot, bat seine Redakteure um Vorauszahlungen für künftige Werke und versuchte, mit Anleihen einer drohenden Illiquidität zu begegnen (so borgte er sich von Louis Viardot 400 Francs, also rund 100 Silberrubel, mit dem erklärten Ziel der Schuldentilgung; PSP, I, 372).[284] Am 13. (25.) Dezember 1849 bedankte er sich in einem Schreiben an Kraevskij für 300 Silberrubel, die dieser ihm hatte zukommen lassen: „Эти деньги решительно спасли меня от голодной смерти – и я намерен доказать Вам мою благодарность." (PSP, I, 377). Im Gegenzug versprach ihm Turgenev Werke, die noch im Entstehen begriffen waren, wobei er seiner Zusicherung besondere Glaubwürdigkeit zu verleihen suchte:

> Порукой в моей деятельности может Вам послужить то обстоятельство, что мой разрыв с маменькой окончательно состоялся – *и мне приходится зарабатывать свой насущный хлеб.* (PSP, I, 378; Hervorhebung im Original, A.S.)

280 Aus Turgenevs Brief vom 19. Juni (1. Juli) 1874 an den Literaturwissenschaftler und Biographen Semen A. Vengerov (PSP, X, 256).

281 SCHAPIRO 1982, 68. ŽITOVAS (1969, 66) Behauptung, Turgenev habe in den drei Jahren von Varvara Petrovna kein Geld erhalten, ist insofern wenig aussagekräftig, als es sich auf ein Schreiben Turgenevs an seine Mutter stützt: „Иван Сергеевич писал […] умоляющее письмо, говоря, что он готов приехать, если ему только мать вышлет еще денег на дорогу, потому что полученных им от нее 600 рублей даже не достало на уплату его долгов за эти три года, в которые он от матери ничего не получал."

282 „[…] я не только не получу от нее должные мне за нынешний год 6000 р., но и вообще не должен надеяться на подмогу из родительского дома. […] у меня теперь гроша нет наличного – и вместо ожиданных, как манна небесная, 6000 р. – пшик !" (PSP, I, 375).

283 Demgegenüber schrieb Belinskij im Februar 1848 an Annenkov: „Тург<енева> обнимаю и мыслию и руками. Слышал я, дела его плохи, а живет он чорт знает где и чорт знает зачем, и по всему этому представляется мне каким-то мифом." (zitiert nach NIKITINA 1995, 135). Das Bild, das Turgenev zu jenem Zeitpunkt nach aussen hin vermittelte, war auf jeden Fall sehr ambivalent.

284 SCHAPIRO 1982, 68f.; NIKITINA 1995, 155-157; PSP, I, 607.

Auch im *Memorial* findet sich mit der Notiz für das Jahr 1849 „Зимой опять страдал." (PSS, XV, 203) ein Hinweis auf Turgenevs zu jenem Zeitpunkt angespannte finanzielle Situation. Offenbar erhielt er von seiner Mutter 1849 lediglich 600 Assignatenrubel für seine Rückfahrt aus Frankreich nach Russland.[285] Damit konnte er kaum die Reisekosten decken, geschweige denn seine Schulden begleichen. Turgenevs kritische finanzielle Situation war wohl mit ein Grund dafür, dass er 1850 in seine Heimat zurückkehrte. Darüber hinaus wollte er wegen der literarischen Karriere seine Beziehungen in Russland festigen und angesichts der politischen Ereignisse von 1848 das Risiko eines permanenten Exils in Westeuropa vermeiden. Als Einkommensquelle blieb ihm damals nur seine literarische Tätigkeit bzw. – korrekter – die Vorschüsse, die ihm als Konzession seiner Zeitschriftenredakteure immerhin ein bescheidenes Auskommen erlaubten.[286]

Turgenevs gespanntes Verhältnis zu Varvara Petrovna war zum einen nach wie vor auf ihren Unmut über seine Demission aus dem Staatsdienst und seine Betätigung als freier Schriftsteller zurückzuführen, zum anderen auf den Umstand, dass er Pauline Viardot nachreiste und seine Mutter zugunsten dieser, wie sie sagte, „verfluchten Zigeunerin"[287] vernachlässigte. Hinzu kam aber auch Turgenevs Solidarität mit seinem bei Varvara Petrovna in Ungnade gefallenen Bruder Nikolaj, der sich finanziell kaum über Wasser halten konnte.[288] Turgenevs hatte sich bewusst für ein Leben in Unabhängigkeit entschieden – aber damit auch in eingeschränkten Verhältnissen: „[...] когда налажу немного свои дела, возвращусь в Петербург, чтобы жить там трудясь и своим трудом."[289]

Seine frühen literarischen Unternehmungen, vor allem aber die Publikation von *Paraša* hatten Turgenev Anfang 1843 mit Belinskij zusammengebracht, durch den er in den Kreis um die Literaturzeitschrift *Sovremennik* eingeführt wurde. Dem von Puškin gegründeten *Sovremennik*, dessen Redaktion Ende 1846 Nikolaj N. Nekrasov und Ivan I. Panaev übernahmen, blieb er als Mitarbeiter dreizehn Jahre lang, nämlich bis 1860, verbunden.[290] Hier wurden viele seiner wichtigsten Werke gedruckt – von der ersten Skizze der *Zapiski ochotnika* bis zum Essay *Gamlet i Don Kichot*.[291] Während der Anfangszeit unterstützte Tur-

285 Žitova 1961, 107f.

286 Korsun 1990. 134 u. 213; Zúñiga 2001, 93f.

287 Žitova 1961, 71.

288 Brang 1977, 17; Schapiro 1982, 69.

289 Aus Turgenevs Brief vom 23. Juli (4. August) (?) 1850 an Pauline Viardot. Zitiert nach Nikitina 1995, 166.

290 Am 8. (20.) November 1846 schrieb Turgenev in diesem Zusammenhang an Pauline und Louis Viardot: „Je vous dirai (si cela peut vous intéresser) que nous avons réussi à fonder un journal à nous, qui paraîtra dès la nouvelle année et qui s'annonce sous des auspices très favorables. Je n'y participe qu'en qualité de collaborateur." (PSP, I, 251).

291 LN 1964, I, 358; Brang 1977, 15; Kluge 1992, 59.

genev Nekrasov und überliess ihm etwa sein Poem *Pomeščik* für den 1846 erschienenen Almanach *Peterburgskij sbornik* umsonst, wie dies auch einige andere Schriftsteller getan und dadurch zum finanziellen Erfolg der Unternehmung beigetragen hatten. Trotzdem wurde für Nekrasov die Bekanntschaft mit Turgenev kostspieliger als erwartet, denn schon bald wandte sich Turgenev nahezu ununterbrochen an den Redakteur des *Sovremennik*, um Geld aufzunehmen.[292] Nachdem Belinskij von diesen Anleihen und ihren Folgen für Nekrasov erfahren hatte, fing er Turgenev ab, als dieser gerade zusammen mit Panaev in ein Nobelrestaurant essen gehen wollte:

> - К чему вы разыграли барича? Гораздо было бы проще взять деньги за свою работу, чем, сделав одолжение человеку, обращаться сейчас же к нему с займами денег. Понятно, что Некрасову неловко вам отказывать, и он сам занимает для вас деньги, платя жидовские проценты. Добро бы вам нужны были деньги на что-нибудь путное, а то пошикарить у Дюссо! Непостижимо! как человек с таким анализом, разбирающий неуловимые штрихи в поступках других людей, не может анализировать таких крупных, бестактных своих отношений к людям. Эта распущенность непростительна в таком умном человеке, как вы. Ведь вас заслушаешься, не нарадуешься, как вы рассуждаете о нравственных принципах, которыми обязан руководиться развитой человек, а сами вдруг выкидываете такие коленцы, которые впору ремонтеру. Подтяните, ради Христа, свою распущенность, ведь можно сделаться нравственным уродом. Мальчишество какое-то у вас, как бы тихонько напроказить, зная, что делаете скверно. Сколько раз вас уличали в разных пошлых проделках на стороне, когда вы думали, что избежали надзора. Бичуете в других фанфаронство, а сами не хотите его бросить. Другие фанфаронят бессознательно, у них не хватает ума; а вам-то разве можно дозволять себе такую распущенность![293]

Turgenev reagierte auf Belinskijs Zurechtweisung beschämt, aber uneinsichtig: „Да ведь не преступление я сделал, я ведь отдам Некрасову эти деньги!.. Просто необдуманно поступил.“[294] So subtil er andere Menschen, deren Verhalten und Milieu zu analysieren vermochte, so wenig konnte er seinen eigenen Lebensstil kritisch reflektieren. Luxus, Verschwendung und Verschuldung hatten seit Jahren sein Leben geprägt, warum also sollte er nicht auch bei jenen Leuten Geld aufnehmen, bei denen er seine Werke veröffentlichte? Er hatte sich Geld geliehen, und er würde seine Schulden wieder begleichen – irgendwann, irgendwie.

[292] PANAEVA 1969, 128.
[293] PANAEVA 1969, 128f.
[294] PANAEVA 1969, 129.

Neben dem *Sovremennik* publizierte Turgenev auch regelmässig in Kraevskijs Zeitschrift *Otečestvennye zapiski*. Allerdings ging das Verhältnis zwischen Turgenev und Kraevskij kaum über finanzielle Arrangements hinaus, Turgenev betrachtete den Redakteur in erster Linie als Geschäftsmann, der aus literarischen Talenten kommerziellen Nutzen zu ziehen pflegte. Dennoch zögerte Turgenev, sich von den *Otečestvennye zapiski* zu distanzieren und sich ausschliesslich auf eine Zeitschrift festzulegen, da er aufgrund von bereits bezogenen Vorschüssen für künftige Werke seinen allseitigen Verpflichtungen nachkommen musste. Sein Engagement bei den beiden Periodika war denn auch unter anderem auf seine Zahlungsrückstände zurückzuführen: Er schuldete nicht nur Nekrasov, sondern eben auch Kraevskij Geld, und nicht selten trat er unaufgefordert an seine Gläubiger mit dem Vorschlag heran, ihnen ein neues Werk zu überlassen, um so seine Rückstände zu begleichen.[295] Hin und wieder nutzte er auch seine Position aus, um pekuniären Anliegen mehr Nachdruck zu verleihen. So wandte er sich, nachdem in den Jahren 1848 und 1849 die Verschuldung des *Sovremennik* stark angewachsen war, Mitte 1850 mit der dringenden Bitte um 2'000 Assignatenrubel an Nekrasov:

> Мне деньги нужны до зарезу, если не дашь, то, к моему крайнему прискорбию, я должен буду идти в «Отечественные записки» и запродать себя, и «Современник» долго не получит от меня моих произведений.[296]

Ungeachtet ihrer Liquiditätsprobleme beschafften Nekrasov und Panaev das Geld.[297] Turgenevs Drohung hatte sich zwar bezahlt gemacht, zugleich wuchs aber auch seine Abhängigkeit von den Gläubigern. Daraus entstanden sowohl ihm als auch den Redakteuren der beiden Periodika Unannehmlichkeiten, die bisweilen ans Anekdotische grenzten: Kaum ein Jahr nach der Affäre um die 2'000 Rubel musste Turgenev Nekrasov und Panaev gegenüber zugeben, einen ihnen bereits versprochenen Text an Kraevskij verkauft zu haben, da er dringend weitere 500 Rubel benötigt und Skrupel gehabt hatte, Nekrasov erneut um Geld zu bitten. Nekrasov sah keinen anderen Ausweg, als das neue Werk von Kraevskij zurückzukaufen und ein Entschuldigungsschreiben aufzusetzen, das Turgenev, dem die ganze Angelegenheit höchst peinlich war, anschliessend unterzeichnete. Um solche Zwischenfälle in Zukunft zu vermeiden und Turgenev noch enger an den *Sovremennik* zu binden, wurde ihm fortan ein uneingeschränkter Kredit bei der Zeitschrift gewährt.[298]

In jenen Jahren musste sich Turgenev, dessen Schaffensdrang selten wirklich exzessiv war, einer Reihe von mehr oder weniger einträglichen Projekten

295 SCHAPIRO 1982, 54 u. 68; KORSUN 1990, 273f.; Vgl. hierzu etwa NIKITINA 1995, 142.

296 Zitiert nach PANAEVA 1969, 133f.

297 PANAEVA 1969, 134.

298 PANAEVA 1969, 134-136.

widmen: sowohl Gedichten und Erzählungen als auch gelegentlichen Auftragsarbeiten wie Rezensions- und Übersetzungstätigkeiten. Dennoch litt Turgenev damals nie über längere Zeit hinweg unter einer solchen Geldnot wie etwa Nekrasov oder Dostoevskij. Nach wie vor besass er aus verschiedenen Quellen genügend Bargeld, um das Bild eines mondänen und finanziell unabhängigen ‚Prominenten' vermitteln zu können. Damit einher ging auch seine Skepsis gegenüber einer zu deutlichen Festlegung auf exklusive literarische Zirkel oder Zeitschriften. Er zog es vor, sich bei den verschiedenen Publikationsorganen solange wie möglich als freier Mitarbeiter zu betätigen.[299] Bedingt war diese Haltung aber auch dadurch, dass es für ihn aufgrund seiner Verschuldung schwierig war, sich von Beitragszusicherungen ohne weiteres zurückzuziehen. Turgenev scheint es für vernünftiger gehalten zu haben, sich zu Beginn seiner literarischen Karriere mehrere Optionen offen zu halten und sich nicht ausschliesslich einer einzigen Publikationsplattform zuzuwenden. Noch 1856 wies er Nekrasovs Angebot zurück, seine Schulden bei Kraevskij zu begleichen, um ihn aller Verpflichtungen bei den *Otečestvennye zapiski* zu entheben und enger an den *Sovremennik* zu binden.[300]

Die literarischen Einkünfte, die Turgenev gegen Ende der 1840er Jahre erzielte, waren zwar noch nicht sehr hoch, erreichten aber immerhin das durchschnittliche Honorar eines bereits weitgehend etablierten Schriftstellers. So erhielt er vom *Sovremennik* in den späten 1840er Jahren 50 Silberrubel pro Druckbogen, was zu jenem Zeitpunkt dem bei dieser Zeitschrift in der Regel üblichen Entgelt entsprach,[301] von den *Otečestvennye zapiski* hingegen 200 Assignatenrubel (etwa 60 Silberrubel) pro Bogen.[302] Der bisweilen von der Norm abweichende Umfang des Druckbogens einer Zeitschrift hatte durchaus Einfluss auf die Honorarverhandlungen zwischen Turgenev und seinen Redakteuren.[303] So

299 FREEBORN 1963, 15.

300 SCHAPIRO 1982, 54; KORSUN 1990, 274.

301 LUISIER 2000, 33. Noch in den Jahren 1856 bis 1859 betrug der beim *Sovremennik* allgemein gültige Honorarsatz 50 Rubel pro Druckbogen. Das Maximum lag bei 100 Rubeln (REJTBLAT 1991, 84). Im Buchdruck besteht der Druckbogen beidseitig bedruckt z. B. aus 8 Quart- oder 16 Oktavbuchseiten. Wenn in der vorliegenden Arbeit von „Druckbogen" die Rede ist, handelt es sich dabei, sofern nicht anders vermerkt, um Blätter, die gefalzt 16 Seiten ergeben. Die von den russischen Zeitschriften verwendete Druckbogengrösse konnte allerdings variieren, und es gab Zeitschriften wie z. B. *Delo*, die einen etwas grösseren Bogen verwendeten.

302 SCHAPIRO 1982, 69. Der Preis für das Jahresabonnement war damals bei beiden Zeitschriften ungefähr gleich hoch und betrug für den *Sovremennik* 16,50 Rubel, für die *Otečestvennye zapiski* 17,50 Rubel (PANAEVA 1969, 129).

303 In Russland waren vor allem zwei Formen von Honoraren üblich: Einerseits wurde das Honorar für eine bestimmte literarische (Mass-)Einheit festgelegt (z. B. für eine Verszeile, ein Gedicht, einen Brief oder einen Druckbogen). Angesichts der zunehmenden Dominanz der Prosaform war zwischen 1840 und 1880 das Bogenhonorar die verbreitetste Art der Abgeltung literarischer Werke. Daneben gab es aber auch das Pauschalhono-

schrieb er Ende 1849 an Kraevskij:

> цена моему печатному листу – 200 р. асс. Я с «Современника» беру 50 р. сер. – а Вы сами знаете разницу между Вашим листом и листом «Современника».[304]

2.5.4. Turgenevs Erbschaft 1850

> [...] soyez prudent, prévoyant et clairvoyant, car ce sont de ces choses plus difficiles à défaire qu'à faire, à rompre qu'à lier, et qui, tournant mal, laissent de grands regrets avec de grandes pertes. Soyez *sûr*, autant qu'on peut l'être en ce monde, que vous n'aurez pas à vous repentir.
>
> *Louis Viardot Anfang Februar 1851 an Turgenev*[305]

Am 16. (28.) November 1850 starb Varvara Petrovna im Alter von 63 Jahren, ohne dass ein zuvor zwischen ihr und ihren beiden Söhnen entbrannter Erbschaftsstreit hätte beigelegt werden können. Nach Sergej Nikolaevič Turgenevs Tod 1834 war sein ganzer Nachlass, das Dorf Turgenevo im Gouvernement Tula mit 130 „Seelen", in Varvara Petrovnas Besitz verblieben – Nikolaj und Ivan hatten die ihnen eigentlich zustehenden Rechte auf das väterliche Erbe lange Zeit nicht geltend gemacht. Erst 1850, als Varvara Petrovna Nikolaj, dessen Geldnot zu jenem Zeitpunkt besonders akut war, in den Ruhestand drängte und ihm zugleich alle finanziellen Mittel zu entziehen drohte, beschaffte dieser die notwendigen Papiere, um wenigstens mit Hilfe des väterlichen Gutes seine Familie aushalten zu können.[306] Doch die Mittellosigkeit der beiden Brüder ver-

rar, das gewöhnlich im voraus für ein einzelnes Werk, einen Sammelband oder eine mehrbändige Ausgabe auf der Grundlage eines angenommenen Umfangs berechnet wurde (RIGGENBACH 2004 [im Druck]).

304 Aus Turgenevs Brief vom 13. (25.) Dezember 1849 an Kraevskij (PSP, I, 378). Laut REJTBLAT (1991, 91f.) waren die Schriftstellerhonorare normalerweise insofern ‚öffentlich', als sowohl die Autoren wie auch die Zeitschriftenherausgeber um die üblichen Honorarsätze wussten und entsprechende Vorstellungen bzw. Forderungen einbrachten. Nur bei sehr hohen Honoraren kam es vor, dass Schriftsteller und Verleger über ihre Vereinbarung Stillschweigen bewahrten.

305 ZVIGUILSKY A. 1971, 349 (Hervorhebung im Original, A.S.).

306 MALYŠEVA 1915a, 43; ŽITOVA 1961, 113, Anm. 1; ZVIGUILSKY T. 1980, 67. FREEBORNS Behauptung (1963, 16), es sei Ivan gewesen, der das väterliche Gut Turgenevo bereits vor Varvara Petrovnas Tod geerbt habe, ist nicht korrekt: Turgenevo war beiden Söhnen zugefallen, und Ivan, der sich zu jenem Zeitpunkt auf der Grundlage seiner literarischen Arbeit und der Darlehen seiner Verleger sein Auskommen einigermassen finanzieren konnte, trat seinen Anteil angesichts der Mittellosigkeit Nikolajs an diesen ab (vgl. SCHAPIRO 1982, 81, TROYAT 1985, 63, KORSUN 1990, 229f. u. NIKITINA 1995, 169f.).

schärfte sich weiter, und noch im selben Jahr gingen Nikolaj und Ivan ihre Mutter mit der Bitte an, ihnen wenigstens ein Minimaleinkommen zu sichern. Varvara Petrovna erklärte sich bereit, zwei ihrer Güter abzutreten: Syčevo an Nikolaj und Kadnoe an Ivan. Da sie jedoch bewusst die erforderlichen gesetzlichen Formalitäten der Überschreibungen missachtete und die für die dort ansässigen Bauern und deren neue Herren gleichermassen ruinöse Anweisung gab, auf den beiden Gütern umgehend sämtliches Getreide zu verkaufen, erwiesen sich die Schenkungen als wertlos:[307] „давала нам – а иногда и отнимала у нас – средства к жизни. Ни ей, ни нам в голову не приходило, что это ничтожное имение (я говорю про отцовское) не ее." (PSP, X, 256). Ivans Bittgesuche gerieten denn auch zur Farce: Zwar rief sich Varvara Petrovna immer wieder in Erinnerung, dass „man Vanička Geld schicken müsse", doch fanden sich stets neue Gründe, um diesen Vorsatz zu vertagen – bis die ganze Angelegenheit vergessen war.[308] Immerhin übertrug sie ihm im August 1850 das Dorf Ljubovša (Trosna) mit 232 „Seelen", das er sogleich von seinem Bruder verwalten liess und 1873 immerhin für 53'000 Rubel an den Gutsbesitzer I. N. Šatilov verkaufen konnte.[309]

Die Geldstreitigkeiten stellten insofern keine Besonderheit dar, als Varvara Petrovna seit jeher bestrebt gewesen war, das Wohlverhalten ihrer Söhne durch deren finanzielle Abhängigkeit zu steuern. Turgenev hatte erkannt, dass sich seine Mutter durch Geld Autorität zu verschaffen suchte, dass sich ihre Macht einzig und allein auf ihre Finanzkraft gründete: „Ты боишься нам дать что-нибудь, ты этим боишься утратить свою власть над нами. [...] Ты только веришь в свою власть. А что она тебе дала?"[310] „Et puis, cette idée de croire qu'on peut tout réparer avec de l'argent, parce que tout ce qu'on fait ne se fait que pour cela..."[311] Schliesslich brach Turgenev mit seiner Mutter, obwohl er genau wusste, dass ihn dieses endgültige Zerwürfnis um sein Erbe bringen könnte. Allerdings gehörte die mit diesem Rückzug einhergehende demonstrative Geldverachtung damals zu seinem aristokratischem Habitus, den Turgenev mit der übersteigerten Pose des unabhängigen, wenn auch „armen" Schriftstellers verband:

307 GRANJARD 1954, 212; YARMOLINSKY 1959, 112f.; ŽITOVA 1969, 67-78; TROYAT 1985, 60; ZÚÑIGA 2001, 98f.

308 ŽITOVA 1969, 119. Zumindest aber erhielt Ivan Turgenev von seiner Adoptivschwester Varvara Nikolaevna im Mai 1850 2'500 Francs (etwa 625 Rubel), nachdem ihm während achtzehn Monaten kein Geld mehr überwiesen worden war (GRANJARD / ZVIGUILSKY 1972, 23).

309 NIKITINA 1995, 167 u. 169; PSP, X, 29, 71 u. 91. Turgenevs Gutsverwalter Nikita A. Kišinskij bezifferte Anfang 1873 den Wert der Besitzung sogar auf 62'000 Rubel (PSP, X, 70).

310 ŽITOVA 1961, 139.

311 Aus Turgenevs Brief vom 3. (15.) August 1850 an Pauline Viardot (GRANJARD / ZVIGUILSKY 1972, 32).

> [...] après avoir, pendant plus de quinze jours, épuisé tout ce que j'avais de ressources dans mon esprit – je me suis vu forcé de choisir entre la perte de ma dignité, de mon indépendance – et la pauvreté. Mon choix n'a pas été long à faire – j'ai quitté la maison de ma mère et renoncé à sa fortune.[312]

Um so erstaunlicher ist die Tatsache, dass sich Varvara Petrovna angesichts ihres nahenden Todes weder um die definitive Erbschaftsregelung noch um die Zukunft der Leibeigenen kümmerte – und dies ungeachtet ihrer wiederholten Drohungen, beide Söhne zu enterben. Im Gegenteil: Sie überliess – bis auf zwei Ausnahmen[313] – nicht nur ihre Bauern und Bediensteten ihrem Schicksal, sondern ordnete sogar an, zu jedem Preis alles zu verkaufen. Sie konnte oder wollte sich nicht mit ihren beiden Söhnen in finanzieller Hinsicht aussöhnen. Nach dem Tode seiner Mutter schrieb Turgenev an Pauline Viardot:

> Ma mère est morte sans avoir pourvu à quoi que ce fut ; elle a laissé toute cette foule d'existences qui dépendaient d'elle – on peut le dire – sur le pavé ; il faut que nous fassions ce qu'elle aurait dû faire. [...] On ne doit aux morts que respect et pitié – aussi ne vous dirai-je rien de plus. Cependant – comme il m'est impossible de ne pas vous confier tout ce que je sens et ce que je sais – je n'ajouterai qu'un mot – c'est que ma mère ne pensait dans ses derniers instants qu'à – j'ai honte de le dire – qu'à nous ruiner – mon frère et moi, et que la dernière lettre qu'elle ait écrite à son intendant, contenait un ordre précis et formel de tout vendre à vil prix, de mettre le feu partout s'il le fallait pour que rien ne – – Enfin – il faut oublier – et je le ferai de grand cœur, maintenant que vous le savez, vous, qui êtes mon confesseur.[314]

Dagegen hatte Varvara Petrovna nur wenige Stunden vor ihrem Tod versucht, die finanzielle Zukunft ihrer Adoptivtochter Varvara Nikolaevna („Bibi", „Varja") zu sichern, indem sie ihr 15'000 Silberrubel sowie Schmuck überschrieb. Ein formales Testament hinterliess sie jedoch nicht.[315] Daher bleibt un-

312 Aus Turgenevs Brief vom 21. Juli (2. August) 1850 an Pauline Viardot (GRANJARD / ZVIGUILSKY 1972, 28).

313 In einem Brief wies Varvara Petrovna ihre beiden Söhne an, nach ihrem, Varvara Petrovnas, Tod dem Sekretär und dem leibeigenen Arzt die Freiheit zu geben und sie zu belohnen (ZÚÑIGA 2001, 101): „Приказываю вам по смерти моей выдать вольную Полякову и всему его семейству и выдать ему 1.000 руб. награждения; а также и доктору моему Порфирию Тимофеевичу (Kudrjaševu, A.S.) вольную и 500 руб. награждения." (zitiert nach ŽITOVA 1961, 147f.). Vgl. hierzu auch BIZJUKIN 1885, 357.

314 Aus Turgenevs Brief vom 24./26./28. November (6./8./10. Dezember) 1850 (PSP, I, 411f.).

315 YARMOLINSKY 1959, 118; ŽITOVA 1961, 147 u. 150; SCHAPIRO 1982, 81; ZÚÑIGA 2001, 15 u. 101; Vgl. hierzu auch Turgenevs Brief an Pauline Viardot (Eintrag vom 5. Dezem-

klar, weshalb Varvara Petrovna ihre Söhne nicht enterbt, sondern ‚lediglich' den Wert ihres Besitzes durch planlose Verkäufe herabzusetzen versucht hatte. Möglicherweise war diese Anordnung nicht mehr als ein trotziger Akt finaler Machtdemonstration, vielleicht hatte Varvara Petrovna aber auch beabsichtigt, ihren Söhnen eine letzte Lektion zu erteilen, ohne sie jedoch aller Mittel zu berauben. Die unklare Erbschaftssituation und die Tatsache, dass Turgenev erst im letzten Moment vom hoffnungslosen Gesundheitszustand seiner Mutter informiert worden war, liessen die Vermutung aufkommen, jemand sei an einer möglichst späten Anreise der ‚gesetzlichen' Erben interessiert gewesen. Das Moskauer Haus, in dem Varvara Petrovna starb, sollte denn auch zum Schauplatz einer düsteren und heiklen Auseinandersetzung um den Nachlass werden.[316]

Mit Varvara Petrovnas Tod wendete sich die materielle Situation ihrer beiden Söhne ins Positive. Für Turgenev war damit die Zeit der ‚aristokratischen Bettelei', als er sich Geld unter Vorgriff auf das in Aussicht stehende Erbe leihen musste, vorüber.[317] Fortan konnte er auf zwei Einkommensquellen zurückgreifen: einerseits auf die Einnahmen aus den geerbten Gütern in Russland, andererseits auf seine bereits recht respektablen literarischen Einkünfte. Varvara Petrovnas Anordnungen zur Verminderung ihrer Hinterlassenschaft blieben offensichtlich wirkungslos. So fiel ihren Söhnen ein beträchtliches Erbe zu, dessen Aufteilung sie angesichts des Fehlens eines Testaments selbst übernahmen. Mit dem Erbschaftsantritt wurden Güte und Grosszügigkeit der beiden Brüder unter Beweis gestellt. Turgenev verbrachte die Wintermonate 1850/51 vorwiegend in Moskau und bemühte sich um eine zufriedenstellende Aufteilung der Hinterlassenschaft mit seinem Bruder. Zu den Problemen, die rasch gelöst werden mussten, gehörte die Freistellung des Hofgesindes sowie dessen grosszügige Entschädigung für die geleisteten Dienste – fortan beschäftigte Ivan Turgenev nur noch einen Koch, für den er 1'000 Rubel bezahlt hatte und dem er einige Jahre später ebenfalls den Freibrief gab, und einen Kammerdiener.[318] Des weiteren waren die wenigen Schulden Varvara Petrovnas zu begleichen und die finan-

ber 1850): „Наконец сняты печати. Мы нашли только бумаги, не имеющие значения, да и то в небольшом количестве. Ни одного ценного документа – ничего, нет даже письма к нам; она всё сожгла перед смертью." (PSP, I, 418). Möglicherweise handelte es sich bei Varvara Nikolaevna sogar um Varvara Petrovnas leibliche Tochter, die aus einem Verhältnis zwischen Turgenevs Mutter und ihrem Arzt Andrej E. Behrs hervorgegangen war. Auf seinen Namen lautete auch Varvara Petrovnas letzte Verfügung, in welcher sie ihre Adoptivtochter bedachte (ZVIGUILSKY T. 1980, 58).

316 ŽITOVA 1961, 16f.

317 FREEBORN 1963, 16; BRANG 1977, 17.

318 BIZJUKIN 1885, 362; SCHAPIRO 1982, 107. Vgl. hierzu auch ŽITOVA 1961, 63: „Иван Сергеевич давал и деньги, и целые участки земли, назначал пенсии годовые [...]. Говоря о наградах, так щедро расточаемых Иваном Сергеевичем, я должна сказать, что действительно, доброта его увлекала его, он давал иногда и недостойным, но были и такие, которые вполне заслуживали искупление за долгое претерпение под игом его матери."

zielle Zuwendung für die Adoptivschwester Varvara Nikolaevna zu regeln.[319] Dies alles stellte für die beiden Brüder eine erhebliche finanzielle Belastung dar, denn sie mussten ihre Liquidität bewahren, um den Betrieb der geerbten Güter aufrechtzuerhalten und die anstehenden Ausgaben bestreiten zu können.[320] Die Diskussionen um die Abfindungssumme für Varvara Nikolaevna, die um ihre Zukunft fürchtete, belasteten Turgenev in besonderem Masse. Sein einst herzliches Verhältnis zu ihr hatte sich nicht zuletzt aufgrund der materiellen Konkurrenz, die sich bereits zu Varvara Petrovnas Lebzeiten bemerkbar gemacht hatte, deutlich abgekühlt: Während Varvara Petrovna damals ihre beiden Söhne knapp bei Kasse hielt, genoss ihre Ziehtochter jeden erdenklichen Komfort und wurde mit Geschenken geradezu überhäuft.[321]

Gegenüber Pauline Viardot behauptete Turgenev im Januar 1851 sogar, Varvara Nikolaevna habe sich ihren Erbanteil unehrenhaft erschlichen:[322] „[...] une vraie M-me Lafrage, fausse, méchante, rusée et sans cœur. Il me serait impossible de vous dire tout ce que cette petite vipère a fait de mal" (PSP, II, 8). Dennoch beeilte er sich, den ihm und seinem Bruder auferlegten Verpflichtungen nachzukommen:

> Ma mère a donné 50 000[323] roubles à la jeune personne qu'elle avait adoptée. Nous nous sommes empressés de reconnaître cette dette – jusqu'à son mariage elle restera chez ma belle-sœur – et nous lui payons, outre son entretien – 8 p.<our> cent par an. Au moment de se marier elle recevra les 50 m. francs (sic, A.S.). Ma mère n'a pas fait d'autre legs – nous y avons pourvu – et je crois qu'on sera content de nous.[324]

319 Laut Konstantin N. Leont'ev wurden Varvara Petrovnas Gläubiger sogar durch ein Zeitungsinserat auf die Schuldentilgung aufmerksam gemacht: „Николай Сергеевич и Иван Сергеевич Тургеневы вызывают должников и заимодавцев скончавшейся матери своей такой-то; дом Лошаковской, на Остоженке." (zitiert nach NIKITINA 1995, 185). Offenbar war der beträchtliche Schuldenberg, den Varvara Petrovna um 1840 in ihren Briefen an Turgenev immer wieder angedeutet hatte, nie vorhanden gewesen oder aber in der Zwischenzeit weitgehend abgetragen worden.

320 KORSUN 1990, 259 u. 284.

321 BIZJUKIN 1885, 356; YARMOLINSKY 1959, 112; ZVIGUILSKY T. 1980, 58; Vgl. hierzu ŽITOVA 1961, 108: „На мои личные расходы, кроме того, что тратилось на мое воспитание, определен был доход с целого имения, а именно с Холодова, которое по конторским книгам значилось так: «Имение барышни Варвары Николаевны Богданович-Лутовиновой»."

322 SCHAPIRO 1982, 81; KORSUN 1990, 259f.

323 Vgl. Anmerkung 325.

324 Aus Turgenevs Brief vom 24./26./28. November (6./8./10. Dezember) 1850 an Pauline Viardot (PSP, I, 414).

Nach einigen Verzögerungen fand sich schliesslich eine Lösung, um Varvara Petrovnas letztem Willen zu entsprechen und zugleich die Angelegenheit zu einem Ende zu bringen:

> Notre situation était très embarrassante. Enfin, heureusement, il s'est trouvé une personne, un docteur, ami du père de la demoiselle, qui a consenti à s'en charger en la prévenant d'avance qu'elle serait gardée à vue. Mon frère et moi, nous lui avons donné une lettre de change à 60000 francs[325] payables dans trois ans avec 6 p.<our> 100 d'intérêt, toute la garderobe de ma mère, etc., etc. Elle nous a donné un reçu, et nous en voilà quittes ! Ouf ! ça a été une lourde charge. […] Quelle mauvaise et perverse nature, à dix-sept ans ![326]

Trotz dieser materiellen Zuwendung und der Tatsache, dass Varvara Nikolaevna zu ihrem sechzehnten Geburtstag von ihrer Adoptivmutter Brillanten im Wert von 28'000 Rubeln erhalten hatte, verbrachte sie den Grossteil ihres weiteren Lebens in Armut. 1884 schrieb sie resigniert an Stasjulevič: „Тогда такое богатство, а теперь уроки еле-еле дают возможность существовать."[327] Zu einer Versöhnung zwischen ihr und Turgenev kam es erst sehr spät.[328]

Zwar hatten sich die Turgenev-Brüder bereits 1851 ohne Schwierigkeiten auf die Modalitäten der Erbteilung geeinigt und diese im Januar 1852 grundsätzlich abgeschlossen.[329] So legte Turgenev bereits im Herbst 1852 in einem Schreiben an den Gouverneur von Orël, N. I. Kruzenštern, eine detailliertere Aufstellung seines Leibeigenenbesitzes vor. Demnach waren ihm durch die Erbschaft – neben den Besitzungen im Bezirk Orël – in drei weiteren Gouvernements Güter mit Leibeigenen zugefallen: im Gouvernement Tula 600, in Kaluga rund 400 und in Tambov über 400 „Seelen" (PSP, II, 383). Desungeachtet zogen sich die juristischen Implikationen des Erbschaftsantrittes wegen der ungeordneten Hinterlassenschaft noch hin (PSP, I, 630). Erst 1855 legten die beiden dann formell

325 Laut SCHAPIRO (1982, 81) belief sich der Betrag, den Varvara Petrovna ihrer Adoptivtochter hinterliess, auf 15'000 Silberrubel. Schapiro beruft sich dabei auf ŽITOVAS eigene Aussage (1961, 147), der sich auch KORSUN (1990, 259) anschliesst. Darüber hinaus entsprachen die hier erwähnten 60'000 Francs nach dem damaligen Wechselkurs ziemlich genau 15'000 Silberrubeln. Insofern ist davon auszugehen, dass Turgenev in der zuvor angeführten Briefstelle 50'000 Assignatenrubel meinte, die damals einen Gegenwert von etwas mehr als 14'000 Silberrubeln hatten.

326 Aus Turgenevs Brief vom 1./3./5./8. (13./15./17./20.) Januar 1851 an Pauline Viardot (PSP, II, 9).

327 ŽITOVA 1961, 157.

328 SCHAPIRO 1982, 24 u. 319.

329 ARZUMANOVA 1960, 285; NIKITINA 1995, 192. Nichtsdestoweniger durchliefen Nikolaj Turgenev und Nikolaj N. Tjutčev noch im Herbst 1852 die Besitzungen im Zusammenhang mit der Bodenteilung (vgl. GRANJARD / ZVIGUILSKY 1972, 59).

fest, wie sie die bewegliche und unbewegliche Habe ihrer Mutter in den Gouvernements Kursk, Kaluga, Orël, Tula und Tambov untereinander aufzuteilen beabsichtigten. Obwohl der Nachlass zum Zeitpunkt des Erbschaftsantrittes nicht in bestem Zustand war, erhielt Ivan aus dem auf über 388'000 Rubel veranschlagten Gesamtvermögen 1'925 männliche leibeigene Bauern[330] sowie elf Güter mit über 11'000 Desjatinen (etwa 120 km^2) Land, darunter Spasskoe mit einer Fläche von 1'140 Desjatinen.[331] Im Frühjahr 1863, also rund zehn Jahre später, bezifferte Turgenev sein Vermögen immer noch auf 1'900 Bauern (PSP, V, 391).

Während Ivan also in erster Linie das grosse Anwesen von Spasskoe mit dem luxuriös ausgestatteten Herrschaftshaus[332] zufiel, erhielt Nikolaj, der anscheinend bereitwillig auf das Hauptgut und damit auch auf die umfangreichen Verwaltungsaufgaben verzichtete,[333] die väterliche Besitzung Turgenevo, die meisten anderen kleinen Ländereien, den Schmuck, das Familiensilber sowie die Barschaft.[334] Für Ivan Turgenev war diese weitgehend von Nikolaj festgelegte Aufteilung insofern vorteilhaft, als er wohl weitaus grössere Schwierigkeiten gehabt hätte, eine Vielzahl von kleineren Gütern zu verwalten als ein grosses Anwesen (und daneben noch einige wenige, nicht besonders umfangreiche Be-

330 *Orlovskij vestnik* № 76 vom 19. [31.] März 1899, 2. Vgl. hierzu auch PSP, II, 636.

331 MAGARSHACK 1954, 132; PRITCHETT 1986, 74; PSP, XI, 292. YARMOLINSKY (1959, 119) beziffert Ivans Erbteil auf 15'000 Morgen (fast 6'100 Hektar) Land, wobei er anmerkt, dass dieser sich anderen Quellen zufolge auf etwa 12'000 Morgen (rund 4'900 Hektar) bzw. 27'000 Morgen (rund 11'000 Hektar) belief. Da Turgenevs Besitz nach der Aufhebung der Leibeigenschaft knapp 6'000 Hektar umfasste (vgl. Anmerkung 545), ist davon auszugehen, dass sein ursprünglicher Erbanteil wesentlich grösser gewesen sein muss und die von YARMOLINSKY angegebenen 12'000 bzw. 15'000 Morgen sich auf Turgenevs Besitzstand in späteren Jahren beziehen. Wenn nach Sergej Nikolaevič Turgenevs Tod 1834 Varvara Petrovnas Landbesitz tatsächlich eine Fläche von 100'000 Desjatinen umfasst hatte und man davon ausgeht, dass die beiden Turgenev-Brüder etwa gleich grosse Erbteile erhielten, so muss sich Varvara Petrovnas Vermögen innerhalb von 16 Jahren enorm reduziert haben. Obwohl in der Sekundärliteratur von Landverkäufen die Rede ist, bleibt doch fraglich, ob Varvara Petrovnas Besitzstand korrekt beziffert worden ist (vgl. hierzu auch Anmerkung 56).

Genauere Angaben über das Hauptgut Spasskoe enthält Turgenevs Brief vom 1. (13.) Juli 1876 an den Adelsmarschall Petr F. Samarin: „Вот вкратце опись этого имения: находится в 10 верстах от Мценска, в 4 от станции жел. дороги Бастыево; содержит 1140 дес. очень хорошей земли в круглой меже – из коих 350 под лесом разных возрастов; хозяйственные заведения все в порядке, около 50 лошадей, около 70 рогатого скота; усадьба небольшая, очень большой сад, или парк, с оранжереей и т. д.“ (PSP, XI, 292). Sechs Jahre zuvor hatte Turgenev in einem Schreiben an die Gräfin Marija F. Sollogub die Grösse seines Grundeigentums in Spasskoe auf 1'200 Desjatinen beziffert (PSP, VIII, 253).

332 Vgl. hierzu ROOSEVELT 1995, 172.

333 RICE 1997, 11.

334 ZVIGUILSKY A. 1972, 11, Anm. 6; KORSUN 1990, 263.

sitzungen). Demgegenüber war Nikolaj als fähiger Administrator durchaus in der Lage, mehrere Güter zu handhaben und aus ihnen einen dauerhaften Profit zu erzielen.[335]

Mit Spasskoe, dem Herzstück des gesamten Nachlasses, besass Turgenev nunmehr ein Landgut, das ihn auf Dauer hätte reich machen können. Er selbst erhoffte sich ein jährliches Einkommen von mindestens 25'000 französischen Francs, was zu jenem Zeitpunkt rund 6'200 Silberrubeln entsprach.[336] Sein kurz nach Varvara Petrovnas Tod an Pauline Viardot gerichteter Brief offenbart nicht nur Turgenevs sehr optimistische Erwartung an seine zukünftigen Einnahmen, sondern auch einige typische Verhaltens- und Denkmuster hinsichtlich seines Finanzgebarens:

> Les biens que ma mère a laissés sont dans un état fort peu prospère – et malheureusement la récolte a été presque nulle cette année-ci. Nous devons tacher de restraindre (sic, A.S.) autant que cela sera faisable jusqu'au mois d'août prochain. J'ai proposé à mon frère de payer sur le champ toutes les dettes particulières de ma mère (qui ne sont pas considérables), de récompenser tous les services – d'y employer tout l'argent disponible. Une fois ce poids oté (sic, A.S.) de nos épaules, nous mar-

335 KORSUN 1990, 263. Indes bestand auch Ivan Turgenevs Erbteil, wie eine Vollmacht vom 26. Juni (8. Juli) 1868 zugunsten seines damaligen Gutsverwalters Nikita A. Kišinskij zeigt, aus einer doch beträchtlichen Anzahl verstreuter Dörfer und Gehöfte, die in allen oben angeführten Gouvernements mit Ausnahme von Kursk lagen und zentral verwaltet werden mussten (vgl. Appendix D, S. 484).

336 Zum Vergleich: Im Frühjahr 1857 versuchte Turgenev Aleksandr V. Družinin zu einer Reise nach Westeuropa zu bewegen, wobei er betonte, dass ein Budget von 4'000 Francs (rund 1'000 Rubel) für vier Monate ausreiche – sofern Družinin keine grösseren Käufe zu bestreiten beabsichtige (PSP, III, 114). Und im Herbst 1854 war Turgenev auf der Suche nach einer Wohnung in St. Petersburg, die, unmöbliert, jährlich etwa 400 Silberrubel kosten sollte (PSP, II, 235). Bald darauf nahm er Quartier an der Fontanka, unmittelbar neben der Aničkov-Brücke, was ihn jährlich 450 Silberrubel kostete. Nach eigenen Angaben benötigte er damals im Jahr nicht mehr als 3'600 Rubel für seine Lebenshaltungskosten (PSP, II, 245f.). YARMOLINSKYS (1959, 120) Behauptung, Turgenevs jährliche Einkünfte hätten sich nach Antritt der Erbschaft auf 25'000 Francs belaufen, ist zu undifferenziert, da nicht explizit zwischen dem von Turgenev erwähnten *Potential* der Ländereien und der *tatsächlichen Rendite*, die bei Turgenev stark schwankte, unterschieden wird. YARMOLINSKY legt die von Turgenev damals erwartete Summe sogar seinem gesamten künftigen Finanzhaushalt als Fixum zugrunde, ohne die spätere Wirtschaftsführung auf den Gütern zu erörtern: „The lean years had now come to an end. Turgenev's annual income, as he wrote to Mme. Viardot, amounted to the handsome sum of twenty-five thousand francs. True, that carelessness about money matters which had exasperated his mother, even now left him sometimes short of ready cash. But his properties were so large that even though they were woefully mismanaged he was fairly well-off." (ebd.). MAGARSHACKS (1954, 132) und PRITCHETTS (1986, 74) Annahme, dass Turgenev auf der Grundlage seiner Ländereien jährlich 25'000 *Rubel* eingenommen habe, ist falsch und vermutlich auf eine Währungsverwechslung zurückzuführen.

cherons mieux et plus vite. […] Je suis, vous le savez, fort peu propre aux affaires; j'ai l'intention de confier le maniement de mes biens à mon bon et excellent ami Tutchef (Nikolaj N., A.S.); mon frère est certainement un homme tout-à-fait honorable et je ne demanderais pas mieux que de le charger de tout cela; mais je crains des mésentendus – il est fort économe, presque avare – il voudra l'être pour moi – jamais il ne consentirait à la vente d'un bien, si nécessaire qu'elle put être – je désire éviter tous ces tiraillements de famille. J'ai pris la résolution de partager nos biens. C'est à dire c'est lui qui fera le partage – et il le fera certainement mille fois mieux que moi. Je n'aurai jamais moins de 25 000 francs de rente; avec cela on est *riche*. (PSP, I, 411-413; Hervorhebung im Original, A.S.)

Zum einen war Turgenev fest entschlossen, die Erbschaft mit seinem Bruder zu teilen und ihm die Verfügungsgewalt über dessen Anteil zu überlassen. Zum anderen wollte er ihm jedoch die Verwaltung seines eigenen Vermögens nicht anvertrauen.[337] Zwar hielt sich Turgenev für unfähig, die Administration selber zu übernehmen, doch glaubte er, dass die übertriebene Sparsamkeit seines Bruders unweigerlich zu Spannungen führen würde, und er selbst schloss – im Gegensatz zu Nikolaj – den Verkauf von Familiengütern nicht von vornherein aus, sofern dies unumgänglich wäre. Offenbar befürchtete Turgenev Konflikte mit seinem Bruder, die sich aus dessen Verwaltung des Gesamtvermögens ergeben hätten. Und schliesslich dachte Turgenev auch nicht daran, seine Mutter als einstige finanzielle Kontrollinstanz durch eine intrafamiliäre Spielart zu ersetzen. Von nun an war er nur noch sich selbst gegenüber verantwortlich. Da die beiden Brüder grundverschiedene Auffassungen vom Geld und seinem Bestimmungszweck hatten, war Ivans Wunsch nur allzu verständlich – obgleich Nikolaj mit seinem Erbteil letztlich weitaus erfolgreicher wirtschaften sollte.[338]

Louis Viardot, der in Gelddingen profundere Sachkenntnisse besass, warnte Turgenev bereits Anfang Februar 1851 vor den Risiken, die mit dessen neuen finanziellen Verhältnissen verbunden waren, und er riet ihm, seine Güter klug zu verwalten und die vorhandene Barschaft in Fonds oder Immobilien anzulegen:

J'ai demandé un petit coin à Pauline, mon cher Tourguéneff, pour vous dire deux choses, à propos de vos règlements d'affaires, pour vous transmettre deux avis que m'ont donnés l'expérience: d'abord, maintenant que vous songez à remettre à un ami l'administration de vos biens, soyez prudent, prévoyant et clairvoyant, car ce sont de ces choses plus difficiles à défaire qu'à faire, à rompre qu'à lier, et qui, tournant mal,

[337] Ursprünglich hatte Varvara Petrovna – allerdings noch vor ihrem Zerwürfnis mit Nikolaj – gehofft, dass der gesamte Familienbesitz nach ihrem Tode unter Nikolajs Verwaltung und damit in kompetente Hände fallen würde (RICE 1997, 11).

[338] Vgl. KORSUN 1990, 262.

> laissent de grands regrets avec de grandes pertes. Soyez *sûr*, autant qu'on peut l'être en ce monde, que vous n'aurez pas à vous repentir. Ensuite, ne pensez-vous pas, comme notre proverbe, qu'il ne faut pas mettre tous ses œufs dans un seul panier ? Ne seriez-vous pas prudent de prendre quelque intérêt dans les fonds anglais, américains, etc. ? Si un placement en terres vous tentait, on va bientôt vendre, près des Courtavenel, un charmant domaine appelé le *Petit Paris*, au-delà de Pécy, d'où venait Ferdinand, le joueur de violoncelle. Cela vaut la peine d'y penser.[339]

Doch Bargeld hatte Turgenev weder Ende 1851 noch 1852, da er mit seinem Bruder vereinbart hatte, das eingelagerte Getreide, von dessen Veräusserung damals seine Liquidität abhing, erst nach der endgültigen Aufteilung des Nachlasses zu verkaufen. Des weiteren führten die niedrigen Kornpreise dazu, dass Turgenev mit dem Verkauf der landwirtschaftlichen Produkte zuwartete.[340] Im November 1851 musste er sich daher um eine Geldanleihe über 3'000 Silberrubel bemühen, damit er seinen Lebensunterhalt überhaupt bestreiten konnte (PSP, II, 34). Und hinsichtlich der Gutsverwaltung stand seine Absicht, die gesamte Administration an eine Drittperson abzutreten, bereits fest, auch wenn ihm bewusst war, dass er damit ein erhebliches Risiko einging. So schrieb er am 20. Februar (4. März) 1851 an Louis Viardot:

> Je conçois bien tout ce qu'il y a de hasardé dans ma détermination de confier le soin de mes affaires à un autre, mais vu mon incapacité absolue dans ces sortes de choses et ne pouvant pas, par des raisons trop longues à dire, m'en rapporter pleinement à mon frère (non que j'aie les moindres soupçons sur sa parfaite probité) – je crois que ça a été une bonne fortune pour moi de tomber sur un homme dont le nom seul, pour tous ceux qui le connaissent, est le synonyme de la plus chevaleresque loyauté. […] Votre autre conseil (hinsichtlich der Kapitalanlage, A.S.) est tout aussi excellent et je me propose bien d'en profiter avec le temps ; mais pour le moment, je n'ai pas un rouble de disponible, et tout l'argent que nous pourrons mettre de côté pendant cette année (fort mauvaise d'ailleurs) sera employé à effectuer notre partage, chose qui coûte cher en Russie.[341]

Turgenev war klar, dass seine Erwartungen an die künftigen Einnahmen in hohem Masse von der Ernte und einer sachkundigen Gutsverwaltung auf den geerbten Ländereien abhingen. Mit dem Erbschaftsantritt war der Grundstock zu Turgenevs Reichtum gelegt – einem Reichtum, der nicht mehr von Varvara Pe-

339 ZVIGUILSKY A. 1971, 349 (Hervorhebung im Original, A.S.).
340 PSP, II, 85, 89, 107 u. 115.
341 ZVIGUILSKY A. 1972, 11.

trovnas Gnade abhing. Nach aussen hin änderte sich zwar insofern wenig, als Turgenev schon vor 1850 stets das Bild eines wohlhabenden Adligen mit einem distinguierten Anspruch an Luxus und Komfort vermittelt hatte, obgleich dieser Lebensstil nur mittels des mütterlichen Vermögens möglich gewesen war. Doch nun musste Turgenev selbst für die Verwaltung seiner Gelder sorgen, die Bilanzen überwachen und die ihm durch das Erbe offenstehenden ökonomischen Möglichkeiten nutzen. Zu diesem Zeitpunkt war er bereits ein bekannter Schriftsteller, was ihm zusätzliche finanzielle Vorteile brachte. Obwohl er nun nicht mehr gezwungen war, für seinen Lebensunterhalt zu schreiben, trugen die Einkünfte aus seiner literarischen Arbeit fortan wesentlich zu seinem Wohlstand bei. Dennoch war Turgenevs notorischer Geldmangel mit dem Erbe keineswegs überwunden.[342]

2.5.5. Die *Zapiski ochotnika* als Meilenstein in Turgenevs literarischer Karriere – Akkumulation von symbolischem Kapital

Seinen literarischen Ruhm begründete Turgenev mit den insgesamt 25 Erzählungen umfassenden und in verschiedenen Publikationsorganen veröffentlichten *Zapiski ochotnika*. Zwischen 1847 und 1851 erschienen im *Sovremennik* 21 dieser Skizzen, die dann 1852 in einer ersten Buchedition zusammengefasst und durch die zuvor nicht gesondert abgedruckte Skizze *Dva pomeščika* ergänzt wurden. Von den übrigen drei Erzählungen erschien *Konec Čertopchanova* 1872 im *Vestnik Evropy*, während *Živye mošči* 1874 in den zugunsten der Opfer der Hungerkatastrophe von Samara herausgegebenen Sammelband *Skladčina* aufgenommen wurde. Die letzte Skizze, *Stučit!*, wurde direkt in der achtbändigen Werkausgabe von 1874 veröffentlicht.[343]

Aufgrund der positiven Rezeption der allerersten Skizze *Chor' i Kalinyč* (1847), aber auch wegen seiner Geldnot erklärte sich Turgenev bereit, weitere Erzählungen dieser Art zu schreiben (PSS, XIV, 52 u. 60). Die Resonanz, wel-

[342] Turgenevs Vermögensverhältnisse nach 1850 stellen ein komplexes Tatsachengefüge dar, dessen Reduktion auf die Aussage, Turgenev habe, abgesehen von gelegentlichen Liquiditätsproblemen, fortan ein Leben in Wohlstand geführt, zu eindimensional ist und den vielschichtigen Gegebenheiten nicht Rechnung trägt. Vgl. etwa YARMOLINSKY (1959, 120): „True, that carelessness about money matters which had exasperated his mothers, even now left him sometimes short of ready cash. But his properties were so large that even though they were woefully mismanaged he was fairly well-off."

[343] KNOWLES 1988, 26. Über *Stučit!* schrieb Turgenev im April 1874 an den Rigaer Buchhändler und Verleger Erich Behre: „Zugleich habe Ich ein anderes Fragment der Jägerskizzen geschrieben, welches für die Ssalaïeffsche Gesammtausgabe meiner Werke bestimmt ist und sonst nirgends gedruckt werden wird." (VON RIMSCHA 1970, 564f.). Die Popularität der *Zapiski ochotnika* führte offenbar dazu, dass Turgenev im Zusammenhang mit der neu entstandenen Skizze dem Salaev-Verlag ein Exklusivrecht erteilen musste.

che die *Zapiski ochotnika* bei der Leserschaft fanden, war so positiv, dass die Herausgeber des *Sovremennik* die Erzählungen schon bald zu Werbezwecken für die eigene Zeitschrift heranzogen und, etwa durch die Vorankündigung neuer „Aufzeichnungen", frühzeitig auf die nächste Ausgabe hinwiesen.[344] Bereits 1847 spielte Turgenev mit dem Gedanken, die Erzählungen zu einem Zyklus zusammenzufassen und als Einzelausgabe zu publizieren. Unterstützt wurde er dabei von Nekrasov, der ihm Ende desselben Jahres vorschlug, die *Zapiski ochotnika* in der neuen Reihe *Biblioteka russkich romanov, povestej, zapisok i putešestvij* zu veröffentlichen, da die Qualität der Erzählungen seiner Ansicht nach eine adäquate Publikationsform erforderte: „А рассказы Ваши так хороши и такой производят эффект, что затеряться им в журнале не следует."[345] Die infolge der revolutionären Bewegungen in Westeuropa 1848 verschärfte Zensur führte jedoch dazu, dass diese Verwertungsstrategie vorläufig zurückgestellt werden musste. Trotzdem erarbeitete Turgenev bis 1850 insgesamt acht Gliederungsentwürfe für eine Buchpublikation, deren Markterfolg Nekrasov allerdings sehr skeptisch einschätzte: Nekrasov wusste aus eigener Erfahrung, dass die Einzelausgabe eines bei der Leserschaft populären Werkes keineswegs hohe Verkaufszahlen garantierte, und mit dieser Begründung lehnte er auch Turgenevs Vorschlag ab, den Erlös der Edition der Familie des 1848 gestorbenen Belinskij zukommen zu lassen.[346] Turgenevs Verhaftung am 16. (28.) April 1852 und seine anschliessende Verbannung auf sein Gut in Spasskoe schienen dieses Vorhaben insofern zu gefährden, als zwar offiziell hinter dem Verfahren die Veröffentlichung seines Gogol'-Nekrologs, nach Turgenevs Ansicht aber primär der als brisant eingestufte Inhalt der *Zapiski ochotnika* stand. Obwohl eine Untersuchung eingeleitet worden war mit dem Ziel, die Umstände der von der Zensur erteilten Druckgenehmigung für die *Zapiski ochotnika* zu ermitteln, hatte dies keinen Einfluss auf deren Publikation in Buchform: Bereits im August

344 So wurde zum Beispiel in der Septembernummer des *Sovremennik* 1847 folgendermassen auf vier neue „Aufzeichnungen" Turgenevs aufmerksam gemacht: „И. С. Тургенев прислал нам продолжение „Записок охотника": новые четыре рассказа – столь же оригинальные, поразительные своей естественностью, полные живого интереса; мы поместим их в следующей книжке…"

345 Aus Nekrasovs Brief an Turgenev und Annenkov vom 28. Oktober (9. November) 1847 (Zitiert nach PSS, IV, 501.).

346 Laut REJTBLAT (1991, 83 u. 91) erhielt ein Schriftsteller für die in Buchform vorgenommene Veröffentlichung eines bereits zuvor in einer Zeitschrift publizierten Werkes ein etwa um das Zehnfache geringeres Honorar. Diese Aussage ist jedoch insofern zu relativieren, als sie sich unter anderem auf Zahlen stützt, die durch den Konkurs des Verlegers Aleksandr F. Bazunov Ende der 1870er Jahre bekannt wurden. Bei den Einzelausgaben Bazunovs handelte es sich vermutlich um Unternehmungen, bei dem die oft ungewöhnlich niedrigen Honorare in Korrelation zu erschwinglichen Bücherpreisen standen (RIGGENBACH 2004 [im Druck]). Es gibt denn auch zahlreiche Beispiele, die veranschaulichen, dass Einzelausgaben im Budget eines russischen Autors keineswegs eine verschwindende Grösse darstellten (ebd.).

1852 begann der Vertrieb des Bandes, der umgehend die Aufmerksamkeit eines breiten Leserkreises auf sich zog. Der Zensor Fürst Vladimir V. L'vov, der die Ausgabe bewilligt hatte, wurde noch im selben Monat von Nikolaj I. seines Amtes enthoben und verlor alle Ansprüche auf eine Pension. Doch der Vertrieb der Edition selbst wurde nicht behindert, und binnen eines halben Jahres war die gesamte Auflage ausverkauft.[347]

Damit hatte Turgenev bewiesen, dass ihm nicht nur ein grosser literarischer Wurf, sondern auch dessen Vermarktung gelingen konnte. Das kommerzielle Potential der *Zapiski ochotnika* wurde denn auch in den Kreisen der russischen Verleger rasch erkannt. Im Frühjahr 1856 bat Nekrasov Vasilij Botkin um eine Vermittlung mit dem Moskauer Buchhändler Ivan V. Bazunov, der die *Zapiski ochotnika* „en gros" kaufen wollte:

> Поговори с Базуновым (по секрету), он хочет купить у меня *гуртом* „Записки охотника" – и тогда, если это состоится, я буду богач, и деньги мне от тебя не понадобятся.[348]

Etwa zur selben Zeit überliess Turgenev Annenkov die Rechte für die Herausgabe seiner zwischen 1844 und 1856 gedruckten *Povesti i rasskazy*, allerdings unter Ausschluss der *Zapiski ochotnika*, die er editorisch gesondert zu verwerten beabsichtigte.[349] Und schliesslich initiierten die Skizzen im Ausland – es war Turgenevs erstes Œuvre, das im Westen übersetzt wurde[350] – die Nachfrage nach weiteren Werkübertragungen und boten damit Turgenev die Chance, sich auch ausserhalb Russlands als Autor zu etablieren (PSP, III, 24). Wie grossen Wert er auf seine *Zapiski ochotnika* legte, zeigt nicht zuletzt auch die Tatsache, dass Turgenev die folgenden Neuausgaben sehr sorgfältig redigierte und die inhaltliche Anordnung der Erzählungen immer wieder änderte.[351] In einem Brief vom 16. (28.) April 1874 bezeichnete er die Skizzen gegenüber dem Rigaer Verleger und Buchhändler Erich Behre als „wahrscheinlich das Bleibendste […] von allem dem, was Ich geschrieben."[352] Als dann bereits 1854 sowohl die von Ernest Charrière übersetzte und von Prosper Mérimée propagierte französische Fassung *Mémoires d'un seigneur russe, ou Tableau de la situation actuelle des*

347 PSS, IV, 500-505; PSS, XIV, 74f.; KLEMAN 1934, 64; SCHAPIRO 1982, 87; KLUGE 1992, 63; NIKITINA 1995, 140f.; THIEME 2000, 65f.

348 NIKITINA 1995, 327 (Hervorhebung im Original, A.S.). Das Verkaufsangebot war für Nekrasov äusserst profitabel: Am 9. (21.) August 1856 schrieb Dmitrij Ja. Kolbasin, ein Freund Turgenevs, der für diesen manche geschäftliche Aufträge erledigte, an Pavel Annenkov: „Некрасов „Записки охотника" продает очень выгодно московскому Базунову – по 2 руб. 10 коп. за экземпляр (3000 экз.) и вперед получил 1000 руб., а остальные деньги получит по истечении 9 месяцев…"

349 NIKITINA 1995, 327; PSP, II, 613.

350 ZÚÑIGA 2001, 124.

351 KLUGE 1992, 64.

352 VON RIMSCHA 1970, 564.

nobles et des paysans dans les provinces russes in Paris als auch die erste deutsche Übersetzung *Aus dem Tagebuche eines Jägers* von August von Viedert und August Boltz in Buchform erschienen,[353] war klar, dass den Distributionsmöglichkeiten der *Zapiski ochotnika* grosse Aufmerksamkeit geschenkt wurde (zehn Jahre später brachte dann eine zweibändige deutsche Übertragung von Friedrich Bodenstedt den endgültigen Durchbruch in Deutschland). Allerdings hatte die auch nach Turgenevs Ansicht dürftige und tendenziös-antirussische Übersetzung Charrières[354] zur Folge, dass in Russland eine auf die erste Ausgabe von 1852 folgende Neuauflage der *Zapiski ochotnika* jahrelang verhindert wurde.[355] So konnte erst im Mai 1859 die zweite Edition in Buchform erscheinen, wozu Ivan A. Gončarov in seiner damaligen Funktion als Zensor einen wesentlichen Beitrag leistete.[356]

Die Popularität der Skizzen im In- und Ausland machte nicht nur Turgenevs Namen weithin bekannt, sondern zahlte sich für ihn auch in finanzieller Hinsicht aus:[357] Zum einen konnte Turgenev als nunmehr etablierter und gefragter Schriftsteller schon bald bei den Zeitschriften höhere Honorarforderungen gel-

353 KLEMAN 1934, 73; ŽEKULIN 1985, 108; KLUGE 1992, 13; NIKITINA 1995, 263f.

354 Vgl. PSS, XV, 127-129.

355 Die verschiedenen Übersetzungen der *Zapiski ochotnika* wurden auffallend oft neu aufgelegt (vgl. ŽEKULIN 1985, 108f.). Dies deutet darauf hin, dass sich Turgenevs Werk in Frankreich und Deutschland gut absetzen liess. Auch achtete Turgenev, wohl nicht zuletzt aufgrund der negativen Erfahrungen mit der Charrière-Translation, auf eine möglichst korrekte und fehlerfreie Übersetzung seiner Skizzen. Es erstaunt daher nicht, dass spätere, von Turgenev oft sorgfältig gesichtete Buchausgaben der *Zapiski ochotnika* mit der Anmerkung „seule édition autorisée par l'auteur" (P. Delaveau-Übersetzung von 1857), „avec l'autorisation de l'auteur" (X. Marmier-Übersetzung von 1858) oder „autorisierte Ausgabe" (Fr. Bodenstedt-Übersetzung von 1864) versehen waren (ŽEKULIN 1985, 109 u. 112).

356 PSP, II, 615. Vgl. hierzu Turgenevs Brief an Nekrasov (Januar – April 1856): „Кстати, знаешь, что мне Гончаров *сурьёзно* (sic, A.S.) сказал вчера, что он подпишет их (*Zapiski ochotnika*, A.S.), не читая, если ничего не прибавлено? Возьми это в соображение." (PSP, II, 346; Hervorhebung im Original, A.S.). Gončarovs Verdienst um die Publikation von Turgenevs Werk lässt sich auch an einem zweiten Beispiel erkennen. So gelang es Gončarov, für die 1856 von Pavel Annenkov initiierte Ausgabe der *Povesti i rasskazy I. S. Turgeneva* nur mit Mühe und unter Hinweis darauf, dass das Fehlen der Erzählung Aufsehen erregen würde, die Erlaubnis zum Abdruck von *Mumu* zu erhalten (BRANG 1956, 387; vgl. hierzu auch PSP, II, 344).

357 In seinem *Predislovie k romanam* (1880) machte Turgenev interessanterweise nicht die *Zapiski ochotnika*, sondern erst den Roman *Dvorjanskoe gnezdo* (1859) für seinen entscheidenden Popularitätszuwachs bei der Leserschaft verantwortlich: „«Дворянское гнездо» имело самый большой успех, который когда-либо выпал мне на долю. Со времени появления этого романа я стал считаться в числе писателей, заслуживающих внимание публики." (PSS, XII, 304). Tatsache ist, dass die *Zapiski ochotnika* Turgenevs Ruf als populärer Schriftsteller begründeten und ihm den Weg für eine nachhaltige Konsolidierung seiner Autorrolle in den 1850er Jahren bereiteten.

tend machen, zum anderen erwiesen sich die *Zapiski ochotnika* binnen kurzem als dauerhafter, äusserst lukrativer und editorisch gut verwertbarer Bestandteil seiner ‚Backlist'.[358]

Obwohl die Einzelausgabe der *Zapiski ochotnika* 1852 noch veröffentlicht werden konnte, hatte Turgenevs Verbannung nach Spasskoe einschneidende, wenn auch nur vorübergehende Folgen für seine Präsenz auf dem Buch- und Zeitschriftenmarkt: Abgesehen von seinem 1853 in der ersten Nummer des *Sovremennik* veröffentlichten zweiten Artikel über Sergej Aksakovs Buch *Zapiski ružejnogo ochotnika Orenburgskoj gubernii* wurde während Turgenevs gesamter Exilzeit keines seiner Werke publiziert oder zur Veröffentlichung eingereicht. Zu jenem Zeitpunkt widmete sich Turgenev vor allem der Wirtschaftsführung auf seinen Ländereien, was deshalb notwendig war, weil er vom Staat keinerlei Zuwendung erhielt.[359] Im Anschluss an seine Rückkehr aus Spasskoe nach St. Petersburg im Dezember 1853 nahm Turgenevs Publikationstätigkeit dann aber wieder rasch zu, und auch die in seinem Fall zu erwartenden Schwierigkeiten mit der Zensur blieben weitgehend aus.[360]

2.5.6. Die 1850er Jahre – Etablierung auf dem literarischen Markt

Turgenevs doppeltes Engagement beim *Sovremennik* und bei den *Otečestvennye zapiski*[361] brachte ihn wiederholt in unangenehme Situationen. So etwa, wenn er ein im Entstehen begriffenes Werk einem Redakteur versprochen hatte, um es dann doch bei der anderen Zeitschrift einzureichen, wo er noch ‚Schulden' – pekuniärer oder ‚moralischer' Art – begleichen musste. Aus diesem Grunde galt für Turgenev auch nicht unbedingt, dass er automatisch auf die besten Angebote einging. Obwohl ihm der *Sovremennik* schon bald für einen Druckbogen 75 Silberrubel zahlte, bot er Kraevskij im März 1855 seine rund 2 Druckbogen umfassende Novelle *Jakov Pasynkov* für 125 Silberrubel an, was ungefähr 60 Silberrubeln pro Bogen entsprach. Turgenev tat dies, um, wie er Kraevskij schrieb, zu beweisen, dass er sich dessen Gefälligkeiten ebenso wie seiner eigenen langen Untätigkeit erinnere (Turgenev bekannte sich in seinen Schreiben an Kraevskij wiederholt „schuldig", dass er zu wenig für dessen Zeitschrift schreibe). *Jakov Pasynkov* wurde schliesslich in den *Otečestvennye zapiski* publiziert (PSP, II, 266f. u. 558).

Turgenevs Konzessionsbereitschaft ging überdies mit der Tatsache einher,

358 Alleine die Ausgabe von 1852 wurde noch zweimal neu aufgelegt (1859 und 1880), wobei der Edition von 1880 in kurzer Zeit weitere Nachdrucke folgten (1880, 1881, 1882, 1883, 1887, 1888, 1893, 1896, 1898, 1902, 1904, 1906, 1909, 1911, 1914, 1917) (Žekulin 1985, 2 u. 11).

359 Vgl. die formelle Mitteilung: „В селе Спасском занимается по имению хозяйством, от казны содержания не получает." (zitiert nach Nikitina 1995, 222).

360 Korsun 1990, 292f.; PSS, V, 642.

361 Vgl. PSP, II, 240, 247 u. 250.

dass er sich durchaus kritisch über seiner Ansicht nach überzogene Honorarforderungen von Schriftstellerkollegen äussern konnte, vor allem dann, wenn es finanzschwache Zeitschriften betraf, die auf prominente und talentierte Mitarbeiter dringend angewiesen waren. Im September 1855 schrieb er anlässlich der Tatsache, dass Aleksej F. Pisemskij seinen Roman *Tysjača duš* Kraevskij für 1'000 Silberrubel verkauft hatte, an Panaev, dem Pisemskij seinen Roman ursprünglich versprochen hatte: „Писемский берет уже чересчур сильные цены – это факт." (PSP, II, 312).[362] Während Turgenev zu jenem Zeitpunkt normalerweise 75 Silberrubel pro Druckbogen erhielt, waren Pisemskijs Honorare ungleich höher. Panaev appellierte denn auch im selben Monat an Turgenev, den *Sovremennik* nicht im Stich zu lassen – vermutlich befürchtete Panaev ein Lavieren Turgenevs aus finanziellen Gründen:

> Некрасов тебе писал – а я повторяю его же просьбы к тебе... Не оставь нас в минуты критические. На Григоров<ича> и даже на Гончарова [...] всегда еще рассчитывать можно, – а Писемский для Совр<еменника> уже не существует: он ломит по 120 р. за лист, когда бьешься, как об лед, чтобы кое-как поддержать журнал...[363]

Auch wenn Turgenev eine solche ‚Preistreiberei' weder billigte noch selber praktizierte, versuchte er doch hin und wieder, seinen Bekanntheitsgrad bei den Verlegern in finanzieller Hinsicht geltend zu machen. Im Herbst 1856 bat er Panaev um ein Honorar von 100 Silberrubeln (anstelle der üblichen 75) pro Druckbogen für seine Novelle *Faust*. Doch allzuviel Nachdruck verlieh er seiner Forderung nicht („Я бы очень был тебе благодарен...") (PSP, III, 17). Überhaupt mangelte es Turgenev diesbezüglich an Durchsetzungskraft, und seine bisweilen etwas unbeholfenen Vorstösse vermitteln eher den Eindruck, als wollte er aus einer momentanen Geldknappheit oder persönlichen Verbundenheit heraus ein ‚Geschäft' machen, ohne überhaupt andere Angebote zu berücksichtigen. So wandte er sich im Spätsommer 1855 an Kraevskij, um seinen

[362] Vgl. hierzu auch RUSAKOV 1904, 922f.: Pisemskij stand am Anfang einer neuen Ära in Russland, die den Weg zu wesentlich höheren Honoraren für Werke der Belletristik eröffnete, und sein Roman erwies sich in dieser Hinsicht als viel diskutierte Sensation. So erhielt Pisemskij 1858 vom Buchhändler D. E. Kožančikov 3'000 Silberrubel für eine 3'000 Exemplare umfassende Neuausgabe von *Tysjača duš*. Da Pisemskijs Werke reissenden Absatz fanden und von der Leserschaft sehr geschätzt wurden, erklärte sich Kožančikov aus Angst, den Schriftsteller an die Konkurrenz zu verlieren, sogar bereit, für dessen Drama *Gor'kaja sud'bina* ebenfalls 3'000 Silberrubel zu zahlen, was bis dahin das höchste je für ein russisches Theaterstück entrichtete Honorar darstellte. Desungeachtet hatte Pisemskij dann Ende der 1860er Jahre mit erheblichen finanziellen Problemen zu kämpfen, so dass ihm Turgenev sogar riet, seinen Dienst als Oberrat in der Moskauer Gouvernementsverwaltung nicht zu quittieren (PSP, VIII, 162 u. 486).

[363] Zitiert nach *T i krug Sovr*, 43 (Hervorhebungen im Original, A.S.).

neuen, noch nicht fertiggestellten Roman *Dva pokolenija* zu verkaufen. Turgenevs Anerbieten erinnert dabei mehr an ein umständliches Kreditgesuch als an den Abschluss einer profitablen Transaktion:

> Любезный Краевский,
> Обращаюсь к Вам с следующим предложением: хотите Вы купить мой роман? Он будет состоять из 2-х частей – и я могу Вам дать письменное обязательство, что доставлю его Вам оконченным к 1-му сентяб<ря> будущего года – как к самому позднему сроку. Дайте мне за печатный лист 75 руб. сер. – и, так как мне теперь деньги нужны – то дайте мне теперь 500 руб. сер., которые вместе с теми, которые я Вам должен – составят задаток. Всё это можно написать на бумаге. (PSP, II, 315).

Bereits Ende desselben Jahres musste Turgenev sein Angebot zurückziehen und Kraevskij die erhaltene Teilzahlung zurückerstatten:

> Прежде всего не приходите в недоуменье насчет 250 руб., которые я Вам возвращаю – вот в чем дело: подумавши хорошенько, я чувствую, что не могу ни перед Вами, ни перед публикой ручаться в том, что в теченье года окончу мой роман, как бы я желал того: роман, и особенно первый, дело не шуточное – и мне не хотелось бы, чтобы первый блин вышел комом. С другой стороны, для устранения всяких недоразумений, *даю Вам слово*, что если я решусь напечатать свой роман не отдельно, а в журнале – то он *явится не иначе как в «Отечественных записках»*. (PSP, II, 333; Hervorhebungen im Original, A.S.)[364]

Das Beispiel zeigt, dass für Turgenev keineswegs das beste Angebot den Ausschlag gab – vielmehr fühlte er sich bestimmten Redakteuren, die ihn in irgendeiner Form unterstützt hatten, persönlich verpflichtet, und er war auch ehrlich genug, Vorschüsse zurückzuzahlen, wenn er Abmachungen nicht einhalten konnte. Schliesslich kam es auch vor, dass er überhaupt kein Entgelt erwartete, wenn er den Wert eines Werkes, wie 1857 im Falle von *Poezdka v Poles'e*, für unzureichend hielt (PSP, III, 99 u. 101). Vor dem Hintergrund seines Perfektionismus und künstlerischen Anspruchs erstaunt dieser Umstand nicht. Für ein in seinen Augen nicht überzeugendes Produkt verlangte er auch kein Geld. Hinzu kam, dass Turgenev Mitte der 1850er Jahre von seinem Ruf als Autor noch wenig überzeugt war und zahlreiche finanzielle wie auch editorische Konzessionen

[364] Im November 1852 hatte Turgenev begonnen, an *Dva pokolenija* zu arbeiten. Der erste der drei geplanten Teile war im Frühjahr 1853 bereits abgeschlossen, wurde aber von Turgenevs Freunden dermassen zurückhaltend aufgenommen, dass sich Turgenev entschloss, seinen Plan eines sozialen Romans aus dem Gutsbesitzermilieu fallenzulassen (KLUGE 1992, 78).

an seine Zeitschriftenredakteure machte: „Литературная репутация моя не такая, чтобы дрожать над ней“ (PSP, II, 322).

2.5.7. Indienstnahme des symbolischen Kapitals – Turgenevs Exklusivvertrag mit dem *Sovremennik*

Nachdem sich Turgenev 1856 exklusiv beim *Sovremennik* verpflichtet hatte, zog er sich vorübergehend von den übrigen Zeitschriften zurück, wobei er zuvor noch seine bei Kraevskij offenen Rechnungen zu begleichen suchte.[365] Zusammen mit Lev N. Tolstoj, Dmitrij V. Grigorovič und Aleksandr N. Ostrovskij unterzeichnete er im Frühjahr 1856 ein „Pflichtabkommen“ („*objazatel'noe soglašenie*“) mit dem *Sovremennik*. Dieses stellte einen Versuch Nekrasovs dar, den Erfolg seiner Zeitschrift durch eine vertraglich festgelegte Indienstnahme angesehener Autoren wiederherzustellen, da dem *Sovremennik* seit 1856 vor allem durch Michail N. Katkovs *Russkij vestnik* mit seinen 3'000 Abonnenten und Aleksandr V. Družinins *Biblioteka dlja čtenija*[366] ernsthafte Konkurrenz erwachsen war. Gerade im ersten Jahrzehnt nach der Übernahme der Zeitschrift durch Nekrasov und Panaev wurde Turgenevs Mitarbeit als Garantie für einen guten Absatz betrachtet.[367]

Die Vereinbarung trat am 1. Januar 1857 in Kraft und sicherte Nekrasov und Panaev während vier Jahren das Erstabdruckrecht für alle neuen Werke der vier Schriftsteller. Den Autoren wurde ein bestimmtes, vergleichsweise niedriges Honorar pro Druckbogen zugesichert, das aber durch eine jährliche, aus den Abonnementseinnahmen ermittelte Dividende ergänzt wurde.[368] Das Honorar

365 Am 20. Juli (1. August) 1856 schlug er Kraevskij vor, seine Schulden angesichts der bevorstehenden vierjährigen Verpflichtung gegenüber dem *Sovremennik* auf finanziellem Wege abzugelten – und nicht, wie dies Kraevskij erwartet hatte, durch die Abtretung eines neuen Werkes: „Очень хорошо знаю я, что, когда Вы мне давали эти деньги, Вы ждали от меня возврата не деньгами же, а повестями; но на нет суда нет – и мне остается повторить, что я перед Вами виноват.“ (PSP, II, 378f.).

366 Aleksandr F. Smirdins bzw. Osip I. Senkovskijs ab 1834 in St. Petersburg herausgegebene *Biblioteka dlja čtenija* spielte im Hinblick auf das Autorenhonorar eine Pionierrolle und beruhte konzeptuell auf der Vergrösserung der Leserschaft durch den enzyklopädischen Charakter der Zeitschrift (Grob 2004 [im Druck]).

367 Schapiro 1982, 108; Nikitina 1995, 329 u. 452. Zum Vergleich: Für das Jahr 1857 wurden beim *Sovremennik* insgesamt 3'985 Abonnenten verzeichnet (*RNB*, f. 560, op. 1, ed. ar. 2, Panaev, I.I., l. 1).

368 Vgl. hierzu den *Proekt uslovija*: „Начиная с будущего 1857-го года все деньги, собранные с подписчиков свыше числа 3200, *за исключением стоимости прибывшего числа экземпляров, ограничивающейся расходом на бумагу и лишние оттиски при печатании*, разделяются на три части; из них одна представляется редакции, другие же две в виде дивиденда раздаются участникам – пропорционально числу страниц в статьях, помещенных каждым из них в течение года в «Современнике».“ (Nekrasov, PSS, XIII_2, 242; Hervorhebung im Original, A.S.).

war für die gesamte Dauer der Vereinbarung verbindlich. Zwar durften die vier Autoren Werke, die sie vor Abschluss der Übereinkunft bereits anderen Zeitschriften angeboten hatten, an diese verkaufen, jedoch nur binnen einer zuvor festgelegten und innerhalb des laufenden Jahres liegenden Frist. Andernfalls riskierten die Schriftsteller den Verlust der Dividende für das besagte Jahr. Des weiteren wurden allfällige Verwertungsstrategien geregelt: Ein vom *Sovremennik* zurückgewiesener Artikel durfte demnach zwar als Einzelausgabe veröffentlicht werden, allerdings nicht in einer Zeitschrift. Und auch jene Artikel, die bereits im *Sovremennik* publiziert worden waren, konnten noch einmal gesondert aufgelegt werden, jedoch erst nach Ablauf eines Jahres und wiederum nicht in einer Zeitschrift. Schliesslich wurde vereinbart, dass von der Dividende jeweils 5 % für die Unterstützung bedürftiger Literaten oder für die Veröffentlichung eines „nützlichen Werkes" zurückzulegen waren. Diese Massnahme entsprach der von Družinin angeregten prozentualen Abgabe des Buchgewinns, durch welche später der *Literaturnyj fond* mitfinanziert wurde.[369]

1857 liess Turgenev im *Sovremennik* lediglich seine Komödie *Čužoj chleb* publizieren,[370] und auch dies erst, nachdem ihm Panaev vorgeworfen hatte, er käme seinen Verpflichtungen gegenüber der Redaktion nicht nach (Panaev befürchtete zu Recht, dass die ersten Jahresnummern der Zeitschrift ohne einen Beitrag Turgenevs erscheinen müssten, was den Exklusivvertrag diskreditiert hätte).[371] *Čužoj chleb* umfasste 3 Druckbogen und 5 Seiten, wofür Turgenev bei einem Honorar von 75 Silberrubeln pro Bogen 248.43 Silberrubel erhielt. Hinzu kam nach Jahresabschluss eine Dividende von 475.01 Silberrubeln (143.40 Silberrubel pro Druckbogen[372]), welche das reguläre Honorar um fast das Doppelte

369 PSP, II, 634; NEKRASOV, PSS, XIII_2, 241-244 (*Proekt uslovija*). Vgl. hierzu auch *T i krug Sovr*, xxvi-xxxii u. SELJAK 2004b (im Druck).

370 REJSER 1946b, 235-244.

371 So schrieb Panaev Anfang 1857 an Turgenev: „В первом году и надо было показать, что это «обязат<ельное> согл<ашение>» не пуф... а то публика к концу года может посмеяться над этим соглашением..." (*T i krug Sovr*, 75f.). Turgenev zeigte sich denn auch erleichtert, nachdem *Čužoj chleb* von der Zensur zum Druck freigegeben worden war. Im März 1857 wandte er sich an Panaev: „Очень этому рад – а то бы мое сотрудничество оказалось действительным «пуффом»." (PSP, III, 106).

372 *Rasčet dlja opredelenija dividenda, pričitajuščegosja četverym sotrudnikam za isključitel'noe učastie v žurn. „Sovremennik" v 1857g. [L.N. Tolstomu, A.N. Ostrovskomu, I.S. Turgenevu i D.V. Grigoroviču]* (*RNB*, f. 560, op. 1, ed. ar. 2, Panaev, I.I., l. 1 ob.-2). Auf die „učastniki uslovija" und Redakteure entfielen gemäss Jahresabrechnung 6'211 Silberrubel. Ein Drittel dieses Betrags ging an die Redakteure (vgl. Anmerkung 368), während die restlichen 4'140.66 Silberrubel den Autoren als Dividende ausbezahlt wurden. Diese hatten 1857 zusammen 28 Druckbogen und 14 Seiten (= 28,88 Druckbogen) beim *Sovremennik* drucken lassen, so dass die Dividende pro Druckbogen 4'140.66 Silberrubel : 28,88 = 143.40 Silberrubel betrug. Vgl. auch *T i krug Sovr*, 358f.

überstieg. Demnach beliefen sich Turgenevs Gesamteinkünfte beim *Sovremennik* 1857 auf 723.44 Silberrubel.[373]

Diese auf der Grundlage des Exklusivvertrages erzielten Einkünfte trugen freilich nur marginal zu Turgenevs Auskommen bei. Seine vorderhand wichtigste Einnahmequelle blieben die geerbten Güter in Russland. Umgekehrt liesse sich ebenso sagen: Gerade *weil* Turgenevs Liquidität durch seinen Grundbesitz mehr oder weniger gesichert war, konnte er es sich erlauben, längere, in den meisten Fällen durch seine schwache Gesundheit bedingte Produktionspausen einzulegen.[374] Daraus erklärt sich auch seine bisweilen bescheidene Produktivität: *Čužoj chleb* stellte insofern keinen Einzelfall dar, als im darauffolgenden Jahr von Turgenev beim *Sovremennik* ebenfalls nur die 2 Druckbogen und 14 Seiten umfassende Novelle *Asja* veröffentlicht wurde, für die er, bei einem Honorar von nunmehr 150 Silberrubeln pro Druckbogen, 431.25 Rubel erhielt.[375] Treffend äusserte sich Aleksandr Družinin im April 1858 über Turgenevs Zuverlässigkeit als dichterischer ‚Lohnarbeiter' und ‚Literaturproduzent', zugleich aber auch über seinen ‚Wert' für die russische Literatur: „Тургенев, хотя работник ненадежный, будет драгоценным человеком по своей хлопотливости и вообще по его положению в литературе."[376]

Allerdings riskierte Turgenev wegen der geringen Anzahl seiner Beiträge immer wieder Einkommensverluste, vor allem dann, wenn die Gelder aus Spasskoe nicht rechtzeitig überwiesen wurden. Tatsächlich geriet er wiederholt in Geldnot und versuchte dann, seine Rechte beim *Sovremennik* geltend zu machen. Bereits im Frühjahr 1857 bat er Panaev um jene 240 Silberrubel, die ihm für sein Drama *Čužoj chleb* zustanden. Gleichzeitig verlangte er für die Novelle *Faust* 100 Silberrubel pro Druckbogen, weil sie nicht zu jenen Werken gehöre, für die laut Vertrag der niedrigere Honorarsatz zur Anwendung gelange (PSP, III, 115f.). Und schliesslich schenkte er auch der Dividendenausschüttung grosse Aufmerksamkeit, da diese eine wesentliche, erfolgsorientierte Ergänzung zum regulären Honorar und damit einen besonderen Anreiz für die Vertragsautoren darstellte (PSP, III, 189 u. 196f.). Turgenev hielt sich in dieser Hinsicht nicht zu-

373 *Rasčet dlja opredelenija dividenda, pričitajuščegosja četverym sotrudnikam za isključitel'noe učastie v žurn. „Sovremennik" v 1857g. [L.N. Tolstomu, A.N. Ostrovskomu, I.S. Turgenevu i D.V. Grigoroviču]* (*RNB*, f. 560, op. 1, ed. ar. 2, Panaev, I.I., l. 2-2ob.).
Zum Vergleich: Tolstojs Publikationen beim *Sovremennik* umfassten 1857 10 Druckbogen und 15 Seiten, jene Ostrovskijs 2 Druckbogen und 7 Seiten, jene Grigorovičs 12 Druckbogen und 3 Seiten (ebd. l. 2). Die Einkünfte dieser drei Autoren fielen 1857 wie folgt aus (einschliesslich Dividende):

Tolstoj:	2'388.74	Rubel	(75 Silberrubel pro Bogen)
Ostrovskij:	593.28	Rubel	(100 Silberrubel pro Bogen [„komedija"])
Grigorovič:	2'661.75	Rubel	(75 Silberrubel pro Bogen)

374 Vgl. etwa NIKITINA 1995, 366 oder PSP, II, 331.

375 Vgl. *T i krug Sovr*, 358 u. REJSER 1946b, 244-249.

376 Zitiert nach NIKITINA 1995, 421.

rück und wandte sich an Nekrasov, um möglichst rasch an Geld zu gelangen (PSP, III, 201).

Interessanterweise scheinen sich alle vier Schriftsteller nicht besonders streng an die Abmachung gehalten zu haben – zumindest publizierten sie im *Sovremennik* nach dem Vertragsabschluss deutlich weniger als vorher. Und gerade die mehr oder weniger bequeme materielle Situation eines Turgenev trug dazu bei, dass er sich nicht an die gesetzten Fristen zu halten brauchte und seine Arbeit ruhig anging.[377] Es erstaunt daher nicht, dass Panaev und Nekrasov – letzterer spürte in dieser Sache ohnehin immer deutlicher einen finanziellen Nachteil[378] – Ende Juli 1857 die vier Schriftsteller aufforderten, alle beendeten Werke umgehend bei der Zeitschrift einzureichen und genau anzugeben, wann sie die weiteren Beiträge der Redaktion vorzulegen gedächten. Gleichzeitig appellierten sie an die Autoren, sich der Zeitschrift anzunehmen und zu bedenken, dass mit dem *Sovremennik* nicht nur ihr finanzieller Vorteil, sondern auch ihre Reputation verbunden sei.[379] Im Februar 1858 versuchten die Redakteure des *Sovremennik* in einem weiteren „*obraščenie*", die vier Autoren zu einer produktiveren Mitarbeit zu bewegen: Sie erhöhten deren Honorar für die Jahre 1858 bis 1860 auf 150 Silberrubel pro Druckbogen und räumten ihnen das Recht ein, ihre im *Sovremennik* abgedruckten Werke nach Ablauf eines Jahres gesondert herauszugeben.[380] Turgenev hatte zwar für die Redakteure volles Verständnis, doch intensivierte er seine Mitarbeit keineswegs, im Gegenteil: Er legte im Frühjahr 1858 Nekrasov sogar nahe, die ursprüngliche Vereinbarung aufzulösen:

> Что же касается до обязательства на нынешний год, то мне кажется, едва ли вам, издателям «Современника», не будет выгоднее нарушить это условие? Из некоторых твоих выражений я вправе заключить, что ты этого желаешь – и я, по крайней мере с своей стороны, затруднений делать не буду и на всё соглашусь. (PSP, III, 201f.)

> […] ты из моего письма мог видеть, что я заранее на всё согласен, ибо, как ты это справедливо говоришь, всё это я делал не для себя – а для тебя и «Совр<еменника>» (PSP, III, 208)

377 So stellte N. Izmajlov fest: „В этом сказалось – особенно у Тургенева и Григоровича – то «барственное» отношение к литературной работе, какое приходилось отмечать и раньше. «Обязательность» делала для них невозможной работу, стесняя желания авторов, а материальная обеспеченность (особенно у Тургенева, одинокого человека и очень крупного помещика) позволяла не стесняться в сроках и не спешить." (*T i krug Sovr*, xxviii).

378 Vgl. PSP, III, 553.

379 <*Obraščenie redakcii „Sovremennika" k učastnikam „objazatel'nogo soglašenija"*> (1857) (NEKRASOV, PSS, XIII_2, 244f.).

380 <*Obraščenie redakcii „Sovremennika" k učastnikam „objazatel'nogo soglašenija"*> (1858) (NEKRASOV, PSS, XIII_2, 246-249).

Turgenevs Zusicherung, er würde „allem zustimmen", zeigt, wie leichtgläubig er in bezug auf die finanzielle Seite seines Schriftstellerberufs war. Diese ‚Schwäche' wurde von Grigorovič auf den Punkt gebracht: „Можно привести целый ряд случаев, доказывающих, с какою беспечностью Тургенев относился к денежному вопросу."[381] Damals gab es noch keine Agenten, die seine Interessen gegenüber Verlegern hätten vertreten können. So überliess er beispielsweise 1856 die Rechte für die zweite Ausgabe seiner *Zapiski ochotnika* für 1'000 Silberrubel Nekrasov (PSP, III, 575), der sie umgehend für 2'500 Silberrubel an den Moskauer Buchhändler Ivan V. Bazunov weiterverkaufte. Turgenev war zunächst keineswegs erbittert über Nekrasovs Aktion, wohl aber über die darauffolgenden Diskussionen um angebliche Schulden.[382] In diesem Zusammenhang schrieb er am 10. (22.) Juli 1857 an Aleksandr I. Gercen:

> Признаюсь, милый друг, твое письмо, несмотря на мою овечью натуру, рассердило меня против Некрасова. Он обвиняет меня, что я тебе не объяснил и т. д. Да разве я входил когда-нибудь в его денежные дела и отношения? Они всегда были такого рода, что постороннему человеку нечего было туда заглядывать. Он говорит, что я тебе заплачу из денег, которые я ему должен. Но знаешь ли, как я ему должен? Я ему продал второе издание «Записок охотника» за 1000 руб. сер. – а он его тотчас же перепродал книгопродавцу Базунову за 2500 (я очень этому был рад, потому что я с тем и продал ему «З<аписки> о<хотника>», чтобы он получил с них барыш); – 2-е издание до сих пор не разрешено цензурой – но он не только никогда не предлагал мне возвратить мне купленное им право, но даже теперь, уезжая в Петербург, собирался непременно выхлопотать это позволение. Я ему сегодня же написал письмо, в котором, ссылаясь на сказанные тобою мне слова или, лучше сказать, на переданные тобою слова Некрасова, прошу его либо выслать мне тотчас бумагу, по которой я передаю ему право на издание «З<аписок> о<хотника>» – и тогда я готов тебе заплатить эти 1000 руб. – или, если он хочет удержать это право за собою, не считать меня в *долгу*, ибо *долгу* я признать не могу.
> Всё это действительно неприятно, – и хотя ничего мне не раскрывает нового, однако имеет и будет иметь свое действие. Нет, решительно, без честности нельзя – как без хлеба. (PSP, III, 131; Hervorhebungen im Original, A.S.)

Die Verhandlungen zwischen Turgenev und Nekrasov zogen sich schliesslich hin bis ins Jahr 1858 (unter anderem bot Nekrasov Turgenev den Verzicht auf die erworbenen Rechte für die zweite Ausgabe der *Zapiski ochotnika* an,

[381] Grigorovič 1928, 258.
[382] *T i krug Sovr*, 124; Schapiro 1982, 107f.

damit der daraus erzielte Gewinn Belinskijs Tochter zugute käme[383]). Am 20. Juli (1. August) 1857 schrieb er an Turgenev:

> Что касается до «З<аписок> О<хотника>», то – хоть я говорил и имел намерение отдать тебе половину барыша – дело это и в таком случае еще так выгодно, что отстаивать его за собою мне неудобно – решай сам как знаешь. Всего лучше, я думаю, так: напечатаю я… а деньги возьмешь ты – или еще лучше: отдадим их дочери Белинского. (PSP, III, 514)

Dass die zweite Auflage der *Zapiski ochotnika* gewinnträchtig sein würde, war mittlerweile allen Beteiligten klar. Turgenev bereute denn auch seinen Nekrasov gegenüber anfangs etwas zu gut gemeinten Schritt und betonte wiederholt seinen Unwillen über diese Angelegenheit, die gerade aufgrund ihrer materiellen Kehrseite den letztlich auf ideologische Differenzen zurückgehenden Bruch zwischen Turgenev und dem *Sovremennik* beschleunigen sollte (PSP, III, 583). Jedenfalls zeigte sich Turgenev am 27. März (8. April) 1858 Lev N. Tolstoj gegenüber erleichtert, dass der Exklusivvertrag nach nur gerade einem Jahr auf Panaevs und Nekrasovs Initiative aufgelöst wurde: „наше «обязательное соглашение» рухнуло. Этого следовало ожидать. – Я очень доволен этим оборотом дела. Словно на волю отпустили, хотя на что она, эта воля?“ (PSP, III, 210).

Für Turgenevs Mitarbeit beim *Sovremennik* war demnach von Anfang an eine besondere Spielart seines ‚Dilettantismus' kennzeichnend: Bedingt durch seine neuen Vermögensverhältnisse konnte er es sich erlauben, eine berufliche Verantwortlichkeit abzulehnen, seine Versprechen nicht zu erfüllen und bisweilen auch mit der Konkurrenz zu lavieren.[384] Insofern überrascht es nicht, dass die Spannungen zwischen ihm und den Redakteuren des *Sovremennik* wuchsen. Nekrasov jedenfalls fühlte sich von Turgenev und den übrigen Vertragspartnern, die ihm kaum Beiträge lieferten, hintergangen.

2.5.8. Lukrative multilaterale Verpflichtungen und Bruch mit dem *Sovremennik*

Nachdem das „*objazatel'noe soglašenie*“ 1858 annulliert worden war, mussten die Redakteure des *Sovremennik* damit rechnen, dass Turgenev seine neuen Werke bei anderen Zeitschriften veröffentlichen würde.[385] So bemühte sich Ne-

[383] KLEMAN 1934, 94.

[384] BRANG 1956, 409.

[385] In der Tat spielte Turgenev schon bald mit dem Gedanken, sich auch anderen Zeitschriften zuzuwenden, so etwa der *Biblioteka dlja čtenija* oder der *Russkaja beseda*, bei welcher Ivan Aksakov Redakteur geworden war. Allerdings kam es letztlich doch zu keiner Kooperation, und Turgenev blieb noch ein Jahr Mitarbeiter beim *Sovremennik* (vgl. PSP, III, 231, 242 u. 570).

krasov im Herbst 1858 als Konkurrent Katkovs intensiv um Turgenevs neuen Roman *Dvorjanskoe gnezdo*, indem er Turgenev eine grosszügige, an den nach Nekrasovs Ansicht exorbitanten Honorarforderungen Gončarovs orientierte Bezahlung in Aussicht stellte:

> […] если ты будешь столь многомилостив, что отдашь нам свое новое произведение, то назначение цены будет зависеть от тебя. Деньги у нас есть, и во всяком случае ты должен получить с листа не менее гончаровского, даже бы надо прибавить, принимая в соображение, что ты не занимаешь должности, которая едва ли может усилить интерес романа в глазах публики.[386]

Nekrasov räumte Turgenev nicht nur ein Honorar von nunmehr 200 Silberrubeln pro Druckbogen ein, sondern erklärte sich sogar damit einverstanden, ihm die Rechte für die zweite Ausgabe der *Zapiski ochotnika* wieder zurückzugeben, falls er *Dvorjanskoe gnezdo* dem *Sovremennik* überliesse.[387] Einige Tage zuvor hatte Turgenev Nekrasov gegenüber die Rückgabe der Abdruckrechte ausdrücklich zur Bedingung für die Abtretung seines neuen Werkes gemacht und dabei Katkovs Interesse an *Dvorjanskoe gnezdo* herausgestrichen.[388] Turgenev entschloss sich, um seine *Zapiski ochotnika* zu kämpfen.[389] Zunächst ging Nekrasov auf Turgenevs Bedingung ein, dann wieder lehnte er sie ab und erhöhte gleichzeitig das Honorar, das er für *Dvorjanskoe gnezdo* zu bezahlen bereit war, auf 4'000 Silberrubel. Schliesslich erschien der Roman 1859 in der ersten Nummer des *Sovremennik* (PSS, VII, 448), während Turgenev offenbar die Rechte für die *Zapiski ochotnika* behielt (PSP, III, 278, 294, 514f. u. 576[390]).[391]

386 Zitiert nach NIKITINA 1995, 433.

387 KLEMAN 1934, 101.

388 „Я готов ее (повесть, A.S.) дать в «Совр<еменник>» только с тем, чтобы ты возвратил мне мое позволение печатать 2-ое издание «Зап<исок> ох<отника>». Так как повесть эта содержит в себе около 10 печатных листов – то она стоит более тех тысячи рублей, которые ты мне дал за вышеозначенное позволение. […] Впрочем, об этом мы переговорим в Пет<ербург>е, а ты только дай мне знать теперь свое решение – потому что я получил предложение от «Русского вестника» с разными любезностями и т. д. (PSP, III, 243).

389 Vgl. hierzu Turgenevs Brief an Nekrasov vom November bzw. Dezember (?) 1858: „Когда я в Москве отказался от предложений Каткова, я это сделал для того, чтобы, во-1-х) сдержать слово, тебе данное, а во-2-х) – я знал, что этим ничего не теряю – ибо был уверен, что получу за «Зап<иски> ох<отника>» до 4000 р. сер. Я должен тебе сознаться, что я не в таком положении, чтобы легко отказаться от 1500 р. сер. – и потому – позволь мне оставить дело на прежних основаниях. С твоей стороны ты не лишаешься *затраченных денег, и возможных* прибылей; но ты сообрази также то, что если бы «Зап<иски> ох<отника>» были тобою уже проданы, я бы, разумеется, принял предложение Каткова." (PSP, III, 256; Hervorhebung im Original, A.S.).

390 Abweichend hierzu *T i krug Sovr*, 124: „Переговорив с Тургеневым лично, Некра-

Der Konkurrenzkampf zwischen dem *Sovremennik* und dem *Russkij vestnik* war derart heftig, dass Nekrasovs Konzession nicht erstaunt – selbst wenn er mit den *Zapiski ochotnika* eine lukrative Einnahmequelle aus der Hand gab. So schrieb Elisej Ja. Kolbasin, der selbst Mitarbeiter beim *Sovremennik* war, am 15. (27.) Januar 1857 an Turgenev:

> Подписка на Рус<ский> Вестник идет лучше, чем на Современник и знаете-ли, кто более всех способствует увеличивающемуся числу подписчиков? «Губернские Очерки» Салтыкова. Это для меня не понятно, но что подписка превзошла все журналы, это факт несомненный. Катков и Ком. купили дом в 40 т. с., и плотят (sic, A.S.), по словам Касаткина, 150 р. с. за лист Салтыкову и говорят – за достоверность не ручаюсь – заплатили 300 р. с. Гончарову от листа за «Обломовщину». [...] Посмотрим, стоит ли она таких неслыханно-дорогих условий и правда ли это. Рус<ский> Вестн<ик> – ужь не знаю как это сделалось – но чорт его знает приобрел столько усердных колоколов, которые звонят всюду в его пользу.[392]

Auch Turgenev selbst war ein eifriger Leser des *Russkij vestnik*, den er sehr schätzte und der damals bereits die meisten Abonnenten verzeichnete.[393] Seine Briefe aus den Jahren 1857/58 weisen zahlreiche Belege auf, dass er sich die Zeitschrift sogar ins Ausland nachschicken liess und eingehend studierte. Und im März 1857 notierte er in Paris: „Журналы все получаются здесь. Самый интересный из них – «Русский вестник», потом «Библиотека», «Современник» – плох. Не то выдохся, не то воняет." (PSP, III, 107).

1858 war jenes Jahr, in welchem Turgenevs Honorarerhöhung am deutlichsten ausfiel: Während ihm der *Sovremennik* noch im Rahmen des Exklusivvertrages eine Verdoppelung des Entgelts pro Druckbogen von 75 auf 150 Silberrubel zugestand, führte die anschliessende Aufhebung der Vereinbarung dazu, dass er das Angebot des *Russkij vestnik* über 200 Silberrubel pro Bogen annehmen konnte. Mit diesem Entgelt lag Turgenev Ende der 1850er Jahre im Durchschnitt der bekanntesten russischen Dichter und Belletristen, deren Honorar zwischen 1850 und 1875 von 200 bis 500 Silberrubeln (700 bis 1'750 Assignatenrubeln) pro Druckbogen reichte.[394] 1858 konnte Turgenev sogar drei Monate lang seinen

сов сохранил за собою право на печатание 2-го издания «Записок охотника», на прежних, провидимому, условиях, – т. е. уплатив Тургеневу 1000 рублей."

391 *Dvorjanskoe gnezdo* wurde dann bereits im August desselben Jahres von A. I. Glazunov als Einzelausgabe verlegt (KLEMAN 1934, 107).

392 Zitiert nach *T i krug Sovr*, 317.

393 THIERGEN 1989, 13f.

394 Während zwischen 1825 und 1850 das Honorar der populärsten Schriftsteller 300 bis 500 *Assignaten*rubel pro Druckbogen betrug, erhielten solche Autoren zwischen 1850 und

Lebensunterhalt ausschliesslich aus den Einkünften bestreiten, die er beim *Sovremennik* erzielt hatte (PSP, III, 214).

Doch Turgenevs finanzielle Verflechtungen mit dem *Sovremennik* und den *Otečestvennye zapiski* befanden sich fast durchweg in einem chaotischen Zustand: Weil ihm die Redakteure weiterhin vielfach Vorschüsse gewährten und auch für zahlreiche kleinere Rechnungen aufkamen, entsprachen die Geldsummen, die ihm aufgrund seiner Mitarbeit zustanden, nicht immer jenen, die er tatsächlich erhielt.[395] So liegt für die Jahre 1856-1858 eine ausführliche Abrechnung über die Transaktionen zwischen dem *Sovremennik* und Turgenev vor. Diese von Ippolit A. Panaev, einem Cousin Panaevs, vermutlich im Juni 1858 verfasste Bilanz offenbart, dass die Turgenev während der drei Jahre ausgerichteten Zahlungen über insgesamt 1'783.23 Silberrubel sein rechtmässiges Honorar von 1'404.69 Silberrubeln um rund 380 Rubel überstiegen. Die folgende Aufstellung sämtlicher Positionen zeigt darüber hinaus, dass der genauen Rechnungsführung beim *Sovremennik* grosse Aufmerksamkeit geschenkt wurde – selbst Portogebühren für Bücher, die Turgenev ins Ausland zugestellt worden waren, hielt Panaev in der Abrechnung fest:[396]

Г. Тургеневу следовало:

Издание 1856 г
За повесть «Фауст» в X № Совр.
1856 г. 2 л. по 100 р. .... 250 р. с.

Издание 1857 года.
Комедия «Чужой хлеб», в III №
Совр. 1857 г. – 3 л. 5 стр.
по 75 р. .... 248 р. 43 к.

По старому условию.
Дивиденду причитается на каждый
помещенный в 1857 г. лист
143 р. 40 к., на все же 3 лист.
5 стр. .... 475 р. 1 к.

1875 dreieinhalbmal mehr, nämlich 200 bis 500 *Silber*rubel pro Bogen. Demgegenüber wurden ständige Mitarbeiter einer Zeitschrift mit 50 bis 75 Rubeln, zweitrangige Mitarbeiter mit 40 bis 50 Rubeln und gute Übersetzer mit 25 Rubeln pro Bogen entlohnt. Dabei ist jedoch zu berücksichtigen, dass die Lebenshaltungskosten (Wohnung, Fleisch, Brot, Brennholz etc.) zwischen den 1830er Jahren und dem Beginn der 1850er Jahre mindestens um das Dreieinhalbfache gestiegen waren. Hinzu kam noch die Ablösung des Assignatenrubels durch den Silberrubel im Verhältnis 3½ : 1. Vor dem Hintergrund dieser allgemeinen Teuerung entsprach denn auch die Erhöhung der Honorarsätze faktisch einer Senkung (ŠAŠKOV 1876, 35f.).

395 SCHAPIRO 1982, 108.

396 *T i krug Sovr*, 357-359.

Издание 1858 г.
За повесть «Ася» в 1 № Совр.
1858 г. 2 л. 14 с. по 150 р. ....431 р. 25 к.

1404 р. 69 к.

На счет Г. Тургенева:

Сент. 15 1856 г. Вексель бр.
Штиглиц ....200 р. с.

Апр. 6 1857 г. Чрез Г. Колбасина
передано...298 р. 43 к.

Июня 22 1857 г. Расход по получению картины из Парижа .... 28 р. 50 к.

Июля 2 1857 г. Вексель в 1000 фр.
за-границу ....253 р.

Ноября 20 1857 г. Отправ. книг
за-границу .... 5 р. 88 к.

Января 3 1858 г. Вексель в 650 фр.
на имя Гюмана ....177 р. 22 к.

Января 23 1858 г. Отпр. книг в Рим .... 3 р.
Марта 18 1858 г. Вексель в 2500 фр.
с пер. ....в 74 р. 20 к.

Июня 13 1857 г. Выдано...75 р.

Сколько мне известно Н. А. Некрасовым выдано... 65 р.

1783 р. 23 к.[397]

Das „*objazatel'noe soglašenie*" hatte denn auch zu den ersten ernsthaften Differenzen zwischen Turgenev und Nekrasov geführt, da sich Turgenev durch die Geldabrechnungen bedrängt und gekränkt fühlte. Turgenev musste erkennen, dass er sich nicht mehr ohne weiteres aus der Kasse des *Sovremennik* bedienen und vorbehaltlos Kreditansprüche geltend machen konnte. Seinem nachlässigen Umgang mit den Finanzen hielten die Redakteure des *Sovremennik* Bilanzen entgegen, die Turgenevs Einkünfte wie auch Rückstände exakt auswiesen und ihn ausgerechnet mit jener detaillierten Rechnungsführung konfrontierten, die Turgenev stets vernachlässigt und abgelehnt hatte.[398] Im Frühjahr 1860 stellte

397 *T i krug Sovr*, 358f.

398 *T i krug Sovr*, xxixf. Demgegenüber sollen laut GRIGOROVIČ (1928, 258) finanzielle Ver-

Turgenev vor allem infolge der ideologischen Richtungsänderung beim *Sovremennik* – unter Nikolaj Černyševskij und Nikolaj Dobroljubov hatte sich die Zeitschrift immer mehr zu einem Organ der russischen Linken entwickelt – seine Mitarbeit ein, wie dies zuvor schon Gončarov, Lev Tolstoj und Afanasij Fet getan hatten.[399] Annenkov gegenüber äusserte er im Herbst 1860 seinen Unmut über Dobroljubovs Kritik an *Rudin*:

> Добролюбов обвиняет меня, что я преднамеренно из Рудина сделал каррикатуру, для того, чтобы понравиться моим *богатым* литературным друзьям, в глазах которых всякий бедняк мерзавец. Это уже слишком – и быть участником в подобном журнале уже не приходится порядочному человеку. (PSP, IV, 137; Hervorhebung im Original, A.S.)

Nicht zuletzt wegen der negativen Rezeption von *Rudin* durch Černyševskij und Dobroljubov kam es Ende 1860 – ausgerechnet zu einem Zeitpunkt, als die Auflagenzahlen des *Sovremennik* einen Höhepunkt erreichten – zum völligen Abbruch der Beziehungen zwischen Turgenev und Nekrasov bzw. Panaev. Letzteren bat Turgenev im Oktober 1860, seinen Namen von der Mitarbeiterliste des *Sovremennik* zu streichen. Zugleich informierte er ihn darüber, dass er eine „grössere Sache“ (er meinte damit seinen neuen Roman *Otcy i deti*), die er zum Mai des folgenden Jahres zu beenden beabsichtigte, bereits für den *Russkij vestnik* vorgesehen habe (PSP, IV, 139). 1862 distanzierte sich Turgenev dann auch öffentlich von der Redaktion des *Sovremennik*.[400] Verletztes Selbstwertgefühl, unterschiedliche politische Ansichten, nicht zuletzt aber auch Nekrasovs pragmatisch-strenge Einstellung zu Entlohnung und Verschuldung der Mitarbeiter führten dazu, dass Turgenev, der damals schon zu einem im In- und Ausland anerkannten Schriftsteller avanciert war,[401] den Redakteuren seiner ‚Hauszeit-

strickungen bei der wachsenden Entfremdung zwischen Turgenev und Nekrasov keine Rolle gespielt haben: „Нельзя предполагать, чтобы поводом к размолвке между ним и Некрасовым служила со стороны Тургенев денежная причина; бескорыстие Тургенева можно причислить к отличительным чертам его характера.“ (ebd.). Allerdings legt Grigorovič seiner Behauptung lediglich die Episode zugrunde, dass Turgenev die Rechte für die zweite Ausgabe der *Zapiski ochotnika* für 1'000 Rubel an Nekrasov abgetreten und sich dann noch darüber gefreut habe, als dieser sie für 2'500 Rubel weiterverkaufen konnte. Weder berücksichtigt Grigorovič in seinen Memoiren das für alle betroffenen Parteien unangenehme Nachspiel zu diesem Geschäftsabschluss noch ergänzt er seine Beweisführung durch weitere Beispiele. Vgl. hierzu auch MAVER LO GATTO 1973/74, 257-267 u. 283f.

399 Vgl. hierzu ANNENKOV 1928, 646, MOSER 1972, 15 und KLUGE 1992, 95.

400 ANNENKOV 1928, 646; BRANG 1977, 27f. Turgenev legte grossen Wert auf die Tatsache, dass die Initiative zur Auflösung der Mitarbeit beim *Sovremennik* von ihm kam – und nicht von der Redaktion der Zeitschrift (PSP, IV, 593; PSS, XIV, 109; PSS, XV, 142f.).

401 KLUGE 1982, 63.

schrift' endgültig den Rücken kehrte. Allerdings übte er, wie sein Brief vom 30. Januar (11. Februar) 1862 an Aleksandr Gercen zeigt, auch an den anderen russischen Zeitschriften Kritik:

> Et tu, Brute! Ты, ты меня упрекаешь, что я отдаю свою работу в «Русский вестник»? Но из чего же я рассорился с «Современником», воплощенным в образе Некрасова? В программах своих они утверждают, что они мне отказали, яко отсталому; mais tu n'est (sic, A.S.) pas dupe, надеюсь, этого манера – и очень хорошо знаешь, что я бросил Некрасова, как бесчестного человека. Куда ж мне было деться с своей работой? В «Библиотеку» пойти? Да и конец концов, «Русский вестник» не такая уже дрянь – хотя много в нем мне противно до тошноты. (PSP, IV, 334)

2.5.9. Die 1860er Jahre: Konvertierung des symbolischen in ökonomisches Kapital

Charakteristisch für den russischen Buchmarkt der 1850er und 1860er Jahre war die markante Erweiterung und soziale Ausdifferenzierung des Leserkreises, und zwar nicht nur in Moskau und St. Petersburg, sondern auch in allen grösseren Provinzstädten. Die *raznočincy*, also Leute aus verschiedenartigen Rängen, bildeten einen neuen wichtigen Rezipiententypus, was sich sowohl im Charakter der Literatur als auch in der augenfälligen Steigerung der Auflagenzahlen und Neuerscheinungen manifestierte. So wurden zwischen 1866 und 1876 mehr als doppelt so viele neue Titel veröffentlicht als im Jahrzehnt zuvor.[402] Entsprechend beeinflussten Angebot und Nachfrage auf dem Buchmarkt die Honorarentwicklung der populären Autoren.

In den 1860er Jahren erreichten Turgenevs literarische Einkünfte bereits ein beachtliches Niveau, so dass sein jährliches, auf Gutsbesitz und Literaturproduktion zurückgehendes Gesamteinkommen durchaus 10'000 Silberrubel betragen konnte.[403] Alleine für die Jahre 1860 und 1861 lassen sich Werkeinnahmen in der Höhe von 5'000 und knapp 3'000 Silberrubeln errechnen.[404] Vor allem seine Romane brachten Turgenev bisweilen auf einen Schlag enorme Summen ein. Für seinen 1860 im Januarband des *Russkij vestnik* erschienenen, rund zweihundertseitigen Roman *Nakanune* erhielt er von Katkov etwa 4'300 Silber-

[402] MIRONOV 1961, 328.

[403] PRITCHETT 1986, 133. Abweichend dazu KNOWLES 1988, 7: „his writings brought him a relatively small income." KNOWLES' Behauptung bezieht sich auf Turgenevs literarische Einkünfte in den 1860er Jahren und kann aufgrund der dokumentierten Honorarzahlen nicht gestützt werden.

[404] PSP, IV, 181f. u. 584. Vgl. hierzu Anmerkung 858.

rubel,[405] was Gončarov vor dem Hintergrund der Plagiatsvorwürfe, die er wiederholt gegen Turgenev erhob, zu der bissigen Bemerkung veranlasste, Turgenev finanziere Diners mit jenem Geld, das eigentlich ihm, Gončarov, zustehe.[406] Da Katkov befürchtet hatte, Turgenev könnte *Nakanune* im letzten Moment doch noch an den *Sovremennik* abtreten, überwies er ihm unaufgefordert einen Vorschuss, um sich auf diese Weise seine Loyalität zu sichern. Für Turgenev war es freilich eine Frage der Ehre, dass er seinem Versprechen nachkam,[407] zudem hatte er zu jenem Zeitpunkt keine akuten Geldprobleme (PSP, III, 338f. u. 619f.). Deshalb, aber auch wegen seiner kritischen Haltung gegenüber dem Missverhältnis von Angebot und Nachfrage auf dem russischen Literaturmarkt sowie der damit verbundenen Preistreiberei schlug er das doppelt so hohe Angebot Nekrasovs aus:

> Eh bien ! l'éditeur du *Contemporain* d'ici m'en a offert… juste le double, 32,000 francs ! ! J'ai naturellement refusé, car l'affaire était déjà conclue, mais pendant un grand quart d'heure il n'a pas voulu reprendre l'argent qu'il avait déposé sur la table. Cela ne prouve, bien entendu, qu'une seule chose : l'extrême pénurie des produits littéraires dans notre pays et cela ne peut pas durer. Le peu de personnes sachant tenir une plume profite, en attendant, de cette situation peu normale.[408]

Wie stark Turgenevs Marktwert mittlerweile gestiegen war, zeigt auch die Tatsache, dass ihm Nekrasov 1863 in Anwesenheit von Aleksandr Ostrovskij und Elisej Kolbasin für die Abdruckrechte von *Nakanune* sogar 8'000 Silberrubel geboten haben soll (PSP, V, 78). Offenbar handelte es sich dabei um einen Versuch Nekrasovs, Turgenevs problematisches Verhältnis zum *Sovremennik* durch ein lukratives Angebot neu zu beleben.

1867 überliess Turgenev seinen rund 12 Druckbogen umfassenden Roman *Dym* dem *Russkij vestnik* für 5'000 Silberrubel, wobei er von Katkov einen Vorschuss von 1'200 Rubeln erhalten und dafür die rechtzeitige Aushändigung des Romans zugesichert hatte.[409] Es erstaunt nicht, dass die erfolgreiche Vermark-

405 Während Turgenev in seinem Brief vom 30. Dezember 1859 (11. Januar 1860) an Pauline Viardot sein Honorar für *Nakanune* mit 16'000 Francs (etwa 4'300 Rubeln) bezifferte (GRANJARD / ZVIGUILSKY 1972, 90), geht SCHAPIRO (1982, 173) von einer etwas kleineren Summe (4'000 Rubel) aus.

406 YARMOLINSKY 1959, 180.

407 Vgl. PSS, XV, 152.

408 Aus Turgenevs Brief vom 30. Dezember 1860 (11. Januar 1860) an Pauline Viardot (GRANJARD / ZVIGUILSKY 1972, 90).

409 MOSTOVSKAJA 1997, 24; PSP, VI, 122, 127 u. 128. Turgenev brauchte zu jenem Zeitpunkt dringend Geld, um für die kostspielige Errichtung seines Hauses in Baden-Baden aufkommen zu können. Bereits 1868 musste er das Haus jedoch wieder verkaufen, um die finanziellen Forderungen seines Onkels Nikolaj Nikolaevič im Anschluss an dessen Entlassung als Gutsverwalter erfüllen zu können (MOSTOVSKAJA 1997, 55)

tung von Turgenevs Werken in den zeitgenössischen Medien ihr Echo fand. So dichtete Nekrasov 1861 im *Svistok*, dem satirischen Teil des *Sovremennik*, vielsagend, indem er – wohl nicht zufällig – sowohl auf den Marktwert von *Nakanune* als auch auf die Eigenständigkeit mancher Autoren anspielte:

> Нынче – ужасное время,
> Нет и в поэтах души!
> Пишущей братии племя
> Стало сбирать барыши.
> [...]
> Дорог ужасно Тургенев -
> Публики первый герой -
> Эта Елена, Берсенев,
> Этот Инсаров... ой, ой!
> [...]
> Гордость их так нестерпима,
> Что ни строки не дают
> И, как татары из Крыма,
> Вон из журнала бегут...[410]

Tatsächlich hatte sich Turgenev vom *Sovremennik* endgültig abgewandt. Davon sollten andere Zeitschriften profitieren.

Turgenevs literarischer Ruf war – weit über die Grenzen Russlands hinaus – bereits dermassen gefestigt, dass er im September 1868 für das ursprünglich von Ludwig Pietsch verfasste und von ihm selbst nur ins Russische übersetzte, wenige Seiten lange Vorwort zur russischen Ausgabe von Berthold Auerbachs Roman *Das Landhaus am Rhein* (*Dača na Rejne*)[411] von Auerbach einen Wechsel über 2'000 Silberrubel erhielt. Allerdings war für Turgenev diese mehr als grosszügige Geste Auerbachs etwas unangenehm – nicht zuletzt, weil er befürchtete, dass sein tatsächliches, eher bescheidenes Verdienst um das Vorwort bekannt werden könnte („Ich habe nämlich das *deutsche Original einfach copirt* [...] Ich sass da mit einem Gänsegesicht und dachte nur: «O wenn du wüsstest!!» Silentium auch über das!“; PSP, VII, 218).[412] Daher beeilte er sich, dem

[410] NEKRASOV, PSSt, II, 456f. (*Mysl' žurnalista pri čtenii programmy obeščajuščej ne ščadit' literaturnych avtoritetov*). Nekrasov schrieb das Gedicht vor dem Hintergrund von Fedor Dostoevskijs Verlautbarung, er wolle mit seiner Zeitschrift *Vremja* von literarischen Autoritäten völlig unabhängig bleiben (ebd. 686). Für ŠAŠKOV (1876, 34) ist der Passus ein Hinweis auf die in den 1860er Jahren deutlich höheren Honorare für populäre Autoren („В шестидесятых годах „известности“ еще более повысились в цене“). Vgl. hierzu auch ČUKOVSKIJ 1960, 265.

[411] Ausführlich hierzu: LEVIN 1968.

[412] Aus Turgenevs Schreiben vom 26. September (8. Oktober) 1868 an Ludwig Pietsch (Hervorhebung im Original, A.S.). Vgl. auch Turgenevs Brief an Pietsch vom 17. (29.) Oktober 1868: „Ich fürchte mich aber schrecklich, dass die Sache doch herauskommt.

Herausgeber des *Vestnik Evropy*, Michail Stasjulevič, der ihm den Wechsel weitergereicht hatte, zu versichern, er betrachte das Geld nur als Vorschuss für künftige Artikel, zumal er nicht damit gerechnet habe, für seine Arbeit überhaupt entgolten zu werden (PSP, VII, 214).[413] Der symbolische Marktwert Turgenevs offenbarte immer deutlicher seine direkte Konvertierbarkeit in Bargeld und damit in jene Kapitalform, die Turgenev am unmittelbarsten zugute kam.

In jenem Jahrzehnt bemühte sich Turgenev auch um weitere profitable Verwertungsmöglichkeiten für sein Œuvre: Neben der herkömmlichen Publikation neuer Werke in Zeitschriften und ihrem anschliessenden Nachdruck in Buchform nutzte er die Gelegenheit, seine bis dahin entstandenen Werke gesammelt verlegen zu lassen.[414] Bereits 1856 hatte er Annenkov das Recht überlassen, eine erste, die Erzählungen und Novellen umfassende, dreibändige Werkedition herauszugeben, die, allerdings unter Ausschluss der *Zapiski ochotnika*, für 8'000 Silberrubel an den Petersburger Buchhändler und Verleger Aleksandr F. Bazunov verkauft worden war.[415] Die mit dieser ersten Werkausgabe verbundenen Unsicherheiten über Erfolg bzw. Misserfolg hatten Turgenevs ohnehin ernst-

Aber dann werde ich es mit einer Gemüthsruhe verleugnen!! Das sag' ich Ihnen im voraus.“ (PSP, VII, 230).

413 Vgl. PSS, XV, 483 sowie PSP, VII, 218 u. 481

414 Offensichtlich war der Zeitraum zwischen der Erstveröffentlichung eines Werkes in einer Zeitschrift und dessen Erstabdruck in Buchform bzw. Übersetzung genau festgelegt, zumindest ist dies für Turgenevs Romane *Otcy i deti* sowie *Dym* dokumentiert. So schrieb Turgenev am 24. März (5. April) 1867 an Nikolaj A. Ljubimov, der beim *Russkij vestnik* den Abdruck von *Dym* beaufsichtigte: „Я запродал книгопродавцу Салаеву отдельное издание моего романа; он должен выдать его *три* месяца спустя после появления в «Русском вестнике» (точно такое условие было заключено при продаже отдельным изданием «Отцов и детей»; но я все-таки желаю справиться – точно ли *три* месяца обычный в таких случаях срок?“ (PSP, VI, 199f.; Hervorhebungen im Original, A.S.). Obwohl Ljubimovs Antwortschreiben nicht erhalten ist, kann davon ausgegangen werden, dass im Falle von *Dym* die fragliche Zeitspanne sechs Monate betrug (vgl. PSP, VI, 200 u. 528), wohingegen beispielsweise die französische Übersetzung der Erzählung *Istorija lejtenanta Ergunova* 1868 genau drei Monate nach ihrem Erscheinen in der ersten Nummer des *Russkij vestnik* veröffentlicht wurde (PSP, VI, 333 u. 586).
Dass Turgenev in diesem Zusammenhang ein erhebliches finanzielles Interesse hatte, zeigt sein Brief vom 25. Juli (6. August) 1869 an Julius Rodenberg: „Dies ist der wichtigste Punkt. Sie müssen mir gestatten meine Novelle (*Strannaja istorija*, A.S.) – zwei Monate nach ihrer Erscheinung – also im November – in einer russischen Revue abdrucken zu lassen. Sie werden leicht einsehen, warum ich dies verlange. Die russischen Revuen bezahlen sehr hohe Preise – von denen man in Deutschland keine Idee hat – 100 francs per Seite – es ist nur möglich bei der kleinen Anzahl Schriftsteller in Russland – und bei dem enormen Absatz der Revuen; ich kann von Ihnen natürlich so etwas gar nicht fordern.“ (PSP, VIII, 67f.).

415 PSP, III, 476; NIKITINA 1995, 327. Mit diesem Geld beglich Turgenev auch seine Schulden über 1'000 Rubel bei Kraevskij, obwohl sich dieser als Gegenleistung für die Anleihe von Turgenev neue Werke für seine Zeitschrift erhofft hatte (PSP, II, 378, 380 u. 634).

hafte Schaffenskrise Anfang 1857 weiter verschärft. Ungeachtet des zu jenem Zeitpunkt noch prestigeträchtigen Exklusivvertrages mit dem *Sovremennik* war sich Turgenev seines Talentes und seiner Berufung unsicher – der angeblich schwache Absatz seiner Werke schien seine düsteren Selbstzweifel nur noch zu verstärken:

> [...] ни одной *моей* строки никогда напечатано (да и написано) не будет до окончания века. Третьего дня я не сжег (потому что боялся впасть в подражание Гоголю), но изорвал и бросил в watercloset все мои начинания, планы и т. д. Всё это вздор. Таланта с особенной физиономией и целостностью – у меня нет [...] Неуспех моих повестей (сообщенный мне из самых верных источников, Колбасиным и др.) ничего мне не сказал нового. (PSP, III, 91f.; Hervorhebung im Original, A.S.)

Turgenev ging es dabei nicht um die Einkünfte – seine Sorge galt vielmehr der, wie er aufgrund der Verkaufszahlen glaubte, mangelhaften Resonanz seiner Werke bei der Leserschaft. Entsprechend heftig war seine Reaktion auf die ihm zugetragenen negativen Informationen, die seine Anfang 1857 ohnehin ablehnende Einstellung zum literarischen Schaffen noch verstärkten. So wandte er sich am 16. (28.) Februar 1857 aus Paris an Dmitrij Kolbasin: „Говорят, мои повести идут плохо: правда это? Пожалуйста, не церемоньтесь написать правду: если б Вы знали, как я равнодушен стал к литературе вообще и к моей дребедени в особенности?..“ (PSP, III, 90). Kolbasin informierte Turgenev unumwunden: „Скажу Вам откровенно, что к „Повестям“ осталась публика довольно равнодушна и в книжных лавках беспрерывно спрашивают, когда выйдут ‚Записки охотника‘“ (PSP, III, 495).[416] Für Turgenev war diese Werkausgabe ein Meilenstein und zugleich eine wichtige Positionsbestimmung im literarischen Feld. Die Hiobsbotschaft, wonach der Verkauf der Edition nur schleppend vorankomme, kränkte sein Selbstwertge-

[416] KLUGE (1992, 85) behauptet, die Edition habe „keine günstigere Resonanz“ als Turgenevs erster Roman gefunden. Während Černyševskij am 5. (17.) November 1856 an Nekrasov schrieb, dass Turgenevs kurz zuvor erschienene *Povesti i rasskazy* „gut liefen“ (NIKITINA 1995, 351), informierte Turgenev in seinem Brief vom 28. Januar (9. Februar) 1857 Pavel Annenkov, er habe von Dmitrij Ja. Kolbasin erfahren, dass der Verkauf seiner Werkausgabe „schlecht liefe“ (NIKITINA 1995, 369; PSP, III, 90 u. 92). Annenkov schrieb hierzu an Turgenev: „А о убытках Базунова – это глупость, распространенная сплетней: повести давно ему окупились и приносят барыши“ (PSP, III, 530). Schliesslich wandte sich am 10. (22.) September 1857 auch Nekrasov in dieser Angelegenheit an Turgenev: „До нас в Париже доходили слухи, что твои повести тихо идут. Это пустяки – осталось от 3000 всего 300 экз.!“ (PSS, III, 530). Entweder wurde Turgenev nicht hinreichend über einen (möglicherweise stark schwankenden) Erfolg bzw. Misserfolg seiner Werksammlung unterrichtet, oder aber die positiven Verkaufszahlen wurden ihm bewusst vorenthalten. Auf jeden Fall befürchtete Turgenev einen finanziellen Nachteil seines Verlegers Aleksandr Bazunov (PSP, III, 162).

fühl, wurde aber nicht in ihrer ökonomischen Tragweite wahrgenommen. Zudem mag ihn die Tatsache beruhigt haben, dass sich seine *Zapiski ochotnika* nach wie vor grosser Beliebtheit erfreuten. Turgenev fing sich denn auch wieder, setzte seine literarische Produktion fort und erkannte, dass er dieser für ihn durchaus neuen Verwertungsstrategie auch in Zukunft würde Beachtung schenken müssen. Während weitere Editionen in Abständen von ungefähr fünf Jahren folgten, gelangten zwischen 1860 und 1869 gleich drei verschiedene Gesamtausgaben auf den Buchmarkt. Ihr grosser Erfolg machte sich sowohl für Turgenevs Reputation als auch für seine Einkünfte bezahlt.[417]

Werkausgaben als zusätzliche Einnahmequelle

Für die Abdruckrechte der vom Schriftsteller und Verleger Nil A. Osnovskij 1860/61 veröffentlichten vierbändigen Edition war mit Turgenev ein Honorar von 8'000 Silberrubeln bei einer Auflage von 4'800 Exemplaren vereinbart worden, die Hälfte zahlbar vor der Publikation. Turgenev hatte allerdings Mühe, die festgelegte Summe bei Osnovskij, dem er misstraute, einzufordern: Ob er vom Verleger eine erste Anzahlung über 1'500 oder 2'000 Rubel erhalten hatte, wusste er nicht mehr recht, so dass er die Angelegenheit über Fet und seinen Nachbarn, den Gutsbesitzer Ivan P. Borisov, regeln liess. Schliesslich wurden Turgenev im Januar 1861 insgesamt 5'500 Rubel von Osnovskij ausbezahlt, der Rest sollte, so hoffte Turgenev, im Frühjahr folgen. Allerdings blieb es bei diesem Betrag – Turgenev war tatsächlich von Osnovskij um 2'500 Rubel gebracht worden. Dies war jedoch auf Osnovskijs eigene Liquiditätsprobleme zurückzuführen, weshalb Turgenev die Sache nicht weiter verfolgte.[418]

Für Turgenevs Finanzhaushalt waren die Einkünfte aus dieser Edition zu jenem Zeitpunkt unentbehrlich, da er sich infolge ausstehender Zinszahlungen seiner Bauern, die sich für das *obrok*-System entschieden hatten, in akuter Geldnot befand.[419] Die Nachfrage nach der Werkausgabe war derart gross, dass Tur-

[417] SCHAPIRO 1982, 317; ŽEKULIN 1985, 3-11.

[418] SCHAPIRO 1982, 173; PSP, IV, 162, 171f., 179, 185f. u. 529; PSS, XV, 363f. Osnovskijs Zahlungsrückstand hatte zur Folge, dass die Angelegenheit auf unangenehme Weise publik wurde. So erschien in der auf Russisch herausgegebenen Leipziger Zeitschrift *Pravdivyj* (1862, Nr. 2, 18. April) folgende Notiz mit der Überschrift „Воровство“: „Издатель Полного собрания Сочинений Ивана Сергеевича Тургенева, *Основский*, обокрал нашего знаменитого писателя на две тысячи пятьсот рублей серебром. Предаем гласности этот поступок: пусть общественное мнение заклеймит позором вора – Основского…“ (PSS, XV, 363; Hervorhebung im Original, A.S.). Turgenev reagierte darauf umgehend mit einem offenen Brief an den Herausgeber des *Kolokol*, in dem er seinen Verleger in Schutz nahm: „Г-н Основский действительно не доплатил мне двух тысяч пятисот рублей серебром – но это еще не значит, чтоб он заслуживал жестокое название, ему данное…“ (PSS, XV, 141).

[419] Vgl. Turgenevs Brief an Pavel Annenkov vom 19. November (1. Dezember) 1860: „[…]

genev bereits im Januar 1864 Verhandlungen über ein neues Editionsprojekt zu führen begann. Diesmal wollte er jedoch, wie er an Pauline Viardot schrieb, der finanziellen Seite der Vereinbarung mehr Beachtung schenken, nicht zuletzt auch deshalb, weil er für die Mitgift seiner Tochter Paulinette dringend Kapital benötigte:[420]

> Усиленно веду переговоры относительно нового издания моих сочинений. Признаюсь, я не ожидал, что предыдущее так скоро разойдется; постараюсь, чтобы на этот раз меня не ограбили, как тогда. Эти деньги придутся кстати для свадьбы... (PSP, V, 220)

Der Moskauer Buchhändler und Verleger Fedor I. Salaev gab, zusammen mit seinem Bruder Nikolaj, insgesamt dreimal Turgenevs gesammelte Werke heraus.[421] Turgenev schätzte Fedor Salaevs Professionalität, und er kam dem Verleger, der sich intensiv um ihn bemühte, in mancher Hinsicht entgegen, da er wusste, dass alle seine Anliegen berücksichtigt würden.[422] Die erste, fünfbändige Edition der zwischen 1844 und 1864 entstandenen Werke Turgenevs wurde 1865 in Karlsruhe gedruckt, während die zweite Ausgabe 1868/71 und die dritte 1874/75 in Moskau auf den Markt gelangten.[423] Die geschäftlichen Beziehungen

деньги мне крайне нужны, при теперешних моих больших расходах – и при оказавшемся нежелании моих мужичков платить мне оброк, - тот самый оброк, за который они хотели быть благодарны *по гроб дней*." (PSP, IV, 162; Hervorhebung im Original, A.S.).

420 Vgl. hierzu auch PSP, V, 267 u. 640. Paulinette (eigentlich Pelageja, auch „Polina") wurde als Tochter Turgenevs und Avdot'ja Ermolaevna Ivanovas, einer bei Varvara Petrovna beschäftigten Weissnäherin, mit welcher Turgenev ein Liebesverhältnis gehabt hatte, im Frühjahr 1842 geboren. Paulinette lebte zunächst auf Varvara Petrovnas Gut in der Obhut der Familie Fedor Lobanovs und wurde dann 1850, nachdem Turgenev von ihrer Existenz erfahren hatte, von den Viardots in Frankreich aufgenommen (BRON' 1966, 326f.; BRANG 1977, 12; KORSUN 1990, 124f. u. 235-239).

421 Ausführlich hierzu: MIRONOV 1961. Das traditionsreiche Verlags- und Buchhaus wurde 1828 von den Brüdern Ivan und Afanasij Salaev gegründet und bestand bis 1924. Neben der Drucklegung und Veräusserung eigener Editionen handelte das Unternehmen auch mit fremden Buchausgaben. Im Gegensatz zu vielen anderen Buchhändlern waren die Salaev-Brüder darauf bedacht, auch die entlegenen Provinzen Russlands mit ihren Druckerzeugnissen zu beliefern. Nach dem Tod des Firmengründers Ivan G. Salaev 1858 übernahmen seine drei Söhne die Firmengeschäfte, wobei dem ältesten von ihnen, Fedor I. Salaev, die Führungsrolle zufiel. Wie zuvor sein Vater bemühte auch er sich, alle Verlags- und Buchgeschäfte mit seinen Kunden auf der Grundlage eines gegenseitigen Vertrauensverhältnisses zu führen (ebd. 323f.).

422 MIRONOV 1961, 325.

423 ŽEKULIN 1985, 5f.; PSP, VI, 520 u. 628. Faktisch erschienen die ersten Bände der zweiten Werkausgabe in der ersten Januarhälfte 1869 (MOSTOVSKAJA 1997, 106). Turgenev liess die erste Salaev-Ausgabe vermutlich deshalb in Karlsruhe drucken, weil er sich zu jenem Zeitpunkt vor allem in Baden-Baden und damit in unmittelbarer Nähe der Drucke-

zwischen Turgenev und dem Hause Salaev liefen zunächst offenbar ganz zu Turgenevs Zufriedenheit, zumindest scheint Fedor Salaev seinen für die erste Werkausgabe vereinbarten finanziellen Verpflichtungen, über deren Höhe keine Angaben vorliegen, in vollem Umfang nachgekommen zu sein (PSP, VI, 41[424]). Und auch Turgenev bemühte sich um einen reibungslosen Ablauf dieses Editionsprojektes, dessen Organisation teilweise ihm oblag[425] – immerhin mussten die 4'000 Exemplare[426] unter Berücksichtigung der Zollvorschriften aus Karlsruhe nach Russland geschickt werden, was Turgenev teuer zu stehen kam (PSP, V, 362, 373 u. 680[427]).

Nachdem Turgenevs Roman *Dym* 1867 in der dritten Nummer des *Russkij vestnik* veröffentlicht und im November desselben Jahres als Einzelausgabe im Salaev-Verlag gedruckt worden war (PSP, VI, 341 u. 558), soll die Karlsruher Ausgabe einen derart guten Absatz gefunden haben, dass sie schon Ende 1867, also nach lediglich zweieinhalb Jahren, vergriffen war. Möglicherweise hatte gerade die zum Teil vernichtende Kritik, die am Roman geübt worden war, das Interesse am Turgenevschen Œuvre gefördert.[428] Jedenfalls hatte *Dym*, wie Turgenev im März 1868 an den österreichischen Dichter und Publizisten Moritz Hartmann schrieb, in ökonomischer Hinsicht sicher keine negativen Folgen gezeitigt:

> Mit «Väter und Kinder» hab' ich angefangen meine Sache zu verderben; jetzt bin ich vielleicht der unpopulärste Mann in ganz Russland: ich

rei aufhielt.

424 „А теперь *главное:* Салаев выслал мне остальные деньги за мое издание, так что теперь наши счеты с ним кончены." (aus Turgenevs Brief vom 20. Dezember 1865 [1. Januar 1866] an Pavel Annenkov; Hervorhebung im Original, A.S.). Dokumentiert ist lediglich eine Summe von 3'000 Silberrubeln, die Salaev und der Buchhändler Kožančikov für Turgenev bereitgestellt hatten, während sie auf die Lieferung der Bücher aus Karlsruhe warteten (MIRONOV 1961, 328). Ob es sich dabei aber um eine Teilzahlung handelte, was die Höhe des Betrages nahelegt, ist unklar.

425 MIRONOV 1961, 327.

426 MIRONOV 1961, 328. Vgl. demgegenüber Turgenevs Brief vom 22. Dezember 1868 (3. Januar 1869) an den französischen Künstler und Graveur Pierre Edmond Hédouin, wo von 5'030 Exemplaren die Rede ist (PSP, VIII, 263).

427 Turgenev erwähnte in seinem Brief vom 11. (23.) März 1865 an Pavel Annenkov den Versand von 4'000 Exemplaren. Es ist durchaus möglich, dass es sich dabei um die Höhe der Auflage handelte. Andererseits ging es zu jenem Zeitpunkt um die geschlossene Zustellung der letzten drei Bände der Ausgabe, so dass sich die Zahl auch auf den Umfang der gesamten, alle Restbände umfassenden Lieferung beziehen könnte (PSP, V, 362).

428 Dass sich die Meinung der gesellschaftspolitisch oder national ausgerichteten Literaturkritik bisweilen überhaupt nicht mit der Resonanz der Leserschaft deckte, zeigt auch das Beispiel von *Vešnie vody*. Trotz einhelliger Ablehnung der Novelle durch die professionellen Kritiker, musste die Januarnummer des *Vestnik Evropy* 1872 nachgedruckt werden, weil die Nachfrage seitens der Leser mit nur einer Auflage nicht befriedigt werden konnte (KLUGE 1992, 11).

> habe die nationale Eitelkeit verletzt – und *die* verzeiht noch weniger als jede andere. Thut nichts! Wird sich schon machen! Magrer bin ich davon nicht geworden. (PSP, VII, 89; Hervorhebung im Original, A.S.)

Angesichts des guten Vertriebs der Karlsruher Ausgabe schlug Fedor Salaev Turgenev vor, bereits 1868 mit dem Druck einer neuen Edition zu beginnen und nicht, wie vertraglich vereinbart, erst zum 1. Januar 1869.[429] Darüber hinaus war Salaev darauf bedacht, in die zweite Ausgabe unveröffentlichte Schriften Turgenevs aufzunehmen und so den editorischen Wert der Unternehmung zu erhöhen (PSP, VI, 275 u. 340f.). Salaev hatte erkannt, dass die Veröffentlichung von *Dym* – und damit auch Turgenevs gesteigerter Bekanntheitsgrad – die Verkaufszahlen der gesamten ersten Werksammlung positiv beeinflusst und günstige Voraussetzungen für eine weitere Edition geschaffen hatte. Letztere sollte sich zudem durch das Primat der Erstpublikation neuer Werke auszeichnen und damit mehrere Vorzüge verbinden.

Obwohl keine genauen Zahlen über den erzielten Gewinn der in Moskau herausgegebenen achtbändige Werkausgabe von 1868/71[430] vorliegen, scheint Turgenev, wie er Ende März 1867 an Pauline Viardot schrieb, einen guten Gewinn erzielt zu haben. Dies war zu jenem Zeitpunkt auch vonnöten, denn die ökonomischen Verhältnisse auf seinen Gütern waren erneut zerrüttet, und die Einkünfte aus den Werken sollten ihm über die unmittelbaren Folgen der Misswirtschaft hinweghelfen:

> J'ai aussi vendu ma nouvelle édition. J'ai fait des affaires tout plein, et je rapporte pas mal d'argent. Ça m'a été d'autant plus nécessaire que je ne dois pas espérer en recevoir de sitôt de Spasskoïé: mon nouvel intendant y a trouvé, littéralement, le chaos; il y a des dettes auxquelles je ne m'attendais pas. Il faudra continuer à battre le fer pendant qu'il est chaud, c'est-à-dire il faudra travailler, écrire, pendant que je me sens en train. (PSP, VI, 211)

Dass Turgenev diese Werkausgabe ebenfalls Salaev anvertraute, ist aber nicht nur auf finanzielle Erwägungen zurückzuführen. Eine nicht unwesentliche Rolle spielten dabei das gegenseitige Wohlwollen und die zahlreichen Rücksichtnahmen, welche die erste Edition begleitet hatten.[431]

Der siebte Band der neuen Edition enthielt übrigens Turgenevs Dramen, deren gesonderte Veröffentlichung er eigentlich schon 1857 erwogen hatte. Damals wollte Turgenev sein Bühnenwerk überarbeiten und die Druckfehler der

[429] MIRONOV 1961, 328.

[430] Offenbar waren ursprünglich nur sieben Bände vorgesehen, wobei der siebte Band zusammen mit dem ersten erscheinen sollte (PSP, VII, 296f.). Der achte Band der Edition wurde denn auch erst Anfang 1871 veröffentlicht (MIRONOV 1961, 329).

[431] MIRONOV 1961, 328f.

bereits publizierten Fassungen korrigieren. Es sollte aber noch zwölf Jahre dauern, bis seine *Sceny i komedii* erstmals gesammelt in der neuen Salaev-Edition erschienen (PSP, III, 167 u. 534). Die neue Werkausgabe hatte einen mit der ersten Edition vergleichbaren Erfolg und war innerhalb desselben Zeitraumes ausverkauft. Insofern überrascht es nicht, dass bald darauf das Projekt einer weiteren, dritten Salaev-Ausgabe in Angriff genommen wurde, die dann bereits Ende 1874 erschien und vertraglich auf den Vereinbarungen zur zweiten Edition beruhte.[432]

Durch den Verkauf seiner Werke an Salaev verpflichtete sich Turgenev offenbar auch, bei anderen Verlegern während der Laufzeit der Publikation keine vergleichbaren Projekte anzunehmen oder in Auftrag zu geben, ohne mit Salaev Rücksprache zu halten. So schrieb er am 15. (27.) März 1874 an Stasjulevič, der ihm vorgeschlagen hatte, in der *Russkaja biblioteka* einen Werkband zu veröffentlichen:

> Для меня было бы большою честью попасть в эту библиотеку – и я с своей стороны даю Вам всевозможные уполномочения; но, я полагаю, в этом вопросе решающий голос принадлежит не мне, а Ф. И. Салаеву, московскому книгопродавцу, которому я продал новое издание моих сочинений. Надо будет обратиться к нему. (PSP, X, 213)

Das Buch sollte, so Stasjulevičs Vorschlag, als Volksausgabe zu lediglich 75 Kopeken pro Band in den Verkauf gelangen und einen breiteren Leserkreis ansprechen. Der Leitgedanke der *Russkaja biblioteka* bestand nämlich darin, Auszüge aus den Werken der populärsten russischen Schriftsteller zu einzelnen Bänden zusammenzufassen, der Allgemeinheit zugänglich zu machen und eine Brücke zwischen den grossen Werkeditionen und den Lesebüchern zu schlagen. Kommerzielle Ziele verfolgte die *Russkaja biblioteka* jedoch nicht: Stasjulevič versuchte lediglich, die anfallenden Kosten für die Ausgaben zu decken. Tatsächlich erschien eine Auswahl von Turgenevs Werken Anfang 1876 im sechsten Band der *Russkaja biblioteka*,[433] allerdings erst, nachdem Salaev im Mai 1875 mit Stasjulevič diesbezüglich einen Vertrag abgeschlossen hatte. Darin wurden die Modalitäten für die Ausgabe des Turgenev-Bandes genau festgelegt. Stasjulevič durfte aus allen *Sočinenij I. S. Turgeneva* bis zu 25 Druckbogen für seine Ausgabe auswählen und diese in einer Auflage von 5'000 Exemplaren abdrucken. Des weiteren wurde vereinbart, dass Stasjulevič nach Erscheinen des sechsten Bandes der *Russkaja biblioteka* das für die Edition aufgewendete Kapital, welches auf etwa 2'000 Rubel veranschlagt wurde, mit Hilfe der verkauften Exemplare ausgleichen sollte. Die verbliebenen Bände musste er dann je-

[432] MIRONOV 1961, 329.

[433] Der Band enthielt die *Avtobiografija* und Auszüge aus den *Zapiski ochotnika*, aus *Rudin*, *Asja*, *Dvorjanskoe gnezdo*, *Dym* und *Otcy i deti* (KLEMAN 1934, 241f.).

doch kostenlos an Salaev und Turgenev abtreten.[434] Diese verpflichteten sich ihrerseits, die Exemplare zu höchstens 75 Kopeken pro Stück auf den Markt zu bringen, während sie den Buchhändlern und – sofern erforderlich – Stasjulevič jeweils nur 60 Kopeken abverlangen durften.[435] Damit hatte Salaev nicht nur die beiden Editionen genau gegeneinander abgegrenzt, sondern auch aus Stasjulevičs Unternehmung Profit geschlagen. Stasjulevič wirtschaftete zum Selbstkostenpreis und begnügte sich mit der Tatsache, dass bei der *Russkaja biblioteka* ein Band mit Turgenevs Werken erscheinen durfte. Demgegenüber erhielten Salaev und Turgenev das Recht, den Verkauf von etwa 2'300 Exemplaren zu organisieren und den Gewinnerlös von maximal fast 1'800 Rubeln untereinander aufzuteilen (wenn man davon ausgeht, dass sich Stasjulevičs Editionskosten tatsächlich auf 2'000 Rubel beliefen und er rund 2'700 Exemplare zu 75 Kopeken verkaufen musste, um die Rechnung wieder auszugleichen).

Turgenevs Werke fanden also einen sehr guten Absatz, und es eröffneten sich ihm immer neue Verwertungsmöglichkeiten, die seine Popularität im In- und Ausland steigerten und sich über kurz oder lang ‚bezahlt' machten. 1874 verfügte Turgenev über grössere Geldmittel und konnte sich, zusammen mit den Viardots, den Kauf eines Landstücks samt Villa in Bougival bei Paris für 180'000 Francs (rund 51'400 Rubel) leisten (PSP, X, 324[436]), wo er im Jahr darauf einen Pavillon, das „Chalet des Frênes", errichten liess. Turgenev beteiligte sich am Kauf dieser als Sommerwohnsitz geplanten Immobilie zu mindestens einem Drittel, also mit rund 20'000 Rubeln, wobei er zusätzliches Geld durch die Veräusserung eines seiner kleineren Güter in Russland aufbrachte.[437] Im Vertrag figurierte Pauline Viardot als Haupteigentümerin, Turgenev dagegen als „Nutzniesser auf Lebenszeit".[438] Die Einkünfte aus seinen Werken sowie der Erlös aus dem Grundstücksverkauf führten dazu, dass Turgenev zu diesem Zeitpunkt über dermassen viel Geld verfügte, dass er, wie er sich am 4. August 1874 in einem Brief an Pauline Viardots Tochter Claudie scherzhaft beklagte, mit dem plötzlichen Reichtum nichts anzufangen wusste:

434 Obwohl Turgenev, der Stasjulevičs Projekt begrüsste, sowohl ihm als auch Salaev kurz vor Vertragsabschluss mitteilte, er würde auf jegliches Honorar verzichten (PSP, XI, 71), unterzeichnete er dann doch die ausgehandelte Vereinbarung, die ihm ein bestimmtes Verkaufsrecht der Edition zugestand (PSP, XI, 87f. u. 492).

435 PSP, X, 593; ČISTOVA 1966.

436 Demgegenüber beziffert ZÚÑIGA (2001, 212) den Preis für das Anwesen „Les Frênes" mit dem kleinen Palast aus dem 18. Jahrhundert auf 158'000 Francs.

437 SCHAPIRO 1982, 235; ZVIGUILSKY T. 1993, 2.

438 ZÚÑIGA 2001, 212. Unklar bleibt, ob zwischen Turgenev und den Viardots eine Regelung bezüglich der in Bougival anfallenden Haushaltungskosten getroffen worden war. Es ist aber anzunehmen, dass Turgenev seinen Beitrag in Form von Geschenken leistete und sich möglicherweise sogar direkt an den Rechnungen beteiligte (SCHAPIRO 1982, 235).

Sache que dans ce moment je suis accablé à la fois par la goutte et par la richesse… par des monceaux d'or, j'en regorge, je ne sais qu'en faire, je suis comme le roi Midas, j'ai de l'or partout, je sue de l'or ! Tiens, regarde plutôt : voici un dessin qui te donnera une faible idée de ma situation financière.

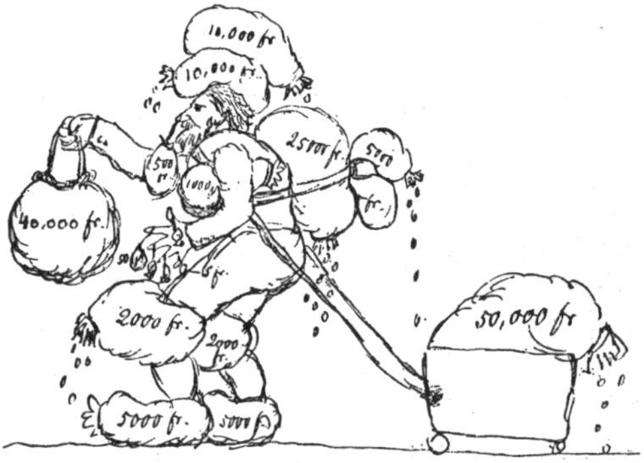

La charité exige qu'on me soulage un peu ![439]

Turgenevs Selbstkarikatur deutet nun nicht nur auf seine beachtlichen Vermögensverhältnisse zu jenem Zeitpunkt hin. Sie ist auch insofern aufschlussreich, als sie seine persönliche Wahrnehmung der Einkommensmöglichkeiten durch literarische Arbeit offenbart. Der Vergleich mit König Midas streicht gleichsam die Irrationalität literarischer Produktion hervor: Was Turgenev auch schrieb, wurde zu Gold.[440]

Die im zitierten Brief herbeigesehnte „Erleichterung" folgte allerdings schneller, als Turgenev sich das vorgestellt hatte. Bereits am 11. (23.) September 1874 teilte er seinem langjährigen Freund und zeitweiligen Finanzbeauftragten in Russland, Ivan I. Maslov, mit, er brauche dringend Geld, da er einen „ziemlich wichtigen Kauf" getätigt habe (PSP, X, 294). Je nach Aufwand und Ertrag konnten sich Turgenevs Liquiditätsverhältnisse schlagartig ändern.

439 ZVIGUILSKY A. 1971, 265f.

440 Der hier von Turgenev anzitierte Midas-Komplex lässt auch eine zweite Lesart zu, welche die tiefenstrukturelle Widersprüchlichkeit des Geldes veranschaulicht. Demnach folgt die Rache des Geldes (das man bekanntlich nicht essen kann) auf dem Fusse: Wer schlechthin alles zu Gold macht, kann scheitern (was Turgenevs Appell „qu'on me soulage un peu !" erklärt). Geld tilgt zwar sämtliche Widerstände der Dinge und macht ‚alles' verfügbar, ist dafür aber aller eigenständigen Brauchbarkeit völlig entkleidet (vgl. HÖRISCH 1990, 335f. u. LAUER 1994, 156).

Ausländische Werkeditionen: weiterer symbolischer Kapitalzuwachs

Décidément, être traduit est une bien vilaine chose.

Turgenev 1856 an Pauline Viardot[441]

Ein Kerl, der sich als Schriftsteller gerirt und mehr als in einer – seiner Muttersprache nämlich schreibt – ist, meines Erachtens, ein Lump und ein miserables, talentloses Schwein.

Turgenev 1880 an Ludwig Pietsch (PSP, XIII_1, 6)

In den späten 1860er Jahren setzte sich Turgenev auch eingehend mit Publikationsvorhaben ausländischer Verleger auseinander, die seine gesammelten Werke in Übersetzung auf den Markt bringen wollten. So veröffentlichte Erich Behre in Riga zwischen 1869 und 1884 eine zwölfbändige Ausgabe von Turgenevs „Ausgewählten Werken" in deutscher Sprache. Behre war ein junger, noch unbekannter, aber ehrgeiziger Verleger, der sich sehr darum bemühte, den berühmten, bereits auf der Höhe seines schriftstellerischen Erfolges stehenden Russen für seinen Verlag zu gewinnen. Darüber hinaus legte Behre grossen Wert darauf, für seine deutsche Ausgabe eine Autorisation des Autors zu erhalten. Und schliesslich war Behre auch bestrebt, die Übersetzungen der neuen Werke Turgenevs parallel zur Publikation des russischen Originals herauszugeben.[442] Unmittelbare finanzielle Erwägungen scheinen bei diesem Editionsvorhaben aber weder bei Turgenev noch bei Behre von zentraler Bedeutung gewesen zu sein. Über Honorare und Gewinne äusserten sich die beiden in ihrer Korrespondenz kaum, und einmal schlug Turgenev Behre sogar vor, für die durch Verzögerungen entstandenen Kosten aufzukommen – Turgenev ging es, wie so oft, in erster Linie um eine qualitativ hochstehende Übersetzung, deren eigenhändige Revision er zur Voraussetzung für die Erteilung seiner Autorisation machte. Druck- und Übersetzungsfehler, aber auch Verstümmelungen des Originals („ökonomisch-kaufmännische Behandlung", wie er sie einmal nannte[443]) erregten ihn so sehr, dass er eher bereit war, mit der Publikation zuzuwarten, als eine seines Er-

441 GRANJARD / ZVIGUILSKY 1972, 72.

442 Der Zeitpunkt der Veröffentlichung einer Übersetzung war vor allem im Hinblick auf die Vereinbarungen zwischen Turgenev und seinen russischen Verlegern relevant. So schrieb Turgenev am 7. (19.) Oktober 1882 im Zusammenhang mit der Publikation seiner Novelle *Klara Milič* an Pietsch: „Die französische Correktur bekommen Sie, hoffentlich, am *20.* December; *vor dem 15-ten Januar* darf die deutsche Uebersetzung nicht erscheinen. Das sind alles *conditiones sine qua non* – die mir von meinem russischen Herausgeber auferlegt worden sind – und von deren strenger Haltung die Zahlung des Honorars abhängt. Also: cave canem!" (PSP, XIII_2, 60f.; Hervorhebungen im Original, A.S.).

443 VON RIMSCHA 1970, 540.

achtens unzureichende Werkfassung erscheinen zu lassen.[444] Entsprechend emotional äusserte er sich in einem Brief vom 15. (27.) Mai 1868 an Ludwig Pietsch über eine in seinen Augen katastrophale Übersetzung seines Ende 1867 in der *Rigaschen Zeitung* erschienenen Romans *Dym*:

> [...] in Mitau hat man eine Separatausgabe gedruckt, zu der ich leider die Autorisation gegeben habe – das ist das Grandioseste von ärgerlich bornirter Schweinerei! Alles Lebendige unbarmherzig herausgemerzt – ein Caput mortuum von Gemeinplätzen. Und das Schwein von einem Buch wird überall herumgeschickt – und ein Herr Eckart aus Leipzig schickt mir eine Recension darüber. Es ist zum vomiren – und hat eigentlich nichts zu sagen. (PSP, VII, 142)

Turgenev stiess sich aber auch daran, dass im Vorwort zu dieser Ausgabe ein angesichts seiner Höhe prestigeträchtiges Autorenhonorar erwähnt worden war, das er nie erhalten hatte. Am 19. (31.) Mai 1868 schrieb er an Moritz Hartmann, den Übersetzer einer wesentlich besseren deutschen Fassung von *Dym*:

> In der *Vorrede* spricht der Mensch (eine wahre Rigaer Kaufmann's Seele) – von den 6000 Rubel, die man mir dafür bezahlt haben soll (was gar nicht wahr ist)[445] – das flösst ihm Respect ein! (PSP, VII, 144; Hervorhebung im Original, A.S.)

Anscheinend sollten Turgenevs Ruf als Schriftsteller, seine Autorisation der Rigaer Ausgabe von *Dym* sowie die Publikation der vermeintlichen Honorarsumme den Absatz steigern. Renommee und ‚Marktwert' stellten die Grundlage für die erfolgreiche Vermarktung Turgenevs dar, auch wenn es Behre mit den tatsächlichen Gegebenheiten nicht so genau nahm. Bezeichnenderweise empörte Turgenev nicht der Umstand, dass von einem Entgelt die Rede war, das er nicht erhalten hatte. Vielmehr ärgerte ihn die desolate Qualität der Übersetzung, und er machte in seinem Brief an Hartmann kein Hehl aus seiner Aversion gegenüber der „Kaufmannsseele" aus Riga, die offensichtlich andere, am Verkauf orientierte Prioritäten an die Werkausgabe setzte.

Um die Entstehung derartiger Elaborate in Zukunft zu vermeiden, versuchte Turgenev, in die Mandatspraktiken der Verleger lenkend einzugreifen. So schrieb er am 2. (14.) Januar 1869 an Behre mit der Absicht, ihm seinen Freund Pietsch für die Revision einer Übersetzung von *Otcy i deti* zu empfehlen:

> Das Honorar, das er (Pietsch, A.S.) dafür verlangen wird – wenn er es verlangt – wird gewiss unbedeutend sein, da er die ganze Sache aus Freundschaft für mich thun wird. [...] Ich hätte dies alles Ihnen viel eher

[444] VON RIMSCHA 1970, 530-539.

[445] Turgenev hatte für seinen Roman vom *Russkij vestnik* 5'000 Rubel erhalten.

> wissen lassen – aber Ich hoffte immer mich selbst durchzuschlagen. – Zeit ist dabei verloren gegangen. – Da aber das ganze Unternehmen kein besonderes pecuniäres Interesse für Sie versprechen kann, so ist dieser Aufschub weniger wichtig. […]
> Wenn Sie der ganzen Sache überdrüssig sein sollten, so bin Ich gern bereit, alle die Kosten, die Sie getragen haben, zurückzuerstatten – da, wie gesagt, Ich allein die ganze Schuld trage.[446]

Turgenev lässt in diesem Schreiben nicht nur ein gänzliches Desinteresse am eigenen finanziellen Vorteil erkennen. Er bot Behre sogar an, dessen bis dahin angefallene Unkosten zu übernehmen, falls dieser sich aus dem Vorhaben zurückzöge. Turgenevs Fairness erklärt sich aus dem Umstand, dass er die Prioritäten seiner literarischen Arbeit anders setzte und dem ‚Erscheinungsbild' eines Werkes – in inhaltlicher und editorischer Hinsicht – grösste Beachtung schenkte. Befremdend mutet lediglich die Tatsache an, dass er Behre gegenüber sogar Pietschs mögliche Mitarbeit finanziell herunterspielte. Denn bereits am darauffolgenden Tag, dem 3. (15.) Januar 1869, wandte sich Turgenev in einem Brief an Pietsch und bat ihn um Unterstützung:

> In der Stadt Riga gibt es einen lächerlichen Verleger, der absolut eine Ausgabe meiner „Ausgewählten Schriften" veranstalten will […] Ich fange an zu revidiren – und finde – dass die Uebersetzung (aus dem Französischen natürlich) sehr mangelhaft ist. Ich quäle mich ein Dutzend Capitel hindurch – kann aber nicht weiter fortfahren – kenne auch den deutschen Styl zu wenig. Sehen Sie meine Lage! Und ich habe das Ding *selbst* rekommandirt!! Ich halte es nicht länger aus – und mache mein «mea culpa» dem tugendreichen uneigennützigen (denn was kann ihm so etwas einbringen?!!) Verleger – und mache ihm den *Vorschlag*: das Exemplar zur Revision *Ihnen*, *Werthester*, zu übersenden. […] Sollte der Rigaer Verleger (E. Behre heisst das Ideal) sich an Sie wenden – so nennen Sie ihm Ihre Bedingungen – denn gratis pro Deo – oder pour le roi de Prusse soll es nicht geschehen. Zahlen dafür werde natürlich – ich, denn ich bin ja der Schuldige – meine Recommandation hat den Verleger dahin gebracht. […] O Gott! o Gott! – warum will man mich übersetzen! Hab' ich ja den Leuten nichts gethan! (PSP, VII, 273f.; Hervorhebungen im Original, A.S.)

Turgenev ging es nicht darum, Pietsch für alle Beteiligten möglichst kostengünstig an der Werkausgabe mitarbeiten zu lassen („Da ich selbst gar nichts von ihm verlange, so können Sie Ihr Gewissen beruhigen. Aber bezahlen muss man Sie und wenn die Erde darüber zu Grunde ginge!!"; PSP, VII, 305). Vielmehr wollte er Behre nicht von vornherein abschrecken, denn das Einschalten von

[446] Zitiert nach VON RIMSCHA 1970, 544f. (Hervorhebung im Original, A.S.).

Pietsch bedeutete für den Rigaer Verleger nicht nur einen Aufschub, sondern auch eine neue finanzielle Belastung, und dies erst noch vor dem Hintergrund der Ansicht Turgenevs, dass das ganze Unternehmen Behre ohnehin kaum Geld einbringen würde. Andererseits musste aber Pietsch entschädigt werden – also liess ihn Turgenev seine Forderungen Behre gegenüber formulieren, um dann selber die Bezahlung zu übernehmen. Ob sich aber Pietsch tatsächlich von Turgenev würde entgelten lassen, stand ebenso auf einem anderen Blatt wie die Frage, ob Turgenev sein Angebot aufrecht erhielt. Am 23. Februar (7. März) 1869 schrieb er nämlich an Pietsch: „Der Berserker (Behre, A.S.) muss 2 Thaler *pro Bogen wenigstens* zahlen – und wenn er es nicht thut, so brechen wir jedes Verhältnis mit ihm ab. Aber er wird zahlen!“ (PSP, VII, 319; Hervorhebung im Original, A.S.). Offenbar beglich dann doch Behre – und nicht Turgenev – das Honorar für Pietsch.[447]

Tatsache ist, dass Turgenev für dieses ehrgeizige Projekt, dessen Rendite er pessimistisch einschätzte, Geld *aufzuwenden* bereit war, da er am Erscheinen der Werkausgabe Interesse hatte. Ihm war überdies bewusst, dass seine sprachlichen Ansprüche an die Edition mit zusätzlichen Kosten verbunden waren. Seine Bereitschaft, Behre und Pietsch zu entschädigen, zeigt, dass Turgenev nicht um und für jeden Preis seine Werke auf den Markt bringen wollte. Profit war nicht die oberste Maxime seiner Verwertungsstrategien, auch wenn er sich 1872 dann doch bei Pietsch über den geringen Erlös beklagte:

> Ich werde an den Berserker einen gepanzerten Brief absenden. Für meine ganze Mühe (Verbesserung der Correkturbogen, etc.) hab ich kein anderes Honorar als die 4 oder 5 Exemplare, die er an meine Freunde schicken soll – und er thut es nicht!!! Dann ist er ein Schwein. (PSP, X, 52)

Hohe Honorare, Verschuldung und Raubdrucke – Inkonsistenzen des Literaturmarktes

Obwohl Turgenev seinen Lebensunterhalt nach wie vor hauptsächlich auf der Grundlage dessen bestritt, was seine Besitzungen abwarfen, sah er sich wiederholt gezwungen, das literarische Einkommen als ergänzende, bisweilen sogar als primäre Finanzquelle heranzuziehen. Vor allem wenn er mit unvorhergesehenen Ausgaben konfrontiert wurde, versuchte er, seine Ansprüche – etwa Beträge, die ihm seine Verleger noch schuldeten – einzufordern.[448] Der *Russkij vestnik* und

[447] VON RIMSCHA 1970, 537. Turgenev achtete grundsätzlich auf eine angemessene Bezahlung eines seiner Ansicht nach guten Übersetzers (vgl. auch PSP, VIII, 106).

[448] Vgl. etwa PSP, V, 332f., 340 u. 349. So schrieb er am 21. Februar (5. März) 1865 an Fedor Dostoevskij, der Turgenevs *Prizraki* in seiner Zeitschrift *Ėpocha* veröffentlicht hatte und Turgenev noch 300 Rubel schuldig geblieben war: „Я бы, конечно, не стал Вас беспокоить, если б свадьба моей дочери со всеми своими предвиденными и не-

der *Vestnik Evropy*, wo er in den 1860er Jahren die meisten seiner Werke publizierte, zahlten ihm 400 Silberrubel pro Druckbogen, was für damalige Verhältnisse ein stattliches Honorar darstellte.[449] Turgenev richtete sich nach dieser Summe, als er für die 12 Druckbogen seines 1862 in der zweiten Nummer des *Russkij vestnik* veröffentlichten Romans *Otcy i deti* bei Katkov exakt 4'775 Rubel geltend machte.[450] Im Dezember 1861 hatte er Katkov noch erfolgreich um einen Vorschuss von 1'000 Rubeln für den Roman gebeten und ihm gleichzeitig seine Integrität als Debitor versichert: „никто еще меня не обвинял в том, что я на фуфу забираю деньги." (PSP, IV, 310).

Es fällt auf, dass alle sechs Romane Turgenevs zu Jahresbeginn, also in den jeweils ersten Nummern einer Zeitschrift veröffentlicht wurden.[451] Vermutlich ging es Turgenev und den Zeitschriftenredakteuren darum, mit einem ‚grossen Wurf' am Jahresanfang die Leserschaft an das entsprechende Publikationsorgan zu binden und so höhere Abonnentenzahlen zu erreichen. Es erstaunt daher nicht, dass Turgenev manchmal neue Werke explizit für die ersten Nummern einer Zeitschrift vorsah und den Redakteuren bisweilen sogar zusicherte, seinen Text termingerecht einzureichen. Auch zog Turgenev, dessen Romane – verglichen etwa mit jenen Tolstojs oder Dostoevskijs – eher von bescheidenem Umfang sind, seine Werke nicht aus ökonomischen Gründen in die Länge, nur um durch eine grössere Anzahl von Druckbogen ein höheres Honorar einfordern zu können.[452] Eine solche Praktik hätte ohnehin nicht Turgenevs angestammter Ar-

предвиденными издержками не заставила бы меня постучаться во все двери. Надеюсь, что эта уплата не слишком Вас стеснила." (ebd. 349).

449 SCHAPIRO 1982, 220; PSP, VII, 234; PSP, VIII, 293.

450 PSP, IV, 365; PSS, VIII, 568. Indes verlieh Turgenev seiner Honorarforderung nicht besonders viel Nachdruck – er benötigte im Frühjahr 1862 dringend Geld, weil er früher als geplant aus Paris abreisen wollte: „– и для этого рассчитываю на деньги, которые мне следует получить с Вас. Будьте так добры, перешлите мне их по возможности немедля вместе с расчетом, сколько было забрано мною вперед. Этим Вы бы меня крайне одолжили. […] Надеюсь, что исполнение моей просьбы Вас не затруднит; в противном случае вышлите мне 1500 р., а по приезде в Москву мы окончательно сведем счеты."

451 MOSER 1972, 21.

452 Vgl. MOSER 1972, 4: „Turgenev was a genuine professional. As he was independently wealthy, he had time to polish his efforts, for he did not depend upon literature for his living (an economic reason for the inordinate length of many Russian novels is that Russian writers of the nineteenth century were paid according to the number of pages they produced." In der Tat beklagte der Kritiker Stepan Ševyrev in seinem 1835 im *Moskovskij nabljudatel'* abgedruckten Aufsatz *Slovesnost' i torgovlja* die Folgen, welche die Kommerzialisierung der Literatur seiner Ansicht nach hatte. Sein Standpunkt lief im wesentlichen auf die Behauptung hinaus, dass die Autoren durch das Honorar ermuntert würden, möglichst lange Romane mit ausschweifender Thematik zu produzieren (GÜNTHER 2004 [im Druck]). Demgegenüber vertrat Turgenev – ähnlich wie vor ihm Gogol' – eine vor allem qualitativ argumentierende Position: Für ihn war die kommerzielle Entwicklung der Literatur eine unausweichliche Tatsache, gleichzeitig war er bestrebt, den

beitsweise, seinem bisweilen ausgeprägten Hang zu mehrmaliger Überarbeitung der Texte und seiner wiederholt geäusserten Überzeugung, er sei eher ein Schriftsteller der kleinen Formen und Gattungen, entsprochen.[453]

Turgenev befand sich nunmehr in der bequemen Position, sich seine Publikationsorgane auswählen bzw. sich gegen bestimmte Zeitschriften entscheiden zu können. Auch versuchte er – vor allem dann, wenn er dringend Geld benötigte –, seine neuen Werke möglichst teuer zu verkaufen. Am 15. (27.) September 1863 wandte er sich in diesem Zusammenhang an Annenkov:

> Я «Русскому вестнику» должен 300 р., и он бы принял «Призраки» охотно, но мне как-то не хочется печататься у Каткова. Впрочем, вы на месте лучше всё сообразите и решите, и я даю вам carte blanche. Только вот что: уже если печатать, то нельзя ли получить побольше денег, в коих я весьма нуждаюсь. В «Призраках», вероятно, немного более двух печатных листов – и 1000 рублей... (я краснею от стыда и прячу нос под мышку) – было бы не худо. (PSP, V, 157)

Offensichtlich stellte Turgenev zu jenem Zeitpunkt seine Zurückhaltung gegenüber bestimmten Verlegern und Publikationsorganen über finanzielle Erwägungen. Am 1. (13.) April 1864 wiederholte er in einem Brief an Annenkov seine Vorbehalte im Zusammenhang mit der geplanten Veröffentlichung der Erzählung *Sobaka*:

> Я Каткову должен 300 руб., но я решительно не хочу у него печататься и, нечего делать, вышлю ему деньги; в ежедневной газете – неловко, в других петербургских журналах – тоже не хочу. (PSP, V, 247)

Bei Katkov wollte Turgenev vorläufig nicht mehr publizieren, da ihm dessen immer deutlichere Abkehr von einem ursprünglich liberalen politischen Standpunkt zugunsten konservativer Ansichten missfiel.[454] Zudem war es während der Drucklegung von *Otcy i deti* zwischen den beiden zu Missverständnissen gekommen, die in der Folge ihr Verhältnis belasteten. Und schliesslich ärgerte Katkov auch Turgenevs häufiges Lavieren zwischen mehreren Zeitschriften.[455] Turgenev plante seine Schritte in Richtung Zeitschriften- und Buchmarkt

literarischen Markt mit Werken zu versorgen, zu deren Qualität er stehen konnte.

453 KLUGE 1992, 77f. Vgl. etwa Turgenevs Brief vom 16. (28.) Oktober 1852 an Konstantin Aksakov (PSP, II, 71f.).

454 *T sb* 1921, 206; KLUGE 1992, 92.

455 Eine besonders heftige Kontroverse um Zusage und Wortbruch entstand im Zusammenhang mit der schliesslich Ende Februar 1864 in der ersten Nummer von Dostoevskijs Zeitschrift *Ėpocha* erschienenen Novelle *Prizraki*, die Turgenev ursprünglich Katkov versprochen hatte (vgl. PSS, XV, 133f., PIKSANOV 1923, 169-174 sowie Anmerkung 743 der vorliegenden Arbeit). Die Konsequenz solcher falscher Versprechen waren keine

sehr sorgfältig, und persönliche Differenzen mit Redakteuren hielten ihn ebenso von Zusagen ab wie Misserfolge. So war er gegen eine Publikation von *Sobaka* bei den Petersburger Zeitschriften, weil er – den Misserfolg von *Prizraki* vor Augen – das Werk für zu unbedeutend hielt (PSP, V, 631). Pekuniäre Erwägungen folgten demgegenüber häufig erst an zweiter Stelle. Anfang der 1870er Jahre wandte sich Turgenev dann endgültig von Katkovs *Russkij vestnik* ab und intensivierte seine Mitarbeit bei Stasjulevičs *Vestnik Evropy*.[456]

Turgenevs Verpflichtungen gegenüber bestimmten Verlegern waren aber nicht nur durch ein- bzw. gegenseitige Sympathie, sondern auch durch debitorische Verflechtungen bedingt. Denn nach wie vor war Turgenev auf Vorschüsse und Darlehen von Freunden und Redakteuren angewiesen, um finanzielle Engpässe zu überbrücken, bis er seine Liquidität durch Geldüberweisungen aus Spasskoe oder grössere Beträge für neue Werke wieder sicherstellen konnte. Zwar war sein Marktwert als Autor bis dahin enorm gestiegen, so dass ihm seine literarische Produktion ansehnliche Summen einbrachte. Andererseits schwankte seine Arbeitsintensität infolge Schaffenskrisen oder gesundheitlicher Beschwerden, die zeitweise jede schriftstellerische Betätigung verunmöglichten, dermassen stark, dass der finanzielle Zufluss durchaus auch für längere Zeit aussetzten konnte. Hinzu kamen dann noch mehr oder weniger unvorhergesehene Aufwände – etwa für Hochzeit und Mitgift seiner Tochter Paulinette oder für Immobilienkäufe. Turgenev zögerte nicht, sich um Anleihen zu bemühen – und er beglich gewissenhaft seine Schulden, sobald er wieder über die entsprechenden Geldmittel verfügte.[457] Im Sommer 1865 beispielsweise erfuhr er von 300 Rubeln, die er fünf Jahre zuvor bei Kraevskij aufgenommen und in der Zwischenzeit völlig vergessen hatte:

> […] я и не подозревал, что я в долгу перед Краевским. Помнится, я точно дал бывшему моему слуге Захару письмо к А<ндрею> А<лександровичу> на случай, если, в мое отсутствие, ему понадобятся деньги; но Захар мне ни слова не сказал ни о прежних 200-х – ни о последующих 100 рублях. Я уже за него переплатил порядком – придется мне и эти деньги заплатить,

Konventionalstrafen, sondern öffentliche Angriffe, denen sich Turgenev ausgesetzt sah, was für ihn unangenehm genug war.

456 Brang 1977, 34; Lowe 1989, 31.

457 Die Turgenev zugestandenen Vorschüsse stellten zum Teil stattliche Beträge dar. So erhielt er Ende 1868 vom *Russkij vestnik* 1'500 Silberrubel für künftige Werke (PSP, VII, 264). Die Grosszügigkeit der Redakteure hing natürlich vor allem mit Turgenevs Marktwert zusammen. Hinzu kam aber wohl auch die Gewissheit, dass Turgenev seine Schulden – und dazu zählte er solche Akontozahlungen – abzugelten pflegte. Die Höhe der Vorschüsse entsprach übrigens auffallend oft jenen Summen, die Dostoevskij für Werke erhielt, die er noch nicht einmal begonnen hatte (1'000 bis 1'500 Rubel) (Rusakov 1904, 965). Insofern scheint es Richtgrössen gegeben zu haben, an die sich die Zeitschriftenredakteure bei solchen Anzahlungen hielten (vgl. auch PSS, XV, 152).

хотя не могу не сожалеть о том, что Краевский ни слова мне не сказал об этом займе в теченье этих 5 лет [...] Сожалею также о том, что узнал я об этом долге именно в нынешнем году, очень для меня тяжелом по причине многих непредвиденных расходов. (PSP, VI, 12f.)

So wenig Bedenken Turgenev im Hinblick auf eine vorübergehende Verschuldung hatte, die abzugelten er ohnehin beabsichtigte, so sehr kränkten ihn diesbezüglich abschlägige Reaktionen, die ihn in seiner Ehre und Integrität als Adliger verletzten. Vor allem Botkins Weigerung, ihm noch irgendwelche Gelder zu leihen, empfand Turgenev als Brüskierung:

[...] вообще я во всей своей жизни раскаивался только в одном – а именно – в просьбе у В. П. Боткина денег. Князь Трубецкой мне сказывал, что Боткин ему говорил об этом – и прибавлял: «А я ему не дам, не дам, де дам» – причем даже подпрыгивал. Что он делает, этот почтенный муж? (PSP, VI, 55)

Je nach Kreditor beglich Turgenev seine Anleihen entweder in bar oder über jenen Umweg, der sich seit seiner Etablierung als Schriftsteller mehrfach bewährt hatte und für die Verleger zum Teil auch wesentlich profitabler war – nämlich durch die Aushändigung neuer Werke. Bisweilen wusste Turgenev sogar genau, dass ein Redakteur die Kompensation über literarische Produkte der Rückzahlung geschuldeter Geldsummen vorzog. Und er war in solchen Fällen auch auffallend unkompliziert im Verrechnungsmodus, den er, wie sein Brief vom März 1866 an Katkov zeigt, oft einfach an den Gläubiger abtrat:

[...] я Вам остался должен – и я чувствую, что обязан расплатиться с Вами – не деньгами. А потому, вот что я Вам предлагаю: у меня есть почти готовый перевод «Лазарилья де Тормес», известного испанского сатирического романа 16-го столетия [...] «Лазарильо» остался, к сожалению, фрагментом и займет 3½ листов Вашего «Вестника»; нечего и говорить, что цену за лист Вы можете положить умеренную. Если же, по каким-нибудь соображениям, Вы не желали бы поместить этот перевод, то дайте мне все-таки знать, и я немедленно распоряжусь высылкою Вам должной мною суммы. (PSP, VI, 58)

Wenn aber Turgenev literarisch produktiv war, konnte er nicht nur seine Zahlungsfähigkeit sehr rasch wiederherstellen, sondern auch Einkommensschwankungen, die sich auf seinen Ländereien bemerkbar machten, bis zu einem gewissen Grad ausgleichen.[458] Seine Werke verkauften sich sehr schnell, und

[458] Vgl. hierzu REJTBLAT 1991, 80: „У литератора есть два основных пути повышения величины гонорара: один – это повышение качества своей литературной продукции (и на этой основе своей гонорарной ставки); другой – увеличение ее объема, что позволяет даже при невысокой ставке повысить величину гонора-

dies ungeachtet – oder gerade wegen – negativer Besprechungen. Zudem war Turgenevs Œuvre weit über Russland hinaus bekannt, weil es in viele Sprachen – vor allem ins Deutsche und Französische – übersetzt wurde. Da aber der Abdruck bzw. die Übersetzung einer bereits veröffentlichten Schrift nicht durch eine entsprechende Konvention zwischen Russland und Deutschland geschützt war, konnten in Deutschland Nachdrucke in Zeitschriften oder Einzelausgaben auch ohne Einwilligung oder Kenntnis des Autors erscheinen.[459] Turgenev musste daher häufig auf Gewinne aus den deutschsprachigen Übersetzungen seiner Werke verzichten und sich mit einem ‚symbolischen' Honorar zufriedengeben – etwa mit einigen wenigen Exemplaren einer Ausgabe, die er seinen Freunden schicken liess.[460] Ärgerlich war für Turgenev jedoch nicht nur die Tatsache, dass ihm auf diese Weise Einkünfte entgingen. Insbesondere störte ihn, dass sprachlich mangelhafte, von ihm selbst eben nicht „autorisierte" Übersetzungen sein Werk und damit auch seinen Ruf schädigen könnten. Die Nachteile der ungelösten Urheberrechtsproblematik waren ihm aber auch im Hinblick auf eigenmächtige Neuauflagen seiner russischen Originalausgaben bewusst – so bezeichnete er 1872 deutsche Verleger, die solche Nachdrucke ohne Einverständnis des Autors vornahmen, als „грабители-издатели" (PSP, X, 26 u. 30). Hin und wieder versuchte er, gegen solche Praktiken vorzugehen. Da aber sein Spielraum aufgrund der gesetzlichen Lage sehr beschränkt war, musste er sich auf Appelle und das Verhandlungsgeschick seiner Mittelsleute verlassen. Bezeichnend für Turgenevs Ohnmacht ist sein Schreiben vom 29. November (11. Dezember) 1867 an Pietsch:

pa." Turgenevs Problem bestand nicht in der *Qualität* seiner literarischen Produktion, für die er ohnehin sehr hohe Honorarsätze fordern konnte, sondern in der *Quantität*: Wenn er seine Einkünfte aus literarischer Arbeit erhöhen wollte, musste er vor allem seine Produktivität steigern.

459 Erst 1913 erfolgte der Abschluss einer solchen Konvention zwischen Deutschland und Russland (PSP, VIII, 511).

460 Dass Turgenev in Deutschland durch die Veröffentlichungen bzw. Verwertungen seiner Werke wenig oder gar keinen Profit erzielte, war der dortigen Öffentlichkeit offensichtlich nicht bewusst. So beklagte sich Turgenev, nachdem die Aufführung von Pauline Viardots Operette *Le dernier sorcier*, deren Libretto Turgenev verfasst hatte, in Karlsruhe Anfang 1870 auf negative Resonanz gestossen war, in seinem Brief vom 5. (17.) Februar 1870 an Ludwig Pietsch sowohl über die bissigen Rezensionen als auch über die allgemein falschen Vorstellungen hinsichtlich der Honorare: „Im «Badischen Beobachter» wurde ich mit runden Worten als «Unsinn schmierender Barbar» – gebrandmarkt. Setzen Sie noch dazu die Cancans einer kleinen, auf Geld erpichten Stadt: man hatte das Gerücht verbreitet – Frau Viardot bekäme für jeden Abend *400* Gulden, ich – *200* – und Richard Pohl – ihr Freund – *100*! Denken Sie sich die Entrüstung!!! Ein kunstliebender Offizier schrie auf offener Strasse: «Für solches schwere Geld hätte man den besten Tenor haben können – und man brauche wahrlich nicht, einem aus seinem eigenen Lande und Litteratur mit Fusstritten in den Hinteren herausgeworfenen Scribenten – solche grosse Summen, die gewiss sein ganzes jährliches Honorar bei weitem überträfen, in die hungrigen Zähne zu schieben…»" (PSP, VIII, 188; Hervorhebungen im Original, A.S.).

> Eben erfahre ich, dass die Stuhr'sche Verlagsbuchhandlung in Berlin eine russische Ausgabe meiner Romane beabsichtigt. Formell hat sie das Recht dazu.[461] Aber ich kann nicht recht begreifen, warum sie das thut. Man hat schon manches russische Buch im Auslande gedruckt, aber dann war das Buch ein verbotenes, in Russland selbst verpöntes. Dieses Mal ist es aber nicht der Fall; mein Roman (*Dym*, A.S.) ist eben in einer noch vollständigeren Gestalt in Moskau erschienen. Nützen kann also die Ausgabe der Stuhr'schen Buchhandlung nicht; mir aber kann sie schaden, denn mein Verleger in Moskau sprach schon von einer zweiten Auflage, da die erste bereits vergriffen ist. Könnten Sie nicht die Güte haben und zu den Herren hingehen und ihnen das Alles auseinandersetzen. Sie könnten sich durch diesen Brief legitimiren. (PSP, VI, 354)

Offenbar war Turgenev die Logik dieser editorischen Unternehmung nicht ganz bewusst. Der Berliner Verlagsbuchhandlung ging es nicht darum, ein in Russland „verbotenes" Buch im Ausland herauszugeben und damit dem Schriftsteller zu „nützen". Vielmehr standen hinter der nicht autorisierten Auflage handfeste Marktinteressen, und die dabei erzielten Gewinne – dies wiederum erkannte Turgenev – drohten mit der ‚offiziellen' Edition finanziell zu konkurrieren. Als Turgenev kurz darauf erfuhr, dass Stuhr seine russische Ausgabe von *Dym* zu 70 Silberkopeken pro Exemplar in den Handel bringen wollte und zudem, wie er selbst an Turgenev schrieb, zahlreiche Bestellungen aus St. Petersburg hatte, wandte sich Turgenev an seinen Verleger und Herausgeber der offiziellen Einzelausgabe von *Dym*, Fedor Salaev, mit der Bitte, Massnahmen gegen die Lieferung des Berliner Raubdrucks nach Russland zu ergreifen, um einen Präzedenzfall zu verhindern:

> Я знаю, что за границей печаталось и печатается много русских книг – как-то сочинения Пушкина, Лермонтова, Некрасова; но до сих пор я был убежден – и продолжаю быть убежденным, – что, несмотря на несуществование конвенции между Россией и Германией, в *Россию* подобные контрафактные издания проникать не могут – и заказы из *Петербурга*, о которых говорит Штур, не значат заказы *на поставку* в Петербург. Во всяком случае прошу Вас принять меры для охранения нашей общей собственности. Если подобные издания могут проникать Россию, то книжная торговля становится затруднительной – и потери, как писателей, так и издателей, становятся слишком значительны. (PSP, VII, 9; Hervorhebungen im Original, A.S.)

Tatsächlich gelang es Salaev, dessen Geschäftsinteressen von der Angelegenheit unmittelbar betroffen waren, die Einfuhr der Stuhrschen *Dym*-Ausgabe

461 Turgenev meinte damit die Tatsache, dass seine Werke in Deutschland „formell", d. h. urheberrechtlich, nicht geschützt waren.

nach Russland zu verhindern.[462] Doch damit war die ganze Raubdruckproblematik keineswegs gelöst, was Turgenev im Frühjahr 1868 zu einem aufgebrachten Fazit gegenüber Berthold Auerbach veranlasste:

> Dass es keine litterarische Convention zwischen Deutschland und Russland giebt (wie z. B. zwischen Russland und Frankreich) – ist eine höchst fatale Sache, wie ich es Ihnen schon im vor-vorigen Jahre gesagt habe: denn da jeder das Recht hat, seinen Autor zu übersetzen, ja zu verstümmeln – wie kann man da auf ein Honorar rechnen? Das ist Piratenwirtschaft – und von keinem Eigenthum die Rede! (PSP, VII, 108)

Ähnlich entrüstet äusserte er sich im Herbst 1872 in einem Brief an Jakov P. Polonskij: „Черт бы побрал этих заграничных издателей-пиратов! Они у меня порядочный куш денег выдернули!“; PSP, IX, 335)

Die Vorstellung vom „literarischen Eigentum“ bezog Turgenev nicht nur auf das Honorar, das einem Autor im besten Fall für jede Wiederverwertung seiner Werke zuzustehen hatte. Bedenklicher war für ihn, dass die von jeder Autorität entbundene „Piraterie“ zu einer inhaltlichen und formalen Verunstaltung des Werkes führen und damit dem Ansehen des Autors schaden konnte. Unter dem Urheberschutz verstand Turgenev vor allem das Selbstbestimmungsrecht eines Schriftstellers über sein Produkt.

Bisweilen wurde er auch mit recht sonderbaren Phänomenen konfrontiert, deren Ursprung wiederum die ungelöste Urheberfrage war. So schrieb er am 16. (28.) August 1870 an Behre:

> Im „B u c h e d e r W e l t“ ist eine Uebersetzung meiner Novelle: „Am Vorabend“ erschienen. – Zu meinem grossen Befremden habe Ich am Anfange folgende Bemerkung gelesen:
> „Vor Nachdruck, Uebersetzung oder Bearbeitung wird hiermit ausdrücklich gewarnt.
> Der Verfasser (!) u. der Verleger“
> Natürlich weiss Ich von der ganzen Sache nichts. – Das ist doch etwas zu impertinent.[463]

Mit Frankreich war zwar die Frage des Abdruckrechts teilweise geregelt,[464] doch erwiesen sich die französischen Verleger als wenig zuverlässig, wenn es um die Abgeltung der ausländischen Autoren ging. So behauptete Turgenev, er habe keinen Centime für die französischen Fassungen seiner Werke erhalten. Dem ist allerdings hinzuzufügen, dass sich diese in Frankreich auch nicht immer

462 PSP, VII, 449; MOSTOVSKAJA 1997, 55.
463 VON RIMSCHA 1970, 557 (Hervorhebung im Original, A.S.).
464 Vgl. hierzu *Sbornik uzakonenij i rasporjaženij pravitel'stva po delam pečati*. S.-Peterburg – Moskva 1878, 293-296.

gut verkauften.[465] Darüber hinaus entsprach Turgenevs Aussage nicht den tatsächlichen Gegebenheiten: Im Herbst 1871 schrieb er an Pierre-Jules Hetzel, er habe von François Buloz, dem Herausgeber der *Revue des Deux Mondes*, wo viele Übersetzungen seiner Werke erschienen, 100 Francs (etwa 30 Rubel) pro Druckbogen erhalten – ein seiner Ansicht nach stolzes Honorar für bereits publizierte Texte (PSP, IX, 138).[466]

Als im Juni 1878 in Paris ein internationaler Literaturkongress stattfand, auf welchem Fragen zum Urheber- und Übersetzungsrecht erörtert wurden, zeigte Turgenev zunächst grosses Interesse, übernahm die Rolle des Vizepräsidenten, leitete mehrmals den Vorsitz der Versammlung und nahm auch beherzt die dürftig bezahlten russischen Übersetzer in Schutz. Allerdings erwies sich die Zusammenkunft seiner Ansicht nach als völlig ineffizient, und Turgenev selbst, der in seiner in russischen Kreisen zum Teil heftig kritisierten Tagungsrede vom 5. (17.) Juni vor allem den starken Einfluss der französischen Literatur auf die russische darlegte (PSS, XV, 53f.), als wenig kompetent. An den folgenden Kongressen in London (1879), Lissabon (1880) und Wien (1881) nahm er nicht mehr teil, obwohl sein Name dort instrumentalisiert wurde.[467] Im Grunde ging es ihm bei dieser ganzen Frage weniger um seinen persönlichen finanziellen Vorteil als um das Prinzip. Er zeigte weiterhin wenig Interesse an den Mechanismen bzw. Schutzmechanismen des französischen oder deutschen Buchmarktes und schenkte auch den diesbezüglichen Möglichkeiten der Gewinnoptimierung wenig Aufmerksamkeit.[468] Am wichtigsten war für ihn, dass seine Werke einem breiten Leserkreis im In- und Ausland bekannt und zugänglich waren. Auf wel-

[465] von Rimscha 1970, 531 u. 538-551; Schapiro 1982, 220f.; PSS, XI, 526. Zu den wichtigsten Verlagen, die Turgenevs Romane veröffentlichten, gehörten Flammarion, Hetzel und Hachette. In der *Revue des Deux Mondes* und im *Journal des Débats* wurden vor allem Turgenevs Skizzen und Erzählungen publiziert (Zúñiga 2001, 208).

[466] Demgegenüber ärgerte sich Turgenev im Frühjahr 1872 darüber, dass die Redaktion der *Revue des Deux Mondes* einerseits die Übersetzung seiner neuen Novelle *Stepnoj korol' Lir* (*Le roi Lear de la Steppe*) eigenmächtig gekürzt und die Kapitelstruktur geändert, andererseits das versprochene Honorar von 200 Francs pro Druckbogen nach der Drucklegung auf 100 Francs reduziert hatte (PSP, IX, 264 u. 568). Turgenev beklagte dabei nicht so sehr den finanziellen Verlust als vielmehr die Demütigung, die ihm Buloz zugefügt hatte: „[...] моему карману ущербу не причинило, но, так сказать, заехало в физиономию моей амбиции." (PSP, IX, 264). Andererseits äusserte er sich Ende 1881 sehr positiv über des Geschäftsgebaren der Zeitschrift, deren Redaktion offenbar bei der Vergütung der Werke Turgenevs keinen Unterschied zwischen (russischen) Originalfassungen und französischen Übersetzungen machte: „Они и платят как за оригинал." (PSP, XIII_1, 161).

[467] PSS, XV, 305-308; PSP, XII_1, 332f.; Schapiro 1982, 293. Ausführlich hierzu: Waddington 1983b.

[468] Vgl. hierzu etwa Turgenevs Brief vom 7. (19.) November 1881 an Ludwig Pietsch: „[...] NB: eigentlich braucht kein Uebersetzer eine solche Erlaubnis – und jeder kann getrost das Ding aus dem Französischen in's Deutsche versiren [...]." (PSP, XIII_1, 144).

chem Wege das letztlich erfolgte, war ihm, wie er im Dezember 1868 dem deutschen Journalisten und Schriftsteller Julius Rodenberg bzw. im April 1869 William Ralston gegenüber klar machte, eigentlich egal – ihm bedeutete es einfach viel, gelesen zu werden:[469]

> Vom Honorar für mich persönlich ist gar nicht die Rede; das überlass' ich in der Regel dem Uebersetzer: mir ist an der Befriedigung, vom deutschen Publicum gelesen zu werden – vollkommen genug. Das Eigenthumsrecht kann ich leider nicht abtreten – da es *nicht existirt*: zwischen Deutschland und Russland giebt es keine Convention – und jeder kann übersetzen – was er will und das Uebersetzte drucken lassen. (PSP, VII, 256) (Brief vom 11. [23.] Dezember 1868 an Rodenberg; Hervorhebung im Original, A.S.)
>
> Was das Honorar betrifft – so geben Sie mir, was Sie den sonstigen belletristischen Mitarbeitern geben: ich betrachte die Sache von einem ganz anderen Standpunkt, als wenn es für das russische Publikum bestimmt ist. (PSP, VII, 268) (Brief vom 26. Dezember 1868 [7. Januar 1869] an Rodenberg)
>
> Il serait très difficile d'établir une convention littéraire entre le gouvernement russe et celui d'Angleterre ; nous n'en avons pas davantage avec l'Allemagne. A part quelques exceptions fort rares – c'est la Russie qui y perdrait. Aussi, tout en vous remerciant de votre sollicitude, je vous prierais de ne pas stipuler une somme quelconque comme droit d'auteur pour moi ; je n'en touche pas davantage en Allemagne – et je me contente parfaitement de l'honneur d'être traduit. (PSP, VIII, 7f.) (Brief vom 2. [14.] April 1869 an Ralston)

Diese Ansicht vertrat Turgenev noch Anfang 1873 in einem Schreiben an den deutschen Publizisten Eduard von Ungern-Sternberg:

> Ich beeile mich, auf Ihren, von mir heute empfangenen Brief, zu antworten, indem ich mit der grössten Bereitwilligkeit die von Ihnen gewünschte Autorisation zur Uebersetzung des «Конец Чертапханова» (sic, A.S.) gebe. Was die Bedingungen betrifft, so hat die Redaction mit Ihnen als dem Uebersetzer zu verhandeln; ich habe mich bis jetzt mit

469 Dies dürfte auch Turgenevs Haltung gegenüber dem deutschen Schriftsteller und Übersetzer Karl Müller erklären. Dieser hatte offensichtlich Turgenev gebeten, eine für die *Allgemeine Familienzeitung* vorgesehene deutsche Übersetzung von *Otcy i deti* zu autorisieren (PSP, VIII, 416). Am 5. (17.) Mai 1869 entgegnete Turgenev auf Müllers Anliegen: „Leider kann ich auf Ihren Vorschlag nicht eingehen, da ich meinem Verleger in Riga das Versprechen gegeben habe, keine andere<n> Uebersetzungen als die seinigen zu autorisiren. Ich muss mein Wort halten; da aber zur Zeit keine litterarische Convention zwischen Russland und Deutschland existirt – brauchen Sie eben meine Autorisation nicht." (PSP, VIII, 26).

der Genugthuung begnügt, dem deutschen Publicum vorgeführt zu werden – und wünsche keine andere Remuneration. (PSP, X, 54)

Entsprechend überrascht und erfreut zeigte sich Turgenev, wenn ihm im nachhinein doch noch Entschädigungen für den Abdruck seiner Werke zuteil wurden. Im Frühjahr 1874 erhielt er von seinen amerikanischen Verlegern 1'000 Francs (etwa 290 Rubel), obwohl es, wie Turgenev seinem Bruder Nikolaj mitteilte, auch zwischen Russland und Amerika keine Konvention gab, die den Abdruck seiner Werke in Übersetzung geschützt hätte. Nicht geltendes Recht, sondern das schlechte „Gewissen" der Verantwortlichen habe, so Turgenev, wohl zu dieser Konzession geführt:

> […] пользуясь отсутствием всякой литературной конвенции между Россией и Америкой, мои тамошние издатели печатали переводы моих сочинений, не платя мне ни копейки; наконец, совесть их заговорила – и они мне прислали вместе с весьма лестным письмом эти 1000 фр. в виде вознаграждения, тем более любезного, что никакой закон их к этому не принуждал. Признаюсь, что было мне очень приятно. Вот и всё. (PSP, X, 219)

Die Turgenev für seine Werke zugestandenen Honorare sind nur in wenigen Fällen genau dokumentiert und lassen sich häufig nur indirekt erschliessen. Manchmal bedankte er sich mittels Umschreibungen für die Vergütungen – wie etwa 1867 im Fall der Novelle *Brigadir*, für die Annenkov einen nach Ansicht Turgenevs „überaus prächtigen Verkauf" erwirken konnte (PSP, VI, 318), nachdem Turgenev für das 1½ Druckbogen umfassende Werk ursprünglich wenigstens 400 Rubel erwartet hatte (PSP, VI, 236). Während ihm die Publikation der französischen Übersetzung von *Brigadir* im *Journal des Débats* Anfang Dezember 1868 300 Francs (rund 90 Silberrubel) einbrachte, erhielt er gegen Ende desselben Monats für seine Novelle *Nesčastnaja* vom *Russkij vestnik* 1'500 Silberrubel.[470]

Dann gab es wieder Fälle, in denen Turgenev unaufgefordert Konzessionen an seine Verleger machte, wie 1869 bei der Publikation seiner Erzählung *Strannaja istorija*. Turgenev hatte dieses Werk zuerst in der deutschen Übersetzung Leopold Kaysslers *Eine wunderliche Geschichte* in der Oktobernummer der Zeitschrift *Salon* veröffentlicht (PSP, VIII, 438). Der Erstabdruck der russischen Originalfassung erfolgte dann 1870 in der Januarausgabe des *Vestnik Evropy* (PSS, X, 470). Da er der russischen Zeitschrift in diesem Sinne keine „Neuheit" mehr verkaufen konnte, war es für ihn selbstverständlich, dass er dem Herausgeber Stasjulevič über Annenkov einen Nachlass gewährte: „Я вам вышлю на днях этот рассказ, а вы его продайте Стасюлевичу, конечно, за умень-

[470] Mostovskaja 1997, 102f.

шенную плату, так как он не представляет уже «прелести» новизны.“ (PSP, VIII, 83). Gut drei Monate später, am 20. Dezember 1869 (1. Januar 1870), erklärte sich Turgenev in einem Brief an Annenkov sogar bereit, jedes Honorarangebot Stasjulevičs zu akzeptieren:

> Неприятно мне во всем этом деле положение Стасюлевича; я уже теперь по-настоящему никакого гонорария от него не имею права требовать. Я пишу ему об этом и предлагаю в вознаграждение другую повесть (довольно большую), которую оканчиваю (*Stepnoj korol' Lir*, A.S.). Так вы ему и скажите, что я за «Странную историю», с которой случилась такая странная история, возьму, что он даст. (PSP, VIII, 147)

Turgenevs Publikationsstrategie hatte – neben dem selbst auferlegten finanziellen Verlust – aber noch einen zweiten Nachteil. Denn die Tatsache, dass er die deutsche Übersetzung von *Strannaja istorija* vor der Originalversion abdrucken liess, rief in jenen russischen Kreisen Empörung hervor, die sich sowohl an Turgenevs prowestlicher Haltung als auch an seinem ständigen Wohnsitz im Ausland stiessen.[471]

2.5.10. Die 1870er und frühen 1880er Jahre: Turgenevs dominante Stellung im literarischen Feld

In den 1870er Jahren erhöhten sich Turgenevs Einkünfte aus seiner literarischen Arbeit noch einmal deutlich. Seine Popularität brachte ihm nunmehr höchste Honorare ein,[472] die nicht mehr nur ein Zubrot zu den Erträgen aus seinem Grundbesitz darstellten, sondern sich als beachtlicher Teil seines Gesamteinkommens erwiesen.[473] Bereits im Herbst 1870 äusserte Turgenev Annenkov gegenüber die Befürchtung, Stasjulevič, der Herausgeber des *Vestnik Evropy*, könnte seine üblichen Honorarzahlungen von 400 Silberrubeln pro Druckbogen herabsetzen, zumal Turgenevs neues Werk *Stepnoj korol' Lir* ein seiner Ansicht nach völliges Fiasko erlitten hatte. Mit weniger als 400 Rubeln wollte sich Turgenev aber keinesfalls zufriedengeben (PSP, VIII, 292f.).

Anfang der 1870er Jahre zog sich Turgenev auch endgültig von Katkovs *Russkij vestnik* zurück, der immer mehr zum Sprachrohr der russischen Konser-

471 NIKITINA 1995, 9. Vgl. hierzu auch THIEME 2000, 9f.

472 REJTBLAT (1991, 87) stellt fest, dass in den 1860er und 1870er Jahren Turgenev und Tolstoj die beiden höchstbezahlten Autoren Russlands waren (vgl. auch HINGLEY 1966, 33).

473 REJTBLAT (1991, 78f. u. 87) sieht in der Entwicklung des Schriftstellerhonorars einen wichtigen Indikator für die Dynamik sowohl der Popularität eines Schriftstellers wie auch der Interaktion zwischen Autor und Verleger, Verleger und Leserschaft sowie Autor und Leserschaft.

vativen geworden war.[474] Stasjulevičs *Vestnik Evropy*, wo Turgenev fortan fast alle wichtigen neuen Werke publizierte, avancierte zum wichtigsten Organ des russischen Liberalismus sowie zum Propagator der westeuropäischen Literaturen und entsprach damit weitgehend Turgenevs Ansprüchen und Erwartungen.[475] Dass sich seine Mitarbeit beim *Vestnik Evropy* aber auch in finanzieller Hinsicht lohnen würde, war Turgenev schon bald klar. So schrieb er im Zusammenhang mit der Veröffentlichung seiner neuen Erzählung *Stuk… stuk… stuk!..* Anfang 1871 an Annenkov:

> Стасюлевич с обычной своей потрясающей аккуратностью прислал мне 1-й № «Вестника Европы» с моим маленьким вздором. Хорошего в нем только то, что он вышел на целых 8 страниц длиннее, чем я ожидал – стало быть, и пекунии принесет больше. (PSP, IX, 6)

Für seine 1872 in der ersten Nummer des *Vestnik Evropy* veröffentlichte Novelle *Vešnie vody* erhielt Turgenev 3'125 Silberrubel (PSP, IX, 201), für die einige Monate später in derselben Zeitschrift abgedruckte Erzählung *Konec Čertopchanova* weitere 775 Silberrubel (PSP, X, 19). Was Turgenev daran besonders freute, war die Tatsache, dass Stasjulevič die gesamte Summe noch *vor* dem Erscheinen des Werkes überwiesen hatte: „А Стасюлевич просто велик! Подобных редакторов – я полагаю – на свете нет. Представьте: книга еще не вышла – а я уже получил все деньги сполна. Так что даже совестно становится." (PSP, IX, 202). Gegenseitige Rücksichtnahme und dauerhaftes Vertrauen waren für die Beziehung zwischen Turgenev und Stasjulevič kennzeichnend und schufen eine Basis, die sich für Autor wie Redakteur in künstlerischer und finanzieller Hinsicht lohnen sollte. Stasjulevič war und blieb Turgenev gegenüber äusserst konzessionsbereit. Als Turgenev Ende 1875 seine Novelle *Časy* an Stasjulevič abtrat und dafür bei einem Honorar von 400 Rubeln pro Druckbogen 1'037.50 Rubel hätte erhalten sollen, bat er Stasjulevič erfolgreich um eine zusätzliche Summe als Vorschuss für einen künftigen Roman – sein Bauprojekt in Bougival hatte ihn in finanzielle Bedrängnis gebracht:

> А теперь – представьте – до чего меня довели мои глупые постройки! Я стал канючить о деньгах. По расчету выходит в рассказе – 42 стр. ½, то есть: 1037 р. 50 к. Я получил – 800. Не можете ли Вы, благодетель, вместо 237 р. 50 к. выслать мне 400 р. – и считать лишние 162 р. 50 к. задатком в счет будущего романа? Очень бы Вы меня одолжили! (PSP, XI, 176)

1876, anlässlich der Verhandlungen um den Roman *Nov'*, war Stasjulevič sogar von sich aus bereit, Turgenev den Spitzensatz von 500 Rubeln statt der

474 Lowe 1989, 31.
475 Brang 1977, 34.

üblichen 400 pro Druckbogen zu zahlen (PSP, XII_1, 66 u. 104).[476] Indes standen auch bei diesem Geschäftsabschluss nichtpekuniäre Überlegungen im Vordergrund: Turgenev ging es vor allem darum, seinen Roman geschlossen abdrucken zu können (diese Bedingung, die er über alle anderen Forderungen stellte, hatte er seinerzeit auch im Zusammenhang mit der Erstveröffentlichung von *Otcy i deti* gegenüber Katkov geltend gemacht, da er der Ansicht war, dass der Wert des Werkes durch eine solche, einzig auf Leserbindung und Gewinnsteigerung abzielende editorische Aufspaltung erheblich vermindert würde[477]). So schrieb er im Hinblick auf den Abdruck von *Nov'* am 30. Oktober (11. November) 1876 an Stasjulevič:

> Я должен Вам сказать, что мне предлагали за сей роман 500 р. за лист; мне бы предложили 5000 – но это было бы однако индифферентно; я дал слово – и оно мне самому дороже всяких денег; но, отдавая его за 400 р. (наши обыкновенные цены), я имел в виду, что в случае надобности мне будет возможно не дробить моего произведения. (PSP, XI, 344)[478]

Turgenev erhielt für *Nov'*, deren Umfang er auf etwa 16½ Druckbogen veranschlagt hatte (PSP, XI, 344), schliesslich 9'000 Rubel, während ihm die durch

476 Obwohl noch Ende 1871 Turgenevs offizielles Honorar beim *Vestnik Evropy* 400 Rubel pro Druckbogen betrug (PSP, IX, 172), ist davon auszugehen, dass er bereits um 1869 in einzelnen Fällen mit Ansätzen rechnen konnte, die sich auf 500 Rubel pro Druckbogen beliefen. Ab etwa 1876 zahlte Stasjulevič Turgenev pro Druckbogen meistens rund 500 Rubel, so auch für die 1882 in der ersten Nummer des *Vestnik Evropy* publizierte, neunzehn Seiten lange Erzählung *Otčajannyj*, die Turgenev offensichtlich exakt 500 Rubel einbrachte (vgl. PSP, XIII_1, 187 u. 504 sowie PSS, XIII, 552).

477 Vgl. hierzu Turgenevs Brief vom 11. (23.) Januar 1862 an Katkov: „Что же касается до меня, - то повторяю свою единственную просьбу: напечатать «Отцы и дети» в одном номере. Это совершенно необходимо, это условие sine qua non, и Вы, вероятно, разделите мое мнение. Разделенная, эта вещь потеряет 100 процентов." (PSP, IV, 324). Katkov kam Turgenevs Bitte nach, der Roman wurde 1862 in der zweiten Nummer des *Russkij vestnik* veröffentlicht (PSP, IV, 365; PSS, VIII, 568). Auch später wandte sich Turgenev immer wieder gegen verkaufsstrategische Eingriffe von Verlegern, die seine Novellen oder Romane aufspalten und über mehrere Zeitschriftennummern hinweg abdrucken wollten. Um die Ganzheit eines Werkes zu bewahren, war er sogar bereit, auf ein Honorar zu verzichten. Anlässlich der geplanten Veröffentlichung der Novelle *Klara Milič* in der französischen Fassung *Après la mort* schrieb Turgenev am 21. Dezember 1882 (2. Januar 1883) an die französische Schriftstellerin und Gründerin der Zeitschrift *Nouvelle Revue Française* Juliette Adam: „Je consens d'avance à toute autre condition : qu'on insère ma nouvelle 15 jours, un mois plus tard, qu'on ne la paye pas – si l'on veut ; mais je ne puis admettre qu'on la scinde." (PSP, XIII_2, 136).

478 Vgl. hierzu auch Turgenevs Brief vom 7. (19.) Dezember 1876 an Gustave Flaubert: „[…] mon serpent d'éditeur au lieu de l'imprimer en bloc (ce qu'il m'avait formellement promis) le coupe en deux […] et il m'a si bien entortillé que (en ma qualité de poire molle) j'ai donné mon consentement à cette mutilation […]." (PSP, XII_1, 27).

das Verlagshaus Salaev realisierte Buchausgabe weitere 2'000 Rubel einbrachte.[479] Dass die Kritik dem Werk ablehnend gegenüberstand, förderte offenbar die Verkaufszahlen. Jedenfalls soll Fedor Salaev gerade wegen der weitgehend negativen Rezeption eine wesentlich höhere Auflage des Romans auf den Markt gebracht haben. Der Erfolg gab ihm recht, denn das Buch war innert kurzer Zeit ausverkauft.[480] Nach der Publikation des Romans reduzierte Turgenev seine schriftstellerische Tätigkeit so stark, dass seine literarischen Einkünfte fortan fast ausschliesslich von den bis dahin bereits veröffentlichten Werken stammten.[481] Um 1876 brachte ihm der Verkauf seiner Bücher jährlich rund 7'000 Rubel ein.[482] Etwa ein Jahr vor seinem Tode bot ihm der Petersburger Verleger und Buchhändler Adol'f Marks sogar 2'000 Rubel pro Druckbogen für allfällige Publikationen in der Zeitschrift *Niva* an. Obwohl der Druckbogen der *Niva* etwa doppelt so gross war wie jener des *Vestnik Evropy*, Turgenev mithin rund 1'000 Rubel pro ‚konventionellem' Bogen hätte verdienen können, lehnte er Marks' zweifellos lukratives Angebot ab: Einerseits wollte er sich – vermutlich aus Rücksicht auf Stasjulevič – nicht an Marks binden, andererseits hatte sich Turgenevs Gesundheit bereits dermassen verschlechtert, dass er nicht wusste, ob und wann er wieder zu schreiben in der Lage wäre (PSP, XIII_2, 106).

Anfang 1883 erhielt Turgenev von Stasjulevič für seine ungefähr drei Druckbogen lange Novelle *Klara Milič (Posle smerti)* und die zur Veröffentlichung freigegebenen *Stichotvorenija v proze* zusammen 5'124 Francs (rund 2'000 Rubel), was offenbar nach wie vor einem Honorar von 500 Silberrubeln pro Bogen entsprach (PSP, XIII_2, 145, 150 u. 358).

Auseinandersetzungen um Honorarzahlungen vermied Turgenev, und nicht selten gab er nach, wenn bei der Veröffentlichung eines Werkes Schwierigkeiten auftraten und diese den Redakteuren des betreffenden Publikationsorgans Unannehmlichkeiten bereiteten. So wandte er sich im Zusammenhang mit seiner Novelle *Son*, die 1877 in der Zeitung *Novoe vremja* veröffentlicht wurde, am 29. Dezember 1876 (10. Januar 1877) an den Mitherausgeber der Zeitung Vladimir I. Lichačev. Da es beim Abdruck des Werkes zu Verzögerungen gekommen war, trat Turgenev die finanzielle Entscheidungskompetenz vollständig an Lichačev ab:

> [...] так как Вы мой рассказ брали с расчетом на подписку на 77-й год и так как вследствие недоразумений Вы принуждены его печатать в нынешнем 76-м – то я уже не могу претендовать на цену, которую Вы мне предлагали – и потому предоставляю Вам и Суровину уменьшить ее по Вашему благоусмотрению.[483]

479 PSP, XII_1, 123; Schapiro 1982, 282.
480 Mironov 1961, 326.
481 Yarmolinsky 1959, 299.
482 Yarmolinsky 1959, 298.
483 PSP, XII_1, 48. Vgl. hierzu auch PSS, XV, 171f.

Turgenevs Honorare (in Silberrubeln pro Druckbogen)[484]

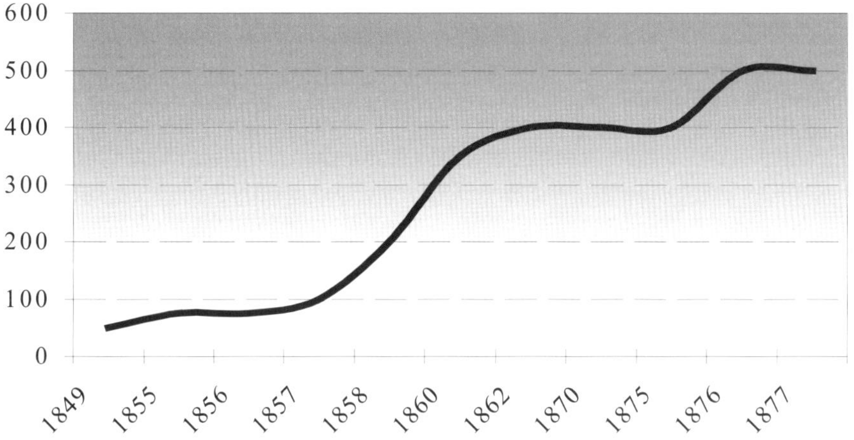

Turgenevs Erfolg hatte jedoch auch seine negativen Seiten: Zum einen musste er sich mit der bereits erwähnten mangelhaften Regelung der Abdruckrechte für Übersetzungen befassen. Zum anderen kam es vor, dass Raubdrucke seiner Werke auf den russischen Buchmarkt gelangten, die ihn nicht nur um die entsprechenden Einkünfte brachten, sondern auch eine bisweilen zweifelhafte sprachliche Qualität aufwiesen. So wurde etwa die Skizze *Stučit!* aus den *Zapiski ochotnika* 1875 auf der Grundlage eines französischen Abdrucks in *Le Temps* ins Russische rückübersetzt und in Moskau als Einzelausgabe in Umlauf gebracht.[485] Turgenev reagierte empört, beschränkte sich aber darauf, am 31. Januar (12. Februar) 1875 Stasjulevič zu ermächtigen, einen öffentlichen Protest gegen solche Praktiken in die Wege zu leiten:

[484] Vgl. Appendix H, Seite 491. REJTBLATS (1991, 88f.) hierzu teilweise abweichende Angaben zu Turgenevs Honoraren bei den sogenannten „Dicken Zeitschriften" (*tolstye žurnaly*), die eine Schlüsselrolle im russischen Zeitschriftenwesen des 19. Jahrhunderts spielten, weisen markante Schwankungen auf: Demnach soll Turgenev Ende der 1850er Jahre 400 Rubel, in den 1860er Jahren noch 300 Rubel, in den 1870er Jahren dann 600 Rubel und in den 1880er Jahren wiederum nur 350 Rubel pro Druckbogen erhalten haben. Während diese Zahlen zwar die Annahme bestätigen, dass Turgenev bereits Ende der 1850er Jahre zu den höchstbezahlten Autoren Russlands gehörte, ist davon auszugehen, dass die von Rejtblat ermittelten Honorare auf einzelne Beispiele rekurrieren. Aufgrund ihrer Inkonsistenz sind sie für das Aufzeigen von Entwicklungstendenzen ungeeignet, zumindest aber widersprechen sie den in der vorliegenden Arbeit gewonnen Ergebnissen, die eine stetige Zunahme der Honorarsätze Turgenevs erkennen lassen.

[485] KLEMAN 1934, 232; ŽEKULIN 1985, 8. Auch später klagte Turgenev über dürftige Rückübersetzungen seiner Werke ins Russische (vgl. etwa PSP, XII_1, 141).

> Вчера мне из Москвы прислали русский (отвратительный) отдельно изданный *перевод* моего рассказа «Стучит!», который в прошлом *октябре* явился у Салаева в Москве в полном издании – а 2 месяца тому назад был во французском переводе помещен в «Temps»! Это уже переходит за границы всего возможного. Неужели нельзя протестовать против этого в журналах? Уполномочиваю Вас это сделать за меня. После этого можно и «Дворянское гнездо» и «Дым» перевести с французского или немецкого – и напечатать отдельно и продавать. Рассказ «Стучит» появился с огромным заглавком: «Новый рассказ И. С. Т<ургенева>» – в Москве у какого-то А. Михайлова. Впрочем, посылаю Вам заглавный лист. Благодетель, заступитесь! Всему причиною скупость Салаева, который не напечатал ни в одном журнале ни одного объявления о новом издании моих вещей. (PSP, XI, 17; Hervorhebungen im Original, A.S.)

Offensichtlich hatte die für Turgenev in bezug auf Übersetzungen ohnehin ungünstige Rechtslage noch den Nachteil, dass nicht geschützte Werkfassungen, die zum Beispiel auf Deutsch oder Französisch abgedruckt worden waren, ins Russische übertragen und – ohne Autorisation – veröffentlicht wurden. Das Urheberrecht wurde in solchen Fällen ‚nur' indirekt verletzt, da, strenggenommen, die russische Übersetzung einer eben nicht geschützten fremdsprachigen Version auf den Markt gebracht wurde (nicht aber das Original). Dies alles geschah zu Ungunsten von Turgenevs Gewinnanteil und – je nach Niveau der Übersetzung – Reputation. Allerdings scheinen sich solche Fälle in Grenzen gehalten zu haben, zumindest beschäftigten sie Turgenev nicht über längere Zeit hinweg.

Die Salaev-Edition von 1879

Im Mai 1879 schloss Turgenev mit den Nachkommen des im März desselben Jahres verstorbenen Fedor Salaev einen Vertrag über die mittlerweile vierte Salaev-Ausgabe seiner Werksammlung ab (vgl. Appendix B, S. 480). Diese Edition sollte zugleich die letzte der zu Turgenevs Lebzeiten vollständig erschienenen Ausgaben darstellen. Obwohl Turgenev von einem anderen Verleger ein für ihn etwas lukrativeres Angebot über 23'000 Silberrubel erhalten hatte, entschied er sich schliesslich für die Salaev-Erben, deren Verlagshaus er bis dahin ja bereits mehrere Editionsprojekte anvertraut hatte.[486]

In der von Turgenev aufgesetzten Vereinbarung wurden sowohl editorische wie auch finanzielle Rechte und Pflichten beider Parteien detailliert geregelt. So war für die neue zehnbändige Ausgabe eine Auflage von 5'500 Exemplaren geplant, die zu maximal je 15 Rubeln in den Handel gelangen sollten. Turgenevs Gewinnanteil belief sich dabei auf 22'000 Rubel, die ihm in fünf Raten über ei-

[486] MIRONOV 1961, 330. Vgl. hierzu auch PSP, VI, 628 sowie PSP, XII_2, 48.

nen Zeitraum von zwei Jahren ausbezahlt wurden. Falls eine der Ratenzahlungen nicht erfolgen sollte, galt der Vertrag als aufgelöst, wobei Turgenev vollen Anspruch auf die bis dahin bezogenen Beträge hatte (desungeachtet kam es während der Herausgabe der Bände zu einigen Verschiebungen der Zahlungstermine). Des weiteren verpflichtete sich Turgenev, weder eine neue Werkedition zu initiieren noch die Rechte für eine solche an Drittpersonen abzutreten, solange die Salaev-Erben noch mehr als 200 Exemplare der laufenden Ausgabe besassen. Die Verleger wurden darüber hinaus angehalten, ihr besonderes Augenmerk auf die typographische Korrektheit des Textes zu richten. Schliesslich behielt Turgenev das Recht, seine *Zapiski ochotnika*, die eine für ihn dauerhafte und lukrative Einkommensgarantie darstellten, gesondert herauszugeben (so konnten in drei Jahren ganze 6'000 Exemplare abgesetzt werden[487]) (PSP, XII_2, 62f. u. 330-332).[488] Mit diesem Vertrag suchte sich Turgenev in finanzieller und publikationsstrategischer Hinsicht abzusichern – die neue Werksammlung sollte sich bezahlt machen *und* eine hohe editorische Qualität aufweisen, um Turgenevs Stellung auf dem Buchmarkt weiter zu festigen. Allerdings musste Turgenev schon bald erkennen, dass die Erben Fedor Salaevs eine härtere Gangart einschlugen und die althergebrachte Tradition des gegenseitigen Vertrauensverhältnisses zwischen Schriftsteller und Verleger zugunsten eines auf reine Gewinnmaximierung ausgerichteten Geschäftsgebarens aufgaben. Aus diesem Grunde, aber auch, weil seinem vertraglich verankerten Bestreben nach einer möglichst fehlerfreien Drucklegung wenig Beachtung geschenkt wurde, bereute Turgenev seinen Entschluss, erneut dieses Verlagshaus mit der Veröffentlichung seiner gesammelten Werke beauftragt zu haben.[489]

1879 erlangte Turgenev auch höhere akademische Weihen und zugleich eine Anerkennung für sein Lebenswerk. Am 18. Juni 1879 wurde ihm von der Juristischen Fakultät der Universität Oxford die Ehrendoktorwürde „Doctor of Common Law" verliehen (obwohl er selber kaum in der Lage war, selbst die einfachsten Geschäftstransaktionen durchzuführen). Damit war Turgenev der er-

487 SCHAPIRO 1982, 317.

488 Im Vorwort zur Glazunov-Ausgabe der *Zapiski ochotnika* von 1883 wird die zwischen Turgenev und den Salaev-Erben vereinbarte Regelung folgendermassen erläutert: „И. С. Тургенев […] удержал за собою право отдельного издания «Записок Охотника», с целью сделать их таким образом более доступными по цене для школ и учащихся." (*Z. o.*, vii). Im Vertrag, den Turgenev am 1. (13.) Mai 1879 mit den Salaev-Erben abschloss, ist diesbezüglich folgender Passus zu finden: „Я, Тургенев, предоставляю себе право отдельного дешевого (народного) издания «Записок охотника» и продажи его в мою пользу." (vgl. Appendix B, S. 480). Turgenev beabsichtigte demnach, die *Zapiski ochotnika* zu einem erschwinglichen Preis herauszugeben, um auch jene Leserkreise zu erreichen, die sich eine teure Ausgabe nicht leisten konnten. Allerdings war sich Turgenev bewusst, dass selbst diese Art der Distribution einen erheblichen Gewinn versprach. Insofern verfolgte er mit der Regelung zwei Ziele: die Realisation einer günstigen Volksausgabe sowie die Wahrung seiner finanziellen Interessen.

489 MIRONOV 1961, 330f. u. 333.

ste Romanschriftsteller, der auf diese Art in Oxford geehrt wurde – in der Laudatio wurde sein Verdienst sowohl um die Literatur als auch um die Aufhebung der Leibeigenschaft hervorgehoben.[490] Turgenevs während Jahrzehnten gewachsenes symbolisches Kapital kulminierte in diesem gesellschaftlichen Konsekrationsakt und erfuhr seine institutionelle Transformation in zusätzliches Kulturkapital, das wiederum durch die Titelvergabe akademisch sanktioniert wurde. Mit diesem Titel trug man gleichsam, nur wenige Jahre vor seinem Tod, das an Turgenev heran, wogegen er sich in jungen Jahren zugunsten der Karriere als Schriftsteller entschieden hatte. Turgenevs gesteigerte Kapitalakkumulation umfasste gegen Ende seines Lebens jedoch nicht nur das symbolische und kulturelle Moment, sondern auch das ökonomische. Zumindest kümmerte er sich in jenen Jahren vermehrt um die Einkünfte aus seiner literarischen Produktion, deren Ausschüttung freilich in hohem Masse von seinem Ansehen und seiner Anerkennung als Schriftsteller abhing.

Spätes Interesse am Drama

Bereits zu Beginn der 1850er Jahre hatten einschneidende Zensurentscheide, dann die ihm insbesondere mit Aleksandr Ostrovskij erwachsende ernsthafte Konkurrenz auf dem Gebiet des Bühnenschaffens und schliesslich auch die Empfehlungen seiner Freunde Turgenev in seiner zunehmend kritischen Haltung gegenüber dem eigenen Dramenwerk bestärkt. Im Vorwort zum 1869 unter dem Titel *Sceny i komedii* erschienenen siebten Band seiner gesammelten Werke hob er hervor, dass er kein dramatisches Talent besitze und seine Stücke allenfalls als Lesedramen Interesse erwecken könnten.[491] Diese Distanz zum eigenen Bühnenwerk mag dazu beigetragen haben, dass sich Turgenev jahrelang, spätestens aber nach 1869 weder um die Einnahmen, welche die grossen Bühnen in Russland mit der Aufführung seiner Stücke erzielten, noch um die ihm dabei zustehenden Anteile kümmerte.

Erst im April 1879, zu einem Zeitpunkt, als er vom Erbteil seines verstorbenen Bruders Nikolaj infolge eines erbitterten Erbschaftsstreites mit den Verwandten der Witwe nur gerade die Hälfte der erhofften Summe erhalten hatte, ersuchte er über seinen Universalbevollmächtigten Aleksandr V. Toporov[492] die Direktion der Kaiserlichen Theater (*Imperatorskie Teatry*) um einen Gewinnanteil für

[490] BRANG 1977, 36; SCHAPIRO 1982, 294.

[491] PSS, II, 551; BRANG 1977, 185f.

[492] Abweichend dazu DRIZEN (1913, 49), wo – inkorrekt – von einem gewissen „To*rop*ov" die Rede ist. Dass es sich tatsächlich um den Kollegiensekretär Aleksandr V. Toporov handelte, wird aus den Archivmaterialien zu dieser Angelegenheit deutlich (vgl. *RGIA*, f. 482, op. 2 [765/1941], d. 311, l. 2, l. 5 oder *RGIA*, f. 497, op. 2, d. 24569, l. 1). Zu Toporovs Vollmachten im Hinblick auf Turgenevs Geschäfte vgl. PSP, XII_2, 330.

seine Dramen, die seit April 1869, also seit über zehn Jahren, auf den Bühnen dieser Theater aufgeführt wurden.[493] Turgenev hatte während dieser ganzen Zeit keinerlei Entgelt für seine Stücke erhalten. Toporov berief sich auf die Verordnung (*položenie*) vom 13. (25.) November 1827, welche die Aufführungsrechte sowie den Anteil der Autoren und Komponisten am Bruttogewinn ihrer an den Kaiserlichen Theatern angenommenen literarischen bzw. musikalischen Bühnenwerke regelte und bis 1882 rechtskräftig blieb. Während der folgenden Erörterung des Falles wurde die Gesetzeslage berücksichtigt, wobei insbesondere ein Artikel zugunsten von Turgenevs Gesuch sprach:[494] „каждый сочинитель или переводчик книги имеет исключительное право пользоваться во всю жизнь свою изданием и продажею оной по своему усмотрению, как имуществом благоприобретенным (282 ст. XIV т. Уст. Ценз.).“[495] Die Tatsache, dass Turgenev bis dahin seine Ansprüche in dieser Angelegenheit nicht geltend gemacht hatte, konnte seine Rechte weder begrenzen noch ausser Kraft setzen. Hinzu kam, dass die Werke offensichtlich ohne sein Einverständnis aufgeführt worden waren.[496] Einzig für das im Januar 1879 aufgenommene Stück *Mesjac v derevne* hatte er ein Entgelt in der Höhe von $^{1}/_{15}$ aus zwei Dritteln der gesamten Einnahmen aus den fünf Vorstellungen (5329.60 Rubel), also 236.86 Rubel, erhalten.[497] Schliesslich entschied Graf Aleksandr V. Adlerberg, Hofminister und damit auch Vorgesetzter des Theaterdirektors, dass Turgenevs Gesuch stattgegeben werde, indem ihm für die während der Zeit vom 11. April 1869 bis zum 11. April 1879 aufgeführten Werke *Provincialka*, *Bezdenež'e*, *Nachlebnik*, *Gde tonko, tam i rvetsja*, *Cholostjak* und *Zavtrak u predvoditelja*

493 *RGIA*, f. 497, op. 2, d. 24569, ll. 1-1 ob., l. 3. Laut DRIZEN (1913, 49) wandte sich Toporov erst im März 1880 an die Direktion der Kaiserlichen Theater. Demgegenüber ist in der *Zapiska po delu I. S. Turgeneva* vom 29. Mai 1880 der 13. April 1879 (*RGIA*, f. 497, op. 2, d. 24569, ll. 3-4), in einem Schreiben des Kaiserlichen Hofministeriums an die Direktion der Kaiserlichen Theater der 11. April 1879 (*RGIA*, f. 497, op. 2, d. 24569, l. 8) als Initialdatum angeführt. In der späteren Dienstkorrespondenz wird der 11. April 1879 als Eingabedatum des Gesuchs genannt (vgl. etwa *RGIA*, f. 497, op. 2, d. 24569, l. 20).

494 DRIZEN 1913, 49. Zur Verordnung von 1827 vgl. RIGGENBACH 2004 (im Druck). Bei den Kaiserlichen Theatern handelte es sich ursprünglich um einen staatlichen Monopolbetrieb, der selber die Bedingungen für die Annahme und Abgeltung dramatischer bzw. musikalischer Werke festlegte.

495 *RGIA*, f. 482, op. 2 (765/1941), d. 311, l. 19. Ausführlicher zur russischen Gesetzgebung über geistiges Eigentum im Zusammenhang mit literarischen Werken vgl. *Sbornik uzakonenij i rasporjaženij pravitel'stva po delam pečati*. S.-Peterburg – Moskva 1878, 290-325.

496 *RGIA*, f. 482, op. 2 (765/1941), d. 311, l. 19 ob.; *RGIA*, f. 497, op. 2, d. 24569, ll. 3 ob.-4.

497 *RGIA*, f. 497, op. 2, d. 24569, ll. 5 ob.-6 ob.; *RGIA*, f. 482, op. 2 (765/1941), d. 311, l. 8 ob.: „уплочено со $^{2}/_{3}$ сб 5329,60 р $^{1}/_{15}$ ч 236 р 86 к“. Dass der Berechnung der Tantiemen nur zwei Drittel der Gesamteinnahmen zugrunde gelegt wurden, begründete man mit den für die Inszenierung erforderlichen Ausgaben sowie den allgemeinen Kosten für jede Vorstellung (RIGGENBACH 2004 [im Druck]).

insgesamt 555.24 Rubel auszubezahlen seien.[498] Allerdings musste sich Turgenev verpflichten, auf weitere Entschädigungen zu verzichten:

> „[...] чтобы при удовлетворении Г-на Тургенева этими деньгами была отобрана от него подписка, что засим все с ним расчеты за прежнее время окончены относительно авторской платы и он не будет претендовать на какое либо вознаграждение, сверх означенной суммы, за пьесы его, данные на Императорских Театрах по 11 Апреля 1879 года."[499]

Gleichzeitig wurde festgelegt, dass Turgenev für den Zeitraum vom 11. April 1879 bis zum 1. März 1881 für *Zavtrak u predvoditelja* – sein einziges Stück, das in dieser Periode aufgeführt worden war – ein Erlös von $^{1}/_{30}$ aus $^{2}/_{3}$ der Einnahmen zustand.[500] Und schliesslich einigte man sich darauf, in Zukunft mit Turgenev vor der Aufführung eines seiner Stücke die Eigentumsmodalitäten auszuhandeln: „[...] чтобы на будущее время предварительно постановки каких либо одноактных пьес Тургенева входить с ним в соглашение относительно приобретения тех пьес в принадлежность Дирекции [...]."[501]

Nachdem Turgenevs Antrag in St. Petersburg auf diese Weise entsprochen worden war, wandte er sich über Toporov an die Moskauer Kaiserlichen Theater, um Ansprüche für seine *nach* dem 11. April 1879 dort gespielten Werke geltend zu machen.[502] In Moskau entschädigte man ihn lediglich für vier Vorstellungen, die im Februar 1881 stattgefunden hatten, und überwies ihm 213.90 Rubel für *Mesjac v derevne*, das als einziges Stück Turgenevs zwischen dem 11. April 1879 und dem 1. Januar 1883 aufgeführt worden war.[503]

498 Vgl. *RGIA*, f. 482, op. 2 (765/1941), d. 311, ll. 21-22 u. 30-30 ob. Turgenevs Dramen wurden in ein seit 1827 gültiges, von der ‚Qualität' (ein Drama in Versen wurde höher bewertet als eines in Prosa) und Länge eines Stückes abhängiges System von fünf „Klassen" eingeteilt, für die jeweils eine bestimmte Gewinnausschüttung an den Autor festgelegt wurde (vgl. *RGIA*, f. 482, op. 2 (765/1941), d. 311, l. 28 ob.). So gehörten die Stücke *Bezdenež'e, Gde tonko, tam i rvetsja, Nachlebnik, Zavtrak u predvoditelja* sowie *Provincialka* zur vierten Klasse mit einem Gewinnanteil von $^{1}/_{30}$ aus $^{2}/_{3}$ der Gesamteinnahmen, während für *Cholostjak* der Ansatz der dritten Klasse zur Anwendung kam ($^{1}/_{20}$ aus $^{2}/_{3}$ der Bruttoeinnahmen) (*RGIA*, f. 482, op. 2 (765/1941), d. 311, l. 15). Die Summe von 555.24 Rubeln setzte sich aus den auf dieser Grundlage ermittelten Anteilen zusammen und umfasste sowohl die Petersburger als auch die Moskauer Aufführungen.

499 *RGIA*, f. 497, op. 2, d. 24627, l. 4. Vgl. hierzu auch *RGIA*, f. 497, op. 2, d. 24569, l. 8 ob.

500 DRIZEN 1913, 50f.; *RGIA*, f. 497, op. 2, d. 24627, l. 2; *RGIA*, f. 497, op. 2, d. 24569, ll. 15-15 ob.

501 *RGIA*, f. 497, op. 2, d. 24627, l. 7.

502 *RGIA*, f. 497, op. 2, d. 24569, ll. 17-17 ob.

503 DRIZEN 1913, 51. *RGIA*, f. 497, op. 2, d. 24569, l. 22. Vgl. hierzu auch das detaillierte Verzeichnis aller an den Moskauer Kaiserlichen Theatern aufgeführten Stücke Turgenevs mit den Angaben der jeweiligen Einnahmen (*RGIA*, f. 482, op. 2 (765/1941), d. 311, ll.

Turgenev war mit dieser Regelung nicht zufrieden, und Toporov reichte im Dezember 1882 beim Direktor der Kaiserlichen Theater ein weiteres Gesuch ein, in welchem er in Turgenevs Namen darum bat, die Abrechnungen für *Mesjac v derevne*, *Cholostjak* und *Zavtrak u predvoditelja* auf der Grundlage einer im selben Jahr eingeführten provisorischen Neufassung der Verordnung von 1827 vorzunehmen. Diese hob die Klassifizierung der Stücke auf, richtete die Tantiemen neutral nach der Anzahl der Akte sowie der Gesamtheit der Einnahmen aus[504] und besagte in diesem Fall, dass pro Akt 2 % der aus den Aufführungen erzielten Bruttoeinnahmen dem Autor zustünden. Turgenev erklärte sich mit dem seiner Ansicht nach überholten Erlass von 1827 nicht einverstanden und wollte die neue Regelung angewendet sehen, die allerdings nicht rückwirkend galt („на вознаграждение поспектакльною (sic, A.S.) платою, на основании положения 1827 года, ни в каком случае согласиться не может.“[505]). Abermals wurde der Hofminister hinzugezogen, der wiederum zugunsten Turgenevs entschied: Seinem Ansuchen wurde stattgegeben, und am 27. Januar 1883 erfolgte der Abschluss eines formalen Vertrags, welcher das neue Entschädigungsverfahren beinhaltete: Turgenev sollte ein Entgelt in der Höhe von 2 % der Bruttoeinnahmen für jeden Akt der aufgeführten Stücke erhalten. Gleichzeitig verpflichtete er sich seinerseits, alle für die Kaiserlichen Theater geltenden Regelungen hinsichtlich der Aufführungsrechte anzuerkennen.[506]

Das Beispiel zeigt, wie man bei den Kaiserlichen Theatern in Turgenevs Fall mit der Frage nach Urheberrecht und Autorenhonorar verfuhr: Seine Stücke waren über einen längeren Zeitraum hinweg ohne Autorisation des Schriftstellers und ohne entsprechende Entschädigungszahlungen zur Aufführung gebracht worden. Andererseits wird aber auch deutlich, dass Turgenev während über zehn Jahren diesbezügliche Einkommensverluste – selbst wenn diese nicht besonders

12-13 sowie ll. 16-17 [Kopie])

504 RIGGENBACH 2004 (im Druck).

505 *RGIA*, f. 497, op. 2, d. 24569, l. 24.

506 DRIZEN 1913, 51. *RGIA*, f. 497, op. 2, d. 24569, ll. 24-26. Offenbar wurde die Vereinbarung vom 27. Januar 1883, nach welcher alle angeführten Stücke Turgenevs (einschliesslich *Mesjac v derevne* und *Cholostjak*) dem Autor pro Akt 2 % der Bruttoeinnahmen einbrachten, später noch einmal geändert. Vgl. hierzu *RGIA*, f. 497, op. 10, d. 387, l. 78, wo die neuen Honorarsätze für die an den Kaiserlichen Theatern gespielten Dramen Turgenevs verzeichnet sind (*Spisok p'es Turgeneva, iduščich na scene Imperatorskich Teatrov s ukazaniem razmerov gonorara*. Das nicht datierte Verzeichnis stammt offenbar erst aus der Zeit nach Turgenevs Tod). Demnach betrug die Gewinnausschüttung für *Provincialka*, *Zavtrak u predvoditelja*, *Nachlebnik* und *Gde tonko, tam i rvetsja* 2 %, für *Cholostjak* (drei Akte) 6 % und für *Mesjac v derevne* (fünf Akte) 10 % der Gesamteinnahmen. Vergleicht man die neue Verordnung mit jener aus dem Jahre 1827, so brachten die mit 2 % abgegoltenen Stücke dem Autor fortan sogar etwas weniger Geld ein, wohingegen sich *Cholostjak* und *Mesjac v derevne* als wesentlich profitabler erwiesen. Grundsätzlich gilt für die provisorische Verordnung von 1882, dass gegenüber der alten Regelung gerade Dramen mit mehreren Akten besser honoriert wurden.

ins Gewicht fielen – hingenommen hatte und erst auf sein Lebensende hin (sowie vor dem Hintergrund nur teilweise erfüllter Erbschaftsansprüche) bestrebt war, seine Finanzangelegenheiten besser zu regeln, indem er Tantiemen rückwirkend geltend machte und die Gesetzeslage aus dem Jahre 1827 anfocht. Insofern überrascht es nicht, dass sich Turgenev zu Beginn der 1880er Jahre auch aufmerksamer der Vermarktung seines übrigen Œuvres zuwandte.

Negative Bilanz trotz symbolischem Kapital

Seine Werke brachten Turgenev, wie er 1882 und 1883 festhielt, zu jenem Zeitpunkt jährlich bis zu 6'000 Silberrubel ein, wobei die *Zapiski ochotnika* zusätzlich zwischen 1'000 und 1'400 Rubeln im Jahr abwarfen (PSP, XIII_1, 246; XIII_2, 183).[507] Da sich seine ihm jährlich netto verbliebenen Erträge aus den Ländereien etwa in der Höhe von 5'000 bis 6'000 Rubeln bewegten, ist nach vorsichtigen Schätzungen davon auszugehen, dass Turgenev gegen Ende seines Lebens jährlich zwischen 9'000 und 13'000 Rubeln einnahm.[508] Diese Zahl konnte jedoch je nach Ernte, Zahlungsdisziplin der Pächter, Landverkäufen und Kompetenz wie Integrität des Gutsverwalters stark schwanken. Demgegenüber stellten die Ho-

507 Vgl. hierzu Turgenevs Brief vom 1. (13.) Juni 1882 an den Salaev-Erben Vladimir V. Dumnov: „До сих пор мои сочинения, как Вы можете сами это сообразить по Вашим книгам, приносили мне около 5000 р. в год." (PSP, XIII_1, 273). Turgenev ging übrigens davon aus, dass der jährliche Gewinn seiner Verleger auf jeden Fall mindestens jenen 7'000 Rubeln entsprach, die er von ihnen für sein Werk erhielt (PSP, XIII_1, 246). Demnach erweist sich REJTBLATS Schätzung (1991, 84f.), der zufolge Turgenevs literarische Jahreseinkünfte durchschnittlich 4'000 Rubel betrugen, zumindest für die späten 1870er und frühen 1880er Jahre als zu tief.

508 Zum Vergleich: Während Anton Čechovs literarisches Jahreseinkommen Ende der 1880er und in den 1890er Jahren 3'500 bis 4'000 Rubel betrug, verdiente ein durchschnittlich bezahlter Berufsschriftsteller nicht mehr als 1'000 bis 1'500 Rubel (REJTBLAT 1991, 85). Ivan Gončarovs Jahresgehalt als *Dejstvitel'nyj statskij sovetnik* betrug 1868 4'000 Rubel und setzte sich aus 2'000 Rubeln Lohn (*žalovan'e*) sowie 2'000 Rubeln Mahlzeitenentschädigung (*stolovye*) zusammen (*RGIA*, f. 776, op. 3, № 909, l. 11). 1882 erhielt Gončarov eine Pension in der Höhe von 3'500 Rubeln, die je zur Hälfte aus der Rente für den Staatsdienst und seinen Verdiensten um die Literatur bestand (ALEKSEEV [A. D.] 1960, 254). Demzufolge beliefen sich Turgenevs Jahreseinkünfte Anfang der 1880er Jahre etwa auf das Dreifache der jährlichen literarischen Einnahmen Čechovs bzw. der Rente Gončarovs. Dagegen betrug das vom Zaren festgelegte Jahresgehalt eines Ministers rund 20-30'000 Rubel (RASKIN 1992, 609), also wiederum ein Vielfaches der Einkünfte Turgenevs. RASKINS (1992, 608f.) Übersicht über die Lohnverhältnisse der verschiedenen Stufen von Staatsbediensteten ist zwar informativ, jedoch insofern defizitär, als sie nur die Eckdaten, d. h. die Gehälter jeweils zu Beginn des 19. und des 20. Jahrhunderts enthält. Weitere Vergleichswerte bieten die in Appendix J (S. 493) aufgeführten Preise und Lebenshaltungskosten. Dabei ist zu beachten, dass der Preisindex für die 26 wichtigsten Bedarfsgüter zwischen der zweiten Hälfte der 1850er Jahre und den frühen 1870er Jahren um rund ein Drittel gestiegen war (REJTBLAT 1991, 84).

norare und Tantiemen, die Turgenev nunmehr bezog, einen offenbar beständigen Fundus dar, so dass sein Wohlstand, der in den Jahrzehnten zuvor vor allem von der Bewirtschaftung der Ländereien abhing, auf einer zweiten Einkommensbasis ruhte. Aber auch in den späten 1870er Jahren konnte sich Turgenev nicht ganz auf seine regelmässigen literarischen und – zu jenem Zeitpunkt äusserst geringen – ausserliterarischen Einkünfte verlassen, sondern musste diese wiederholt durch die Veräusserung von Teilen seines Grundbesitzes ergänzen.[509]

Und schliesslich gab es auch Situationen – wenn Turgenev etwa die defizitäre Wirtschaftsführung auf seinen Gütern und gleichzeitig die finanziellen Folgen der zerrütteten Ehe seiner Tochter Paulinette aufzufangen suchte –, in denen selbst solche Massnahmen nicht mehr halfen. So sah er sich im April 1878 aufgrund einer akuten, durch die jahrelange Misswirtschaft seines früheren Gutsverwalters Nikita A. Kišinskij verursachten Geldnot gezwungen, einen Grossteil seiner bemerkenswerten und auch als bewusste Kapitalanlage mit Gewinnpotential realisierten Gemäldesammlung[510] – darunter Bilder von Gustave Courbet und Camille Corot – im Pariser Hôtel Drouot versteigern zu lassen.[511] Die Auktion endete für ihn mit einem erheblichen Verlustgeschäft, da Turgenev, in welchem die Händler einen leichtgläubigen Käufer gefunden hatten, viele seiner Bilder während einer „*Hausse*" auf dem Kunstmarkt erworben hatte und sie dann ausgerechnet in einer Rezessionsphase wieder abstiess. Darüber hinaus fand die Versteigerung im Frühjahr und damit zu einem für solche Transaktionen wenig günstigen Zeitpunkt statt, zudem hatte es Turgenev versäumt, die Auktion in einschlägigen Medienkreisen zu propagieren.[512] Da Turgenev auf die Einkünfte aus diesem Verkauf dringend angewiesen war und sich wohl deshalb mit den vorhersehbaren Nachteilen abfand, behielt er nicht einmal – wie bei solchen Auktionen durchaus üblich – jene Bilder ein, die zu niedrige Angebote erzielten. Auch Louis Viardots Unterstützung half letztlich wenig: Einerseits kaufte dieser selber Bilder aus der Sammlung Turgenevs, andererseits versuchte er, durch die Nennung höherer Angebote die Preise künstlich zu steigern.[513] Je-

509 YARMOLINSKY 1959, 298.

510 Ausführlich hierzu: MIQUEL 1981/1988. Vgl. ferner ALEKSEEV 1958, 217-225 sowie HEIER 2000, 132f. Laut ZÚÑIGA (2001, 198) bestand Turgenevs Sammlung aus 48 Gemälden.

511 Dass Turgenev eine private Gemäldegalerie besass, ist nicht nur als Inklination zur Malerei oder als Investitionsstrategie, sondern auch als merkmalhafter Ausdruck eines Adelshabitus zu werten, der auf die Akkumulation von kulturellem Kapital in Form von Kulturgütern abzielte (vgl. hierzu auch HOFFMANN 1990, 314).

512 MIQUEL 1981, 131 u. 134. So wurde etwa ein Landschaftsbild von Georges Michel für nur gerade 460 Francs (180 Rubel) verkauft (MIQUEL 1981, 132). Dabei handelt es sich offensichtlich um jenes Gemälde, das Turgenev Anfang 1873 noch für 1'600 Francs (465 Rubel) erworben hatte (PSP, X, 76 u. 513). Courbets *Plage* brachte ihm lediglich 430 Francs ein, Corots *Le matin*, so der Titel im Auktionskatalog, immerhin 1'500 Francs (MIQUEL 1981, 126 u. 128).

513 MIQUEL 1988, 78. Louis Viardot kaufte für 490 Francs das Bild *Les Genêts* von Antoine

denfalls erwartete Turgenev, dass ihm die Versteigerung allenfalls die Hälfte jener 50'000 Francs (zum damaligen Zeitpunkt fast 20'000 Silberrubel) einbringen würde, die er ursprünglich für die Bilder bezahlt hatte. Tatsächlich geriet die Auktion für ihn zum Fiasko, was unter anderem dazu führte, dass man ihm Naivität unterstellte und den Spitznamen „Monsieur Gogo“ anhängte.[514] Er selbst scheint sich allerdings der Risiken seines Vorgehens bewusst gewesen zu sein, und immerhin hatte er sein Lieblingsbild von Théodore Rousseau behalten. Nach der Versteigerung schrieb er an Jakov Polonskij:

> Хотя я вовсе не разоренный человек, однако делишки мои настолько крякнули, что я действительно вынужден был продать свою галерею. Я это совершил и потерпел поражение вроде Седана: полагал потерять на них 6 000 фр. – а потерял целых 12 000. Время было выбрано плохое – да, к тому же, и приятели – особенно русские – до щегольства дружно не поддержали меня. Черт с ними и с картинами! (Руссо своего я, однако, не продал[515]). (PSP, XII_1, 310)

Landbesitz und literarischer Erfolg waren – zumindest in Turgenevs Fall – also noch lange keine Garantie für permanente Liquidität. Jedenfalls trug Turgenev die finanziellen Rückschläge mit Fassung und verlor sogar nach der für ihn enttäuschenden Gemäldeversteigerung seinen Humor nicht: „счастливая и выгодная операция!“ (PSP, XII_1, 312)

Globalsumme versus Tantiemen – der Vertrag mit Glazunov

1880 entschied sich Turgenev, seine künftigen Werke nur noch beim *Vestnik Evropy* zu veröffentlichen: „Нечего и говорить, что если я когда-нибудь нарушу мое молчание, то не иначе как на столбцах «В<естника> Е<вропы>».“ (PSP, XII_2, 201). Diese Zusage betraf jedoch lediglich die Einzelpublikationen. Die Vermarktung seiner gesammelten Werke überliess er anderen Verlegern. Als nämlich bereits 1882 seine zwei Jahre zuvor in Moskau erschienene Werkausgabe aus dem Verlagshaus der Salaev-Erben zur Neige ging,[516] schloss

Chintreuil sowie für 2'250 Francs *Le Soir. Paysage* von Charles-François Daubigny.

514 Alekseev 1958, 225; Waddington 1974, 40; Schapiro 1982, 282; Troyat 1985, 180; Knowles 1988, 7; Miquel 1988, 77.

515 Dieses Gemälde verkaufte Turgenev dann Anfang 1882 für 25'000 Francs (beinahe 10'000 Rubel) an Sergej Tret'jakov (Miquel 1981, 136; PSP, XII_1, 305, PSP, XIII_1, 40 u. 190). Alekseev (1958, 223f.) zufolge hatte Turgenev den Gegenwert des Gemäldes auf rund 25'000 Francs geschätzt und Tret'jakov sowie Dmitrij Botkin ein Angebot über 9'500 Silberrubel (rund 25'000 Francs) unterbreitet, für das Bild dann aber doch nur 6'000 Francs (sic, A.S.) erhalten. Laut Miquel (1988, 78) ist davon auszugehen, dass Turgenev später weitere Bilder, die 1878 noch in seinem Besitz verblieben waren, veräusserte.

516 Im August 1882 waren laut Fedor I. Anskij von 4'050 Exemplaren 3'240 verkauft (PSP,

Turgenev mit der Petersburger Firma von Ivan I. und Konstantin I. Glazunov einen neuen Vertrag über die Herausgabe seiner Werksammlung ab. Diese Übereinkunft war für ihn in jeder Hinsicht vorteilhafter als die vorausgegangene. Turgenev hatte sich nämlich insbesondere an den zahlreichen Druckfehlern gestossen, welche die Ausgabe von 1880 enthielt, und dies ungeachtet der Vertragsklausel, die den Moskauer Verlegern eine besondere Sorgfalt beim Korrekturlesen auferlegt hatte. Die seinerzeit augenfällige Nachlässigkeit während der Drucklegung empörte Turgenev noch zwei Jahre später, und er hatte nicht im Sinn, sein literarisches Erbe einem Verlag anzuvertrauen, der seine Wünsche nicht ernst nahm.[517]

Turgenevs Werkausgaben hatten sich für Verleger und Autor als lukrative Unternehmungen erwiesen. Diese Publikationsform ergänzte die Zeitschriftenveröffentlichungen und Einzelausgaben auf ideale Weise und bot sowohl für die Wiederverwertung bestehender Werke als auch für den Erstabdruck neuer Schriften eine mittlerweile bewährte Plattform. Anfang der 1880er Jahre gewann für Turgenev angesichts seiner zerrütteten Gesundheit die Frage nach der endgültigen editorischen Regelung seines Werknachlasses an Bedeutung, und er suchte nach verschiedenen Möglichkeiten, um eine für ihn akzeptable Lösung zu finden. So spielte er zunächst mit dem Gedanken, die Abdruckrechte vollständig und für immer den potentiellen Verlegern zu überlassen.[518] Am 29. März (10. April) 1882 schrieb er in diesem Zusammenhang an Grigorovič: „В Москве мы потолкуем о продаже моих сочинений на вечные времена: эта мысль у меня давно в голове вертится – и лучшего советчика на этот счет – как Вы – и найти нельзя.“ (PSP, XIII_1, 224). Vermutlich war er der Ansicht, dass nach seinem Tod die Ausschüttung von Tantiemen an Pauline Viardot und seine Tochter Paulinette aus finanzieller Sicht weniger vorteilhaft wäre als die Entgegennahme eines einmaligen Geldbetrags.

Doch das Treffen mit Grigorovič kam nicht zustande, woraufhin sich Turgenev am 1. (13.) Mai 1882 an Annenkov wandte und ihn bat, sich der Sache anzunehmen. Gleichzeitig stellte er ihm eine Reihe von editorisch-strategischen Schlüsselfragen:

> Вследствие расстройства моего здоровья, я желал бы еще при жизни сделать распоряжение о капитале, образуемом моими сочиненьями. Полное их собрание (последнего издания) находится теперь в распоряжении книгопродавцев наследников купца Салаева в Москве – и срок их владенья ими уже близится за ис-

XIII_2, 8). Geplant war ursprünglich eine Auflagenhöhe von 5'500.

517 MIRONOV 1961, 335. Vgl. hierzu Turgenevs Brief an Stasjulevič vom 1. (13.) Januar 1880: „Кстати, это издание салаевское до того обезображено опечатками, что поверить трудно! В томе, заключающем «Записки охотника», их несколько *сотен*! И это печаталось с печатного – да еще стереотипическое издание у них было в руках…“ (PSP, XII_2, 201; Hervorhebung im Original, A.S.).

518 MIRONOV 1961, 335.

> тощеньем экземпляров. Желая продать теперь их вполно с присовокуплением всех новых моих произведений, появившихся в журналах, сборниках и отдельно, а также и всего того, что еще может быть написано мною впредь – конечно, по предварительном напечатании их в журналах, – поручаю Вам, купно с М. М. Стасюлевичем, бароном Г. О. Гинцбургом, г. Самарским-Быховцем и другими лицами, какие Вы почтете за нужное привлечь к участию в этом деле, отыскать покупщика – и сообщить мне сюда в Париж проект доверенности, посредством которой я передам избранному Вами лицу мои права собственности на означенные сочинения. [...]
> Прошу Вас вместе с тем взять на себя право решить:
> а.) не следует ли, судя по обстоятельствам, прибегнуть к старому срочному способу моих изданий вместо теперь предполагаемой бессрочной продажи? в.) нужно ли включать в число продаж обоего рода стереотипное издание «Записок охотника» – или должно продолжать им пользоваться отдельно? – и, наконец, с.) в случае свершения продажи буду ли я иметь право на предоставление издания другому лицу, чем то, которое их приобрело, буде оно окажется несостоятельным или недобросовестным? При определении условий предполагаемой продажи обращаю внимание Ваше и почтенных моих советчиков вообще на то обстоятельство, что сам я не могу определить неприменяемой цифры или цены нового издания; но могу приблизительно указать им на следующие соображения. Продажа моих сочинений доселе давала мне до 6000 р. годового дохода, не включая сюда 1000 р., ежегодно получаемых с «Записок охотника»; да, вероятно, столько же, если не более, получали доходу с них и их издатели. От Вашего суда, стало быть, будет зависеть определить, на основании каких процентов может быть капитализирован вышеозначенный доход, принимая в расчет, что продажа будет соответствовать полному отчуждению моей собственности и издание будет длиться на весь срок, законом установленный. (PSP, XIII_1, 245f.)

Annenkov erörterte die Frage mit Stasjulevič, Horace Ginzburg und dem Literaturhistoriker Aleksandr N. Pypin. Sie alle hielten Turgenevs Vorhaben, die Abdruckrechte vollständig an einen Verleger abzutreten, für wenig zweckmässig. Während Annenkov Turgenev nahelegte, sich für die neue Werkausgabe auf einen herkömmlichen Vertrag über etwa 25'000 Rubel zu beschränken,[519] riet Ginzburg, Turgenev solle die Werkausgabe in Eigenregie verlegen, um auf diese Weise einen höheren Gewinn zu erzielen. Turgenev würdigte zwar Ginzburgs Idee, erachtete sie jedoch, wie sein Brief vom 26. Mai (7. Juni) 1882 an seinen Vertrauten Toporov zeigt, in seinem Fall für nicht durchführbar – er brauchte

[519] PSP, XIII_1, 533.

Geld und wollte sich nicht auf gewagte Unternehmungen einlassen, für die ihm Zeit und Erfahrung fehlten:

> Сию минуту получил от Гинцбурга письмо, в котором он предлагает высланные ему мною 18 400 р. употребить на издание – и потом самому продавать. Выгоды, конечно, больше – но чем буду я пока жить? (PSP, XIII$_1$, 267)[520]

Schliesslich beauftragte Turgenev Toporov, nicht nur mit den Glazunovs, sondern – ungeachtet aller Erfahrungen – auch mit dem Salaev-Erben Vladimir V. Dumnov Verhandlungen zu führen (PSP, XIII$_1$, 533).[521] Turgenev ging es vor allem darum, die Angelegenheit rasch zu Ende zu bringen und einen unmittelbaren finanziellen Gewinn zu erlangen, um die materielle Zukunft seiner Tochter und Enkelkinder zu sichern. Aus diesem Grunde verliess er sich bald ganz auf Toporov: „действуйте по Вашему благоусмотрению – а я заранее всё подтверждаю.“ (PSP, XIII$_1$, 308).

Tatsächlich verhandelte Toporov sowohl mit Dumnov als auch mit Ivan Glazunov, und es wäre beinahe zu einem Vertragsabschluss mit den Salaev-Erben gekommen, hätte Turgenev nicht infolge eines Missverständnisses Geldforderungen erhoben, auf die Dumnov keinesfalls eingehen wollte. Obwohl es nicht den Fakten entsprach, war Turgenev nämlich fest davon überzeugt, dass er im Rahmen der Vereinbarung mit Dumnov von 1879 für seine Werksammlung 25'000 Silberrubel – und nicht 22'000 – erhalten hatte. Dementsprechend verlangte er für die neue Edition ein Honorar von mindestens 25'000 Rubeln. Turgenev war weder bereit, Dumnovs Angebot über 24'000 Rubel anzunehmen, noch seiner damit verbundenen Forderung nach einer höheren Auflage (6'000 statt 5'500 Exemplare) zuzustimmen.[522]

520 Vgl. auch PSP, XIII$_1$, 288 sowie SÉMÉNOFF 1933, 31: „Editer à mes propres frais serait peut-être plus avantageux, – mais il faut en attendant manger (ou plutôt donner à manger à ma fille et à ses enfants […]).“

521 MIRONOV 1961, 336f. Vgl. etwa PSP, XIII$_1$, 273. An Toporov schrieb Turgenev am 17. (29.) Mai 1882: „С моей стороны я полагаю только два условия: 1.) чтобы половина цены была уплачена немедленно – вперед; <2.)> чтобы корректура была поручена знающему человеку – литератору – дабы не повторились ужасы прежнего издания. Быть может – если наследник Салаева не согласится – можно будет попытать другого книгопродавца. Г-да Стасюлевич и Анненков предполагают, что можно запросить 20 000 р. (за 5500 экз.).“ (PSP, XIII$_1$, 258). Weiter schrieb Turgenev an Toporov am 27. Juni (9. Juli) 1882: „Продавать сочинения не следует уже просто потому, что никто 60 т. не даст. А отдельное издание продать если тоже нельзя за 25 000, то хоть за *23 000.* Это последняя цена – и от Вас будет зависеть, на какую сумму решиться. Одно непременное условие: 5000 руб. вперед.“ (PSP, XIII$_1$, 293f.; Hervorhebung im Original, A.S.).

522 MIRONOV 1961, 337f. Turgenevs Ablehnung einer höheren Auflage ist vermutlich darauf zurückzuführen, dass er das Risiko vermeiden wollte, durch zu viele Restexemplare künftige Editionsprojekte zu blockieren. Wesentlicher Bestandteil des Vertrages von

Da aufgrund der Hartnäckigkeit beider Partner die Verhandlungen wenig Aussicht auf Erfolg hatten, wandte sich Toporov an Ivan Glazunov, mit dem relativ rasch eine Einigung erzielt werden konnte. Ungefähr Mitte 1882 liess Turgenev dann den Auftrag für die neue Werkausgabe an Glazunov erteilen, nachdem er sich, wie er am 4. (16. Juli) 1882 Toporov gegenüber festhielt, von den Salaev-Erben distanziert hatte: „Вы уже из прежнего моего письма могли усмотреть, что я на Думнова махнул рукою." (PSP, XIII_1, 297). Im selben Brief an Toporov wiederholte er seine Bedingungen, wobei er den finanziellen Aspekt nicht mehr allzu sehr herausstrich. Turgenev ging es nunmehr vor allem darum, die Qualität der Edition durch eine sorgfältige Korrektur sicherstellen und die Drucklegung einer Druckerei seiner Wahl anvertrauen zu können:

> Вам известны условия, на которых я согласен продать издание моих сочинений (5000 р. вперед, хорошая корректура и печатать у Стасюлевича); всё остальное зависит от Вашего благоусмотрения. Я Вам писал, что доволен буду 23 000 вм. 25; если Вы найдете возможным спустить еще 1000 – т. е. продать за 22 – и то добре. [...] Кажется, Глазунову не обидно будет дать *23* тыс. Конечно, лучше было бы *25* – да мало чего нет! Вот и мне лучше было быть здоровым – а вот поди ж ты! (PSP, XIII_1, 297; Hervorhebungen im Original, A.S.)

Da aber Turgenev währenddessen den seinerzeit abgeschlossenen Vertrag mit den Salaev-Erben gefunden hatte, liess er Toporov die Verhandlungen mit Dumnov doch noch einmal aufnehmen. Turgenev war klar geworden, dass er sich in der Höhe des damals vereinbarten Honorars getäuscht und daher Dumnov mit einer falschen Summe konfrontiert hatte. Am 8. (20.) Juli 1882 schickte Turgenev diesen Vertrag an Toporov und übertrug ihm in dieser Angelegenheit sämtliche Kompetenzen:

> Посылаю Вам наконец мною найденный *контракт* с Салаевым. Из него Вы усмотрите, что сумма, им заплаченная, *22 000 р.* (а не 25 000). Вследствие сего Вам будет возможно – если найдете удобным – либо тоже ограничиться этой цифрой или 23 000-и, или согласиться на печатание 6000 экз. при 25 000-ой цене. Вообще, повторяю, действуйте совершенно самостоятельно – а я заранее на *всё согласен, что бы Вы не решили.* (PSP, XIII_1, 299; Hervorhebungen im Original, A.S.)

Turgenev hatte weder Zeit noch Kraft, sich noch weiter mit den Details des Editionsprojektes abzugeben. Mit Toporov stand ihm ein Mittelsmann zur Seite, der alle offenen Fragen sorgfältig erörterte und schliesslich die für Turgenev

1879 mit den Salaev-Erben war nämlich die Klausel, dass neue Werkausgaben erst dann in Angriff genommen werden durften, wenn die Zahl der im Verlagshaus verbliebenen Exemplare weniger als 200 betrug.

vorteilhaftere Variante ermittelte. Nachdem Dumnov gegenüber alle möglichen Konzessionen gemacht worden waren, wandten sich Turgenev und Toporov im August 1882 definitiv von den Salaev-Erben ab, um am 21. August (2. September) 1882 mit Ivan I. Glazunov einen Vertrag abzuschliessen (vgl. Appendix C, S. 482).[523]

Ivan Glazunov erhielt die Rechte für den Abdruck und Verkauf der fünften Werkausgabe für 25'500 Rubel, die Turgenev in fünf Raten zwischen dem Datum des Vertragsabschlusses und dem 1. Januar 1885 auszubezahlen waren. Die zehnbändige Edition sollte, neben allen bereits veröffentlichten Werken Turgenevs, auch die beiden neuen Aufsätze *Semejstvo Aksakovych i Slavjanofily* sowie *Požar parochoda Nikolaj I* (*Un incendie en mer*) umfassen. Der Preis der auf 6'100 Exemplare veranschlagten Ausgabe durfte nicht mehr als 15 Rubel pro Exemplar betragen, wobei 50 Exemplare kostenlos an Turgenev gingen. Papiersorte, Schriftart und Druckformat durfte Turgenev festlegen, und er war auch für die Anfertigung und rechtzeitige Zustellung seines Porträtbildes verantwortlich, das jeder Ausgabe beigefügt wurde. Jeder einzelne Druckbogen musste Stasjulevič vorgelegt werden, der die Korrekturlektüre unentgeltlich übernahm. Wenn auch nur ein Druckfehler festgestellt wurde, musste der ganze Bogen neu gedruckt werden, und nur von Stasjulevič unterzeichnete Fahnen durften in den endgültigen Druck gelangen. Zwar hatte Glazunov bei der Auswahl der Druckerei freie Hand, doch mussten zwei Bände der Ausgabe bei Stasjulevič hergestellt werden. Darüber hinaus durfte eine weitere, sechste Werkausgabe erst in Angriff genommen werden, wenn Glazunov sämtliche Exemplare der fünften Edition verkauft hatte. Davon ausgenommen waren wiederum die *Zapiski ochotnika*, über deren Verwertung Turgenev nach wie vor verfügen konnte.[524]

Da die Salaev-Erben im Spätsommer 1882 behaupteten, sie besässen noch über 1'235 Exemplare der vierten Werkausgabe und laut Vertrag vom 1. (13.) Mai 1879 erst dann eine neue Edition begonnen werden durfte, wenn dieser Vorrat auf unter 200 gesunken war, musste auch dieser Punkt in die Übereinkunft zwischen Turgenev und Glazunov aufgenommen werden. Dementsprechend wurde festgelegt, dass die dritte der vereinbarten fünf Ratenzahlungen ausgesetzt würde, bis die Glazunov-Ausgabe zum Verkauf freigegeben war. Die restlichen beiden Raten sollten dann in Abständen von sechs Monaten überwiesen werden.[525] Diese Klausel wurde nicht zuletzt auch deshalb eingefügt, um Turgenev den Abschluss des Vertrages mit Glazunov überhaupt erst zu ermöglichen. Denn die Restbestände der Salaev-Edition, über deren Höhe unterschiedliche Zahlen vorlagen, beunruhigten Turgenev dermassen, dass er daran dachte, die Exemplare selber zu kaufen, um sich auf diese Weise aller Pflichten zu entledigen. Turgenev unterstellte den Salaev-Erben sogar Betrügerei – sie hätten, so

523 MIRONOV 1961, 339-342; SCHAPIRO 1982, 317; PSP, XIII_1, 533.

524 *Russkaja starina* 10 (1883), 248f.

525 *Russkaja starina* 10 (1883), 248f.; MIRONOV 1961, 344.

glaubte er eine Zeitlang, einen Nachdruck anfertigen lassen, um so ein neues Editionsprojekt bei einem anderen Verleger zu unterlaufen.[526]

Mit Glazunov hatte Turgenev einen Verleger gefunden, der sich gewissenhaft aller finanziellen und editorischen Wünsche des Schriftstellers annahm. So überwies er, wie vertraglich vereinbart, die erste Rate über 5'500 Rubel bei Vertragsabschluss (PSP, XIII_2, 13, u. 16f.) und begegnete damit Turgenevs Sorgen um die eigenen Finanzen. Vor allem aber trug er Turgenevs Ansprüchen an die Qualität der neuen Werkausgabe Rechnung, indem er die Bedeutung, die dieser einer exakten Korrektur beimass, würdigte und diesbezüglich Turgenevs Forderungen in jeder Hinsicht zu erfüllen suchte. Turgenev war jedenfalls mit der Wahl seines neuen Verlegers, wie er am 5. (17.) August 1882 in einem Brief an Toporov zu erkennen liess, sehr zufrieden: „Нечего и говорить, что, как издателя, я И. И. Глазунова в тысячу раз предпочитаю московским господам." (PSP, XIII_1, 326).[527] Die finanziellen Modalitäten dieser Vereinbarung spiegeln sich übrigens auch in Turgenevs Testament vom 17. (29.) März 1883 wider, wo ausdrücklich festgehalten ist, dass die von Glazunov bis dahin noch nicht beglichenen 20'000 Rubel – ebenso wie sämtliche Autoren- und Eigentumsrechte auf Turgenevs veröffentlichte als auch bis dahin noch unveröffentlichte Werke – im Falle seines Todes Pauline Viardot zufallen sollten.[528] Demnach hätte Pauline Viardot als Erbberechtigte die weiteren Verwertungsstrategien des Turgenevschen Œuvre bestimmen und die entsprechenden Einkünfte erhalten sollen.

Allerdings blieb es nicht bei diesem ‚herkömmlichen' Vertrag mit Glazunov, denn bereits ein knappes Jahr später verwirklichte Turgenev dann doch noch jenen Gedanken, der dem neuen Projekt ursprünglich zugrunde lag: Am 9. August 1883 liess er über Toporov die Rechte für sein Gesamtwerk an Ivan Glazunov verkaufen, der damit für fünfzig Jahre zum Eigentümer des Gesamtwerkes wurde.[529] Turgenev verlangte für diese Abtretung 80'000 Rubel, was insofern keine überrissene Forderung darstellte, als seine jährlichen literarischen Einkünfte zu jenem Zeitpunkt rund 7'000 Rubel betrugen. Turgenev war sich der Verhältnismässigkeit seines Angebotes durchaus bewusst, als er am 21. Juli (2. August) 1883 an Glazunov schrieb:

> Предложение ваше совпадает с желанием моим передать право издания в руки честного и надежного издателя.

[526] Mironov 1961, 343f. Obwohl sich Turgenevs Werksammlungen gut verkauften, waren solche Restposten nichts Ungewöhnliches. Es konnte durchaus Jahre dauern, bis tatsächlich die gesamte Auflage einer Edition verkauft war (vgl. Rusakov 1904, 950f.)

[527] Vgl. hierzu auch sein am selben Tage an Stasjulevič gerichtetes Schreiben: „Дело моего издания благополучно окончено [...] и не с наследниками Салаева, а с И. И. Глазуновым, что во всех отношениях лучше." (PSP, XIII_1, 327).

[528] Arzumanova 1960, 269. Vgl. Appendix F, S. 488.

[529] Arzumanova 1960, 265 u. 271.

Что касается до условий, то я надеюсь, что сумма в 80 т. рублей не покажется вам слишком высокою, так как я включаю в нее те 25 500 рублей, которые следуют мне по контракту 1882 г., а также и те 20 т., в которые я определяю стоимость «Записок охотника», приносящих мне по 1400 р. и более ежегодно. Прибавив эти 20 т. к тем 60 т., в которые было оценено полное собрание сочинений моих, с оставлением за мною права стереотипного издания «Зап<исок> охотн<ика>», я нахожу, что требования мои не должны показаться вам слишком преувеличены.
(PSP, XIII_2, 183)

Demnach umfasste die vorgeschlagene Globalsumme sowohl die 25'500 Rubel, die im Vertrag vom 21. August (2. September) 1882 vereinbart worden waren, als auch jene 20'000 Rubel, die nach Turgenevs Schätzung den ‚Wert' der *Zapiski ochotnika* darstellten. Inwieweit sich Turgenevs Forderung im realistischen Bereich bewegte, zeigt alleine die Tatsache, dass Gončarov ebenfalls in den 1880er Jahren für seine Werkrechte von Ivan Glazunov mit 50'000 Rubeln entschädigt wurde, während Anton Čechov 75'000 Rubel für sein Œuvre erhielt.[530] Dass sich Turgenev schliesslich für diese Vertragsvariante entschied, ist wohl auf seine Bedenken zurückzuführen, die er hinsichtlich möglicher Erbschaftsstreitigkeiten nach seinem Tode hatte.

Die zehnbändige Werkausgabe aus dem Glazunov-Verlag erschien 1883-84 (*Polnoe sobranie sočinenij. Posmertnoe izdanie*). Trotz seiner bereits fortgeschrittenen Krankheit sichtete Turgenev bis auf einen Band die gesamte Edition während der Drucklegung und bestimmte sowohl die Reihenfolge der Schriften als auch den Inhalt der einzelnen Bände.[531] Schon 1884 wurde die Ausgabe neu aufgelegt, während die dritte und vierte Edition dann 1891 und 1897 folgten.[532] Glazunov hatte Turgenevs Angebot über 80'000 Rubel offensichtlich angenommen, auch wenn es zu keiner entsprechenden Vereinbarung mehr kam: Denn bereits der fünfte Werkband wies den Vermerk „Собственность Глазунова"

530 RUSAKOV 1904, 924. Hätte Turgenev tatsächlich mit Glazunov einen herkömmlichen Vertrag über 25'500 Silberrubel abgeschlossen und das Urheberrecht für sein gesamtes Œuvre testamentarisch seinen Erben vermacht, hätten diese letztlich einen wesentlich höheren Gewinn erzielen können – wenn auch nur theoretisch. Wenn man nämlich die damals gesetzliche Schutzfrist von 50 Jahren zugrunde legt und davon ausgeht, dass alle fünf Jahre eine neue Werkedition erschienen wäre, für die den Erben Turgenevs jeweils 25'000 Silberrubel bezahlt worden wären, hätte Turgenevs Werk innerhalb von 50 Jahren – rein rechnerisch gesehen – 250'000 Silberrubel abgeworfen (vgl. RUSAKOVS analoge Extrapolation zu Pisemskijs literarischem Nachlass [1904, 949]). Eine solche Rechnung konnte jedoch in der Praxis aufgrund des noch sehr beschränkten Absatzes der Werkeditionen nicht aufgehen (RUSAKOV 1904, 959f.)

531 SCHAPIRO 1982, 317.

532 ŽEKULIN 1985, 13.

auf,[533] und am Tag nach Turgenevs Tod notierte Toporov auf den Abrechnungen, welche die Abmachung betrafen: „Право литературной собственности на сочинения И. С. Тургенева продано фирме Глазунова за 80 000 рублей“.[534] Von dieser Summe waren zu jenem Zeitpunkt noch 59'500 Rubel ausstehend (PSP, XIII_2, 380).

Mit diesem Geschäftsabschluss hatte Turgenev all jene Ziele erreicht, die ihm kurz vor seinem Tod so wichtig gewesen waren: Einerseits war es ihm gelungen, seine letzte Werkausgabe redaktionell weitgehend selber zu betreuen und die Qualität der Ausgabe zu überwachen. Zudem war durch die Vereinbarung mit Glazunov gewährleistet, dass eine nach Turgenevs Ansicht ‚angemessene‘ Entschädigung für die Werkrechte zu einem Grossteil an seine Nachkommen ging, sein Œuvre also adäquat kapitalisiert und testamentarisch vermacht wurde. In diesem Sinne hatten sich Toporovs und Turgenevs Bemühungen um eine zufriedenstellende Regelung des literarischen Nachlasses gelohnt.

Seit den frühen 1850er Jahren hatte sich Turgenev vor allem dank seiner *Zapiski ochotnika* als angesehener Autor auf dem in- und ausländischen Literaturmarkt etabliert. Sein Ruf und seine Popularität wuchsen in den folgenden Jahrzehnten kontinuierlich und schlugen sich auch unmittelbar in seiner Privatökonomie nieder. Denn Turgenevs Reputation liess ihn rasch zum gefragten Mitarbeiter bei den führenden Zeitschriften Russlands werden, und die Redakteure bemühten sich in hohem Masse um ihn, indem sie zu vielfältigen Konzessionen an Honorarzahlungen, Vorschüssen, Schuldentilgung und editorischen Sonderregelungen bereit waren. Turgenevs Renommee, sein symbolisches Kapital, offenbarte spätestens in den 1860er Jahren eine unmittelbare und einträgliche Konvertierbarkeit in ökonomisches Kapital. Die für Turgenev höchst lukrativen Verwertungsstrategien seines Œuvres sowohl in der Originalfassung als auch in Übersetzungen reichten von Erstveröffentlichungen neuer Werke in Zeitschriften über entsprechende Separatausgaben in Buchform bis hin zu ganzen Werkeditionen, die aufgrund ihres Verkaufserfolges immer wieder neue und erweiterte Auflagen erfuhren. Die ansehnlichen Honorare, die Turgenev schon früh bezog, und die stattlichen Globalsummen, die er für grössere Werke oder Werkausgaben erhielt, gingen nach 1850 mit ausserliterarischen Einkünften einher. War Turgenev bis zum Tode seiner Mutter fast ausschliesslich von ihren Unterhaltszahlungen abhängig gewesen, konnte er nach Antritt des Erbes auf die Einnahmen aus den Besitzungen in Russland zurückgreifen. Damit waren eigentlich alle Voraussetzungen für ein fortan komfortables Leben in materieller Sicherheit gegeben.

[533] Derselbe Vermerk ist auch in der Glazunov-Ausgabe der *Zapiski ochotnika* von 1883 zu finden (*Z. o.*, iv).

[534] RUSAKOVS Behauptung (1904, 924), Glazunov habe Turgenev für die Abtretung der Rechte 75'000 Rubel bezahlt, ist demnach nicht korrekt.

2.6. Turgenev als Gutsbesitzer

> Трудно – между нами – представить что-нибудь более неправдоподобно-безобразное, чем управление моими имениями.
>
> *Turgenev 1866 an A. Fet* (PSP, VI, 97)

2.6.1. Zum wirtschaftlichen Potential der Güter Turgenevs

In Russland lebten Adlige, die kein staatliches Gehalt als Beamte oder Offiziere bezogen, vorwiegend vom Ertrag besiedelter Ländereien. Dabei gab es beträchtliche Unterschiede zwischen der Organisation von grossen und kleinen Gütern, und die unterschiedliche Bodenqualität führte zu zahlreichen regionalen Varianten in der Wirtschaftsführung.[535] Der Ertrag, den die adligen Güter in Russland abwarfen, hing demnach von der Grösse des Besitzes, der Qualität des Bodens, den klimatischen Gegebenheiten sowie der jeweiligen Gutsverwaltung ab. Hohe Pachtpreise als Folge der Bodenverknappung und des Bevölkerungswachstums sowie gestiegene Getreidepreise boten Anreize zur landwirtschaftlichen Kommerzialisierung, deren Ursprünge in Russland bis ins 18. Jahrhundert zurückreichen.[536]

Bis zur „Bauernbefreiung“ konnte ein bessergestellter Gutsherr sein Auskommen durchaus auf der Grundlage seines Leibeigenenbesitzes bestreiten. Selbst bei geringen eigenen Fähigkeiten zur Gutsbewirtschaftung sicherten ihm unbezahlte Fronarbeit, Geld- oder Naturalabgaben die Existenz, wobei je nach Wirtschaftsweise die Leibeigenen entweder Zins entrichten oder Frondienst leisten mussten – oft wurden ihnen auch beide Verpflichtungen nebeneinander auferlegt.[537] Dennoch hatten viele Gutsbesitzer mit erheblichen finanziellen Problemen zu kämpfen: Wegen der Marktferne ihrer Wirtschaftsbetriebe hatten sie oft zu wenig Bargeld, zudem lebten fast alle Adligen über ihre Verhältnisse, so dass viele Güter mit Schulden belastet waren. Nach der Aufhebung der Leibeigenschaft 1861 mussten sie sich überdies der Konkurrenz von Vertretern anderer gesellschaftlicher Gruppen, die ihren Profit in der Landwirtschaft suchten, stellen und in eigener Verantwortung mit unternehmerischem Risiko wirtschaften.[538] Mit den Reformen wuchsen die finanziellen Schwierigkeiten vieler adliger Landbesitzer: Ihre Verschuldung nahm weiter zu, während sich ihr Landbesitz beträchtlich reduzierte. Ausserdem hatte die lange oder gar permanente Ab-

[535] GRENZER 1995, 30.

[536] GRENZER 1995, 34 u. 84.

[537] Die Pflichten der Leibeigenen waren meist nach Arbeitseinheiten (*tjagla*) verteilt, die auch als Grundlage für die Zuweisung der Landanteile dienten. Zudem hatten sie für die Kopfsteuer und für Umlagen zugunsten der Bauerngemeinde, der Geistlichen, der Wegebaudienste etc. aufzukommen, was ihre ohnehin bereits beträchtliche finanzielle Belastung weiter verstärkte (SCHEIBERT 1973, 196 u. 200).

[538] SCHEIBERT 1973, 200; GRENZER 1995, 30 u. 84.

wesenheit vieler Adliger von ihrem Gut eine spürbare Vernachlässigung der Ländereien zur Folge. Manche Gutsbesitzer waren daher kaum noch in der Lage, die Rentabilität ihrer Besitzungen aufrechtzuerhalten.[539] Ohnehin konnte eine nachhaltige Steigerung der Agrarerträge nur mehr erreicht werden, wenn die Feldbestellung etwa durch die Verwendung von Maschinen intensiviert und die gesamte landwirtschaftliche Nutzbarmachung rationalisiert wurde. Desungeachtet vertraten führende Ökonomen die Ansicht, dass selbst diese neuen Bewirtschaftungsmethoden nur dann Gewinne zeitigten, wenn sie durch ‚freie' Bauern – und nicht durch Leibeigene – ausgeübt würden.[540] Kurzfristig hatte die Aufhebung der Leibeigenschaft zwar für viele Gutsbesitzer negative Folgen, mittel- bis längerfristig brachte sie jedoch Vorteile, die auf der Grundlage der alten Strukturen nicht hätten erreicht werden können.

In welchem Ausmass sich Turgenevs ökonomische Rahmenbedingungen mit dem Erbschaftsantritt 1850 geändert hatten, wird deutlich, wenn man seine neuen Besitzverhältnisse mit jenen der übrigen Adligen in Russland vergleicht. Denn der grössere Teil des russischen Adels war keineswegs vermögend. So ermittelte beispielsweise die Revisionszählung von 1857/58, dass 42 % des landbesitzenden Adels jeweils maximal 21 „Revisionsseelen" besassen und Ackerbau sowie Hausgewerbe zur Bedarfsdeckung betrieben, während 4 % der Grossgrundbesitzer über nahezu die Hälfte aller Leibeigenen verfügten.[541] Mit einem Vermögen von rund 2'000 „Seelen" und etwa 11'000 Desjatinen[542] (rund 120 km^2) Land gehörte Turgenev Mitte der 1850er Jahre zur reichsten Grundbesitzerschicht Russlands: 1857/58 besassen nur gerade 793 Gutsbesitzer (1,2 %) mehr als 1'000 Leibeigene.[543]

Nach 1861 erlitt Turgenev durch die Landabtretungen an seine Bauern und die Tatsache, dass er sich dafür nur unzureichend entschädigen liess, erhebliche finanzielle Einbussen.[544] Trotzdem gehörten ihm immer noch die einträglichen Besitzungen Spasskoe, Tapki, Ljubovša, Cholodovo und einige andere Güter mit

539 GRENZER 1995, 32 u. 53.

540 GRANJARD 1954, 108.

541 GRENZER 1995, 31.

542 Vgl. Anmerkung 545.

543 GRENZER 1995, 32. Laut ROOSEVELT (1995, 233) hatten unmittelbar vor der „Bauernbefreiung" ungefähr 75 % der 103'194 Gutsbesitzer Russlands weniger als 100 Leibeigene. Als Gruppe gehörte ihnen kaum $^1/_5$ aller Leibeigenen, wohingegen die reichsten 3,7 % über je 1'000 Leibeigene und damit über nahezu die Hälfte aller „Seelen" verfügten.

544 GRIGOROVIČ 1928, 259; KNOWLES 1988, 7. Im Gegensatz zu Turgenev liessen sich viele Gutsherren als Gegenwert des an die ehemaligen Leibeigenen abzutretenden Landes sehr hohe Entschädigungssummen zusprechen, die neben dem Kaufpreis des Bodens auch eine verborgene Abfindung für die freigegebenen Arbeitskräfte enthielt (GITERMANN 1987, III, 196).

insgesamt rund 5'500 Desjatinen[545] (knapp 60 km²) Land, das nach dem für das Gouvernement Orël und dessen Nachbarbezirke in den 1860er Jahren gültigen Bodenpreis einen Wert von mindestens 450'000 Rubeln hatte.[546] Auf den überwiegend im fruchtbaren Schwarzerdegebiet gelegenen Gütern Turgenevs wurde primär Getreide für den Export angebaut. Dies war insofern lukrativ, als im Ausland eine starke Nachfrage nach russischem Korn herrschte, dessen Ausfuhrmenge alleine zwischen 1840 und 1848 um 250 % gestiegen war. Darüber hinaus erhöhten schlechte Ernteergebnisse, wie 1873 in Frankreich, das Interesse am russischen Getreide, dessen Preis entsprechend wuchs.[547] Flüssiges Kapital, das Turgenev für seinen Lebensunterhalt sowie für Investitionen verwenden konnte, stammte denn auch vor allem aus den Verkäufen solcher landwirtschaftlicher Produkte, während später Zinserträge von verpachtetem Land sowie Gewinne aus Grundstücksveräusserungen hinzukamen.

Gutsbesitzer, die in der Nachbarschaft von Spasskoe lebten, gingen bei der Berechnung ihrer jährlichen Einkommensprognosen von etwa 6 % des Gesamtwertes ihrer Ländereien aus (auch Tolstoj und Fet stützten sich auf diese Schätzung). Angesichts ihrer günstigen Lage hätten Turgenevs Güter demzufolge

545 Während ZABOROVA (1967, 228) und SCHAPIRO (1982, 107 u. 221) behaupten, Turgenev habe 5'500 Desjatinen Land sowie 1'925 „Seelen" von seiner Mutter geerbt, bezieht GUT'JAR (1907, 208) die 5'500 Desjatinen auf Turgenevs Besitzstand *nach* der „Bauernbefreiung". Da SCHAPIRO auf GUT'JAR verweist, ist anzunehmen, dass sich die Flächenangabe tatsächlich auf Turgenevs Vermögen nach der Aufhebung der Leibeigenschaft bezieht (vgl. Anmerkung 331). Turgenev selbst bezifferte die Gesamtfläche seiner Güter in seinem Schreiben vom 31. März (12. April) 1867 an Fet auf 5'500 Desjatinen („из коих 3500 совершенно свободны") (PSP, VI, 216). Geht man davon aus, dass Turgenev, wie er am 30. Juli (11. August) 1858 an Pauline Viardot schrieb, im Rahmen des *obrok*-Systems die Hälfte seiner Ländereien an seine Bauern abgetreten hatte („je leur céderai la moitié des terres pour une redevance annuelle"; PSP, III, 230), dürften die Zahlen stimmen, d. h., Turgenev besass ursprünglich etwa 11'000 Desjatinen Land, nach der „Regulierung" noch 5'500 Desjatinen.

546 GUT'JAR 1907, 208. Vgl. demgegenüber YARMOLINSKY (1959, 262), der den Wert der Ländereien, die Turgenev um 1867 – also nur wenige Jahre nach der Aufhebung der Leibeigenschaft – besass, auf lediglich 60'000 Rubel beziffert. ROOSEVELT (1995, 234) führt in einem Fallbeispiel aus den frühen 1850er Jahren einen Bodenpreis von 25 Rubeln pro Desjatine für ein in der Provinz Kursk gelegenes grösseres Gut der Prinzessin Tat'jana Potemkina an. Dagegen konnte Turgenev 1870 ein seiner Ansicht nach „minderwertigstes" Landstück zu 65 Rubeln pro Desjatine veräussern (PSP, VIII, 239), während in anderen Fällen Forderungen bzw. Angebote über 30, 35, 70, 75, 80, 95 oder sogar 118 Rubel pro Desjatine dokumentiert sind (PSP, VI, 214; PSP, IX, 306; PSP, X, 29; PSP, XI, 144). Auf jeden Fall lag der Wert der Ländereien, welche die beiden Turgenev-Brüder besassen, weit über dem in der Erbschaftsurkunde vom 8. (20.) März 1855 angeführten Betrag von 388'000 Rubeln (vgl. *Orlovskij vestnik* № 76 vom 19. [31.] März 1899, 2; *RGIA*, f. 577, op. 26, d. 2339, l. 11). Zu den Bodenpreisen in Russland nach 1850 vgl. auch BECKER 1985, 43-47.

547 GRANJARD 1954, 108. Vgl. hierzu auch PSP, X, 144.

rund 27'000, bei einer Verwaltung in Abwesenheit des Gutsbesitzers aber nicht weniger als 20'000 Rubel pro Jahr einbringen sollen.[548] Nichtsdestoweniger fiel die Ertragslage bei den beiden Turgenev-Brüdern auffallend unterschiedlich aus: Nikolaj, der aus Gewinnsucht seine Einnahmen zu verschweigen pflegte, erzielte, unterstützt von seiner sparsamen Frau, Jahreseinkünfte von stets mehr als 20'000 Rubeln, wobei sein Erbanteil in Grösse und Wert etwa jenem seines Bruders entsprach.[549] Ivans Güter warfen dagegen über längere Zeit hinweg durchschnittlich nur gerade 5'500 Rubel im Jahr ab und damit nicht einmal jene gut 6'000 Rubel, die er geringstenfalls erwartet hatte. 1854 musste er sogar mit einem Budget von lediglich 9'000 Francs (rund 2'400 Rubeln) auskommen. Zudem wurde auf seinem Hauptgut Spasskoe nicht nur kein Gewinn erzielt, sondern mit einem jährlichen Verlust von bis zu 1'000 Rubeln gewirtschaftet,[550] so dass Turgenev eine Zeitlang befürchtete, Spasskoe könnte unter den Hammer kommen.[551] Fedot Bizjukin, ein Leibeigener Turgenevs, erinnerte sich später:

> Иван Сергеевич простил своим крестьянам дополнительный платеж, Николай Сергеевич держал крестьян на оброке; Иван Сергеевич нет-нет да даст бывало своим мужичкам десятинку или две „леску", Николай Сергеевич – ни разу. Далее: жили они разно и разно померли: Николай Сергеевич прожил много имений в *свое* удовольствие, Иван Сергеевич – *ради счастья других*.[552]

Während also Nikolaj, der auf seinen Ländereien meistens anwesend war, Einkünfte erzielte, mit denen schon alleine aufgrund der Bodenfläche und -qualität gerechnet werden konnte, hatte Ivan sowohl völlig andere Erwartungen an das Potential seiner Güter als auch wesentlich tiefere, von der Fähigkeit und Seriosität seines jeweiligen Gutsverwalters abhängige Erträge.

Hinzu kam, dass Turgenev Spasskoe nicht als Wirtschaftsstandort betrachtete, sondern als Zufluchtsstätte und heimatliches, mit zahlreichen Erinnerungen verbundenes „Nest": So besuchte er sein Gut in den dreiunddreissig Jahren nach Varvara Petrovnas Tod während zwanzig von insgesamt fünfundzwanzig Reisen nach Russland, und zwar nicht, um dort nach dem Rechten zu sehen, sondern um sich zu erholen und zu jagen.[553] Ihm war aber auch bewusst, dass er auf

548 GUT'JAR 1907, 208; SCHAPIRO 1982, 107.

549 Nikolaj Turgenev gehörte offenbar zu jener Minderheit von russischen Gutsbesitzern, die auf ihren Besitzungen umsichtig wirtschafteten und auch neue agrarökonomische Methoden einführten. Die Erhöhung der Einkünfte durch optimierte Techniken erfolgte häufig in sehr beschränktem Masse und wurde von der Umwelt kritisch wahrgenommen (vgl. ROOSEVELT 1995, 234).

550 PSP, VI, 97 u. 216; GUT'JAR 1907, 208f.; ZVIGUILSKY A. 1971, 77; SCHAPIRO 1982, 173; KORSUN 1990, 267.

551 PSP, VII, 34; BRANG 1977, 30.

552 BIZJUKIN 1885, 372 (Hervorhebungen im Original, A.S.).

553 KORSUN 1990, 66f.; RICE 1997, 11.

seine Ländereien dringend angewiesen war, wenn er ein regelmässiges Einkommen haben und von seiner literarischen Tätigkeit finanziell unabhängig bleiben wollte. Doch noch wusste er nicht recht, wie er einen permanenten Geldzufluss aus Spasskoe sicherstellen konnte. Überdies war er der Ansicht, dass er zunächst ein für ihn weitaus virulenteres Problem lösen musste, das allerdings wiederum unmittelbar mit der Rentabilität seiner Güter und der Kapitalabschöpfung zusammenhing: die Leibeigenenfrage.

2.6.2. Exkurs: Turgenevs Spielart der „Bauernbefreiung" – Theorie und Praxis

Turgenev vertrat schon früh die Ansicht, dass der russische Adel mit dem Bauernstand durch eine Art Schicksalsgemeinschaft verbunden sei. Obwohl seine These von einer solchen ‚Ständeharmonie' weder der historischen Wirklichkeit noch der späteren Entwicklung Russlands entsprach, legte er sie einigen, zwischen 1842 und 1860 ausgearbeiteten Abhandlungen zugrunde.[554]

Neben dem Memorandum *Neskol'ko zamečanij o russkom chozjajstve i o russkom krest'janine*, das Turgenev 1842/43 anlässlich seiner Bewerbung beim Innenministerium verfasst hatte, widmete er weitere publizistische Beiträge der Bauernfrage. Darüber hinaus stellte er diesbezügliche Materialien Louis Viardot zur Verfügung, der sie dann zu eigenen Veröffentlichungen in den Jahren 1846 und 1857 heranzog.[555] So wird in Viardots Artikel *Histoire de Dmitri (Etude sur la situation des serfs en Russie)* von 1857 – ähnlich wie seinerzeit in Turgenevs *Neskol'ko zamečanij o russkom chozjajstve i o russkom krest'janine* – die „Brüderlichkeit" („fraternité") aller Menschen herausgestrichen, die schnellstmögliche Aufhebung der Leibeigenschaft gefordert und der „Absentismus" („absentéisme") der Gutsbesitzer, die in St. Petersburg, Moskau oder sogar im Ausland lebten, als „neues Übel" denunziert, das zu einem gebrochenen Verhältnis zwischen den Gutsherren und ihren Bauern geführt habe. Dieser Absentismus müsse dafür verantwortlich gemacht werden, dass die Adligen – obgleich mit ihren Bauern „eines Blutes" – noch nicht in der Lage seien, die „Bauernbefreiung" sinnvoll mitzugestalten.[556]

554 THIERGEN 1989, 2-5. Vgl. ferner MALYŠEVA 1915b, 55.

555 DEN 1968; THIERGEN 1989, 3 (*Zapiska Turgeneva o krepostnom prave, vključennaja v očerk Lui Viardo « Histoire de Dmitri (Etude sur la situation des serfs en Russie) »*. In: *Revue de Paris* 1 (1857), 368-383) (vgl. DEN 1968, 120-132). In der zweiten, kritischen Turgenev-Ausgabe in 30 Bänden ist der Text in der Rubrik *Dubia* abgedruckt (PSS [2-e izd.], XII, 516-547).

556 DEN 1968, 127 u. 131f. Vgl. auch THIERGEN 1989, 3. ROOSEVELT (1995, 113) relativiert das Klischee vom „absenten" russischen Aristokraten: „Thus, to say that the Russian aristocrat had the mentality of an absentee landowner distorts the picture. The small number of very wealthy individuals who owned over half of Russia's serfs may have had little or no contact with most of their peasants, but they did have personal links to the serf population of the estate where they preferred to live, particularly to the household staff."

Nach der vernichtenden Niederlage im Krimkrieg begann in Russland eine intensive Diskussion der Leibeigenenfrage. Zum einen hatte man nun die Rückständigkeit des Landes erkannt, zum anderen propagierte Zar Aleksandr II. eine Aufhebung der Leibeigenschaft ‚von oben', um absehbaren Reformbewegungen ‚von unten' zuvorzukommen. Der Grundidee nach sollten die Bauern „befreit", d. h. persönlich „frei" werden, was nicht zuletzt auch eine wichtige Voraussetzung für die Modernisierung des russischen Justizwesens darstellte. Zugleich sollte aber das Grundeigentum des Adels aufrechterhalten bleiben. Ende 1857 war bereits klar, dass den „befreiten" Bauern der Besitz ihres Anwesens sowie des dazugehörenden Gartenstücks gewährt würde. Darüber hinaus sollten sie so viel Land zur Nutzung erhalten, dass sie ihren Lebensunterhalt erwirtschaften sowie die Steuern für den Staat und die Leistungen für den Grundherrn aufbringen könnten. Von da an ging es vor allem um die konkrete Frage, wie gross diese Landanteile sein durften bzw. mussten. Damit verbunden war ein sachliches Problem, da der Boden in Russland erhebliche Fruchtbarkeitsunterschiede aufwies. So wurde im Schwarzerdegebiet, wo sich die Gutswirtschaft auf der Basis des Getreideexports lohnte, dem Ackerland Vorrang eingeräumt. Hier waren viele Gutsbesitzer bereit, ihre Bauern sogar entschädigungslos freizugeben, wenn die Integrität ihres Grundbesitzes gewahrt bliebe. Im landwirtschaftlich wenig ertragreichen nördlichen Waldland war hingegen der Bauer das eigentliche Kapital. Seine zum Teil gar nicht in der Landwirtschaft, sondern in Industrie und Gewerbe erarbeiteten Abgaben stellten hier die Einkommensgrundlage des Leibeigenenbesitzers dar, so dass dieser auf einer ‚Kapitalisierung' seiner Bauern in der einzig möglichen Form des sofortigen Loskaufs und dementsprechend auf einer hohen Entschädigung seitens des Staates bestand. Die unterschiedlichen Interessen und Forderungen waren nahezu unvereinbar mit einer einheitlichen Gesetzgebung, die allen Bedürfnissen gerecht zu werden hatte.[557] Angesichts der tiefgreifenden Reformpläne der Regierung erstaunt es nicht, dass zwischen 1856 und 1861 Selbstbesinnung und Selbstprognose des russischen Adels zu den drängendsten Gegenwartsthemen wurden.[558]

Turgenev erfuhr Ende 1857 in Rom, dass Aleksandr II. den Entwurf einer für die Aufhebung der Leibeigenschaft notwendigen Gesetzesgrundlage formell angeordnet hatte. Obwohl er seine eigenen Vermögensverhältnisse für ausreichend gesichert hielt und von den bevorstehenden Reformen zwar finanzielle Einbussen, nicht aber einen einschneidenden Wandel seines Lebensstandards erwartete, begann er, sich darüber Gedanken zu machen, wie andere Gutsbesit-

Turgenev verband allerdings mit dem Begriff des „Absentismus" mehr als nur die häufige Abwesenheit eines Gutsbesitzers oder dessen schwache Bindung an Bauern und Ländereien: Für ihn war gerade die Praxisferne vieler Grundbesitzer, das Unvermögen, sich auf dem eigenen Gut zurechtzufinden und aktiv an dessen Bewirtschaftung zu partizipieren, Anlass für Kritik.

557 STÖKL 1983, 536-540; HAUMANN 1996, 352.

558 THIERGEN 1989, 2.

zer mit den sich verändernden sozialen Bedingungen umgehen würden. Er war der Ansicht, dass sie alle – wie auch er selbst – letztlich keine andere Wahl hätten, als sich in jenen Bereichen zu spezialisieren, die ihren Fähigkeiten am besten entsprächen. Eine Zeitlang glaubte er sogar, er könnte sich selbst von einem Gutsherrn, der die Wirtschaftsführung auf seinen Besitzungen anderen überliess, zu einem aktiven Landbesitzer entwickeln.[559]

Bereits im Januar 1858 verfasste Turgenev in Rom ein ausführliches Programm, in welchem er den Plan für die Gründung einer Wochenzeitschrift bzw. -zeitung mit dem Titel *Chozjajstvennyj ukazatel'* entwarf (PSS, XV, 235-244).[560] Dieses Periodikum sollte als offizielles Staatsorgan den verunsicherten Adligen Sinn und Folgen der Bauernreform näherbringen. Mit der Verbreitung ökonomischer Spezialkenntnisse glaubte Turgenev, der Existenzangst und mangelnden wirtschaftlichen Kompetenz des Adels abhelfen und verhindern zu können, dass das gesamte Reformwerk im Chaos endete. Aufklärungsarbeit hatten seiner Meinung nach vor allem die „russische Wissenschaft und russische Literatur" zu leisten (PSS, XV, 237). Sein Projekt, das einen weitgehend freien Gedankenaustausch in einem offiziellen und zugleich auch erschwinglichen Blatt vorsah – das Jahresabonnement sollte nur gerade fünf Silberrubel kosten –, stiess jedoch bei den russischen Behörden auf Widerstand und wurde, vermutlich gerade wegen der angestrebten Meinungsfreiheit, als ‚verfrüht' bezeichnet, so dass es letztlich nicht realisiert wurde.[561]

Ende 1858 begann Turgenev dann mit der für den Druck vorgesehenen, jedoch nie vollendeten Skizze *Neskol'ko myslej o sovremennom značenii russkogo dvorjanstva* (PSS, XIV, 299-304). Er beabsichtigte, ähnlich wie seinerzeit in *Neskol'ko zamečanij o russkom chozjajstve i o russkom krest'janine*, die Funktion des Adels für die russische Gesellschaft zu bestimmen und die Unterschiede zur westeuropäischen Aristokratie herauszuarbeiten. Turgenev glaubte, dass der russische Adel zusammen mit allen anderen Ständen – vor allem aber den Bauern – eine grosse, staatsorientierte „Familie" bilde und dadurch den Adelsstand Westeuropas kontrastiere, der sich als abgeschlossene Erobererkaste herausgebildet und anstelle von friedlichen Landgütern befestigte Burgen geschaffen habe. Dagegen seien die Adligen und Bauern Russlands durch den mit dem Pflug ebenso wie mit Aufklärungs- und Bildungsarbeit geleisteten „Dienst am Lande" eng miteinander verbunden (PSS, XIV, 302f.).[562] Der russischen Gesellschaft eröffne sich, so Turgenev, nunmehr die Möglichkeit, das herauszubilden, was alle Völker bislang vergeblich zu erreichen versucht hätten: „класс земледельцев, которые в то же время и землевладельцы" (300). Unter *zemledelec* ver-

559 ZABOROVA 1982, 213; KNOWLES 1988, 55.

560 Vgl. hierzu auch PSP, III, 187, 191 u. 544 sowie NIKITINA 1995, 411-413.

561 MALYŠEVA 1915b, 55; MAGARSHACK 1954, 178; GRANJARD 1954, 277f.; BRANG 1977, 27; THIERGEN 1989, 3. Ausführlich hierzu: ZABOROVA 1982.

562 THIERGEN 1989, 3f.

stand Turgenev einen Fachmann, der Theoretiker *und* Praktiker zugleich war, und er mass die Aufgabe, diese Personalunion herzustellen, dem gebildeten russischen Landadel zu. Diesen hielt er nicht nur für reformfähig, sondern sogar dafür bestimmt, die führende Kraft in der gesellschaftlichen Neugestaltung zu bilden (304). Mit seiner Schrift wollte er den Adel auffordern, bei der kommenden Reform eine richtungsweisende Rolle zu übernehmen.[563]

Nicht zuletzt infolge der repressiven Massnahmen der Regierung anlässlich der Studentenunruhen nach 1861 blieb auch Turgenevs im Frühjahr 1860 ausgearbeiteter und zahlreichen russischen Schriftstellern sowie Publizisten zugestellter *Proekt programmy „Obščestva dlja rasprostranenija gramotnosti i pervonačal'nogo obrazovanija"* unverwirklicht. Mit ihm warb er für eine Verbesserung der Alphabetisierung und Elementarbildung in Russland (vgl. PSS, XV, 245-253).[564]

Ungeachtet aller Bemühungen und ernstgemeinten Reflexionen blieb Turgenev in seinen Memoranden doch zu sehr den Interessen und Privilegien seines eigenen Standes verpflichtet. Letztlich hinderte ihn auch seine eigene wirtschaftliche Abhängigkeit vom Grundbesitz daran, eine wirklich objektive Konzeption zu entwerfen und dem sich anbahnenden Reformwerk unvoreingenommen zu begegnen.[565] Turgenev glaubte weiterhin an eine Umgestaltung ‚von oben', wobei er dem im Idealfall mit theoretischen und praktischen Kompeten-

563 THIERGEN 1989, 4 u. 33. Nach Turgenevs Ansicht sollte ein „Landbesitzer" (*zemlevladelec*) zugleich auch ein „Landbearbeiter" (*zemledelec*) sein, d. h. über theoretische *und* praktische Kenntnisse verfügen und diese auch produktiv einsetzen (vgl. PSS, XIV, 300). Dieser Identitätsgedanke verweist auf V. P. Bezobrazovs Abhandlung *O soslovnych interesach – Mysli i zametki po povodu krest'janskogo voprosa*, die 1858 im *Russkij vestnik* erschienen war (Nachdruck in: THIERGEN 1989) und ihrerseits Thesen des deutschen Gesellschaftstheoretikers Wilhelm Heinrich Riehl anzitiert. Bezobrazov war fest davon überzeugt, dass Riehls Überlegungen auch auf Russland anwendbar seien. Riehl, der den Ständestaat idealisierte und zugleich die Dynamik des Industriezeitalters verkannte, richtete seine gesellschaftspolitischen Hoffnungen auf Adel und Bauerntum als „Mächte des socialen Beharrens", wohingegen er Bürgertum und Proletariat als den „Mächten der socialen Bewegung" Misstrauen, dem sogenannten „Geistesproletariat" sogar Abscheu entgegenbrachte (THIERGEN 1989, 1f. u. 5-7). In Russland wurde die Rezeption Riehls nach 1856 durch die Reformbestrebungen begünstigt (ausführlich hierzu: THIERGEN 1978). Riehl galt in russischen Kreisen als exemplarisches Beispiel für jene deskriptive Sozial- und Volksforschung, die man zur Bestandsaufnahme der Gesellschaft und Durchführung der Bauernreform als erforderlich betrachtete. Besonderes Interesse brachten zunächst Katkovs *Russkij vestnik* und der Zirkel der Slavophilen, später auch die *Otečestvennye zapiski* Riehl entgegen. Seit 1858 hatte Turgenev sowohl zu Katkov als auch zu den Slavophilen enge Kontakte, und mit Blick auf Turgenevs Ideologie in *Dvorjanskoe gnezdo* lassen sich zahlreiche Parallelen zu Riehls/Bezobrazovs Postulaten aufzeigen (THIERGEN 1989, 7).

564 MALYŠEVA 1915b, 55f.; GRANJARD 1954, 280; BRANG 1977, 27. Vgl. des weiteren PSP, IV, 120f.

565 MAGARSHACK 1954, 178f.

zen ausgestatteten Adel eine Leitbildfunktion beimass. Insofern erstaunt es nicht, dass er mit gutem Beispiel voranging und versuchte, in den späten 1850er Jahren seine vielfältigen Reformpläne, deren schriftliche Propagierung wenig Resonanz gefunden hatte, auf seinen eigenen Gütern in die Realität umzusetzen.

Während Turgenev zusammen mit seinem Bruder nach dem Tode Varvara Petrovnas 1850 umgehend dem gesamten Hofgesinde den Freibrief gegeben und grosszügig Land abgetreten hatte, setzte er den Grossteil seiner Bauern zunächst weiterhin als unbezahlte Arbeitskräfte für die Bewirtschaftung seiner Güter ein. Er glaubte nämlich, dass eine überstürzte Freistellung der Leibeigenen vorerst nicht zu ihrem Vorteil gereicht hätte, da diese ohne Landbesitz und entsprechende Ressourcen wirtschaftlich in eine schwierige Lage geraten wären. Aus diesem Grunde zog er es vor, die Bauern vorläufig unter seiner Protektion zu halten.[566] Trotzdem unterstützte er Bestrebungen seiner Leibeigenen nach mehr wirtschaftlicher Unabhängigkeit. Es gab nämlich einzelne Bauern, die schon 1853 über genügend Geld verfügten, um Grund und Boden zu kaufen. Da aber der Landerwerb durch Leibeigene damals nur möglich war, wenn er auf den Namen des Grundherrn erfolgte, stellte sich Turgenev hierzu bereitwillig zur Verfügung und erteilte entsprechende Vollmachten (PSP, II, 103 u. 105).

Als dann in den späten 1850er Jahren die Aufhebung der Leibeigenschaft in greifbare Nähe rückte, nahm Turgenev binnen kurzem richtungweisende Neuerungen im Verhältnis zu seinen Leibeigenen vor.[567] Er wollte, wie er am 3. (15.) November 1857 der Gräfin Lambert aus Rom schrieb, binnen Monaten sein Verhältnis zu den Leibeigenen grundlegend verändern, sich vom Stigma eines *pomeščik* und *barin* lösen, d. h. den althergebrachten patriarchalischen Strukturen abschwören, und ‚nur noch' „Landbesitzer" (*zemlevladelec*) – also nicht mehr Besitzer von „Seelen" – sein:

566 SCHAPIRO 1982, 139; TROYAT 1985, 65; KORSUN 1990, 263. Die Freistellung des Hofgesindes war insofern problematisch, als diese Leibeigenen infolge ihrer Dienstverpflichtungen meistens keine Landanteile bewirtschafteten, auf die sie sich hätten zurückziehen können. Dadurch, dass die Turgenev-Brüder dem freigelassenen Hauspersonal Land abtraten, trugen sie massgeblich zu dessen Existenzsicherung bei (vgl. hierzu auch Anmerkung 318). Möglicherweise richtete Ivan Turgenev auch deshalb sein Augenmerk auf diese Problematik, weil sich Vladimir Dal's Kanzlei während Turgenevs Beamtenzeit im Innenministerium mit der Situation des Hofgesindes auseinandergesetzt hatte. Laut der Aussage des Sohnes eines ehemaligen Leibeigenen soll Turgenev dem freigelassenen Hofgesinde 0,25 Hektar (rund 0,23 Desjatinen) Land pro Familie abgetreten haben, allerdings bezieht sich diese Zahl auf die Zeit nach der Aufhebung der Leibeigenschaft 1861 und damit auch auf jene Haus- und Hofbauern, die damals unter Turgenev ihren Dienst verrichteten (GROMOV 1966, 294). Tatsächlich liess Turgenev laut NARYKOV (1940, 64f.) im Frühjahr 1875 einigen seiner ehemaligen Haus- und Hofangestellten (etwa dem „Zahnarzt" Porfirij T. Kudrjašev) Landstücke abtreten.

567 Vgl. MAGARSHACK 1954, 132; YARMOLINSKY 1959, 119; BRANG 1977, 27; SCHAPIRO 1982, 95 u. 139; KORSUN 1990, 263; IVANOVA 1990, 206; KLUGE 1992, 58 u. 75.

> В мае месяце я надеюсь прибыть в деревню – и не выеду оттуда, пока не устрою моих отношений к крестьянам. Будущей зимой, если бог даст, я буду землевладельцем, но уже не помещиком и не барином. (PSP, III, 163f.)[568]

Obwohl Turgenev auf seine fruchtbaren Ländereien finanziell angewiesen war, kümmerte er sich wenig um die wirtschaftlichen Konsequenzen, die seine „Regulierung“ mit den Bauern haben würde. Er beabsichtigte, die Hälfte seines Grundbesitzes den Bauern zu verpachten und die ihm fortan fehlenden Arbeitskräfte zur Bestellung der eigenen Felder anzuheuern. Überhaupt war er, wie er betonte, „zu jedem Opfer bereit“:

> Что же касается до моих инструкций, – в деле устройства крестьян, – то вот они, в двух словах: *я готов на все жертвы.*
> (PSP, III, 215; Hervorhebung im Original, A.S.)

> Je m'occupe en même temps, avec mon oncle, de l'arrangement de mes rapports avec les paysans : à partir de l'automne (1858, A.S.), ils seront tous mis à l'*obroc*, c'est-à-dire que je leur céderai la moitié des terres pour une redevance annuelle, et je louerai des travailleurs pour cultiver les miennes. Ce ne sera qu'un état transitoire, en attendant la décision des comités : mais rien de définitif ne saurait être fait d'ici là. (PSP, III, 230; Hervorhebung im Original, A.S.)

Einerseits arbeitete Turgenev im Sommer 1858 in den von der Regierung gebildeten Gutsbesitzerkomitees, um den Entwurf eines Gesetzes zur Befreiung der Leibeigenen zu erörtern,[569] andererseits beschleunigte er die Reformen auf seinen eigenen Besitzungen, indem er beschloss, mit jenen Leibeigenen, die damit einverstanden waren, anstelle des Frondienstes, den sie unentgeltlich drei Tage pro Woche zu leisten hatten, einen Zinsvertrag zu vereinbaren, sie also in ein Lohn- und Pachtverhältnis zu überführen. Diese Bauern konnten dann selbständig wirtschaften und hatten lediglich fest vereinbarte jährliche Abgaben zu erbringen, deren Höhe in der Regel von der Qualität und Grösse des bestellten Landstückes sowie von infrastrukturellen Faktoren – etwa der Nähe zur Stadt und damit zu den Absatzmärkten – abhing. Im Spätherbst 1859 setzte Turgenev diesen *obrok*-Zins auf drei, im Frühjahr 1861 dann auf zweieinhalb Silberrubel pro Desjatine fest.[570] Obwohl er weiterhin Diebstahl und Alkoholismus unter

[568] Vgl. hierzu weiter PSP, III, 215.

[569] ZÚÑIGA 2001, 141.

[570] PSP, III, 357; PSP, IV, 244 u. 566. *RGIA*, f. 577, op. 26, d. 2339, l. 25 ob. Laut SCHAPIRO (1982, 139) galt diese Vereinbarung nur für Spasskoe. Offenbar hatte Annenkov, der den ursprünglichen Zinssatz von 3 Rubeln pro Desjatine für viel zu hoch hielt, Turgenev dazu gebracht, die Höhe der Abgaben zu reduzieren, indem er auf ein Beispiel verwies, wo sogar nur 1,75 Rubel pro Desjatine eingefordert wurden (PSP, III, 627). Der für Spasskoe gültigen *ustavnaja gramota* vom 27. Januar (8. Februar) 1862 zufolge entrich-

seinen Bauern beobachtete, äusserte sich Turgenev am 22. Oktober (3. November) 1859 in einem Brief an Ivan Aksakov zuversichtlich über den Fortgang der Reformen:

> С крестьянами я почти везде благополучно размежевался (оставив, разумеется, старое количество земли), переселил их (с их согласия) – и с нынешней зимы они все поступают на оброк, по 3 рубля серебром с десятины [...]. Крестьяне, перед разлукой с «господами» – становятся, как говорится у нас, козаками – и тащут с господ всё, что могут: хлеб, лес, скот и т. д. Я это вполне понимаю – но на первое время в наших местах исчезнут леса, которые все продают теперь с остервенением. Ничего: лес вырастет – и уже не кое-где и не кое-как, а по указаниям науки. *Трезвости* у нас нет – такой пьяный уголок. Так и будут крестьяне сидеть на оброке с *земли*, – а не с десятины и не с души, – пока не придут распоряжения сверху. (PSP, III, 357f.; Hervorhebungen im Original, A.S.)

Im Grunde wussten Turgenevs Bauern bereits 1858, welche Grundstücke sie in absehbarer Zeit als Besitzer bebauen würden, und ein Teil von ihnen gehörte sogar zu den allerersten Bauern in Russland, die nach der Reform von 1861 selbständig wirtschafteten (auch wenn der Übergang zur neuen Wirtschaftsform *de facto* erst Ende 1859 auf dem Hauptgut in Spasskoe begann und 1860 in erste *obrok*-Vereinbarungen mündete[571]). In diesem Zusammenhang achtete Turgenev

teten Turgenevs Bauern für die pro „Seele" knapp drei Desjatinen grossen Landanteile offiziell jährlich 8,2 Rubel *obrok*-Zins, den Turgenev allerdings auf 6,87 Rubel pro Ackerlos und damit auf rund 2,3 Rubel pro Desjatine reduzierte. Die gesamten jährlichen Einkünfte aus dieser Vereinbarung betrugen 920 Rubel (*RGIA*, f. 577, op. 26, d. 2339, ll. 23-28 ob.). Laut Gesetz wurden den Bauern für die Nutzung des Landes bestimmte Zahlungs- und Dienstverpflichtungen auferlegt, die nach zwanzig Jahren revidiert werden konnten. Die zu zahlenden Abgaben richteten sich nach der Grösse der Landlose und weiteren komplizierten Vorschriften. So umfasste in gewissen Bezirken des Schwarzerdegebietes ein Landlos mindestens $^{11}/_{12}$, höchstens aber 2 ¾ Desjatinen. Man kann davon ausgehen, dass die jährliche Abgabe jeder männlichen „Seele" 8 bis 12 Rubel betrug. Frühestens zwei Jahre nach Inkrafttreten des Manifests vom 19. Februar (3. März) 1861 durften die Bauern – auch ohne Zustimmung ihres Gutsbesitzers – die Umwandlung der Dienstverpflichtung in eine zusätzliche Geldzahlung verlangen. Die Gutsherren ihrerseits mussten innerhalb von zwei Jahren urkundlich ein Statut über Landnutzung, Zahlungs- und Dienstverpflichtungen anfertigen (*ustavnaja gramota*), dessen Anwendung den Grundbesitzer von der Pflicht entband, sich um Ernährung und Unterkunft der Bauern zu kümmern, für ihre Steuerentrichtung zu haften und vor Gericht ihre Interessen wahrzunehmen (GITERMANN 1987, III, 161f.; BSĖ, XXVII, 126, s. v. „уставная грамота").

571 GRANJARD 1954, 279. Dass die Bauern von Spasskoe seit 1860 *obrok*-Zins entrichteten, entspricht sowohl Turgenevs eigener Aussage (PSP, IV, 260) als auch den Urkunden aus dem Jahre 1863, die den Loskauf des bis dahin mit *obrok*-Zins belegten Landes dokumentieren (*RGIA*, f. 577, op. 26, d. 2339, l. 5).

auch darauf, dass dem althergebrachten Problem des Bodengemenges durch schlüssige Landzuteilungen begegnet wurde – notfalls auf seine eigenen Kosten. Der Landanteil, den er seinen Bauern überliess, war denn auch doppelt so gross wie von der Reform vorgesehen, und für die ihnen verpachteten Landstücke forderte er den Zins nur teilweise ein.[572] Darüber hinaus schenkte er ihnen das gesamte Land, das in Spasskoe zu ihren Höfen gehörte, sowie 20 Desjatinen (21,8 Hektar) Wald. Und schliesslich war er auch bereit, all jenen Bauern, die aus ihren Dörfern wegziehen wollten, kostenlos Baumaterial für neue Häuser zur Verfügung zu stellen.[573]

Dass Turgenev mit all diesen Konzessionen einen erheblichen finanziellen Verlust würde hinnehmen müssen, war ihm durchaus bewusst. So rechnete er damit, im ersten Jahr aufgrund der neuen Ordnung etwas mehr als ein Viertel seiner Einkünfte einzubüssen. Zugleich hoffte er, seine Bilanzen mit der Zeit wieder in den Griff zu bekommen und die fortan fehlenden Arbeitskräfte zur Bestellung seiner Felder durch die Anwerbung von Tagelöhnern ersetzen zu können. Am 10. (22.) Februar 1860 fasste er in einem Brief an den ehemaligen Dekabristen Nikolaj I. Turgenev das Ergebnis seiner Bemühungen zusammen:

> Я у себя в деревнях уже покончил дело: отрезал крестьянам к одному месту землю по прежнему их владению и назначил им оброка по 3 р. сер. с десятины, безо всяких других повинностей. Переселяться я никого не заставлял – но желающим выдавал сруб и всё нужное для постройки безденежно, оставляя им владение старыми коноплянками на три года. – Эта мера увенчалась успехом, даже слишком полным: я рассчитывал, что они будут переселяться исподволь, в два, три года, а они пожелали переселиться почти все вдруг, что мне стоило немало денег. Но я уже не хотел отступиться от своего слова. – Остальную (господскую) землю я в двух имениях буду обработывать (sic, A.S.) вольным трудом – а в прочих имениях буду отдавать внаймы. В первый год я потеряю немного более четвертой части всего моего дохода – но должно надеяться, что, со временем, результаты вольного труда и употребленного капитала пополнят этот недостаток. Работники оказались не дороги – и их вообще находить не трудно. – Неизвестно, как мне будут платить оброк; на круговую поруку крестьяне соглашаются неохотно. – Во всяком случае, какое бы ни было распоряжение правительства, оно не

572 IVANOVA 1990, 204-206; *RGIA*, f. 577, op. 26, d. 2339, ll. 25 ob. u. 32 ob. Da Höchstgrenzen für die Landanteile vorgeschrieben waren, musste Turgenev jene Flächen, die über der pro „Seele" festgelegten Limite von rund 3 Desjatinen lagen („высший размер душевого надела"), seinen Bauern verpachten, bevor er sie ihnen zum Kauf freigeben konnte (IVANOVA 1990, 204f.; *RGIA*, f. 577, op. 26, d. 2339, ll. 5-6, 9-10 ob. u. 23-28 ob.).

573 ZABOROVA 1967, 230; SCHAPIRO 1982, 139; PRITCHETT 1986, 143.

только не может быть в разладе с тем, что уже мною подготовлено – но даже я уверен, что этим я облегчил себе переход в новый быт. – Впрочем, к этим мерам приступил не я один: в одной нашей губернии довольно много помещиков пересадили крестьян на оброк. – Если б правительство, разочтя наш оброк на 5% – дало бы нам облигации по 60 руб. сер. за десятину – мы бы все (в Орловской губернии) были очень довольны. (PSP, IV, 28f.)

Auf der Grundlage der *ustavnye gramoty*, die urkundlich die Bedingungen hinsichtlich Landnutzung, Zahlungs- und Dienstverpflichtungen auswiesen, wurden Turgenevs Bauern auf allen Gütern Landlose zugeteilt, um den Übergang zum *obrok* und dann zum vollständigen Loskauf (*vykup*) vorzubereiten. Letzterer stellte den logischen Fluchtpunkt der Reformen dar und war Turgenev dermassen wichtig, dass er schon bald nach dem Abschluss der Zinsverträge eingeleitet wurde:[574] Turgenev bot seinen Bauern die Möglichkeit, ihre Landanteile endgültig aufzukaufen, wobei er ihnen ein Fünftel des festgelegten Kaufbetrags erliess. Für den Erwerb des gesamten, den Bauern laut Gesetz zustehenden Landanteils wurden nämlich vier Fünftel der festgelegten Summe von der Regierung als Darlehen zur Verfügung gestellt, wohingegen über die Leistung des restlichen Fünftels mit dem Grundherrn direkt eine Vereinbarung getroffen werden musste.[575] Dadurch, dass Turgenev auf diesen Pflichtteil verzichtete, entlastete er seine Bauern finanziell und ermöglichte vielen von ihnen überhaupt erst den Kauf von Boden, obwohl die Schuldenlast für die meisten Bauern immer noch viel zu gross war.[576] Für den Gutsbesitzer war das *obrok*-System, das

[574] Die von Turgenev praktizierte einstweilige Überführung der Leibeigenen in das *obrok*-System war schon allein deshalb weit verbreitet, da erst nach dieser Pachtphase Loskaufverträge zwischen den Bauern und ihren Grundherren ausgehandelt werden konnten (PSP, IV, 254 u. 580; IVANOVA 1990, 204). Nach dem Loskauf rückten die sogenannten „auf Zeit verpflichteten Bauern" („временнообязанные крестьяне") in die Kategorie von „grundbesitzenden Bauern" („крестьяне-собственники") auf (GITERMANN 1987, III, 161; BSĖ, XXVII, 126, s. v. „уставная грамота").

[575] Da die Bauern in den meisten Fällen kein Geld besassen, um ihre Gutsherren für die Landlose zu entschädigen, griff der Staat durch eine komplizierte Finanzoperation vermittelnd ein. So erhielten die Gutsbesitzer von der Regierung die $^4/_5$ der ausstehenden Abfindungssumme in 6-prozentigen Obligationen, deren Tilgung und Verzinsung den Bauern während 49 Jahren in Form von Ratenzahlungen zu 6 % (BSĖ, V, 526, s. v. „выкупная операция") bzw. 6½ % auferlegt wurde (GITERMANN 1987, III, 197).

[576] *RGIA*, f. 577, op. 26, d. 2339, ll. 5 ob. u. 10. In Spasskoe selbst wurde der Loskauf bereits im Frühjahr 1863 eingeleitet und ein Jahr später abgeschlossen, unter anderem auch deshalb, weil Turgenev seiner Cousine zweiten Grades, Elizaveta T. Slivickaja, 4'000 Silberrubel schuldete und diesen Geldbetrag durch den Loskauf beschaffen wollte. Der damals von 134 männlichen „Seelen" jährlich entrichtete *obrok*-Zins diente als Grundlage für die Berechnung der Loskaufsumme, indem er mit dem Faktor $16^2/_3$ multipliziert wurde. Dies ergab für 396,7 Desjatinen Land einen offiziellen Loskaufbetrag von

den Leibeigenen zu jenem Zeitpunkt die grösstmögliche Freiheit bot, in einer fruchtbaren Provinz wie Orël eine wenig lukrative Lösung, da er seine Leibeigenen nicht mehr beliebig zu unbezahlter Fronarbeit heranziehen konnte, sondern anderweitig Arbeitskräfte anheuern musste. Die wirtschaftlichen Nachteile, die Turgenev aus all diesen Zugeständnissen erwuchsen, akzeptierte er bereitwillig. Und doch stiess er, wie einige seiner Briefe aus den Jahren 1861 und 1862 zeigen, mit seinen gutgemeinten und für ihn kostspieligen Plänen auf gänzlich unerwartete Widerstände seitens der Bauern: Seine ehemaligen Leibeigenen sahen in ihm immer noch den herzensguten, etwas hilflosen, vor allem aber häufig abwesenden Sohn ihrer ehemaligen Herrin Varvara Petrovna. Vielleicht hofften sie, Turgenevs Nachgiebigkeit auch künftig zu ihren Gunsten nutzen zu können.[577]

Jedenfalls entrichteten jene Bauern, die sich für das *obrok*-System entschieden hatten, oft nicht rechtzeitig den fälligen Zins, so dass Turgenev immer wieder finanzielle Engpässe hatte (PSP, IV, 162), und viele von ihnen weigerten sich, sowohl an den vorgesehenen Loskaufoperationen, Turgenevs erklärtem „Hauptziel" (PSP, IV, 241), teilzunehmen als auch überhaupt erst vom Frondienst in ein Pachtverhältnis zu wechseln, da sie sich in ihrer Sorge um die Gegenwart nicht auf Verpflichtungen festlegen wollten, die sie nicht verstanden und später aufgrund neuer Umstände womöglich bereuen würden. Allmählich machte sich bei Turgenev Ernüchterung breit, wie seine beiden Briefe vom 19. (31.) und 21. Mai (2. Juni) 1861 an die Gräfin Lambert zeigen:

> Имел очень дружелюбное объяснение с мужиками, которые довольны – так как мои условия для них крайне выгодны – но об выкупе, т. е. согласии на участие в выкупе – и слышать не хотят. У нас везде довольно смирно и тихо; большая перемена, происшедшая после манифеста, состоит в том, что крестьяне поняли и узнали свои права и крепко на них настаивают (так, напр., теперь уже ни один крестьянин не работает более трех дней в неделе); обязанности свои они исполняют с меньшей охотой. Это надо было ожидать – после 200-летнего бесправия; но перемелется – мука будет.[578] – Здесь у нас еще не назначены миро-

18'292,34 Rubeln, wobei Turgenev auf $^1/_5$ dieser Summe und damit auf fast 3'700 Silberrubel verzichtete. Allerdings verlangte er eine Kapitalisierung des ‚offiziellen' *obrok*-Zinses in der Höhe von 1097,55 Rubel (und nicht jener 920 Rubel, die er *realiter* von seinen Bauern einforderte) (ebd. ll. 5-5ob., 9-10 u. 29-37 ob.). Den Bauern sollte also vom Staat ein höherer Kredit für den Loskauf zur Verfügung gestellt und letztlich an Turgenev ausbezahlt werden, als aufgrund der tatsächlichen Zinszahlungen zu erwarten gewesen wäre. Offenbar versuchte Turgenev auf diese Weise, die unmittelbare finanzielle Belastung seiner Bauern möglichst tief zu halten, ohne dabei jedoch weitere Konzessionen machen und auf längerfristig fällige Beträge verzichten zu müssen.

577 YARMOLINSKY 1959, 197; SCHAPIRO 1982, 139 u. 177; PRITCHETT 1986, 143f.

578 Dieselbe Redewendung „перемелется – мука будет" ist übrigens auch in *Mesjac v de-*

вые посредники: как только это будет сделано – я приступлю к уставным грамотам, – а там и к выкупу, без участия мужиков. Беда в том, что многие не хотят идти на оброк. (PSP, IV, 236)

До Вас уже, вероятно, дошли слухи о *нежелании* народа переходить с *барщины на оброк*. Этот знаменательный – и, признаюсь, никем не предвиденный факт – доказывает, что наш народ готов отказаться от явной выгоды (барщинные дни оценяются по крайней мере в 80 р. сер. – а самый высокий оброк не достигает 30 р.) в надежде, что вот – авось выйдет еще указ – и нам земли отдадут даром – или царь ее нам подарит через 2 года – а оброчные уже *обязались*, т. е. вступили в известные определенные условия. [...] Об участии в выкупе со стороны крестьян и думать нечего; не только через 36 или 40 лет, – но если сказать нашему крестьянину, что он, платя лишний рубль в течение 5 только лет, приобретет себе землю для своего же сына, – он не согласится: во-первых – он заботится только о сегодняшнем дне, – а во-вторых – он лишен доверия в начальство: буду платить 5 лет, думает он – а там выдет (sic, A.S.) повеление: плати еще 5. И в этом он не совсем не прав. [...] К счастью, я еще в прошлом году успел перевести хотя часть крестьян на оброк. (PSP, IV, 238f.; Hervorhebungen im Original, A.S.)

Die Bauern begegneten den Reformen sowohl mit einem erstarkten Selbstbewusstsein als auch mit einem tiefverwurzelten Misstrauen, das Turgenev allerdings insofern hätte erwarten können, als er selber seit Anfang der 1850er Jahre entsprechende Erfahrungen gemacht und diese auch literarisch in den *Zapiski ochotnika* verarbeitet hatte. Jedenfalls zögerten seine für Innovationen wenig begeisterungsfähigen Bauern,[579] sich auf bestimmte Modalitäten zu verpflichten, so dass sie erst 1862 die Urkunden mit den definitiven Regelungen zeichneten.[580] Turgenev bereute zwar seine Freigebigkeit nicht, er empfand sie

revne als Islaevs Antwort auf den amourösen ‚Sturm' in seinem Haus (PSS, III, 155) sowie in *Otcy i deti* zu finden, wo sich Nikolaj Kirsanov mit dieser Replik angesichts der dürftigen Arbeitsmoral seiner Tagelöhner beschwichtigt (PSS, VIII, 202).

579 Vgl. hierzu ROOSEVELT 1995, 234.

580 YARMOLINSKY 1959, 198. Vgl. Turgenevs Brief vom 6. (18.) August 1861 an Annenkov: „Дела по крестьянскому вопросу (что касается до меня) остаются в statu quo – до будущего года; надеюсь, однако, уломать здешних крестьян на подписание уставной грамоты. До сих пор они очень упорствуют и носятся с разными задними мыслями, которых, разумеется, не высказывают." (PSP, IV, 278). Allgemein fiel es vielen Gutsbesitzern in Russland schwer, ihre *ustavnye gramoty* von den Bauern unterzeichnen zu lassen. So waren von 95'000 der zum 1. Januar 1863 ausgearbeiteten Urkunden 73'000 umgesetzt und nur gerade 36'000 von den Bauern bindend signiert worden. Um 1864 wurde denn auch die Ausfertigung der *ustavnye gramoty* praktisch eingestellt (BSĖ, XXVII, 126, s. v. „уставная грамота").

aber, wie er am 7. (19.) Juni 1861 Annenkov gegenüber gestand, als entwürdigend:

> Объясняемся с мужиками, которые изъявили мне свое благоволение: мои уступки доходят почти до подлости. Но вы знаете сами (и, вероятно, в деревне узнаете еще лучше), что̀ за птица русский мужик: надеяться на него в деле выкупа – безумие. Они даже на оброк не переходят, чтобы, во 1-х, не «обвязаться»; во 2-х, не лишить себя возможности прескверно справлять трехдневную барщину. Всякие доводы теперь бессильны. Вы им сто раз докажете, что на барщине они теряют сто на сто; они вам все-таки ответят, что «не согласны, мол». Оброчные даже завидуют барщинным, что вот им вышла льгота, а нам – нет. К счастью, здесь в Спасском мужики с прошлого года на оброке.
>
> (PSP, IV, 254f.)

Die Bauern nahmen jedenfalls ihre Rechte als nunmehr ‚freie' Menschen in höherem Masse wahr als ihre nach wie vor bestehenden Verpflichtungen. Sie zogen Fronarbeit, die sie allerdings nur mehr mit einem minimalen Aufwand zu leisten bereit waren, der Entrichtung eines *obrok*-Zinses vor, da sie hofften, ihre Landanteile auf der Grundlage einer möglichen neuen Verordnung schliesslich doch noch umsonst zu erhalten.

Entsprechend bescheiden waren die Geldbeträge, die Turgenev drei Jahre nach der offiziellen Aufhebung der Leibeigenschaft auf der Grundlage von Loskaufverträgen erhalten hatte. Ende 1864 liess er fünfprozentige Wertpapiere über 10'400 Rubel an das Ehepaar Annenkov schicken mit der Bitte, diese möglichst gewinnbringend zu verkaufen und das Bargeld anschliessend zurückzusenden (PSP, V, 300). Die Papiere waren Turgenev vom Staat für die bis dahin durchgeführten Loskaufoperationen seiner Bauern zugesprochen worden (PSP, V, 655). Da Turgenev um 1864 sowohl für Heirat und Mitgift seiner Tochter Paulinette als auch für den Erwerb eines Grundstücks in Baden-Baden, wo er eine Villa zu errichten beabsichtigte, Geld benötigte (PSP, V, 152f.) und in nächster Zeit mit keinen regelmässigen Einkünften aus Spasskoe rechnen konnte, versuchte er fast verzweifelt, Massnahmen zur Beschleunigung der Grundstücksloskäufe einzuleiten. Am 2. (14.) Januar 1865 schrieb er aus Baden-Baden an Fet:

> В России я останусь месяца два, чтобы по мере возможности привести в ясность свои дела. – Ваши слова: «что у нас теперь *всё в убыток*» нисколько меня не удивили, ибо я уже два года тому назад, что, кроме *выкупных денег* (и вследствие этого избавления от казенного долга) – ни на один *грош* дохода надеяться нельзя в течение *пяти* лет – а потому я умолял дядю тотчас всё имение представить к выкупу – с уступкой пятой части. Но дядя, из очень похвального, но для меня очень горестного чувства

> сохранения моих выгод, ничего этого не сделал – или сделал только вполовину – и посадил меня на мель самым убийственным образом. (PSP, V, 321; Hervorhebungen im Original, A.S.)

Eine Zeitlang beabsichtigte Turgenev sogar, die Loskäufe auf der Grundlage eines amtlichen *Položenie o vykupe*, also auch ohne freiwillige Zustimmung der Bauern, durchzuführen, um endlich an Bargeld zu gelangen. Zwar hätten die finanziellen Einbussen 20-25 % gegenüber der gesamten Loskaufsumme betragen, dafür hätte Turgenev aber umgehend den gesamten Betrag vom Staat erhalten. Wie sein Brief vom 4. (16.) Januar 1865 an seinen Bruder Nikolaj zeigt, gründeten um 1864/65 Turgenevs Einkünfte aus seinen Ländereien offenbar fast ausschliesslich auf diesen Loskaufsummen:

> Насчет денег ты тоже напрасно беспокоишься: действительно, всем помещикам приходится плохо; но сообрази, что мы все живем *выкупными* суммами – а ты еще рассчитываешь на доходы. Вообще, мой совет тебе один: «man muss das Leben auf die leichte Achsel nehmen» - und ruhig den Tag geniessen. (PSP, V, 324f.; Hervorhebung im Original, A.S.)

Eine weitere Geldbeschaffungsmassnahme, die er aufgrund der tiefen Rentabilität seiner Güter ins Auge zu fassen begann, waren Grundstücksveräusserungen, mit deren Hilfe er flüssiges Kapital in der Höhe von 20'000 Rubeln aufzubringen hoffte (PSP, V, 152-154).

Aus all diesen Problemen schloss Turgenev, dass im Umgang mit den ehemaligen Leibeigenen Geduld und Unterweisung notwendig seien, da die Bauern über wenig Staatsbewusstsein verfügten und weder der Regierung vertrauten noch als „Bürger“ erzogen worden seien. Damit beklagte er aber nur erneut jenen Missstand, den er bereits 1842/43 in *Neskol'ko zamečanij o russkom chozjajstve i o russkom krest'janine* angemahnt hatte.[581]

Doch ungeachtet aller Rückschläge und Enttäuschungen gehörte Turgenev zu den ersten Gutsbesitzern in Russland, die sich mit ihren Bauern arrangierten.[582] Etwas befremdend mutet daher die rüde Frage an, die der Kritiker, Literaturhistoriker und Bibliograph Semen A. Vengerov 1874 an Turgenev, über den er gerade ein Buch verfasste, richtete:

> Вы, как человек так красноречиво и многозначительно восставший против крепостничества, должны были, сделавшись после смерти Вашего отца владельцем его имения, освободить до-

[581] KLEMAN 1934, 126; GRANJARD 1954, 281f.; YARMOLINSKY 1959, 198; SCHAPIRO 1982, 140 u. 177; PSP, IV, 254. GRANJARD (1954, 279) geht zudem davon aus, dass die Bauern infolge der Misswirtschaft auf den Gütern Turgenevs über zu wenig flüssiges Kapital verfügten, um die notwendigen Summen für den Zins überhaupt aufzubringen, d. h., ihre ablehnende Haltung wurde durch die ökonomischen Umstände noch verstärkt.

[582] PSP, IV, 580.

ставшихся Вам крестьян. Сделали ли Вы это? А если не сделали, то какие *уважительные* причины заставили Вас не осуществить на деле то, что Вы таким искренним и убежденным тоном проповедовали в Ваших прекрасных повестях (*Zapiski ochotnika*, A.S.). (PSP, X, 621; Hervorhebung im Original, A.S.)

Turgenev verteidigte sich, indem er Vengerov sowohl die seinerzeit komplexe Situation um das väterliche Erbe als auch die familiären Besitzverhältnisse vor und nach Varvara Petrovnas Tod erläuterte. Er stellte zugleich klar, dass er alles ihm Mögliche unternommen habe, um nach 1850 die Existenzbedingungen des Hofgesindes und der Bauern zu verbessern:

Отец мой скончался не в 1836-м г., а 30-го октября 1834-го г. Мне всего было тогда 16 лет. Ненависть к крепостному праву уже тогда жила во мне – она, между прочим, была причиной тому, что я, возросший среди побоев и истязаний, не осквернил руки своей ни одним ударом – но до «Записок охотника» было далеко. Я был просто мальчик – чуть не дитя. К тому же отец мой был человек бедный – он оставил всего 130 душ расстроенных и не дававших дохода – а нас было трое братьев. Имение моего отца слилось с имением моей матери, женщины своевольной и властолюбивой [...] впрочем, это наследство – за выделом того, что следовало моей матери, как вдове, и того, что приходилось на долю братьям – не многим бы превысило нуль. Когда же матушка скончалась в 1850-м году, я немедленно отпустил всех дворовых на волю, пожелавших крестьян перевел на оброк, всячески содействовал успеху общего освобождения, при выкупе везде уступил пятую часть – и в главном имении не взял за усадебную землю, что составляло крупную сумму. Другой, быть может, на моем месте сделал бы больше – и скорее; но я обещался сказать правду и говорю ее, какова она ни есть. Хвастаться ею нечего; но и бесчестия она, я полагаю, принести мне не может. (PSP, X, 256).

Tatsächlich hatte Turgenev seine Reformen früh eingeleitet und weitreichend angelegt, so dass er kaum der Ehrlosigkeit bezichtigt werden konnte. Letzten Endes würdigte Vengerov in seiner Schrift Turgenevs Bemühungen um einen mehr als fairen Ausgleich mit den Bauern: „Да, действительно, бесчестия тут мало, а чести-то наберется довольно много." (PSP, X, 621).

Obwohl mit dem Gesetz vom 19. Februar (3. März) 1861 die leibeigenen Bauern in Russland persönlich „frei" wurden, war das Ergebnis keineswegs eine umfassende „Bauernbefreiung": Fronarbeit, Geldzinsleistungen und Abgaben blieben weiterhin bestehen, mussten aber innerhalb von zwei Jahren zwischen Gutsbesitzer und Bauer vertraglich geregelt werden. Und bis 1870 durfte der Bauer aus seiner Gemeinde überhaupt nicht umsiedeln, während er später nur dann freikam, wenn er die gesamte Ablösungssumme an die Gemeinde im voraus bezahlt hatte. Mit solchen Rahmenbestimmungen wollte man der Willkür der Adligen begegnen, während das Fortwirken der Dienstverpflichtungen vor allem dem Schutz des Kleinadels dienen sollte. Nach der „Regulierung" mussten die Bauern ihren Hof kaufen, konnten aber mit dem Gutsherrn über den Erwerb ihres bisherigen Nutzungslandes verhandeln. Da aber der Gutsbesitzer in dieser Hinsicht über erhebliche Vorteile verfügte, war für manche Bauern die Situation nach 1861 schlechter als zuvor. Und obwohl ihnen der Staat 80 Prozent der Ablösungssumme als Darlehen gewährte, entschieden sich viele für den „Bettelanteil" und damit lediglich für ein Viertel des gesetzlichen Landanteils: Den Vorteil sahen sie darin, dass sie dafür nichts bezahlen mussten und gleichzeitig von allen Verpflichtungen gegenüber dem Gutsherrn entbunden wurden. Zwar waren die Bauern mit solchen Grundstücken kaum existenzfähig, doch konnten sie ihre Situation durch die Pacht oder gar den Kauf zusätzlicher Felder verbessern. Trotzdem wurde die Landarmut für viele Kleinbauern, aber auch für die leibeigenen Diener und das Gesinde der Gutsherren zum sozialen Problem.[583] Die Bauern mussten durchschnittlich eine Verschlechterung ihres materiellen Auskommens hinnehmen, wurden aber grundsätzlich weder ihrer Existenzfähigkeit beraubt noch in ihren weiteren wirtschaftlichen Entwicklungsmöglichkeiten behindert. Der Adel hingegen blieb unangefochten die stärkste politische und soziale Kraft, auch wenn viele kleine Landadlige, die ihre leibeigenen Arbeitskräfte mit der Reform verloren und gleichzeitig Teile ihres Grundes den Bauern abtreten mussten, verarmten. Weitreichendere Gesellschaftsreformen waren nach wie vor schwierig, und das Aufkommen der kapitalistischen Industrie hatte systemsprengende Gegensätze zur Folge, da die meisten Adligen sich nicht auf eine Kommerzialisierung umstellten.[584]

Die Tatsache, dass auch vielen, meist analphabetischen und in eigener Bewirtschaftung unerfahrenen Bauern der Übergang zu neuen und gewinnträchtigen Wirtschaftsformen nicht gelang, wurde in ihrer Tragweite durchaus erkannt und auch erörtert. Obwohl gerade bei Turgenev die Bauernfrage nach 1861 nicht mehr im Zentrum des literarischen Diskurses stand, verlor er das Schicksal seiner ehemaligen Leibeigenen, deren Lebensbedingungen weiterhin problematisch blieben, nie aus den Augen.[585] Mit Ackerlosen, die im Mittel lediglich dreieinhalb Desjatinen (3,82 Hektar) pro „Seele" betrugen,[586] fiel es ihnen schwer, sich

583 EMMONS 1968, 321; SCHEIBERT 1973, 235; HAUMANN 1996, 353.

584 HAUMANN 1996, 356.Vgl. auch KLUGE 1992, 96f.

585 GRANJARD 1954, 391; YARMOLINSKY 1959, 264; SCHAPIRO 1982, 261; MOSTOVSKAJA 1997, 57.

586 Beim Gut Cholodovo im Kromsker Landkreis belief sich 1866 die Grösse der Landanteile, die Turgenevs Bauern erhalten hatten, sogar nur auf etwa 2½ Desjatinen pro „Seele". Dem ist allerdings hinzuzufügen, dass von der gesamten Landmenge, die Turgenev dort besass (über 690 Desjatinen), $^{2}/_{3}$, also rund 460 Desjatinen, den 182 „Seelen" abgetreten worden waren. Der *obrok*-Zins betrug 7,82 Rubel pro Ackerlos, d. h. etwa 3

für den Winter hinreichend mit Lebensmitteln einzudecken. Um ordentlich leben zu können, hätte eine Bauernfamilie etwa zwölf Desjatinen, also rund dreieinhalbmal soviel Land produktiv bewirtschaften müssen, was nur durch den Kauf bzw. die Pacht von zusätzlichem Boden mit den damit einhergehenden finanziellen Belastungen möglich gewesen wäre. Dem ist allerdings hinzuzufügen, dass die Fläche der Landanteile, die Turgenev seinen Bauern abgetreten hatte, sowohl über dem für das Schwarzerdegebiet üblichen Durchschnitt als auch über der gesetzlich vorgeschriebenen Grösse lag.[587]

Da sich infolge der schlechten Lebensbedingungen Krankheiten unter den Bauern verbreiteten, kam Turgenev für regelmässige Arztvisiten unter den Kranken auf und sorgte für deren angemessene Unterbringung.[588] Des weiteren unterstützte er einige Bauern dadurch, dass er ihnen „Pensionen" auszahlen und 1872 in Spasskoe ein Altersheim für alleinstehende Betagte aus den Reihen der Hofangestellten und ehemaligen Leibeigenen errichten liess.[589] Ebenfalls dokumentiert sind von Turgenev angeordnete finanzielle Auslagen zur Erhöhung des Bildungsniveaus der Bauern, denen ein Schulbesuch sowohl in Spasskoe, wo 1863 auf Turgenevs Kosten eine Schule erbaut wurde, als auch in Moskau ermöglicht werden sollte.[590] Und schliesslich trat Turgenev auch ohne zu Zögern als Fürsprecher bei Rechtsstreitigkeiten auf, wenn etwa einige seiner ehemaligen Leibeigenen Opfer von illegalen Grenzverschiebungen geworden waren und vor Gericht Beistand benötigten.[591] Insofern prägten Nachsicht, Grosszügigkeit und

Rubel pro Desjatine. Die in Turgenevs Besitz verbliebenen 230 Desjatinen wurden den Bauern für 233,53 Rubel im Jahr verpachtet. Dadurch, dass auf dieser Besitzung bis auf 7 Desjatinen ungeeigneten Landes der gesamte Boden den Bauern zur Bewirtschaftung überlassen wurde, versuchte Turgenev offenbar, dem Problem der verhältnismässig dichten Besiedlung und damit der entsprechend geringen Ackerlose zu begegnen (*RGALI*, f. 509, op. 1, № 136, ll. 1-2 ob.).

587 NARYKOV 1940, 65; SCHAPIRO 1982, 303f.; GITERMANN 1987, III, 195; IVANOVA 1990, 204-206. Laut GITERMANN (ebd.) wurden nach der Aufhebung der Leibeigenschaft die Staatsbauern mit durchschnittlich 6,7 Desjatinen pro Hof noch am besten dotiert, während den Bauern privater Gutsherren 3,2 Desjatinen, im Schwarzerdegebiet sogar nur 2,2 Desjatinen zuteil wurden. In den Gouvernements Podolija, Poltava und Kiev fielen die Ackerlose noch bescheidener aus.

588 SCHAPIRO 1982, 304; PRITCHETT 1986, 144. Eine unweit von Spasskoe gelegene Krankenstation für die Bauern hatte Turgenev bereits Ende 1852 gegründet (NIKITINA 1995, 217). Allerdings muss die medizinische Versorgung in Spasskoe noch 1882 unbefriedigend gewesen sein, zumal sich Turgenev entschloss, fortan 200 Rubel im Jahr (50 für Medikamente und 150 für Arztvisiten) aufzuwenden, um die Situation etwas zu entschärfen (vgl. PSP, XIII_2, 58 u. 62).

589 NARYKOV 1940, 63.

590 BIZJUKIN 1885, 364; MALYŠEVA 1915b; NARYKOV 1940, 61f.; PRITCHETT 1986, 144; MOSTOVSKAJA 1997, 68.

591 GRANJARD 1954, 392f.; YARMOLINSKY 1959, 198; GROMOV 1966; IVANOVA 1990, 202 u. 207-216.

Anteilnahme weiterhin Turgenevs Verhältnis zu ‚seinen' Bauern, die, wie sein ehemaliger Kutscher Vasilij Serebrjakov, ihren ehemaligen *barin* noch lange nach dessen Tod in guter Erinnerung behielten:

> Бывало, как поедем на вокзал встречать Ивана Сергеевича, возьмешь по-деревенски десяток яиц и поклонишься барину, а он сейчас тебе пять или шесть рублей вынимает… Ох, добрый он был человек, и особенно к крестьянам, – сколько лесу передавал: кому починить, кому вовсе на новую избу![592]

Obwohl sich nach der Aufhebung der Leibeigenschaft die wirtschaftlichen Probleme der russischen Bauern keineswegs gelöst hatten und die vielen Unzulänglichkeiten der neuen Situation deutlich wurden, zögerte Turgenev, oppositionelle Gruppen zu unterstützen, die der Regierung die Fähigkeit absprachen, Reformen durchzuführen.[593] Er beschränkte sich vielmehr darauf, die positiven Momente der „Bauernbefreiung" herauszustellen und auf künftige Verbesserungen ‚von oben' zu hoffen. Denn Turgenev war nach wie vor fest davon überzeugt, dass die Aufgabe der „gebildeten Klasse" und damit des Adels darin bestehe, dem russischen Volk als „Zivilisationsbringer" zu dienen („быть передавателем цивилизации народу"; PSP, V, 51). So schrieb er am 26. September (8. Oktober) 1862 aus Baden-Baden an Vladimir F. Luginin, einen Schüler Pëtr L. Lavrovs und Mitglied der revolutionären Bewegung:

> Оканчивая это письмо, повторяю одно: не должно забывать, что, какие бы ни были последствия от «Положения» для *дворян*, *крестьянин* разбогател и, как они выражаются, *раздобрел* от него – и знает, что он этим царю обязан… (PSP, V, 50; Hervorhebungen im Original, A.S.)[594]

Sechs Jahre später, am 17. (29.) Juni 1868, bilanzierte Turgenev Pauline Viardot gegenüber seinen Eindruck von der „Bauernbefreiung". Ungeachtet der desolaten wirtschaftlichen Situation der Bauern – ihre Lebensumstände waren 1870 schlechter als zehn Jahre zuvor[595] – glaubte er immer noch, dass die Reformen den künftigen Bauerngenerationen zugute kämen:

> Долго беседовал с моими бывшими крепостными. Свобода не

592 Zitiert nach Gromov 1966, 291.

593 Vgl. etwa PSP, V, 48-53, 54-56 u. 513-516 sowie *Bibl Nat*, Slave 80, Mazon.95.M.34.

594 Noch 1875 vertrat Turgenev die Ansicht, dass in Russland Reformen nur langsam vonstatten gehen können. So schrieb er am 22. Februar (6. März) 1875 aus Paris an Anna P. Filosofova, die sich aktiv für die Frauenbewegung einsetzte: „Пора у нас в России бросить мысль о «сдвигании гор с места» – о крупных, громких и красивых результатах; более, чем когда-либо и где-либо, следует у нас удовлетворяться малым, назначать себе тесный круг действия: мы умрем – и ничего громадного не увидим." (PSP, XI, 33).

595 Granjard 1954, 390f.

> сделала их богаче – наоборот. Всё это первое поколение должно исчезнуть: здесь тоже нужен навоз – живое удобрение. (PSP, VII, 166)

Doch auch an Turgenev war die Aufhebung der Leibeigenschaft wirtschaftlich keineswegs spurlos vorübergegangen. Er selbst hatte, wie viele andere Gutsbesitzer Russlands, mit den materiellen Folgen der umfangreichen Landabtretungen zu kämpfen, und ihm war durchaus bewusst, dass die Reformen die Wirtschaftlichkeit seines Hauptgutes in Spasskoe, das er fortan hin und wieder sinnig als „ферма" bezeichnete (PSP, III, 300), in Mitleidenschaft ziehen würden. In Spasskoe mussten zahlreiche Aufgabenbereiche und Verantwortlichkeiten neu definiert und zugewiesen werden. Der komplexe und schwerfällige Wirtschaftsbetrieb verlangte künftig ein noch umsichtigeres und vor allem fortwährendes Engagement. Allerdings konnte sich Turgenev nicht dazu entschliessen, in der Verwaltung seiner Güter programmatisch eine führende Rolle zu übernehmen: Immer stärker zweifelte er an seiner Fähigkeit, einen solchen landwirtschaftlichen Komplex verantwortungsvoll und erfolgreich zu leiten. Statt dessen setzte er Gutsverwalter ein, die sowohl seine Interessen als auch jene der Bauern wahren sollten.[596]

Dass nun Turgenev von den frühen 1860er Jahren an auf der Grundlage seiner Ländereien nicht jenes beträchtliche Einkommen erzielte, das sein Bruder jedes Jahr erwirtschaftete und auch längerfristig als Kapital akkumulierte, lag sicher an der beträchtlichen Verminderung seines Besitzstandes. Doch auch die ihm verbliebenen Güter brachten Turgenev fortan nie jene Beträge ein, die er eigentlich erwartete, und seine diesbezüglichen Ansprüche lagen weit unter dem tatsächlichen ökonomischen Potential der Besitzungen. Obwohl Turgenev 1850 geglaubt hatte, in Zukunft ein komfortables Leben führen zu können, gehörten finanzielle Engpässe, Gewinneinbrüche und sogar temporäre Illiquidität weiterhin zum Prinzip seiner Privatökonomie.[597] Dass seine Güter eine dürftige Rentabilität aufwiesen, ist denn auch vor allem auf drei Faktoren zurückzuführen: auf Turgenevs weitgehende Abwesenheit von Spasskoe, auf sein mangelndes Interesse an Fragen der Buch- und Wirtschaftsführung, vor allem aber auf die Praktiken der von ihm eingesetzten Gutsverwalter.

[596] KNOWLES 1988, 55f.; KORSUN 1990 297.
[597] KORSUN 1990, 93.

2.6.3. Nikolaj N. Tjutčev als Gutsverwalter

In den Jahren 1852 bis 1853, also bereits kurz nach Turgenevs Erbschaftsantritt, übernahm der Übersetzer, einstige Angehörige des Belinskij-Zirkels und Mitarbeiter der *Otečestvennye zapiski* Nikolaj Nikolaevič Tjutčev auf Turgenevs Bitte hin die Verwaltung von Spasskoe und den übrigen Gütern, wofür er mit 2'000 Silberrubeln im Jahr entgolten wurde (PSP, I, 691; PSP, II, 194). Tjutčev hatte zuvor bereits Turgenevs Bruder Nikolaj bei der Erbteilung der Ländereien Varvara Petrovnas unterstützt.[598]

Über Tjutčevs Erfolg als Administrator gehen die Ansichten auseinander. Laut Fedot Bizjukin, der als ehemaliger Leibeigener Turgenevs die Verhältnisse in Spasskoe gut kannte, soll Tjutčev die ihm anvertrauten Besitzungen mit Engagement und ausgeprägter Sachkenntnis verwaltet haben. Er optimierte auf den Gütern die Holzwirtschaft, erweiterte die Viehzucht, erhöhte die Fruchtbarkeit des Ackerlandes und damit auch die Getreideerträge, unterstütze die Wirtschaft der leibeigenen Bauern und achtete auf ihren Grundbedarf – kurzum: Er war integer, energisch und mit sich selbst ebenso streng wie mit seiner Umwelt, so dass ihn die Bauern fürchteten und zugleich achteten. Auch wenn Turgenev mit Tjutčev nicht eng befreundet war, blieben die beiden doch stets gute Bekannte, die sich gegenseitig sehr schätzten.[599]

Bizjukins Einschätzung widerspricht allerdings der Tatsache, dass Turgenev schon bald Tjutčevs Wirtschaftsführung heftig kritisierte. Am 8. (20.) September 1853 teilte er Pauline Viardot mit, Tjutčev habe die Güter nahezu in den Ruin getrieben (vgl. PSP [2-e izd.], II, 253). Turgenev selbst soll von den 300'000 Francs (rund 75'000 Silberrubeln), die Tjutčev in den zwei Jahren ausgegeben hatte, lediglich 40'000 (etwa 10'000 Silberrubel) beansprucht haben. Zudem habe Tjutčev, so Turgenev weiter, keinerlei Reformen in Spasskoe durchgeführt, und die Einkünfte aus allen anderen Gütern seien um ein Drittel zurückgegangen. Turgenev zog die Konsequenzen, entliess Tjutčev und übernahm *ad interim* selbst die Verwaltung seiner Besitzungen, allerdings, wie er Pauline Viardot gegenüber zugab, ohne sich je auf diese Aufgabe vorbereitet zu haben:

> Bonjour, *teuerste Freundin*. Je suis encore plongé jusqu'au cou dans mes *affaires*. Ne m'étant jamais préparé à cette espèce d'exercice, j'ai assez de peine à m'en tirer. Cependant, je commence à y voir clair. Les deux années de la gestion de T<jutčev>. m'auront coûté cher ! 300,000 francs ont été dépensés – dont je n'ai touché pour ma personne que 40. Quelques dettes ont été payées. Mais 100,000 fr. bien certainement ont

[598] NIKITINA 1995, 211.

[599] BIZJUKIN 1885, 363; SCHAPIRO 1982, 94f. BIZJUKINS Behauptung (ebd.), Tjutčev habe während etwa fünf Jahren als Turgenevs Gutsverwalter fungiert, entspricht nicht den Tatsachen. Tjutčevs tatsächliche Anstellungsdauer betrug lediglich knapp zwei Jahre (PSP, I, 691; SCHAPIRO 1982, 95).

été jetés par la fenêtre…T. n'a opéré aucune réforme, au contraire il a augmenté les gages de tout le monde – il ne bougeait pas de Spasskoïé – et les revenus de tous mes autres biens ont baissé d'un tiers – il ne s'entendait ni à vendre ni à acheter, etc. C'est ma faute à moi d'avoir cru trouver en lui un homme propre à administrer un bien – il faut que je tâche de la réparer. Je vais y travailler tout cet hiver – je n'irai pas à Orel comme j'en avais l'intention. T. et sa famille sont encore ici – ils ne partiront pas avant une quinzaine de jours – nous sommes restés bons amis – je le répète – il n'y a pas de sa faute dans tout cela.[600]

Turgenev übernahm die volle Verantwortung für Tjutčevs verlustreiche Administrationstätigkeit, da er seiner Ansicht nach die Besetzung des Verwalterpostens zu wenig umsichtig geplant habe und von falschen Annahmen sowie unangebrachten Sympathiebekundungen ausgegangen sei.[601] Zudem war Turgenev – ungeachtet der leeren Kassen in Spasskoe – sehr darauf bedacht, sich in gutem Einvernehmen von Tjutčev zu trennen.[602] Hinter diesem Wunsch stand einerseits Turgenevs ausgeprägtes Harmoniebedürfnis, andererseits aber wohl auch sein ‚adliger' Habitus, wonach er sich nicht wegen Gelddingen mit Freunden überwerfen wollte.

Obwohl Tjutčev seinerseits behauptete, Turgenev habe *ihn* ruiniert, ist davon auszugehen, dass die Hauptschuld für das finanzielle Desaster beim Verwalter lag. Jedenfalls hatte Turgenev dadurch, dass er die seinerzeit offenbar guten Erfahrungen mit dem ‚Literaten' Tjutčev auf die ausschliesslich ökonomische Sphäre der Gutsverwaltung übertragen wollte, einen Fehlschluss gezogen, und entsprechend fatal war das Ergebnis. Dass die Alternation zwischen der Literatur und der Gutswirtschaft nicht einfach war, musste nun aber auch Turgenev selbst feststellen: Er schränkte seine literarische Tätigkeit stark ein, um sich während etwa drei Monaten fast ausschliesslich der darniederliegenden Gutswirtschaft zu widmen. Damit betrat er Neuland: Denn die Auseinandersetzung mit Dingen, von denen er wenig verstand, fiel ihm schwer, und er wusste genau, dass ihm die hierfür notwendigen Kenntnisse fehlten. Wie er am 30. August (11. September) 1853 an Sergej Aksakov schrieb, beanspruchten ihn die zahlreichen „Bilanzen" und „Rechnungen" dermassen, dass er sich fast nur noch mit Ver-

600 GRANJARD / ZVIGUILSKY 1972, 67 (Hervorhebungen im Original, A.S.).

601 Vgl. PRITCHETT 1986, 100.

602 Turgenev lag offenbar viel an einer versöhnlichen Beilegung der Angelegenheit. So schrieb er am 15. (27.) Oktober 1853 an Annenkov: „[…] мы с Тютчевым расстались друзьями – теперь мне остается только повторить, что это было действительно так, что мы все всплакнули при расставанье, что мы находимся в переписке – и что одна необходимость заставила меня расстаться с ним. Мы дали друг другу бумагу, в которой свидетельствуем, что остались оба совершенно довольны." (PSP, II, 193f.).

waltungsfragen beschäftigen konnte.[603] Das ungeliebte Zählen von Geld hatte sowohl die Jagd als auch die Schriftstellerei verdrängt:

> Тютчев, которому я поручил было управление моим имением, от меня отходит – и теперь это всё падает на меня. Я всё это время ездил по деревням, не охотился – и теперь у меня в голове одно хозяйство, расчеты, счеты и т. д. Так что ни о чем литературном я и подумать – пока – не в состоянии. (PSP, II, 178)

Am 1. (13.) September 1853 zog Turgenev in einem Brief an Annenkov bitter-ironisch Bilanz, wobei er aus seinen dürftigen agronomischen Kenntnissen kein Hehl machte:

> Тютчев от меня отходит. При всей своей отличной честности, это человек самый непрактический – и в два года довел дело до того, что доходов моих (за исключением платежа в опекунский совет) *не хватало на его жалованье* – а на мой прожиток не приходилось ни копейки. Увидавши это, я, к крайнему моему сожалению, почувствовал необходимость с ним расстаться, и теперь – вся эта громада дел и управления, как свод, из-под которого вынули подпорки, так и рухнула на мою беззащитную голову. В первое мгновенье я сконфузился сильно; теперь же я привыкаю к своему положению и, может быть, извлеку из него со временем удовольствие и пользу. Во всяком случае мне другого ничего не оставалось делать. [...] Я объездил все свои деревни – и, должно быть, показался моим крестьянам глуповатым малым. [...] Однако обо всем этом в другое время – а теперь пора отправляться в поле и глядеть, как десяток мужиков, ходя не по дороге, особенным образом взмахивают руками. Эта операция называется – *посевом.* (PSP, II, 180f.; Hervorhebungen im Original, A.S.)

Obwohl er Tjutčev für einen völlig untauglichen Administrator hielt, waren Turgenevs eigene Voraussetzungen als ‚Praktiker' kaum besser. Dass ihn die Verwaltung des maroden Gutes hoffnungslos überforderte, war ihm bald klar, und seine Hilflosigkeit verbarg er hinter bissigem Humor: So verglich er Annenkov gegenüber sein System der Gutsverwaltung mit jenem Tentetnikovs, der sich im zweiten Teil von Gogol's *Mertvye duši* der Landwirtschaft zu widmen sucht und an der eigenen Unerfahrenheit sowie am mangelnden Praxisbezug scheitert:

> Я всё это время занят был по горло хозяйством, à la Tentetnikoff. Продешевил пшеницу, упустил две-три постройки, купил дрян-

603 SCHAPIRO 1982, 95; KORSUN 1990, 297. Vgl. hierzu auch PSP, II, 177-188.

ных лошадей – словом, хлопотал страшно. Теперь, может быть, примусь за литературу [...]. (PSP, II, 183)

2.6.4. Turgenevs Scheitern im ökonomischen Feld

Turgenevs Tätigkeit als Gutsverwalter war nicht nur von kurzer Dauer, sondern auch gänzlich erfolglos, und dies, obwohl er zu jenem Zeitpunkt infolge seines Gogol'-Nekrologs ohnehin auf seinen Gütern in Verbannung leben musste und sich eigentlich ganz der Administration hätte widmen können. Möglicherweise war sein Exil auch überhaupt erst der Grund dafür, dass er sich dieser neuen Aufgabe stellte. Zunächst wollte er seinen Freund Dmitrij Ja. Kolbasin, an den er sich umgehend mit der Bitte um Unterstützung wandte und der auch später viele administrative Arbeiten für Turgenev verrichtete, als neuen Verwalter einsetzen und ihm ein Jahresgehalt von 400 Silberrubeln zahlen.[604] Doch schon bald nahm er von dieser Idee Abstand und versuchte, Kolbasin wenigstens als Ratgeber zu gewinnen und die eigentlichen Verwaltungsaufgaben selber zu übernehmen (PSP, II, 177 u. 201). Offenbar stand Kolbasin dann tatsächlich Turgenev beratend bei und führte einige Vertragsabschlüsse durch. Die Hauptverantwortung für die Gutsadministration lag aber nach wie vor bei Turgenev.[605]

Mit diesem ungeplanten und seit dem Erbschaftsantritt 1850 auch unerwünschten Positionsbezug im ökonomische Feld hatte Turgenev erhebliche Mühe. Die Rolle als Verwalter lag ihm definitiv nicht, denn er verfügte weder über die hierfür notwendigen Kompetenzen noch über das entsprechende Interesse. Seine neue Beschäftigung betrachtete er als Schadensbegrenzung und notwendiges Übel, dem er sich vorübergehend zuzuwenden hatte, bis eine neue und längerfristig glücklichere Lösung in Aussicht stand: „Надобно взять терпенье – post nubila sol – говорит латинская пословица. Когда-то это солнышко проявится!“.[606] Insofern erstaunt es nicht, dass er sich bereits im November 1853 – also kurz vor Ende seines Exils – entschloss, die gesamte Wirtschaftsführung seinem Onkel Nikolaj Nikolaevič Turgenev zu übertragen, einem Gardestabsrittmeister im Ruhestand, den er seit seiner Kindheit als „zweiten Vater“ betrachtete und in dem er noch zu Varvara Petrovnas Lebzeiten stets einen Für-

[604] Nach eigener Aussage konnte es sich Turgenev nicht mehr leisten, für die Entlohnung des Gutsverwalters weiterhin jährlich 2'000 Silberrubel aufzubringen (vgl. PSP, II, 194).

[605] PSP, II, 509. Vgl. Turgenevs Brief vom 11. (23.) September 1853 an Kolbasin: „Благодарю Вас, любезный Колбасин, за то, что Вы согласились на мое предложение, и за то, что Вы прямо объяснились со мной. Мне именно нужен помощник – а не администратор – мне нужно, чтобы я не был один в таком трудном деле, каково управление именьем, обремененном долгами – и в таком положении, в каком оставил его Тютчев – а потому жду Вас с нетерпеньем – Вы, приехавши, сами увидите, как много и в чем именно Вы мне можете быть полезным.“ (PSP, II, 182).

[606] Aus Turgenevs Brief vom 5. (17.) November 1853 an Ivan F. Minickij (PSP, II, 202).

sprecher gefunden hatte.[607] Am 2. (14.) November 1853 schrieb er an Annenkov:

> Я теперь стараюсь по мере возможности собрать обломки после кораблекрушения, в чем мне помогает мой дядя, которому я, вероятно, передам управление в сознании своей собственной совершенной неспособности. (PSP, II, 198)

Mit dieser voreiligen und wenig überdachten Entscheidung inaugurierte Turgenev ein Verfahren, das sich in den kommenden Jahrzehnten nicht mehr änderte: Er zog sich – nicht zuletzt aufgrund der Erfahrungen, die er selbst als Verwalter wider Willen gemacht hatte – fast vollständig von allen administrativen Aufgaben zurück und überantwortete sämtliche damit verbundenen Fragen vertrauensvoll seinem jeweiligen Gutsverwalter.[608] Obwohl er mit Tjutčev „Schiffbruch"[609] erlitten hatte, kümmerte sich Turgenev fortan keineswegs intensiver um seine Besitzungen: Das eigene kurzzeitige Verwaltungsengagement hatte ihm seine diesbezügliche Inkompetenz und völlige Abhängigkeit von Vertrauensleuten vor Augen geführt, so dass er es vorzog, sich wieder ganz der Literatur und dem angestammten „Handwerk" als Schriftsteller zuzuwenden:

> Видно, наш брат щелкопер[610] действительно ни к какому дельному занятию не способен. Что делать! Всего не соединишь и не обхватишь – и дай бог, чтобы в своем-то, в собственном ремесле не делал промахов на каждом шагу![611]

Fortan vertraute Turgenev darauf, dass in Spasskoe mehr oder weniger ordentlich gewirtschaftet wurde, doch spezielle Kontrollmechanismen richtete er nicht ein. Abgesehen von seiner Absicht, finanziell vorderhand etwas kürzer zu

607 PSP, II, 211; SCHAPIRO 1982, 95. BIZJUKINS Behauptung (1885, 362), Turgenev habe erst 1855 Tjutčev gebeten, die Gutsverwaltung an Nikolaj Nikolaevič Turgenev abzutreten, ist nicht korrekt.

608 Vgl. hierzu auch Turgenevs Wortlaut in einer Vollmacht, die er am 30. Juli (11. August) 1862 seinem Onkel Nikolaj Nikolaevič erteilte: „[…] не имея я сам возможности по обстоятельствам лично заниматься хозяйством […]." (*RGIA*, f. 577, op. 26, d. 2339, l. 11).

609 Auffallend ist die ‚Schiffsmetapher', die Turgenev in seiner Korrespondenz wiederholt verwendete, um finanzielle Einbrüche zu illustrieren. So sprach er etwa von erlittenem „Schiffbruch" („кораблекрушение"; PSP, II, 198) oder davon, dass „das Boot auf Grund gesetzt" worden sei bzw. würde („дядюшка так жестоко посадил на мель нашу лодку, что ее не скоро сдвинешь"; PSP, VI, 192; „Ваша болезнь совсем бы на мель меня посадила."; PSP, VI, 248).

610 Щелкопер = „Federfuchser".

611 Aus Turgenevs Brief vom 14. (26.) November 1853 an Sergej Aksakov (PSP, II, 205). In diesem Zusammenhang sei darauf hingewiesen, dass auch Puškin mit dem Positionsbezug im ökonomischen Feld erhebliche Mühe hatte und sich als äusserst mittelmässiger „Buchhalter" sowie Gutsverwalter wider Willen erwies (ANIKIN 1999, 235-238).

treten und möglichst sparsam zu leben (PSP, II, 212), verabschiedete er sich fast vollständig vom ökonomischen Feld und richtete sein Augenmerk nur noch sporadisch auf die Gutswirtschaft. Ansonsten aber verfuhr er künftig ähnlich wie in seinen Geschäftsbeziehungen mit Verlegern und Zeitschriftenredakteuren: Er delegierte die meisten Angelegenheiten, die sowohl seine literarischen wie auch ausserliterarischen Einkommensquellen betrafen, an Drittpersonen und gab ihnen eine nahezu uneingeschränkte Vollmacht – eine „carte blanche“, wie er selber zu sagen pflegte.[612]

2.6.5. Nikolaj N. Turgenevs Administration – Familienbande und Manipulation

Obwohl Turgenev seinen wirtschaftlich erfolgreichen Bruder Nikolaj von Anfang an bewusst von allen Verwaltungsaufgaben auf seinen Gütern ferngehalten hatte, um Streitigkeiten und Missverständnissen vorzubeugen, entschied er sich Ende 1853 doch für eine intrafamiliäre Besetzung des Gutsverwalterpostens. In seinem Onkel Nikolaj Nikolaevič, einem jüngeren Bruder von Turgenevs Vater, glaubte er einen erfahrenen und mit Spasskoe gut vertrauten Administrator gefunden zu haben, der schon Varvara Petrovnas Besitzungen während etwa zwanzig Jahren – bis 1846 – verwaltet hatte.[613] Dass ihn allerdings Varvara Petrovna damals auch der Misswirtschaft und des Betrugs bezichtigt und infolgedessen seines Amtes enthoben hatte, scheint Turgenev entfallen zu sein – oder aber er kümmerte sich nicht weiter darum.[614]

Jedenfalls betrachtete Nikolaj Nikolaevič die ihm von seinem Neffen übertragene Aufgabe nicht als Herausforderung im Dienste des Gutsherrn, sondern primär als Gelegenheit zur Bereicherung, zumal sein eigenes Gut Juškovo weder besonders gross noch speziell einträglich war. Turgenev seinerseits scheint bei der Überantwortung der Gutsgeschäfte keinerlei Bedenken gehabt zu haben, und er erlaubte seinem Onkel sogar, sämtliche Annehmlichkeiten in Spasskoe zu nutzen.[615] Nikolaj Nikolaevič, der für seine neue Tätigkeit, wie seinerzeit Tjutčev, ein Jahresgehalt von 2'000 Rubeln erhielt, übersiedelte umgehend mit seiner Frau, seinen zwei Töchtern aus erster Ehe und einer Schwägerin auf Turgenevs Hauptgut. Zudem gab ihm Turgenev im Juli 1856, wie sich allerdings erst später

[612] Vgl. etwa PSP, V, 157, PSP, X, 20 u. PSP, XIII_2, 230.

[613] PSP, II, 205; YARMOLINSKY 1959, 39 u. 135; ŽITOVA 1961, 26; ZABOROVA 1967, 221. Laut ZABOROVA (ebd.) übernahm Nikolaj Nikolaevič die Wirtschaftsführung auf Varvara Petrovnas Gütern 1834 nach dem Tode Sergej Nikolaevič Turgenevs. GRIGOROVIČ (1928, 258) schreibt Nikolaj Nikolaevičs Anstellung einer Mitleidsgeste Turgenevs zu, den „die Situation des armen Familienangehörigen“ berührt habe.

[614] MALYŠEVA 1915a, 46; NIKITINA 1995, 63 u. 72. Laut GUT'JAR (1907, 207) hatte Nikolaj Nikolaevičs Heirat mit einer wesentlich jüngeren Kammerdienerin Varvara Petrovnas 1846 letzterer als Anlass für den Bruch gedient.

[615] GUT'JAR 1907, 207.

herausstellte, leichtfertig drei Wechsel über insgesamt 15'000 Silberrubel, die Nikolaj Nikolaevič im Falle von Turgenevs Tod hätte einlösen dürfen, um die Existenz seiner wesentlich jüngeren Frau zu sichern (allerdings wurde diese Bedingung nicht schriftlich festgehalten).[616] Nikolaj Nikolaevičs Hauptaufgaben als neuer Gutsverwalter bestanden in der Verbesserung der Wirtschaftlichkeit auf den Gütern, der Umsiedlung eines Teils der Bauern, der Umverteilung des Bauern- und Gutsbesitzerlandes sowie der Realisierung der Reformpläne, die das Verhältnis zwischen Turgenev und seinen Leibeigenen auf eine neue Grundlage stellen sollten. Auch die zehnte Volkszählung, die der Vorbereitung der „Bauernbefreiung" diente, wurde unter seiner Administration durchgeführt.[617]

Eine Rechenschaftspflicht scheint Turgenev seinem Onkel allerdings nicht auferlegt zu haben. Vielmehr begnügte er sich in den ersten Jahren mit den mehr oder weniger regelmässigen Geldsendungen aus Spasskoe, auf die er bisweilen dringend angewiesen war (vgl. PSP, III, 34f.), und er insistierte nur dann, wenn die überwiesenen Beträge auffallend gering ausfielen (vgl. PSP, II, 248f.). Den Ursachen für die niedrige Ertragslage ging er zunächst nicht nach, sondern schrieb diese Unregelmässigkeiten dem fortgeschrittenen Alter seines Onkels zu.[618]

1857 vernahm Turgenev dann erste Gerüchte, denen zufolge sein Onkel die Güter schlecht verwaltete und die Bauern zugrunde richtete.[619] Es war in erster Linie die Sorge um das materielle Wohl der Bauern, die Turgenev dazu bewegte, sich eingehender bei den beiden Kolbasin-Brüdern zu informieren:

616 Laut GUT'JAR (1907, 208) und FET (1890, I, 254) gab Turgenev seinem Onkel *einen* Wechsel über 20'000 Rubel. MAGARSHACK (1954, 159) hingegen behauptet, Turgenev habe *zwei* Wechsel über 50'000 Rubel ausgestellt. Diesen Aussagen widerspricht Turgenevs *Ob-javlenie* vom 6. (18.) Februar 1868, in welchem er den Wert von *drei* Wechseln auf 15'000 Silberrubel bezifferte (PSP, VII, 55). Laut ZABOROVA (1967, 228) hatte Nikolaj Nikolaevič zwei Wechsel über insgesamt 10'500 Rubel und einen dritten über 4'500 Rubel erhalten.

617 BIZJUKIN 1885, 363; GUT'JAR 1907, 207f.; MAGARSHACK 1954, 159; YARMOLINSKY 1959, 263; SCHAPIRO 1982, 221; PSP, III, 215; PSP, IV, 396 u. 580; PSP, VI, 314. Für die Umsetzung der offiziellen Reformmassnahmen erteilte Turgenev seinem Onkel am 3. (15.) Februar 1862 eine Vollmacht, die ihm in dieser Angelegenheit eine umfassende Zeichnungsberechtigung gab (vgl. PSP, IV, 396). Eine weitere, wesentlich detailliertere Vollmacht erhielt Nikolaj Nikolaevič von seinem Neffen am 30. Juli (11. August) 1862 mit dem explizit formulierten Ziel, eine Erhöhung der Einkünfte zu erreichen („к улучшению выгод") (*RGIA*, f. 577, op. 26, d. 2339, ll. 11-12 ob.).

618 GUT'JAR 1907, 208.

619 Vgl. das Postskriptum zu Elisej Kolbasins Brief vom 5. (17. August) 1857 an Turgenev: „У дяди Вашего, говорят, отличный урожай; но слухи, пришедшие из Спасского, на счет Ваших крестьян не совсем утешительны... как не щекотливо это, но считаю долгом об этом Вас уведомить. Говорю потому, что убежден что другие этого Вам не скажут в глаза, хотя за-глаза и сплетничают." (*T i krug Sovr*, 336).

Дошло до сведения моего, что дядя управляет скверно и разоряет мужиков. Соберите справки и отвечайте мне откровенно и положительно: это мне очень нужно – и я надеюсь на вашу дружбу. (PSP, III, 172).

Doch es geschah wenig. Turgenevs Brief vom 25. November (7. Dezember) 1857 an Lev Tolstoj offenbart, wie ratlos er den mutmasslichen Vorgängen in Spasskoe gegenüberstand. In seinem Schreiben gab Turgenev offen seine Machtlosigkeit zu und kündigte lediglich an, trotz des guten Erntejahres sein eigenes Jahresbudget vorläufig auf 3'600 Rubel und damit auf exakt jene Summe zu begrenzen, die er bereits Ende 1854 seinem Onkel gegenüber als jährliche Lebenshaltungskosten ausgewiesen hatte (PSP, II, 246 u. 249).[620] Gleichzeitig stellte er in Aussicht, das ganze darauffolgende Jahr der Landteilung mit seinen Bauern widmen zu wollen:

До меня уже не впервые доходят слухи, что дядя мой не так управляет моим именьем, как бы следовало. Что ж мне было делать? Сам я не умел с этим сладить – сделал всё, что мог, т. е. назначил себе небольшую сумму на годовой прожиток, 3600 руб. сер. Зато я решился посвятить весь будущий год на окончательную разделку с крестьянами; хоть всё им отдам – а перестану быть «барином». На это я совершенно твердо решился – и из деревни не выеду, пока всего не кончу. (PSP, III, 170f.)

Nun war Turgenev tatsächlich im Begriff, „alles wegzugeben", allerdings nicht nur an seine Bauern – diese nämlich ahnten, dass es um die Wirtschaftsführung in Spasskoe nicht gut stand:

Николай Николаевич Тургенев в последнее время управления Спасским-Лутовиновым, обратившись в „Скупого Рыцаря", вме-

620 Vgl. hierzu auch Anmerkung 336. Es ist anzunehmen, dass Nikolaj Nikolaevič die ihm gegenüber zwischen 1854 und 1857 mindestens dreimal explizit erwähnten jährlichen Unterhaltskosten seines Neffen über 3'500 bzw. 3'600 Rubel als Orientierungshilfe verwendete, jedenfalls lagen die Summen, die er Turgenev jedes Jahr überwies, unter 5'000 Rubeln (vgl. PSP, VI, 277). Damit hatte Nikolaj Nikolaevič von Anfang an einen Ermessensspielraum, den er finanziell zu seinen Gunsten nutzte. Diesen für seine Verhältnisse ohnehin bescheidenen Betrag reduzierte Turgenev dann weiter, sobald ihm die Honorare für seine literarische Tätigkeit überwiesen wurden (ZABOROVA 1967, 228). Zum Vergleich: Während Gončarov noch 1858 der Ansicht war, dass ein verheirateter und in St. Petersburg wohnhafter Mann nicht weniger als 2'000 Silberrubel verdienen dürfe, um auskömmlich leben zu können, betrugen die jährlichen Aufwendungen der Dostoevskijs mehr als 3'000 Rubel (REJTBLAT 1991, 85). Vor dem Hintergrund der individuellen Ansprüche an den persönlichen Lebensstil ist allerdings zu berücksichtigen, dass für viele prominente Schriftsteller die Armutsgrenze möglicherweise früher begann als für Vertreter anderer Berufsgruppen. Bedürftigkeit und untere Einkommensgrenzen wurden demnach sehr unterschiedlich wahrgenommen (vgl. RIGGENBACH 2004 [im Druck]).

сто дров топил печи „полынью“, обильно и роскошно растущей на копанных чаплыгинских полях [...].[621]

Verantwortlich für die empfindlichen Gewinneinbrüche in Spasskoe Mitte der 1850er Jahre waren einerseits Faktoren, für die Turgenev kaum haftbar gemacht werden kann: Dazu gehörten Missernten, die wirtschaftlichen Folgen des Krimkrieges oder Choleraepidemien, welche die Reisetätigkeit und damit auch den Binnenhandel hemmten. Andererseits litten die von der Tjutčev-Administration ohnehin noch angeschlagenen Finanzen auf Turgenevs Gütern unter der Wirtschaftsführung des neuen Verwalters, der nicht nur ausserstande war, die zuvor angerichteten Schäden auszugleichen, sondern die Situation durch seine Selbstbereicherung weiter verschärfte. Aus Spasskoe konnte Turgenevs Geldhaushalt daher nicht hinreichend alimentiert werden, was allerdings auf das Finanzgebaren des Hausherrn wenig Einfluss hatte: In St. Petersburg kultivierte Turgenev nach wie vor das ausschweifende und entsprechend aufwendige Leben eines bereits ergrauten, wenn auch immer noch aktiven ‚Dandys‘, der es sich angewöhnt hatte, alle seine prägnanten Äusserungen mit dem Wort „довольно“ abzuschliessen.[622]

Weiterhin bestimmend war aber auch Turgenevs Absentismus, der sich im übertragenen wie auch eigentlichen Sinne des Wortes offenbarte: Turgenev konnte und wollte sich schon alleine aufgrund seiner literarischen Tätigkeit und häufigen Aufenthalte in Westeuropa oder St. Petersburg nicht persönlich um die Wirtschaftsführung in Spasskoe kümmern. Im Frühjahr 1877 machte er sich sogar explizit den Vorwurf des „Absentismus“, der die „tragische Seite“ seines Schriftstellerdaseins gewesen sei: „В судьбе каждого из русских несколько выдающихся писателей была трагическая сторона; моя – абсентеизм, причины которого было бы долго разыскивать“ (PSP, XII_1, 116). Seine Haupteinnahmequelle lag Tausende von Kilometern von ihm entfernt. Turgenev zog es daher weiterhin vor, sich den Diensten von mehr oder weniger loyalen, oft säumigen Freunden anzuvertrauen, was zur Folge hatte, dass finanzielle Engpässe eine Konstante seiner Privatökonomie blieben und ihn wiederholt in widrige Situationen brachten. So musste er sich etwa im Winter 1863 für die Fahrt von Baden-Baden nach Paris bei seiner Vermieterin Minna Anstett Geld borgen, wobei er sein Hab und Gut als Sicherheit zurückliess. Doch auch die Rückkehr nach Baden-Baden verzögerte sich, weil Turgenev abermals die Mittel für die Reise fehlten. Und wenn Turgenevs Onkel dann endlich Geld aus Spasskoe überwies, waren die Beträge im Vergleich zu Turgenevs tatsächlichen Bedürfnissen meistens viel zu gering.[623]

Turgenevs Umzug nach Baden-Baden 1863 und die damit verbundenen fi-

621 Bizjukin 1885, 373.

622 Pritchett 1986, 99f.

623 Yarmolinsky 1959, 261. PSP, V, 169.

nanziellen Belastungen zwangen ihn, sich über die Erträge seiner unrentablen Güter ernsthaft Gedanken zu machen: In Baden-Baden liess er sich, gleich neben den Viardots, auf einem Ende Juli 1864 für 8'000 Gulden (etwa 17'000 Francs,[624] d. h. rund 5'000 Rubel) ersteigerten Grundstück eine repräsentative Villa errichten, für deren Entwurf im Stil Ludwigs XIII., also nach dem Vorbild der französischen Landschlösser mit Merkmalen der Gotik und Renaissance, der Pariser Architekt Olive gewonnen werden konnte.[625] Während Turgenev in den Jahren 1847-50, als er längere Zeit in Courtavenel bei den Viardots gewohnt hatte und von Varvara Petrovna seiner Ansicht nach finanziell unzureichend unterstützt worden war, lediglich materielle Einschränkungen in Kauf genommen hatte, um in Paulines Nähe leben zu können, investierte er später mit demselben Ziel zunächst in Baden-Baden, dann 1874 in Bougival grössere Summen in Liegenschaften, die sich unmittelbar neben jenen der Viardots befanden. Der Bau der Baden-Badener Villa zog sich von 1864 bis 1868 hin und verschlang enorme Summen – 1878 bezifferte Turgenev die Kosten für das Haus auf 160'000 Francs (fast 50'000 Rubel) (PSP, XII_1, 283). Um überhaupt mit dem Bau des Gebäudes beginnen zu können, musste er sich 1864 von Pauline Viardot 50'000 Francs (etwa 15'000 Rubel) borgen. Während sich schon alleine die Kosten für Haushaltsführung und Gebäudeunterhalt als sehr hoch abzeichneten, waren für die endgültige Ausgestaltung des Anwesens weitere Gelder notwendig. Überdies hatte sich Turgenev bei der Hochzeit seiner Tochter Paulinette, die 1865 den französischen Glasfabrikanten Gaston Bruère geheiratet hatte, finanziell verausgabt.[626] Turgenev kam unter anderem für die Mitgift auf, die immerhin 150'000 Francs (rund 44'000 Rubel) betrug und zu zwei Dritteln umgehend entrichtet werden musste. Und schliesslich waren Turgenevs literarische Einkünfte infolge seines zeitweiligen Rückzugs von der Literaturproduktion nach Erscheinen von *Otcy i deti* bis zur Publikation von *Dym* auf ein unbedeutendes Niveau zurückgegangen. Erst jetzt wurde Turgenev klar, dass ihm seine Ländereien mindestens dreimal soviel hätten einbringen müssen – sein Bruder hatte damals sogar viermal höhere Jahreseinkünfte als er.[627] Und gerade das Fehlen eines regelmässigen Einkommens führte immer wieder dazu, dass sich Turgenev verschuldete und dabei, wie im November 1864, nicht einmal genau wusste, wann er wieder zahlungsfähig würde:

624 Vgl. SCHNEIDER / SCHWARZER 1990, 285.

625 Zur Grösse des Areals vgl. KRAETZ s. a., 9f., REIMANN 1998, 100 u. SCHAPIRO 1982, 194. Die Flächenangaben bewegen sich zwischen etwa 9'500 m² (2 Morgen 167 Rut[h]en) (KRAETZ; REIMANN) und rund 30'000 m² (SCHAPIRO), während Turgenev selbst das Grundstück auf „etwa eineinhalb Desjatinen", also rund 16'000 m², bezifferte (PSP, V, 262). Ausführlich zu Turgenevs Baden-Badener Villa: KRAETZ s. a.

626 SCHAPIRO 1982, 329; TIME 1998, 11-13. Laut ARZUMANOVA (1960, 278) belief sich Turgenevs Anleihe bei Pauline Viardot sogar auf 30'000 Rubel.

627 GUT'JAR 1907, 209f.; YARMOLINSKY 1959, 262; ZABOROVA 1967, 228.

> […] я нахожусь сам, безо всякого преувеличения, *в крайности* – и живу долгами. Денег из России мне не высылают ни гроша, да и не предвидится, когда я что-нибудь получу. (PSP, V, 294; Hervorhebung im Original, A.S.)

Doch erst 1866, also zehn Jahre (!) nach dem ersten Verdacht, dämmerte es Turgenev angesichts der desolaten Wirtschaftslage im „Athen der russischen Landwirtschaft" („Афины русского земледелия") bzw. „Athen der Gedingearbeit" („Афины вольнонаемного труда"), wie Fet Spasskoe scherzhaft nannte, dass sein blindes Vertrauen in die Verwaltungstätigkeit seines Onkels falsch gewesen sein könnte (PSP, VI, 86, 97, 106f., 316f. u. 486). Zunächst hoffte er noch, einen „jungen und ehrlichen Mann" zu finden, der seinen Onkel bei dessen Verwaltungstätigkeit unterstützen und später ablösen würde. So schrieb er am 25. März (6. April) 1866 an Annenkov:

> Мне *необходимо нужен* молодой человек, честный и дельный, который сперва бы помогал моему одряхлевшему дяде, а потом бы заменил его. Ради бога, поищите такового, попросите Н. Н. Тютчева, других знакомых справиться.[628] Я бы предоставил дяде управление и распоряжение одним Спасским; а остальные все дела, состоящие в отдаче оставшихся за наделом земель внаймы и т. д., поручил бы этому молодому человеку. Тут главное нужны деятельность и честность: на жалованье я скупиться не буду. (PSP, VI, 64; Hervorhebung im Original, A.S.)

Bereits wenige Monate später war Turgenev klar, dass er der Situation in Spasskoe auf andere Weise würde begegnen müssen, hatten ihm doch alle seine Güter von Juli 1865 bis September 1866 nur gerade 2'000 Rubel eingebracht. Die übrigen Geldbeträge, die ihm sein Onkel in diesem Zeitraum überwiesen hatte, waren nicht direkt erwirtschaftet worden, sondern stammten überwiegend aus Landverkäufen, deren Erlös Nikolaj Nikolaevič zudem falsch ausgewiesen hatte.[629] So schrieb Turgenev am 30. September (12. Oktober) 1866 an seinen Freund Ivan Borisov:

> Пребывание мое в Спасском будет сопряжено с некоторыми неприятностями: мне невозможно более оставить мое имение на руках дяди, в честности которого я не сомневаюсь ни одной секунды, но который состарелся, потерял всякую энергию и дает себя – и меня – грабить. Доходы с моего имения сделались ничтожными […]. (PSP, VI, 109)

[628] Die Tatsache, dass Turgenev ausgerechnet Tjutčev als Vermittler eines neuen Gutsverwalterassistenten vorschlug, zeigt, wie konziliant, aber auch wie naiv er sich seinem ehemaligen Administrator gegenüber verhielt. Offensichtlich dachte Turgenev nicht mehr an den finanziellen Schaden, der ihm durch Tjutčev entstanden war.

[629] PSP, VI, 107; GUT'JAR 1907, 211.

Obwohl Turgenev – wie seinerzeit im Falle Tjutčevs – nach wie vor „volles Vertrauen" zu seinem Onkel hatte und dies auch wiederholt betonte, war ihm andererseits bewusst, dass es so nicht weitergehen konnte. Es dauerte allerdings weitere sechs Monate, bis er endgültig erkannte, welch enormer Schaden durch Nikolaj Nikolaevičs jahrelange Misswirtschaft entstanden war. Klarheit verschafft hatte ihm nicht zuletzt ein Vergleich seiner Einkünfte mit jenen seines Bruders.[630] Die massiven Defizite, vor allem aber Nikolaj Nikolaevičs Obstruktionspolitik gegen Turgenevs Arrangements mit seinen Bauern führten schliesslich zum Eklat. Nikolaj Nikolaevič hatte nicht nur Gelder veruntreut, sondern auch Turgenevs Anordnungen im Hinblick auf die Landzuweisungen und Landverkäufe an die ehemaligen Leibeigenen sowie die damit einhergehenden Preisnachlässe wiederholt ignoriert.[631] Im Frühjahr 1867 zog Turgenev dann Borisov gegenüber bitter Bilanz:

> По отчету дяди я в 11 лет и 6 месяцев получил – *127 371* руб. с копейками.
> Из них капитальной суммы (выкупных денег, за продажу лесов и т. д.) *63 564* р.
> Из доходных денег я следовательно получил: *63 807* р. – т. е. около *5500* р. сер. в год.
> *Оброчных* сумм с оброчных имений поступает в год *5756* р., платежа в Опекунский совет – на *3409* р., – остается след<овательно> в пользу владельца – *2347*. Если прибавить к этой сумме – деньги за аренды, мельницы и т. д., то приблизительно получится вся сумма моего годового дохода – *5500* р., и окажется, что лучшие мои имения, Спасское, Тапки и др., находящиеся на изделии, не приносят мне буквально ни копейки. Покажите этот результатик Фету, который в письме к Боткину говорит, что, отказывая дяде – я «осатанел». Согласился ли бы он с *5500* десятин свободной земли – получать *5500* р. дохода? (PSP, VI, 181f.; Hervorhebungen im Original, A.S.)

Die chaotischen Zustände in Spasskoe führten einerseits dazu, dass sich Turgenev – zumindest vorübergehend – wieder vermehrt der Schriftstellerei als Haupterwerbsquelle zuwenden musste, um den finanziellen Einbruch aufzufan-

630 Pritchett 1986, 183. Vgl. Vasilij Botkins Aussage zu Nikolaj Nikolaevičs Geschäftsgebaren: „Я видел отчеты Ник. Ник. по управлению за два года: они составлены до крайности плохо и неточно; со Спасского, например, никакого дохода не показано." (Fet 1890, II, 114).

631 Zaborova 1967, 229f.; Schapiro 1982, 221. Eigentlich wusste Turgenev seit 1858, dass sein Onkel die Vereinbarungen, die er mit seinen Bauern getroffen hatte, missbilligte. Vgl. etwa Turgenevs Brief vom 22. Oktober (3. November) 1859 an Ivan Aksakov: „[...] дядя, которому *новые порядки* очень не по нутру – но который понял, что *старые порядки* вернуться не могут." (PSP, III, 357; Hervorhebungen im Original, A.S.).

gen, und dies, obwohl er eigentlich aufgrund der negativen Rezeption seiner letzten Werke mit der Publikation neuer Schriften zögerte:[632]

> Вижу, что придется много поработать, – дядюшка так жестоко посадил на мель нашу лодку, что ее не скоро сдвинешь... Первые два года придется мне порядком подстегивать свою Музу, благо литература еще дает доход. (PSP, VI, 192)

Andererseits entschied er sich, seinen mittlerweile etwa einundsiebzigjährigen Onkel in den Ruhestand zu schicken und den Posten des Verwalters neu zu besetzen, um auf diese Weise einen Kurswechsel einzuleiten.[633] Es dauerte also mithin fast zwölf Jahre, bis Turgenev die Konsequenzen daraus zog, dass auf seinen Besitzungen Misswirtschaft betrieben und Geld veruntreut wurde. Die Affäre um seinen Onkel hatte ihm schon genug Unannehmlichkeiten bereitet, und er wollte die ganze Angelegenheit endlich zu einem Ende bringen. In seinem Brief vom 31. März (12. April) 1867 an Fet begründete er diesen schweren und auch folgenschweren Entscheid:

> С тех пор, как я в России – [...] я развиваю ужасающую деятельность: печатаюсь [...], продаю новое издание, читаю публично и приватно, болею (нога у меня совсем отказывается), ввожу нового управляющего... Кстати, чтобы раз навсегда покончить с этим предметом, – так чтобы уже толков об этом между нами больше не было и Вам не приходилось величать меня, как в письме Боткину – осатанелым, – вот Вам решительные цифры, заставившие меня принять означенное решение – in Lapidarschrift:

В 11½ лет я получил	122 000	р. сер.!
Из них капитальной суммы	62 000	р. сер.!!
Доходной суммы	60 000	р. сер.!!!
Что составляет в год	5 500	р. сер.!!!!

> Я нахожу, что с имения в 5500 десят<ин>, из коих 3500 совершенно свободны, этот доход слишком мал!!!! Так как притом имение в упадке, скота нигде нету и брат получает до 20 000!!!!!
>
> Дяде 75 лет!!!!!![634]
>
> Я решился взять другого управляющего!!!! Положим, я ужасный преступник – но всё же не следует меня мгновенно предавать анафеме, тем более, что я будущность дяди обеспечил и

[632] TROYAT 1985, 132.

[633] SCHAPIRO 1982, 222. Vgl. Turgenevs Brief an Borisov vom 21. März (2. April) 1867: „Оставаться долее при 5500 р. сер. годового дохода от 5500 десятин я не нашел возможным – и вот вся причина этой перемены.“ (PSP, VI, 190f.).

[634] Nikolaj Nikolaevič Turgenev (1795-1881) war zu jenem Zeitpunkt ein- oder zweiundsiebzig Jahre alt (PSP, I, 690).

никакого отчета с него не требую.
Sapienti sat![635] (PSP, VI, 216)

Da aber Fet ungeachtet aller Fakten Turgenevs Vorgehensweise für unverhältnismässig hielt (PSP, VI, 562), glaubte dieser, seine Massnahme abermals rechtfertigen zu müssen.[636] Im Juni 1867 schrieb er an Borisov:

> [...] что-то скажет теперь Фет? Пожалуй, он по-прежнему будет утверждать, что я «осатанел» и что поделом мол дураку! А ведь недурной результат 11-ти летнего управления: дядя жил как барин, давал мне *менее* 5000 в год, оставил имение чуть не раззоренным, да зашиб себе деревеньку с домом и усадьбой – в 20 000 р. серебром. Этак хоть бы и не «злополучному страдальцу!» (PSP, VI, 277; Hervorhebung im Original, A.S.)

Fet kritisierte Turgenevs Reaktion auf das Finanzgebaren seines Onkels auch gegenüber Drittpersonen, musste jedoch bald feststellen, dass Turgenev in dieser Angelegenheit nahezu von allen Seiten unterstützt wurde. So wandte sich Botkin am 27. April (9. Mai) 1867 an Fet:

> С деловой точки зрения Иван Сергеевич, несомненно, прав: а по родственным отношениям он поступает с Николаем Николаевичем со всевозможной деликатностью, снисхождением и добротою. Ты знаешь, что я не охотник до характера Ивана Сергеевича, но в этом деле он тысячу раз прав... Что дела по управлению Николая Николаевича находятся в величайшем беспорядке, это для меня не подлежит ни малейшему сомнению.[637]

635 Turgenevs emotional-ironisches „Sapienti sat!" („Dem Weisen ist es genug!"), mit dem er den Passus schliesst, verstärkt den Eindruck, dass ihm die Auseinandersetzung mit den pekuniären und administrativen Problemen zuwiderlief. Die offensichtlich über Jahre hinweg minimale Rendite der Besitzungen wird tabellarisch ausgewiesen, wobei der Interpunktion eine besondere Funktion zukommt. Turgenev steigert nämlich die Anzahl der Ausrufezeichen schrittweise von einem bis hin zu sechs Satzzeichen nach „Дяде 75 лет". Dadurch entsteht eine Klimax mit mehreren Argumentationsstufen: die spärlichen Jahreseinkünfte (5'500 Rubel) im Vergleich zu jenen des Bruders (bis zu 20'000 Rubel), dazwischen die Ansicht und zugleich die Einsicht, dass ein Gutsbesitz in dieser Grössenordnung viel zu wenig abwerfe. Aufgelöst wird diese Spannung schliesslich durch den Personalentscheid: „Я решился взять другого управляющего!!!!". Es ist, als gehe ein hilfloser Aufschrei durch einen Finanzhaushalt, dessen Regelung Turgenev längst entglitten war, als werde für eine Massnahme, die längst hätte eingeleitet werden müssen, eine nachhaltige Rechtfertigung gesucht – sich selbst ebenso wie Fet gegenüber.

636 Später erläuterte Fet sein Dilemma in dieser ganzen Angelegenheit: „Сам Иван Сергеевич в течение десяти лет приучил меня смотреть на Ник<олая> Ник<олаевича> как на его отца, а не управляющего. Не удивительно ли мое изумление, когда я увидел такую перемену декораций?" (zitiert nach Mostovskaja 1997, 17).

637 Zitiert nach Gut'jar 1907, 215.

Nikolaj Nikolaevič wiederum rechtfertigte die wirtschaftliche Talfahrt in Spasskoe gegenüber Fet, indem er auf die niedrigen Getreidepreise und die erheblichen Kosten bei der Einstellung von Arbeitskräften hinwies:

> Сокрушает меня Иван [...] все толкует, что мало доходу, а вы сами теперь знаете, какие в настоящее время доходы с трехрублевой рожью и вольнонаемным хозяйством, на которое необходимо истратить значительный капитал, чтобы пустить его в ход.[638]

In den folgenden Monaten setzte Turgenev in einigen Schreiben Fet und seinem Bruder Nikolaj die Situation noch einmal auseinander – offenbar war er angesichts seiner überraschend entschlossenen Reaktion bestrebt, nicht nur seine Adressaten, sondern vor allem sich selbst von der eingeleiteten Massnahme zu überzeugen. Immerhin ging es darum, den eigenen Onkel von Haus, Hof und Posten zu entfernen und – wie Turgenev vorgeworfen wurde – die materielle Sicherheit der minderjährigen Kinder Nikolaj Nikolaevičs zu gefährden. Aber Nikolaj Nikolaevič hatte den Bogen überspannt, und Turgenev verfügte über alle Zahlen, die er für seine Absetzung benötigte:

> [...] история моя столь мало прекращена, что в сущности едва начинается; – ибо дядя мой, в течение 11 лет никогда по *счётамс* не проживавший менее *2000* р. сер. в год – а мне дававший менее *5000* [...].[639]

> [...] кажется, хорошо за 10-илетнее управление, в течение которого я никогда более 5000 р. *до*ходных в год не получал – а сам дядя жил барином и проживал до *2000* р. сер. в год (j'ai tous les chiffres noirs sur blanc – de sa propre main) – хорошо, говорю, положить себе в карман ни за что ни про что – 16 500 р. сер.! Солоно мне пришлось *родственное* управление; вчера я вынужден был подписать контракт, которым я продал свой дом Виардо; и то я еще ему должен был в ножки поклониться – ибо он оказал мне действительную услугу, вытащил меня из беды: ведь дяденька грозился Спасское с аукциону заставить продать![640]

Geht man davon aus, dass Turgenevs Rechnung stimmte, sein Onkel also jährlich von rund 7'000 Rubeln über 2'000 in die eigene Kasse abzweigte, wird deutlich, weshalb Turgenevs Bilanzen gar nicht ausgeglichen sein konnten.[641]

638 Zitiert nach ZABOROVA 1967, 230.

639 Aus Turgenevs Brief vom 26. Juli (7. August) 1867 an Fet (PSP, VI, 291; Hervorhebungen im Original, A.S.)

640 Aus Turgenevs Brief vom 16. (28.) Januar 1868 an seinen Bruder Nikolaj (PSP, VII, 34; Hervorhebungen im Original, A.S.).

641 Da Nikolaj Nikolaevič für seine Verwaltungstätigkeit ein festes Jahresgehalt von 2'000

Turgenevs Ende 1850 vorgenommene Schätzung, seine Güter würden ihm nie weniger als umgerechnet 6'200 Silberrubel pro Jahr einbringen, stimmte demnach im Grossen und Ganzen, auch wenn sie weit unter dem wirtschaftlichen Potential der Ländereien lag. Nur hatte Turgenev damals nicht mit Unterschlagungen gerechnet, die ein Drittel oder mehr des jährlichen Gewinnes ausmachen konnten. Auf jeden Fall nahm er die ganze Angelegenheit gleichsam schicksalsergeben hin, indem er den entstandenen Schaden mit einer Brandkatastrophe oder einem Spielverlust verglich, deren Folgen man begrenzen müsse. Damit verschloss er aber auch die Augen vor den eigentlichen Ursachen des Fiaskos:

> О делах моих с дядей распространяться не стоит. Я смотрю на всё это как на пожар или на крупный проигрыш: помочь нельзя – должно стараться загладить убыток. (PSP, VI, 320)

Fraglich bleibt allerdings, weshalb sich Turgenev auf seine ursprüngliche Einkommensberechnung nicht verliess und erst nach rund vierzehn Jahren auf Fehlbeträge in dieser Höhe reagierte. Zu erklären ist diese Nachlässigkeit durch seine Leichtgläubigkeit sowie sein nahezu programmatisches Desinteresse an Gutsangelegenheiten, dann aber sicher auch durch die engen Familienbande, die zwischen ihm und seinem Onkel bestanden und ihn zur Rücksichtnahme vor Alter und Verwandtschaftsgrad bewegten. Darüber hinaus verfügte Turgenev in jenen Jahren über ein zwar unregelmässiges, aber bereits ansehnliches Einkommen aus seiner Schriftstellerei, so dass ihn die Einbussen auf seinen Gütern nicht über längere Zeit hinweg unmittelbar trafen. Da zudem bis 1864 noch keine grösseren Ausgaben anstanden, die ihm die negative Bilanz (vielleicht) vor Augen geführt hätten, bemerkte er Versäumnisse oder Ungesetzmässigkeiten lange Zeit nicht, während er von Buchprüfungen ohnehin absah. Und schliesslich intervenierte auch niemand aus seiner unmittelbaren Umgebung, obwohl er eigentlich mit Louis Viardot und seinem Bruder Nikolaj zwei erfahrene Finanzexperten zur Hand hatte. Entweder verbat sich Turgenev jede Einmischung – was eher unwahrscheinlich ist –, oder aber der Zustand seiner Finanzen war allgemein nicht bekannt.

Überhaupt scheint sich Turgenev des tatsächlichen Wertes seiner Ländereien nicht bewusst gewesen zu sein, so dass er sich bisweilen zu kuriosen Aktionen hinreissen liess. So soll er während eines Jagdausfluges Fet ernsthaft einen sofortigen Verkauf all seiner Besitzungen angeboten haben:

> - Да вы дайте мне за все мои имения 70,000 руб., и я сейчас же вылезу из тарантаса и стану у вас в пыли у ног валяться.
> - Иван Сергеевич, вам не придется валяться в пыли потому

Rubeln bezog, bleibt unklar, wie hoch seine tatsächlichen – legalen wie illegalen – jährlichen Einkünfte waren. Turgenevs Vorwurf, sein Onkel habe sich „wie ein *barin* aufgeführt und bis 2'000 Rubel im Jahr ausgegeben", gibt jedenfalls keinen genauen Hinweis auf dessen Gesamtausgaben.

уже, что, пользуясь вашим преувеличением, чтобы не сказать преуменьшением, я не соглашусь покупать за ничто ваше состояние.[642]

Nikolaj Nikolaevičs Absetzung verlief jedoch keineswegs problemlos, wie Turgenev anfangs gehofft hatte (PSP, VI, 177f. u. 187f.).[643] Denn dieser hatte Spasskoe nachgerade in Beschlag genommen, behauptete nun seinerseits, er sei von Turgenev betrogen worden, und versuchte auf jede erdenkliche Weise, Geld von seinem Neffen zu erpressen. Obwohl ihm Turgenev eine Rente von 800[644] bzw. 1'000[645] Silberrubeln, eine Kapitalsumme in der Höhe von zunächst 3'000, dann 5'000 Rubeln und später auch Cholodovo, eines seiner kleineren Güter im Wert von 12'000[646] Rubeln (PSP, VIII, 84), anbot, weigerte sich Nikolaj Nikolaevič, diese Vorschläge anzunehmen. Turgenev machte weitere Konzessionen: Er beglaubigte zwei Listen mit Vermögenswerten, die sein Onkel bei der Abreise aus Spasskoe hätte mitnehmen dürfen, versuchte eine Einigung hinsichtlich der Schuldenlast zu erzielen und ging sogar so weit, dass er im Juni 1867 eine Dankbarkeitserklärung zugunsten seines Onkels in den *Moskovskie vedomosti* veröffentlichen liess, in der er dessen „völlig uneigennützige elfjährige Tätigkeit“ als Gutsverwalter würdigte.[647] Obwohl Nikolaj Nikolaevič daraufhin Spasskoe verliess, dachte er nicht daran, den Friedensangeboten seines Neffen zu entsprechen. Vielmehr beriet er sich mit einem ihm von Fet empfohlenen Juristen in Mcensk, legte dann die beiden Wechsel über 10'500 Rubel vor, die ihm Turgenev seinerzeit für den Fall seines Todes gegeben hatte, fügte einen dritten über 4'500 Rubel hinzu, den Turgenev für beglichen geglaubt hatte,[648] und

642 Aus Fets Erinnerungen, zitiert nach GUT'JAR 1907, 209. Turgenevs Realitätsferne zeigt sich schon daran, dass in der Erbschaftsurkunde von 1855 das Ivan und Nikolaj zugefallene Vermögen auf 388'000 Rubel veranschlagt worden war (*Orlovskij vestnik* № 76 vom 19. [31.] März 1899, 2; GUT'JAR 1907, 209). Vgl. hierzu auch Anmerkung 546.

643 Vgl. hierzu YARMOLINSKY 1959, 262f. u. MOSTOVSKAJA 1997, 17-19.

644 PSP, VI, 273; ZABOROVA 1967, 231. In seinem Brief vom 20. März (1. April) 1867 an Kišinskij kündigte Turgenev an, seinem Onkel vom 1. Januar des laufenden Jahres an bis zur Heirat seiner zweiten Tochter 800 Silberrubel im Jahr zuzugestehen (PSP, VI, 188).

645 FET 1890, II, 115; GUT'JAR 1907, 216; MOSTOVSKAJA 1997, 21.

646 Laut ZABOROVA (1967, 232) wurde der Wert Cholodovos sogar auf 20'000 Rubel beziffert.

647 Turgenevs *Zajavlenie blagodarnosti* lautete folgendermassen: „По случаю оставления моим дядей, отставным гвардии штаб-ротмистром Николаем Николаевичем Тургеневым, управления моими имениями, вменяю себе в приятный долг публично заявить ему мою совершенную признательность и благодарность за его вполне бескорыстную одиннадцатилетнюю деятельность и примерные труды, понесенные им в течение этого времени. Коллежский секретарь Иван Тургенев.“ (*Moskovskie vedomosti* vom 3. [15.] Juni 1867, № 121. Zitiert nach PSP, VI, 543).

648 Dabei handelte es sich offensichtlich um jene 4'000 Rubel, die Turgenev seiner Cousine zweiten Grades, Elizaveta T. Slivickaja, geschuldet und 1863/64 durch einen Loskauf-

machte für den ihm seiner Ansicht nach geschuldeten Betrag von rund 15'000 Silberrubeln auch noch Zinsen geltend. Insgesamt beliefen sich Nikolaj Nikolaevičs Forderungen auf 16'500 Rubel. Dann verlangte er weitere 6'200 Silberrubel unter dem Vorwand, es handle sich dabei um das Kapital seiner Kinder, das in Spasskoe verbraucht worden sei. Am Ende forderte er von Turgenev 28'000 Rubel und damit eine wesentlich höhere Summe, als dieser zu erstatten bereit war, was dazu führte, dass Nikolaj Nikolaevič das Vermögen seines Neffen zu sequestrieren begann. Erst nach langwierigen Verhandlungen, in denen Turgenevs Gutsnachbar Borisov eine hilfreiche Rolle spielte, konnte die Angelegenheit durch die Entrichtung von rund 20'000 Rubeln beigelegt werden.[649]

Dieser Vergleich führte dazu, dass sich Turgenev enorm verschuldete und seine nach vier Jahren gerade erst fertiggestellte Villa in Baden-Baden für 100'000 Francs (fast 30'000 Rubel) an Louis Viardot verkaufen musste, um Spasskoe vor einer Versteigerung zu bewahren. Sein Verlust betrug dabei 60'000 Francs (etwa 18'000 Rubel). Trotz aller Bedenken konnte Turgenev im April 1868 dann doch noch in das Haus einziehen: Er hatte mit den Viardots die Entrichtung eines Mietzinses vereinbart, der 5 % der von ihnen investierten Summe betrug (5'000 Francs, d.h. rund 1'500 Rubel).[650] Über seinen Umzug in

vertrag mit den Bauern in Spasskoe aufzubringen versucht hatte (vgl. PSP, VI, 314f. sowie Anmerkung 576).

649 Zunächst sollte Nikolaj Nikolaevič für die beiden Wechsel über 10'000 Rubel eine Entschädigung in der Höhe von 16'500 Silberrubeln erhalten (PSP, VII, 33). Dann erklärte sich Turgenev im Februar 1868 bereit, seinem Onkel für alle drei Wechsel, deren Wert 1856 15'000 Rubel betragen hatte, 18'000 Silberrubel zu entrichten (ebd. 48). Diese Summe korrigierte er schliesslich noch auf 20'500 Silberrubel, da wegen des dritten Wechsels und der Zinsen noch keine Einigung erzielt worden war (ebd. 60). Laut YARMOLINSKY (1959, 263) musste Turgenev seinem Onkel nicht nur 20'000 Rubel bezahlen, sondern ihm auch Vermögenswerte wie Pferde, Kutschen, Einrichtungsgegenstände etc. überlassen, deren Gesamtwert sich ebenfalls auf fast 20'000 Rubel belief. Jedenfalls besass Turgenev im Frühjahr 1870, wie er seinem Bruder gegenüber festhielt, keine „ordentliche Kutsche“ mehr (PSP, VIII, 219).

650 PSP, VI, 238, 264, 284, 290f. u. 302; PSP, VII, 124; PSP, XII_1, 283; GUT'JAR 1907, 212f. u. 216; KLEMAN 1934, 165f., 168 u. 172; YARMOLINSKY 1959, 263; SCHAPIRO 1982, 222f; MOSTOVSKAJA 1997, 25-28 u. 30-34. Vgl. auch Turgenevs Brief vom 28. August (9. September) 1867 an seine Tochter Paulinette: „Les représentations se donnent sur un petit théâtre ad hoc arrangé dans le salon de ma nouvelle maison, que je n'habite pas et que je ne puis pas habiter de sitôt – par la simple raison que mon oncle, auquel j'avais de mon plein gré, donné, il y a dix ans, pour le cas de ma mort, une lettre de change de 50 000 francs, l'exige maintenant avec *les intérêts* – ce qui fait plus de 80 000 francs – et a commencé par mettre le séquestre sur tous mes biens ! C'est là la récompense de tout ce que j'ai fait pour lui !“ (PSP, VI, 302; Hervorhebung im Original, A.S.). Im Sommer 1868 überwies Turgenev Louis Viardot 6'000 Francs mit der Notiz „le loyer de la maison“ (GRANJARD / ZVIGUILSKY 1972, 237), und auch an anderer Stelle erwähnte er in diesem Kontext dieselbe Summe („tous les 6000 fr. de loyer“) (ZVIGUILSKY A. 1971, 162). Entweder entsprach dieser Betrag aus irgendwelchen Gründen nicht dem verein-

das „Zauberschloss“ an der heutigen Fremersbergstrasse schrieb Turgenev am 13. (25.) April 1868 an Pierre-Jules Hetzel:

> Me voilà enfin dans ce *château* que vous avez baptisé d’Enchanté – et qui ne l’est plus, depuis qu’il héberge un hibou comme moi. On y est très bien – seulement je n’ai jamais habité tant de chambres à la fois – et je suis comme quelqu’un qu’on aurait enveloppé d’habits beaucoup trop vastes. Je ne grandirai plus, mais je m’y habituerai. (PSP, VIII, 127; Hervorhebung im Original, A.S.)

Turgenevs aufwendiger Lebensstil in Baden-Baden und der finanzielle Einbruch, der in Spasskoe entstanden war, belasteten sein Budget in der Folge dermassen, dass er den Verlust durch die Veräusserung eines Teiles seiner Ländereien auszugleichen suchte. Dieser Schritt war schon insofern unumgänglich, als Turgenev um 1870 keine grösseren Einkünfte aus seiner literarischen Tätigkeit erwartete.[651]

Obwohl Turgenev 1867 bei der Absetzung seines Onkels ein überraschend resolutes Vorgehen offenbart hatte, tat er sich schwer mit der darauffolgenden Neuregelung der Administration – allerdings nicht primär in praktischer Hinsicht, sondern, wie Botkin in seinem Brief vom 10. (22.) Februar 1867 an Turgenev erkannte, aus Widerwillen und mangelnder Entschlusskraft: „Принимая в соображение твой бесконечно добрый, мягкий, в высшей степени деликатный характер, – я, как мне кажется, вполне понимаю твою нерешительность и сочувствую ей.“[652] Doch Turgenev wusste genau, dass er die Neubesetzung des Verwalterpostens rasch vornehmen musste, damit der finanzielle Schaden nicht noch grösser wurde. Die Amtsübergabe an den neuen Verwalter Nikita A. Kišinskij, der von 1867 bis Mitte 1876 mit der Wirtschaftsführung betraut war, sollte auf Turgenevs Wunsch möglichst ruhig ablaufen: Kišinskij wurde angewiesen, keine weitere Rechenschaft von Nikolaj Nikolaevič zu verlangen und sich mit jenen Vermögenswerten zufriedenzugeben, die Turgenevs Onkel von sich aus der neuen Verwaltung zu überantworten bereit war. Nikolaj Nikolaevič nutzte denn auch diesen Freiraum und brachte noch diverse Habseligkeiten Turgenevs wie Vieh, Kutschen, Möbel etc. in seinen Besitz.[653] Turgenev resignierte und schrieb, bitter enttäuscht über seinen Onkel, am 6. (18.) Februar 1868 an seinen Bruder Nikolaj: „*Тот* дядя для меня умер, а теперешний – это какой-то чужой, жадный грабитель – и больше ниче-

barten Mietzins von 5'000 Francs, oder aber Turgenev hatte sein Haus für 120'000 Francs an Louis Viardot verkauft. Hierfür gibt es allerdings keine weiteren Anhaltspunkte.

651 Vor allem die negative Rezeption seiner 1870 veröffentlichten Novelle *Stepnoj korol' Lir* führte dazu, dass Turgenev um seine Reputation und zugleich um seine literarischen Einkünfte fürchtete, die er angesichts des Defizits auf seinen Gütern für die Sicherung seiner Zukunft hätte heranziehen müssen (MIQUEL 1988, 76).

652 Zitiert nach MOSTOVSKAJA 1997, 11.

653 GUT'JAR 1907, 213f.

go." (PSP, VII, 57; Hervorhebung im Original, A.S.). Und am selben Tag wandte er sich an Fet:

> О деле с Ник. Ник. мы – если только будет стоить труда – поговорим лично; теперь ограничусь одним словом, которое, уверяю Вас, я бы не решился употребить легкомысленно: он поступил как *бесчестный подлец*. Мне жутко говорить так о человеке, которого я так долго и так искренно любил и уважал – но истина вынуждает меня именно так выразиться: «Николай Николаевич Тургенев – бесчестный подлец». (PSP, VII, 120; Hervorhebung im Original, A.S.)

Früher hatte Turgenev Nikolaj Nikolaevičs äussere Erscheinung und inneres Wesen beim Figurenaufbau künstlerisch verwertet, da er in ihm einen typischen Vertreter des russischen Landadels sah. So soll Turgenevs Onkel als Vorbild für literarische Figuren in *Dva pokolenija*, *Rudin*, *Otcy i deti* und *Dym* gedient haben. Mit dem Zerwürfnis von 1867/68 entwickelte Turgenev jedoch immer stärker die Vorstellung, sein Onkel repräsentiere den Typus eines „Steppentartuffe",[654] eines „unheilvollen Dulders" und „Räubers", der dann aber aus moralischen Gründen keine künstlerische Bearbeitung erfuhr.[655]

Für Turgenev waren Ehrenhaftigkeit und Verlässlichkeit keine leeren Begriffe. Ihn erschütterte nicht so sehr der finanzielle Verlust, der in den vorangegangenen fünfzehn Jahren entstanden war, als vielmehr die Tatsache, dass ihn sein Onkel durch sein unlauteres Verhalten dermassen verletzt hatte. Doch auch die Bilanz des am Ende von Nikolaj Nikolaevičs Administration entstandenen materiellen Schadens traf Turgenev empfindlich: Laut seinem Brief vom 16. (28.) Juli 1868 an seinen Bruder Nikolaj sass er nun wie „Marius auf den Ruinen Karthagos":

> В Спасском я пробыл две недели – и могу сказать, как Марий, что посидел на развалинах Карфагена. В один нынешний год «злополучный старец», грабитель – деньгами, скотом, экипажами, мебелью и вещами, жамкнул меня на 36 500 р. сер.[656] (мне

[654] Vgl. etwa PSP, VII, 85 oder auch Turgenevs Brief vom 21. September (3. Oktober) 1867 an Fet: „[…] дядя мой – тот настоящий художник, жрец чистого искусства. […] И как истый художник, оставляет всё возведенным в перл создания. Вот, батюшка, с кого надо пример брать. Борис Федорович Годунов, Николай Николаевич Тургенев – извольте идти царствовать, извольте получать Холодово, которое стоит вдвое больше Ваших безденежных векселей. – «Нет, отвечает Годунов XIX века – мои седины обесчещены – а вот я всё из дому у племянничка выскреб, да благодарность в газетах выканючил – а теперь я подожду, не выйдет ли возможность Спасское с аукциону приобрести». Великий художник!" (PSP, VI, 316f.)

[655] Jonas 1968, 686.

[656] Vgl. hierzu Anmerkung 649.

пришлось заплатить за него около 5000 р. долгу) – не говоря уже о том, что именье оставлено им в хаотическом, омерзительном беспорядке, что он никого не расчел, всех надул и т. д. Я уже не застал его в Катушищах и очень этому рад. В течение всего времени, проведенного мною в Спасском, я уподоблялся зайцу на угонках; высунуть носа в сад не мог, чтобы на меня из-за деревьев, из-под кустов, чуть не из земли – <не> бросались, <не> нападали дворовые, мужики, мещане, отставные солдаты, девки, бабы, слепые, хромые, соседние помещики и помещицы, попы, дьячки, свои и чужие – и все шершавые от голоду, с разинутыми ртами, как галчата, кувыркаясь в ноги, сиплым голосом кричали: «Батюшка И<ван> С<ергеевич>! Спасите... спасите, помираем!» Я должен был наконец спастись бегством, чтобы самому не остаться безо всего. К тому же год готовится страшный: яровые пропали, рожь соломой огромна, но в колосе нет зерна. (PSP, VII, 195)

1868 musste Turgenev erkennen, dass sich alle drei bis dahin in Spasskoe tätigen Gutsverwalter nicht bewährt hatten: Während Tjutčev und Nikolaj Nikolaevič Turgenev weder zu einer korrekten Buchführung noch zu wirklich tiefgreifenden Reformen, die eine finanzielle Gesundung der Besitzungen nach sich gezogen hätten, in der Lage gewesen waren, hatte sich Turgenevs eigenes Gutsverwalter-Intermezzo ohnehin als Debakel erwiesen. Obwohl ihn die Inkompetenz und der Bereicherungsdrang seiner beiden bis dahin eingesetzten Verwalter vorsichtig stimmten, war er nach wie vor fest davon überzeugt, dass er jemanden mit der Administration beauftragen musste, um sich selbst ganz der Literatur widmen zu können. Das Krisenmanagement im Jahre 1868 hatte ihm erneut vor Augen geführt, dass die Buchhaltung nicht zu seiner Berufung gehörte: „И это всё писано тою рукою, которая еще не успела *отдохнуть* и *высохнуть* от перелистывания ассигнаций!!!“[657] Zugleich war ihm nun aber auch klar, dass der künftige Gutsverwalter vor allem eines sein musste: rechtschaffen.

Der Schaden, der Turgenev durch dessen Onkel entstanden war, aber auch die heftigen Auseinandersetzungen, die schliesslich in einem für Turgenev äusserst nachteiligen Vergleich endeten, führten überraschenderweise nicht zum vollständigen Zerwürfnis zwischen den beiden. Als Turgenev nämlich Anfang 1872 erfuhr, dass sein Onkel erblindet in ein Krankenhaus überführt worden sei, wandte er sich am 23. März (4. April) desselben Jahres an seinen Bruder:

Картина Н. Н. Тургенева, слепого, в больнице, возбудила во мне жалость... все-таки я глубоко любил его – и не могу я не дорожить *этим* прошедшим. Я непременно посещу его – да и ты, брат, мог бы то же сделать, вспомнив, что мы, все люди, – жал-

[657] Aus Turgenevs Brief vom 6. (18.) März 1868 an Borisov (PSP, VII, 85; Hervorhebungen im Original, A.S.).

> кие, слабые, на смерть осужденные существа. «Сегодня – тот, завтра – я» – как же не сострадать своему ближнему – и кто из нас безгрешен, кто имеет право строго судить другого? (PSP, IX, 250; Hervorhebung im Original, A.S.)

Ende 1874 zog Turgenev in einem Brief an seine Cousine Marija Petrovna Turgeneva eine etwas überraschende Bilanz über sein Verhältnis zu Nikolaj Nikolaevič:

> Я давным-давно мысленно с ним помирился – вообще его поступок возбудил во мне огорчение, а не негодование – и мне бы не хотелось, чтоб он покинул этот мир, не будучи уверен в моих к нему чувствах. (PSP, X, 341)

2.6.6. Nikita A. Kišinskij

Obwohl Turgenev eigentlich von der Zuverlässigkeit und Ehrenhaftigkeit seines neuen Gutsverwalters, des Kollegiensekretärs Kišinskij, fest überzeugt war, widmete er sich zu Beginn der neuen Administration eingehender den Wirtschaftsfragen in Spasskoe und leitete, wie der intensive Briefwechsel zwischen den beiden zeigt, die Überantwortung der Gutsgeschäfte umsichtig ein.[658] So erwartete er unter anderem fortan regelmässige Geldüberweisungen, die in Abständen von drei Monaten zu erfolgen hatten (PSP, VI, 220), sowie eine genaue Aufstellung von Besitzstand, Schulden und Barmitteln:

> [...] нужно сделать именно то, чем Вы теперь заняты: внести свет в этот хаос и мрак, который назывался моим хозяйством. [...] Гораздо для меня будет успокоительнее знать: долгу на имении осталось – *столько-то*; г-ну Н. Н. Тургеневу – *столько-то*; в наличности – *столько-то* (вероятно: нуль). Из темноты выйдем, по крайней мере. (PSP, VI, 238f.; Hervorhebungen im Original, A.S.)

Gerade an der periodischen Zusendung akkurat geführter Verzeichnisse lag Turgenev nunmehr viel, da er sich einen besseren Überblick über sein Vermögen und die zu erwartenden jährlichen Einkünfte erhoffte (PSP, VI, 330). Dieser Wunsch nach Rechenschaftslegung mutet wie eine Ironie des Schicksals an, hatte doch Turgenev selbst während seiner gesamten Adoleszenz jede Art von Bilanzführung strikt abgelehnt und alle damit verbundenen Forderungen und Ermahnungen seiner Mutter missachtet. Nachdem er nun jahrelang den pekuniären

[658] Vgl. etwa Turgenevs Schreiben an Pauline Viardot vom 22. März (3. April) 1867: „Думается мне, что в моем управляющем я напал на человека разумного и энергичного." (PSP, VI, 192) oder sein Schreiben an seine Tochter Paulinette vom 26. November (8. Dezember) 1867: „Mes affaires vont bien en ce sens que je crois mon nouvel intendant honnête et intelligent" (PSP, VI, 350).

Angelegenheiten in Spasskoe kaum Aufmerksamkeit geschenkt und sich nicht zuletzt durch diese Nachlässigkeit vor einem finanziellen Desaster wiedergefunden hatte, sah er sich zu Massnahmen gezwungen, die ihm eigentlich fremd waren. Turgenev hatte erkannt, dass sein seit 1850 wichtigstes ökonomisches Standbein und damit auch seine angestammte Lebensführung ernsthaft bedroht waren, und er konnte nicht umhin, alles zu veranlassen, um, wie er sich ausdrückte, das „Boot wieder flottzumachen“, das sein Onkel dermassen hart auf Grund gesetzt hatte.

Turgenev wusste aber auch, dass sich der desolate Zustand seiner Finanzen nicht umgehend bessern würde (PSP, VI, 188 u. 290). Er hoffte daher, durch besonnene Grundstücksspekulationen, vor allem aber durch den Verkauf von Teilen seines Bodens jenes Kapital zu beschaffen, das er für seine Lebenshaltungskosten benötigte. Dabei gab er nach wie vor den Loskaufoperationen seiner ehemaligen Leibeigenen den Vorrang.[659] Demgegenüber sollten die auf den Gütern erwirtschafteten Gewinne in den kommenden zwei Jahren vor allem dem Wiederaufbau der Wirtschaftsstruktur in Spasskoe zugute kommen (PSP, VI, 188 u. 214).

Da er für Zahlenmystik sehr empfänglich war, schrieb Turgenev den finanziellen Zusammenbruch den besonderen Umständen seines Lebensalters zu, das er als „Klimakterium“ bezeichnete. Demnach lag dem Leben eines Menschen ein permanenter Wechsel von sieben fruchtbaren und sieben mageren Jahren zugrunde,[660] und Turgenev hatte 1867 zum siebten Mal diesen Siebenjahreszyklus durchschritten. Am 25./26. März (6./7. April) 1867 schrieb er in diesem Zusammenhang an Pauline Viardot:

> Si j'étais le comte Michel Wielhorski, chère madame Viardot, je serais fermement convaincu que l'année de 1867 est une année «climatérique» pour moi. Tout va à la diable et je reçois toujours *einen Streich* (sic, A.S.) *durch die Rechnung*. (PSP, VI, 202; Hervorhebung im Original, A.S.)

Und am 7. (19.) Januar 1868 wandte er sich aus Baden-Baden an Annenkov:

> Я вам писал о том, что нынешний год для меня «климатерический» (sic, A.S.). Вот еще новые два факта: в 1868 году совершит-

[659] Vgl. PSP, VII, 205, 257 u. 510f.; PSP, VIII, 70. Turgenev hatte 1864 dem Schriftsteller Nikolaj V. Uspenskij ein Grundstück in Spasskoe verkauft, jedoch kein Geld dafür erhalten. Nachdem Uspenskij seiner kleinen Gutswirtschaft überdrüssig geworden war und Spasskoe verlassen hatte, entschloss er sich im Sommer 1868, das Grundstück, das ihm aus rechtlicher Sicht eigentlich gar nicht gehörte, zu veräussern. Zunächst bot er Turgenev als Entschädigung für die noch ausstehende Kaufsumme die Rechte für seine Werke an, was Turgenev allerdings ablehnte. Schliesslich konnte Turgenev das Gelände erst nach Entrichtung von 1'000 Rubeln von Uspenskij wieder ‚zurückkaufen‘.

[660] Vgl. PSP, VI, 529.

ся 25 лет, как я познакомился с г-жой Виардо, и 25 лет, как стал сочинительствовать.[661] (PSP, VII, 27)

Dieser Glaube an schicksalhafte Konstellationen war vielleicht mit ein Grund, weshalb Turgenev – abgesehen von seiner ursprünglichen Forderung nach regelmässigen Finanzberichten – Kišinskijs Verwaltungspraktiken von Anfang an keiner genauen Kontrolle unterzog, wiederum jahrelang einen ökonomischen Aufschwung auf seinen Gütern erwartete und mit jeder erfreulichen Information seines Verwalters den Beginn einer neuen, positiven Entwicklung erhoffte.[662]

Jedenfalls ging Turgenev schon bald ein höheres Risiko als je zuvor ein und stattete Kišinskij mit weitreichenden Vollmachten aus.[663] Am 26. Juni (8. Juli) 1868 erteilte er ihm dann eine umfassende und notariell beglaubigte Ermächtigung, die dem Verwalter zentrale Kompetenzen zuerkannte und dessen Machtposition in Spasskoe nachhaltig festigte (vgl. Appendix D, S. 484): Nunmehr hatte Kišinskij das Recht, nach eigenem Ermessen Arbeitskräfte zum Zwecke der Wirtschaftsführung einzustellen oder zu entlassen, sämtliche Produkte, die auf den Gütern eingebracht bzw. hergestellt wurden, zu verkaufen und wiederum solche zu erwerben, die der Produktion dienten.[664] Des weiteren durfte er

661 Des weiteren wurde Turgenev 1868 fünfzig Jahre alt, ein Umstand, dessen Symboldichte ebenfalls in das Zahlenspiel zu passen schien (25 + 25).

662 Lediglich im November 1867 wandte sich Turgenev an seinen Nachbarn Borisov mit der Bitte, ein Auge auf die Vorgänge in Spasskoe zu werfen: „Будьте так добры, *наблюдайте одним глазком*, что происходит в Спасском. До сих пор я действительно очень доволен, но всё лучше, если существует хотя маленький нравственный контроль." (PSP, VI, 345; Hervorhebung im Original, A.S.). Hin und wieder nahm sich Turgenev dann doch das Recht und forderte Bilanzen über Einkünfte und Ausgaben von Kišinskij ein (PSP, IX, 174), allerdings, ohne diese Berichte in Frage zu stellen oder genauer zu überprüfen. So antwortete er ihm am 8. (20.) Dezember 1871: „Я получил Вашу ведомость за 1871-й год. Я должен сказать, что весьма доволен и цифрой дохода, и цифрой расхода, которую Вы, очевидно, постарались привести в благоразумные границы. Дай бог, чтобы и вперед всё так же было – хотя сообщаемые Вами подробности подают мало надежды на будущий год!" (PSP, IX, 186f.).

663 Vgl. die *Doverennost' N. A. Kišinskomu* vom 15. (27.) April 1867: „Я, нижеподписавшийся, сим объявляю всем, кому о том ведать надлежит, что управление всем моим имением поручено мною Никите Алексеевичу Кишинскому и что он один имеет полное право приказывать и распоряжаться как в Спасском, так и в других моих деревнях, и что никакое другое лицо не имеет права противиться его распоряжениям. – Прошу г-на Кишинского пользоваться этим заверением, где только он найдет это нужным. Коллежский секретарь Иван Тургенев. (PSP, VI, 356).

664 Gemeint waren damit offenbar auch Erzeugnisse, die nicht aus dem Ackerbau stammten, zumindest deutet der Passus in Turgenevs Vollmacht „Все добываемые по хозяйству и при техническом производстве предметы продавать, а нужные для производства покупать" (PSP, VII, 348) darauf hin, dass auf den Gütern auch andere Erzeugnis-

Landstücke verpachten, Verträge abschliessen und auf deren beidseitige Erfüllung achten (PSP, VII, 348f.). Allerdings legte Turgenev besonderen Wert auf sorgfältige Buchführung: Kišinskij musste sich verpflichten, die Verwaltung der Güter korrekt zu dokumentieren und seiner Rechenschaftspflicht nachzukommen. Dieser Punkt war offenbar Gegenstand einer speziellen Vereinbarung zwischen Turgenev und Kišinskij:

> [...] доверяю Вам следующее: [...] Иметь наблюдение за сохранением лесов, усадебных и хозяйственных построек, приводя всё в должный порядок и ведя всему правильный учет, отдавая мне отчет, согласно заключенному между нами условию, руководствуясь притом в высылке и распределении сумм моим назначением. (PSP, VII, 349)

Auch war Kišinskij für alle Belange zuständig, die Turgenevs Bauern betrafen. So musste er auf die Entrichtung des *obrok*-Zinses sowie der Freikaufsummen achten und Massnahmen ergreifen, falls die Bauern ihren Verpflichtungen nicht nachkamen (was sehr häufig geschah[665]). Darüber hinaus hatte er freie Hand bei der Festlegung von Grenzlinien, allerdings, wie es hiess, unter Wahrung der „Interessen" Turgenevs. Die Rollen des Kreditors und Debitors in Turgenevs Namen fielen ihm ebenso zu wie die Befugnis, Bittgesuche, Beschwerden oder Appellationen bei den Behörden einzureichen und adäquat auf deren Beschlüsse zu reagieren (PSP, VII, 349f.).

Eigentlich erhielt Kišinskij mit dieser Ermächtigung eine ‚carte blanche', mit der er auf Turgenevs Land nach eigenem Gutdünken walten konnte. Lediglich die „Interessen" Turgenevs, dies wurde in der Bescheinigung zweimal betont, mussten gewahrt bleiben – eine an sich sehr dehnbare Klausel:

> [...] доверяю Вам следующее: [...] По размежевании земельных угодий и чресполосных владений предъявлять о сем, где надлежит, требовать землемера, заключать и подписывать законные сделки с соседними землевладельцами, соблюдая при сем мой интерес. [...] Если случатся предметы, по имениям и делам моим, коих в этой доверенности не объявлено, то имеете действовать, как бы я сам, сообразуясь с интересом и пользою моею.
> (PSP, VII, 349f.)

Schliesslich versicherte Turgenev sogar, auf alle Massnahmen, die Kišinskij in Übereinstimmung mit dieser Vollmacht traf, zu vertrauen, in diesem Zusammenhang also weder Auseinandersetzungen zu führen noch Einspruch zu erhe-

se hergestellt und abgesetzt wurden. Es war durchaus üblich, dass Gutsbesitzer ihre Einkünfte durch die Herstellung und Veräusserung von Waren unterschiedlicher Art, vor allem durch die Destillation von Alkohol und das Brauen von Bier, zu erhöhen suchten (ROOSEVELT 1995, 235).

665 Vgl. etwa PSP, VI, 273.

ben: „Во всем, что Вы по этой доверенности сделаете, в том верю, спорить и прекословить не буду." (PSP, VII, 350).[666] In der Verwaltungshierarchie stand Kišinskij fortan gleichsam *über* seinem Vorgesetzten, der mit seiner gutgemeinten Absicht, Bürokratismus und Pedanterie aus Spasskoe zu verbannen, im Grunde sich selbst jeder Macht beraubte.[667]

Demnach überantwortete Turgenev alle seine Güter in Russland einem einzigen Mann, dem er, trotz aller Erfahrungen, die er bis dahin mit Tjutčev und seinem Onkel gemacht hatte, voll und ganz vertraute. Kišinskij seinerseits wusste, dass er seine Tätigkeit fortan weitgehend unkontrolliert verrichten würde. Er war nur Turgenev gegenüber verantwortlich, und dieser wiederum hatte sich vertraglich verpflichtet, hinter Kišinskijs Anordnungen zu stehen, sofern sie den Bedingungen der Vollmacht entsprachen. Turgenev hoffte und verlangte, dass Kišinskij seine „Interessen" vertrat. Da er sich fast nur noch in Westeuropa aufhielt, war Turgenevs umfassende Überantwortung der Gutsgeschäfte an seinen Verwalter zwar verständlich. Zugleich offenbarte er mit diesem Schritt aber auch eine Naivität, die er noch bitter bereuen sollte. Turgenev wollte nicht nur ‚wegsehen' – er *versprach* sogar wegzusehen.

Im Oktober 1868, nur wenige Monate nach Kišinskijs Anstellung, wurde Turgenev in einem anonymen Brief vor den Machenschaften seines neuen Verwalters gewarnt. Der Verfasser des Schreibens stammte offenbar aus dem unmittelbaren Umfeld in Spasskoe, denn er verfügte über auffallend detaillierte Kenntnisse der dortigen Erntemenge, der Getreide- und Landverkäufe, der von Kišinskij praktizierten Vetternwirtschaft und der allgemeinen Situation auf dem Gut. Turgenev, der in Spasskoe offenbar kein ordnungsgemässes Kontor eingerichtet und sämtliche Geschäfte, unter anderem auch die Anlage des dort erwirtschafteten Kapitals, Kišinskij überlassen hatte, wurde eindringlich beschworen, sich vor Ort ein Bild davon zu machen, wie sein Verwalter in die eigene Tasche wirtschaftete, die Bauern zu früh die Ernte einholen liess und überhaupt die gesamte Besitzung in den Ruin zu treiben drohte:

> Милостивейший государь Иван Сергеич! Г-н Кишинский запродал хлеб в августе и в начале сентября сего года на сумму до 15-<т>и тысяч, получил в руки 8 тысяч, из них отправил к Вам 2 тысячи, а остальные обратил в серии; в это же время пронеслась у нас весть, будто Вы опасно заболели; г-н К. решился по-

[666] Das Formelhafte dieser Redewendung wird deutlich, wenn man Turgenevs Brief vom 13. (25.) Februar 1873 an Ivan Maslov hinzuzieht, in welchem Maslov von Turgenev ermächtigt wird, den Verkauf des Gutes Ljubovša nach eigenem Gutdünken durchzuführen: „[…] действуй, как тебе укажет твоя опытность и дружба – а я уже точно «спорить и прекословить» не буду." (PSP, X, 70). Da die Phrase „спорить и прекословить не буду" auch in anderen Vollmachten Turgenevs zu finden ist, kann von einer festen Formel ausgegangen werden, die einen juristischen Bestandteil solcher Dokumente darstellte (vgl. etwa PSP, XI, 356 u. 358 sowie PSP, XII_2, 333).

[667] Vgl. PRITCHETT 1986, 100.

слать к Вам телеграмму; проходит день и другой – ответа нет. Г-н К. поскакал в город и занял там еще две тысячи с тем, чтобы за оные деньги поставить хлеб в декабре месяце с уступкой за каждую четверть по 30 коп. Непонятно, для чего ему нужны деньги?! Между тем цены на хлеб с каждым днем дорожают, рожь была 5 р. 25 к., овес 3 р., пшеница до 8 р. Он же продал рожь 4 р. 50 коп., овес 2 р. 75 к., пшеницу 7 р. 50 к. Наконец в Любовше запродал большую партию ржи по 3 р. 25 коп. и таким мелким торговцам, которых мало знают. Не лишним считаю присовокупить к сведению Вашему следующее: г-н К., принявши в свое управление имение, продал по соглашению Вашему капитальных статей на 30 000 р., как-то земель, лесов и оставший<ся> хлеб прежних годов, из них он положил себе в карман 3000 по условию да с доходов экономических известный Вам %; изо всего этого цель г-на К. видна, и единственное желание его – всё, что можно, продавать, ломать и возводить постройки с тем, чтобы мутить воду; [...] несчастный скот стоит под открытым небом, по брюхо в жидком навозе. В доме старом везде течь пошла, ему до этого и дела нет. Обставляет себя новыми своими лицами, выписывая их из края, где он прежде жил, – что-то, если не ошибаюсь, до пяти человек, как-то конторщики, старосты и единственный его друг землемер. Последнему отвел Ваш кабинет – и все эти народы поместились в большом доме. Идеи г-на К. тонки, замысловаты. Вот, например: землемер как друг его, он дал ему дело, что стоит для Вас до 1500 р., а насколько это нужно – неизвестно. Касательно хозяйства он решительно ничего не понимает; например, приказывает жать рожь зеленую, сказано – сделано! Послали народ и приступили к делу. И что-то два или три снопа сжали да и остановили; говорят мужики, что рука не поднимается, зелена больно, серп не берет [...]. Многое бы Вам следовало сообщить, но здесь не место – я пишу Вам в предосторожность будущих его предложений, теперь он занят Тапками и Холодовым – вот тут не будет ли чего купить в свою собственность. Вы дали ему доверенность на продажу каленской мельницы и жиздринских лесов; удержите, если это можно, впредь до Вашего усмотрения, иначе Вы потерпите многое, потому что леса и в том крае в настоящее время дорожают, а он думает его разрабатывать своими руками и будет вроде тамбовского леса; там ведет он дело темное; известно только то, что он тому человеку, который продал лес в тамбовском имении, продал в Тапках землю дешевле других на 600 рублей. Постарайтесь, И. С., приехать сюда incognito и получить деньги – иначе дело будет худо, и едва ли попадет четвертая доля; всё развесится по сучкам. Хлеба у Вас родилось море; надо думать, что цифра дойдет до 20 000 р. Конторы у Вас нет! Учитывать его трудно, и всё, что пишется и доносится, выходит из его руки.[668]

[668] PSP, VII, 519f. (vgl. Appendix E, S. 486).

Obwohl die hinterbrachten Interna Turgenev eigentlich hätten misstrauisch machen sollen, glaubte er den Anschuldigungen nicht. Weder verlangte er von Kišinskij, den er nach wie vor für grundanständig hielt, eine Rechtfertigung zu den Vorwürfen, noch beabsichtigte er, die Verdächtigungen persönlich zu überprüfen. Vielmehr beeilte er sich, Kišinskij schon am Tage nach dem Erhalt des Briefes schriftlich sein Vertrauen auszusprechen, wobei er ihm eine Kopie des kompromittierenden Schreibens beilegte und gleichzeitig klarstellte, dass er „nur auf Fakten", nicht aber auf derartiges „Gerede" reagieren würde. Turgenev konnte oder wollte nicht erkennen, dass der anonyme Brief gut gemeint war und kein Ränkespiel, sondern ein differenziertes Tatsachengebäude darstellte:

> Вчера пришло сюда на мое имя безымянное письмо, наполненное обвинениями против Вас. Следуя раз навсегда принятому правилу действовать всегда прямо и откровенно и избегать недоразумений, прилагаю Вам точную копию с этого письма. Спешу прибавить, что посылаю Вам это письмо не для того, чтобы Вы против него оправдались, – бóльшая часть обвинений слишком явно нелепы, – а для сведения. Что касается до меня, то я не имею привычку менять свое мнение о людях вследствие голословных доносов и сплетен; одни факты, ясные и неопровержимые, могли бы поколебать мое доверие, а подобных фактов я и следа не вижу.[669]

Nichtsdestoweniger war Kišinskij nun gewarnt und musste damit rechnen, auch in Zukunft von Bauern, benachbarten Gutsbesitzern oder anderen Leuten aus der unmittelbaren Umgebung kontrolliert und denunziert zu werden. Doch noch Ende 1874 sah Turgenev, nachdem er erneut Gerüchte um Kišinskijs unlautere Methoden vernommen hatte, keinen Anlass zur Intervention:

> Вы можете быть совершенно спокойны насчет сплетен по поводу забранных Вами материалов, драни и т. п. Я не имею привычки обращать на них внимания – и, коли доверяюсь, то вполне. Доверие мое к Вам именно такого рода. (PSP, X, 318)

Neben dieser wiederholten Vertrauensbekundung gestand Turgenev seinem Gutsverwalter aber auch mehrfach offen sein eigenes Unvermögen in Finanzangelegenheiten ein: „Я, грешный человек, в финансовых вопросах совсем ничего не понимаю [...]." (PSP, XI, 35), „[...] я на финансовые операции непонятлив [...]" (PSP, XI, 46), „Никогда я так очевидно не мог убедиться в моей финансовой тупоте [...]. Вы видите изо всего этого, любезный Никита Алексеич, что я брожу, как во тьме [...]." (PSP, XI, 60f.) Kišinskij machte sich denn auch den Umstand zunutze, dass Turgenev – ungeachtet aller Warnungen – jahrelang von der Rechtschaffenheit seines Verwalters überzeugt war und weder dessen Finanzgebaren kontrollierte noch über eigene

[669] Aus Turgenevs Brief an Kišinskij vom 12. (24.) Oktober 1868 (PSP, VII, 227).

Fachkompetenzen verfügte. Da sich Turgenev zudem nur selten in Spasskoe aufhielt, konnte Kišinskij weiterhin ungefährdet nach eigenem Gutdünken wirtschaften.

Weniger leidenschaftslos reagierte Turgenev, wenn er von technischen Innovationen erfuhr, die seiner Gutswirtschaft hätten zugute kommen können. So soll er in England, wo er sich zwischen 1856 und 1862 wiederholt aufhielt, sein Augenmerk auf die dortigen Methoden der Gutsverwaltung und auf die Verwendung landwirtschaftlicher Maschinen gerichtet haben. Besonders angetan hatte es ihm ein neuartiger, offenbar mit Dampf angetriebener Pflug, über den er den englischen Slavisten und Übersetzer William Ralston minutiös ausfragte.[670] Dementsprechend befürwortete er die Anschaffung von Landwirtschaftsmaschinen in Spasskoe, allerdings stellte er die finanzielle Belastung dem praktischen Nutzen gegenüber: Er befürchtete nämlich, dass die vor allem durch die Zeitungen geförderten hohen Erwartungen an die technischen Neuerungen enttäuscht werden könnten. In seinem aus Karlsruhe an Kišinskij gerichteten Brief vom 30. November (12. Dezember) 1868 sprach er sich gegen den Kauf einer von Vasilij G. Christoforov entwickelten Pflugmaschine, dafür aber für den Erwerb von fünf oder sechs Mähdreschern, den späteren „Combines", aus:[671]

> Что касается до изобретения г. Власенко, то это было бы истинное благодеяние для хозяев; боюсь я только, как бы на практике результаты оказались далеко не соответствующими ожиданиям, что уже многократно случалось с машинами, превознесенными в газетах. А потому, я думаю, будет благоразумнее не выписывать разом 20 машин, а попытать сперва их достоинства в меньшем количестве, напр. хоть 5-и или 6-и, и, увидав результаты на деле, уже действовать наверное.
> О машине г. Христофорова я слышал отзывы одобрительные, хотя едва ли ему была выдана золотая медаль, но что машина его нигде за границей не употребляется, в этом можно поручиться, и английский фабрикант взялся устраивать эти машины точно так же, как он взялся бы устраивать другие машины, – за деньги. Во всяком случае я полагаю, что самый размер христофоровской машины превышает пока наши средства, и я думаю, нам пока впору придержаться г. Власенко. (PSP, VII, 253)

Doch solche Stellungnahmen trugen lediglich beratenden Charakter und konnten nicht darüber hinwegtäuschen, dass Kišinskij die eigentliche Führungsrolle in Spasskoe innehatte.[672] Hinzu kam, dass Kišinskij neben seinem regulä-

[670] WADDINGTON 1981a, 284.

[671] Vgl. hierzu PSP, VII, 530.

[672] Bisweilen erfuhr Turgenev nur auf Umwegen von Neuerungen, die den Wirtschaftsbetrieb in Spasskoe betrafen. So beklagte er sich im Postskriptum zu seinem Brief vom 18. (30.) Januar 1870 an Kišinskij, er habe in den *Moskovskie vedomosti* gelesen, dass man in Spasskoe mit der Fabrikation von Dreschmaschinen begonnen habe: „[...] дело хоро-

ren Gehalt Anrecht auf eine ebenfalls vertraglich festgelegte Erfolgsbeteiligung hatte, was wohl zu Produktionssteigerungen anreizen sollte, letztlich aber dazu führte, dass sich Turgenev bei Verkäufen von Nutzland in seiner Freiheit eingeschränkt fühlte, da natürlich durch Grundstücksabtretungen auch die Basis für Kišinskijs zusätzliche Verdienstmöglichkeiten schwand. Turgenev, konziliant und konzessionsbereit, fand eine für seinen Gutsverwalter lukrative Lösung: Künftig erhielt Kišinskij als Entschädigung 5 % von den Summen, die durch Landveräusserungen erzielt wurden. In seinem Brief vom 6. (18.) März 1869 informierte ihn Turgenev über diese Kompensation:

> Что касается до процентов с продажи, то благодарю, во-первых, за откровенность – и с своей стороны буду также откровенен. Я понимаю, что при продаже угодий Вы лишаетесь тех процентов, на которые имеете право; но с другой стороны – это было бы некоторое стеснение моей свободы. Положим, мне бы представа возможность выгодно продать всё свое имение: должен ли был бы я отказаться от этой сделки, потому что с Вами заключен контракт? И потому, чтобы согласить и Ваши и мои интересы – я полагаю, что 5 % с продажной суммы в Вашу пользу будут достаточны – не как вознаграждение, обыкновенно предоставляемое лицам, которым поручается продажа – ибо Вы в этом случае представляете *одно* лицо со мною – а как вознаграждение Ваших потерь в будущем, происходящих от уменьшения доходов. Словом – если б я продал всё мое имение за 300 000 р. сер. – я полагаю, 15 000 р., поступивших на Вашу долю, было бы вознаграждением столь же справедливым, сколь достаточным. (PSP, VII, 335; Hervorhebung im Original, A.S.)

Kišinskij wusste alle Vorteile, die sich ihm aus den Vereinbarungen mit Turgenev ergaben, zu nutzen. Er konnte sogar das ursprünglich eindeutig festgelegte Prozedere für Geldüberweisungen, auf die Turgenev dringend angewiesen war, schon bald nach eigenem Ermessen steuern. Wohl wandte sich Turgenev immer wieder mit der Bitte an ihn, bestimmte Beträge nach Westeuropa zu schicken. Doch es kam häufig vor, dass Kišinskij die Höhe der eingeforderten Summen nach unten korrigieren durfte, da nur er einen Überblick über die Gutsfinanzen hatte:

> […] прошу Вас дать мне знать, будете ли Вы в состоянии к *10-му апреля нашего стиля* выслать мне денег – и сколько именно. Я

шее – но как же Вы об этом мне ничего не писали?“ (PSP, VIII, 174). Nichtsdestoweniger freute er sich über Kišinskijs diesbezügliche Initiative, wenn auch weniger in der Hoffnung auf eine unmittelbare Gewinnmaximierung: „Вашему машинному заведению желаю преуспевания; дело тут, я полагаю, не столько в получении доходов – как в нравственной и экономической пользе.“ (PSP, VIII, 202). Vgl. hierzu auch PSP, VIII, 275.

желал бы 2000 или 2500; но если это невозможно, то назовите теперь же сумму, на которую я рассчитывать могу, – для того, чтобы я мог распорядиться как следует.[673]

Dass Turgenevs Anweisungen vom 8. (20.) Dezember 1868 und vom 27. Februar (11. März) 1869 ähnlich zaghaft waren, lag ebenfalls an der unzureichenden Kenntnis, die er von der Wirtschaftslage auf seinen Gütern hatte:

Любезный Никита Алексеевич, спешу уведомить Вас, что я сейчас получил письмо от Ахенбаха – со вложением векселя на 6925 франков (2031 р. серебр.). Если можете, то пришлите и остальные, обещанные Вами, тысячу рубл. серебр. (PSP, VII, 255)

Вы не забудете выслать мне денег, если случатся свободные?[674]
(PSP, VII, 325)

Zeitweise, wenn er seine literarische Tätigkeit wegen Krankheit oder längeren Schaffenskrisen unterbrechen musste, war Turgenev sogar vollständig von den Geldern abhängig, die ihm seine Besitzungen einbrachten. Insofern erstaunt es nicht, dass er von Kišinskij wissen wollte, wann er mit welchen Beträgen rechnen konnte. Doch nur selten hinterfragte er die Entgegnungen seines Verwalters – er vertraute ihm, war dankbar für die zugestellten Summen und trug ihm manchmal, wenn er hinreichend liquide war, sogar auf, vorderhand kein Geld mehr zu schicken: „Вы спрашиваете меня, выслать ли мне еще деньги, которые случатся; на это отвечаю Вам, что высланных денег весьма достаточно – и какие будут деньги, прошу хранить до моего возвращения в Россию в конторской кассе.“ (PSP, VIII, 314). Allerdings kümmerte er sich dann auch nicht weiter darum, was mit den übriggebliebenen Beträgen geschah.

In Krisenzeiten liess sich Turgenev jedoch zu überstürzten Geldbeschaffungsmassnahmen hinreissen: Der Deutsch-Französische Krieg von 1870/71 wirkte sich dermassen negativ auf den Wechselkurs und damit auch auf Turgenevs dringend benötigten Reingewinn aus (PSP, IX, 187 u. 246), dass er Ivan Maslov beauftragte, den Verkauf seines Gutes Kadnoe einzuleiten.[675] Die Veräusserung von Kadnoe hätte ihm, so hoffte Turgenev, 70'000 bis 75'000 Rubel, eine Verpachtung dagegen jährlich ungefähr 3'500 bis 5'000 Rubel eingebracht (PSP, IX, 56f., 60, 68, 107f. u. 278; PSP, X, 22). Tatsächlich kümmerte sich Turgenev gerade im Sommer 1870 vermehrt um seine Finanzen („Я работаю всячески – литературно и финансово.“; PSP, VIII, 243). Er entschloss sich,

[673] Aus Turgenevs Brief vom 29. Januar (10. Februar) 1868 (PSP, VII, 43; Hervorhebung im Original, A.S.).

[674] Vgl. des weiteren PSP, VIII, 49 u. 55 sowie PSP, IX, 187 u. 229.

[675] Troyat 1985, 153.

weitere Teile seiner Güter in den Gouvernements Orël, Tula und Tambov zu veräussern, um an Bargeld zu gelangen (PSP, VIII, 524; PSP, IX, 100 u. 254). Stolz und zugleich ironisch hob er in seiner Korrespondenz den Erfolg der von ihm initiierten Transaktionen hervor – sogar „minderwertigste" Erde hatte er zu einem stattlichen Preis abgestossen:

> Я принялся за работу – усердно – и кую деньгу. Сегодня продал *прескверной* земли 53 десятины по *65* р. за десятину! (PSP, VIII, 239; Hervorhebungen im Original, A.S.)

> Я здесь работаю двояко: по части литературы [...] – и по части финансов – продаю клочки земель – и вообще стараюсь извлечь как можно более «пенёнзы» (poln. „Geld", A.S.). (PSP, VIII, 244).

Offenbar zeitigten diese kurzfristigen Geldbeschaffungsmassnahmen Erfolg, zumal Turgenev allein im Zeitraum zwischen März und Dezember 1871 mehrere Wechsel über insgesamt 10'500 Rubel erhielt (PSP, IX, 34, 100, 147 u. 192).[676]

Des weiteren richtete Turgenev seine Aufmerksamkeit auf die hohen Verwaltungskosten, die in Spasskoe während zwei Jahren angefallen waren und, wie bereits unter Nikolaj Nikolaevičs Administration, zu negativen Bilanzen geführt hatten.[677] Tiefgreifende Massnahmen leitete er freilich nicht ein, sondern beschränkte sich darauf, Kišinskij „strengste Reformen" anzuraten sowie – entgegen der Empfehlung seines Verwalters – den Abschluss von Pachtverträgen zu erwägen, die das entstandene Defizit ausgleichen und später unter Umständen sogar zu Kaufverträgen erweitert werden sollten (PSP, IX, 34; PSP, X, 319; PSP, XI, 170):

> Считаю лишним рекомендовать Вам строжайшие реформы. Вы, сколько я мог заметить, не менее меня были поражены эти<ми> 33 000 р. на управление в два года! (PSP, VIII, 250)

> [...] Вы сами можете понять, что я не мог не быть пораженным неудовлетворительным результатом нашего хозяйничанья – особенно громадными затратами на расход – и что нужно было

[676] 1868 hatte Turgenev einen Wald für 6'000 Rubel sowie eine Mühle verkauft, um die Mitgift für Claudie („Didie") Viardot zu finanzieren (PSP, VII, 166f. u. 169). 1876 liess er dann eine weitere Mühle, 1882 das Dorf Kadnoe veräussern, um an Bargeld zu gelangen (Tapki wurde hingegen 1890, also erst nach Turgenevs Tod verkauft). Hinzu kamen weitere Abschlüsse von Waldverkäufen, die Turgenev gewöhnlich während seiner Aufenthalte in Russland vornahm (Granjard 1954, 392; Gromov 1966, 294f.).

[677] Vom 1. April 1874 bis zum 1. April 1875 standen den in Spasskoe erwirtschafteten Einkünften in der Höhe von 6'980 Rubeln Ausgaben über 4'390 Rubel gegenüber, so dass der Reingewinn lediglich 2'590 Rubel betrug. Im Zeitraum vom 1. April 1875 bis zum 1. November 1875 verzeichnete Kišinskij sogar ein Defizit von 1'224 Rubeln (PSP, XI, 170).

принять меры к исправлению этого дела. Эти меры – по собственному Вашему усмотрению – состоят в отдаче в аренду имения – враздробь или в одни руки – это всё будет решено во время моего приезда зимою в Спасское – и я собственно для этого туда еду. (PSP, VIII, 266)

Сообщаемые Вами известия о трудности добывания рабочих, уборки хлеба – а также о падении цен – всё более и более утверждают меня в намерении отдать имения на аренду, сохранив для себя одно, вероятно, Спасское. (PSP, VIII, 280)

Schliesslich dachte Turgenev sogar über einen Verkauf von Spasskoe nach, allerdings nur unter der Bedingung, wenn ihm ein Angebot unterbreitet würde, das auszuschlagen töricht gewesen wäre.[678] Doch überliess er auch diese Sorge vertrauensvoll seinem Verwalter: „[…] от Вас будет зависеть убедить меня в возможности и пользе оставления Спасского за собою – чему бы я очень был рад, ибо в Вашей честности я не имею ни малейшего сомнения." (PSP, VIII, 267)

Turgenevs Nachlässigkeit in Wirtschaftsdingen sowie seine übereilten Versuche, an Barmittel zu gelangen, stiessen bei einigen Bewohnern von Spasskoe auf heftige Kritik. So entgegnete etwa Porfirij Kudrjašev, Turgenevs Halbbruder und einstiger ‚Kammerdiener' in Berlin, auf die Frage eines früheren Leibeigenen, was denn Turgenev mache:

Что делает? Пишет о русских людях из „прекрасного далека" Франции… Охоту с собаками оставил, продает понемногу имения, родовое Спасское пустеет, упадает, разрушается как и он сам. […] Иван Сергеевич становится характером в мать свою, которую прежде осуждал […]. Иван Сергеевич в мелочах, капризах и привычках – во всем стал ей подобен. Кадное и Ситово он продал для того чтобы Полину Тургеневу выдать замуж за французского фабриканта Шамеро (eigentlich Bruère, A.S.[679]), а Спасские леса – Высокое, Трацкое, Пришнее и Ссечки – и леса в жиздринском и малоархангельском имениях свел или продал для того чтобы поправить дела того же г. Шамеро, пошатнувшиеся или совсем рушившиеся при Франко-Прусской войне.

678 Vgl. Turgenevs Brief vom 14. (26.) Juli 1870 an die Gräfin Marija F. Sollogub: „[…] я только тогда решусь продать Спасское, если мне дадут за него цену, которую было бы неблагоразумно не принять; но такую цену давать также неблагоразумно. Я, например, Спасское уступил бы за 175 000 р. Но, вероятно, никто таких денег не заплатит." (PSP, VIII, 253). Vgl. hierzu auch PSP, XI, 191.

679 Offenbar verwechselte Kudrjašev Gaston Bruère, Paulinettes Gatten, mit dem Verleger und Druckereibesitzer Georges Chamerot, der 1874 Pauline Viardots Tochter Claudie heiratete (vgl. PSP, VII, 610).

[...] уже детям Тургеневых, племянникам и племянницам, не владеть Спасским-Лутовиновым!...[680]

Dass Kišinskij kaum verlässlicher als seine Vorgänger war, erkannte Turgenev erst nach neun Jahren: Nachdem er im Frühjahr 1876 einen ersten Verdacht gehegt hatte, war er sich im Sommer desselben Jahres dann fast sicher, dass ihn Kišinskij betrog.[681] Allerdings wusste er nicht, wie er Gustave Flaubert gegenüber hilflos gestand, welche Massnahmen er ergreifen sollte: „j'ai acquis la presque absolue certitude que mon intendant me pille – et que je ne pourrai pas m'en défaire."[682]

Hinzu kam, dass Turgenev damals immer häufiger in Geldnot geriet. So musste er sich nach seiner Ankunft in St. Petersburg hundert Rubel borgen, um seine Weiterfahrt nach Spasskoe überhaupt antreten zu können. Zwar betrugen seine jährlichen literarischen Einkünfte rund 7'000 Rubel, doch die Summen, die ihm aus Spasskoe überwiesen wurden, waren dermassen gering, dass er Teile seiner Ländereien veräussern lassen musste, um an Bargeld zu gelangen. Gleichzeitig begann er aber auch Kišinskijs Wirtschaftsführung zu kontrollieren. Es war schliesslich das Verschwinden eines grösseren, offensichtlich von Kišinskij unterschlagenen Geldbetrages, das Turgenev dazu bewog, seinen Gutsverwalter des Amtes zu entheben und, wie er am 3. (15.) Juli 1876 an seinen Bruder Nikolaj schrieb, in einem „coup d'état" aus Spasskoe zu weisen (PSP, XI, 293). Tatsächlich rang sich Turgenev dazu durch, Kišinskij vor die Tür setzen: Nachdem er ihm seinen Entschluss mitgeteilt hatte, ging er in sein Arbeitszimmer und beobachtete von dort Kišinskijs Weggang. Obwohl er bemerkte, dass sich zwischen den mittlerweile aufgeladenen Habseligkeiten Kišinskijs auch Gegenstände befanden, die ihm, Turgenev, gehörten, intervenierte er nicht. Erst als der Wagen auf die Strasse hinausfuhr, rannte er auf den Hof, ballte seine Faust und beschimpfte den Dieb. Anschliessend kehrte er in sein Haus zurück, setzte sich hin und schrieb die Episode mit dem ihm eigenen Humor nieder.[683]

Der von Kišinskij angerichtete finanzielle Schaden war enorm: Obwohl Turgenevs eigene Angaben zur Höhe des Verlusts recht vage waren und, gemessen an seinem Gesamtvermögen, zwischen „mehr als der Hälfte" und „einem Viertel" schwankten, ist davon auszugehen, dass er wegen Kišinskij einen beträchtlichen Teil seines Kapitals verlor.[684] Etwas genauer bilanzierte er das fi-

680 Bizjukin 1885, 371.

681 Kleman 1934, 247; Schapiro 1982, 280. Zu Kišinskijs Unterschlagungen und Manipulationen vgl. auch PSP, XI, 628.

682 Zviguilsky A. 1989, 172.

683 Yarmolinsky 1959, 298f.

684 Schapiro 1982, 281; Zviguilsky A. 1989, 173, Anm. 4. Vgl. hierzu etwa Turgenevs Brief vom 14. (26.) Juli 1876 an die Baronesse Julija P. Vrevskaja: „Надо Вам сказать, что я выезжаю из Спасского разоренным человеком, потерявшим более поло-

nanzielle Desaster in seinem Brief vom 27. Juli (8. August) 1876 an Gustave Flaubert:

> J'ai flanqué à la porte un intendant qui m'a volé quelque chose comme 130 000[685] francs (40'000 Rubel, A.S.) – une partie assez notable de ma fortune. – Pourquoi ai-je été bête ? Je me suis laissé aller par paresse à une confiance aveugle, quoique je sentisse (faut-il dire : sentisse ?) fort bien, en regardant cette face doucereuse et barbue, qu'elle appartenait à un coquin. – Enfin, tant pis, et qu'il digère mon argent ![686]

Aus „Faulheit" hatte Turgenev, wie er zugab, seinem Gutsverwalter blind vertraut. Kišinskijs Rechtschaffenheit, von der Turgenev lange Zeit überzeugt gewesen war, hatte sich als illusorisch erwiesen. Doch endete auch dieser ‚Zwischenfall', der für Turgenevs Vermögensstand einschneidende Folgen hatte, lediglich mit einer Dienstentlassung, einer halbherzig initiierten Strafverfolgung und einer trotzigen Resignation, die Flaubert allerdings anders wahrnahm: Turgenev habe ihn, so Flaubert, von diesem herben Verlust wie ein „wahrer Edelmann" informiert – „avec une grâce inimaginable, sans la moindre récrimination contre le coquin…"[687] Trotz seiner ‚aristokratischen' Reaktion auf diese Affäre war sich Turgenev bewusst, dass dieser materielle Verlust für seinen Besitzstand erhebliche Folgen hatte:

> […] я из человека с состоянием («*богатым*» я никогда не был) превратился в человека, едва сводящего концы с концами.[688]

Am 17. (29.) Juni 1877 legte Turgenev in einem Schreiben an seinen Bruder Nikolaj seine katastrophale finanzielle Situation dar: Zum einen hatte Kišinskij 25'000 Silberrubel (etwa 35'500 Papierrubel) unterschlagen, zum anderen hatte Turgenevs Schwiegersohn Gaston Bruère Paulinettes Mitgift bis zum letzten Centime ausgegeben. Turgenev befürchtete zurecht, dass er schliesslich für Paulinettes gesamte Familie würde aufkommen müssen, und dies, obwohl er ihr zu jenem Zeitpunkt bereits eine jährliche Pension von 4'000 Francs (knapp 1'500 Rubel) ausrichtete (PSP, XII_1, 176). Darüber hinaus konnte Turgenev, wie er glaubte, auch nicht mehr auf ein geregeltes literarisches Einkommen zählen:

вины своего имущества по милости мерзавца управляющего, которому я имел глупость слепо довериться; я его прогнал, но что тут было – я и передать Вам не могу!" (PSP, XI, 295).

685 Laut WADDINGTON (1974, 40) betrug Turgenevs Verlust sogar 150'000 Francs (rund 46'000 Rubel).

686 ZVIGUILSKY A. 1989, 179.

687 ZVIGUILSKY A. 1989, 180.

688 Aus Turgenevs Brief vom 20. Oktober (1. November) 1876 an die von ihm finanziell unterstützte Pensionärin Anna Aleksandrovna Timkovskaja (PSP, XI, 334; Hervorhebung im Original, A.S.).

> Прибавь к этому, что я уже не могу рассчитывать более на литературные заработки – так как при окончательном охлаждении публики к моим трудам я нахожу более приличным прекратить их. (PSP, XII_1, 176)

Immerhin liess Kišinskijs Absetzung Turgenev auf eine Besserung seiner ökonomischen Situation hoffen. Bereits für das darauffolgende Jahr versprach er sich ein Einkommen von 10'000 Rubeln.[689] Doch wie der Deutsch-Französische Krieg rund fünf Jahre zuvor bedeutete der sich anbahnende Konflikt zwischen Russland und dem Osmanischen Reich eine erneute Gefahr für Turgenevs Finanzhaushalt, der nicht nur von der Höhe der Honorare und einer kompetenten Wirtschaftsführung in Spasskoe abhing. Denn bereits Ende 1876 war Turgenev klar, dass sich die politische Krise auf den russischen Finanzmarkt und damit auch auf den Rubelkurs, der sich zu jenem Zeitpunkt zwischen 2,85 und 3,30 Francs bewegte,[690] niederschlagen würde. Da für Turgenev, der vorwiegend in Paris lebte, die tatsächliche Höhe seiner Einkünfte vom Wechselkurs des Rubels abhing, waren, wie er selbst erkannte, mehrere Szenarien möglich. Er ging allerdings vom schlechtesten Fall aus – und übte sich weiterhin in Geduld:

> Nous aurons bien certainement la guerre – « quoiqu'on die ». – J'espère avoir un revenu de 10 000 roubles (pour toute l'année 1877). – Dans les bons temps ça ferait 35 000 fr. Dans les temps médiocres – 30 000 ; dans les mauvais – 25 000. Et il faut compter sur 25 000 – pas davantage. Comme j'ai pour plus de 10 000 fr. de charges – et autant de dettes – il ne restera pas gros. Patience ![691]

689 Obwohl Turgenev zu den wohlhabenden Gutsbesitzern Russlands gehörte, fielen seine Ausgaben im direkten Vergleich mit jenen der Allerreichsten sehr bescheiden aus: So beliefen sich etwa die jährlichen Aufwendungen des Prinzen Aleksej B. Kurakin, der mehr als 22'000 Desjatinen Land mit über 4'000 Leibeigenen besass, auf mindestens 350'000 Rubel. Als Kurakin starb, hinterliess er Schulden in der Höhe von 7'000'000 Rubeln (ROOSEVELT 1995, 236).

690 ZVIGUILSKY A. 1989, 193. Vgl. hierzu auch PSP, XII_1, 176.

691 ZVIGUILSKY A. 1989, 190.

2.6.7. Nikolaj A. Ščepkin

Seit Jahren gehörte die schrittweise, bisweilen überstürzte und oft nicht hinreichend lukrative Veräusserung von Grundstücken zu Turgenevs ökonomischem *modus operandi*, der ihm über die immer wiederkehrenden finanziellen Engpässe hätte hinweghelfen sollen. Während er aber bis dahin nicht bereit gewesen war, auch sein Hauptgut Spasskoe zum Verkauf freizugeben, begann er angesichts seiner desolaten Wirtschaftsbilanz nunmehr ernsthaft über einen solchen Geschäftsabschluss nachzudenken.[692] Doch noch während der Kontroverse um Kišinskij entschied er sich, Spasskoe nicht abzustossen, sondern, wie er am 3. (15.) Juli 1876 seinem Bruder Nikolaj mitteilte, seinem Nachbarn Aleksandr M. Ščepkin, dem Sohn des seinerzeit gefeierten Schauspielers Michail S. Ščepkin, für die Dauer von zwölf Jahren bei einer jährlichen Gebühr von 5'000 Rubeln zu verpachten – allerdings mit dem Recht, das Gut jederzeit gegen Entrichtung einer Konventionalstrafe veräussern zu dürfen:[693]

> Спасское я решительно не продаю, а, напротив, отдаю в аренду на 12 лет моему соседу А. М. Щепкину, владельцу Катушищева, сыну известного актера. Он отличнейший человек и рекомендован мне со всех сторон. Мы подписываем контракт сегодня же во Мценске. Аренда начинается с 1-го января. Если бы я вздумал (или мой наследник) продать Спасское, то имею право это сделать, заплатив 3500 р. неустойки. (PSP, XI, 293)

Dass Turgenev den Verkauf von Spasskoe überhaupt erst in Betracht zog, erstaunt insofern nicht, als er bis dahin Angebote in der Höhe von immerhin 125'000 und 130'000 Rubeln erhalten hatte, während er selbst 150'000 verlangte.[694] Desungeachtet verwarf er schliesslich seine ursprünglichen Pläne und verliess sich weiterhin auf regelmässige Einkünfte aus Pachtverträgen. Turgenev glaubte allerdings, dass er damit nicht sich selbst begünstigte, sondern vor allem den potentiellen Pächtern einen Gefallen machte, und dies, obwohl infolge des chronischen ‚Landhungers' in Russland die Pachtzinsen kontinuierlich stiegen und in den 1880er Jahren zweieinhalb- bis dreieinhalbmal, in einzelnen Gegen-

692 GRANJARD 1954, 392.

693 YARMOLINSKY 1959, 293; ARZUMANOVA 1960, 285f.; SCHAPIRO 1982, 254. Zur Familie Ščepkin vgl. PSP, I, 696 u. PSP, II, 699.

694 Vgl. Turgenevs Brief vom 1. (13.) Juli 1876 an den Adelsmarschall Petr F. Samarin: „Мне уже не раз предлагали 125 и 130 000 с купчей продавца: я хочу 150 000, не моя купчая и хлеб нынешнего года мой. C'est à prendre ou à laisser – я не уступлю ни копейки." (PSP, XI, 292). SCHAPIRO (1982, 254) vermutet hinter Turgenevs Verkaufsabsichten ein wachsendes Desinteresse an Spasskoe. Dem ist allerdings hinzuzufügen, dass sich Turgenev bereits im Sommer 1870 im Rahmen seiner Geldbeschaffungsmassnahmen mit dem Gedanken getragen hatte, Spasskoe zu veräussern (vgl. Anmerkung 678).

den sogar acht- bis zehnmal höher waren als zwanzig Jahre zuvor.[695] So hatte Turgenev bereits am 19. Februar (3. März) 1871 an Pauline Viardot geschrieben:

> Mon intendant m'a annoncé l'assemblée générale des aspirants à prendre mon bien en fermage, pour le 5 mars de notre style ; involontairement cela me fait l'effet d'une volée de corbeaux, qui, le bec grand ouvert, attendent leur proie. Je tâcherai de laisser le moins de *viande* possible […]. (PSP, IX, 23; Hervorhebung im Original, A.S.)

Obwohl Turgenev dem Pachtsystem offensichtlich negativ gegenüberstand, blieb ihm letztlich nichts anderes übrig, als auf diese Weise die schwache Ertragslage auf seinen Besitzungen auszugleichen, wenn er Spasskoe behalten wollte. 1876 belief sich Turgenevs Besitzgefüge in Russland auf insgesamt 3'564 Desjatinen Land (rund 39 km²), wovon 1'565 Desjatinen (17 km²), also knapp die Hälfte, für 8'460 Rubel verpachtet waren.[696]

Hatte Turgenev nach seinem Erbschaftsantritt 1850 noch über 11'000 Desjatinen (120 km²) Land besessen, verminderte sich diese Fläche im Zuge der Grundstücksabtretungen und -verkäufe bis 1867 auf 5'500 Desjatinen,[697] in den folgenden neun Jahren dann noch einmal um fast 2'000 Desjatinen auf die oben angeführten rund 3'600 Desjatinen. Damit hatte sich Turgenevs gesamter Landbesitz innerhalb von nur gerade 25 Jahren um zwei Drittel (!) reduziert. Von 1867 bis einschliesslich 1876 wurde für insgesamt 113'759.41 Rubel Landgut veräussert, hinzu kamen Waldflächen, die für 22'243.40 Rubel verkauft werden konnten. Damit betrugen die Gesamteinnahmen aus all diesen Grundstücksveräusserungen 136'002.81 Rubel, also durchschnittlich 13'600 Rubel pro Jahr. Vom 8. Juni 1876 bis zum 1. Oktober 1882 verzeichnete man auf den Gütern, die Turgenev noch verblieben waren, Einkünfte über 278'524.53 Rubel, wovon 199'386.80 Rubel an Turgenev und 6'240 Rubel an den Gutsverwalter gingen.[698]

Obwohl sich Turgenevs Besitzstand 1876 nur noch auf ein Drittel seines ursprünglichen Grundeigentums belief, brachten ihm seine Güter durch Pacht, Ernte und weitere Landverkäufe bis 1882 im jährlichen Durchschnitt gut 45'000 Rubel ein, denen allerdings Ausgaben von fast 35'000 Rubeln gegenüberstan-

695 GITERMANN 1987, III, 196.

696 BEL'ČIKOV 1964, 530. Nach Turgenevs eigener Aussage vom Herbst 1878 brachte ihm alleine die Verpachtung von Spasskoe 2'679.50 Rubel ein (PSP, XII_1, 369).

697 Vgl. Anmerkung 545.

698 BEL'ČIKOV 1964, 530. Anreize für den Verkauf von Land boten in den späten 1860er Jahren die infolge des Ausbaus des russischen Eisenbahnnetzes gestiegenen Bodenpreise (vgl. etwa Turgenevs Brief vom 3. [15.] Dezember 1869 an Kišinskij: „[…] по слухам, самым достоверным, цены на землю быстро возрастают в Орловской губернии – благодаря железным дорогам – и потому мне сдается, что повременить не худо. Я уже слышал о таких ценах, как 80, 90 и даже 100 р. за десятину." [PSP, VIII, 139f.]).

den.[699] Auf der Grundlage dieser Zahlen wird auch deutlich, welchen Schaden Turgenevs Gutswirtschaft vor 1867 durch die Inkompetenz und Unterschlagungen seiner Verwalter erlitten hatte: Obwohl damals noch auf mehr als 5'500 Desjatinen gewirtschaftet worden war, betrugen die durchschnittlichen jährlichen Geldüberweisungen an Turgenev lediglich etwa 5'000 Rubel. Möglicherweise war es genau diese jahrzehntelange Misswirtschaft gewesen, die Turgenev letztlich dazu bewegte, vermehrt Landverkäufe vornehmen zu lassen, um die eigene Liquidität sicherzustellen und den Lebensunterhalt bestreiten zu können. Offensichtlich verliess er sich nicht mehr auf die direkte Umsetzung der wirtschaftlichen Möglichkeiten, die in seinen Ländereien steckten. Pacht und Verkauf erwiesen sich als probate Mittel, die unmittelbaren finanziellen Gewinn versprachen und auch zeitigten. So sah sich Turgenev insbesondere in den Jahren 1874 bis 1878 immer wieder gezwungen, Teile seines Grundeigentums zu veräussern und das dabei gewonnene Kapital anzulegen, für den Lebensunterhalt heranzuziehen oder für Immobilienkäufe zu verwenden.[700] Diese Tendenz zur Grundstücksveräusserung verstärkte sich markant, je älter Turgenev wurde. Es ist daher durchaus denkbar, dass Turgenev seinen literarischen Diskurs über den Niedergang der „Adelsnester" nicht zuletzt auch auf Spasskoe bezog, wo bereits nach 1858 umfangreiche Landabtretungen an die Leibeigenen erfolgten. Die Grundbücher belegen jedenfalls einen deutlichen Zerfall seines Besitzstandes, den Turgenev – wie seine Briefe zeigen – bewusst in Kauf nahm und oft auch umsichtig durchrechnete.[701]

699 Vgl. BEL'ČIKOV 1964, 530.

700 Vor allem Horace Ginzburg, der Turgenev wiederholt bei finanziellen Schwierigkeiten geholfen hatte, wurde mit der adäquaten Anlage des freigesetzten Kapitals beauftragt, wobei Turgenev seinem Freund weitgehend freie Hand liess (hierzu: PERESELENKOV 1921). Vgl. etwa Turgenevs Brief an Ginzburg vom 29. April (11. Mai) 1882: „Вам на днях доставит мой управляющий Н. А. Щепкин 20 000 (двадцать тысяч) рублей, которые прошу Вас употребить самим для меня выгодным образом покупкою акций, облигаций или других бумаг. Всё это я хотел совершить самолично; но при неизвестности, когда мне можно будет приехать в Россию, я не могу передать это дело в более умелые и симпатичные руки." (PSP, XIII_1, 244f.). In Gelddingen hätten die Unterschiede zwischen Turgenev und Ginzburg nicht grösser sein können: „Связывали, разумеется, Тургенева с Гинцбургом и противоположности в их характерах: в денежных отношениях, в делах практических первый из них был человеком не от мира сего, а другой, наоборот, опытным и испытанным дельцом, не раз выручавшим из материальных затруднений своего всегда слишком идеалистически настроенного приятеля." (PERESELENKOV 1921, 152). Zu Turgenevs Landverkäufen in den 1870er Jahren vgl. auch MURATOV 1966, 299.

701 BEL'ČIKOV 1964, 529. Zum ‚Niedergang' des „Adelsnestes" Spasskoe vgl. BIZJUKIN 1885, 372. Für Turgenev waren in der zweiten Hälfte der 1870er Jahre die Landverkäufe dermassen wichtig, dass er sogar seinen ehemaligen Leibeigenen, die sich 1877 an ihn wandten und ein kurz zuvor vertraglich bereits anderweitig für 8'000 Rubel veräussertes Grundstück erwerben wollten, nach einigem Zögern eine Absage erteilte. Er überliess das Gut, das ihm kaum Einkünfte brachte und ihn steuerlich nur belastete, lieber zah-

Ungeachtet aller Niedergangserscheinungen hielt Turgenev auch in der zweiten Hälfte der 1870er Jahre am alten Verwaltungsmodell fest, wobei er lediglich dem Pachtsystem einen höheren Stellenwert einräumte. Die eigentliche Wirtschaftsführung in Spasskoe übernahm 1876 nicht Aleksandr Ščepkin selbst, sondern dessen Sohn Nikolaj, der – ausgestattet mit umfassenden Vollmachten (PSP, XI, 357-359; PSP, XII_1, 417f.; PSP, XII_2, 333f.; PSP, XIII_1, 339) – zunächst temporär eingesetzt werden sollte, dann aber mit seiner Familie auf das Gut übersiedelte und bis zu Turgenevs Tod die Verwaltungsaufgaben erfüllte.[702] Mit Nikolaj Ščepkin, der für sein Gutsverwalteramt offenbar ein jährliches Gehalt von 600 Rubeln erhielt,[703] war Turgenev eigentlich zu Recht zufrieden, da Ščepkin ausserordentlich bemüht war, den Finanzhaushalt durch Landverkäufe und Pachtverträge wieder in Ordnung zu bringen und akkurate Verzeichnisse über Einnahmen und Ausgaben zu führen.[704] Die Behauptung, Turgenevs Gutsverwalter seien allesamt entweder inkompetent oder illoyal gewesen – oder auch beides zugleich – scheint auf Ščepkin nicht zuzutreffen. Doch auch er machte sich Turgenevs Abwesenheit zunutze und bediente sich, wenn auch nur in einem Fall, aus der Gutskasse, um die Finanzierung des Dorfes Nikol'skoe-Istomino im Gouvernement Tula, das er für seine Familie gekauft hatte, zu erleichtern. Schliesslich gestand er Turgenev sein Vergehen und versprach, den Betrag zurückzuzahlen. Allerdings war es Turgenev, der in der Zwischenzeit die Konsequenzen tragen musste, da das Geld, das auf diese Weise vorgestreckt worden war, in seiner Bilanz fehlte.[705] Trotzdem verlor er, wie sein Brief an Ščepkin vom 28. Juni (10. Juli) 1883 zeigt, keineswegs das Vertrauen in seinen Gutsverwalter, sondern begnügte sich damit, dessen Schuldentilgung vorzubereiten, wobei er sogar auf die Zinsen für die ausstehende Summe verzichtete:

> Я не стану делать Вам упреков; Вы сами чувствуете, что поступок Ваш в отношении ко мне был необдуман. Полагаю, что он был вынужден необходимостью. Вместо упреков приведем лучше в ясность наши дела. Вы мне были должны шесть тысяч рублей, и сверх этого Вы теперь у меня взяли тысячу восемьсот.

lungswilligen und auch -fähigen Kaufleuten. Zudem hatte sich Turgenev daran gestossen, dass die Bauern bis dahin das Land zwar benutzt, jedoch keinen Pachtzins gezahlt hatten (Muratov 1966).

702 Vgl. PSP, XI, 293: „Я его (Кишинского, A.S.) заменяю сыном А. М. Щепкина, молодым, но очень дельным человеком, который, собственно, и будет хозяйничать в Спасском от имени отца – а у меня только до нового года для Спасского; а там у него останутся на руках только арендные именья (Тапки, Кадное).“ Ščepkin erhielt von Turgenev im Juni 1876 zwei umfassende Vollmachten, und zwar sowohl für die Gutsbewirtschaftung im allgemeinen als auch für eine allfällige Strafverfolgung Kišinskijs (PSP, XI, 357-359).

703 Vgl. *Bibl Nat*, Slave 80, Mazon.101.D.61, f. 24.

704 Schapiro 1982, 280f.

705 Korsun 1990, 267; PSP, XIII_2, 179f. u. 378.

Я готов ждать уплату беспроцентной суммы по тысячу рублей в мае и в октябре; если Вы считаете неустоичную запись нужной, то, во всяком случае, не для моего успокоения – я Вам так же доверяю и теперь, как прежде. (PSP, XIII_2, 179)

Finanzielle Unregelmässigkeiten dieser Art, der damit verbundene administrative Aufwand, vor allem aber die weiterhin dürftige Rendite der Ländereien waren wohl der Grund dafür, dass sich Turgenev in seinen letzten Lebensjahren hinsichtlich der Zukunft seiner russischen Güter immer noch nicht sicher war. Tatsächlich standen den nach wie vor relativ bescheidenen Einkünften erhebliche Ausgaben gegenüber. Zum einen wurde der ohnehin von der Kišinskij-Affäre noch belastete Haushalt Turgenevs durch die mangelnde Zahlungsdisziplin eines Pächters stark beansprucht, zum anderen musste Turgenev grössere Fixkosten für die Verwaltung, für die einigen Bauern zugestandenen Pensionen, für den Unterhalt von Schule und Krankenhaus sowie für die Unterstützung von Paulinette in Kauf nehmen. Am 21. August (2. September) 1878 errechnete er in einem Brief an seinen Bruder Nikolaj, dass sich seine jährlichen Nettoeinkünfte auf nur gerade 6'000 Rubel beliefen, und dies, obwohl er nach wie vor Spasskoe sowie sieben weitere Güter unterschiedlicher Grösse besass und die wertvollsten Besitzungen verpachtet hatte. Zudem brachte ihm seine literarische Tätigkeit zu jenem Zeitpunkt kein Geld ein. Mit einem solchen Einkommen war seiner Ansicht nach das Leben in Paris nur gerade mit Mühe zu bestreiten – oder aber gar nicht, wenn nämlich sein Bruder auf der Begleichung der offenen Schuldzinsen in der Höhe von 1'350 Rubeln bestehen sollte:

Из прилагаемого листа (который прошу тебя возвратить) ты увидишь, к каким размерам, благодаря воровству Кишинского и собственной моей глупости, приведены мои доходы.

Спасское дает	-	4860 р.
Тапки	-	3900
Кадное	-	1140
губ. земля	-	160
Итого	-	10 060

Холодово пока ничего не дает, ибо по милости того же Кишинского там арендатор Волнов не только ничего не заплатил, но надо еще вести с ним процесс, чтобы разорвать контракт. Следовательно, всего с небольшим 10000 р. Из этого, если исключить:

a.) 1200 на управление
b.) 1200 на пенсии, школу и больницу,
c.) 400 на спасское хозяйство
да d.) 1000 р., которые я должен давать моей дочери, приданое которой мой зятек пустил на ветер до последней копейки – останется на мой прожиток (так как возмездие за литератур-

ный труд прекратилось) с небольшим 6000 р. Этими деньгами я могу прожить – хотя тесненько; но если мне придется тебе платить 1350 р. процентов в год – то жизнь становится невозможной – по крайней мере в Париже. (PSP, XII_1, 347)

Ungeachtet all dieser Probleme lehnte Turgenev noch im Sommer 1882, also etwa ein Jahr vor seinem Tod, den Verkauf von Spasskoe kategorisch ab, da er mit einer solchen, zweifellos lukrativen Transaktion, wie er glaubte, sich selbst aufgegeben hätte:

> [...] *я и в мыслях не имею продавать Спасское* [...]; продажа Спасского была бы для меня равносильною с окончательным решением никогда не возвращаться в Россию – а я, несмотря на болезнь, питаю надежду провести всё будущее лето в Спасском – а в Россию вернуться в течение зимы. Продать Спасское – значит для меня лечь в гроб, а я еще желаю пожить, как ни мало красна жизнь для меня в настоящее время. (PSP, XIII_1, 332; Hervorhebung im Original, A.S.)[706]

Gerade im Hinblick auf sein heimatliches „Nestlein" (PSP, IX, 21), das ihm immer wieder Zuflucht und Inspiration geboten hatte, stellte Turgenev die persönliche Affinität über die ökonomische Pragmatik, und dies, obwohl er eigentlich in seinen letzten Lebensmonaten bemüht war, möglichst viel Geld für seine Erben – vor allem für Pauline Viardot und seine Tochter Paulinette – bereitzustellen. Doch während er sein literarisches Œuvre in werkrechtlicher Hinsicht kapitalisiert und für 80'000 Rubel an Glazunov abgetreten sowie sein Lieblingsgemälde von Théodore Rousseau für 25'000 Francs (damals fast 10'000 Rubel) an Sergej Tret'jakov verkauft hatte, weigerte er sich, das ihm ans Herz gewachsene Spasskoe in bare Münze zu verwandeln und dadurch, wie er sagte, die „eigene Grablegung" vorzubereiten (in der Tat wurde Spasskoe zu Turgenevs Lebzeiten nicht veräussert). Der Gedanke, dass auch Spasskoe einen ‚Preis' im Sinne des Geldcharakters haben könnte, war für Turgenev zwar kein völliges Gedankentabu. Dennoch betrachtete er den Verkauf des Gutes, das er aufgrund seiner bereits fortgeschrittenen Krebserkrankung ohnehin kaum mehr aufsuchen würde, als Preisgabe seiner eigenen Existenz.

706 Aus Turgenevs Brief vom 10. (22.) August 1882 an Žozefina A. Polonskaja.

Spasskoe-Lutovinovo, Gutshaus (1883)

Turgenevs Arbeitszimmer im Gutshaus (1883)

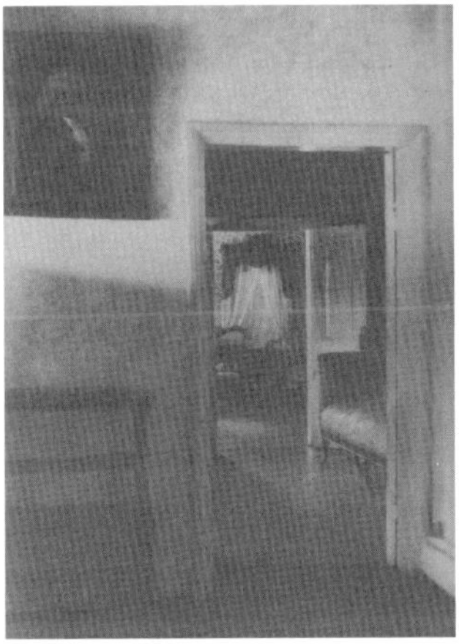

Zimmerflucht im Gutshaus (1883)[707]

707 PIŠČULIN 1988, 140 u. 142.

Gleichwohl bereute es Turgenev kurz vor seinem Tod, seinerzeit bei den Verkaufsabsichten gezögert zu haben. Er befürchtete nämlich, sein Grundbesitz könnte nach seinem Tod aufgrund der russischen Gesetzgebung in fremde Hände geraten und nicht den vorgesehenen Hinterbliebenen zugute kommen. Turgenev kannte aus eigener Erfahrung die Probleme, welche die Erbteilung eines Landstückes mit sich bringen konnte, und ihm war wohl auch bewusst, dass der Erbschaftsantritt eines Immobiliennachlasses in Russland für Begünstigte aus anderen Ländern mit erheblichen Umständen und Gesetzeshürden verbunden sein würde. Aus diesem Grunde begann er, über verschiedene Mittelsleute doch noch einen Verkaufsabschluss anzustreben. So bat er am 11. (23.) August 1883 Nikolaj Ščepkin, umgehend sämtliche Dokumente und Besitzurkunden im Zusammenhang mit Spasskoe und den anderen Gütern an das Bankhaus Ginzburg in St. Petersburg zu schicken (PSP, XIII_2, 184). Fünf Tage später, also eine knappe Woche vor seinem Tod, verfasste er dann für David G. Ginzburg, den Sohn von Horace Ginzburg, eine umfassende Vollmacht, die ihn berechtigte, Spasskoe ganz oder teilweise zu verkaufen bzw. zu verpfänden:[708]

> Сим Вас уполномочиваю и предоставляю Вам право принадлежащее мне родовое имение Спасское-Лутовиново со всеми постройками и угодьями, заключающее в себе [a] десятин, [a] сажень ([a] = Aussparung für die Mengenangabe, A.S.), доставшееся мне по наследству от матери моей Варвары Петровны и состоящее в Мценском уезде Орловской губернии, продать в полном составе или по частям или же заложить на выгодных условиях в Взаимном поземельном кредите в одном из земельных банков или же у частных лиц, как Вы заблагорассудите. [...] Я Вам во всем верю, и что Вы или доверенные от Вас лица на основании сей доверенности законно учините, я за благо приму, спорить и прекословить не буду. (PSP, XIII_2, 185f.)

Diese offensichtlich noch nicht rechtsgültige Vollmacht wurde dann doch nicht in Kraft gesetzt (PSP, XIII_2, 380), so dass nach Turgenevs Tod tatsächlich ein Erbschaftsstreit um die Güter einsetzte. Möglicherweise hatte Pauline Viardot Turgenevs Bemühungen um einen Verkauf von Spasskoe initiiert und auch vorangetrieben, zumindest soll sie Ščepkin nach Aussage von dessen Frau mit Telegrammen nachgerade überschüttet haben, um die Transaktion zu beschleunigen. Der amtliche Schätzwert der russischen Besitzungen Turgenevs betrug dann im Rahmen der Nachlassregelung nur gerade 165'000 Rubel.[709]

Am Ende einer rund dreissigjährigen Misswirtschaft, deren Folgen Turgenev immer wieder durch den Verkauf von Grund und Boden sowie durch Pachtverträge aufzufangen versucht hatte, stand die nahezu vollständige Zerrüttung eines der ursprünglich wertvollsten Güter im Gouvernement Orël.

[708] Vgl. SCHAPIRO 1982, 325f.

[709] WADDINGTON 1974, 45f.; SCHAPIRO 1982, 326 u. 329.

2.6.8. Zusammenfassung: Turgenev als Gutsbesitzer

Mit seinem Besitzstand und dessen Diversifizierung in unterschiedliche Vermögenswerte reihte sich Turgenev in die lange Tradition der russischen Gutsbesitzeraristokratie ein, verfügten doch die sehr reichen Familien über Güter in drei oder mehr Gouvernements, Wohnungen in St. Petersburg, Moskau und manchmal auch in den Hauptstädten der Regierungsbezirke. Oft bevorzugten sie ein bestimmtes Gut, auf welchem sie sich regelmässig – meistens im Sommer und Herbst, bisweilen auch das ganze Jahr hindurch – aufhielten, während sie ihre übrigen Besitzungen nur selten aufsuchten.[710] So besass auch Turgenev eine ganze Reihe von Wohnungen und Häusern etwa in St. Petersburg, Baden-Baden, Paris und Bougival, die er entweder gekauft oder gemietet hatte. In Russland waren ihm aus dem Nachlass seiner Mutter mehrere Dörfer mit Ländereien zugefallen, wobei er dem Hauptgut Spasskoe als ländliches Refugium den Vorrang gab.

In den 1850er Jahren war Turgenev insofern ein ‚klassischer' Gutsbesitzer, als er eine erhebliche Fläche fruchtbaren Ackerlandes, Wälder und anderer Nutzflächen sowie eine Vielzahl von Bauern besass, die ihm Zins entrichteten oder für ihn Fronarbeit leisteten. Er verfügte über einen materiellen Grundstock, dessen unterschiedliche Nutzungsformen gut dokumentiert sind und Aufschluss über die Wirtschaftsführung auf seinen Ländereien geben. Die Quellen offenbaren aber auch, dass sich auf Turgenevs Gütern derselbe Prozess bemerkbar machte, der mit der Aufhebung der Leibeigenschaft in ganz Russland einsetzte: Trotz mancher Mängel der Statistik gilt es als erwiesen, dass sich der adlige Landbesitz nach 1861 erheblich verminderte, auch wenn die Entwicklung regional unterschiedlich verlief.[711]

Während der sechs Jahre, die Turgenev in Russland verbrachte, bevor er dann 1856 nach Frankreich zog, versuchte er mit unterschiedlichem Erfolg, die Wirtschaftsführung auf seinen Gütern zu regeln. Ihm war bewusst, dass er die Ländereien, aber auch die Leibeigenen als ökonomische Basis zur Sicherung seines Einkommens und damit jenes ‚standesgemässen' Lebens benötigte, das er seit seiner Kindheit kannte. In dieser Hinsicht änderte sich Turgenevs Lebensstil nach 1850 nicht grundlegend. Allerdings war sich Turgenev im Unklaren über die Art und Weise, wie er aus dem Gut Gewinn erzielen sollte. Obwohl er alles andere als ein Verfechter der althergebrachten gutsherrlichen Standesprivilegien war, konnte er es sich vor allem aus finanziellen Gründen nicht erlauben, sich – etwa durch die Veräusserung all seiner Besitzungen – gänzlich vom Grundbesitz loszusagen und sich ausschliesslich dem Schriftstellerberuf zuzuwenden. Die Verpflichtungen, die er als Gutsherr – und insbesondere als ein seinen Bauern gegenüber äusserst wohlwollender – hatte, überforderten ihn und drohten bisweilen, seine literarische Laufbahn zu hemmen. Die Probleme und Erwartungen,

[710] ROOSEVELT 1995, 112.
[711] BEL'ČIKOV 1964, 529; GRENZER 1995, 209.

die der Status eines Gutsbesitzers mit sich brachte, konnten in Russland entmutigend sein, und ein *pomeščik*, der sich mit den Gegebenheiten nicht zurechtfand und seine ökonomischen Chancen nicht zu nutzen wusste, lief Gefahr, sich schon bald einer negativen Wirtschaftsbilanz ausgesetzt zu sehen.[712]

Hinzu kam, dass der Autor der *Zapiski ochotnika* die negativen Anteile des Gutsbesitzertums – und damit auch die eigene Rolle, die er in diesem Zusammenhang einnahm – sehr kritisch reflektierte. Der persönliche Konflikt, der sich für ihn aus dieser Situation ergab, und die Tatsache, dass er keine raschen und auf Dauer befriedigenden Lösungen zur Hand hatte, belasteten Turgenev in erheblichem Masse. Sein ausgeprägtes Verantwortungsbewusstsein und die Freude, die er empfand, wenn er sich im vertrauten Spasskoe aufhielt, prallten daher unmittelbar aufeinander. Angesichts der Aussichtslosigkeit seiner Anstrengungen und der permanenten Notwendigkeit, heikle Entscheidungen zu treffen, war Turgenev dankbar, wenn er die Verwaltung seiner Güter anderen überlassen konnte, selbst wenn darunter das eigene Einkommen litt.[713]

Als vermeintlichen Garanten für regelmässige Einkünfte kam Turgenevs Gütern seit 1850 auch dadurch ein hoher Stellenwert zu, dass die Honorare für seine schriftstellerische Tätigkeit, wie gezeigt wurde, erst zu Beginn der 1860er Jahre derart angewachsen waren, dass sie Einkommensschwankungen bis zu einem gewissen Grad ausgleichen konnten, selbst wenn sich diese Interaktion nicht nachhaltig konsolidierte: Auch fortan traten bei Turgenev immer wieder Liquiditätsprobleme auf, die – neben den Missernten und den bisweilen längeren und finanziell entsprechend abträglichen Schaffenspausen – in erster Linie durch das nie gelöste Problem der dürftigen Wirtschaftsführung auf immerhin einer der grössten Besitzungen Orëls bedingt war.[714] Obwohl detaillierte Angaben zu den Einkünften, die Turgenev auf der Grundlage seiner Güter erzielte, nur vereinzelt zu finden sind, vermitteln die überlieferten Momentaufnahmen einen Eindruck von der Situation, die auf seinen Ländereien herrschte. Die Tatsache, dass Turgenevs Bruder auf etwa gleich grossen Gütern weitaus profitabler wirtschaftete als er selbst, zeigt, in welch hohem Masse die Rentabilität eines Grundbesitzes von der Fähigkeit und Präsenz des Grundherrn bzw. des eingesetzten Gutsverwalters abhing. Turgenev war in dieser Hinsicht nicht nur unerfahren, sondern auch die meiste Zeit abwesend, so dass er sich ganz auf seine Administration verlassen und dieser weitreichende Kompetenzen zugestehen musste.

Da ein wirklich kontinuierlicher Kapitalzufluss also weder durch Turgenevs literarische Tätigkeit noch durch sein auf Grundeigentum basierendes Besitzgefüge gesichert war, erwiesen sich kurzfristige Geldbeschaffungsmassnahmen, sei es durch Anleihen, sei es durch Grundstücksveräusserungen bzw. -verpach-

[712] KORSUN 1990, 405.
[713] YARMOLINSKY 1959, 119; KORSUN 1990, 405.
[714] SCHAPIRO 1982, 221.

tungen, weiterhin als charakteristisches Moment seiner wirtschaftlichen Pragmatik. Diese entsprach in einigen Punkten der allgemeinen, sich in einem beträchtlichen Anteil an Streubesitz manifestierenden ökonomischen Mentalität des hohen russischen Adels: Eines der wichtigsten Kennzeichen dieser Eigentumsform war die erhebliche Mobilität durch ständige Käufe, Verkäufe, Tauschoperationen, Mitgiftausstattung, Schenkung etc., die ein charakteristisches Besitzverständnis von Grund und Boden vornehmlich als ‚Ware', Kapitalobjekt und Unterhaltsressource offenbarte. Demnach wurde Land nicht primär als Herrschaftsgebiet und Basis politischer Macht, sondern als ökonomische Grundlage mit einem bedeutenden Beitragspotential zur standesgerechten Lebensführung geschätzt.[715]

Im Hinblick auf die Liquiditätssicherung des Turgenevschen Haushaltes fällt auf, dass Turgenev meistens seine Verleger bemühte, wenn aus Spasskoe kein Geld kam. Und umgekehrt mahnte er Geld von seinen Gutsverwaltern ein, sobald er mit seiner schriftstellerischen Tätigkeit nicht mehr genügend Gewinn erzielte.[716] Das literarische Feld, in dem sich Turgenev überwiegend bewegte, wurde in solchen Momenten mit dem ökonomischen einfach kurzgeschaltet.

Man mag darüber spekulieren, welche Erfolge Turgenev als Gutsbesitzer gehabt hätte, wenn er dem Beispiel seines Bruders gefolgt wäre und sich durch dauernde Anwesenheit auf seinen Gütern sowie durch die systematische Aneignung und Umsetzung aller relevanten betriebs- und agrarökonomischen Kenntnisse der Wirtschaftsführung gewidmet hätte. Tatsache ist, dass Turgenev weder Agronom noch Ökonom war, sondern Autor. Zudem musste er sich immer wieder auf seine Tätigkeit als professioneller Schriftsteller konzentrieren, gerade *weil* ihm seine Güter weit weniger einbrachten, als er eigentlich erwartete. Misserfolge und Risiken prägten daher nicht nur seine literarische Karriere, sondern auch seine Privatökonomie.[717] Und obwohl Turgenev agrartechnischen Innovationen ebensoviel Interesse entgegenbrachte wie gesellschaftspolitischen Fragen über Bedeutung und Zukunft von Landbearbeitern und Landbesitzern in Russland, obwohl er sich seit 1842/43 in mehreren Abhandlungen zum russischen Adels- und Bauernstand äusserte, war er letztlich doch nicht imstande, seine Postulate umzusetzen und sich der Wirtschaftsführung auf seinen Gütern zu widmen, geschweige denn ‚die eigene Scholle unter den Pflug' zu nehmen.

Das Ungeordnete, Unsystematische (überhaupt hatte Turgenev Mühe mit

715 Vgl. RÜSS 1994, 133f.

716 Vgl. etwa Turgenevs Brief vom 5. (17.) Juli 1859 an Katkov, in welchem er um einen Vorschuss für seinen neuen Roman *Nakanune* bittet: „Так как по скудости урожая в нынешнем году доходы с деревень, предвидятся плохие, то Вы бы меня очень обязали, если б выслали мне тысячу руб. серебром вперед на мое имя, poste restante, в Париж. Не хотелось бы Вас стеснять – и вперед забирать – дело не дельное, да необходимость заставляет. Повторяю, я бы Вам был очень благодарен." (PSP, III, 317).

717 Vgl. KORSUN 1990, 298.

jeglicher Art von „Systemen“)[718] und auch Unkontrollierte, das für Turgenevs Finanzhaushalt wie auch Finanzgebaren seit jeher charakteristisch war, machte sich besonders im Zusammenhang mit seiner Gutswirtschaft bemerkbar, der eine wirklich zielgerichtete Kapitalabschöpfung ebenso fehlte wie längerfristig wirksame Kapital(re)investitionen. Der Mangel an Rendite, agrartechnischen Optimierungsmassnahmen und wenn nicht positiven, so zumindest ausgeglichenen Bilanzen war kennzeichnend für die Verwaltung in Spasskoe. Sicher hatte Turgenev mit finanziellen Nachteilen gerechnet, als er seinen Bauern Landanteile zu günstigen Konditionen abtrat. Dass aber auf den ihm verbliebenen Gütern kaum rentabel gewirtschaftet wurde und die Gewinne vor allem in die Taschen seiner Gutsverwalter flossen, schien er nicht bemerken zu wollen, was wohl nur durch sein gutgläubig-naives Vertrauen und sein eigenes Unvermögen in Wirtschaftsfragen erklärt werden kann. Regulierende Eingriffe, die die Finanzen in Spasskoe nachhaltig hätten konsolidieren können, blieben denn auch aus: Allzu häufig beschränkte sich Turgenev auf hilflose Feststellungen, halbherzige Kurskorrekturen sowie – im äussersten Fall und nur schweren Herzens – auf die Ablösung des verantwortlichen Gutsverwalters in der Hoffnung, dass dessen Nachfolger die Dinge richten würde.

Belastet wurde das aus Spasskoe ohnehin karg alimentierte Budget Turgenevs durch grössere Aufwendungen für Immobilienkäufe, Mitgiftzahlungen und einen Lebensunterhalt, der von Annehmlichkeiten und Luxus geprägt war, aber auch von Turgenevs starkem Hang zur ‚Gabe‘. So ist die Art und Weise, wie er Ende der 1850er Jahre das Verhältnis zu seinen Bauern regelte, dabei bereitwillig erhebliche materielle Nachteile in Kauf nahm und auch künftig seinen ehemaligen Leibeigenen mit Rat und Tat – auch finanziell – zur Seite stand, zweifelsohne sichtbarer Ausdruck einer besonderen Grundhaltung, die er gegenüber dem russischen Leibeigenschafts- und Bauernproblem einnahm. Dahinter stand aber auch seine allgemeine Hilfsbereitschaft, die schon bald einem breiten Kreis von Freunden wie Bekannten zugute kam und Turgenevs Ruf als Gönner begründete.

[718] BERLIN 1972, 14.

2.7. Turgenev als Gönner

> Еще одна черта: от многих спассковских я слышал, что Иван Сергеевич был человек необыкновенной доброты: он никогда и ни в чем не мог отказать кому бы ни было. Его добротою часто злоупотребляли [...].
>
> *Aus den Erinnerungen eines ehemaligen Leibeigenen Turgenevs.*[719]

> Иван Сергеевич давал и деньги, и целые участки земли, назначал пенсии годовые [...]. Говоря о наградах, так щедро расточаемых Иваном Сергеевичем, я должна сказать, что действительно, доброта его увлекала его, он давал иногда и недостойным, но были и такие, которые вполне заслуживали искупление за долгое претерпение под игом его матери.
>
> *Aus den Erinnerungen Varvara Žitovas.*[720]

> В бедных и больных, к несчастью, нет никогда недостатка.
>
> *Turgenev 1876 an Kišinskij* (PSP, XI, 255)

2.7.1. Philanthropische Stiftertätigkeit als soziale (Selbst-)Verpflichtung

Turgenevs Korrespondenz vermittelt den Eindruck, dass er einen beträchtlichen Teil sowohl seiner materiellen Ressourcen wie auch seines Zeitbudgets darauf verwendete, um auf verschiedene Weise Menschen zu fördern und Not zu lindern. Vor allem in seinen letzten Lebensjahren widmete er sich auffallend intensiv dem materiellen Beistand gegenüber Bedürftigen.[721]

Die vielfältigen Formen des Stiftens und Spendens, die sich bei Turgenev im Laufe seines Lebens feststellen lassen, legen die Vermutung nahe, dass seinem philanthropischen Engagement individuelle Motive wie Gutherzigkeit und Humanität, aber auch die Umsetzung klassenspezifischer Wertvorstellungen in die gesellschaftliche Praxis zugrunde lagen. Dadurch, dass er, wie bereits angedeutet wurde, Förderungsmittel für die Bereiche Kunst und Wohltätigkeit zur Verfügung stellte, transformierte er sein ökonomisches Kapital in soziales und kulturelles Kapital.

Bereits Anfang der 1870er Jahre war weithin, insbesondere aber unter den jungen, zum Teil auch politisch verfolgten Exilrussen bekannt, dass die Tür zu

719 Zitiert nach GROMOV 1966, 298.

720 ŽITOVA 1961, 63.

721 SCHAPIRO 1982, 239f. Von 740 Briefen Turgenevs aus den Jahren 1881 und 1882 (PSP, XIII_1 u. XIII_2) handeln immerhin 79 fast ausschliesslich von Hilfeleistungen an Mittellose.

Turgenevs Wohnung in der Pariser Rue de Douai all denjenigen offenstand, die seine Hilfe benötigten: Man legte ihm Texte zur Begutachtung und Weiterleitung an Verleger vor, bat um Unterstützungsgelder für politische Blätter oder um Stellenvermittlungen. Turgenev vergass nie die Zusicherungen, die er gemacht hatte, las die ihm ausgehändigten Manuskripte gewissenhaft durch, fertigte eine Vielzahl von Empfehlungsschreiben an, intervenierte persönlich, wenn es darum ging, einem Bittsteller einen Krankenhausaufenthalt zu ermöglichen, streckte Geld vor, obwohl er wusste, dass er es wohl nicht zurückerhalten würde, organisierte literarisch-musikalische Matineen zugunsten Notleidender, spendete für die während des polnischen Aufstands von 1863 verwundeten russischen Soldaten, schuf 1875 unter anderem mit Büchern aus seinem Eigentum in Paris die erste russische Bibliothek für die dort ansässigen politischen Emigranten und initiierte 1877 die Gründung der *Société d'aide mutuelle et de bienfaisance aux peintres russes de Paris* (*Obščestvo vzaimnogo vspomoženija i blagotvoritel'nosti russkich chudožnikov v Pariže*), für die er sich als Sekretär bis zu seinem Tode pflichtbewusst einsetzte.[722]

Turgenevs Grosszügigkeit war sprichwörtlich, und sie kam jenen, die sie benötigten, ebenso zugute wie jenen, die sich seine Nachgiebigkeit zunutze machten.[723] Maksim M. Kovalevskij erinnerte sich später:

> Живя по личным причинам в Париже, он в то же время служил русским интересам. Мы называли его шутя «послом от русской интеллигенции». Не было русского или русской, сколько-нибудь прикосновенных к писательству, живописи или музыке, о которых так или иначе не хлопотал бы Тургенев. Он интересовался успехами русских учениц г-жи Виардо, вводил русских музыкантов в ее кружок, состоял секретарем парижского клуба русских художников, заботился о выставке их картин, рассылал в парижские редакции рекламы в их пользу, снабжал обращавшихся к нему личными рекомендациями, ссужал нуждающихся соотечественников деньгами, нередко без отдачи, хлопотал лично и чрез приятелей о своевременной высылке денег заграничным корреспондентам и не отказывался даже от непосредственного ходатайства пред властями за эмигрантов, не настолько скомпрометированных, чтобы не иметь возможности рано или поздно вернуться на родину [...].[724]

722 PERESELENKOV 1921, 151f.; BRANG 1956, 205; YARMOLINSKY 1959, 230 u. 292f.; SCHAPIRO 1982, 239f.; TROYAT 1985, 157f.; PRITCHETT 1986, 210; ZVIGUILSKY A. 1989, 265, Anm. 5 sowie Bildtafel XI.

723 YARMOLINSKY 1959, 292. Vgl. hierzu auch HAUMANT 1906, 99: „En ce temps-là chercher du travail c'était aller chez Tourguénief. Il serait trop long d'énumérer, et ses sacrifices d'argent, et ses démarches et les rebuffades qu'elles lui valaient, et les sottises de ses protégés [...].“

724 KOVALEVSKIJ 1969, 153f.

Ähnlich äusserte sich Annenkov über Turgenevs vielfältige Hilfeleistungen, welche die finanzielle Unterstützung lediglich als *eine* Form des Beistands umfassten:

> Мы уже не говорим о том, что кошелек Тургенева был открыт для всех, кто прибегал к нему. Пересчитать людей, материально ему обязанных, почти и невозможно за их многочисленностью. Ему случалось вменять себе в заслугу отказ в помощи слишком назойливому человеку, но были и такие друзья, которые принимали и это заявление за обычное хвастовство его. Денежное пособие было, однако же, низшим видом его благотворительности: он являлся с услугой, когда нужно было поднять дух пациента, разбудить его волю, внушить доверенность к себе.[725]

Auf den Punkt gebracht wurde Turgenevs Engagement aber von Grigorovič, der in seinen *Literaturnye vospominanija* Turgenevs zahlreiche finanzielle Zuwendungen dem Naturell des Schriftstellers zuschreibt: Demnach stand hinter Turgenevs oft nachgerade ins Hyperbolische gesteigerter Grosszügigkeit in Gelddingen kein interessengeleitetes Kalkül, sondern in erster Linie wertgeleitete Herzensgüte:

> Если б возможно было составить список деньгам, которые Тургенев роздал при своей жизни всем тем, кто к нему обращался, сложилась бы сумма больше той, какую он сам прожил. Приписывать его щедрость не доброте сердца, а распущенности, мелочному тщеславию могут только те, которые, судя по себе, не допускают в других возможности честных, великодушных побуждений [...].[726]

Tatsächlich gehörten Nächstenliebe und Grossherzigkeit zu Turgenevs zentralen Charaktereigenschaften, die, gepaart mit der ihm immer wieder zugeschriebenen wie auch vorgeworfenen Willensschwäche und seiner – freilich unterschiedlich stark ausgeprägten – finanziellen Verfügungskraft als Chiffren seines ökonomischen und sozialen Habitus ein Erklärungsmuster für seine vielseitigen Bemühungen um Notlinderung liefern.[727] Turgenev wusste zweifellos, was er mit seinem Vermögen ausrichten konnte, und er versuchte, individuellen oder kollektiven Notständen durch finanziellen und immateriellen Beistand zu begegnen. Bereits kurz nach dem Tode seiner Mutter hatte er Ende 1850 in einem Brief an Pauline Viardot programmatisch verkündet:

[725] ANNENKOV 1928, 633.

[726] GRIGOROVIČ 1928, 259.

[727] MAVER LO GATTO 1967, 190. Vgl. hierzu auch BERLIN 1972, 17: „Turgenev was not in the least formidable; he was amiable, sceptical, ‘as soft as wax and as kind’, too courteous and too self-distrustful to frighten anyone. He embodied no clear principles, advocated no doctrine, no panacea for the ‘accursed questions’, as they came to be called, personal and social.“

Право, я совершенно потрясен. Да, да, мы должны быть добры и справедливы, хотя бы для того, чтобы не умереть так, как она... (PSP, I, 420)

Dieser monokausale Ansatz, der zu den althergebrachten Topoi der Turgenev-Forschung gehört, greift jedoch zu kurz und wird der Tatsache nicht gerecht, dass Turgenev in verschiedenen Bereichen als Wohltäter auftrat und dabei sowohl Defizite staatlichen Handelns zu kompensieren als auch individuelle, auf Ursachen unterschiedlichster Art zurückgehende Bedürftigkeit zu lindern suchte.[728] Dabei ist – im Sinne einer signifikanten Ergänzung zum Kriterium der persönlichen Güte – Turgenevs Rolle als Gönner auch im Kontext einer nach aussen hin explizit nicht tauschorientierten ‚Ökonomie der Gabe' zu begreifen, die ihren Ursprung wohl auch in einem allgemeinen sozialen Verhaltensgestus der Aristokratie hatte.[729] Insofern lag Turgenevs philanthropischen Bemühungen

[728] Man könnte in diesem Zusammenhang sogar noch einen Schritt weiter gehen und die philanthropische Aktivität des einzelnen in einer ideologischen Opposition zum Staat sehen, dem nicht mehr die Regelung aller Lebensbereiche überlassen werden soll. Eine solche Anschauung hätte jedenfalls bis zu einem bestimmten Grad Turgenevs liberaler Haltung entsprochen.

[729] Während Marcel Mauss darauf hinweist, dass die Gabe als ein zutiefst funktionales, soziale Beziehungen stiftendes und erhaltendes Phänomen zu einer Gegengabe verpflichte, da sie den Nehmer in einen Zustand der Abhängigkeit geraten lasse und folglich ganz auf Wechselwirkung angelegt sei (MAUSS 1968, 119, 146f. u. 157; HAESLER 2002, 9), geht Jacques Derrida insofern weiter, als er sich – die Einseitigkeit der Gabe zugrundelegend – mit der Frage auseinandersetzt, ob es eine Gabe überhaupt geben könne (DERRIDA 1993): „Wenn es Gabe gibt, darf das *Gegebene* der Gabe (akkusativisch *das, was* man gibt, nominativisch *das, was* gegeben ist, die Gabe als das gegebene Ding oder als der Schenkungsakt) nicht zu dem Gebenden zurückkehren (sagen wir noch nicht zu dem Subjekt, zum Geber oder zur Geberin). Die Gabe darf nicht zirkulieren, sie darf nicht getauscht werden, auf gar keinen Fall darf sie sich, als Gabe, verschleissen lassen im Prozess des Tausches, in der kreisförmigen Zirkulationsbewegung einer Rückkehr zum Ausgangspunkt. Wenn die Figur des Kreises für die Ökonomie wesentlich ist, muss die Gabe *anökonomisch* bleiben. [...] Damit es Gabe gibt, darf sie dem Gabenempfänger oder dem Geber nicht bewusst sein, er darf sich ihrer nicht dankbar erinnern und das heisst er darf die Gabe erst gar nicht als solche wahrnehmen [...]." (ebd. 17 u. 28; Hervorhebungen im Original). Die Logik der Gabe setzt denn auch eine Verausgabung, ein Überbieten, ein Moment des Unerwarteten und der Selbstlosigkeit voraus, da hier der blosse Tausch übertroffen und der frühere Geber zum Schuldner gemacht wird, dem zugleich aber auch Zeit zum Begleichen seiner neu entstandenen Verschuldung gegeben wird (vgl. CHRISTOLOVA / PAECH 2002). Dementsprechend sieht HAESLER (2002, 8) den wichtigsten Unterschied zwischen Kauf und Gabe darin, dass der Kauf emanzipiere, die Gabe dagegen verpflichte: „Im Kauf steckt etwas Befreiendes, etwas Neutralisierendes, das mich vor dem Zugriff des anderen beschützt. Ein vereinzelter Dank ist eine herzhafte Geste, je herzhafter vielleicht, je seltener sie zum Ausdruck kommt. Wären wir zu ewigem Dank verpflichtet, so wäre jeder andere ein um so unerbittlicher Despot, je herzhafter er uns seine Wohltat bescherte. Geld treibt einen Keil zwischen uns, der uns daran hindert, diesem Despotismus ganz zu verfallen."

zum einen zweifellos seine persönliche Wesensart, zum anderen aber eben auch eine soziale und standesethische Selbstverpflichtung zugrunde, dem Fehlen institutioneller Hilfeleistungen durch persönliche Initiative – bisweilen durchaus in Konkurrenz zum Staat – zu begegnen. Besonders deutlich wurde dies anhand seiner Bemühungen um den 1859 zur Unterstützung notleidender Autoren und Gelehrter eingerichteten *Literaturnyj fond*: Die Suche nach neuen, kollektiven Organisationsformen gemeinnützigen Engagements brachte gesellschaftliche Reformimpulse hervor, blieb zugleich jedoch auf die mehr oder weniger enge Anbindung an staatliche Instanzen angewiesen. Dazu gehörte auch Turgenevs Teilnahme an Hilfsaktionen verschiedenster Art, die auf die rasche Versorgung Notleidender abzielten. Anfang 1863 brachte er zusammen mit dem Fürsten Nikolaj I. Trubeckoj und einigen anderen Stiftern eine Kollektivspende zur Unterstützung der hungerleidenden Landbevölkerung in den Gouvernements Vologda und Archangel'sk auf.[730] Und als 1874 zugunsten der Opfer der Hungerkatastrophe von Samara ein Sammelband herausgegeben werden sollte, steuerte Turgenev seine Erzählung *Živye mošči* bei:[731] „Мне кажется, что помогать такому народу, когда его постигает несчастие, священный долг каждого из нас.“ (PSP, X, 191).

Neben seiner Teilnahme an solchen breiter angelegten karitativen Aktionen kümmerte sich Turgenev immer wieder um das Schicksal Einzelner, die auf keine staatliche Unterstützung zählen konnten und auf den Beistand von Privatpersonen oder gemeinnützigen Organisationen angewiesen waren: Nachdem 1860 Turgenevs und Herzens Bekannter Aleksandr A. Šenšin gestorben war, fürchtete Turgenev um die Zukunft von Šenšins unehelichem Sohn, dem, so Turgenev, der Hungertod drohte: Er erreichte, dass sich einige Spender für mehrere Jahre verpflichteten, regelmässig Geldbeträge zugunsten des Kindes zu überweisen (PSP, IV, 146, 151 u. 157f.).

Dass Turgenev seine persönliche Spielart der Philanthropie offen reflektierte, sie weder als „Berufung“ verstand noch dafür besondere „Talente“, wohl aber den Besitz eines „Herzens“ voraussetzte, das den „eigenen Egoismus zu überwinden in der Lage sei“, zeigt sein Schreiben vom 11. (23.) September 1874 an Anna P. Filosofova:

> Для предстоящей общественной деятельности не нужно ни особенных талантов, ни даже особенного ума – ничего крупного, выдающегося, слишком индивидуального; нужно трудолюбие, терпение; нужно уметь жертвовать собою безо всякого блеску и треску – нужно уметь смириться и не гнушаться мелкой и темной и даже низменной работы. Я беру слово: низменной – в смысле простоты, бесхитростности, «terre à terre'a». Что может быть, напр., низменнее – учить мужика грамоте, помогать ему,

730 WADDINGTON 1995, 215f.

731 KLEMAN 1934, 220; VON RIMSCHA 1970, 564.

заводить больницы и т. д. На что тут таланты и даже ученость? Нужно одно сердце, способное жертвовать своим эгоизмом – тут даже о *призвании* говорить нельзя [...]. Чувство долга, славное чувство патриотизма в истинном смысле этого слова – вот всё, что нужно. (PSP, X, 295; Hervorhebung im Original, A.S.)

Tatsächlich war Turgenev ein vorwiegend ‚stiller' Gönner, der um seine Person wenig Aufhebens machte und bisweilen sogar peinlich darauf achtete, dass die Begünstigten von seinen finanziellen Unterstützungen nichts erfuhren.[732]

Je nach Anlass und Intention lässt sich Turgenevs umfassende, jahrzehntelange Stiftertätigkeit einerseits einem ‚öffentlichen', andererseits einem eher ‚privaten' Bereich zuordnen, wobei die Grenzen zwischen diesen beiden Sphären häufig verwischen. Dass aber sein Augenmerk vor allem der Kulturförderung galt, erstaunt angesichts seiner starken Position im literarischen Feld nicht.

2.7.2. Finanzielle Unterstützung mittelloser Künstler – „Mäzenatentum" versus Kollegialität

Turgenevs Vorstellung vom Schriftstellerberuf lag in erster Linie die Forderung zugrunde, dass ein Künstler sein Talent durch ständige Arbeit und Strebsamkeit nähren und mehren müsse. Hinter diesem Gedanken verbarg sich freilich nicht das Postulat eines entsagungsvollen Lebens, dem sich der ‚Au(c)tor' hinzugeben habe: Zwar befürchtete Turgenev, ein primär kommerz- und geldorientierter Schriftsteller könnte durch Eile und Nachlässigkeit seine Begabung gefährden und sein Werk ruinieren, gleichzeitig akzeptierte er aber auch die sich immer deutlicher manifestierenden Marktinteressen finanzschwacher Autoren. Einerseits kannte er aus eigener Erfahrung die zum Teil erheblichen Entbehrungen eines jungen Künstlerlebens, andererseits betrachtete er die materielle Existenzsicherung als eine der zentralen Voraussetzungen für die Autonomie eines Schriftstellers: Nur ein mit Geldmitteln hinreichend ausgestatteter Autor konnte seiner Ansicht nach das schriftstellerische ‚Handwerk' mit jener Akribie und Selbständigkeit verrichten, die der künstlerische Anspruch erforderte.[733] Und Turgenev kannte zweifelsfrei die desolaten Verhältnisse, unter denen manche Schriftsteller arbeiten mussten. So schrieb er am 8. (20.) Januar 1872 an Fet, der in dieser Hinsicht eine merkwürdige Realitätsferne an den Tag legte:

Вы пишете, что «не шутя не знаете ни одного бедного литератора». Это происходит оттого, что Вы их вообще мало знаете. Укажу Вам на один пример. Недавно А. Н. Афанасьев умер буквально от голода – а его литературные заслуги будут помниться

[732] Vgl. SCHAPIRO 1982, 254.

[733] Vgl. hierzu das Kapitel „Exkurs: Turgenev über Kunst und Geld", S. 92.

> тогда, когда наши с Вашими, любезный друг, давно уже пожрутся мраком забвения. (PSP, IX, 210)

Es überrascht daher nicht, dass Turgenev eine Vielzahl junger Künstler auf verschiedene Weise mit Rat und Tat unterstützte und ihnen – sofern es ihm seine eigenen Mittel erlaubten – auch finanziell beistand (er betrachtete übrigens jeden Schriftsteller, der nach ihm geboren wurde, als „jung“).[734] Während er angehende Autoren, deren Werke ihn überzeugten, zu ermutigen und fördern pflegte, zögerte er nicht, weniger begabten Schriftstellern seine Kritik offen darzulegen und allenfalls Verbesserungsvorschläge für die ihm unterbreiteten Texte zu machen.[735] Solche Hilfeleistungen gegenüber jüngeren Autoren gehörten zu den Topoi eines arrivierten Autors, der dadurch auch seine Position in der Schriftstellerhierarchie förderte und sein symbolisches Kapital erhöhte. Turgenevs diesbezügliche Bemühungen trugen ihm denn auch zweifellos einen Prestigegewinn im literarischen Feld ein.

Dass sich Turgenev nun gerade während seines Exils in Spasskoe 1852/53, also kurz nach Antritt des zu jenem Zeitpunkt noch weitgehend intakten Nachlasses seiner Mutter, als auffallend grosszügiger Kreditor und Spender zu engagieren begann, ist einerseits auf seine zu jenem Zeitpunkt bereits weitgehend etablierte Position als erfolgreicher Schriftsteller, andererseits aber auch auf seine neuen finanziellen Verfügungsmöglichkeiten zurückführen, die er sinnvoll einzusetzen suchte. Gerade um die Jahreswende 1852/53 bot er von sich aus wiederholt Geldhilfe an, und dies nicht nur Schriftstellerkollegen. Seinem Freund Ivan Minickij schrieb er am 19. (31.) Dezember 1852:

> Что Вы будете делать зимою в гнусной Одессе, в которой и летом-то порядочные люди не живут? Пожалуйста, бросьте Вы эти затеи – и приезжайте к нам – а если Вам на это денег нужно – то неужели же Вы будете со мной церемониться? Это было бы из рук вон. […] Напишите нам скорее, сколько Вам нужно, чтобы расплатиться с долгами и сюда приехать […]. (PSP, II, 95)

Und Dmitrij Kolbasin fragte er in seinem Brief vom 28. Januar (9. Februar) 1853 unumwunden: „*Не нужно ли Вам денег?* Пожалуйста, не церемоньтесь и скажите мне это прямо.“ (PSP, II, 114; Hervorhebung im Original, A.S.).

[734] Dass Turgenev für begabte Künstler rasch und grosszügig Geldmittel bereitstellte, zeigt auch das Beispiel Paul Viardots, des Sohnes von Pauline und Louis Viardot: Als dem musikalisch überaus talentierten, nur gerade dreizehnjährigen Knaben eine internationale Karriere als brillanter Violinist prophezeit wurde, war Turgenev von Pauls Zukunft als Geigenvirtuose dermassen überzeugt, dass er ihm kurzerhand eine Stradivari schenkte (TROYAT 1985, 146).

[735] KNOWLES 1988, 123.

Besonders tatkräftig unterstützte Turgenev während der gesamten 1850er Jahre den seiner Ansicht nach ausnehmend talentierten Schrifstellerdebütanten Konstantin Leont'ev (vgl. PSP, II, 30-32 u. 44-46; PSP, III, 259), dessen Geldnot Turgenev an seine eigene Jugend erinnerte: „[...] вы это время чувствовали то неприятное стеснение безденежья, которое мне так знакомо бывало в дни юности." (PSP, II, 45) Anfang 1853 half er Leont'ev dadurch, dass er dessen Novelle *Nemcy* an Kraevskij zur Veröffentlichung in den *Otečestvennye zapiski* weitervermittelte und Leont'ev das Honorar von immerhin 50 Silberrubeln pro Druckbogen für das knapp drei Bogen lange Werk vorstreckte. Obwohl Turgenev zu jenem Zeitpunkt aufgrund einer Verzögerung des Getreideverkaufes in Spasskoe nahezu illiquide war und bei Kraevskij weiter Geld aufnehmen musste, lag ihm Leont'evs Entlohnung dermassen am Herzen, dass er Kraevskijs Entscheid in dieser Sache gar nicht erst abwartete, sondern das Geld auf eigene Verantwortung auszahlte.[736] Darüber hinaus stellte Turgenev – wiederum eigenmächtig – Leont'ev ein Honorar von 75 Silberrubeln pro Druckbogen in Aussicht („это получает Писемский"; PSP, II, 134), falls die Novelle von der Leserschaft positiv aufgenommen würde: Turgenev machte kein Hehl daraus, dass sich erfolgreiche Schriftstellerei finanziell auszahlen könne und der Weg zu den Spitzenhonoraren eines bei der Leserschaft populären Autors wie Pisemskij gar nicht so weit sei (PSP, II, 104, 115 u. 134).

Turgenevs umfassende Förderung des jungen Leont'ev beinhaltete mehrere Aspekte: Zum einen half ihm Turgenev fachlich, indem er seine Texte kritisch sichtete und seinen Werdegang begleitete. Zum anderen bediente sich Turgenev seines eigenen ökonomischen, vor allem aber symbolischen Kapitals, um Leont'ev sowohl bei der Publikation neuer Werke als auch bei Honorarverhandlungen zu unterstützen. Dabei kam Turgenev zugute, dass Kraevskij ihm gegenüber in Geldangelegenheiten äusserst grosszügig verfuhr, da er um Turgenevs Marktwert wusste und offenbar bereit war, in Talente, die von ihm protegiert wurden, zu investieren („Мы с Краевским имеем большие счеты [...]"; PSP, II, 134).

Turgenev machte Leont'ev mit den Erwartungen ebenso wie mit den Regeln des Literaturmarktes vertraut, vermittelte ihn an renommierte Zeitschriften und griff ihm finanziell unter die Arme. Er riet ihm, für Geld zu schreiben, wenn es die Umstände erforderten, warnte ihn aber vor Redakteuren (bezeichnenderweise vor Kraevskij), die sich als „Ausbeuter" entpuppt hatten (PSP, II, 67, 166f., 215 u. 258). Damit ging Turgenevs Gönnerschaft gegenüber Leont'ev weit über ein „Mäzenatentum" hinaus, über welches er ohnehin kritisch urteilte:

736 Vgl. hierzu Turgenevs Brief an Kraevskij vom 11. (23.) Januar 1853: „Хлеб мой еще не продан – и я Вас всё еще удовлетворить не могу – поверьте, это бременем лежит на моей совести, и при первой возможности Вы всё получите. [...] P. S. Леонтьев небогатый человек – и желает 50 р. сер. с листа. Я уверен, что, прочтя его произведение, Вы не найдете это дорогим." (PSP, II, 107).

Пожалуйста, не взирайте на меня с точки зрения мецената; меценатами делаются те, которые при внешних средствах не могут быть художниками; а я льщу себя надеждою, что принадлежу к числу художников, и потому отношения между нами должны быть товарищеские. Я имею перед вами только ту незавидную выгоду, что я старше вас и, след<овательно>, опытнее: я уже прошусь в отставку, а вы только что вступаете в службу.
(PSP, II, 89)

In seinem Brief vom 25. August (6. September) 1858 an Družinin, in welchem Turgenev die Gründung eines Literaturfonds der Schriftsteller zur Unterstützung bedürftiger Kollegen befürwortete, kritisierte er noch heftiger die Bevormundung von Autoren durch „kapriziöse Mäzene", die, so Turgenev, „zudem meist geizig wie die Juden"[737] seien:

Я рад содействовать успеху такого доброго дела, каково основание *Фонда* у нас, – и мне еще приятнее было бы, если б Фонд этот основался дружным и бескорыстным участием литераторов, а не по милости какого-нибудь капризного мецената. К тому же наши меценаты большей частью скупы как жиды. (PSP, III, 233; Hervorhebung im Original, A.S.)

Nach Turgenevs Ansicht konnte es keine fruchtbare Personalunion von „Mäzen" und „Künstler" geben, zudem störte ihn das Abhängigkeitsverhältnis, das zwischen dem geldstiftenden Mäzen und dem begünstigten Schriftsteller entstehe: Die Autonomie eines derart bevormundeten Autors würde automatisch beschnitten, was sich letztlich auf die Qualität seiner gesamten literarischen Produktion auswirkte.[738] Turgenev betrachtete sich explizit als „Künstler", der

[737] Zu Turgenevs Verhältnis gegenüber den Juden: Zviguilsky A. 1978; Ingold 1981a, 46-49 u. 211-214 (Anmerkungen); Brang 1995, 20-22; Seljak 2001. Im Zusammenhang mit Geldangelegenheiten sind in Turgenevs Korrespondenz vereinzelt emotional aufgeladene antijüdische Äusserungen zu finden, die landläufige Klischees von den Juden als ‚Wucherer' und ‚Schacherer' wiedergeben und nicht einfach nur als Konzession an den Zeitgeist zu verstehen sind. Zum einen differenzierte Turgenev, der viele Juden zu seinen Freunden und Bekannten zählte und sich – wenn auch nicht öffentlich – angesichts der zu Beginn der Herrschaft Aleksandrs III. einsetzenden Pogrome schockiert zeigte, in seinem Werk das Bild des Juden aus eingefahrenen Stereotypen heraus und unterlief dadurch bewusst zeitgenössische Bewertungstrends. Zum anderen bediente er sich jedoch in einigen persönlichen Aussagen durchaus judenfeindlicher Gemeinplätze, wenn er sich etwa bei Geldanleihen und Umpfändungsaktionen einem hohen Zinssatz oder, wie er es formulierte, „jüdischen Zinsen" („жидовские проценты"; PSP, XI, 35, 40 u. 46) ausgesetzt sah.

[738] Zur Entmythologisierung des „Mäzens" vgl. Reinhard 1988, 16f. sowie Kruft 1988, 19. Der dem Mäzenatentum ideologisch wie terminologisch als Vorbild dienende, im Jahre 8 v. Chr. gestorbene Ritter Gaius Cilnius Maecenas wird in der gängigen Überlieferung als Archetyp des uneigennützig-freigebigen Förderers der Künste dargestellt. Wenn

über finanzielle Mittel verfügte und diese zugunsten des eigenen, literarischen Feldes bereitstellte – und nicht als Vermögender, der sich zur Kunst hingezogen fühlte und einen Positionsbezug im literarischen Feld anstrebte. Aus diesem Grunde setzte er alles daran, um Künstler wie Leont'ev zu unterstützen und von ihnen als Schriftstellerkollege sowie Angehöriger desselben Feldes wahrgenommen zu werden.

So intervenierte er immer wieder beim *Sovremennik*, den *Otečestvennye zapiski*, der *Biblioteka dlja čtenija* oder beim *Vestnik Evropy*, um notleidenden Autoren Arbeit sowie angehenden Schriftstellern eine Publikationsplattform und ein zumindest bescheidenes Honorar zu verschaffen. Mit dieser Form der ‚Patronage' nahm Turgenev bereits zu Beginn der 1850er Jahre einige jener Funktionen wahr, die dann ab 1859 mit dem *Literaturnyj fond* ihren institutionellen Rahmen fanden.

Trotzdem lief Turgenev angesichts seiner grosszügigen, bisweilen nachgerade naiven Förderungsbereitschaft Gefahr, sich genau jenen Ruf einzuhandeln, dessen er sich zu erwehren suchte: den eines (bespöttelten) „Mäzens". Il'ja E. Repin etwa schrieb am 25. Mai (6. Juni) 1874 an den Kunsthistoriker und -kritiker Vladimir V. Stasov:

> Тургенев себя считает, вероятно, тоже знатоком, и даже меценатом. Он купил себе на выставке пейзаж (что-то рутинное, грязное, построенное на ошибках Руисдаля). „Еще очень молодого художника", – объявил он мне; пришел сам автор: седой 60-летний старик – это у них молодой![739]

Häufig verband Turgenev künstlerische Ratschläge (und bisweilen auch redaktionelle Eingriffe) mit ökonomischer Hilfestellung, so auch gegenüber Fet, Jakov Polonskij[740] oder Fedor Tjutčev. 1854 sammelte und edierte er das lyrische Werk Tjutčevs, der mit seinen Gedichten sehr nachlässig umging, und er bot Fet an, dessen Horaz-Übersetzungen auf eigene Kosten drucken zu lassen. Tatsächlich scheint Turgenev die Auslagen für den 1856 erschienenen Band zunächst übernommen und daraufhin von Fet rückerstattet erhalten haben.[741]

Fedor Dostoevskijs Vorstösse als literarisch-journalistischer Unternehmer unterstützte Turgenev auf verschiedene Weise. Nach Dostoevskijs Entlassung

man allerdings dem Mäzen die Begeisterung für Kunst und Wissenschaft vor jeglichem Kosten-Nutzen-Kalkül unterstellt, dann war vermutlich sogar Maecenas kein „Mäzen", da mit seiner Unterstützung der schönen Literatur nicht nur privater ästhetischer Lustgewinn, sondern auch politische Interessen einhergingen (REINHARD 1988, 1f.).

739 Zitiert nach ALEKSEEV 1958, 223.

740 Vgl. ZVIGUILSKY A. 1998, 93, 96 u. 103-106.

741 BLAGOJ 1923; SCHAPIRO 1982, 97; KLUGE 1992, 77. Vgl. FET 1890, I, 129: „Книжка моих стихотворений, изданная Тургеневым, вышла на другой или на третий день по приезде моем в Петербург, и я тотчас же с благодарностью уплатил ему мой долг [....]."

und Rückkehr aus Sibirien 1859 half ihm Turgenev, Verleger zu finden und sich wieder ins literarische Leben einzugliedern.[742] Des weiteren überliess ihm Turgenev, der angesichts seiner Popularität bei den Lesern als Garant für hohe Auflagen galt, eigene Beiträge – seine Novelle *Prizraki* wurde 1864 in den ersten beiden Nummern von Dostoevskijs Zeitschrift *Ėpocha* veröffentlicht – und empfahl im Dezember 1861 dem Übersetzer Friedrich Bodenstedt eine Zusammenarbeit mit Dostoevskijs Zeitschrift *Vremja*.[743] Turgenev suchte jedoch noch nach weiteren Synergien: In der Hoffnung auf eine ertragreiche Kooperation brachte er Dostoevskijs Zeitschriften mit talentierten Autoren oder zuverlässigen Korrektoren zusammen (PSP, V, 108f.), um sowohl zur Qualität und Auflagensteigerung des Periodikums beizutragen als auch eine adäquate Entlohnung der empfohlenen Personen zu erreichen. So setzte er sich etwa im Frühjahr 1862 für eine Vermittlung der russisch-ukrainischen Schriftstellerin Marija A. Markovič (Marko Vovčok) an *Vremja* ein.[744]

Überhaupt förderte Turgenev Markovič auf verschiedene Weise. Mitte 1862 schickte er ihre Erzählungen *Pustjaki* und *Skripka* an Katkov mit der Bitte, der Schriftstellerin umgehend einen Vorschuss von 300 Silberrubeln zu überweisen und diesen Betrag als Akontozahlung für sein eigenes künftiges Werk zu betrachten, falls Markovič das vorgesehene Honorar von 150 Rubeln pro Druckbogen für unzureichend halten und die Erzählungen zurückziehen sollte (PSP, V, 9).[745] Turgenev zahlte Markovič aus und war bereit, bei einem allfälligen Scheitern des Geschäftsabschlusses mit dem *Russkij vestnik* die Konsequenzen als Debitor zu tragen. Tatsächlich lehnte Markovič Katkovs Angebot ab und liess ihre beiden Werke 1863 in den *Sankt-Peterburgskie vedomosti* (*Pustjaki*) sowie in der Zeitung *Očerki* (*Skripka*) veröffentlichen (PSP, V, 501f.).

Auch später gehörten die finanziellen Aspekte der schriftstellerischen Tätigkeit Markovičs zu den vordringlichsten Sorgen Turgenevs: Er, der selber wenig Interesse an seiner Honorarentwicklung zeigte und immer wieder Konzessionen gegenüber den Zeitschriftenredakteuren machte, war darauf bedacht, die in die-

742 KLUGE 1992, 107.

743 Eigentlich hatte Turgenev seine bereits 1855 begonnene Novelle *Prizraki* für Katkovs *Russkij vestnik* vorgesehen. Nach seinem Zerwürfnis mit Katkov Ende 1856 versprach er *Prizraki* zunächst Panaev, dann aber Dostoevskij für dessen Zeitschrift *Vremja*. Als Turgenev die Novelle im Sommer 1863 beendete, war Dostoevskijs Publikationsorgan bereits von der Zensur verboten worden, so dass das Werk in der *Ėpocha* publiziert werden musste (PSP, IV, 591; vgl. hierzu auch PIKSANOV 1923 sowie FRANK 1995, 211f.). Dostoevskij beglich das Honorar für *Prizraki* – Turgenev hatte zuerst 1'000 Rubel gefordert und sich später mit 800 Rubel zufriedengegeben (vgl. PSP, V, 157 u. 332 sowie DOSTOEVSKIJ, PSS, XXVIII_2, 389) – nicht umgehend, sondern blieb Turgenev noch eine Zeitlang 300 Rubel schuldig (PSP, V, 237, 340, u. 667).

744 GUT'JAR 1907, 332f.

745 Zum Vergleich: Turgenevs übliches Honorar betrug damals 400 Silberrubel pro Druckbogen.

ser Hinsicht wenig besonnene Schriftstellerin vor Missbräuchen durch Verleger zu schützen. Am 28. Oktober (9. November) 1862 schrieb er an seinen Freund Nikolaj Ketčer, einen Moskauer Arzt und Shakespeare-Übersetzer:

> М. А. Маркович довольно безалаберная особа – но нельзя же допустить, чтобы ее засадили в Клиши (ein Schuldgefängnis im gleichnamigen Pariser Vorort, A.S.); пожалуйста, похлопочи – не может ли Солдатенков (ein Moskauer Verleger, A.S.) ей что-нибудь выслать в счет будущих благ. (PSP, V, 69)[746]

Und nachdem Markovičs Gatte durch seine Geldverschwendung die ganze Familie in finanzielle Not gebracht hatte, beabsichtigte Turgenev, wie er am 15. (27.) September 1860 Herzen mitteilte, einzugreifen und für die Zukunft der Familie zu sorgen:

> Муж ее незлой и честный даже человек – но хуже всякого злодея своим мелким, раздражительным, самолюбивым и невыносимо тяжелым эгоизмом. Прожиганием денег (при совершенном отсутствии не только комфорта – но даже платья) – он напоминает мне Бакунина (ничем другим, разумеется, ибо при этом он ограничен до нищеты). Я решился, чтобы зло пресечь, поместить М<арью> А<лександровну> в пансион, где она за 175 фр в месяц (rund 50 Rubel, A.S.) имеет всё готовое, отправить супруга в Петербург, где его ждет место, приготовленное Ковалевским, привести в известность все долги – и тем самым приостановить их – а отчаянного и скверно воспитанного – но умного мальчишку, сына М<арьи> А<лександровны>, отдать здесь в institution – для вышколения. (PSP, IV, 129f.)

Die Beziehung zwischen Turgenev und Markovič verschlechterte sich jedoch nach 1863. Da Turgenev sein Budget ohnehin bereits überspannt hatte und vorläufig von weiteren Geldspenden an die Schriftstellerin absehen musste, entfremdeten sich die beiden zusehends. Bereits ein Jahr später beantwortete Markovič seine Briefe nicht mehr, und Turgenev sprach kaum mehr von ihr.[747]

Obwohl Turgenev immer wieder an die Grenzen seiner finanziellen Möglichkeiten stiess, hielt er an seiner philanthropischen Tätigkeit fest und schaltete sich auch ein, wenn die in Russland ohnehin spärlich vorhandenen institutionellen Hilfeleistungen nicht griffen. Als sich Nikolaj Uspenskij im Frühjahr 1871 bei ihm über eine Absage des *Literaturnyj fond* beklagte, wies Turgenev trotz seiner

[746] Vgl. hierzu auch PSP, V, 90f.

[747] PSP, V, 118; WADDINGTON 1977, 336. Dass Turgenev bereits drei Jahre zuvor angesichts der hohen Ausgaben Markovičs hellhörig geworden war, geht aus einem Brief hervor, den er im Dezember 1860 an Annenkov schrieb: „В 1½ года она ухлопала 30 000 франков (fast 8'100 Silberrubel, A.S.) совершенно неизвестно куда!“ (PSP, IV, 177).

akuten Geldprobleme Annenkov an, 50 Rubel an Uspenskij zu schicken.[748] Und noch Ende 1882 brachte Turgenev Uspenskij und dessen Tochter eine Zeitlang kostenlos in Spasskoe unter (PSP, XIII_2, 62).

Nach wie vor galt jedoch Turgenevs Hauptsorge jener Schar mittelloser Autoren, die häufig nicht einmal genug Geld für das Allernötigste hatten. Am 20. April (2. Mai) 1882 schickte er einen Aufsatz des jungen, nach Paris emigrierten Revolutionärs Izrail' L. Špoljanskij an Stasjulevič mit der Bitte, den Text im *Vestnik Evropy* zu publizieren:[749]

> Вместе с этим письмом посылаю Вам статью одного моего молодого приятеля Шполянского о Гизо [...]. Кажется, вещь дельная и годится в «Вестник Европы». Если можете дать за нее руб. 75 за лист (всего 2 л.), дайте; если нет – то все-таки поместите – уж я заплачу. (PSP, XIII_1, 238)

Drei Wochen später wandte sich Turgenev erneut an Stasjulevič: Obwohl Špoljanskijs Essay von diesem nicht veröffentlicht worden war, hatte Turgenev dem Autor ein ‚Honorar' in der Höhe von 50 Rubeln pro Druckbogen gegeben und behauptet, Stasjulevič habe den Aufsatz angenommen. Mit dieser Notlüge wollte er verhindern, dass Špoljanskij das Geld ablehnte („Умирая с голоду, он один никому не протягивает руки"; PSP, XIII_1, 253). Turgenev bat Stasjulevič, ihn auf keinen Fall zu verraten und einen weiteren Artikel Špoljanskijs – sofern er ihn nicht zurückweise – auf Turgenevs Kosten etwas höher zu entlohnen: „С ним я уже устроюсь – но, пожалуйста, не выдавайте меня; он так деликатен, что захочет мне эти деньги возвратить, а откуда он возьмет?" (PSP, XIII_1, 253).

Ähnlich verfuhr Turgenev im Fall eines mittellosen und todkranken russischen Emigranten, der Paul Heyses Novelle *Geteiltes Herz* übersetzt hatte: Turgenev, der damals selber schon schwerkrank war, bat am 14. (26.) Dezember 1882 den Redakteur der Zeitschrift *Russkaja mysl'*, Sergej Jur'ev, um eine schriftliche Zusage für die Publikation der Übersetzung und das entsprechende Honorar – selbst wenn die Novelle dann nicht erscheinen sollte:

> Вы на днях получите рукописный, впрочем, очень хорошо сделанный перевод одной повести Heyse «Getheilte Herz». Вам вовсе не нужно помещать ее в «Русской мысли», если она вам не приглянется; но напишите мне, что вы ее прочли и со временем поместите и даже готовы деньги выслать вперед... Всё это придумано мною для одного здесь живущего русского, который лежит в больнице не только как неизлечимый, но как умирающий, он и шесть недель не проживет. Денег у него, разумеется, ни гроша, а он горд (вообще он очень хороший человек) и ника-

[748] KLEMAN 1934, 201.
[749] Zu Špoljanskij vgl. auch LN 1964, II, 92.

кого вспомоществования не принимает. Вот я и придумал эту pia fraus; деньги я ему выдам, как будто полученные за перевод, но вы, пожалуйста, с своей стороны, не выдайте меня и согласитесь разыграть роль в моей маленькой и печальной комедии. Напишите, что вы даете 200 франков. (PSP, XIII_2, 131)

Dass sich hinter diesen gutgemeinten ‚Winkelzügen' ein offenbar über Jahre hinweg praktiziertes philanthropisches Verfahren verbarg, dessen Enthüllung Turgenev peinlich gewesen wäre, gestand er am 17. (29.) Mai 1873 Jules Hetzel:

Maintenant je vous fais une prière. *Ne me démentez pas*, quand Durand (le traducteur) vous parlera des 400 f-s que vous aurez été censé avoir payé pour son travail. C'est une manière pour moi de venir en aide à ce pauvre, meurt-de-faim, auquel sa femme vient de donner un enfant ! Je lui dis que vous m'avez remis cette somme. (PSP, X, 106)

Turgenev wusste um den Ehrgeiz und Stolz junger Autoren und Übersetzer – er hatte früher ja selber hin und wieder Honorare zurückgewiesen, wenn er mit einem Werk nicht zufrieden gewesen war. Darauf, dass sich hinter einer solchen Haltung nicht unangemessene Eitelkeit, sondern ein ernstzunehmendes berufsständisches Selbstbewusstsein verbarg, hatte bereits Ende 1857 ein anonymer Rezensent von Družinins kurz zuvor in der *Biblioteka dlja čtenija* erschienenem Artikel *Neskol'ko predpoloženij po ustrojstvu russkogo literaturnogo fonda dlja posobija nuždajuščimsja licam učenogo i literaturnogo kruga* festgestellt. Demnach scheint es vielen bedürftigen Schriftstellern schwergefallen zu sein, sich aufgrund des Fehlens eines regulären Honorars in die ökonomische Abhängigkeit von Privatpersonen zu begeben und von ‚Almosen' zu leben.[750] Turgenev nahm daher Rücksicht auf derartige Vorbehalte notleidender Künstler und täuschte Geschäftsabschlüsse vor, während er zugleich jenes Geld auslegte, das ‚offiziell' von den Publikationsorganen kam.[751]

Weder Kosten noch Mühen scheute Turgenev, wenn es darum ging, zwischen der russischen und den westeuropäischen Literaturen zu vermitteln: Er war der erste Autor, der im Westen als Repräsentant des russischen Schriftgutes rezipiert wurde. Durch sein aktives Mitwirken an literarischen Diskussionen und seine Anstrengungen um die Publikation russischer Werke in Westeuropa und umgekehrt förderte Turgenev einzelne Schriftsteller und sicherte der russischen Lite-

[750] „Что̀ же касается до вспоможений частных лиц, то они, как бы ни были дружелюбно предложены, всегда имеют вид благодеяния, милостыни, которую чрезвычайно-тяжело принимать человеку несколько развитому и которая, если неотразимыя обстоятельства и вынудят его к принятию, навсегда ложится на его душу подавляющим гнетом.“ (N. N. 1857, 2).

[751] Vgl. hierzu auch YARMOLINSKY 1959, 293.

ratur einen ebenbürtigen Platz in der Kultur- und Literaturgemeinschaft Europas. Turgenev verfasste Vorworte, redigierte und übersetzte fremde Texte, streckte hin und wieder Honorare vor bzw. ergänzte diese aus seiner eigenen Tasche, arbeitete für die Franzosen ebenso wie für die Deutschen oder Russen. Er tat dies, frei von jeder Missgunst, zum einen wegen seiner Hingabe an die Literatur, zum anderen aus reiner Grosszügigkeit.[752]

So bemühte er sich beispielsweise in Paris um die französische Fassung von Tolstojs *Vojna i mir*, die er schliesslich im Dezember 1879 Tolstoj zuschickte, sowie – wenn auch erfolglos – um die Förderung der Dramen Aleksandr Ostrovskijs in Frankreich. Er protegierte Berthold Auerbach, dessen Romane in russischer Übersetzung mit einem Geleitwort Turgenevs erschienen, und kümmerte sich um die Übersetzungen der Werke Theodor Storms ins Deutsche und Französische. Turgenevs besonderes Augenmerk galt aber der Förderung französischer Schriftsteller, denen er seit 1874 grosszügige finanzielle und organisatorische Hilfe bei ihren Versuchen zukommen liess, auf dem russischen Buchmarkt Fuss zu fassen. Gerade in seinen letzten zehn Lebensjahren fungierte Turgenev als eine Art ‚Amateuragent', der mit der – seinen Finanzhaushalt immer wieder belastenden – Einführung Emile Zolas, Edmond de Goncourts, Alphonse Daudets, Hippolyte Taines, Guy de Maupassants sowie Gustave Flauberts in Russland beträchtlichen Erfolg hatte. Von Flauberts *Trois contes* übersetzte er *La légende de Saint Julien l'Hospitalier* und *Hérodias* sogar persönlich ins Russische, wobei er bei Stasjulevič für deren Publikation zusätzliche Geldmittel erbat und dabei versicherte, dass der gesamte Betrag an Flaubert gehe.[753]

Gerade gegenüber dem in Gelddingen äusserst unerfahrenen Flaubert reichte Turgenevs Beistand weit über das literarische Feld hinaus: Als Flaubert sich

[752] YARMOLINSKY 1959, 329; IVANOV-NATOV 1983, 241; THIERGEN 1983, 285; KLUGE 1992, 19; THIEME 2000, 9. Ausführlich hierzu: CADOT 1983. Cadot bemüht sich in seinem Beitrag auch um eine angemessene Würdigung Louis Viardots, der durch seine Übersetzertätigkeit ebenfalls massgeblich zur Verbreitung russischer Werke in Frankreich beitrug. Als Vermittler zwischen der russischen und den westeuropäischen Literaturen war Turgenev normbildenden Einflüssen des deutschen bzw. französischen Literaturbetriebs ausgesetzt, was nicht zuletzt seine eigenen Vorstellungen vom literarischen Feld und der Rolle eines Schriftstellers beeinflusst bzw. bestätigt haben dürfte: Wie die Vertreter des *L'art pour l'art* und mit ihnen Turgenevs engster Schriftstellerkollege in Frankreich, Gustave Flaubert, zog sich auch Turgenev schon früh ganz in das literarische Feld zurück und betrachtete die literarische Rolle als vollwertige soziale Rolle, die über ein eigenes Sozialprestige verfügt und keiner Flankierung etwa durch Staats- oder Militärdienst bedarf. Schriftsteller wie Turgenev, die in der Literatur einen Selbstwert sahen, verfügten denn auch über entsprechend selbstbewusste, nachgerade institutionalisierte Verhaltensweisen, die sich insbesondere bei grossen literarischen Anlässen wie den Puškin-Feierlichkeiten 1880 in Moskau offenbarten.

[753] YARMOLINSKY 1959, 329f.; VON RIMSCHA 1970, 543, Anm. 67; MOSER 1972, 36; SCHAPIRO 1982, 238f., 292 u. 324; PRITCHETT 1986, 211; ZVIGUILSKY A. 1989, 331-335; KLUGE 1992, 81 u. 105.

durch den Bankrott eines Familienangehörigen vor dem finanziellen Ruin sah,[754] versuchte Turgenev 1879, seinen Freund aus der materiellen Not zu retten, indem er sich bei verschiedenen Zeitschriften für ihn einsetzte, vor allem aber den französischen Politiker Léon Gambetta dazu bewegen wollte, Flaubert bei der Pariser Bibliothèque Mazarine eine Stelle als Bibliothekar einzuräumen. Turgenev, der Gambetta als entschiedenen Gegner der Monarchie sehr schätzte, gelang es, Flaubert zur Annahme des Postens zu überreden (wobei er ihm allerdings falsche Angaben zur Höhe des Gehalts machte und ein zu optimistisches Bild von Gambettas Absichten entwarf). Doch Gambetta ignorierte sowohl Turgenevs Intervention als auch Flauberts Reputation, so dass die Stelle letztlich an eine andere Person vergeben wurde. Für Flaubert und Turgenev endete diese Episode als entwürdigende Farce, und erst mit Hilfe von Guy de Maupassant, der in seinem Zweitberuf als Beamter arbeitete, wurde Flaubert eine jährliche Rente in der Höhe von 3'000 Francs zuteil.[755]

Nach Flauberts Tod 1880 initiierte Turgenev in Russland eine Spendenaktion, die der Errichtung eines Flaubert-Denkmals in Rouen zugute kommen sollte. Allerdings stiess Turgenev mit seinen Bemühungen auf heftige Kritik: In russischen Zeitungsartikeln und anonymen Briefen wurde er zum Teil heftig angegriffen und sogar verdächtigt, die gesammelten Gelder in die eigene Tasche abzuzweigen. Auch wurde ihm zu verstehen gegeben, dass eine Geldspende für das Andenken eines ausländischen Schriftstellers ausgerechnet in einem Land, wo Autoren wie Gogol', Griboedov und Lermontov erst lange Zeit nach ihrem Tod mit Denkmälern gewürdigt worden waren, jeder Grundlage entbehrte.[756] Den Kritikern scheint dabei entgangen zu sein, dass sich Turgenev in den Jahren zuvor wiederholt für die Errichtung von Monumenten zu Ehren russischer Schriftsteller eingesetzt und in diesem Zusammenhang zum Teil erhebliche Summen gestiftet hatte.[757]

754 In der sechsundvierzigsten Nummer des *Figaro* vom 15. Februar 1879 erschien in diesem Zusammenhang ein Artikel unter dem Pseudonym „Aristophane", in dem es unter anderem hiess: „On sait que M. Gustave Flaubert, l'auteur de Madame Bovary, a perdu presque toute sa fortune dans une entreprise commerciale où il s'était engagé par pure bonté pour un de ses parents." (zitiert nach ZVIGUILSKY A. 1989, 261).

755 KOVALEVSKIJ 1969, 150f.; SCHAPIRO 1982, 289; ENGLER 1984, 392; PRITCHETT 1986, 211; ZVIGUILSKY A. 1989, 67 u. 273.

756 KLEMAN 1934, 302-304; ALEKSEEV 1958, 200f.

757 So spendete Turgenev im Frühjahr 1871 100 Rubel für ein Puškin-Monument und im Herbst desselben Jahres 50 Silberrubel für ein Lermontov-Denkmal (PSP, IX, 140; KLEMAN 1934, 201). Auch beteiligte er sich aktiv an der Spendenaktion zugunsten eines vom Bildhauer Mark Antokol'skij angefertigten, zwei Meter hohen Grabmals für den Ende 1878 in Rambouillet bei Paris verstorbenen russischen Geographen und Ethnographen Nikolaj Chanykov: Anfang 1879 hatte man von den benötigten 1'700 Francs (rund 680 Rubel) bereits mehr als 1'250 gesammelt, und Turgenev versuchte, weitere Spender in Russland zu finden (PSP, XII_2, 7 u. 402; ZVIGUILSKY A. 1989, 238-240). Auch nach Dostoevskijs Tod 1881 spendete Turgenev 25 Rubel für die Errichtung eines Monuments

Desungeachtet führten die immer wieder auftretenden finanziellen Engpässe Turgenevs dazu, dass er – wenn auch schweren Herzens – Bittgesuche von Schriftstellern um finanzielle Unterstützung ablehnen musste.[758] Als sich der Dichter Jakov Polonskij 1855 an Turgenev wandte, um für die bereits realisierte, jedoch noch nicht bezahlte Drucklegung seiner Gedichtausgabe Geldmittel aufzubringen, antwortete ihm Turgenev:

> Крайне мне обидно также, что я Вам помочь не могу – но я сам в таких тонких обстоятельствах, что чудо! Я в противном случае попросил бы у Вас позволения помочь Вам […] – но теперь – делать нечего! (PSP, II, 284)[759]

Wenn also mit mäzenatischem Engagement ein Distinktionsbedürfnis des Förderers sowie dessen Streben nach Prestige und gesellschaftlicher Anerkennung verbunden werden,[760] so stellte Turgenevs Patronatsverhältnis zu bedürftigen Künstlern tatsächlich kein „Mäzenatentum" dar. Eher folgte es einer ‚Poesie der Gabe': Turgenev hielt sich als Stifter im Hintergrund, vermied jede Selbstdarstellung und praktizierte seine eigene, auf dem Gedanken künstlerischer Kollegialität gründende Form der Philanthropie. Er gefiel sich in der Pose des anonymen aristokratischen Gönners, der allenfalls auf Umwegen symbolisches Kapital aus seiner Unterstützungstätigkeit schlug.[761]

(SCHAPIRO 1982, 305). Dass Turgenev gerade während der Kontroverse um die Sammelaktion zugunsten des Flaubert-Denkmals im Mai 1881 ein ähnliches Projekt zum Andenken an Gogol' mitinitiieren wollte (PSP, XIII_1, 85; KLEMAN 1934, 304), könnte als unmittelbare Reaktion auf die Kritik aus Russland verstanden werden.

758 Vgl. etwa Turgenevs Brief vom 12. (24.) Mai 1853 an Ivan Minickij: „Денег едва достает на прожиток – долгов множество – словом, я, к крайнему моему сожалению, поставлен в совершенную невозможность помогать теперь другим. Я даже обещанных пенсий выплатить не могу – мне это очень тяжело – но делать нечего." (PSP, II, 151).

759 Ausführlich zum Verhältnis zwischen Turgenev und Polonskij: ZVIGUILSKY A. 1998.

760 Vgl. REINHARD 1988.

761 Vgl. Anmerkung 729. Geht man davon aus, dass die mit der ‚Gabe' verbundene finanzielle Einbusse durch Sozialprestige wieder aufgewogen wird, der ‚Profit' also gleichsam auf Umwegen zum Gönner zurückkehrt, kann Turgenevs Stiftertätigkeit durchaus einem reziproken System zugeordnet werden, das den ökonomischen Verlust durch symbolischen Zugewinn kompensiert. Demnach ist sogar den uneigennützigsten, interesselosesten Investitionen ein Profit verheissen (vgl. WOODMANSEE / OSTEEN 1999, 30 u. BOURDIEU 2001, 238f.).

2.7.3. Unterstützung von Reformbewegungen

Da sich Turgenevs Enttäuschungen über die Wirkungslosigkeit der Reformen Aleksandrs II. mit der Zeit verstärkten, zeigte er ein wachsendes Interesse an neuen politischen Bewegungen und Alternativen in Russland. In den 1870er Jahren setzte er sich eingehend mit der Mitte 1874 kulminierenden populistischen Sozialbewegung des *narodničestvo*, des „Gangs ins Volk",[762] auseinander und behandelte Ideologie wie auch Psychologie der *narodniki* in seinem Roman *Nov'* (1877). Mit Pëtr L. Lavrov, einem der Wortführer der Bewegung, die postulierte, dass die Befreiung von der Autokratie durch die Bauern vollbracht werden müsse, war Turgenev seit 1872 bekannt. Die angeregte Korrespondenz zwischen den beiden offenbart, dass Turgenev den „Lavrismus", der eine Spielart des *narodničestvo* darstellte und zum Ziel hatte, die soziale Revolution durch geduldige Bildungsarbeit unter dem Volk zu erreichen, fördern zu dürfen glaubte. Turgenev unterstützte Lavrovs Bildungs- und Aufklärungsaktionen mit Nachrichten aus St. Petersburg, aber auch mit Geldmitteln: So war er regelmässiger Leser von Lavrovs Zeitschrift *Vperëd!*, die er von 1874[763] bis 1876 heimlich mit einem jährlichen Beitrag von 500 Francs (rund 150 Rubeln) subventionierte, nachdem er Lavrov zunächst sogar eine jährliche Unterstützung von 1'000 Francs versprochen hatte. Im Herbst 1879 überwies Turgenev Lavrov Geld zur Unterstützung russischer Emigranten, und noch einige Monate vor seinem Tode schickte er ihm 200 Francs (80 Rubel) ohne Angabe des Verwendungszweckes.[764] Diese Zuwendungen blieben der Öffentlichkeit nicht verborgen: Lediglich vier Tage nach Turgenevs Tod liess Lavrov in der Pariser Zeitung *Justice* einen Brief über Turgenevs Geldhilfe zugunsten von *Vperëd!* veröffentlichen. Nachdem Katkov Lavrovs Schreiben auf Russisch abgedruckt hatte und sich Stasjulevič zu einer Gegendarstellung gezwungen sah, in welcher er Turgenevs angebliche Subsidien an Lavrov dementierte, war Turgenevs postumer Ruf bei den russischen Behörden dermassen angeschlagen, dass es sogar zu einer Verzögerung bei der Überführung der sterblichen Überreste Turgenevs nach Russland kam.[765]

Doch trotz des engen Verhältnisses, das Turgenev zu den Revolutionären der 1860er und 1870er Jahre hatte und ungeachtet des moralischen sowie finanziellen Beistands, den er ihnen zeitweise angedeihen liess, blieb er seinen libe-

[762] Vgl. hierzu STÖKL 1983, 574-578 u. HAUMANN 1996, 381f.

[763] Turgenev teilte bereits im Juli 1873 Lavrov mit, dass er gerne „ernsthafter, zahlender Abonnent" der künftigen Zeitschrift werden möchte (PSP, X, 123).

[764] PSP, X, 197; PSP, XII_2, 140 u. 484; PSP, XIII_2, 162. GRANJARD 1954, 401; YARMOLINSKY 1959, 307f.; BERLIN 1972, 41 u. 48; BRANG 1977, 38; TROYAT 1985, 170. Vgl. des weiteren BRANG 1956, 410, wo darauf hingewiesen wird, dass Turgenev den Revolutionären auch Gutachten und Ratschläge hinsichtlich der Wirkungskraft illegaler Schriften gab.

[765] KLEMAN 1934, 326; SCHAPIRO 1982, 330.

ralen Ansichten treu. Nach wie vor war er davon überzeugt, dass ein Wandel der Verhältnisse in Russland nur über die Zwischenstufe einer liberalen Zivilisierung und allmählichen Demokratisierung – unter massgeblicher Mitwirkung des Adels – verwirklicht werden könne. Deshalb verurteilte er alle gewaltsamen Versuche, Russland auf einen neuen politischen Weg zu bringen.[766]

Insofern sind Turgenevs Beziehungen zu den russischen Revolutionären unter zwei Aspekten zu betrachten: Zum einen begrüsste er jedes bedeutende sozialpolitische Ereignis, das in Zusammenhang mit den Aktivitäten der Revolutionäre stand, und er gewährte russischen Emigranten tatkräftige Unterstützung, indem er ihnen finanziell half und sie weiterempfahl. Zum anderen konnte er sich aber nie von jenem Skeptizismus befreien, der sich aus seiner liberalen Position ergab, da er nach wie vor keine grossen gesellschaftlichen Kräfte ausmachte, welche die soziale Ordnung in Russland hätten nachhaltig verändern können.[767]

Nichtsdestoweniger blieb Turgenev auch in diesem Bereich für Gesuche um finanzielle Unterstützung aufgeschlossen und spendete vor allem dann bereitwillig, wenn die Bittsteller politisch liberal ausgerichtet waren und beispielsweise Fonds für Studenten, die repressiven Massnahmen der russischen Regierung zum Opfer gefallen waren, einrichteten.[768]

2.7.4. Bildungsförderung und Studienzuschüsse

Turgenevs finanzielle Unterstützung von Ausbildungsstätten kam Schülern und Studierenden verschiedenster Herkunft und Fachrichtungen zugute. Dabei ging es ihm in erster Linie darum, möglichst vielen Bittstellern zu helfen und nicht höhere Geldbeträge einigen wenigen Begünstigten zuzugestehen. Der Akt des ‚Gebens' war ihm offenbar wichtiger als die Höhe der einzelnen Summen, die vor dem Hintergrund seiner unausgeglichenen Bilanzen ohnehin nicht allzu grosszügig ausfallen konnten. Daraus erklären sich die zahlreichen, bisweilen stattlichen, oft aber auch bescheidenen Spenden, die er ausrichtete. Nur selten aber schlug Turgenev Bittgesuche von Studenten aus.

So wies er etwa Ende 1861 Annenkov an, 100 Silberrubel zugunsten eines Stipendiums für „zwei arme Studenten" zu spenden (PSP, IV, 307), wovon ihm Annenkov jedoch aufgrund der Studentenunruhen, die den universitären Betrieb in St. Petersburg und Moskau lahmlegten, abriet.[769] Und Ende 1878 wurde Turgenev, wie er Stasjulevič am 14. (26.) Dezember 1878 aus Paris mitteilte, an einen Musik- und Literaturabend zugunsten unbemittelter Studenten des Peters-

766 BERLIN 1972, 48; BRANG 1977, 39; KLUGE 1992, 113.

767 JONAS 1968, 688.

768 SCHAPIRO 1982, 239.

769 PSP, IV, 600f.; HAUMANN 1996, 380.

burger Ingenieurinstituts für Brücken- und Wegebau eingeladen. Da er an dieser Aufführung nicht teilnehmen konnte, liess er den Veranstaltern einen Brief sowie 25 Silberrubel übergeben:

> Я получил от студентов путей сообщения почетный билет на музыкально-литературный вечер, данный 26-го ноября в пользу недостаточных студентов, при весьма любезном письме. Будьте так добры, передайте этим господам – т. е. гг. распорядителям по устройству вечера (всех их подписано 17 фамилий – первым подписался студент Н. Исаев), прилагаемое письмо[770] – а также и 25 р. сер. в виде моей платы за билет. Деньги эти будут Вам в наискорейшем времени доставлены Топоровым. (PSP, XII$_1$, 399f.)

Wie eine Quittung zeigt, liess Stasjulevič tatsächlich die dotierten 25 Silberrubel den Organisatoren des Benefizabends zukommen.[771] Turgenev, der zu jenem Zeitpunkt selber unter Geldproblemen litt, vergass aber auch nicht, dass er sich den Betrag von Stasjulevič hatte borgen müssen – kurz darauf erinnerte er seinen Beauftragten Toporov: „Не забудьте отдать Стасюлевичу 25 р., которые я ему должен.“ (PSP, XII$_2$, 6).

Turgenevs Anteilnahme galt nicht nur unbemittelten Schülern und Studierenden, sondern auch Dozenten, die in materielle Not geraten waren. Seinem sehbehinderten Bekannten Karl K. Achenbach, der nach sechzehnjähriger Tätigkeit als Lehrer am Tambover Kadettenkorps wegen der Schliessung der Anstalt ohne Stelle und Gehalt war, liess Turgenev Mitte 1867 über Annenkov und seinen Verwalter Kišinskij 200 Rubel zukommen, um ihn, wie er am 16. (28.) Juni an Annenkov schrieb, zumindest vorläufig aus seiner prekären Situation zu retten (PSP, VI, 241-43, 275f. u. 278):

> Я уже собирался запечатать пакет, как вдруг получил письмо от г. А<хенба>ха. Этот очень достойный и очень несчастный человек находится в самом бедственном положении, и хотя не просит у меня денег взаймы, однако я вижу, что без 200 рублей он пропадет. С сею же почтой пишу Кишинскому, чтобы он немедленно выслал вам 200 рублей, а вас покорнейше прошу доставить от моего имени А<хенба>ху, К. К., сто рублей, а как только получите 200 руб. от Кишинского, то дайте ему остальные 100, за что я вам весьма буду благодарен. (PSP, VI, 275f.)

770 Dieser Brief Turgenevs ist nicht erhalten (PSP, XII$_1$, 695).

771 Vgl. *Bibl Nat*, Slave 82, Mazon.120.D.70, f. 304: „Мы нижеподписавшиеся получили присланные Иваном Сергеевичем Тургеневым в пользу недостаточных студентов института инженеров путей сообщения двадцать пять (25) рублей с письмом, адресованным на имя распорядителей по устройству вечера. 27 января 1879 г. СПетербург. Распорядители студенты“ (es folgen sieben Unterschriften).

Im Herbst desselben Jahres musste Turgenev jedoch von jeder weiteren finanziellen Unterstützung Achenbachs absehen, da er, wie er Annenkov mitteilte, selber aufgrund der Schadenersatzforderungen seines Onkels Nikolaj Nikolaevič mit Geldnot zu kämpfen hatte:

> Результатом всех этих трудов – крайне стесненное положение моих финансов, мешающее мне перейти в мой новый, совсем отстроенный дом, и пр. и пр. Не время теперь мне другим благодетельствовать: пускай A<хенба>х удовлетворится полученным. (PSP, VI, 318)

Während Turgenev in solchen Fällen eher spontan und nach Massgabe seiner persönlichen finanziellen Möglichkeiten spendete, erfolgte seine bildungsfördernde Stiftertätigkeit auf seinen Gütern weitaus zielgerichteter. In Spasskoe gründete er 1863 auf eigene Kosten eine Grundschule, für die bereits 1869 ein neues Gebäude errichtet wurde. Da Turgenev mit seinen verschiedenen, zwischen 1858 und 1860 verfassten Denkschriften, die unter anderem auf eine allgemeine Hebung des Bildungsniveaus unter den Bauern abzielten, erfolglos geblieben war, versuchte er – wie er dies ja auch im Zusammenhang mit der Aufhebung der Leibeigenschaft getan hatte –, seine ehrgeizigen Pläne wenigstens in seinem eigenen Einflussbereich umzusetzen.[772] Als 1871 der Betrieb der Schule in Spasskoe wegen der mangelhaften Kompetenz des damaligen Lehrers gefährdet war, machte Turgenev klar, dass er, der sich mit seinem ganzen Wesen „der Feder verpflichtet" fühlte, einen derartigen Bildungsnotstand nicht akzeptierte:

> То, что Вы пишете мне о спасской школе, мало меня радует. Этого нельзя так оставить. Я намерен сделать из Серебрякова пенсионера на вакансию, открывшуюся после смерти Люции Тургеневой, и назначить ему эти 100 рублей;[773] и готов определить 200 руб. в год жалования дельному учителю или учительнице, если таковая найдется. [...] Невозможно допустить, чтобы в моем имении, в имении человека, который обязан всем своим значением перу, существовала плохая и неудовлетворительная школа. Теперь же так много развелось хороших руководств, азбук и т. д., что придерживаться старинной, столь неудобной и бесплодной системы – грешно.[774]

> Одобряю все Ваши распоряжения насчет школы – и разрешаю Вам выписать все нужные книги и прочие школьные потребнос-

[772] Narykov 1940, 61.

[773] Petr M. Serebrjakov, ein ehemaliger Leibeigener Turgenevs, unterrichtete in den Jahren 1870 und 1871 an der Schule in Spasskoe. Wegen ungenügender Leistung liess ihn Turgenevs freistellen und in den Kreis seiner Pensionäre aufnehmen (PSP, IX, 534).

[774] Aus Turgenevs Brief vom 17. (29.) Dezember 1871 an Kišinskij (PSP, IX, 192f.).

> ти. Повторяю: школа в Спасском не должна быть только подобием школы – надлежит поставить ее на высокую точку.[775]

Turgenev verfolgte weiterhin aufmerksam den Schulbetrieb, der sich bis 1874 erheblich verbesserte, unter anderem auch durch eine massive Reduktion der Klassengrösse von über sechzig auf nur gerade siebzehn Schüler.[776] Sein Interesse galt dabei sowohl der Fähigkeit und Seriosität des jeweiligen Lehrers als auch den Fortschritten der Schüler. Aus diesem Grunde erkundigte er sich regelmässig bei Kišinskij nach dem Stand der Dinge:

> Вы мне ничего не пишете о школе; правда, летом она действует слабо. Уж не запил ли опять учитель? (PSP, IX, 306)

> Напишите также о школе: как она – дышит или умирает? (PSP, IX, 334)

> Радуюсь тому, что Вы нашли порядочного преподавателя для школы; дай бог, чтобы его не сманили или чтобы он сам не запил! (PSP, IX, 356)

Turgenev scheute keine Kosten, wenn es darum ging, einen wirksamen Unterricht sicherzustellen und gelehrsame Schüler oder kompetente Lehrer zu finden. In St. Petersburg organisierte er Bücher sowie andere Unterrichtsmaterialien, und er hob stolz hervor, dass in einer pädagogischen Zeitschrift ein Artikel über „seine" Schule erschienen sei. Seinem Gutsverwalter trug er auf, den Fortgang des Schulbetriebs unbedingt sicherzustellen:[777]

> Что касается школы, то советую с твердостью продолжать начатое дело; если даже в ней меньше учеников – но эти хорошо учатся – то я в этом вижу положительный успех. Вы можете прибавить жалованья учителю, если Вы им довольны и если это удержит его на месте. (PSP, X, 57)

Besonders begabte Schüler förderte Turgenev umfassend, sei es mit Ratschlägen, sei es mit Geldmitteln.[778] In einem Fall kam er während mindestens sieben Jahren für die gezielte Weiterbildung eines Knaben zunächst in Mcensk, dann sogar in Moskau auf, was ihn vom 8. Juni 1876 bis zum 1. Februar 1883 insgesamt 1'215.85 Rubel kostete.[779]

Bis zu seinem Tode bemühte sich Turgenev um eine Verbesserung des Bildungsniveaus in Russland. So wandte er sich noch am 4. (16.) September 1882 in einem Brief „an die Bauern des Dorfes Spasskoe-Lutovinovo":

[775] Aus Turgenevs Brief vom 12. (24.) Januar 1872 an Kišinskij (PSP, IX, 210f.).

[776] SCHAPIRO 1982, 254f.

[777] MALYŠEVA 1915b, 59-61; GRANJARD 1954, 393.

[778] MALYŠEVA 1915b, 55f. u. 60f.; NARYKOV 1940, 61f.

[779] NARYKOV 1940, 61f.

> Дошли до меня слухи, что с некоторых пор у вас гораздо меньше пьют вина; очень этому радуюсь и надеюсь, что вы и впредь будете от него воздерживаться: для крестьянина пьянство – первое разорение. Но жалею, что, тоже по слухам, ваши дети мало посещают школу. Помните, что в наше время безграмотный человек то же, что слепой или безрукий. (PSP, XIII_2, 31)

Es erstaunt daher nicht, dass Turgenev auch ausserhalb seiner Besitzungen immer wieder Geldbeträge in verschiedener Höhe für die Errichtung, den Unterhalt oder den Erhalt von Bildungsanstalten spendete. Da der Staat zu wenig Mittel für die Bildungsförderung bereitstellte, waren viele Schulen von privaten Geldgebern abhängig. Turgenev war fest davon überzeugt, dass sich Investitionen in diesem Bereich eines Tages auszahlen würden.

2.7.5. Alters- und Krankenversorgung in Spasskoe

Neben der Schule liess Turgenev in Spasskoe 1872/73 auch ein Altersheim für betagte ehemalige Leibeigene gründen,[780] nachdem ihm Kišinskij bereits 1867 die Idee dazu gegeben und anschliessend ein Konzept ausgearbeitet hatte.[781] Im Herbst 1872 wies Turgenev seinen Gutsverwalter an, das Projekt zu beschleunigen: „Благодарю Вас за хлопоты по богадельне; я принимаю это дело к сердцу – и желал бы в будущем году увидеть уже всё окончательно устроенным." (PSP, IX, 334). An der Errichtung des Pflegeheims, dem eine kleine Apotheke und eine medizinische Notfallstation angegliedert wurden (PSP, X, 519), beteiligte sich auch Turgenevs Bruder Nikolaj mit 1'000 Silberrubeln (PSP, IX, 292).

Nachdem das Heim seinen Betrieb aufgenommen hatte, achtete Turgenev persönlich auf die gerechte Verteilung der wenigen vorhandenen Plätze. Mitte 1873 liess er sich von Kišinskij, der mit der Unterbringung der Anwärter beauftragt war, ein Verzeichnis der Pflegebedürftigen zukommen:

> Вы в последнем Вашем письме упомянули о близком начале и освящении богадельни; прошу Вас прислать мне список больных и престарелых лиц, которые должны туда поступить – или уже поступили. Я не помню, на сколько именно кроватей предполагалось устроить эту богадельню – кажется, на 12;[782] в таком случае брату Николаю Сергеевичу следует предоставить замеще-

[780] Offenbar wurde der Betrieb des Altersheims erst Mitte 1873 aufgenommen (PSP, X, 123).

[781] Vgl. PSP, VI, 342, PSP, VII, 102 sowie NARYKOV 1940, 63.

[782] In Turgenevs Brief vom 6. (18.) Juni 1874 an Pauline Viardot ist von Heimplätzen für „fünf alte Männer und vier alte Frauen" die Rede (ZVIGUILSKY A. 1971, 216). Offenbar war das Heim – Turgenev nannte es auch „maison de refuge" (ebd.) – für einige wenige Betagte vorgesehen, die dafür aber möglichst gut betreut werden sollten.

ние *четырех*; Вы спишитесь с ним об этом. Уверен в том, что при определении кандидатов и кандидаток Вы руководствовались единственно большей или меньшей степенью недугов, лет и т. п. (PSP, X, 123; Hervorhebung im Original, A.S.)

Die Kosten für den Unterhalt des Heimes figurierten künftig als fixer Posten in Turgenevs Budget, beliefen sich im Jahresdurchschnitt auf 350 bis 500 Rubel und umfassten, wie eine detaillierte Liste für die Jahre 1876 bis 1883 zeigt, auch Aufwendungen für Lebensmittel, Kleidung, Heizmaterial und Bestattungen:

Расходы по богадельне.

С 1876 г. по 1883 г.

Содержание богадельни	1797 р.	73 к.
Ремонт	64 р.	20 к.
Обувь	44 р.	–
Одежда	63 р.	57 к.
Продукты (содерж.)	1051 р.	74 к.
Инвентарь	1 р.	52 к.
Дрова	31 р.	–
Похороны	8 р.	–
Жалованье	10 р.	–
Итого	2125 р.	81 к.[783]

Das Altersheim stellte jedoch nur einen Teil der umfassenden Fürsorgetätigkeit Turgenevs dar, deren Hauptgewicht auf der regelmässigen Ausschüttung von „Pensionen“ lag. Diese liess Turgenev vor allem Bedürftigen zukommen, die er persönlich kannte bzw. mit denen er verwandt war. Eine Vorstellung über die Höhe der einzelnen Pensionsbeiträge geben zunächst zwei von Turgenev eigenhändig korrigierte und unterzeichnete Listen, die einige der zwischen 1876 und 1880 zugesprochenen Unterhaltszahlungen ausweisen.[784]

[783] NARYKOV 1940, 63. Die Addition der einzelnen Positionen ergibt nicht die angeführten 2'125.81 Rubel, sondern 3'071.76 Rubel. NARYKOV (1940, 63f.), der die Aufstellung veröffentlicht hat, äussert sich nicht zu der Differenz von 945.95 Rubeln, sondern errechnet auf der Grundlage der niedrigeren Summe sowie des etwas zu kurz gegriffenen Zeitraumes von sechs Jahren eine durchschnittliche jährliche Belastung von 354.30 Rubeln. Die tatsächlichen Ausgaben dürften höher ausgefallen sein, so dass bei der Berechnung der jährlichen Kosten von einer Gesamtsumme ausgegangen werden muss, die zwischen 2'100 und 3'100 Rubeln lag.

[784] *RGALI*, f. 509, op. 1, № 137 („*Ivanom Sergeevičem Turgenevym naznačena pensija sledujuščim licam*“ [l. 1] sowie „*Spisok lic, kotorym vydavalos' vspomoščestvovanie naznačennoe gospodinom Ivanom Sergeevičem Turgenevym 1876 go<da> i naznačenija v nynešnem lete 1876 goda Ijulja 17 dn.*“ [l. 2]).

Demnach bewegten sich die an vierzehn Personen ausbezahlten Summen zwischen 10 und 300 Rubeln, wobei der definitiven Veranlagung offenbar eine von Turgenev persönlich vorgenommene Umverteilung vorausgegangen war: Turgenev hatte einige Beiträge gekürzt, eine der vorgesehenen Pensionen über 50 Rubel sogar ganz gestrichen, um in einem anderen Fall die festgelegte Summe von 200 auf 300 Rubel zu erhöhen. Auffallend ist, dass die höheren Zuschüsse (100 bis 150 Rubel) überwiegend an Angehörige der Turgenev-Familie gingen: So sind unter den Begünstigten Marija Petrovna Turgeneva, dann eine Tochter der Ljucija Turgeneva[785] und schliesslich Evgenija Ivanovna Turgeneva zu finden. Wie wichtig für Turgenev diese Art der finanziellen Hilfeleistung war, zeigt die Tatsache, dass er die Verzeichnisse persönlich prüfte, auf deren sorgfältige Umsetzung durch seine Bevollmächtigten achtete und finanzielle Auslagen in Kauf nahm, die sich in diesen beiden Fällen zusammen auf rund 1'800 Rubel beliefen.[786]

Weitere Informationen zu Turgenevs Pensionszahlungen liefern bereits veröffentlichte Quellen.[787] Noch unter der Verwaltung Kišinskijs liess Turgenev zehn Pensionäre in eine Liste aufnehmen und ihnen Nahrungsmittel wie Brot, Öl oder Grütze zuteilen. Abgesehen von diesen Naturalien erhielt zunächst lediglich der Jäger Afanasij auf Turgenevs Anweisung hin eine finanzielle Unterstützung in der Höhe von drei Silberrubeln im Monat. Doch schon bald wuchs die Zahl der Pensionäre und Bauern, die regelmässig Geld in Form von Renten be-

785 Vgl. hierzu Turgenevs Brief vom 10. (22.) Oktober 1871 an Kišinskij: „Если от Л. И. Тургеневой остался *ребенок* – то продолжить пенсию на его имя; если же нет – то, выплативши остаток пенсии за нынешний год ее матери, на будущее время прекратить." (PSP, IX, 147; Hervorhebung im Original, A.S.). Tatsächlich wurde Ljucija Turgenevas Tochter in das Verzeichnis der Pensionäre aufgenommen (vgl. PSP, XI, 336).

786 *RGALI*, f. 509, op. 1, № 137, ll. 1-2. Unklar bleibt, ob die angegebenen Beträge die *jährlichen* Zuwendungen oder aber eine *Gesamtsumme* der bis dahin über mehrere Jahre hinweg an die einzelnen Personen ausbezahlten Gelder belegen. Der in einem der beiden Verzeichnisse angeführte Kommentar „Сумма прежних годов" (l. 2) legt nahe, dass es sich bei den angegebenen Zahlen um addierte Einzelbeträge handelt. Zudem wäre Turgenevs Budget mit einem *jährlichen* Aufwand von etwa 1'800 Rubeln alleine für diese Position seiner Ausgabenseite auf Dauer übermässig belastet worden. Darüber hinaus ist in der vom Gutsverwalter Ščepkin erstellten Bilanz für die Jahre 1876 bis 1883 (NARYKOV 1940, 64) eine mit 1'802.30 Rubeln bezifferte Position („Пенсии разным лицам") zu finden, die sich auf diese beiden Listen beziehen dürfte. Andererseits liess Turgenev aber durchaus grössere Jahresbeträge an einzelne Pensionäre auszahlen. So wies er Kišinskij am 27. November (9. Dezember) 1867 an, Ljucija Turgeneva in das Verzeichnis der Begünstigten aufzunehmen und ihr 120 Silberrubel *im Jahr* zu überweisen (PSP, VI, 352). Auch andere Briefstellen deuten darauf hin, dass Turgenev einzelnen Begünstigten jährlich 75 bis 200 Rubel auszahlen liess (vgl. etwa PSP, X, 290 u. 341 sowie PSP, XIII_1, 79).

787 NARYKOV 1940, 63f. Vgl. auch PSP, VIII, 18 sowie PSP, XI, 336.

zogen, auf achtzehn.[788] An diese Begünstigten wurden zwischen 1876 und 1883 fast 2'100 Rubel, also jährlich rund 350 Rubel, ausbezahlt, wobei die Unterstützungsbeiträge von bescheidenen 4.60 Rubeln („Старику кузнецу“) bis hin zu 445.95 Rubeln („Захару Балашову“) reichten. Unter den Pensionären befanden sich unter anderen der ehemalige Dorfschullehrer Petr Serebrjakov (198.62 Rubel), Turgenevs Halbbruder Porfirij Kudrjašev, der Turgenev während seiner Berliner Studienzeit als ‚Kammerdiener‘ und Kompagnon gedient hatte (100.64 Rubel), sowie Evprakseja („kaleka“) Lobanova (256 Rubel).[789] Abermals fällt auf, dass Turgenev offensichtlich jene Pensionäre grosszügiger bedachte, die ihm besonders nahestanden. Insofern scheinen sowohl seine Jahrzehnte zurückliegenden Liaison mit Evprakseja Lobanova als auch deren körperliche Behinderung Turgenev dazu bewogen haben, ihr eine höhere Rente zuzusprechen. So schrieb er am 7. (19.) Mai 1868 aus Baden-Baden an Kišinskij:

> Надо Вам сказать, что эта калека Евпраксея (но это между нами) была когда-то – очень давно тому назад – красавица, и я, будучи молодым 17-и летним малым, впервые имел с ней плотские дела, вот это-то и не забывается. А потому я готов и более 10 р. в месяц для нее сделать, лишь бы она не плакалась. (PSP, VII, 138)[790]

Und auch seine ehemalige Geliebte, Varvara Petrovnas frühere Weissnäherin Avdot'ja Ermolaevna Kalugina (Ivanova), Paulinettes leibliche Mutter, verlor Turgenev nicht ganz aus den Augen. Nachdem sie von ihm bis zu ihrer Heirat um 1865 bereits eine Pension erhalten hatte, die dann ausgesetzt wurde, beauftragte Turgenev im Frühjahr 1868 Kišinskij, ihr umgehend 100 Rubel zu überweisen und vom 1. April desselben Jahres an wieder alle drei Monate 25 Silberrubel auszuzahlen: „*Между нами*, эта Авдотья Ермолаевна – мать моей дочери, которая живет во Франции.” (PSP, VII, 130; Hervorhebung im Original, A.S.).[791]

788 Turgenevs Brief vom 22. Oktober (3. November) 1876 an Ščepkin enthält ein Verzeichnis mit neun Pensionären sowie eine Anmerkung, dass sich Marija Petrovna Turgeneva, Antonina Filippovna Rodionova sowie Anna Aleksandrovna Timkovskaja in dieser Angelegenheit zuvor an Turgenev wenden sollten (PSP, XI, 336). Während diese drei Personen im Verzeichnis vom 17. (29.) Juli 1876 als Pensionäre aufgeführt sind (*RGALI*, f. 509, op. 1, № 137, l. 2), ist auf der zweiten Liste nur noch Antonina Rodionova vermerkt, deren Pension in der Höhe von 50 Rubeln zudem gestrichen wurde (*RGALI*, f. 509, op. 1, № 137, l. 1).

789 NARYKOV 1940, 63. Zum Vergleich: Die Höhe der Pensionen, die der *Literaturnyj fond* zur Unterstützung notleidender Literaten, Gelehrter und deren Angehöriger auszahlte, bewegte sich zwischen 120 und 600 Rubeln im Jahr, wobei die Zahl der Pensionäre zwischen 14 und 32 schwankte (KORNILOV 1909, 39).

790 Laut *RGALI*, f. 509, op. 1, № 137, ll. 1-2 erhielt Evprakseja Lobanova eine Pension in der Höhe von 75 Rubeln.

791 Vgl. hierzu Anmerkung 420. GUT'JAR 1907, 117f.

Turgenevs jährliche Ausgaben für solche Pensionen zugunsten von Bauern („Пенсии крестьянам") und übrigen Personen, einschliesslich seiner Verwandten („Пенсии разным лицам"), lassen sich aufgrund der Quellenlage für die Jahre 1876 bis 1883 relativ zuverlässig angeben: Addiert man die für die Bauern bestimmten Rentenzahlungen (1'882.28 Rubel) mit jenen, die Turgenev anderen Begünstigten zukommen liess (1'802.30 Rubel), so ergibt sich für den Zeitraum von rund sechs Jahren ein Gesamtbetrag von 3'684.58 Rubeln. Auf den Jahresdurchschnitt entfielen demnach Kosten in der Höhe von 614.09, laut der offiziellen Bilanz sogar von 764.28 Rubeln.[792]

Turgenev legte grossen Wert darauf, dass die Pensionen pünktlich und korrekt ausbezahlt und die Verzeichnisse sorgfältig nachgeführt wurden – nicht aus Eigeninteresse, sondern weil seiner Ansicht nach die hierfür bereitgestellten Gelder jenen zukommen sollten, die sie wirklich benötigten:

> Кстати – должно иметь наблюдение, чтобы *умерший* какой-либо пенсионер не продолжал получать пенсии; эти деньги, конечно, не мне нужны – но могут пригодиться другим беднякам.[793]

> Имейте наблюдение за тем, чтобы пенсионеры *после смерти* не продолжали получать пенсионы; сумма ежегодная и без того отяготительная.[794]

> Вы не забыли, что 1-го октября Мария Петровна Тургенева потребует с Вас 300 р. сереб., на которые я ей дал записку?[795]

Wenn sich die materiellen Verhältnisse eines Pensionärs oder einer Pensionärin verbessert hatten, behielt sich Turgenev die Reduktion oder sogar die vollständige Streichung von Beiträgen vor: „Захар Балашов выступает из числа пенсионеров, ибо он на жалованье – и дана ему земля." (PSP, XI, 336)[796]

Pensionen wurden übrigens nicht nur Personen gewährt, die in Spasskoe lebten, sondern auch solchen, die das Dorf verlassen und mit Entbehrungen ver-

[792] Narykov 1940, 64. Vgl. aber Anmerkung 786.

[793] Aus Turgenevs Brief vom 16. (28.) April 1869 an Kišinskij (PSP, VIII, 18; Hervorhebung im Original, A.S.).

[794] Aus Turgenevs Brief vom 12. (24.) Juni 1869 an Kišinskij (PSP, VIII, 50; Hervorhebung im Original, A.S.).

[795] Aus Turgenevs Brief vom 27. September (9. Oktober) 1872 an Kišinskij (PSP, IX, 334). Vgl. auch PSP, VIII, 282.

[796] Bei Zachar F. Balašov handelte es sich um einen alphabetisierten ehemaligen Leibeigenen und Kammerdiener Turgenevs, der in den 1870er Jahren das Augenlicht verlor und in Spasskoe mit Hilfe der ihm zugesprochenen Pension weiterleben konnte (PSP, II, 652), dann aber offensichtlich in ein Lohnverhältnis überführt und mit Land bedacht wurde. Vgl. hierzu auch den entsprechenden Vermerk „перевод на жалов." im Rentenverzeichnis vom 17. (29.) Juli 1876 (*RGALI*, f. 509, op. 1, № 137, l. 2).

schiedenster Art zu kämpfen hatten.[797] Bisweilen – vor allem aber, wenn er nicht genügend Geld für zusätzliche Unterstützungszahlungen hatte – liess Turgenev Notleidende auch in Spasskoe direkt unterbringen, wobei er für ihre Unterkunft und Lebenshaltungskosten aufkam.[798] Von den meisten Antragstellern wurde Turgenev direkt angeschrieben oder angesprochen:

> Règle générale, ma journée commence de très bonne heure par un envahissement de vieux amis, vieilles connaissances, ou bien de personnes qui veulent m'exploiter d'une façon ou d'une autre, ou qui ont affaire à moi. Ce matin il est venu entre autres une vieille mendiante polonaise qui m'a soutiré cinq roubles. Non, jamais, depuis que le monde est monde, il n'y a eu de figure plus typique dans son genre, et si j'étais peintre je lui donnerais volontiers vingt-cinq roubles pour la faire poser ![799]

In den meisten Fällen kam Turgenev den Bittstellern entgegen und wies, wie die folgenden Beispiele zeigen, seine Bevollmächtigten an, bestimmte Summen auszuzahlen bzw. genau festgelegte Massnahmen einzuleiten. Grundsätzlich zog er es vor, einem Begünstigten regelmässig kleinere Beträge zukommen zu lassen, da er befürchtete, dass die einmalige Ausschüttung einer grösseren Summe zu zweckentfremdeter Geldverschwendung führen könnte. Angesichts solcher Vorsichtsmassnahmen spielte die Seriosität eines Bittstellers in Anbetracht seiner momentanen persönlichen Situation eine eher untergeordnete Rolle:

> От Афанасья Зуева я получил длинное письмо, он просит возвращения на квартеру (sic, A.S.) при конном заводе и т. д. Всё, что я могу для него сделать – это прибавить к его месячине месячину для его жены.[800]

> А теперь à la hâte, два-три поручения: 1) выдайте от моего имени, из моих денег, 20 руб. в комитет вспомоществования голодным; 2) из тех же денег (если они не истощились) заплатите мою ежегодную контрибуцию в наше общество (*Literaturnyj fond*, A.S.) […].[801]

> Так как я заговорил о дряни, то позвольте кстати упомянуть о следующем: у меня есть NN, пьяница, воришка и часто битый по морде, до самого дна всякой житейской тины, распущенности и бедности дошедший человек. Я получил от него письмо […], и в этом письме он, – разумеется, расточая всякие клятвы

797 NARYKOV 1940, 64.
798 SCHAPIRO 1982, 239. Vgl. etwa PSP, VIII, 15f., 19, 80f. u. 91.
799 Aus Turgenevs Brief vom 24. Februar (8. März) 1871 an Pauline Viardot (PSP, IX, 27).
800 Aus Turgenevs Brief vom 20. September (2. Oktober) 1867 an Kišinskij (PSP, VI, 315).
801 Aus Turgenevs Brief vom 4. (16.) Februar 1868 an Annenkov (PSP, VII, 51).

и обещания исправиться, – просит меня о сторублевом вспомоществовании. Этого я ему не дам, он немедленно всё пропьет, но *каждое первое* число, начиная с января, выдавайте ему из моих денег, которые вам доставит Кишинский, по пяти рублей, ни копейки больше и ни одним днем раньше срока, с условием: не пускать его дальше вашей передней и не удостоивать его разговором, а то он что-нибудь у вас украдет. Мне очень совестно, что я вас ставлю в отношение с таким козлом [...].[802]

Доставьте г-же Геритт хотя 10-тирублевую мою подписку для этой г-жи с малороссийской фамилией, которая, как кажется, умирает с голоду.[803]

Des weiteren griff Turgenev Brandgeschädigten finanziell unter die Arme und organisierte hin und wieder Feste für die Bauern, wobei er auf seine Kosten Geschenke, Speisen und Getränke beschaffen liess:

Израсходовано	Всего	
Погорельцам на корову, лош.	210 р.	–
Угощ. крестьян	155 р.	53 к.
Подарки	58 р.	83 к.
К празднику на чай	11 р.	86 к.
Вино для крестьян	33 р.	40 к.
Итого	469 р.	62к.[804]

Seine vor dem Hintergrund der allgemeinen Erwartungshaltung bisweilen prekäre Situation als ‚Geber' schilderte Turgenev in seinem Brief vom 23./24. Juni (5./6. Juli) 1868 an Pauline Viardot. Er glaubte, die Zahl derjenigen, die ihn für eine „Melkkuh" hielten, steige täglich, und er müsse, da ein Zurückweisen der Bittgesuche nahezu unmöglich sei, trotz der Hilfe Kišinskijs „Federn lassen":

Le flot de gens qui me considèrent comme une vache à lait monte chaque jour. Ce sont pour la plupart des pauvres diables, des meurt-de-faim,

802 Aus Turgenevs Brief vom 24. Dezember 1868 (5. Januar 1869) an Annenkov (PSP, VII, 264f.; Hervorhebung im Original, A.S.). Bei der besagten Person handelte es sich möglicherweise um Michail A. Turgenev, einen alkoholabhängigen Cousin Turgenevs, der weitgehend auf Almosen angewiesen war, von Turgenev hin und wieder finanziell unterstützt wurde (SCHAPIRO 1982, 311) und diesem auch als Prototyp für den Helden der Erzählung *Otčajannyj* (1882) diente (PSP, II, 692; PSP, VII, 534; PSP, VIII, 140).

803 Aus Turgenevs Brief vom 1. (13.) April 1871 an Annenkov (PSP, IX, 63).

804 NARYKOV 1940, 64.

> d'anciens domestiques, etc… Refuser est presque impossible… mais il y a une limite à tout. Je me défends à l'aide de mon brave Kichinsky, l'intendant, tant que je puis, mais je laisse des plumes. (PSP, VII, 172)

Tatsächlich fiel es Turgenev selbst in Zeiten eigener Geldnot schwer, seine Spendentätigkeit einzuschränken, geschweige denn einzustellen, auch wenn ihm dies eine deutliche finanzielle Erleichterung gebracht hätte. Zwar wies er hin und wieder Gesuche ab, doch im Grunde blieb er sich und seiner Absicht treu, Menschen in Not zu helfen. Sogar sein 1868 darniederliegender Finanzhaushalt hinderte ihn nicht daran, weiterhin für Bedürftige aufzukommen und den eine Zeitlang eingestellten Betrieb der Schule in Spasskoe wieder aufzunehmen. Obwohl ihn dieser Entschluss jährlich fast 1'000 Rubel kostete (825 Rubel für Pensionen und 150 für den Unterhalt der Schule),[805] lehnte er es ab, an diesem Ende zu sparen. Ironisch und zugleich stolz schrieb er am 17. (29.) Juni 1868 an Pauline Viardot: „Как видите, я добрый мусульманин и Магомет был бы доволен мной." (PSP, VII, 166f.).

Gelegentlich nahmen Turgenevs philanthropische Gesten aber auch anekdotenhafte Züge an: Nachdem in Spasskoe die Dorfschenke durch Zufall abgebrannt war, liess er in unmittelbarer Nähe der Brandstätte eine Kapelle errichten, für die er eine Ikone in Auftrag gab. Auf diese Weise wollte er einen Wiederaufbau der Kneipe verhindern und wenigstens vorübergehend des Alkoholproblems unter seinen Bauern Herr werden, da laut Gesetz der Bau von Schankstuben innerhalb einer bestimmten Distanz zu Gotteshäusern verboten war.[806]

Die Gesamtkosten, die laut einer Bilanz[807] des damaligen Gutsverwalters Ščepkin zwischen 1876 und 1883 für wohltätige Zwecke („на благотворительные цели") zugunsten von Schule, Altersheim, Brandgeschädigten, „Armen" und Pensionären aufgewendet wurden, waren denn auch erheblich:

[805] GRANJARD / ZVIGUILSKY 1972, 150.

[806] YARMOLINSKY 1959, 198; SCHAPIRO 1982, 303.

[807] NARYKOV 1940, 64.

			В среднем в год
а)	На школу	1 317 р. 27 к.	219 р. 54к.[808]
б)	„ богадельню	2 125 р. 61 к.	354 р. 30к.[809]
в)	Пенсии крестьянам	1 882 р. 28 к.	313 р. 71 к.
г)	Погорельцам, бедным, подарки и угощения	469 р. 62 к.	78 р. 27 к.
д)	Пенсии разным лицам	1 802 р. 30 к.	450 р. 57 к.
	Итого израсходовано на благотворительные цели	7 597 р. 28к.[810]	1 416 р. 39к.[811]

Alleine seine auf die russischen Güter beschränkten philanthropischen Bemühungen kosteten Turgenev in den letzten sechs Jahren seines Lebens fast 7'600 Rubel, d. h. jährlich etwa 1'200 bis 1'400 Rubel, was ungefähr jenem Betrag entsprach, den er im Spätsommer 1878 in einem Brief an seinen Bruder auswies („1200 на пенсии, школу и больницу"; PSP, XII$_1$, 347) und der damals immerhin rund ein Achtel seiner gesamten Bruttoeinkünfte ausmachte.[812] In Frage stellte Turgenev diese kostspieligen Investitionen jedoch nie – im Gegenteil: Er war stolz auf die erreichten Verbesserungen im Unterrichtswesen sowie bei der Kranken- und Altersversorgung und betrachtete dies, wie sein Brief vom 28. November (10. Dezember) 1873 an Kišinskij zeigt, als Teil seiner Lebensaufgabe:

> Благодарю Вас за сообщенные подробности о богадельне и школе. В обоих заведениях я принимаю искреннее участие – и желал бы, чтобы они оправдали наши общие старания. (PSP, X, 176)

Alle diese Erfolge standen und fielen jedoch mit Turgenevs Persönlichkeit: Seiner Anteilnahme, finanziellen Verfügungskraft, aber auch der in diesem Bereich zweifellos akkuraten Organisation, die er von seinem jeweiligen Aufenthaltsort aus vornahm, war es zu verdanken, dass die von ihm gegründeten sozialen Einrichtungen Bestand hatten. Mit seinem Tod 1883 änderte sich die Situation dann schlagartig: Die wenigen vorhandenen Betriebsmittel gingen schon nach kurzer

808 Obwohl Turgenev die jährlichen Unterhaltskosten für die Schule auf 150 Silberrubel festgelegt hatte (vgl. PSP, VIII, 187), war die durchschnittliche finanzielle Belastung um fast 50 % höher.

809 Vgl. hierzu Anmerkung 783.

810 Korrekt: 7'597.08 Rubel.

811 Vgl. Anmerkung 786.

812 SCHAPIRO 1982, 239.

Zeit aus, so dass in Spasskoe Schule und Altersheim geschlossen werden mussten.[813]

Auch für die zahlreichen finanziellen Zuwendungen an Bedürftige (Waisenkinder, Betagte, Stellenlose oder von Unglücksfällen Betroffene) galt das Prinzip, dass Turgenev in erster Linie möglichst vielen mittellosen Menschen Unterstützung zukommen lassen wollte. Solange er über genügend Geld verfügte, fiel es ihm schwer, Bittsteller abzuweisen, weshalb er vielen, wenn nicht sogar den meisten Anträgen um Beistand in irgendeiner Form nachkam.[814] Erst wenn seine Liquidität nachhaltig gefährdet war, begann er zwangsläufig damit, seine Ausgabenseite und damit auch seine Spendenaktionen einzuschränken.[815] Trotzdem kam es nie zu einem wirklich nachhaltigen Unterbruch seiner vielfältigen Unterstützungstätigkeit: Im Notfall stellte er Kost und Logis zur Verfügung oder versuchte, die Betroffenen weiterzuvermitteln.

Obwohl Turgenev immer wieder Einzelpersonen begünstigte, galt sein eigentliches Augenmerk gemeinnützigen Einrichtungen wie Schulen, Waisenhäusern, Altersheimen oder Heilstätten, die er entweder, wie in Spasskoe, selber gründete oder aber finanziell unterstützte.[816] Der institutionelle Rahmen sollte, so hoffte er wohl, eine optimale Verwendung der dotierten Gelder garantieren, zugleich aber auch eine Breitenwirkung zeitigen. In diesem Sinne stand hinter Turgenevs Gönnertätigkeit nicht zuletzt das Bestreben, jene Defizite zu kompensieren, die von staatlicher Seite her immer noch bestanden.

2.7.6. Turgenevs Unterstützungszahlungen an seine Tochter Paulinette – zwischen Selbstverpflichtung und Selbstaufgabe

Seine langjähriges und weitgehend sich selbst auferlegtes finanzielles Engagement gegenüber seiner Tochter Paulinette vernachlässigte Turgenev sogar in Zeiten enormer Geldknappheit nicht. Zwar beklagte er sich immer wieder über Paulinettes schwierigen Charakter und ihr angespanntes Verhältnis zu Pauline Viardot, das nach Turgenevs Tod sogar in offene Feindschaft mündete.[817]

813 SCHAPIRO 1982, 255.

814 Vgl. KORSUN 1990, 266.

815 Vgl. etwa PSP, XI, 10. Der 1874 vorgenommene Grundstückskauf in Bougival und die Errichtung des Pavillons „Chalet des Frênes“ hatten Turgenevs Finanzhaushalt dermassen belastet, dass er sich Anfang des darauffolgenden Jahres zur Kürzung einiger Pensionen entschied und auf diese Weise 289 Silberrubel im Jahr sparte.

816 Verwiesen sei etwa auf zwei Anzeigen im *Badeblatt für die grossherzogische Stadt Baden* vom 21. Dezember 1866 (№ 218), wonach „im Bureau dieses Blattes“ für die Stulz’sche Waisenanstalt in Lichtenthal von Herrn „J. v. T.“ über 41 Gulden (etwa 27½ Rubel) und für die örtliche „Kleinkinder-Bewahranstalt“ über 8 Gulden (rund 5½ Rubel) eingegangen seien (REIMANN 1998, 101).

817 BRON’ 1966, 328; KORSUN 1990, 239. Ausführlich hierzu: ZVIGUILSKY T. 1988.

Nichtsdestoweniger war er stets sehr nachgiebig, wenn es um Geld und damit um *die* zentrale Frage in seiner Korrespondenz mit Paulinette ging: Paulinettes Geldmangel war notorisch, und Turgenev musste bereits früh neben jener Summe, die er regelmässig den Viardots für Paulinettes Lebensunterhalt und Ausbildung überwies,[818] zusätzliches Kapital aufbringen.[819] So beglich er etwa 1860 die auf 500 Francs (etwa 140 Rubel) angewachsenen Kleinschulden seiner damals gerade erst achtzehnjährigen Tochter (PSP, IV, 100f., 106), nachdem er ihr zwei Jahre zuvor angekündigt hatte, er würde ihr künftig 500 Francs im Jahr für ihre „Toilette" zahlen (PSP, III, 250). Bereits früh gewährte Turgenev Paulinette eine grosszügige, ja – wie Pauline Viardot bemerkte – allzu grosszügige materielle Unterstützung, die Paulinettes Erwartungshaltung, zugleich aber auch Turgenevs Konzessionsbereitschaft stark beeinflusste.[820]

Nachdem Paulinette 1865 Gaston Bruère geheiratet und Turgenev mit Hilfe seines Bruders, seiner Freunde und Bekannten die Aussteuer in der Höhe von 150'000 Francs (rund 44'000 Rubeln) beschafft hatte, hoffte Turgenev, dass seine Tochter mit dieser, wie er glaubte, ‚guten Partie' einer glücklichen Zukunft frei von Geldsorgen entgegensah.[821] Für Turgenev bedeutete diese Heirat, die, wie er Friedrich Bodenstedt mitteilte, seinen „Beutel fast bis auf den Grund geleert" hatte (PSP, V, 350), vor allem eine enorme finanzielle Belastung, von der er sich jahrelang nicht erholte. Obwohl er unmittelbar vor der Hochzeit Anfang 1865 noch fest entschlossen gewesen war, seiner Tochter neben dieser Aussteuer „keine weitere Kopeke" mehr zu zahlen (PSP, V, 324), überwies er ihr weiterhin jedes Jahr 2'500 Francs (etwa 800 Rubel), die vom Zinsertrag eines 1865 als Teil der Mitgift ausgestellten Wechsels über 50'000 Francs stammten.[822] Und Anfang 1867, in jenem Jahr, in welchem Turgenev mit den Folgen der Misswirtschaft in Spasskoe besonders zu kämpfen hatte, schickte er Pauli-

[818] Im Dezember 1850 teilte Turgenev Pauline Viardot mit, er könne bis zu 1'200 Francs (etwa 300 Rubel) im Jahr für Paulinettes Lebensunterhalt und Ausbildung aufwenden (GRANJARD / ZVIGUILSKY 1972, 50).

[819] BRON' 1966, 329.

[820] SCHAPIRO 1982, 133.

[821] Vgl. PSP, V, 307. Demgegenüber vermutet PRITCHETT (1986, 183), Bruère habe, wie zuvor auch andere Verehrer Paulinettes, in erster Linie Turgenevs Vermögensverhältnisse als Heiratsgrund betrachtet.

[822] Paulinettes Mitgift bestand zum einen aus 100'000 Francs („« une fois données »"), zum anderen aus weiteren 50'000 Francs, die Paulinette allerdings erst nach Ablauf einiger Jahre von ihrem Vater bzw., im Falle von Turgenevs Tod, von dessen Bruder Nikolaj erhalten sollte. Bis dahin hätte sie, so Turgenevs ursprünglicher Plan, immerhin mit jenen Einkünften rechnen können, die ihr der fünfprozentige Zinssatz auf den Wechsel einbrachte (PSP, V, 319 u. 345f.). ZÚÑIGAS (2001, 182) Behauptung, Paulinette habe von Turgenev eine Mitgift von 100'000 Francs sowie jährlich 3'000 Francs erhalten, „womit sie bestens leben konnte", ist demnach nicht korrekt.

nette immerhin 1'350 Francs (etwa 400 Rubel) Pension und Neujahrsgeld (PSP, VI, 157f.).

Im September 1871 reduzierte Turgenev dann seine Rückstände auf 40'000 Francs, so dass er Paulinette fortan noch 2'000 Francs (rund 570 Rubel) im Jahr als „Rente" überwies (PSP, VIII, 38, 524, 247 u. 308; PSP, IX, 99, 128 u. 493). Darüber hinaus schickte er ihr kleinere Summen für Geschenke. Doch Paulinettes materielle Abhängigkeit von ihrem Vater wuchs, da Bruère, der als Pächter der Glasfabrik in Rougemont während des Deutsch-Französischen Krieges von 1870/71 empfindliche Gewinneinbrüche erlitten hatte, dringend Kapital benötigte, um seinen Betrieb vor dem drohenden Ruin zu retten. Turgenev entschied sich, die 1873 durch die Begleichung der noch ausstehenden Mitgiftsumme eingestellten jährlichen Unterstützungszahlungen in der Höhe von 2'500 Francs wieder aufzunehmen, bis sich die wirtschaftliche Situation in der Fabrik besserte. Diese neue, freiwillige Bürgschaft dauerte allerdings bis zu Turgenevs Tod, da die Bruères sämtliche Kapitalzuschüsse umgehend für den Abbau ihrer Schulden verwendeten und keine Rückstellungen vornehmen konnten.[823] Turgenev bemühte 1873 aber auch andere Geldgeber – etwa Louis Viardot –, um das Bruère-Unternehmen wieder „flottzumachen" (PSP, X, 56, 58). Da ihn sein Bruder bei all diesen Finanzierungsmassnahmen kaum unterstützte, musste Turgenev einen Grossteil des Geldes durch Landverkäufe beschaffen.[824]

Die Bruères weigerten sich weiterhin beharrlich, den als unehrenhaft empfundenen, in diesem Fall offenbar auch ökonomisch äusserst nachteiligen,[825] letztlich aber unumgänglichen Schritt zu machen und Konkurs anzumelden. So musste Turgenev („je donne et je donne toujours"), auf dessen vermeintliche finanzielle Verfügungskraft sich Paulinette bald vollständig verliess, in den späten 1870er Jahren für die gesamte Familie seiner Tochter aufkommen, obwohl er ihr 1877 bereits eine jährliche Pension von 4'000 Francs (knapp 1'500 Rubel) ausgerichtet (PSP, XII_1, 153 u. 176), im Jahr darauf immerhin noch 1'000 Rubel (rund 2'500 Francs) und damit fast ein Zehntel seiner damaligen Bruttoeinnahmen überwiesen hatte (PSP, XII_1, 347). Im Frühjahr 1879 erhöhte er seine Aufwendungen erneut von 2'400 Francs auf 3'000 Francs (knapp 1'200 Rubel) (PSP, XII_2, 54), im Herbst desselben Jahres sogar auf 4'800 Francs (rund 1'800 Rubel) zuzüglich 200 Francs Neujahrsgeld (PSP, XII_2, 54, 166 u. 192), obwohl er zu jenem Zeitpunkt wieder Liquiditätsprobleme hatte („У меня теперь деньжищев тьма – и здесь и дома, в деревне […]"; PSP, XII_2, 153). Im Herbst 1881 ver-

823 BRON' 1966, 329f. SCHAPIRO 1982, 247f. Vgl. PSP, VIII, 238 u. 524 sowie PSP, X, 122, 153 u. 174. Turgenev hatte die Firmeninteressen seines Schwiegersohnes bereits 1869 dadurch unterstützt, dass er, nachdem Bruère von seinem Mitinhaber verklagt worden war, Geld für die Begleichung der Prozesskosten beschaffte (PSP, VIII, 37, 60 u. 100). Im Januar 1873 kündigte er Paulinette an, ihr und Gaston fortan statt 2'500 Francs sogar 3'000 Francs im Jahr (etwa 870 Rubel) zu zahlen (PSP, X, 58).

824 SCHAPIRO 1982, 247.

825 Vgl. PERESELENKOV 1921, 147.

suchte Turgenev dann, durch weitere Landverkäufe und Geldanleihen bei Horace Ginzburg zusätzliches Kapital zu beschaffen, um Paulinette jene 5'000 Francs (etwa 1'900 Rubel) jährlich zahlen zu können, die er ihr bereits im Jahr zuvor versprochen hatte (vgl. PSP, XII_2, 281 u. PSP, XIII_2, 92). Hinter all diesen Aufwendungen verbarg sich in erster Linie Turgenevs Hoffnung, die Zukunft der Bruères zu sichern und damit auch die Ehe seiner Tochter zu retten.[826]

1882 kam es dann aber zu einem dramatischen Bruch zwischen Paulinette und ihrem mittlerweile alkoholabhängigen Gatten: Nachdem Gaston sogar jenes Kapital, das eigentlich für Turgenevs Enkel bestimmt war, ausgegeben und gedroht hatte, Paulinette und sich selber umzubringen, trennte sich Paulinette von ihm und brachte sich und ihre Kinder in Sicherheit. Turgenev liess sie zunächst nach Paris und von dort in die Schweiz nach Solothurn reisen. Da hierfür eine grössere Geldsumme bereitgestellt werden musste, verkaufte Turgenev neben Pferd, Kutsche und weiteren Bedarfsgegenständen sogar sein Lieblingsgemälde von Théodore Rousseau, das er bis dahin nicht aus seinem Besitz gegeben hatte.[827]

Desungeachtet verschärften sich die Spannungen zwischen Vater und Tochter, und zwar wiederum wegen der Geldfrage: Auf ungewöhnlich harsche Weise ermahnte Turgenev in seinen Briefen Paulinette zu mehr Sparsamkeit und ging sogar soweit, dass er ihr seine materielle Unterstützung zu entziehen drohte, falls sie ihr Budget nicht in den Griff bekäme.[828] Dabei war Turgenev alles andere als kleinlich: Im April 1882 vertraute er den Viardots Obligationen über 40'000 Rubel (rund 100'000 Francs) an, deren fünfprozentiger Zinsertrag – immerhin 5'000 Francs (2'000 Rubel) im Jahr (PSP, XIII_1, 130 u. 242) – als Pension in Monatsraten zu 400 Francs zuzüglich eines Neujahrsgeldes von 200 Francs an Paulinette gehen sollte:[829]

826 PERESELENKOV 1921, 147f. u. 152. Die jährlichen Renten, die Paulinette damals von Turgenev erhielt, wurden ihr als Zinsertrag jenes Kapitals ausbezahlt, das Turgenev für den Lebensunterhalt und die Ausbildung seiner Enkelkinder akkumuliert hatte. Im Herbst 1881 betrug diese Summe 90'000 Francs (etwa 34'000 Rubel), wovon jährlich 4 % an Paulinette gingen. Um sie mit 5'000 Francs pro Jahr unterstützen zu können, musste Turgenev zusätzlich über 30'000 Francs aufbringen.

827 PSP, XIII_1, 190 u. 200; BRON' 1966, 331. Vgl. Anmerkung 515.

828 BRON' 1966, 331f.

829 WADDINGTON 1974, 41 u. 47; SCHAPIRO 1982, 321. YARMOLINSKY (1959, 386) und LOWE (1989, 33) erwähnen eine Bürgschaft, die Turgenev bei den Viardots hinterlegt habe und deren Zinsertrag für Paulinettes Lebensunterhalt hätte verwendet werden sollen bzw. verwendet worden sei. In der Turgenev-Forschung ist umstritten, ob Paulinette nach dem Tode ihres Vaters das ihr ursprünglich zugedachte Gesamtkapital in der Höhe von 100'000 Francs tatsächlich erhielt (vgl. SCHAPIRO 1982, 321f.). Auf jeden Fall schickte Pauline Viardot monatlich 400 Francs (etwa 160 Rubel) an Paulinette (FITZLYON 1964, 453), was auf ein Jahr hochgerechnet fast 2'000 Rubel ergab.

> В его конторе (Horace Ginzburgs Bankhaus, A.S.) хранится моих облигаций (харьковских) на *40 000* р., пусть он мне их препроводит с всевозможной осторожностью ко мне сюда – а я их передам лучше приятелям Виардо – а они будут аккуратно выписывать проценты в activ моей дочери, у которой, по моей глупости и по милости ее супруга и французских законов, не осталось ни синь пороха. (PSP, XIII_1, 236; Hervorhebung im Original, A.S.)

Obwohl Turgenev das Finanzgebaren seiner Tochter weiterhin aufs schärfste verurteilte (und in dieser Hinsicht Verhaltensmuster offenbarte, die an jene seiner Mutter erinnerten), schickte er ihr nach wie vor pünktlich das versprochene Unterhaltsgeld. Dass er Paulinette über Jahrzehnte hinweg mehr als grosszügig alimentiert hatte, wusste er genau, die Beherrschung hierüber verlor er allerdings erst, nachdem sich Paulinette, unzufrieden mit den ihr vom Vater zugestandenen Geldbeträgen, abfällig über dessen finanzielle Zuwendungen an die Viardots geäussert hatte.[830] Ausser sich schrieb ihr Turgenev am 30. August (11. September) 1882, er habe alles in allem mehr als die Hälfte seines Vermögens für sie ausgegeben, und falls er je von jemandem ruiniert worden sei, dann von ihr und ihrem Gatten:

> Si quelqu'un m'a ruiné – c'est bien toi et ton mari – car c'est la moitié de ma fortune et davantage – que je vous ai donnée. Le compte en est vite fait. Avec tes deux cents mille francs de dot (avec ce que j'ai payé et donné plus tard), les cent mille que j'ai données de la main à la main (la dette de Chamerot, les 25 000 fr. etc.), les 70 mille francs du capital de tes enfants et le capital de 100 000 fr. dont tu touches la rente – nous voilà bien près d'un demi-million. Et tu n'as pas craint de récriminer ! (PSP, XIII_2, 23)

Bis dahin hatte Turgenev vor allem seine Gutsverwalter auf ähnliche Weise beschuldigt. Offensichtlich war es Paulinettes tatsächliche oder zumindest von Turgenev empfundene Undankbarkeit, die ihn derart heftig reagieren liess. Jedenfalls hatte Turgenev alle Zahlen zur Hand, und es ist auch nicht anzunehmen, dass er erst nach 1880 die Paulinette ausbezahlten Gelder genauer zu sichten begann. Geht man davon aus, dass ihn Paulinette und Gaston Bruère tatsächlich fast eine halbe Million Francs (etwa 200'000 Rubel) und damit „mehr als die Hälfte" seines Vermögens gekostet hatten, so lassen sich zwei Aussagen ableiten: Zum einen muss das gesamte Kapital, das Turgenev je besessen hatte, eine Million Francs (400'000 Rubel) erreicht haben.[831] Zum anderen hatte er offenbar

[830] WADDINGTON 1974, 41.

[831] Vgl. hierzu auch Turgenevs Brief vom 11. (23.) Februar 1878 an seinen Bruder Nikolaj, in welchem Turgenev Nikolajs Vermögen auf „fünf- oder sechsmal höher" als sein eigenes bezifferte (PSP, XII_1, 283). Nikolajs Nachlass betrug 1879 nach Turgenevs Aussage

jahrelang mitangesehen, wie grosse Teile dieses Vermögens von seiner Tochter, ihrem Gatten und der defizitären Glasfabrik aufgebraucht wurden. Es wäre aber verfehlt, Turgenev in diesem Zusammenhang einfach Naivität oder Interesselosigkeit in Gelddingen vorzuwerfen, hatte er doch in den Jahrzehnten zuvor die hierfür notwendigen Geldbeträge durchaus bewusst und zum Teil unter erheblichen Schwierigkeiten beschafft.

Nachdem sowohl Gaston Bruères Unternehmen als auch Paulinettes privates Glück gescheitert waren, brachte Turgenev immer wieder Geld auf in der Hoffnung, auf diese Weise Paulinette vor Schlimmerem zu bewahren. Er tat dies, obwohl er ihr wiederholt versichert hatte, keinen weiteren Centime mehr zu überweisen. Schliesslich musste er aber einsehen, dass seine Bemühungen umsonst gewesen waren und ihm nur weitere Vorwürfe einbrachten. Wie seine letzten Briefe an Paulinette zeigen, war Turgenev vor allem über das Verhalten seiner Tochter enttäuscht[832] – die eigentliche Höhe des verlorenen Kapitals scheint für ihn nicht von primärer Bedeutung gewesen zu sein:

> Tu continues le même système qui vous avait si bien réussi, à ton mari et à toi. Vous supposiez que ma bourse est inépuisable – et qu'on peut en tirer de l'argent à gogo. Dans ta situation c'était une vraie folie d'aller jeter de l'argent par la fenêtre à cette montagne. Enfin je vais tâcher de ne pas me laisser amollir – et je me contenterai de te payer exactement ta pension, car véritablement, j'en ai assez. (PSP, XIII_2, 39)

Obwohl er Anfang 1883 bereits schwerkrank war, liess Turgenev Paulinette pünktlich die fällige Geldrate durch die Viardots auszahlen, und noch kurz vor seinem Tode hätte er beinahe Spasskoe verkauft, um unter anderem auch die materielle Zukunft seiner Enkelkinder zu sichern. Nachdem Turgenev gestorben war, teilte Pauline Viardot Paulinette mit, sie würde die Auszahlung der Unterstützungsgelder fortführen.[833]

Während rund dreissig Jahren hatte Turgenev für die Unterbringung, Ausbildung, Ehe und Zukunft seiner Tochter gesorgt und dabei erhebliche, nahezu ruinöse finanzielle Ausgaben in Kauf genommen. Zwar hatte er Paulinette immer wieder gedroht, seine Geldhilfe einzustellen, doch konnte er sich letztlich nicht

rund 5'000'000 Francs (fast 2'000'000 Rubel) (PSP, XII_2, 12) und damit tatsächlich rund fünfmal mehr als die oben angeführte Million Francs, die Turgenev besessen haben dürfte. Eine niedrigere Zahl ergibt sich dagegen aus Turgenevs Aussage, die er in seinem an Paulinette gerichteten Brief vom 23. September (5. Oktober) 1881 machte: „J'ai donné 325 000 fr. – la moitié de ma fortune, c'est assez." (PSP, XIII_1, 125). Allerdings könnte Turgenevs Vermögen durch Grundstücksverkäufe und die Veräusserung von Werkrechten innerhalb eines Jahres von etwa 750'000 auf eine knappe Million Francs angewachsen sein.

832 Vgl. SCHAPIRO 1982, 322f.

833 BRON' 1966, 332f.

zu diesem Schritt durchringen. Trotz aller Enttäuschungen und Differenzen liebte Turgenev seine Tochter, und er sah sich ausserstande, ausgerechnet ihr jenen Beistand zu entziehen, den er so vielen anderen Menschen zukommen liess. So blieb es letztlich bei der Unterstützung, die allerdings weit über das übliche Mass und auch über seine finanziellen Möglichkeiten hinausging. Man mag darüber spekulieren, ob die Tatsache der unehelichen Vaterschaft zu Turgenevs nachgerade hyperbolischem Pflicht-, ja Schuldbewusstsein beitrug und in ihm die Absicht hervorrief, die nicht ausgefüllte Vaterrolle durch das materielle Wohlergehen Paulinettes zu kompensieren.[834] Zumindest hatte er sich hierzu 1850, nachdem er von der Existenz seiner kleinen Tochter erfahren hatte, programmatisch verpflichtet:

> [...] j'ai senti que j'avais des devoirs à remplir envers elle – et je les remplirai – elle ne connaîtra jamais la misère – je lui arrangerai sa vie aussi bien que possible.[835]
>
> Tout ce que je puis faire pour elle – c'est d'améliorer sa position matérielle – c'est un devoir pour moi – et je l'accomplirai – mais il me serait impossible seulement de la revoir. (PSP, I, 397)

Tatsächlich förderte Turgenev in den Jahren danach Paulinettes Wohlergehen auf jede nur erdenkliche Weise, und er liess nicht einmal dann von seinem Vorsatz ab, als sich zu Beginn der 1880er Jahre sein Verhältnis zu ihr deutlich verschlechterte. Die – bewusst oder unbewusst – motivierte Tauschhandlung von Vaterpflicht und Geld misslang vor allem wegen der problematischen Verhandelbarkeit der beiden ‚Werte': War seinerzeit Turgenevs Mutter bei ihrem Versuch, die Zuneigung ihrer beiden Söhne zu ‚erkaufen', gescheitert, so musste auch Turgenev letztlich erkennen, dass Geld ein inadäquates Medium zur Begleichung affektiver Defizite darstellte. Obwohl er zu seiner Vaterschaft stand und Paulinettes Schicksal sehr ernst nahm, adoptierte Turgenev seine Tochter nie formell, weshalb sie nach seinem Tode keinen Anspruch auf das Erbe hatte. Sie blieb auf sich selbst angewiesen, lebte in bescheidenen Verhältnissen und starb 1919.[836]

834 Vgl. KORSUN 1990, 237f.

835 ZVIGUILSKY A. 1971, 52.

836 BRON' 1966, 333; PSP, V, 658. Während BRANG davon ausgeht, dass Paulinette 1857 von Turgenev „adoptiert" wurde (1977, 12), ist bei KORSUN (1990, 237) lediglich davon die Rede, dass Turgenev in jenem Jahr Paulinette das Tragen seines Familiennamens gestattete. Laut ANGARSKIJ (1927, 239) wurde Paulinette am 8. Februar 1865 in Paris notariell als „ungesetzliche" („незаконная"), also ‚natürliche' Tochter Turgenevs anerkannt, was aber ebenfalls weder einer Adoption gleichkam noch im Hinblick auf allfällige Erbansprüche dem heutigen Rechtsstatus unehelicher Kinder entsprach. Vgl. ARZUMANOVA 1960, 276: „У И. С. Тургенева была дочь – Полина, но по закону она не имела никаких прав, т. к. с ее матерью [...] Тургенев не состоял в законном браке."

2.7.7. Grosszügigkeit und Pedanterie: Dostoevskijs Schulden

Etwas überschattet wird Turgenevs meist gebefreudiger Habitus durch seine kleinliche Haltung, die er in Gelddingen bisweilen, wenn auch nur sehr selten, einnehmen konnte. Das wohl prominenteste Beispiel hierfür ist das Darlehen, um welches ihn Dostoevskij 1865 bat.[837] Obwohl Turgenev zu jenem Zeitpunkt wegen der Aussteuer seiner Tochter und des Grundstückskaufes in Baden-Baden unter erheblichen Geldproblemen litt, lieh er dem verzweifelten Dostoevskij, der in Wiesbaden am Spieltisch seine gesamte Barschaft verspielt hatte, 50 Taler (rund 190 Francs, also etwa 60 Rubel).[838] Der Betrag, den Dostoevskij eigentlich möglichst rasch zurückzahlen wollte,[839] half ihm jedoch insofern wenig, als seine Geliebte Apollinarija (Polina) P. Suslova mit dem Geld nach Paris reiste und Dostoevskij sich nur mit anderweitig geborgtem Geld aus seiner unangenehmen Lage befreien konnte.[840]

1867 kam es in Baden-Baden zwischen dem ohnehin durch hohe Spielverluste gereizten Dostoevskij und Turgenev zu einer heftigen Auseinandersetzung, welche die Unversöhnlichkeit ihrer Positionen offenbarte und mit dem völligen Bruch zwischen den beiden endete.[841] Dem Streit zugrunde lagen die Verschiedenheit ihrer Anschauungen, die Gegensätzlichkeit ihrer Charaktere sowie ihre sozialen Differenzen: Für Dostoevskij waren, wie er 1876 in seinem Notizbuch vermerkte, Turgenev und Tolstoj „aristokratische Schriftsteller" („pisateli-aristokraty") bzw. „besitzbürgerliche Schriftsteller" („pisateli-proprietery"), während er sich selber als „Proletarier unter den Literaten" bezeichnete und neidvoll auf den solventen Gutsherrn Turgenev blickte, der sich damals in Baden-Baden gerade eine Prunkvilla errichten liess. Einige Jahre nach der Baden-Badener Episode schuf Dostoevskij in seinem Roman *Besy* (1871/72) mit der Gestalt des Schriftstellers Semen Egorovič Karmazinov, des, wie der sprechende Name andeutet, „Rötlichen", der sich bei der revolutionären Jugend anbiedert, eine hämische Karikatur Turgenevs. Darüber hinaus parodierte Dostoevskij darin Turgenevs *Prizraki* und damit ausgerechnet jenes Werk, das er 1863 unbedingt für

837 Vgl. Dostoevskijs Schreiben vom 3. (15.) August 1865 an Turgenev (DOSTOEVSKIJ, PSS, XXVIII_2, 128).

838 Laut HIELSCHER (1999, 104) borgte sich Dostoevskij bei Turgenev 50 *Gulden* (rund 34 Rubel). Tatsächlich rechnete Dostoevskij 1875 seine Rückstände über 50 Taler Annenkov gegenüber um („55 f."; PSP, XI, 510). Möglicherweise meinte er damit „florins" (fl.), d. h. Gulden. Das Deutsche Reich war faktisch in zwei Währungsgebiete unterteilt: in ein Taler- und ein Guldengebiet. Allgemein betrachtet wurde in Norddeutschland in Talern und Groschen, in Süddeutschland in Gulden und Kreuzern gerechnet und gehandelt. Seit dem 16. Jahrhundert waren Taler und Gulden reichsweit gültig (STEINER 1998, 95).

839 Vgl. hierzu Dostoevskijs Brief vom 8. (20.) August 1865 an Turgenev (DOSTOEVSKIJ, PSS, XXVIII_2, 129).

840 KLUGE 1992, 108; TIME 1998, 20.

841 Ausführlich hierzu: FRANK 1995, 210-220 sowie GERIGK 1995.

seine Zeitschrift haben wollte, weil er hoffte, Turgenevs Name würde den Absatz des Blattes steigern.[842]

Entsprechend heftig reagierte Turgenev auf Dostoevskijs Provokation und machte seinem Ärger über das literarische Porträt, das in Russland sofort die Runde machte, auf seine Weise Luft: Am 3. (15.) Dezember 1872 deutete er Marija A. Miljutina gegenüber an, dass er Dostoevskijs (nicht gerade beträchtliche) Schulden selbst nach sieben Jahren keineswegs vergessen hatte:

> Ему бы по крайней мере следовало, прежде чем клеветать на меня, заплатить мне занятые у меня деньги; он полагает, что можно обойтись и без этого: это дело его совести. (PSP, X, 39)

Für Turgenev war die Bezahlung von Rückständen eine „Gewissensfrage". Tatsächlich achtete er selbst, wie seine Korrespondenz immer wieder zeigt, gewissenhaft darauf, dass er seine offenen Rechnungen beglich. Mit seiner Reaktion auf Dostoevskijs Brüskierung griff er diesen genau dort an, wo er ihn besonders empfindlich treffen konnte: Indem er ihm seine Geldschulden vorhielt, zielte er bewusst auf Dostoevskijs ohnehin ausgeprägte Wahrnehmung des ökonomischen Ungleichgewichts, das zwischen ihnen beiden herrschte. Erst nach zehn Jahren, im Frühherbst 1875, übergab Dostoevskij den fälligen Geldbetrag Annenkov (PSP, XI, 509f.). Für Turgenev aber war, wie er in seinem Brief vom 29. August (10. September) 1875 an Annenkov gestand, der Gedanke an Dostoevskijs offene Schuld(en) „nicht unangenehm" gewesen, zumal ihm dies offenbar half, die Kränkungen, die ihm Dostoevskij durch seine Vorwürfe und Sarkasmen bereitet hatte, zu kompensieren:

> (Я здесь виделся с А. В. Плетневой и с Отто-Онегиным, который вручал мне 50 талеров от Достоевского. Признаться, я сначала не хотел их брать – мне было не неприятно думать, что человек, ругающий меня публично и приватно, мне должен – NB: и не 50, а 100[843] талеров; но я подумал, что не стоит того). (PSP, XI, 119)

Turgenevs pedantisches Verhalten in dieser ganzen Angelegenheit ist primär auf die öffentliche Schmach zurückzuführen, die ihm Dostoevskij zugefügt hatte und der er seine Replik entgegenhielt. Jenseits allen anekdotischen Beiwerks bleibt aber festzuhalten, dass solche subtilen Auseinandersetzungen um Geld

[842] Hingley 1966, 32f.; Brang 1977, 32; Pritchett 1986, 182; Frank 1995, 461-465; Hielscher 1999, 104 u. 107.

[843] Dieser Irrtum – tatsächlich beliefen sich Dostoevskijs Rückstände auf 50 Taler – hielt sich bei Turgenev bis zum Frühjahr 1876 (vgl. PSP, XI, 224) und ist vermutlich darauf zurückzuführen, dass Dostoevskij Turgenev ursprünglich um ein Darlehen in der Höhe von 100 Talern gebeten hatte, Turgenev aber aufgrund seiner finanziellen Situation nur 50 entbehren konnte (vgl. Frank 1995, 33 sowie Dostoevskijs Schreiben vom 3. [15.] August 1865 an Turgenev [Dostoevskij, PSS, XXVIII_2, 128]).

nicht Turgenevs Sache waren, auch wenn es hin und wieder zwischen ihm und Nekrasov oder Katkov zu ähnlichen Differenzen gekommen war. Turgenev war kein Gläubiger, der aggressiv um jenes Geld kämpfte, das ihm seiner Ansicht nach zustand. Dafür hatten ihm Dostoevskijs Schulden wenigstens eine Zeitlang Genugtuung verschafft.

2.7.8. Turgenev und der *Literaturnyj fond* – Institutionalisierung der sozialfürsorgerischen Bemühungen

> О голод, голод литературный – в нем есть особенная едкость – и ненасытимость.
>
> *Turgenev 1871 an Annenkov* (PSP, IX, 72)

> Я Ваш слуга и слуга нашего «Фонда»; как прибуду в Петербург – и Вы повелите, надену черный фрак – и произведу писк, называемый публичным чтением.
>
> *Turgenev 1871 an Annenkov* (PSP, IX, 157)

Mit seiner Teilnahme an der Gründung und späteren Aktivität von zwei kulturellen Hilfsorganisationen, der *Société d'aide mutuelle et de bienfaisance aux peintres russes de Paris* (*Obščestvo vzaimnogo vspomoženija i blagotvoritel'nosti russkich chudožnikov v Pariže*), vor allem aber des *Obščestvo dlja posobija nuždajuščimsja literatoram i učenym* (*Literaturnyj fond*), verschränkte Turgenev seine persönlichen Vorstellungen und Ziele hinsichtlich kulturfördernder und philanthropischer Massnahmen mit einem breiter abgestützten institutionellen Rahmen, der sowohl dem erstarkten berufsständischen Selbstbewusstsein der russischen Literaten als auch der Notwendigkeit einer fürsorgerischen Selbstorganisation des intellektuellen Feldes Rechnung trug.

Von nachhaltiger Bedeutung hierfür war der 1859 auf Družinins Anregung hin eingerichtete *Literaturnyj fond*, der bis 1918 bestand.[844] Turgenev gehörte zu den Gründungsmitgliedern des Fonds, wurde achtmal in das als Führungsgremium fungierende Komitee der Gesellschaft gewählt und engagierte sich an der Durchführung von Literaturabenden und Theateraufführungen, die zu einer wichtigen Finanzierungsquelle des Fonds wurden. Mit dem *Literaturnyj fond* blieb Turgenev bis zu seinem Tode verbunden, und es war bezeichnenderweise der Fonds, der Turgenevs Bestattung organisierte und zu einem beträchtlichen Teil auch finanzierte.[845]

844 Ausführlich hierzu: SELJAK 2004b (im Druck).

845 IVANOV-NATOV 1983, 241f.; PSS, XIV, 544. Turgenev war ununterbrochen während drei Amtsperioden vom 8. (20.) November 1859 bis zum 2. (14.) Februar 1863 Komiteemitglied, dann wieder vom 2. (14.) Februar 1864 bis zum 2. (14.) Februar 1866 sowie vom

Der Gründung des *Literaturnyj fond* vorausgegangen war die bereits seit den 1830er Jahren zunehmende Professionalisierung und Kommerzialisierung des Kunstbetriebs in Russland: Nichtadlige Produzenten wie auch Rezipienten (*raznočincy*, *kupcy*) begannen, sich das bis dahin weitgehend aristokratisch dominierte literarische Feld zu erschliessen und neue Publikumsschichten zu bedienen. Zudem machte sich eine deutlich gesteigerte Nachfrage nach literarischen Erzeugnissen auf dem russischen Buchmarkt bemerkbar, was zur Folge hatte, dass sich alleine in den sechs Jahren nach 1855 die Zahl der russischen Zeitschriften und Zeitungen verdoppelte. Damit wuchs auch die Zahl jener Literaten, für die das Autorenhonorar die einzige Einkommensgrundlage darstellte. Doch nur wenigen Schriftstellern gelang es, auf der Grundlage der literarischen Produktion ihren Lebensunterhalt zu bestreiten, so dass noch in den 1860er Jahren kaum ein russischer Autor ausschliesslich von seinen Werken leben konnte. Vielen Schriftstellern blieb daher nichts anderes übrig, als einem Zweitberuf nachzugehen, sich in die häufig als entwürdigend empfundene finanzielle Abhängigkeit von Privatpersonen – „Mäzenen" – zu begeben oder sich an den Staat zu wenden, der bis dahin in einzelnen Fällen sozialfürsorgerische Funktionen im literarischen Feld übernommen hatte. Insofern deutet die in der zweiten Hälfte der 1850er Jahre verstärkte Suche nach einer institutionellen Selbstorganisation der Literaten nicht zuletzt auch auf die zunehmende Emanzipation der Schriftstellerkreise sowohl von den Organen der Staatsmacht als auch von einflussreichen Mäzenen.[846]

Vor diesem Hintergrund sprach sich Družinin in seinem 1857 in der Novembernummer der *Biblioteka dlja čtenija* veröffentlichten Aufsatz *Neskol'ko predpoloženij po ustrojstvu russkogo literaturnogo fonda dlja posobija nuždajuščimsja licam učenogo i literaturnogo kruga* für die Gründung einer Gesellschaft aus, die sich bedürftiger Literaten und deren Familien annehmen und ihnen, je nach Härtefall, eine temporäre oder auch längerfristige finanzielle Unterstützung zukommen liesse.[847] Družinin bezog sich in seiner Schrift auch auf den 1773 angeregten und 1790 auf eine Privatinitiative hin gegründeten englischen *Royal*

2. (14.) Februar 1880 bis zum 2. (14.) Februar 1883 (Kornilov 1909, 73 u. 76). Diese Iterationen sowohl zu Beginn der Fondstätigkeit als auch in den letzten drei Lebensjahren Turgenevs deuten auf seine enorme Bedeutung für die Reputation und Attraktivität des Fonds hin.

846 N. N. 1857, 1f.; Kornilov 1909, 14; Sažin 1979a, 7f.; Ivanov-Natov 1983, 242. Vgl. hierzu auch Družinin 1857, 24: „При всех своих благотворных стремлениях, правительство не обязано и не может быть обязано к постоянному частному, так сказать, попечительству о судьбах русской литературы: оно имеет заботы гораздо многотруднейшие и важнейшие, и лучшие представители нашей словесности, вполне понимая это, считают себя не вправе утруждать правительство просьбами о пособии и участии к литературному делу в той степени, как здесь сказано."

847 Družinin 1857.

Literary Fund, der sich die materielle Unterstützung erwerbsunfähiger Schriftsteller und Gelehrter sowie die allgemeine Förderung von Bildung und Aufklärung zum Ziel gesetzt hatte und seit Jahrzehnten erfolgreich tätig war. Nachdem Družinin erfahren hatte, dass Turgenev 1858 an der jährlichen Gründungsfeier des *Literary Fund* in London teilgenommen hatte, bat er ihn, seine Eindrücke in einem Essay zu schildern, der dann 1859 in der Januarnummer der *Biblioteka dlja čtenija* abgedruckt wurde.[848] In seiner als offener Brief an Družinin konzipierten Schrift *Obed v Obščestve anglijskogo Literaturnogo fonda* (PSS, XIV, 239-245) beschrieb Turgenev unter anderem die von der englischen Gesellschaft praktizierten Finanzierungs- und Zuweisungsmechanismen und unterstützte die Gründung einer ähnlichen Organisation in Russland:

> Поддерживается он (*Literary Fund*, A.S.) процентами с своего капитала и добровольными приношениями и пожертвованиями любителей литературы, во главе которых стоит королева. Многие из этих пожертвований взносятся ежегодно в виде постоянной ренты. [...] члены-участники «фонда» избирают ежегодно возобновляющийся комитет из нескольких лиц, которым поручается раздача пособий и т. д. [...] Чувство, что хорошее, полезное дело, совершающееся перед нашими глазами, в то же время обеспечено, что ему не позволят разрушиться, иссякнуть, что его поддержат, что ему дадут разрастись и принести все свои плоды, – отрадное чувство. Дай бог, чтобы и у нас затеянное вами предприятие так же принялось, так же преуспевало, как лондонский литературный фонд! (PSS, XIV, 239f. u. 244f.)

Turgenevs Bemühungen um den *Literaturnyj fond* führten dazu, dass in der russischen Presse sogar das Gerücht aufkam, dass er – und nicht Družinin – der eigentliche Initiator des Fonds gewesen sei. Turgenev liess zwar umgehend eine Gegendarstellung abdrucken, doch er war und blieb in der öffentlichen Meinung – und das zu Recht – ein Mann der ersten Stunde, der mit seiner Popularität und Autorität massgeblich zur raschen Gründung und fruchtbaren Aktivität des Fonds beitrug. Bereits während der Inaugurationsphase spielte Turgenev eine wichtige Rolle, nachdem es aufgrund von Richtungskämpfen zwischen dem liberalen Flügel (Turgenev, Botkin, Grigorovič, Družinin, Pisemskij) und linksgerichteten Schriftstellern (Černyševskij, Dobroljubov) zu Verzögerungen gekommen war. Erst Turgenevs aktive Teilnahme an den vorbereitenden Massnahmen brachte jene Fortschritte, die dann in der Versammlung vom 2. (14.) Februar 1859 gipfelten, an welcher die elf Gründungsmitglieder[849] die Statuten

[848] KORNILOV 1909, 8; IVANOV-NATOV 1983, 242; PSS, XIV, 544. Vgl. Družinins Brief vom 10. (22.) August 1858 an Turgenev (*T i krug Sovr*, 211-214).

[849] Ivan S. Turgenev, Konstantin D. Kavelin, Pavel V. Annenkov, Nikolaj G. Černyševskij, Aleksandr V. Nikitenko, Andrej A. Kraevskij, Stepan S. Dudyškin, Aleksej D. Galachov, Andrej P. Zablockij-Desjatovskij, Egor P. Kovalevskij, Aleksandr V. Družinin.

des Fonds (*Ustav*) unterzeichneten. Zwei Wochen später wurde der signierte *Ustav* dem Minister für Volksaufklärung, Evgraf P. Kovalevskij (Egor Kovalevskijs Bruder), mit der Bitte um Fürsprache vorgelegt, und bereits am 7. (19.) August 1859 lag die Bestätigung Aleksandrs II. vor – offenbar hatte die russische Regierung grosses Interesse an der raschen Umsetzung des Projekts. Die Gründung des *Literaturnyj fond* wurde von der Öffentlichkeit überwiegend positiv aufgenommen, so dass schon bald zahlreiche Schriftsteller, Gelehrte und Personen des öffentlichen Lebens in den Fonds einzutreten wünschten.[850]

Als Gründungsmitglied wurde Turgenev am 8. (20.) November 1859 in den Kreis des ersten, zwölfköpfigen Komitees gewählt. Bereits im Januar 1860 fand die erste, von Turgenev organisierte öffentliche Lesung in St. Petersburg statt. Er war es auch gewesen, der, zusammen mit Ostrovskij und Pisemskij, die Initiative zur Durchführung solcher Vortragsveranstaltungen, an denen Schriftsteller sowie Gelehrte auftraten und aus ihren Werken vorlasen, ergriffen hatte. Diese Lesungen wurden rasch populär, zogen zahlreiche Hörer aus den verschiedensten sozialen Schichten an – von Vertretern der Hofkreise bis zu mittellosen Studenten – und avancierten angesichts der relativ teuren Eintrittskarten zu einer wichtigen Einnahmequelle des Fonds. Viele Autoren nahmen die Gelegenheit wahr, traten in unmittelbaren Kontakt mit ihrem Publikum und unterliefen manchmal sogar die auch hierfür notwendigen Zensurentscheide, indem sie etwa die ursprünglichen Fassungen ihrer Texte vortrugen und durch solche „Skandale" die Aufmerksamkeit der Dritten Abteilung auf sich zogen. Die behördlichen Interventionen gegenüber als ‚gefährlich' eingestuften Literaten konnten durchaus – wie 1880 auch im Falle Turgenevs – zu Auftrittsverboten führen, gleichzeitig verstärkten sie das öffentliche Interesse an diesen Begegnungen. Turgenev eröffnete die allererste Veranstaltung mit seinem Essay *Gamlet i Don Kichot*.[851] Seinen überaus gelungenen Auftritt erklärte Aleksej Galachov später mit dem Hinweis auf Turgenevs ausserordentliche Popularität in Russland:

> Он (Turgenev, A.S.) долго не мог начать чтение, встреченный шумными, громкими рукоплесканиями, и даже несколько смутился от такого приема, доказавшего, что он был в то время наш излюбленный беллетрист. Особенное чувство высказывали те посетители, которые, будучи очень хорошо знакомы с его сочинениями, впервые лицом к лицу увидели сочинителя.[852]

Tatsächlich war Turgenev zu jenem Zeitpunkt bereits ein erfolgreicher, wenn nicht sogar der am meisten gelesene und diskutierte Schriftsteller Russlands, der durch diese öffentlichen Auftritte sein ohnehin bereits beträchtliches

[850] IVANOV-NATOV 1983, 243-247.
[851] IVANOV-NATOV 1983, 245-248 u. 264. Vgl. auch SAŽIN 1979a, 15 u. 18.
[852] Zitiert nach IVANOV-NATOV 1938, 249.

symbolisches Kapital weiter förderte und zu einem guten Zweck einsetzte. Es erstaunt daher nicht, dass die Veranstaltungen, an denen er teilnahm, stets gut besucht waren und der Fondskasse stattliche Summen einbrachten.[853] So betrug alleine der Erlös der ersten Lesung 1'200 Rubel, wodurch das Stammkapital des Fonds auf 7'000 Rubel anwuchs (PSP, IV, 12). Turgenev beschränkte sich aber keineswegs nur auf die mehr oder weniger regelmässige Durchführung von Lesungen in Russland, sondern beabsichtigte auch deren Verankerung im kulturellen Leben von Paris, um auf diese Weise den Fonds mitzufinanzieren (PSP, IV, 159 u. 517). Allerdings bleibt unklar, ob die geplanten Veranstaltungen dann auch tatsächlich stattfanden.[854]

Daneben nahm Turgenev bereitwillig an Benefizabenden zugunsten mittelloser Studierender teil. Im März 1860 trug er an einer Veranstaltung für notleidende Studenten der Petersburger Universität seine Skizze *Chor' i Kalinyč* vor, nachdem er bereits bei der Organisation des Abends mitgewirkt hatte. Wie bereits gezeigt wurde, galten Turgenevs philanthropische Bemühungen immer wieder der bisweilen desolaten materiellen Lage Studierender. Ergänzt und institutionell umrahmt wurden seine Anstrengungen nunmehr durch den *Literaturnyj fond*, nachdem dieser im Frühjahr 1862 ein *Otdelenie dlja posobija bednym učaščimsja* eingerichtet hatte, das jedoch aufgrund der Studentenunruhen nach kurzer Zeit wieder geschlossen werden musste. Desungeachtet initiierte das Komitee in der Folge immer wieder Geldsammlungen zur Unterstützung bedürftiger Hochschüler.[855]

Eine weitere wichtige und von Turgenev geförderte Einnahmequelle des *Literaturnyj fond* waren Theateraufführungen, an denen Mitglieder des Fonds als Schauspieler teilnahmen. Turgenev stellte hierfür seine Dramen zur Verfügung, organisierte zusammen mit Družinin die ersten beiden Vorführungen und liess sich sogar dazu bewegen, als Akteur in einer kleinen Nebenrolle aufzutreten. Besonderes Aufsehen erregten die Petersburger Inszenierungen von Gogol's *Revizor* und *Ženit'ba* sowie von Turgenevs *Provincialka*, die am 14. (26.) und 18. (30.) April 1860 unter Mitwirkung einer ganzen Reihe von prominenten Schriftstellern, unter ihnen Dostoevskij, Grigorovič, Apollon N. Majkov, Družinin, Pisemskij und Kraevskij, stattfanden. Turgenev selbst spielte im *Revizor* einen Kaufmann, dessen Auftritt mit Kneifer auf der Nase und Zuckerhut in den Händen das Publikum zu Begeisterungsstürmen hingerissen haben soll.[856]

Wie wichtig diese öffentlichen Lesungen, Vorträge und Theaterdarbietungen

[853] Ivanov-Natov 1983, 249.

[854] Ivanov-Natov 1983, 252. Vgl. hierzu auch *T i krug Sovr*, 162f. Von den explizit zugunsten des *Literaturnyj fond* durchgeführten Aktivitäten im Westen zu unterscheiden sind jene Veranstaltungen in Paris, an denen Turgenev teilnahm und deren Erlös an dortige Institutionen ging (vgl. etwa Kleman 1934, 232 u. 235).

[855] Kornilov 1909, 21; Sažin 1979a, 11; Ivanov-Natov 1983, 250.

[856] Ivanov-Natov 1983, 250-252.

für die Finanzen des *Literaturnyj fond* waren, zeigt sich daran, dass durch solche Aktivitäten in den ersten fünfzehn Monaten 10'420.58 Rubel eingenommen werden konnten. Nur auf diese Weise waren die geplanten Geldauszahlungen an Hilfsbedürftige – und damit auch der erfolgreiche Fortbestand des Fonds – sicherzustellen. Da hierzu die Mitglieder- und Gönnerbeiträge alleine nicht ausreichten, bemühte sich das Komitee des Fonds um die rasche Umsetzung weiterer Geldbeschaffungsmassnahmen, die wiederum erhebliche Erfolge zeitigten und dazu beitrugen, dass das Fondskapital im ersten Jahr nach der Gründung der Gesellschaft bereits auf über 35'000 Rubel angewachsen war.[857]

Turgenev erfüllte aber nicht nur zuverlässig seine Verpflichtungen als Mitglied des *Literaturnyj fond*, indem er durch seine öffentlichen Auftritte zur Kapitalakkumulation beitrug und sich für notleidende Literaten sowie deren Familien einsetzte. Überdies liess er dem Fonds 1860 und 1861 fünf Prozent von seinen Werkeinnahmen zukommen. Dieser Betrag belief sich laut Turgenevs eigener Rechnung für das Jahr 1860 auf 250 Rubel, was auf literarische Einkünfte in der Höhe von 5'000 Rubeln schliessen lässt. Im September 1861 überwies er weitere 145 Rubel an die Fondskasse und gehörte damit zu den wenigen Mitgliedern, die sich – freilich wiederum nur während der ersten Jahre – an der vorgesehenen prozentualen Abgabe aus ihren literarischen Einkünften beteiligten.[858] Zudem achtete Turgenev sowohl auf die pünktliche Entrichtung seiner eigenen Beiträge an den Fonds als auch darauf, dass seine Freunde ihren finanziellen Verpflichtungen nachkamen. Dies war insofern unumgänglich, als die Zahl jener, die ihre Beiträge nicht bzw. zu spät einzahlten, sehr hoch war: Während 1865 von 634 Mitgliedern nur gerade 73 ihre jährlichen Beiträge beglichen, waren es im Jahr darauf von 643 erneut lediglich 82.[859]

Die nach 1859 rasch wachsende Autorität des *Literaturnyj fond* in der russischen Gesellschaft gründete sich denn auch vor allem auf den Einsatz arrivierter

857 *Sb XXV let*, 5; KORNILOV 1909, 11. Die Kapitalakkumulation stagnierte allerdings nach der ertragreichen ersten Phase, so dass das zweite Jahr noch 15'000, das dritte 13'000 und die darauffolgenden drei Jahre nur noch je 9'000 Rubel einbrachten, was sich in der Höhe der jährlich ausgeschütteten Unterstützungsgelder niederschlug und den Ausbau des Stammkapitals beeinträchtigte. Dies dürfte unter anderem darauf zurückzuführen sein, dass die Einnahmen aus den verschiedenen Veranstaltungen zugunsten der Fondskasse in der Folgezeit erheblich schwankten, bisweilen auf unbedeutende Beträge zurückgingen, dann wiederum mehrere Tausend Rubel im Jahr ausmachten, wobei sie jedoch nie wieder den Erlös des ersten Jahres erreichten (KORNILOV 1909, 16 u. 30).

858 KORNILOV 1909, 29f; ZABOROVA 1975, 161; IVANOV-NATOV 1983, 253; PSP, IV, 181f. u. 584. Das in den Anmerkungen (PSP, IV, 584) angeführte Datum „6. (18.) September 1860" ist offensichtlich falsch (vgl. auch PSP [2-e izd.], IV, 653f.). Die dort erwähnte Sitzung des Komitees fand am 6. (18.) September 1861 statt (vgl. PSP, IV, 286).

859 KORNILOV 1909, 19; IVANOV-NATOV 1983, 250. ZABOROVA (1975, 161) weist darauf hin, dass sich 1861 von den Fondsmitgliedern vor allem Turgenev wegen der angespannten finanziellen Ressourcen der Gesellschaft Sorgen machte und nach Lösungen suchte.

Schriftsteller wie Dostoevskij, Nekrasov, Černyševskij – und eben Turgenev. Ihnen war es zu verdanken, dass die vielfältigen Aktivitäten des Fonds eine erhebliche Breitenwirkung zeitigten und zahlreiche neue Mitglieder anzuziehen vermochten.[860]

Des weiteren übertrug Turgenev seine persönlichen Bemühungen im Zusammenhang mit der Aufhebung der Leibeigenschaft in den Tätigkeitsbereich des *Literaturnyj fond*, indem er über dessen Komitee im Frühjahr 1860 die Freilassung der Angehörigen Taras G. Ševčenkos aus der Leibeigenschaft initiierte. Der betreffende Gutsbesitzer entsprach der Bitte des Fonds, beglich sogar die Bankschulden dieser Leibeigenen über 900 Rubel und teilte ihnen Grundstücke zu, für deren Kosten dann wiederum der Fonds aufkam.[861]

In den frühen 1860er Jahren verstärkten sich innerhalb des Fonds die Richtungskämpfe zwischen den Linken (Černyševskij, Nekrasov, Pypin, Lavrov) und dem liberalen Flügel, dem auch Turgenev angehörte. Bei diesen Auseinandersetzungen ging es um die Aufnahme bzw. Ablehnung bestimmter Anwärter auf die Mitgliedschaft sowie um die Ausschüttung von Unterstützungsgeldern an Notleidende, von deren Anrecht auf finanziellen Beistand unterschiedliche Ansichten vorlagen. Diese internen Streitigkeiten führten Mitte der 1860er Jahre zu einer deutlichen Abnahme der Fondsaktivitäten, zu Austritten und Polemiken, die sich auch in der zeitgenössischen Presse niederschlugen:[862]

> Литературный фонд падает, литературный фонд при последнем издыхании, его погубили нигилисты, – вот те отзывы, которые нам в последнее время иногда случалось слышать в обществе. Порой мы наталкивались и на диаметрально противоположные мнения: „Литературный фонд копит деньги и бездействует, он равнодушен к бедствиям пишущей братии, в него засели всё такие достопочтенные господа, что нельзя от него прока ждать.“[863]

Obwohl sich Turgenev immer wieder über diese internen Konflikte beklagte, bemühte er sich weiterhin energisch um den Fortbestand des Fonds. Am 3. (15.) April 1867 trat er an einer Lesung in St. Petersburg mit Auszügen aus seinem kurz zuvor veröffentlichten Roman *Dym* auf (PSP, VI, 534). Der Abend war nicht nur in finanzieller Hinsicht erfolgreich (der Erlös belief sich auf 750 Rubel), sondern vergegenwärtigte erneut Turgenevs enorme Popularität bei der russischen Leserschaft sowie seine zentrale Bedeutung für die Autorität und Re-

[860] Sažin 1979a, 14.

[861] PSP, IV, 708. Kornilov 1909, 17.

[862] Sažin 1979a, 13f. u. 16-18.

[863] Aus den *Sankt-Peterburgskie vedomosti* vom 6. (18.) Februar 1864 (zitiert nach PSP, V, 618).

putation des *Literaturnyj fond.*[864] Zwei Wochen später versicherte er dem Komiteevorsitzenden Egor Kovalevskij, dass er sich auch künftig nach Kräften für den Fonds und die Akkumulation weiterer Betriebsmittel einsetzen würde. Mit dieser demonstrativen Solidaritätsbekundung trug er in einer für den Fonds heiklen Zeit wesentlich zu dessen produktivem Weiterbestehen bei:

> Я горжусь своим участием в основании нашего общества – и дорожу моей тогдашней деятельностью как одним из лучших моих литературных воспоминаний; [...] Почитаю себя счастливым, что мог моим чтением принести посильную пользу Литературному фонду – и прошу Комитет, а равно и Вас, достойного его председателя, быть уверенным, что и впредь я с особенным удовольствием готов буду делать всё от меня зависящее для возвышения значения нашего общества и усиления его средств. (PSP, VI, 231)

Tatsächlich versuchte Turgenev auch fortan, die Erwartungen des *Literaturnyj fond* zu erfüllen, indem er Auszüge aus seinen neuen Werken für Lesungen zur Verfügung stellte, nach wie vor fast immer, wenn er sich in Russland aufhielt, zugunsten des Fonds auftrat (so etwa 1871, 1879 und 1880) und ihm dadurch jedes Mal Hunderte, manchmal sogar Tausende von Rubeln einbrachte. Zudem unterstützte er hin und wieder auf eigene Kosten Personen, die trotz ihrer Notlage vom *Literaturnyj fond* keinen Beistand erhalten (Nikolaj Uspenskij) bzw. die sich auf ihre Weise um den Fonds verdient gemacht hatten: So schickte er 1870 100 Rubel an den Arzt Trofim I. Muzykantov, der – wie übrigens auch zahlreiche andere Ärzte – als Fondsmitglied unentgeltlich Literaten, Gelehrte und deren Familienangehörige behandelte.[865] Das Dilemma des *Literaturnyj fond* bestand nämlich in dessen erklärter Absicht, den Kreis der Unterstützungsberechtigten stark einzuschränken, um den Begünstigten dafür höhere Beträge auszuzahlen, die ihnen tatsächlich halfen und die Aktivitäten des Fonds nicht zur Farce geraten liessen.[866] Demgegenüber zog es Turgenev bei seinen eigenen Bemühungen um Notlinderung vor, möglichst viele Gesuchsteller zu berücksichtigen, auch wenn die einzelnen Unterstützungsgelder dann relativ bescheiden ausfallen konnten. Aus diesem Grunde gab es durchaus Hilfsbedürftige, die, wie Uspenskij, vom Fonds nicht bedacht wurden und sich dann an Turgenev wandten, der auf seine Weise und nach seinen Möglichkeiten eingriff. Für Turgenev bedeutete die Tätigkeit des Fonds demnach keineswegs das Ende seines eigenen materiellen Beistands gegenüber unbemittelten Literaten.

Aufgrund seines Renommees wurde Turgenev, der an der Moskauer Puškin-

[864] IVANOV-NATOV 1983, 255f. Vgl. hierzu auch PSP, VI, 538f.

[865] KORNILOV 1909, 30f.; IVANOV-NATOV 1983, 256-262; PSP, VII, 51; PSP, VIII, 250 u. 530.

[866] KORNILOV 1909, 9.

feier 1880 als Delegierter des *Literaturnyj fond* fungierte und massgeblich zu dessen Präsenz an der Einweihung des Puškin-Denkmals beitrug, in den Jahren 1881 bis 1883 dreimal in das Komitee des Fonds gewählt, obwohl er eigentlich im Frühjahr 1881 seine Mitgliedschaft auflösen wollte: Er glaubte, wegen seiner sporadischen Aufenthalte in Russland kaum mehr die ihm auferlegten Pflichten erfüllen zu können (PSP, XIII_1, 67-68). Doch sein Antrag wurde vom *Literaturnyj fond* abgelehnt, da man nach wie vor seinen Namen auf der Liste der regelmässig in das Komitee gewählten Mitglieder anführen wollte.[867] Die ihm entgegengebrachte soziale wie auch künstlerische Anerkennung und symbolische Wertschätzung banden Turgenev in seinen letzten drei Lebensjahren also noch enger an jene Institution, deren Bemühungen um kulturelle Förderung und Notlinderung er seit der Gründungszeit begleitet und stets engagiert unterstützt hatte. Nach Turgenevs Tod war es bezeichnenderweise der *Literaturnyj fond*, der sowohl die Organisation des Begräbniszeremoniells als auch die Kosten für die Überführung und Bestattung des Leichnams in St. Petersburg übernahm, obwohl die Petersburger Stadtduma beschlossen hatte, für diese Ausgaben aufzukommen und zudem 3'000 Rubel an den *Literaturnyj fond* zu zahlen. Da dann aber seitens der Behörden kein Geld beim Komitee einging, musste dieses die Aufwendungen aus eigenen Mitteln und Spenden bestreiten – dafür blieb man in dieser Hinsicht von der Staatsmacht unabhängig. Darüber hinaus versuchte die eingesetzte Beisetzungskommission des Fonds, Turgenevs Wunsch, in unmittelbarer Nähe zu Belinskij bestattet zu werden, nachzukommen, indem sie für 1'500 Rubel auf dem Petersburger Volkovo-Friedhof ein entsprechendes Grundstück erwarb.[868]

Selbst postum blieb Turgenev eine wichtige symbolische und finanzielle Stütze des *Literaturnyj fond*: 1884 gaben einige Mitglieder eine Sammlung von Briefen Turgenevs sowie den *Sbornik XXV let* in einer Auflage von 4'000 Exemplaren heraus. Beide Publikationen hatten dermassen Erfolg, dass die Editionskosten relativ rasch gedeckt waren und die Fondskasse zudem einen beträchtlichen Erlös verzeichnen konnte.[869]

Kennzeichnend für Turgenevs umfassend-vielschichtiges philanthropisches Engagement war also die Verschränkung und zugleich gegenseitige Abgrenzung von ‚öffentlicher' Sphäre und ‚privatem' Bereich, von literarischem Feld und ausserliterarischem Umfeld: Während er mit Geldmitteln und persönlicher Einflussnahme Einzelpersonen ebenso wie Personengruppen verschiedenster Herkunft und professioneller Ausrichtung (Schriftsteller, Gelehrte, ehemalige Leib-

[867] IVANOV-NATOV 1983, 264-269.

[868] IVANOV-NATOV 1983, 270-273. Laut SCHAPIRO (1982, 331) hatte ein Protest des Bürgermeisters gegen den Entscheid der Stadtduma, für die Kosten der Bestattung aufzukommen, zu Rechtsstreitigkeiten geführt, die sich dann über fast zehn Jahre hinzogen und zur Aufgabe der Finanzierungspläne führten.

[869] IVANOV-NATOV 1983, 273f.; KORNILOV 1909, 33. Zur gewinnbringenden Verlegertätigkeit des *Literaturnyj fond* vgl. KORNILOV 1909, 32-36.

eigene, Verwandte oder politisch ‚kompromittierte' Exilrussen) kurz-, mittel- und längerfristig Unterstützung zukommen liess, dabei wenig auf seine persönliche Nähe zu den Antragstellern achtete und allenfalls in Zeiten akuter Geldnot Bittgesuche abwies, nutzte er zugleich die sich ab 1859 herausbildenden institutionellen Möglichkeiten, um seine Stiftertätigkeit in der russischen, später auch in der französischen Gesellschaft breiter abzustützen und Defiziten entgegenzuwirken, denen die staatlichen Organe bis dahin kaum Beachtung geschenkt hatten. Doch ungeachtet der neuen sozialfürsorgerischen Einrichtungen, die tatsächlich zu erheblichen Verbesserungen bei der Unterstützung hilfsbedürftiger Künstler und bei der Förderung von Literatur und Wissenschaft führten, gab Turgenev seine angestammten persönlichen Bemühungen um Notlinderung bis zu seinem Tode nicht auf und schaltete sich ein, wenn die institutionellen Mechanismen der Sozialhilfe (noch) nicht griffen.

Für Turgenev hatte diese philanthropische ‚Selbstverpflichtung' erhebliche ökonomische Konsequenzen, da sein ohnehin durch unregelmässige literarische Einkünfte und dürftige Gutswirtschaftsbilanzen zerrütteter Finanzhaushalt kaum jene zusätzlichen Ausgaben verkraftete, die er für Unterstützungszahlungen vorsah. Haushalten wollte er in diesem Bereich jedoch nicht – zu einer solchen Rückzugsbewegung wäre er, so die zeitgenössischen Beobachter, aufgrund seines Charakters gar nicht in der Lage gewesen, zudem wuchs bei ihm mit dem Alter die Überzeugung, dass er auf diese oder jene Weise seinen Lebensunterhalt würde bestreiten können: „[...] я уже теперь настолько стар, что едва ли успею в будущем наделать много глупостей. А кусок хлеба до конца жизни будет." (PSP, XII_1, 283)

Der Erfolg seiner Bemühungen um Notlinderung erklärt sich zum einen aus Turgenevs Herzensgüte, persönlicher Anteilnahme am Schicksal anderer, seiner kritisch-analytischen Sicht auf gesellschaftliche Missstände, aber auch aus seinem Unvermögen, Grenzen zu ziehen und Bittsteller zurückzuweisen, wenn er sich aus irgendeinem Grunde zur Geldunterstützung ausserstande sah. Zum anderen war es die vom ökonomischen Kapital entbundene soziale Anerkennung, die ihm in Russland ebenso wie im Westen entgegengebracht wurde und das Engagement der von ihm geförderten sozialfürsorgerischen Institutionen zusätzlich unterstützte. Im Grunde wuchs Turgenevs symbolische Wertschätzung in der Öffentlichkeit durch seine gemeinnützigen Spenden und Stiftungen, die jedoch eine finanzielle Verfügungskraft sowie ein Netz von sozialen Beziehungen voraussetzten. In umgekehrter Richtung wandelte sich Turgenevs symbolisches Kapital dann wiederum mittel- und unmittelbar in ökonomisches Kapital um und steigerte die Effizienz seiner karitativen Anstrengungen.

Allerdings unterliess es Turgenev, seinen allerletzten Willen in den Dienst der Philanthropie zu stellen, um zum Fortbestand der von ihm geförderten Projekte beizutragen: So bedachte er weder den *Literaturnyj fond* testamentarisch, obwohl dies durchaus der damaligen Praxis entsprochen hätte,[870] noch liess er seinen Nachlass jenen Einrichtungen zukommen, die er selber gegründet hatte.[871] Turgenev beschritt in dieser Hinsicht seinen eigenen, unkonventionellen und auch unüberlegten Weg.

[870] KORNILOV 1909, 22-28. Zum einen fielen dem Fonds die Werkrechte von Schriftstellern wie Vsevolod Garšin oder Semen Nadson zu und trugen erheblich zur mittel- und längerfristigen Kapitalsteigerung bei, zum anderen vermachten bestimmte Autoren, die teilweise auch vom Fonds unterstützt worden waren, diesem ihr Vermögen.

[871] Vgl. WADDINGTON 1974, 57f.

2.8. Turgenevs Nachlass

Turgenevs Nachlassregelung hing im wesentlichen von zwei Faktoren ab: von seinem eigenen Erbverhalten, also davon, wie er selbst mit Erbschaftsfragen und -streitigkeiten umging, vor allem aber von seinem persönlichen Verhältnis zu den ihm Nahestehenden. Nach dem Tod seiner Mutter 1850 hatte er sich mit seinem Bruder Nikolaj rasch und gütlich über die Aufteilung des Familienerbes geeinigt und diesen Entscheid nie wirklich in Frage gestellt, auch wenn er Anfang 1878 der Meinung war, Nikolaj habe vom seinerzeit niedrigen Schätzpreis für Waldflächen profitiert und dadurch erhebliche Gewinne erzielt (PSP, XII_1, 283).

Bereits 1858 soll Turgenev, so Afanasij Fet, wiederholt bekräftigt haben, er würde seinen Erben keine einzige Kopeke hinterlassen („а моим наследничкам после моей смерти копеечки получить не придется."). Es sei dahingestellt, ob er mit dieser Aussage den Eigenkonsum in den Vordergrund rücken oder aber vielmehr der Befürchtung Ausdruck verleihen wollte, dass irgendwelche entfernten Verwandten sein zu jenem Zeitpunkt noch erhebliches Vermögen an sich reissen könnten.[872] Jedenfalls wusste Turgenev um die im russischen Erbrecht verankerte Begünstigung von Familienmitgliedern. Und spätestens seit den 1860er Jahren besass er sowohl in Russland als auch in Westeuropa Vermögenswerte, deren Zuweisung an potentielle Erben aufgrund der länderspezifischen Rechtsprechung je nachdem gänzlich unerwartet – und aus seiner Sicht auch unerwünscht – hätte ausfallen können. Doch erst in den 1870er Jahren begann er, ernsthafter über sein Erbe nachzudenken. Ihm war klar, dass eine ungelöste Nachlassfrage zu langwierigen Rechtsstreitigkeiten führen könnte.

Je älter Turgenev wurde, um so entschiedener beabsichtigte er, die Viardots als Haupterben einzusetzen. Obwohl seine Sorge nach wie vor auch Paulinette galt, richtete er sein Augenmerk doch immer mehr auf die gezielte Akkumulation von Kapital für Pauline Viardot und ihre Kinder, insbesondere aber für Claudie Viardot.[873] Bereits im Juni 1870 wies er Ivan Maslov an, alle ihm anvertrauten Anteilscheine im Falle „irgendeiner Katastrophe" Pauline Viardot zugunsten ihrer Tochter Claudie zu übereignen (PSP, VIII, 238). Turgenev hatte schon 1868 begonnen, Geld für Claudies Mitgift zurückzulegen (PSP, VII, 167). Nachdem er für 6'000 Francs (fast 2'000 Rubel) Anteilscheine der russischen Eisenbahngesellschaft erstanden hatte, die mit einer Rendite von 5½ % als besonders solide und ertragreich galten, belief sich die Aussteuer auf 31'000 Francs (10'000 Rubel), und Turgenev plante, diese Summe auf insgesamt 50'000 Francs (rund 16'000 Rubel) zu erhöhen.[874] Doch bereits 1871 umfasste die Zuweisung nach dem Kauf zusätzlicher Eisenbahnaktien fast 80'000 Francs (etwa 23'000 Rubel). Louis Viardots Vorschlag, ein Teil des Geldes sollte angesichts des

872 Waddington 1974, 39; Fet 1890, I, 254.

873 Waddington 1974, 39f.

874 Granjard / Zviguilsky 1972, 163.

Deutsch-Französischen Krieges als „patriotisches Opfer“ in französische Anleihen investiert werden, lehnte Turgenev ab – er wollte nach wie vor nur in sichere Werte anlegen.[875] Die umfassende finanzielle Vorsorge für Claudie erklärt sich einerseits aus dem engen Verhältnis zwischen Turgenev und den Viardots, andererseits gibt sie aber auch jener Hypothese Auftrieb, die von der Turgenev-Forschung wiederholt geäussert, jedoch nie restlos geklärt werden konnte: dass nämlich Turgenev – und nicht Louis Viardot – Claudies leiblicher Vater gewesen sein könnte.[876] Auf jeden Fall lag Turgenev Claudies Zukunft – auch in materieller Hinsicht – sehr am Herzen, und er tätigte seine Investitionen, entgegen seiner üblichen Praxis, sehr umsichtig. Überhaupt machte sich in diesem Zusammenhang ein deutlicher Wandel in Turgenevs ökonomischem Habitus bemerkbar: Während er bis dahin lange Zeit der Stabilität seines Finanzhaushaltes wenig Aufmerksamkeit geschenkt hatte, offenbarte er nunmehr eine nachgerade fieberhafte Aktivität, indem er die Kapitalisierung seines angeschlagenen Vermögens vorantrieb und in seinen letzten sechs Lebensjahren gleich mehrere Testamente mit unterschiedlich detaillierten Anweisungen hinsichtlich seiner Hinterlassenschaft abfasste.[877]

In seinem ersten erhaltenen Testament begünstigte Turgenev Pauline Viardot.[878] Ihr bzw. – im Falle ihres Todes – ihren Kindern überschrieb er in seinem ersten, notariell freilich nicht beglaubigten Testament vom 1. Mai 1877 den Pavillon, den er sich auf dem Anwesen „Les Frênes“ in Bougival hatte errichten lassen, sowie sämtliche darin vorhandenen beweglichen Sachen:

> Je donne et lègue à Madame Viardot, née Michelle Pauline Garcia – ou, en cas de prédécès – à ses enfants – le pavillon que j'ai fait construire dans le domaine des Frênes, à Bougival, 16, rue de Mesmes, dont j'ai l'usufruit et Madame Viardot la nue-propriété. – Je donne et lègue également à Madame Viardot ou à ses enfants, tous les objets mobiliers qui garnissent le dit pavillon.
>
> Fait à Paris le premier Mai mil huit cent soixante dix sept.
>
> Ivan Tourguéneff[879]

[875] PSP, IX, 50; SÉMÉNOFF 1933, 29; ZVIGUILSKY A. 1971, 190; SCHAPIRO 1982, 227. Vgl. hierzu auch GREVS 1928, 232.

[876] Vgl. SCHAPIRO 1982, 101f. sowie ZÚÑIGA 2001, 205-208.

[877] WADDINGTON 1974, 40.

[878] Offenbar hatte Turgenev bereits Mitte der 1850er Jahre beabsichtigt, Kapital bereitzustellen, das im Falle seines Todes Pauline Viardot zuteil würde. Allerdings gab es damals Probleme mit dem französischen Gesetz, das Turgenev daran hinderte, Pauline in einem rechtsgültigen Testament als Erbin einzusetzen (SCHAPIRO 1982, 122).

[879] *Bibl Nat*, n. a. fr. 16275, f. 454. WADDINGTON (1974, 40f.) zitiert das 1970 von Henri Granjard publizierte Testament (*Cahiers du Monde russe et soviétique* XI, 2 [Avril – Juin 1970], 263f.) in englischer Übersetzung, wobei anzumerken ist, dass in Waddingtons Version „tous les objets mobiliers“ mit „all the furniture“ nicht adäquat wiedergegeben

Demgegenüber eröffnete Turgenev am 21. August (2. September) 1878, also rund eineinhalb Jahre später, seinem Bruder Nikolaj, er würde ihm, da er sein „einziger Erbe" sei, „weit mehr als 100'000" Rubel hinterlassen (PSP, XII_1, 348). Gleichzeitig gab er Nikolaj zu verstehen, dass er sogar mit mehr als 200'000 Rubeln rechnen könne: „А за исключением тех 50 000 р., которые ты обещал дать семейству Виардо после моей смерти, все-таки тобою унаследованное имение принесет тебе свыше 200 000." (PSP, XII_1, 348). Hinter dieser Mitteilung stand zum einen Turgenevs Annahme, dass im Falle seines Todes Nikolaj wegen des russischen Erbrechts ohnehin als Haupterbe auftrete. Zum anderen wollte Turgenev aber auch Nikolaj an sein Versprechen erinnern, vom ererbten Vermögen 50'000 Rubel an die Viardots abzutreten, und seinerseits einen Erbschaftsvorbezug einleiten: Turgenev befand sich zu jenem Zeitpunkt nämlich infolge der Kišinskij-Affäre in einer finanziell kritischen Situation, und er wollte auf diese Weise Nikolaj dazu bewegen, ihm jene 100'000 Rubel auszuzahlen, die ihm Nikolaj seinerseits als Erbteil versprochen hatte („Ты знаешь, что я не сребролюбец"; PSP, XII_1, 177). Zudem versuchte Turgenev durch die gegenseitige Erbschaftszusicherung zu erreichen, dass mit diesen 100'000 Rubeln gleichzeitig auch jene 15'000 verrechnet würden, die er bei Nikolaj zu einem Jahreszins von 9 % aufgenommen hatte (PSP, XII_1, 347f.). Schon damals war sich Turgenev bewusst gewesen, dass er seine in Frankreich vorhandenen Vermögenswerte wesentlich einfacher den Viardots als Hauptbegünstigten würde vermachen können, wohingegen sein Grundbesitz in Russland zuallererst seinen Angehörigen zufiele. Nur daraus erklärt sich die Diskrepanz zwischen dem ersten erhaltenen Testament und Turgenevs Beteuerung, Nikolaj sei sein einziger Erbe.[880]

Doch alle diese Überlegungen um Erbberechtigung und Schuldenverrechnung wurden hinfällig, als Nikolaj am 7. (19.) Januar 1879 starb und Turgenev nun in erster Linie seine Interessen als Hinterbliebener zu verteidigen hatte. Denn mit dem Beginn der Auseinandersetzung um Nikolajs beachtliches Vermögen bekam Turgenev die Virulenz von Erbstreitigkeiten unmittelbar zu spüren, und er hatte grösste Mühe, seinen Anspruch auf jene 100'000 Rubel geltend zu machen, die ihm sein Bruder vermacht hatte. Nikolajs Witwe Anna Jakov-

wird, da es sich nicht nur um „sämtliches Mobiliar" handelte, sondern um „alle beweglichen Sachen" im juristischen Sinn (also eher „all the movables").

880 Einen weiteren Geldbeschaffungsversuch unternahm Turgenev im Juni 1877, indem er seinen Bruder um ein Darlehen von 5'000 Rubeln bat. Dieses sollte zu Turgenevs ausstehenden Schulden über 15'000 Rubel hinzugerechnet und postum von den zugesagten 100'000 Rubeln abgezogen werden, so dass Turgenev nach Nikolajs Tod noch 80'000 Rubel zugefallen wären (PSP, XII_1, 176f. u. 238; SCHAPIRO 1982, 281). Nikolaj akzeptierte jedoch keinen der vielen Vorschläge seines Bruders, nicht einmal dessen Angebot, die für die 1878 aufgenommene Summe fälligen Zinsen in der Höhe von 1'350 Rubeln mit einem Turgenev sehr ans Herz gewachsenen Aktgemälde Edmond Théophile Blanchards zu begleichen (SCHAPIRO 241f. u. 281f.; PSP, XII_1, 271 u. 282f.).

levna und ihre Angehörigen versuchten nämlich, Turgenevs Anteil an der Hinterlassenschaft zu beschneiden.[881] In diesem Zusammenhang schrieb Turgenev am 9. (21.) Januar 1879 an Gustave Flaubert:

> J'ai reçu hier la nouvelle de la mort de mon frère ; cela me fait beaucoup de chagrin – rétrospectif et personnel. Nous ne <nous> voyions que rarement – et il n'y avait à peu près rien de commun entre nous… mais un frère… c'est quelquefois moins, mais c'est autre chose qu'un ami. Moins fort et plus intime. Mon frère est mort riche à millions – mais il laisse toute sa fortune à des parents de sa femme. Il m'a mis (à ce qu'il m'a écrit) pour 250 000 fr. sur son testament (c'est à peu près la 20-me partie de sa fortune) – mais comme les personnes qui l'entouraient dans les dernières années de sa vie sont des espèces de filous – il faudra probablement que je me rende sur les lieux sans tarder – le legs de mon frère pourrait fort bien s'évaporer en fumée !" (PSP, XII_2, 12f.)

Geht man davon aus, dass Nikolajs Erbe tatsächlich das Zwanzigfache dessen betrug, was er seinem Bruder zu hinterlassen beabsichtigt hatte, so muss sich sein Gesamtvermögen zum Zeitpunkt seines Todes auf 5 Millionen Francs (etwa 2 Millionen Rubel) belaufen haben.[882] Turgenevs Anteil fiel dabei nicht nur auffallend gering aus, sondern drohte sich wirklich „in Rauch aufzulösen":

> […] по его словам, он из своих значительных капиталов завещал мне 100 000 р. и я вовсе не уверен в том, что наследники при снятии печатей и т. п. не попробуют распорядиться так, чтобы эти деньги испарились. (PSP, XII_2, 14).

Mit seinen zaghaften Protesten und seiner juristisch denkbar ungünstigen Position, die sich auf eine briefliche Zusage Nikolajs stützte (PSP, XII_2, 15), konnte Turgenev nur wenig gegen den geschlossenen Kreis um Nikolajs Witwe ausrichten. Zwar hatte er mit einem solchen Gang der Dinge gerechnet und Vorsichtsmassnahmen getroffen, indem er seinen Bruder bereits im Sommer 1876 gebeten hatte, die versprochenen 100'000 Rubel umgehend an Pauline Viardot auszuzahlen, falls er, Turgenev, vor ihm sterben sollte (PSP, XI, 284). Doch Turgenev hatte seinen Bruder überlebt, und seine offenen Schulden beeinflussten die Vollstreckung von Nikolajs Testament durch Anna Jakovlevna und ihre Verwandten, die Maljarevskijs, in keiner Weise:

> Очевидно – всё это было прилажено с той задней мыслью, как бы я не приехал и не повлиял на брата насчет завещания. Могу

881 Kleman 1934, 275f.; Žitova 1961, 168; Schapiro 1982, 281.

882 Am 25. März (6. April) 1879 bezifferte Turgenev in seinem Brief an Paulinette das Vermögen seines Bruders auf „mehr als eineinhalb Millionen" (PSP, XII_2, 54). Nikolajs ursprünglicher Besitzstand dürfte sich demnach zwischen eineinhalb und zwei Millionen Rubeln bewegt haben.

уверить г-на Маляревского, что я совершенно равнодушен к денежному вопросу – и охотно предоставляю ему пользоваться всем, что брат ему оставил; но что́ я никогда ему не прощу, это то, что он лишил меня возможности хотя письменно или по телеграфу выразить мое сочувствие брату, проститься с ним [...]. (PSP, XII_2, 19)

[...] меня уже известили, что они, до наложения печатей, успели утащить 20 000 р. наличными деньгами – и, конечно, постараются лишить меня той малой части капитала (55 000 р. из 520 000 р.), которую он мне оставил по завещанию, сделанному им в их пользу. (PSP, XII_2, 22)

A propos de mon héritage, j'ai vu des avocats, des légistes, j'ai vu mon intendant et j'ai vu enfin l'oiseau de proie, qui m'a si proprement plumé (Porfirij K. Maljarevskij, Anna Jakovlevnas Neffe, A.S.) : le résultat de toutes ces entrevues est qu'au lieu de 100,000 r., je n'en aurai que 50,000 et encore l'oiseau de proie a eu l'impudence de me dire qu'après tout mon frère avait été généreux envers moi ! ![883]

Nicht zuletzt aufgrund der kostspieligen Rechtsstreitigkeiten erhielt Turgenev von den 100'000 Rubeln schliesslich nur etwa die Hälfte.[884] Nichtsdestoweniger erhöhten sich seine jährlichen Einkünfte durch den Zinsertrag aus diesem Kapitalgewinn um 4'000 Francs (rund 1'500 Rubel) (PSP, XII_2, 54). Des weiteren fiel ihm Nikolajs bewegliche Habe aus dessen Haus in Moskau zu, die er versteigern liess und vom Erlös 2'000 Rubel seinem Cousin Nikolaj Petrovič Turgenev abtrat.[885] Grigorovič erinnerte sich später an diese Nachlassangelegenheit:

Приезжает Тургенев в Москву, чтобы получить свою долю наследства, и едет к г. Маляревскому; тот объявляет ему, что на его долю приходится всего двадцать тысяч. «Как так?» – спрашивает удивленный Тургенев. – «А так, – отвечает г. Маляревский, – я нахожу, что для вас и этого слишком еще много!..» –

883 ZVIGUILSKY A. 1971, 292.

884 Während PRITCHETT (1986, 231) Turgenevs Erbanteil auf 50'000 Rubel beziffert, gehen YARMOLINSKY (1959, 352) und SCHAPIRO (1982, 282) von 60'000 Rubeln aus. Turgenev selbst bezifferte das ihm zugefallene Erbe abweichend auf 55'000 Rubel (PSP, XII_2, 22), auf „etwas mehr als 60'000 Rubel" (PSP, XII_2, 37), „etwas mehr als ein Drittel" (PSP, XII_2, 54) sowie auf „etwas weniger als die Hälfte" (PSP, XII_2, 65) von den ihm eigentlich zustehenden 100'000 Rubeln. Auf jeden Fall fiel Turgenev weitaus weniger Geld zu, als er erwartet hatte.

885 SCHAPIRO 1982, 282; PSP, XII_2, 55f., 112, 434 u. 468.

«Ну, – отвечает Ив. Серг., – на этот счет позвольте мне думать иначе!» На этом дело и кончилось.[886]

Obwohl Turgenev damals wegen akuter Geldprobleme auf diese Erbschaft dringend angewiesen war, gab er sich auffallend rasch geschlagen. Nach wie vor reagierte er zu zaghaft und bedächtig in Geldfragen, die mehr Engagement erfordert hätten. Trotzdem verbesserte sich seine finanzielle Lage 1879 vorübergehend, was sowohl auf die Einkünfte aus der in jenem Jahr vertraglich vereinbarten Salaev-Ausgabe seiner Werke als auch auf die rund 50'000 Rubel zurückzuführen ist, die ihm aus dem Nachlass seines Bruders zugefallen waren.[887]

Nachdem mit Nikolaj sein engster Familienangehöriger und gesetzlicher Erbe gestorben war, setzte Turgenev in einem zweiten, notariell ebenfalls nicht beglaubigten Testament vom 15. Mai 1882 die Viardots und Pavel Annenkov als Hauptbegünstigte ein. Turgenev war sich damals bewusst, dass nach wie vor keine definitive Nachlassregelung hinsichtlich seiner Vermögenswerte in Frankreich, seiner Werkrechte und seiner russischen Güter vorgenommen worden war.[888] Während er Louis und Pauline Viardot alle beweglichen Sachen, die sich in seiner Pariser Wohnung sowie in seinem Chalet „Les Frênes" in Bougival befanden, vermachte, bevollmächtigte er Annenkov, über alle seine Manuskripte und Briefe zu verfügen sowie nach Gutdünken den Verkauf der Rechte für sein Œuvre in die Wege zu leiten, allerdings unter der Bedingung, dass sämtliche Erträge aus diesen Veräusserungen an die Viardots gingen:[889]

> Mes dernières volontés
> Je donne et lègue à mes amis Mr Louis Viardot et Madame Pauline Viardot tous mes livres, meubles, avec mes tableaux et objets d'art se trouvant à Paris Rue de Douai 50 – ou à Bougival, au Chalet des Frênes. – Je lègue tous les manuscrits de mes ouvrages imprimés, ainsi que ceux que l'on trouverait inachevés – et ma correspondance à mon ami Monsieur Paul Annenkoff, auquel j'ai également cédé le droit de vendre la totalité de mes ouvrages, à la charge pour lui de remettre la totalité du produit à Monsieur et à Madame Viardot.
>
> Ivan Tourguéneff
>
> Paris, le quinze Mai
> mil huit cent quatre vingt deux.[890]

Am (17.) 29. März 1883 verfasste Turgenev dann ein drittes Testament und liess es vom russischen Konsul in Paris, Andrej Karcov, beglaubigen. Vor dem

886 GRIGOROVIČ 1928, 259.
887 SCHAPIRO 1982, 283.
888 WADDINGTON 1974, 41f.
889 Vgl. WADDINGTON 1974, 42.
890 *Bibl Nat*, n. a. fr. 16275, f. 456. Vgl. auch WADDINGTON 1974, 42.

Hintergrund seines bereits fortgeschrittenen Krebsleidens und der Tatsache, dass Louis Viardot im Sterben lag, vermachte er in seiner juristisch nunmehr verbindlichen Verfügung Pauline Viardot die Urheberrechte für sein gesamtes Werk sowie die ihm vom Verleger Ivan Glazunov zu jenem Zeitpunkt noch geschuldeten 20'000 Rubel.[891] Damit ergänzte er Pauline Viardots Ansprüche und beschnitt jene Annenkovs insofern, als Pauline die weiteren Verwertungsstrategien seiner publizierten und noch unveröffentlichten Werke hätte bestimmen sollen:[892]

> Во имя отца, и сына, и святого духа. Будучи в здравом уме и твердой памяти, я, нижеподписавшийся, коллежский секретарь Иван Сергеевич Тургенев, на случай моей смерти завещаю все авторские права и литературную собственность на сочинения мои, как изданные, так и неизданные, а равно и еще должные мне по контракту книгопродавцем-издателем Иваном Ильичем Глазуновым двадцать тысяч рублей – всецело французской подданной Полине Виардо-Гарсия.
> Писано со слов моих и по личной моей просьбе в квартире моей в Париже, улице Дуэ (Doui) (sic, A.S.[893]), № 50, семнадцатого – двадцать девятого марта тысяча восемьсот восемьдесят третьего года действительным статским советником Андреем Николаевичем Карцовым.
> Коллежский секретарь Иван Сергеевич Тургенев[894]

Dieses Testament, das durch das Vermächtnis des gesamten Urheberrechts primär dem finanziellen Potential des Turgenevschen Œuvres Rechnung trug, wurde jedoch obsolet, als Turgenev am 9. August 1883 seine gesamten Werkrechte für 80'000 Rubel an Glazunov abtrat.[895] Zuvor, also noch während der Verhandlungen mit Glazunov, verfasste Turgenev, schwerkrank, der ständigen Pläne und Gegenpläne müde und nicht mehr in der Lage, sachliche Entscheide

[891] Vgl. hierzu den Vertrag vom 21. August (2. September) 1882 (Appendix C, S. 482).

[892] Vgl. SÉMÉNOFF 1933, 31; ARZUMANOVA 1960, 264f. u. WADDINGTON 1974, 43.

[893] Eigtl. (Rue de) Douai, A.S.

[894] Zitiert nach ARZUMANOVA 1960, 269.

[895] WADDINGTON (1974, 43) nimmt an, dass Turgenev mit dem im Testament verankerten Hinweis auf seine unveröffentlichten Werke Pauline Viardot das Recht übertragen wollte, allfällige künftige Verhandlungen mit Glazunov fortzusetzen. Möglicherweise wollte Turgenev aber auch zwischen seinen Werken und Dokumenten anderer Art unterscheiden, jedenfalls wurde Annenkovs diesbezügliche Ermächtigung in der zweiten Verfügung vom 15. Mai 1882 nie wirklich annulliert bzw. revidiert (ebd.). Annenkov musste sich daher nach Turgenevs Tod mit Pauline Viardot arrangieren und sich auf die Abarbeitung und allfällige Publikation jener Dokumente beschränken, die Pauline freigab. Daraus erklärt sich auch der beträchtliche Umfang der 1930 von André Mazon veröffentlichten Liste mit Papieren Turgenevs, die aus dem Nachlass der Viardot-Erben stammten (WADDINGTON 1974, 53-57; vgl. MAZON 1930).

zu fällen, am 17. Juni 1883 ein weiteres, viertes und letztes Testament. Dieses wurde neun Tage später offiziell ratifiziert – bis dahin war einzig die dritte Verfügung vom 29. März 1883 notariell beglaubigt worden – und stellte eine bedeutungsvolle Blankovollmacht für die Universalerbin Pauline Viardot dar:[896]

> J'institue Madame Pauline Viardot ma légataire universelle en toute propriété.
>
> Ivan Tourguéneff
>
> Bougival, 17 Juin 1883.[897]

Mit diesem Einzeiler, dem bis zu einem gewissen Grad der wenig rationale romantische Habitus des „Alles-auf-eine-Karte-Setzens" zugrunde lag, wollte Turgenev weder Annenkovs noch Paulinettes Ansprüche auf Teile seines Nachlasses bewusst beschneiden, sondern offenbar lediglich einen letzten Versuch unternehmen, um Spasskoe für Pauline Viardot zu sichern.[898] Kurz vor seinem Tod hatte Turgenev noch versucht, den Verkauf seiner russischen Besitzungen einzuleiten, um das hierbei gewonnene Kapital Pauline hinterlassen zu können. Da sein Grundbesitz nach russischem Zivilrecht nicht testamentarisch aufgeteilt bzw. keiner Person ausserhalb der Familie vermacht werden konnte, wollte Turgenev wenigstens auf diese Weise Pauline seine Vermögenswerte in Russland überschreiben. Wegen seiner üblichen Nachlässigkeit bzw. seiner, wie Henry James es formulierte, „weitreichenden Unentschlossenheit" („comprehensive indecision") wurden seine Veräusserungsanweisungen aber nicht ordnungsgemäss beglaubigt, so dass die Instruktionen letztlich ungültig blieben. Noch zwei Wochen vor seinem Tod beklagte sich Turgenev darüber, dass es ihm nicht gelungen sei, Spasskoe zu verkaufen, und nun, wie er dem Maler Vasilij Vereščagin anvertraute, Gott allein wisse, wer die Ländereien erben würde – sicher aber weder Pauline Viardot noch seine Tochter Paulinette.[899]

Bereits wenige Stunden nach Turgenevs Tod am 22. August (3. September) 1883 erschienen die ersten Personen, die sowohl ihren Anspruch auf Teile seines Besitzes geltend machen wollten als auch offen ihre Ansicht äusserten, dass Pauline Viardot – ungeachtet der Testamente – kein Anrecht auf sein Vermögen habe. Insbesondere einige von Turgenevs engsten russischen Freunden machten kein Hehl aus ihrer Feindseligkeit gegenüber Pauline, die, so ihre Argumentation, Turgenev nie wirklich geliebt, sondern lediglich ausgenutzt habe,[900] und sie versuchten, an bestimmte Vermögenswerte – etwa Puškins Ring oder Turgenevs restliche Gemälde – zu gelangen. Nachdem Pauline innerhalb von wenigen Mo-

896 Angarskij 1927, 239; Arzumanova 1960, 265 u. 271; Waddington 1974, 42 u. 45; Schapiro 1982, 235.

897 Zitiert nach Waddington 1974, 45.

898 Waddington 1974, 45.

899 Yarmolinsky 1959, 386; Arzumanova 1960, 266; Schapiro 1982, 325 u. 329.

900 Arzumanova 1960, 283; Waddington 1974, 39 u. 44f.

naten sowohl ihren Gatten Louis als auch ihren engsten Freund Turgenev verloren hatte, sah sie sich nunmehr Anfeindungen, Erbstreitigkeiten und langwierigen Gerichtsverfahren ausgesetzt. Da sich aufgrund der engen Nachbarschaft Turgenevs Lebens- und Besitzwelten mit jenen der Viardots verschränkten, befanden sich in der Pariser Rue de Douai einige seiner Habseligkeiten in der Wohnung Pauline Viardots. Dies hatte zur Folge, dass nicht nur, wie vom Gesetz vorgeschrieben, sein Chalet in Bougival und seine Wohnung in Paris, sondern eben auch die Zimmer Pauline Viardots versiegelt wurden. Erst eine Klage des russischen Generalkonsuls vor einem französischen Gericht führte zur Beseitigung der Siegel und zur Durchführung einer Inventur in Turgenevs Räumlichkeiten.[901]

Pauline Viardot versuchte zunächst, die Gültigkeit der beiden letzten Testamente Turgenevs geschlossen vor Gericht durchzusetzen, also neben ihrem Anrecht auf Turgenevs gesamtes Vermögen auch ihren Anspruch auf die Werkrechte geltend zu machen. Da sich aber bereits Anfang Oktober 1883 herausstellte, dass nach der Abfassung des zweitletzten Testaments Turgenevs damaliger Bevollmächtigter Toporov den Vertrag mit Glazunov aus juristischer Sicht bindend abgeschlossen hatte, entschied ein Gericht in St. Petersburg am 11. Oktober 1883, dass, erstens, nur Turgenevs allerletzte Verfügung bei der Nachlassregelung zu berücksichtigen und, zweitens, Pauline Viardot als Erbin seines gesamten Vermögens (aber unter Ausschluss des Urheberrechts auf sein Œuvre) anzuerkennen sei. Obwohl Pauline Viardots Erbberechtigung durch diesen Beschluss bestätigt wurde, setzte eine zeitraubende und umständliche Auseinandersetzung um Turgenevs Erbe ein, so dass ein Jahr nach seinem Tod immer noch nicht feststand, wem der Nachlass gehörte.[902]

Als Gatte und, wie es hiess, „Interessenvertreter" von Turgenevs Tochter Paulinette betrachtete sich Gaston Bruère als gesetzlichen Erben und focht Turgenevs Testament vor einem französischen Gericht an.[903] Mit dem Hinweis, Turgenev habe seinen letzten Willen nicht im Vollbesitz seiner körperlichen und geistigen Kräfte verfügt, versuchte Bruère, die Ansprüche seiner von ihm getrennt lebenden Frau durchzusetzen, um zumindest an Teile des Turgenevschen Vermögens zu gelangen. Nachdem aber Pauline Viardots Fürsprecher den Um-

901 ANGARSKIJ 1927, 236-238; FITZLYON 1964, 452f.; WADDINGTON 1974, 47-52.

902 ANGARSKIJ 1927, 235 u. 241; ARZUMANOVA 1960, 265 u. 274f.; WADDINGTON 1974, 42 u. 46; SCHAPIRO 1982, 329. Begleitet wurde das heikle Nachlassverfahren von wilden Gerüchten und Spekulationen, die immer wieder neue Versionen hinsichtlich der angeblichen Haupterben (Pauline Viardot, Paulinette) und des Literaturnachlassverwalters (Annenkov) hervorbrachten und Pauline sogar des Giftmords an Turgenev bezichtigten (vgl. ARZUMANOVA 1960, 266-268 u. WADDINGTON 1974, 39).

903 Obwohl Turgenev Anfang 1882 geplant hatte, Paulinettes Scheidung von Gaston in die Wege zu leiten („nous commencerons un procès de séparation de biens et de corps"; PSP, XIII_1, 202), blieb es letztlich beim alten Ehestand, so dass Gaston bei der Erbschaftsregelung die Rechte des Gatten wahrnehmen konnte.

stand ins Feld geführt hatte, dass Paulinette juristisch als, wörtlich, „ungesetzliche“, also uneheliche Tochter Turgenevs gelte und daher keinen Anrecht auf die Erbschaft habe, zogen Paulinette und ihr Gatte am 19. August 1884 die Klage zurück und übernahmen die Gerichtskosten in der Höhe von immerhin 10'000 Francs (4'000 Rubeln).[904] Die von der Turgenev-Forschung hier und da geäusserte Behauptung, Turgenev habe seiner Tochter testamentarisch 100'000 Francs hinterlassen, scheint nicht zuzutreffen: Denn weder ist in irgendeinem überlieferten Testament ein entsprechender Passus zu finden noch wurde dieser Geldbetrag in den Verhandlungen als Teil des strittigen Nachlasses angeführt. Zudem hätte – und das war Turgenev zweifellos klar gewesen[905] – Gaston Bruère nach französischem Recht Anspruch auf das Geld gehabt. Bei den 100'000 Francs handelte es sich nicht um ein Erbteil, sondern um Kapital, das seinerzeit investiert worden war und dessen jährlicher Zinsertrag von 5'000 Francs als Lebenshaltungskosten an Paulinette ging. Dass vor Gericht festgehalten wurde, Paulinette habe bereits zu Turgenevs Lebzeiten den ihr zustehenden Teil des Erbes erhalten, entbehrt insofern nicht einer gewissen Ironie, als zwar damit wohl die Unterhaltszahlungen gemeint waren, tatsächlich aber das Ehepaar Bruère Turgenev insgesamt nahezu eine halbe Million Francs gekostet hatte (die 100'000 Francs eingerechnet).[906]

Während Anfang Februar 1885 sämtliche Rechte Pauline Viardots auf Turgenevs Nachlass in Frankreich bestätigt worden waren,[907] erwiesen sich die Hürden, die sie in Russland zu überwinden hatte, als erheblich schwieriger. Laut russischem Gesetz gehörten Turgenevs Besitzungen zu den sogenannten „Erbgütern“ („родовые имения“), die – im Gegensatz zu „erworbenen“ Besitzungen – als unbewegliche Sachen testamentarisch nicht dezidiert vermacht werden konnten. Aus diesem Grunde berücksichtigte ein Gericht in Orël nicht Turgenevs Verfügung, sondern hielt sich an die gesetzlichen Vorgaben („наследство по закону“) und bestätigte die Anwartschaft zweier entfernter Verwandter aus Varvara Petrovnas Familienlinie auf den mit einem amtlichen Wert von nur gerade 165'000 Rubeln bezifferten Grundbesitz. Nunmehr lagen drei Gerichtsbeschlüsse vor, ein französischer und zwei russische, so dass Pauline Viardots Erbschaftsantritt weiter verzögert wurde. Daraufhin legte Pauline Viardot einen Schuldschein über 30'000 Rubel vor, die Turgenev 1864 bei ihr aufgenommen hatte, um den Bau seiner Villa in Baden-Baden sowie die Hochzeit seiner

904 Angarskij 1927, 236-242; Waddington 1974, 52; Schapiro 1982, 329.

905 Vgl. PSP, XIII_1, 212.

906 Angarskij 1927, 241; Waddington 1974, 41 u. 47; Schapiro 1982, 321f. Vgl. hierzu auch Anmerkung 829. Dass Turgenev seiner Tochter kein Erbe zu hinterlassen gedachte, wird auch aus seinem Brief an Paulinette vom 18. (30.) November 1882 deutlich: „Je ne puis que te répéter le conseil d'user de la plus stricte économie. Si j'étais mort – n'est-ce-pas ? – tu devrais bien te contenter de ta pension.“ (PSP, XIII_2, 104).

907 Arzumanova 1960, 268; Waddington 1974, 52.

Tochter finanzieren zu können.[908] Obwohl das Darlehen spätestens mit Louis Viardots Übernahme der Immobilie 1868 beglichen worden war, hatte Pauline den Wechsel behalten.[909] Weil aber die gesetzlichen Erben Turgenevs in Russland nicht nur dessen (unbeweglichen) Grundbesitz erhielten, sondern auch für allfällige Schulden aufkommen mussten, und Pauline Viardot einerseits ein Anrecht auf die beweglichen Sachen auf Turgenevs Gütern hatte, andererseits mittels ihres Schuldscheins neue finanzielle Forderungen an die Erbberechtigten stellte, setzten intensive und zeitraubende Verhandlungen zwischen den Anwälten beider Parteien ein. Da zudem auch Pauline Viardot als Erbberechtigte galt und infolgedessen einen Teil jener Schulden, die sie eigentlich einforderte, mitzutragen hatte, musste die Auseinandersetzung mit einem Vergleich beschlossen werden: Man einigte sich darauf, dass Pauline eine Entschädigung von 25'000 Kreditrubeln[910] erhielt, die ihr, zuzüglich des Zinses, bis Ende Oktober 1887 vollständig überwiesen wurden. Mit dieser Kompensation und Paulines offiziellem Verzicht auf die strittigen Güter in Russland endeten erst fünf Jahre nach Turgenevs Tod die Auseinandersetzungen um das Erbe. Die Pauline ohnehin zugefallene bewegliche Habe[911] bestand, abgesehen vom Bargeld und den persönlichen Sachen Turgenevs in Frankreich und Russland, vermutlich vor allem aus jenem Teilbetrag, der von seiten Glazunovs immer noch für Turgenevs Werkrechte ausstand. Insofern konnte Pauline Viardot insgesamt nicht viel mehr als rund 80'000 bis 90'000 Rubel (die 25'000 Kreditrubel eingerechnet) von Turgenev geerbt haben, vorausgesetzt, der Betrag von 59'500 Rubeln, die Glazunov nach Turgenevs Tod noch zu begleichen hatte (PSP, XIII_2, 380), ging in vollem Umfang an sie.[912]

Zieht man in Betracht, dass diese Summe vom viel zu tief veranschlagten amtlichen Schätzwert des Turgenevschen Gutsbesitzes in Russland um fast das Doppelte übertroffen wurde, zeigt sich, welche Geldsummen der ‚offiziellen'

908 Laut ARZUMANOVA (1960, 278) und WADDINGTON (1974, 47) belief sich der Betrag auf 30'000 Rubel. Allerdings zitiert ARZUMANOVA kurz darauf einen Brief Turgenevs vom 2. (14.) Dezember 1864 an Pavel Annenkov, in welchem von einem Darlehen über 50'000 Francs die Rede ist (ebd. 279). Im Schuldschein selbst wird der Betrag mit 30'000 Rubeln „Российскими полуимпериалами чекана 1856 и 1857 годов" ausgewiesen (ARZUMANOVA 1960, 279).

909 Unklar bleibt, ob der Schuldschein nach der Begleichung der Rückstände aus Nachlässigkeit nicht vernichtet worden war oder ob Turgenev, wie ARZUMANOVA (1960, 280) annimmt, mit Erbstreitigkeiten nach seinem Tod gerechnet und aus diesem Grunde den Viardots angeraten hatte, den Wechsel als Sicherheit für eine finanzielle Kompensation beiseite zu legen.

910 Der Pauline Viardot laut Schuldschein seit 1864 zustehende Betrag wurde 1885 auf 46'020 Rubel beziffert (WADDINGTON 1974, 47).

911 Bis auf Turgenevs Bibliothek verkaufte Pauline Viardot die ihr in Spasskoe zustehenden beweglichen Sachen für 600 Rubel an die beiden Erbinnen (ARZUMANOVA 1960, 283).

912 ARZUMANOVA 1960, 275-284; WADDINGTON 1974, 46f.; SCHAPIRO 1982, 329f.

Haupterbin aufgrund des russischen Erbgesetzes vorenthalten wurden. Vor seinem Tode hatte Turgenev noch versucht, dieser Gefahr durch die Veräusserung seines Grundes und Bodens in Russland zu begegnen, auch hatte er seine Werkrechte für eine Globalsumme angeboten, um den Erlös als ‚sicheren Wert' in seinen Nachlass fliessen zu lassen. Während Spasskoe wegen Turgenevs Nachlässigkeit schliesslich doch nicht verkauft und deshalb Gegenstand der in Russland zu Ungunsten von Pauline Viardot entschiedenen Nachlassauseinandersetzungen wurde, waren die lukrativen Verhandlungen mit Ivan Glazunov zu einem Abschluss gekommen. Dennoch bleibt festzuhalten, dass Pauline Viardot auch in urheberrechtlicher Hinsicht längerfristig einen wesentlich höheren Kapitalgewinn hätte erzielen können, wenn die Verwertung der Werkrechte ihr überlassen worden wäre. Turgenevs letztem Willen, dem zufolge Pauline Viardot sein gesamtes Vermögen zu erben hatte, stand die Tatsache entgegen, dass sie nach Abschluss der Nachlassverfahren nur gerade ein Drittel von der ihr ursprünglich zugedachten Erbschaft erhielt.[913] Ungeachtet seiner ernstgemeinten Bemühungen, der komplexen Frage Herr zu werden, blieb Turgenevs Verhalten als Erblasser letztlich unbedacht. Während seiner Tochter gar nichts und der Haupterbin Pauline nur ein Teil seines gesamten Nachlasses zuteil geworden war, wurden Verwandte, zu denen er überhaupt keine Beziehung gehabt hatte, mit erheblichen Vermögenswerten bedacht.

Geradezu paradox erscheint vor diesem Hintergrund die Aussage von Paulines Tochter Louise Héritte-Viardot: Ihr zufolge soll es Turgenev nicht in den Sinn gekommen sein, den Viardots „wenigstens einen Teil seines enormen Vermögens" zu vermachen, weshalb „seine Millionen von einer alten Frau geerbt wurden, die er nie gesehen hatte und die ohnehin bereits Millionärin war".[914] Unklar bleibt, welche „Millionen" Louise Héritte meinte, als sie diesen Vorwurf erhob – Turgenevs Nachlass betrug jedenfalls nur etwa ein Fünftel einer einzigen Million Rubel. Zudem hatte er Pauline Viardot seinen gesamten Besitz vermacht, und wenn sein Testament nicht offiziell angefochten worden wäre, hätte sie das ganze Vermögen auch erhalten.[915]

Turgenevs dringendes, sich vor allem gegen sein Lebensende verstärkendes Bedürfnis, mit seiner langjährigen Freundin Pauline Viardot in ständiger Beziehung zu stehen, wann immer möglich ihre Stimme zu hören und ihre Ansichten und Wünsche zu berücksichtigen, deutet auf eine problematische, eher kompensatorische denn durch tiefe Liebe bestimmte Abhängigkeit hin. Da Turgenev weder Paulines Gatte war noch sich zeit seines Lebens aus dieser komplizierten

913 Lowe 1989, 33.

914 Arzumanova 1960, 284; Waddington 1974, 47.

915 Laut dem damaligen russischen Zivilrecht sollte erst dann geklärt werden, ob es sich um ein „ererbtes" oder „erworbenes" Gut handelte, wenn im Rahmen eines Nachlassverfahrens eine Anfechtung des Testaments vorlag (Arzumanova 1960, 284). Ohne den Einspruch der beiden Verwandten Turgenevs wären Pauline Viardot dessen russische Vermögenswerte zweifellos zugefallen.

(Selbst-)Ausgrenzung zu befreien vermochte, verharrte er in einer unvollständigen, zweideutigen und am Illegitimen rührenden Liaison, die er zwar selbst als „inoffizielle Ehe" bezeichnete,[916] deren unerfüllte Intimität ihn aber frustrierte und ihm immer wieder Anlass zu Selbstmitleidsbekundungen gab.[917] Tatsache ist, dass sich Turgenev bis zu seinem Lebensende freiwillig jener aussergewöhnlichen Frau unterordnete, die zusammen mit ihrer Familie die einzigen permanenten Bezugspersonen darstellte, die er hatte.[918] Vor diesem Hintergrund ist Turgenevs letzte Verfügung, ja überhaupt seine gesamte, unkoordinierte und potentiellen Erbschleichern Tür und Tor öffnende Nachlassregelung einerseits als „bedingungslose Kapitulation vor seiner lebenslangen Liebe zu Pauline Viardot" (WADDINGTON),[919] andererseits aber auch als Versuch zu deuten, postum wenigstens testamentarisch seiner Verbindung mit Pauline den Status eine „offiziellen" Ehe zu verschaffen. Pauline Viardot stellte denn auch, wie sich der Maler und Turgenev-Freund Aleksej Bogoljubov später erinnerte, Turgenevs einziges Lebensziel dar,[920] als ob neben ihr alle ‚irdischen' Dinge wie Reichtum, Besitz und Vermächtnis bedeutungslos erschienen. Insofern hatte Turgenev tatsächlich eine „eigentümliche" Art zu leben, zu lieben, zu schreiben – und zu wirtschaften:

> Другой подруги он не мог иметь, и криво судят те, которые хотели бы ему навязать свой уход и свою любовь, им присущую. Ивану Тургеневу надо было жить и любить своеобразно, так, как он своеобразно бросил взгляд на все, что сотворил, и тем себя увековечил. А деньги, дачи, дома, имущество, оставленное им, – все это вздор, все это бледно перед 42-летним (korrekt: 40-летним, A.S.) чувством привязанности и хоть единым мигом наслаждения ума и сердца, который ему дала m-me Виардо.[921]

916 WADDINGTON 1981a, 285.

917 YARMOLINSKY 1959, 231-240; GRANJARD / ZVIGUILSKY 1972, XVI-XIX; ZÚÑIGA 2001, 201. Vgl. hierzu KORSUN 1990, 222: „[…] in conventional and formal terms the relationship between Turgenev and Pauline was a failed intimacy. The search for intimacy remained unresolved, and, whatever Pauline and Turgenev would be to each other in the future, the relationship would have to function differently with different expectations."

918 LN 1967, 464 (*Iz vospominanij A. P. Bogoljubova*); WADDINGTON 1974, 57.

919 WADDINGTON 1974, 44.

920 WADDINGTON 1974, 58.

921 LN 1967, 464 (*Iz vospominanij A. P. Bogoljubova*).

2.9. Zwischen Interesselosigkeit, Naivität und Inkompetenz. Das Spektrum von Turgenevs ökonomischem Habitus

Turgenevs literarische Anfänge gingen mit einer in den 1830er Jahren einsetzenden Umgestaltung der gesellschaftlichen Strukturen Russlands einher: Durch den Aufstieg nichtadliger sozialer Akteure wie der *raznočincy* und *kupcy* wurden die althergebrachten sozialen Konstellationen aufgebrochen, so dass sich das bis dahin weitgehend vom Adel beherrschte literarische Feld einer breiteren Schicht von Rezipienten und Produzenten öffnete. Da mit dieser Entwicklung auch das Feld der Ökonomie zunehmend an Bedeutung gewann und gesellschaftliche Interaktion immer stärker in ökonomischen Kategorien definiert wurde, bildete sich ein Literaturmarkt heraus, der zum einen den Regeln des freien Wettbewerbs gehorchte, zum anderen sich aber an Widerständen verschiedenster Art brach: Dass der ‚freie' Schriftsteller in Russland weiterhin politisch kaum unabhängiger war als sein etwa im Staatsdienst stehender Berufskollege, lag vor allem an den auch nach 1861 ungeschmälerten Interventionsmöglichkeiten des Staates. Dieser entschloss sich nur zögernd dazu, die für die Initiativen der literarischen Unternehmer notwendigen rechtlichen Freiräume zu schaffen und durch den Verzicht auf eine autoritäre, Öffentlichkeit und Literatur gleichermassen regulierende wie auch reglementierende Politik eine grössere Unabhängigkeit des literarischen Feldes gegenüber jenem der Macht zuzulassen. Die staatlichen Eingriffe in den Literaturmarkt sowie der Mangel an weitblikkenden Verlegerpersönlichkeiten und kapitalkräftigen Verlagen führten dazu, dass die Verdienstmöglichkeiten vieler Autoren auf der Grundlage ihrer literarischen Produktion lange Zeit unzureichend blieben. Erst in den 1870er und 1880er Jahren konsolidierte und stabilisierte sich der literarische Markt in Russland und damit auch die Lage vieler professioneller Schriftsteller, die über keinen Zweitberuf verfügten, oft deutlich unter dem Existenzminimum lebten und auf die Unterstützung sozialfürsorgerischer Einrichtungen wie den *Literaturnyj fond* angewiesen waren.

Als Adliger aus reichem Hause und Erbe eines beträchtlichen Vermögens verhielt sich Turgenev zwiespältig zu den Entwicklungen des russischen Literaturmarktes und zur Verschränkung des literarischen Feldes mit der Staatsmacht: Während er noch in der ersten Hälfte der 1840er Jahre die Profitmöglichkeiten der Literatur aufgrund seines mütterlicherseits grosszügig alimentierten Budgets missachtete oder sogar abwertete, nahm er ab 1847 – nicht zuletzt unter dem Zwang, sein Auskommen weitgehend autonom bestreiten zu müssen – die Möglichkeiten des Berufsliteratentums bewusster wahr. Mit den *Zapiski ochotnika* gelang ihm dann jener literarische und auch kommerzielle Durchbruch, der ihn enger an den Literaturmarkt band, seinen Ruf als Erfolgsautor begründete und ihn in der literarischen Hierarchie rasch aufsteigen liess. Von in- und ausländischen Verlegern umworben, schloss Turgenev Exklusivverträge ab, arbeitete für verschiedene Zeitschriften, die ihm immer höhere Honorare boten, und verfügte bereits in den 1860er Jahren über literarische Einkünfte, die mehrere Tausend Silberrubel im Jahr betragen konnten. Spätestens seit den 1870er Jahren gehörte Turgenev zu den Spitzenverdienern unter den russischen Autoren, wobei seine Einnahmen aus der literarischen Produktion noch durch die Einkünfte, die ihm seine 1850 geerbten Güter boten, ergänzt wurden. Turgenev war denn auch nie wirklich auf einen Zweitberuf angewiesen, selbst wenn ihn seine Mutter um 1840 immer wieder zu einer ‚standesgemässen' Beamtenlaufbahn gedrängt und mit Geldentzug unter Druck gesetzt hatte. Turgenevs kurzes, unbesoldetes Berufsintermezzo im Innenministerium ist demnach lediglich als Konzession an die mütterlichen Forderungen zu verstehen. Ansonsten verlieh ihm sein Vermögen jenen Handlungsspielraum, den er für seine ökonomische, später auch räumliche Emanzipation vom Feld der Macht benötigte.

Obwohl Turgenev über hohe Durchschnittshonorare, eine herausragende Reputation bei der russischen und westeuropäischen Leserschaft und potentiell einträgliche Ländereien im fruchtbaren Schwarzerdegebiet Russlands verfügte, unterlag sein Finanzhaushalt während Jahrzehnten enormen Schwankungen. Dies lag an der Zufallslogik seines Budgets, standen doch der Ausgabenseite inkonstante, primär von subsistenzökonomischen Erwägungen geprägte Einnahmequellen gegenüber. Wegen seiner labilen Gesundheit und immer wiederkehrenden Schaffenskrisen schrieb Turgenev sehr unregelmässig: Auf Phasen intensiver Tätigkeit folgte eine zum Teil monatelang stockende Produktion, was sich umgehend in der Höhe seiner Werkeinkünfte bemerkbar machte. Turgenev versuchte zwar, längere Schreibpausen finanziell mit Hilfe jener Erträge zu überbrücken, die ihm seine Besitzungen einbrachten. Doch Missernten, insbesondere aber unzulängliche und unlautere Verwaltungspraktiken auf seinen Gütern hatten zur Folge, dass auch Spasskoe bald zum wirtschaftlichen Unsicherheitsfaktor wurde und Turgenev sich zur literarischen Arbeit gezwungen sah, um die Defizite in der Gutswirtschaft aufzufangen. Dem bereits in den 1850er Jahren einsetzenden Kapitalschwund lag, neben Turgenevs Grundstücksabtretungen an seine Bauern, einerseits das Geschäftsgebaren seiner Gutsverwalter, andererseits die häufig wenig bedachte und überwiegend auf kurzfristige Liquiditätssicherung, Schuldenbegleichung oder Immobilienfinanzierung ausgerichtete Veräusserung von Teilen seiner Ländereien zugrunde.

Diesen wirtschaftspolitisch ohnehin problematischen Finanzierungsmechanismen stand Turgenevs konsumptives Verhalten gegenüber, das er nicht oder nur selten als einkommensabhängig begriff. Turgenev pflegte eine distinguierte, aristokratisch-repräsentative Lebensführung, er reiste viel, besass mehrere, zum Teil luxuriös eingerichtete Immobilien und gab bisweilen erhebliche Geldsummen für persönliche Annehmlichkeiten und Tafelrunden aus. Wie bei vielen anderen Adligen bestimmte auch in seinem Fall eine althergebrachte standesspezifische Verhaltensnormierung Konsum, Aufwand und persönlichen Lebensstil.[922]

[922] Vgl. hierzu auch FENSTER 1983, 65f.

Dass letzterer nur schwer in exakte Zahlen gefasst werden kann, liegt vor allem an der schmalen Faktenbasis zu Turgenevs alltäglichen und individuellen Lebensäusserungen: Im Gegensatz zu seinen Einkünften, die – freilich mit zum Teil erheblichen Lücken – auf der Grundlage von Gutsverwalterberichten, Verträgen und Briefstellen ermittelt werden können, ist die Ausgabenseite nur partiell eruierbar:[923] Turgenev äusserte sich in seinen Briefen nur selten über Ausgaben und Kosten – weder gab er sich bzw. anderen Rechenschaft über die persönliche Leistung noch beherrschte er den Diskurs des Abrechnens. Mit Quittungen und Listen über Aufwendungen ging er nachlässig um, so dass er bisweilen sogar seine Vertrauensleute bitten musste, die entsprechenden Aufstellungen ein zweites Mal zu schicken. Turgenevs negative Einstellung zu buchhalterischer Pedanterie manifestierte sich im ‚Verschweigen' der Auslagen, über die er häufig ohnehin keinen Überblick hatte. Möglicherweise ist gerade dieses auffallende ‚Wegsehen' mit ein Grund dafür, dass in Turgenevs Korrespondenz kaum grundsätzliche Reflexionen über Geld zu finden sind. Fest steht, dass Turgenev schon früh eine aufwendige Lebensart kultivierte und die damit verbundenen Kosten nicht oder nur unwillig wahrnahm. Spätestens seit seiner ausschweifend-bohemèhaften Studienzeit in Berlin wurden der teure Lebensstil des Adels und eine aristokratische Distanz zu den elementaren Fragen des persönlichen Wirtschaftshaushaltes zum Bestandteil seines ökonomischen Habitus. Belastet wurde sein Finanzhaushalt überdies von seinem karitativen Engagement für bedürftige Schriftstellerkollegen, Verwandte oder ehemalige Leibeigene. Auch die Grundstücksabtretungen, die er noch vor der offiziellen Aufhebung der Leibeigenschaft zugunsten seiner Bauern vornehmen liess, reduzierten sein Vermögen erheblich, was er jedoch, ebenso wie die gemeinnützigen Aufwendungen, nie bereute. Nachhaltige finanzielle Schäden erlitt er allerdings durch seine Nachlässigkeit, Nachgiebigkeit und Vertrauensseligkeit, die er sowohl gegenüber seiner Tochter und ihrem Gatten als auch gegenüber seinen Gutsverwaltern immer wieder zeigte: Turgenevs Abwesenheit von Spasskoe, seine Gutgläubigkeit und mangelnde Kompetenz in Wirtschaftsfragen wurden oft schamlos ausgenützt. Er hatte, wie er selber gern einräumte, nie die Gabe besessen, zu seinem Vermögen adäquat Sorge zu tragen, ja er ironisierte und kultivierte nachgerade seine Rolle als schlechter Wirtschafter:

> Вы мне, вероятно, скажете, что я плохой финансист – и это будет святая правда […]. (PSP, XII$_2$, 253)

> Да, кстати, спросите его (Horace Ginzburg, A.S.) (и пусть он посмеется над моей финансовой невинностью) – что значит *металлический* рубль, которым уплачиваются проценты с закладных листов взаимн<ого> позем<ельного> кредита? (PSP, XIII$_2$, 8; Hervorhebung im Original, A.S.)

[923] Vgl. Anmerkung 620.

Ähnlich äusserte er sich 1874 gegenüber Ludwig Pietsch über sein dynamisches Verhältnis zu Gewinn und Verlust, zu Sparsamkeit und Prasserei. Das Spiel auf der Klaviatur der Geldanlage beherrschte Turgenev jedenfalls nicht:

> «Colossal reich» bin ich nicht geworden – habe aber etwas Geld mehr in die Hände bekommen als gewöhnlich – und habe es natürlich unverzüglich aus dem Fenster geworfen. So viel hab ich geworfen – dass mir keine irgendwie anständige Summe übrig bleibt [...]. (PSP, X, 303)

Dementsprechend nahm Turgenev verschiedene, freilich weitgehend disparate und selten zielgerichtete Positionen im ökonomischen Feld ein – vom gegenüber Gelddingen indifferenten solventen ‚Salonlöwen' bis hin zum nervösen, von Verwaltern oder Wucherern betrogenen Gutsbesitzer. Aus der Inkongruenz dieser *Habitūs*, die unterschiedliche und zum Teil höchst antithetische Praxisformen implizierten, sowie aus der Planlosigkeit von Turgenevs Privatökonomie erklärt sich, weshalb für die Mehrheit seiner finanziellen Aktionen Hektik und Kleinteiligkeit charakteristisch waren: Kreditaufnahme und Schuldentilgung, übereilte Geldbeschaffungsmassnahmen und Verschwendungstendenzen gehörten zum Instrumentarium seiner ökonomischen Verhaltensgrammatik. Im Zentrum des Turgenevschen wirtschaftlichen Denkens stand kein ökonomischer Lebensplan, sondern eine kurzsichtige Handhabung von Einnahmen und Ausgaben. Obwohl er keine Spielernatur war, blieb Geld für ihn – wie im Glücksspiel – eine unberechenbare Grösse.

Es wäre aber zu eindimensional, Turgenev einfach nur *Indifferenz* gegenüber Gelddingen zu unterstellen, wie dies die Turgenev-Forschung vereinzelt getan hat.[924] Gerade die Fehlentwicklungen einer Zeit, die von tiefgreifenden sozialen und ökonomischen Umwälzungen geprägt war, fanden wiederholt Turgenevs Aufmerksamkeit. Obwohl seine in diesem Zusammenhang verfassten Memoranden nur Teile eines grösseren Problemkomplexes behandelten und dabei weder die Tiefenstrukturen der allgemeinen Modernisierung, Industrialisierung und Ausbreitung der Geldwirtschaft genauer beleuchteten noch die immer markantere Bewertung nicht-ökonomischer Grössen nach wirtschaftlichen Gesichtspunkten einer kritischen Reflexion unterzogen, galt Turgenevs Augenmerk durchaus den sich wandelnden ökonomischen Grundlagen der Gesellschaft. Zudem lassen Turgenevs Briefe mit gelegentlich minutiösen Anweisungen zu Rentenzahlungen, Geldüberweisungen oder Getreideverkäufen ein reges Interesse an der Privatökonomie erkennen. Doch erwuchs aus dieser temporären Hinwendung zum Ökonomischen keineswegs ein Kompetenzzuwachs: Gerade seine

[924] Vgl. etwa SCHAPIRO 1982, 107: „[...] another reason for his fairly chronic lack of funds is likely to have been his extravagance, or rather indifference to money. He lived with the aristocratic self-assurance that his needs would somehow be met." u. ebd. 109: „In part, Turgenev's chronic lack of means was also due to his generosity to those in need – an aspect both of his weakness of character and of his genuine indifference to money."

Korrespondenz mit Louis Viardot zeigt, dass Turgenev – wie übrigens viele russische Adlige[925] – ein in Gelddingen weltfremder und bisweilen naiver Aristokrat war, der lediglich über Amateurkenntnisse in Finanzverwaltung verfügte und nur selten eine wirklich nachhaltige Gewinnoptimierung auf seinen Gütern oder in Verhandlungen mit seinen Verlegern erreichte. Geld war für ihn eine Art sich „kapriziös" gebärdende „Flüssigkeit" (PRITCHETT), deren Zu- oder Abfluss stark schwanken konnte.[926] Sein Kapital vertraute er bedenken- und oft auch gedankenlos Freunden oder Bekannten an, die häufig genauso dilettantisch und nachlässig waren wie er selbst und aufgrund der ihnen explizit zugestandenen „carte blanche" über erhebliche Handlungsspielräume verfügten. Aus diesem Grunde fiel es gerade seinen Gutsverwaltern leicht, sich auf seine Kosten zu bereichern und seinen Geldhaushalt mehrfach an den Rand des Ruins zu bringen.

Möglicherweise wurde diese über Jahre hinweg praktizierte Veruntreuung von Geldern aber auch dadurch begünstigt, dass sich Turgenev nach 1850 als Grundherr in einer Position zurechtfinden musste, zu der er stets ein zwiespältiges Verhältnis gehabt hatte. In diesem Sinne könnte er jenes Negativbild, das er mit dem ihm ‚aufgezwungenen' Gutsbesitzertum verband, dadurch kompensiert haben, dass er über die Betrügereien seiner Verwalter lange Zeit hinwegsah.[927] Stand also hinter Turgenevs Verhältnis zum Geld die ‚Bereinigung' eines über Generationen hinweg akkumulierten ‚Schuldbetrags'? Tatsächlich verband er seine zum Teil erheblichen Geldverluste und häufig nur schleppenden wirtschaftlichen Regenerationsphasen mit der Vorstellung der Schicksalhaftigkeit, als stecke hinter finanziellen Bilanzen ein unabänderliches, vorherbestimmtes Fatum, als trete stets das ein, was aufgrund einer höheren Bestimmung eintreten müsse. Dieser Fatalismus trug zwar zu Turgenevs ausgeprägter Selbstbeherrschung bei, verhinderte aber auch die Entwicklung einer zuverlässigen persönlichen Wirtschaftspolitik. In seinem Innersten war Turgenev jedenfalls ausserstande, Geld als etwas ‚Reales' zu betrachten, dessen Handhabung bestimmten Gesetzen, Mechanismen und Kompetenzen unterlag.[928] Dies dürfte mit ein Grund dafür gewesen sein, dass er sich bei finanziellen Rückschlägen häufig dem ‚Schicksal' unterwarf und auf die Darbietung eines Betroffenheitsgestus beschränkte.

In Turgenevs finanziellen Transaktionen mit seinen Bauern, Gutsverwaltern, Verlegern und all jenen, die ihn um Unterstützung baten, wurden die Wirksam-

925 Dass dieses Phänomen unter den Adligen Russlands offenbar weitverbreitet war und auch in der Literatur seinen Niederschlag fand, betont ROOSEVELT (1995, 234): „Russian literature confirms the pattern of spending beyond one's means and the mortgaging of souls and land as the time-honored solution to a poor cash flow. Beginning with Pushkin, literary portraits of noble profligacy and estate mismanagement are the rule, setting the stage for Chekhov's portraits of the decline and death of noble estate culture."

926 PRITCHETT 1986, 184.

927 PRITCHETT 1986, 184.

928 PRITCHETT 1986, 184.

keit seiner Massnahmen wie auch seine persönlichen Interessen von einem wesentlichen Faktor untergraben: der Vergangenheit seiner Familie mit ihrer von Habsucht, Unterdrückung und Manipulation geprägten Geschichte. Dieses Erbe seiner Ahnen – allen voran seiner Mutter Varvara Petrovna – rief in ihm den Wunsch nach Kompensation, ja nach Überkompensation wach. Turgenev perpetuierte denn auch nicht die charakteristischen Momente seiner familiären Vergangenheit, sondern setzte sich bewusst von ihnen ab.[929] Besonders deutlich wird Turgenevs diesbezügliche Empfindlichkeit in seinem am (11.) 23. Februar 1878 an seinen Bruder Nikolaj gerichteten Brief, in welchem er gegen dessen Praktiken des Geldverleihs opponierte:

> Позволь мне сделать тебе одно последнее замечание. Из прежних писем твоих я вижу, что ты разным лицам даешь деньги под залог и, вероятно, за высокие проценты. Мне бы не следовало пенять на это – так как я сам получил деньги от тебя – и даже без залога… Но, воля твоя, как-то странно видеть человека с твоим имением предаваться таким спекуляциям. Изо всех привилегий дворянства, которые – слава богу! исчезли – только и осталось, что поговорка: «Noblesse oblige». Отдавание денег под векселя и т. д. как-то плохо вяжется с этим. (PSP, XII_1, 283)

Während Nikolaj („avec le peu de caractère que Dieu lui a donné“[930]) erfolgreich wirtschaftete und ein Millionenvermögen anhäufte, hielt sich Turgenev strikt an die Regel „noblesse oblige“. Er begriff sich als integrer Aristokrat, der seine Rückstände gewissenhaft beglich, Geld sogar zinsfrei verlieh, seine Schuldner nur zaghaft mahnte und beträchtliche Summen für karitative Zwecke aufwandte. Schon früh entwickelte Turgenev jenes Credo, das viele seiner Reaktionen auf Auseinandersetzungen um Schriftstellerhonorare, Urheberrechte, Verwertungsstrategien, Gutsverwaltung oder Nachlassregelungen erklärbar macht: Ehrenhaftigkeit war für ihn eine zentrale und auch standesethisch bedingte Kategorie des sozialen Miteinanders, die er dem Bedürfnis nach dem täglichen Brot gleichstellte. Deshalb enttäuschten ihn seiner Ansicht nach unlautere Geschäftspraktiken: „Нет, решительно, без честности нельзя – как без хлеба.“ (PSP, III, 131). Allerdings erwies sich dieses Postulat als äusserst kostspielig,[931] so dass Turgenev immer wieder mit Geldnot zu kämpfen hatte. Wegen seiner toleranten Einstellung und Redlichkeit gingen ihm, wie er bereits 1851 Pauline Viardot gestand, Geldstreitigkeiten, die „Entschlossenheit“ und „Kaltblütigkeit“ erforderten, „an die Nerven“ – dies um so mehr, als er es sich angewöhnt hatte, unter „guten“ und „ehrlichen“ Menschen zu leben:

[929] Vgl. KORSUN 1990, 264 u. 408 sowie ZÚÑIGA 2001, 16-18.

[930] Aus Turgenevs Brief vom 14. Mai 1850 an Pauline Viardot (GRANJARD / ZVIGUILSKY 1972, 23).

[931] Vgl. hierzu ROOSEVELT 1995, 236.

> [...] je vous avoue que je ne suis pas fait pour de pareilles opérations ! J'y mets assez de sang-froid et de résolution, mais cela me détraque les nerfs horriblement. J'ai trop pris l'habitude de vivre avec de bonnes et honnêtes gens. La méchanceté, la perfidie surtout ne me fait pas peur, mais elle me soulève le cœur. (PSP, II, 9)

Es war also nicht einfach nur Indifferenz, die Turgenev gegenüber Geldangelegenheiten an den Tag legte, sondern auch eine übermässige *Naivität*, insbesondere aber eine auf verschiedene Gründe zurückzuführende *Sorglosigkeit*. Seine Ansichten über die individuelle Verantwortung erstreckten sich weit über das Irdisch-Finanzielle hinaus und galten vor allem allgemeinmenschlichen Grundproblemen und -erfahrungen. So gab es immer wieder Situationen, die mehr Zeit und Sorgfalt für das Pekuniäre erfordert hätten, als Turgenev sich selbst zuzugestehen bereit war. Im Grunde war die bewusste Auseinandersetzung mit dem Pekuniären, das ‚Zählen' und ‚Nachzählen' von Geld, die exakte Buchführung und pragmatische Verteidigung wirtschaftlicher Interessen nicht seine Sache. Entsprechend unglücklich, gereizt und häufig unbedacht reagierte er, wenn sein Finanzhaushalt aus den Fugen geriet. Einen wichtigen Anhaltspunkt zu Turgenevs Geldverhalten gibt ein Brief Gustave Flauberts vom 5. Juni 1872. Flaubert, nach dessen Ansicht sich Kunst und Geld gegenseitig ausschlossen,[932] schrieb vor dem Hintergrund des Erbes seiner Mutter an Turgenev:

> *Mes affaires* m'ont embêté démesurément. Êtes-vous comme moi ? J'aime mieux me laisser dépouiller que de me défendre, non par désintéressement, mais par ennui, par lassitude. Quand il s'agit de matières d'argent, il me prend comme une rage de dégoût qui touche à la démence. Je parle très sérieusement.[933]

Turgenev beantwortete Flauberts Frage „Êtes-vous comme moi ?" nicht – offenbar war sie ihm zu rhetorisch, als dass er darauf hätte eingehen müssen: Gerade in der strengen Ergebenheit gegenüber der Kunst und „in der Bereitschaft zum artistischen Priestertum" (BRANG) traf sich Turgenev mit Flaubert.[934] Der von Flaubert verwendete Begriff „ennui" bringt eigentlich jene Haltung auf den Punkt, die auch für Turgenev so charakteristisch war: Nicht einfach nur Desinteresse oder Naivität, sondern vor allem Kompensationsbestrebungen, Nachlässigkeit – und eben „Überdruss" prägten Turgenevs Einstellung zum Geld.

Turgenev war ganz Aristokrat, vor allem aber ganz *Künstler*, nicht nur der „gottbegnadete Dichter", sondern „durch und durch eine künstlerische Natur" (MASARYK). Hinter dieser für ihn bedeutungsvollen Rolle verbarg sich ein gan-

932 ZVIGUILSKY A. 1989, 111, Anm. 5.

933 ZVIGUILSKY A. 1989, 110 (Hervorhebung im Original, A.S.).

934 BRANG 1977, 35.

zes Lebensprogramm im Dienste der Kunst,[935] der Stil seiner Lebensform ebenso wie seine ‚Rollen': „Моя жизнь, по преимуществу, литературная – и потому представляет мало событий внешних, мало фактического интереса." (PSP, X, 161) Seine gesamte Tätigkeit, ja sein Leben selbst beruhten auf der Gewissheit, dass es mit dem Künstlertum eine besondere ‚Profession' und Eigenschaft gab, und er verstand es in jenem besonderen Sinne des Wortes, der für die Epoche der 1830er und 1840er Jahre so charakteristisch war, also jener Zeit, die eine künstlerische Intelligenz herausgebildet und eine spezifische Salonästhetik entwickelt hatte. Turgenev war überzeugt, dass ein Schriftsteller eigentlich nur Schriftsteller sein sollte und der erfolgreiche Kunstschaffende nicht nur Geist, sondern auch Güte besitzen müsse.[936]

Sein Habitus als aristokratisch-liberaler ‚Mann von Welt', als gebildeter und vornehmer Künstler mit sicherem Geschmack hatte mit den materiellen Zwängen des Lebens wenig gemeinsam. Der Ästhet, der ohnehin in die ferne, abgehobene, ‚heilige' Sphäre der Kunst und damit auch legitimen Kultur entrückt war, offenbarte eine distanzierte Haltung zu den ökonomischen Daseinsfragen. Im Spannungsfeld zwischen akuter Geldnot und Reichtum, zwischen gelebtem Wertsystem als Künstler und aufoktroyierten Marktgesetzen war und blieb Turgenev ein Mensch ‚von gestern', der sich im literarischen Professionalismus zurechtzufinden suchte, die ökonomischen Gesetze des Literaturmarktes mehr schlecht als recht beherrschte und sich vor allem dann um seine finanziellen Interessen bemühte, wenn seine angestammte Lebensführung gefährdet war.[937] Von den im ökonomischen Feld geltenden Regeln hielt er sich nach Möglichkeit fern, und der entsprechenden wirtschaftlichen Kompetenz erteilte er nicht zuletzt sich selbst gegenüber eine Absage, indem er immer wieder seine Unerfahrenheit in Gelddingen herausstellte und die Auseinandersetzung mit diesbezüglichen Fragen als „Qual" bezeichnete. Wenn er dem Gelddiskurs notgedrungen mehr Platz in seiner Korrespondenz einräumen musste, ging er häufig gar nicht mehr auf andere Themen ein, als fiele es ihm schwer, den Gelddiskurs mit anderen Diskursen zu verbinden. Bisweilen gab er seinen Adressaten, wie etwa Annen-

935 Vgl. in diesem Zusammenhang Turgenevs Manuskript mit dem Titel *Žizn' dlja iskusstva*, das ein Tagebuch oder einen Roman darstellen könnte (WADDINGTON 1974, 56f.).

936 EICHENBAUM 1987, 112f.; KORSUN 1995, 195-198; MASARYK 1995, 283f.; GRANJARD / ZVIGUILSKY 1972, 277.

937 EICHENBAUM (1987, 114f.) geht in seiner Argumentation sogar so weit, dass er behauptet, die Epoche habe Turgenev gezwungen, Werke wie *Nakanune* oder *Otcy i deti* zu schreiben, was für ihn jedoch nicht die Wende, sondern lediglich den Versuch der Anpassung bedeutet habe, einer Anpassung, die sich für Turgenev aus dem Verlangen nach Erfolg, Popularität und der Verteidigung seiner Rechte auf den Rang eines „Künstlers" ergeben habe. Turgenevs Emigration sei denn auch, so ĖJCHENBAUM weiter, durch den literarischen Alltag bedingt und Ausdruck seiner „Kränkung" als Künstler gewesen: Seine Anerkennung habe Turgenev in den literarischen und künstlerischen Kreisen von Paris gefunden, die von ihm nichts anderes als Talent und Geist forderten, sein gekränktes Herz trösteten und seinen künstlerisch-anspruchsvollen Verstand befriedigten.

kov Anfang Dezember 1864, sogar ausdrücklich zu verstehen, dass ihm die Geldfrage die Stimmung verdorben habe: „Это письмо так наполнено всякого рода финансовыми соображениями, что я не имею охоты говорить о чем-нибудь другом" (PSP, V, 303). Und immer wieder machte sich sein ambivalentes, zwischen dem „*pecunia non olet*" und dem ‚*pecunia olet*' schwankenden Verhältnis zum Geld bemerkbar, so etwa 1859, als er sich angesichts einer akuten Geldnot gegenüber Marija Markovič über das Zugleich von Ablehnen und Begehren des „schnöden Geldes" beklagte: „Никогда я так не досадовал на отсутствие «*презренного*» металла." (PSP, III, 326; Hervorhebung im Original, A.S.). Es war aber nicht das Medium Geld an sich, das er geringschätzte. Was Turgenev aufbrachte, war die Tatsache, dass er sich notgedrungen mit Angelegenheiten auseinandersetzen musste, auf die er sein Augenmerk eigentlich gar nicht richten wollte. Sein innerer Abstand zum Geld wird nicht zuletzt aus der nachgerade sentenzenhaften Formel des „Genug damit" deutlich, mit welcher er in seinen Briefen manch widrigen, wenn auch unumgänglichen „Finanzartikel" abschloss, um sich daraufhin angenehmeren Fragen zuzuwenden: „Voici donc l'article finances arrangé ; passons à d'autres […]. (PSP, III, 250); „Ну, однако, довольно об этих денежных дрязгах." (PSP, XII_1, 348); „Уф! Никогда в жизни так много не писал о денежных делах!" (PSP, XII_2, 253).

Turgenev verschränkte die immaterielle Welt der Kunst mit der materiellen Welt des Geldes auf eine sehr subtile Weise, indem er die aus dem Zeitalter der ausgehenden Romantik ererbten Leitprinzipien von sakralem Künstlertum und Geldverachtung zu einem Lebensstil sublimierte, dem ein Verschwendungsideal, wie es von den Bohèmekreisen der europäischen Grossstädte kultiviert wurde, ebenso zugrunde lag wie eine inhärente finanzielle Irregularität und monetäre Solidarität. Turgenev praktizierte weder eine vehemente Ablehnung verkaufter und käuflicher Kunst noch stilisierte er letztere zum metaphysizierenden Schöpfungsakt, dessen profaner Warencharakter ihm unerträglich gewesen wäre. Hinter seiner Haltung zum Kunst-Geld-Dualismus lag wohl als zitathafte Folie ein kunstethischer Rigorismus, wie er manchen Schriftstellerkollegen eigen war. Gleichzeitig war Turgenev aber auch pragmatisch genug, um zu erkennen, dass seine althergebrachte Lebensqualität der profitablen Verwertung von Literatur ebenso bedurfte wie der ausserliterarischen Einkünfte. So schrieb Turgenev *gegen* Geld, nicht aber unbedingt *für* Geld. Er nahm lukrative Angebote an und wollte gleichzeitig seines Erachtens minderwertige Werke kostenlos an Zeitschriften abtreten. Während er sich nachdrücklich für die Urheberrechte seiner *Zapiski ochotnika* einsetzte und sich an Raubkopien stiess, verhandelte er oft nicht ausnehmend hartnäckig um Honorarzahlungen. Erst wenn seine Liquidität gefährdet war, richtete er sein Augenmerk vermehrt auf das ökonomische Moment seiner schriftstellerischen Tätigkeit. Turgenev blieb im Grunde einer vorkapitalistisch-aristokratischen Tradition verpflichtet, die sowohl sein Stiftungsgebaren als auch sein markantes Desinteresse am Pekuniären und seine mangelnde Kompetenz in Wirtschaftsangelegenheiten beeinflusst haben könnte.

Dieser dialektischen Einstellung zum Geld lag schliesslich auch jene Turgenev so häufig zugesprochene Ästhetik des Massvollen zugrunde, die ausschloss, dass er das Medium Geld dem ausschliesslich „Guten“ oder „Bösen“ zuordnete und entsprechend wahrnahm. Im Grunde diente ihm Geld dazu, die Existenz – und zwar die eigene ebenso wie jene seiner Mitmenschen – nach seinen Kräften und Möglichkeiten zu verbessern oder überhaupt erst zu ermöglichen. In seinem ökonomischen Habitus verbanden sich insofern aristokratische Habitualisierung und persönliche Selbstlosigkeit, als Turgenev Verhaltensmuster eines um seine soziale Position und sein symbolisches Kapital besorgten Adligen und Künstlers offenbarte, zugleich aber auch jene Herzensgüte und Hilfsbereitschaft an den Tag legte, die ihm von seinen Zeitgenossen den Ruf eines „sanften Riesen“ („doux géant“[938]) einbrachten und Teil der bis heute nachklingenden Turgenev-Mythologie sind. Wie Vasilij Botkin pointiert feststellte, war dieser „Romantiker des Realismus“ (MASARYK)[939] von einer Originalität und Phantasie durchdrungen, die als Sedimente seiner Lebenseinstellung zwar sein praktisches Handeln und Denken einschränkten, ihm dafür aber jenes ausserordentliche Talent verliehen, das sich in seinem literarischen Lebenswerk eindrücklich widerspiegelt und das er bei seinen jüngeren Schriftstellerkollegen gerade infolge ihres Hangs zur Schriftstellerei für Geld gefährdet sah:

> В денежных и хозяйственных делах Иван Сергеевич положительно ничего не смыслит, и, что еще хуже, они в его понятиях отражаются совершенно фантастически; вообще на его суждения *фантазия* имеет преобладающее влияние. Это существенный порок относительно практической жизни и деловых отношений, но, с другой стороны, этот порок есть главное условие его таланта.[940]

[938] PRITCHETT 1986, 101. Den Begriff „doux géant“ hatte ursprünglich Edmond de Goncourt geprägt (BERLIN 1972, 5).

[939] MASARYK 1995, 284.

[940] FET 1890, II, 113 (Hervorhebung im Original, A.S.).

3. Askese, wirtschaftlicher Pragmatismus und Gier: Zur Konstruktion von Geld und Ökonomie in Turgenevs Werk

> Благодарность – долг; всякий честный человек плотит свои долги… но любовь – не деньги.
> *Put' k ljubvi* (*Stichotvorenija v proze*) (1881 verfasst)

3.1. Geld als handlungstreibendes Motiv

Die Handlung einiger Werke Turgenevs wird auffallend stark durch die Dynamik des Geldes bestimmt, dem auf diese Weise eine eigene Dramaturgie zukommt. Besonders in den Dramen stellt das Geld die Personen in immer neue Situationen, bewirkt Umschwünge und beschleunigt die Intrige.[941] Dementsprechend verlaufen die Fäden und Konflikte des Geschehens hier über das Fliessen, häufiger noch über das Nicht-Fliessen von Geldsummen zwischen den Figuren.

Im Einakter *Bezdenež'e (Sceny iz peterburgskoj žizni molodogo dvorjanina)* (1846), einer singspielartigen Gesellschaftskomödie,[942] lassen sich zwei Bühnentraditionen nachweisen: zum einen die Komödien Gogol's, deren farcenhafte Elemente bei Turgenev jedoch zugunsten des sozialkritischen Moments zurücktreten, und zum anderen das Genre des Vaudevilles, das sich Mitte des 19. Jahrhunderts im Russland Nikolajs I. besonderer Beliebtheit erfreute und aus kommerzieller Sicht ein Profitgenre darstellte.[943] Tatsächlich bedienten sich viele Vaudevilleschreiber des Motivs einer nicht mehr abreissenden Kette von Gläubigern, die ihr Geld einzufordern suchen und sich mal leichter, mal weniger bequem abweisen lassen. Dieses Thema liegt auch dem Sujet von *Bezdenež'e* zugrunde: Die Beziehungen des jungen, in St. Petersburg ‚standesgemäss' über seine Verhältnisse lebenden Provinzadligen Žazikov zu seinen Kreditoren bzw. seinem Diener Matvej, der ebendiese Gläubiger von seinem Herrn fernhalten muss, offenbaren sowohl bühnenwirksame Komik als auch sozialpsychologische

[941] Das vorliegende Kapitel setzt sich mit jenen Texten auseinander, deren Handlungselemente sich in einem ausschliesslich technischen Sinne auf finanzielle Verkettungen und Verlockungen gründen. Folglich werden im folgenden Kategorien wie ‚Armut', ‚Reichtum', ‚Geldverlust' bzw. ‚Vermögensgewinn' etc. nur dann behandelt, wenn ihnen eine Initialfunktion auf der Handlungsebene zukommt.

[942] PETERS (1972, 88) bezeichnet *Bezdenež'e* als „fiziologičeskij očerk in dramatischer Form" und weist auf die Werke des jungen Turgenev hin, „in denen bereits das – in bewusstem Gegensatz zur Dichtung der Romantik konzipierte – Programm der ‚natural'naja škola' realisiert wird: die möglichst naturgetreue, aber zugleich mit einer sehr direkten gesellschaftlichen Tendenz versehene Darstellung des alltäglichen Lebens der zeitgenössischen Wirklichkeit." Vgl. hierzu auch DÜRR 2000, 36.

[943] Zur Einführung des Vaudevilles in Russland vgl. DÜRR 2000, 8-40 u. KOŚNY 2001.

Einblicke.[944] Sujetstiftend wirkt dabei primär der Umstand, dass sich Žazikov wie ein wohlhabender Landadliger aufführt, obwohl er eigentlich in der Lage eines Bettlers ist (PSS, II, 51f.), dauernd Geld zu beschaffen versucht und mit Schulden verschiedenster Art konfrontiert wird („на службе не состоит, а в Питере живет да деньги тратит"; 66). Die mechanische Wiederholung der Gläubigerauftritte offenbart, dass es weniger auf den Dialog ankommt als auf die Komplexität der Situationsschilderung: Das Geld wird zum Mittelpunkt des allgemeinen Interesses, da Žazikov nicht auf all jene Vergnügungen verzichten will, mit denen er sein leeres Dasein ausfüllt. Die Suche nach Geld und einer ‚adäquaten' Lebensführung, in welcher die Lektüre seichter französischer Romane als „Arbeit" wahrgenommen wird (61), bestimmt Žazikovs Handeln dermassen, dass er vorübergehend sogar bereit ist, Matvejs Ratschlag zu befolgen und auf sein Familiengut zurückzukehren, wo ihm Geld und das beschauliche Leben eines Landjunkers in Aussicht stünden (68f.).[945] Doch die Katharsis, deren Voraussetzung Žazikovs Wegzug aus St. Petersburg wäre, bleibt letztlich aus: Das Finale bietet weder eine wirklich befreiende noch befriedigende Lösung, sondern lediglich eine kurzfristige Überbrückungsfinanzierung durch Žazikovs Gutsnachbarn Blinov, den ein Grenzstreit in die Stadt geführt hat.[946] Žazikov wird in St. Petersburg bleiben, und das sich in pausenlosen Umschuldungsaktionen manifestierende ‚Spiel' geht, so die Pointe des Werks, endlos weiter. Dementsprechend ist auch die Handlung nicht final, sondern zirkulär. Die Iterativität, die sich daraus ergibt, gehört zusammen mit der Variation zu den zentralen Kompositionsmitteln des Stücks. Das Motiv des Geldes, das eingetrieben werden will bzw. beschafft werden muss, tritt zyklisch und in immer neuen Formen auf, was zu Tempo und Situationskomik führt. In diesem Zusammenhang ist bezeichnend, dass die konkrete Höhe der jeweiligen Geldschuld Žazikovs sekundär bleibt: Entscheidend ist nicht das *Wieviel*, sondern das *Wie* bzw. *Wann*. Insofern entspricht es nur der inneren Logik des Sujets, dass Žazikov weder jetzt noch in Zukunft durch die Höhe eines Betrages davon abgehalten wird, sich weiter zu verschulden.[947] Von hier lässt sich nun auch die Brücke

944 BRANG 1977, 188f., KOSCHMAL 1983, 10 u. 272; MURATOV 1995, 99; Sobr. soč., IX-X, 285.

945 KOTTMANN 1984, 35 u. 39.

946 Im Fehlen der Katharsis sieht DÜRR (2000, 37) einen funktionalen Aspekt des Vaudevilles, das als Eröffnungs- oder Schlussstück eines üblicherweise dreiteiligen Theaterabends konzipiert war: „Das Publikum erwartete von diesen Stücken, die stärker als die Hauptstücke um dessen Aufmerksamkeit buhlen mussten, in erster Linie amüsierende Unterhaltung, es mochte nicht belehrt werden. Damit entfällt das Ziel des ‚kathartischen Effekts'."

947 KOTTMANN 1984, 40. Vgl. auch THIERGEN 1986, 95. In keinem anderen Stück Turgenevs zeigt sich der Wiederholungscharakter von Figuren und Situationen so deutlich wie in *Bezdenež'e*, wo, bis auf die letzte Szene, die einzelnen Paradigmata ohne grundlegende Bedeutungsverschiebung beliebig ausgetauscht werden könnten (KOSCHMAL 1983, 10f.).

zu einem semiotischen Argument schlagen, das hinter der zirkulär ablaufenden Handlung von *Bezdenež'e* aufscheint: Im Sujet wird gleichsam der allgemeine Kreislauf der Geldes erzähltechnisch reproduziert, so dass Žazikov nie mehr zur Ruhe kommen kann. Tempo und Zirkularität der Geldwirtschaft finden damit ihren Niederschlag im Lebensstil und in den Aktionen dieses Turgenevschen Helden.

Noch auffälliger als in *Bezdenež'e* ist das Sich-im-Kreis-Drehen und Auf-der-Stelle-Treten im Einakter *Zavtrak u predvoditelja* (1849, gedruckt 1856), einem Stück, in dem Egoismus, Streitsucht, Grobheit und Kleingeisterei des beschränkten Provinzadels satirisch denunziert werden. Eigentlich ist *Zavtrak u predvoditelja* ganz auf Bewegung und Veränderung hin angelegt, nämlich auf die Beilegung eines seit über drei Jahren währenden Erbstreites zwischen Anna Kaurova und ihrem Bruder Ferapont Bespandin (PSS, III, 17 u. 24).[948] Obwohl der Handlung ein letzter Lösungsversuch einer bereits verfahrenen freiwilligen Erbteilung zugrunde liegt, bringt der zu schlichtende Konflikt immer neue Auseinandersetzungen um mögliche ökonomische Vor- und Nachteile hervor. Dadurch entsteht eine Kette von Wiederholungen und Variationen einzelner Streitpunkte, die das Vergebliche des Strebens nach ökonomischem Vorteil offenbaren (wie in *Bezdenež'e* spielt auch hier die Tatsache, dass das umstrittene Erbe eher bescheiden ausfällt [24], keine Rolle): Anna Kaurova ist ausserstande, persönliche Angelegenheiten von sachlichen Belangen zu trennen – was immer sie sagt, ist durch ihre Rivalitätshaltung gegenüber dem Bruder bestimmt. Die Ausweglosigkeit der Situation und die Ohnmacht der daran Beteiligten zeigt sich am Ende des Stücks in der Aussage des unbemittelten Gutsnachbarn Mirvolin, der vorschlägt: „[...] да в таких случаях не худо выпить...“. Der Richter Suslov stimmt vorbehaltlos zu: „Что-ж, выпьем, Мирволин, выпьем.“ (39) Die Unlösbarkeit des Konflikts ist, fast noch deutlicher als in *Bezdenež'e*, im Sinne eines Dauerzustandes festgehalten. Auch in *Zavtrak u predvoditelja* erweisen sich wirtschaftliche Ambitionen als handlungskonstitutiv, und obwohl ein Ziel vorgegeben ist, lässt sich weder inhaltlich noch zeitlich eine Vorwärtsbewegung feststellen – das Sujet gerät in Rotation, Geld und Vermögen werden zu Werten, um derentwillen sich zwar ‚alles dreht‘, allerdings ohne fassbares Ergebnis.[949] Am Ende rückt nicht nur die Lösung der Nachlassfrage in weite Ferne, sondern auch jede Möglichkeit zur Kapitalisierung des Erbes: Das Geld bewegt das gesamte Sujet, um dann doch nur weiter brachzuliegen.

Diese ganz auf Handlungsdynamik und komische Wirkung zielende Funktion des Geldes dürfte ihren Ausgangspunkt in der Übernahme der Vaudeville-

[948] Interessanterweise handelt es sich bei *Bezdenež'e* und *Zavtrak u predvoditelja* um die einzigen beiden Stücke Turgenevs, in denen von Anfang bis Ende neue Figuren eingeführt werden, so dass durch intratextuelle Wiederholungen ein- und dieselbe Situation laufend variiert wird (KOSCHMAL 1983, 37).

[949] KOTTMANN 1984, 52-54, 56 u. 58.

kultur nach Russland und damit auch in der Emanzipation und Enttabuisierung des bis dahin weitgehend unterschlagenen Geldmotivs im öffentlichen Diskurs gehabt haben: Es ist sicher kein Zufall, dass Turgenev gerade in *Bezdenež'e* und *Zavtrak u predvoditelja* das für das Vaudeville charakteristische Geld- und Gläubigerthema als komödiantisches und ironisierendes Mittel verwendete und die Handlung in einem auffallend hohen Grad über diesen Motivkomplex konstituierte.[950] Diese progressive Tendenz kann freilich nicht darüber hinwegtäuschen, dass in den beiden Dramen das Geldmotiv in seiner erzähltechnischen Funktion primär ein gängiges Mittel der Satire darstellt. Im Fluchtpunkt der Komisierung erscheint das Pekuniäre als eine ‚triviale', nachgerade ‚hässliche', aber eben äusserst dynamische Realität. Im Grunde dreht sich die gesamte Handlung dieser Dramen um die Achse, die sich auf das dialektische Verhältnis zwischen der Wichtigkeit und der Nichtigkeit des Geldes gründet. Dieser Spannung entspringen dann jene Missverständnisse, Geheimnisse, Intrigen und Verwechslungen, die zu einer Vielzahl von Situationsänderungen führen und die Geschwindigkeit der Stücke erzeugen.

Im Gegensatz zu den Dramen wird in Turgenevs Prosa die Handlung durch den Geldaspekt, wiederum rein technisch gesehen, deutlich seltener motiviert: Die sujetstiftende Funktion von Geld oder geldwertigen Gegenständen geht dabei vor allem mit dem Aufbau kriminalistischer Spannung einher und beschränkt sich etwa auf die betrügerische Enteignung eines wirtschaftlich erfolgreichen Wirtshausbesitzers (*Postojalyj dvor*; 1855), die Verführung und brutale Beraubung des mit Staatsgeldern betrauten, zuverlässigen, wenngleich etwas dümmlichen Leutnants Ergunov (*Istorija lejtenanta Ergunova*; 1868),[951] die vorzeitige

[950] Die mit dem Geldtrieb verbundene ‚niedere' Situationskomik, die das Lach- und Unterhaltungsbedürfnis der Zuschauer bzw. Leser befriedigen sollte, gehörte zum Motivinventar des aus Frankreich nach Russland adaptierten Vaudevilles, so dass sich Turgenev hier einer literarischen Tradition bediente, gleichzeitig aber auch weitere semantische Ebenen einfügte, die dem sozialkritischen Moment Raum verleihen sollten (KOŚNY 2001, 136 u. 142-149): „Das V.(audeville, A.S.) wird aus der ‚hohen' literarischen Dramatik mit ihrer Auffassung von der Wahrscheinlichkeit der Figurendarstellung und von der Teleologie der Handlung ausgegrenzt und als ein theatrales Genre definiert, das der zweckfreien komischen Unterhaltung des Zuschauers dient und dem Schauspieler die Möglichkeit gibt, seine Fähigkeiten im lustigen Rollenspiel und durch das Singen Couplets vorzuführen." (ebd. 136). 1841 bezeichnete F. A. Koni das Vaudeville als leichte Satire, die der Korrektur von Lastern, dem Verlachen von Vorurteilen und der „Erheiterung ehrlicher Leute" diene (DÜRR 2000, 37; vgl. *Panteon russkogo i vsech evropejskich teatrov* 1 [1841], 34). Insofern überrascht es nicht, dass Geldverschwender und Geldverleiher zum Figureninventar des russischen Vaudevilles gehörten und bei der Anprangerung ausschweifenden Geldtriebes eine wichtige Rolle spielten. Ferner ist anzumerken, dass mit der Einführung des Vaudevilles und des damit verbundenen, ursprünglich bourgeoisen Geldthemas in Russland Elemente bürgerlicher Kultur in die aristokratische Kultur integriert wurden.

[951] Dass der Geldraub in *Istorija lejtenanta Ergunova* handlungstechnisch eine wichtige

Erbteilung eines bescheidenen Besitztums, die den sozialen und physischen Niedergang des Titelhelden einleitet (*Stepnoj korol' Lir*; 1870), die Angst und vergebliche Flucht des Erzählers und seines Kutschers vor Räubern (*Stučit!*; 1874) oder den tollen Reigen um eine altertümliche, offensichtlich von einem bösen Geist besessene Zwiebeluhr, die unaufhörlich ihren Besitzer wechselt, verschenkt, weiterverschenkt, sodann zurückgekauft, erneut verschenkt und verkauft, zurückgekauft, abermals verschenkt, gestohlen, vergraben, wieder ausgegraben, entwendet und schliesslich ins Wasser geworfen wird (*Časy*; 1876).[952]

In *Stučit!*, der, chronologisch betrachtet, letzten Erzählung der *Zapiski ochotnika*, wirkt das Räubermotiv – eine Verfolgungsjagd ‚um Geld und Leben' – spannungserzeugend: Der Kutscher Filofej, den der Ich-Erzähler samt Tarantas für eine Reise nach Tula gemietet hat, nimmt während der Nachtfahrt unheimliche Klopfgeräusche eines zweiten Wagens in einiger Entfernung hinter sich wahr und ist schon bald fest davon überzeugt, dass ein Unheil von „bösen Menschen" drohe (PSS, IV, 374f.). Obwohl Filofej seine Pferde antreibt, wird der Tarantas schliesslich von einem Gespann mit übermütigen und offensichtlich betrunkenen Burschen eingeholt. Einer von ihnen, ein „Riese in einem Halbpelz", macht sich einen Spass daraus, dem Erzähler einen Obolus abzufordern:

> – Господин почтенный, едем мы с честного пирка, со свадебки; нашего молодца, значит, женили; как есть, уложили; ребята у нас всё молодые, головы удалые – выпито было много, а опохмелиться нечем; то не будет ли ваша такая милость, не пожалуете ли нам деньжонок самую чуточку, – так, чтобы по косушке на брата? Выпили бы мы за ваше здоровье, помянули бы ваше степенство; а не будет вашей к нам милости – ну, просим не осерчать! (378)

Tatsächlich ziehen die vermeintlichen Räuber ‚friedlich' weiter, nachdem ihnen der Erzähler zwei Silberrubel gegeben hat (379). Mit dieser plötzlichen und unerwarteten Wendung bricht die zuvor sorgfältig aufgebaute Spannung um einen möglichen Raubüberfall in sich zusammen. Erst am Ende der Erzählung erfährt der Leser, dass in derselben Nacht und auf derselben Landstrasse ein Kaufmann von Wegelagerern beraubt und erschlagen worden sei. Der offene Schluss überlässt dann dem Rezipienten die Deutung der zuvor geschilderten Begebenheit: „Уж не с этой ли «свадьбы» возвращались наши удальцы и не этого ли «молодца» они, по выражению шутника-великана, уложили?" (381)

Rolle spielt, zeigt sich bereits an der Vorwegnahme des Motivs zu Beginn der Erzählung, wo Ergunovs verhängnisvolle Bekanntschaft mit Ėmilija (alias Friderika Bengel') vor dem Hintergrund eines angeblichen Diebstahls an Ėmilijas Verwandten erfolgt (PSS, X, 10 u. 13).

952 Vgl. BRANG 1977, 168.

In der Erzählung *Časy* erweist sich die turbulente und temporeiche Jagd verschiedener Personen auf eine Uhr nur als vordergründiger Handlungsstrang, hinter welchem sich eine zweite, innere Geschichte verbirgt: Der undurchsichtige Taufpate des Helden Aleksej schenkt diesem anstelle eines Kreuzes eine Uhr (PSS, XI, 221f.), die das böse Prinzip verkörpert und Symbol ist für den dramatischen Kampf um Gut und Böse, um das Unschuldigbleiben oder Schuldigwerden eines jungen Menschen.[953] Die kompositionelle Verknüpfung des äusseren und inneren Geschehens mit dem einen, teuflische Kräfte in sich bergenden Gegenstand, nach welchem ‚die ganze Welt' zu streben scheint („Никак мы от этих часов отбояриться не можем. Заколдованные они, право." [252]), lässt zum einen die treibende Kraft des Geldes bzw. geldwertigen[954] Objekts, zum anderen jedoch jene tiefere Symbolik aufscheinen, die weit über den rein sujetstiftenden Akt des Pekuniären hinausreicht.

Weniger prominent als in den vom Vaudeville beeinflussten Dramen trägt das Geldmotiv in Turgenevs späteren Werken zu jenen Kollisionen und Konflikten bei, auf die sich die jeweilige Handlung konzentriert. So steigert sich in der Novelle *Tri portreta* (1846) die Auseinandersetzung zwischen dem krankhaft-geizigen Ivan Lučinov und seinem Sohn Vasilij, der wegen seiner Spielschulden aus St. Petersburg auf das Familiengut zurückkehrt und dort an das väterliche Vermögen zu gelangen versucht, lediglich zu einem ersten, ‚blinden' Gipfel, nämlich Vasilijs Gelddiebstahl und dessen Aufdeckung, die dazu führt, dass Vasilij gegen seinen Vater den Degen zückt. Doch die eigentlichen, weitaus wichtigeren Ereignisse der Novelle sind die anschliessende Verführung Ol'gas durch Vasilij sowie die Tötung Rogačevs im Duell (Höhepunkt).[955] Nach dem ersten Ansteigen der Handlung, Vasilijs Heimkehr aus der Stadt („чтобы достать как можно более денег от отца"; PSS, V, 92), und dem ersten Gipfel (93-95) spielt das Geldthema bezeichnenderweise keine Rolle mehr: Im Vater-Sohn-Konflikt haben sich Geiz und Verschwendungssucht und damit auch die treibende Kraft des Geldes bereits entladen, so dass sich die Motivik in der Folge auf andere Bereiche verlagert.

Zusammenfassend bleibt festzuhalten, dass dort, wo bei Turgenev das Geld eine dramaturgische, handlungstreibende Funktion besitzt, das Tempo in demselben Masse gesteigert wird, in dem das Geld bzw. geldwertige Objekt zum allgemeinen Interessenzentrum avanciert. Die Handlung bildet dabei die Zirkulationsge-

953 Brang 1977, 168; Dolny 1996, 264f.

954 Die Zwiebeluhr wird insofern mit dem Geld in Zusammenhang gebracht, als ihre direkte Konvertierbarkeit in Geld (Verkauf, Rückkauf) wiederholt herausgestellt wird (vgl. 225f. u. 231). Überhaupt wird mit der explizit als „Eigentum" bezeichneten (263) Uhr in *Časy* wie mit Geld verfahren: Sie wird geschenkt (222 u. 224f.), gestohlen (232-236) und – wie ein Schatz – vergraben (236). Zudem wird in der Erzählung um die Uhr gerungen, als handle es sich tatsächlich um ein ‚Vermögen'.

955 Vgl. Kluge 1992, 123.

schwindigkeit des Geldes ab, welches zum Symbol einer absoluten Bewegung wird, die aber nicht teleologisch, d. h. ziel- bzw. gewinnorientiert abläuft, sondern, im Gegenteil, sich in einer rastlosen Scheinbewegung, einem unendlichen Drängen aufreibt und verglüht. Geld wird, wie in *Bezdenež'e*, ununterbrochen angenommen und fortgegeben, eingefordert und vergeudet, und selbst wenn es einmal ruht, dann nur „in einer Antizipation seiner Weiterbewegung" (SIMMEL).[956] Das Streben nach Geld als dem scheinbar höchsten Glück bildet in diesen Werken einen narrativen Impetus, der nicht zur Ruhe kommen kann: Das mit der Geldsucht verbundene Konfliktpotential entlädt sich unmittelbar auf der Handlungsebene und offenbart auf diese Weise jene Dynamik, die dem allgemeinen Bewegungscharakter dieses Mediums eigen ist.

956 SIMMEL 1996, 714. Vgl. MÜLLER 1993, 15-18. Für Georg Simmel, der in seiner *Philosophie des Geldes* (1900) einerseits Wesen und Sinn des Geldes logisch-analytisch abzuleiten, andererseits die Entstehung und den Formenwandel des Geldes historisch zu erklären sucht und der Frage nachgeht, welchen Einfluss Geldwirtschaft auf den Charakter sozialer Beziehungen in modernen Gesellschaften hat, ist Geld *das* Symbol für das moderne Leben schlechthin, zugleich aber auch dessen wichtigstes Medium (MÜLLER 1993, 16; vgl. auch LICHTBLAU 1986, 57f. u. POHLMANN 1987, 77): „Für den absoluten Bewegungscharakter der Welt nun gibt es sicher kein deutlicheres Symbol als das Geld. Die Bedeutung des Geldes liegt darin, dass es fortgegeben wird; sobald es ruht, ist es nicht mehr Geld seinem spezifischen Wert und Bedeutung nach. [...] Es ist nichts als der Träger einer Bewegung, in dem eben alles, was nicht Bewegung ist, völlig ausgelöscht ist, es ist sozusagen actus purus; es lebt in kontinuierlicher Selbstentäusserung aus jedem gegebenen Punkt heraus und bildet so den Gegenpol und die direkte Verneinung jedes Fürsichseins." (SIMMEL 1996, 714). In der spannungsvollen Verbindung von gesellschaftlicher Differenzierung bzw. Rationalisierung und personaler Individualisierung sieht Simmel nicht nur das wichtigste Charakteristikum, sondern auch das Hauptproblem der Moderne (POHLMANN 1987, 1, 33 u. 95f.).

3.2. Deckung, ‚Ent-Deckung' und Nichtdeckung – erfolgreiche und erfolglose Verrechnungsleistungen des Geldes

> Деньги – хорошая вещь; всегда нужны, всё можно за деньги достать, […] всё! всё! Прикажите только фактору, он вам всё достанет, […] всё!
>
> *Žid* (PSS, V, 116)

> Да что деньги? – прах! Золото – прах!
>
> *Petr Petrovič Karataev* (PSS, IV, 258)

In seiner „Streitschrift" *Zur Genealogie der Moral* (1887) schreibt Friedrich Nietzsche dem menschlichen Denken die universelle Eigenschaft zu, mit Preisen, Werten und Äquivalenten zu operieren:

> Preise machen, Werte abmessen, Äquivalente ausdenken, tauschen – das hat in einem solchen Masse das allererste Denken des Menschen präokkupiert, dass es in einem gewissen Sinne *das* Denken ist: hier ist die älteste Art Scharfsinn herangezüchtet worden, hier möchte ebenfalls der erste Ansatz des menschlichen Stolzes, seines Vorrangs-Gefühls in Hinsicht auf anderes Getier zu vermuten sein.[957]

Die These, dass Geldwirtschaft und Abstraktion bzw. Verstandesherrschaft lediglich zwei Seiten ein und derselben Distanz zur Realität seien,[958] ist eng mit der Überzeugung verknüpft, der zufolge Geld nicht einfach nur Autorität verleihe, sondern Geltung über Individualitätsgrenzen hinweg schaffe. Nicht als realer Wert, sondern als Medium einer Zweitcodierung, das durch seine Entfaltung die metaphysische Zweitcodierung der Welt beerbt, wirkt das Geld über Kategorien wie Identität, Differenz, Quantität, Qualität oder Modalität intersubjektiv verpflichtend und lässt sich (anders etwa als Gott) nicht einfach negieren.[959]

[957] NIETZSCHE 1997, II, 811 (Hervorhebung im Original, A.S.). Zum Wesen des Tausches vgl. HÖRISCH 1983, 122: „Gold wurde […] zum universalen Äquivalent von schlechthin allem. Mit der Ablösung rudimentärer Tauschformen wie dem Naturalientausch, dem Opfer, dem Geschenk oder dem Potlatsch durch den geldvermittelnden Äquivalententausch ist aber nicht nur eine neue leistungsfähigere Verkehrsform entstanden. Auch die geldvermittelt Tauschenden selbst erliegen einer Transformation, über die sie kaum verfügen. Denn der Tausch betreibt sowohl eine Realabstraktion, insofern er unterschiedlichste Dinge zur Ware erklärt und äquivalent setzt, als auch eine Denkabstraktion, insofern er den Tauschenden die Fundamentalkategorien Äquivalenz und Identität allererst einbildet." Laut Simmel besteht die Wirtschaft, als Summe aller Tauschhandlungen gedacht, „in einer realen Abstraktion aus der umfassenden Wirklichkeit der Wertungsvorgänge" (SIMMEL 1996, 57).

[958] HÖRISCH 1996, 217-221.

[959] ANIKINE 1993, 105; HÖRISCH 1996, 228f. u. 234. Während alle substantialistischen

Mit seiner, so Simmel, „unvergleichlichen Fernwirksamkeit, Konzentriertheit der Kraft und Überall-Eindringlichkeit" reicht das Geld in sämtliche Lebensbereiche hinein – von der Oberfläche des wirtschaftlichen Geschehens bis in die letzten Werte und Bedeutsamkeiten alles Menschlichen,[960] so dass Liebe, Wissenschaft, Recht und Religion gleichermassen am Wirtschaftssystem partizipieren und dort mehr oder weniger offen ‚Deckung' suchen, obwohl das Geld im Grunde durch nichts anderes als sich selbst gedeckt ist.[961]

Die dominante Funktion des Geldes ist demnach die mediale – Geld eignet sich, in einer Situation zu vermitteln, in der Individuen und damit ‚Marktparteien' versuchen, sich durch den Erwerb von Gütern Tauschchancen anzueignen, deren Inhalt subjektive, zugleich aber auch objektivierbare Vorteilserwartungen sind.[962] Das Eindringen des Geldverkehrs in die Gesellschaft(en) treibt den Funktionswert des Geldes und damit auch seine Fähigkeit, Beziehungen zwischen Menschen rein funktional zu vermitteln, über seinen eigentlichen Substanzwert hinaus. Gleichzeitig wird ein Wechselspiel von zunehmender sachlicher und sozialer Indifferenz des Mediums einerseits und sozialer Differenzierung andererseits in Gang gesetzt.[963] Dadurch, dass das Geld dasjenige Medium darstellt, das mit der qualitativen Differenz zwischen allen Dingen auch diejenigen zwischen Subjekt und Objekt bzw. Wunsch und Befriedigung zu tilgen verspricht, wird es in gleicher Weise zum Vehikel privater Apperzeptionen und Be-

Geldtheorien darin übereinstimmen, dass rein symbolische Geldformen wie das Papiergeld letztlich auf eine Deckung durch tatsächliche ‚Geld-Ware' – z. B. Gold – verweisen und damit einen immanenten Wert besitzen, erfolgt in Simmels Geldtheorie eine Umdrehung der Perspektive: Demnach stellt die Goldform des Geldes die reine Verkörperung einer Funktion dar, nämlich die des Tausches als Vergleichung der Begehrungen (LAUER 1994, 161): „Das Geld ist seinem Wesen nach nicht ein wertvoller Gegenstand, dessen Teile untereinander oder zum Ganzen zufällig dieselbe Proportion hätten wie andere Werte untereinander; sondern es erschöpft seinen Sinn darin, das Wertverhältnis eben dieser andern Objekte zu einander auszudrücken, was ihm mit Hülfe (sic, A.S.) jener Fähigkeiten des ausgebildeten Geistes gelingt: die Relationen der Dinge auch da gleichzusetzen, wo die Dinge selbst keine Gleichheit oder Ähnlichkeit besitzen." (SIMMEL 1996, 164). So muss der pure Glaube (vgl. etwa die Inschrift der Dollarnoten und -münzen „In God We Trust") die entschwundene Substantialität des Geldes kompensieren, da die Deckungszusagen einer Zentralmacht oder Zentralbank real nur bedingt überprüfbar sind (LAUER 1994, 161, Anm. 102; HÖRISCH 1996, 16f.; GOUX 1999, 115-117). Zur Phänomenologie von Münz-, Papier- und ‚unsichtbarem' Geld vgl. BURGHARDT 1977, 34-41.

960 SIMMEL 1996, 12 u. 694. Für Simmel beruht die entscheidende Abstraktionsleistung des Geldes in erster Linie darauf, dass es den Menschen über die sinnliche Gewissheit, die Anschauung und alle konkreten sachlichen wie auch personalen Bindungen erhebt (LAUER 1994, 148).

961 HÖRISCH 1996, 18.

962 BURGHARDT 1977, 18.

963 LAUER 1994, 163.

gehrungen wie auch gesellschaftlicher Beziehungen: Es wirkt auf individuelle Lebensentwürfe *und* soziale Wechselverhältnisse.[964]

Da Geld in vielen Kontexten als das schlechthin Notwendige erscheint, als das, was nicht mangeln darf,[965] obwohl es doch stets auszugehen droht, stellt sich die Frage, inwiefern das Deckungs- und Verrechnungspotential des Geldes Tausch- und Geltungsstrukturen beeinflusst bzw. wo es dabei an seine Grenzen stösst. Im folgenden soll dieser Problematik in Turgenevs Werk nachgegangen und die Leistungsfähigkeit des Geldes in den ökonomienahen ebenso wie ökonomiefernen Diskursen herausgearbeitet werden.

3.2.1. Die Zersetzung des Ästhetischen durch Geld: Dichter- und Sängerbilder in Turgenevs Frühwerk

Zu den zentralen Themen- und Symbolkreisen der Turgenevschen Prosa, die ihren Ursprung in seiner frühen lyrischen Praxis haben und später unterschiedlich transformiert wurden,[966] gehört auch das Verhältnis der Figuren zu Geld und Ökonomie. Dies überrascht insofern nicht, als in Russland das Geld nach 1830 vom eher latenten Motiv, das bis dahin in Briefen oder Gesprächen und allenfalls andeutungsweise in Kritiken behandelt wurde, zum omnipräsenten Kernthema des literarischen Diskurses avancierte. Damit stellte sich zwangsläufig auch die Frage nach der Lage des Künstlers in einer zunehmend von Geldbeziehungen geprägten Gesellschaft.[967]

Da die späte, schöpferisch intensive Phase der russischen Romantik jenes Umfeld bildete, an welchem sich der junge Turgenev in schriftstellerischer und auch habitueller Hinsicht orientierte, waren seine Dichterideologie und sein dichterisches Selbstverständnis weitgehend dem romantischen Idealtypus verpflichtet. Exemplarisch für seine Selbststilisierungen ist das Gedicht *Tolpa* aus dem Jahre 1844 (PSS, I, 25f.), in welchem das Thema der mit der Kommerzialisierung der Kunst verbundenen Gefährdung des Dichters angesprochen wird. *Tolpa* erinnert an jene Gedichte Puškins[968] und Lermontovs[969], die einen weit

964 Vgl. LAUER 1994, 151 u. 155.

965 HÖRISCH 1996, 20.

966 BRANG 1977, 48f.; BRANG 1979, 134f.; KOSCHMAL 1984, 188; KLUGE 1992, 20-30; HEIER 2000, 127 u. 135. Ausführlich hierzu: LEDKOVSKY 1973; KOSCHMAL 1984; NOHEJL 1995. Turgenev selbst fühlte sich später von seinen dichterischen Anfängen peinlich berührt, was seine wiederholten, in geradezu stereotyper Weise abfälligen Äusserungen zeigen (vgl. etwa seine Briefe vom 17. Februar [1. März] 1857 an Vasilij Botkin [PSP, III, 91f.] bzw. vom 19. Juni [1. Juli] 1874 an Semen Vengerov [PSP, X, 256]).

967 GROB 2004 (im Druck); GÜNTHER 2004 (im Druck).

968 *Prorok* (1826), *Poėt* (1827), *Poėt i tolpa* (urspr. *Čern'*; 1828) und *Poėtu* (1830). Vgl. hierzu ANIKIN 1999, 33-35.

969 *Poėt* (1838), *Ne ver' sebe* (1839) und *Prorok* (1841).

über der Menge bzw. dem ‚Pöbel' schwebenden idealen Dichterpropheten zeichnen und einen ausgeprägt romantischen Charakter literarischer Produktion erkennen lassen: Das Dichteramt erscheint in diesen Werken als Verbindung von göttlicher, der Kontrolle des Publikums entzogener Inspiration, einem von konkreten Alltäglichkeiten und utilitaristischem Streben entbundenen Schöpfungsakt, aber auch von Einsamkeit, Unverständnis und Widerwillen.[970] Damit einher geht eine Entwirklichung des Dichterberufs, so dass Dichter und ‚wahre' Dichtung in extremer Weise selbstreferentiell werden.

In *Tolpa* offenbart sich ein in Resignation mündendes Bewusstsein des Dichter-Ich („мне *жить* не суждено"; 26; Hervorhebung im Original, A.S.), das aber gleichzeitig Ehrfurcht vor der Masse als Repräsentant einer indifferenten und unerbittlichen gesellschaftlichen Notwendigkeit erkennen lässt.[971] Dennoch bleibt das romantische Unabhängigkeitsideal des aus der Einsamkeit des Aussenseitertums argumentierenden Dichter-Ich gerade in materieller Hinsicht gewahrt:

Гордись, толпа! Ликуй, толпа моя!
Лишь для тебя так ярко блещет небо…
Но всё ж я рад, что независим я,
Что не служу тебе я ради хлеба… (PSS, I, 25)

Der Verweis auf die (noch gerettete) wirtschaftliche Autonomie des lyrischen Ich verstärkt das Bild von der Souveränität des Dichters, der sich der Menge nicht aufgrund finanzieller Notwendigkeiten andienen muss, sondern sich von der prosaischen, geldgebundenen Alltagswelt distanzieren und dadurch auch seine Freiheit bewahren kann. Das Geld, das sich im Gedicht hinter dem „Brot" und damit dem ‚Brotberuf' verbirgt, wird insofern epochentypisch entsakralisiert, als in der romantischen Ideologie des Dichterberufs dessen ‚heiliger' Charakter unter anderem durch die Absage an jegliche ökonomischen Sachzwänge herausgestellt wird. Trotzdem liegt in *Tolpa* keine Apotheose eines absolut aufgefassten, religiös gesteigerten und entwirklichten dichterischen Priesteramtes vor, sondern eher die Auflösung der Verbindung von Dichtung und Geld sowie die Konfrontation von romantischer Genieästhetik und unromantischem *rasčet*. Dieser Dichterideologie, welche die Dichterexistenz als bewusstseinserweiternde Denk- bzw. Lebensform und in gleicher Weise als auratische Identifikations- und Abgrenzungsfigur auffasst, können weder ‚bürgerlicher' Beruf noch materielle Erwägungen entgegengestellt werden. Zwar sieht sich das Dichter-Ich in *Tolpa* ökonomischen Zwängen ausgesetzt, doch sind diese nicht in der Lage, die selbstwertige Autonomie des Ich gegenüber dem Alltag zu brechen: Die ‚wahre' künstlerische Seele muss sich nicht ‚verkaufen', so dass sich auch die romantische Idealität letztlich gegen die wirtschaftliche Realität durch-

970 Vgl. ANIKIN 1999, 34.
971 NOHEJL 1995, 121f.

setzt. Nur der Rückzug in ökonomiefreie Räume scheinen es dem Dichter zu erlauben, abseits des alltäglichen Erwerbsstrebens anderen Fragestellungen nachzugehen.

Im acht Jahre später entstandenen Drama *Večer v Sorrente* (1852, erstmals publiziert 1891), einem graziösen Genrebild aus dem Leben russischer Gutsbesitzer im Ausland,[972] wird ein italienischer Sänger-Improvisator für seine dargebotene Gesangskunst von Bel'skij und Marija Petrovna Eleckaja mit Geldstücken bedacht. Allerdings gilt diese ‚Entlohnung', wie Bel'skij betont, nur dem „Handwerker" in ihm, nicht aber dem „Künstler", bei dem er sich auf andere Weise bedanken will:

> Постойте, Марья Петровна, постойте… До сих пор мы наградили в нем ремесленника – но я хочу теперь благодарить художника… (PSS, III, 238)

Bel'skij unterscheidet zwischen den zwei ‚Rollen' des Künstlers, die unterschiedlich ‚entschädigt' werden: Wird der Improvisator als marktorientierter *Lohnhandwerker* für sein ‚Produkt' mit klingender Münze bezahlt, so empfängt er als *Künstler* eine ungleich höhere, mit Geld nicht mehr remunerierbare Belohnung: Er darf sich an Marija Petrovnas Gesicht erfreuen, das Bel'skij für ihn mit einer Kerze beleuchtet (238). Diese Antinomie von Markt und Kunst erinnert an die inkompatiblen Dichterrollen in Puškins *Egipetskie noči* (1835).

Auch später hat Turgenev noch einmal das Thema des autonomen Künstlers mit dem Geldmotiv verschränkt: In der Novelle *Asja* (1858) erläutert der Maler Gagin dem Ich-Erzähler seine Zukunftspläne, denen zufolge er sich fortan ausschliesslich der Malerei widmen möchte, zumal er „über ein ordentliches Vermögen verfüge und von niemandem abhängig sei." (PSS, VII, 79). Wie zuvor im lyrischen und dramatischen Werk erscheint hier die wirtschaftliche Eigenständigkeit als unabdingbare Prämisse für den freischaffenden, autarken und nur sich selbst rechenschaftspflichtigen Künstler. Allerdings kann diese materielle Unabhängigkeit nur eine Voraussetzung – nicht aber eine Garantie – für den Erfolg des Kunstschaffenden sein:

> Быть художником… Без горького, постоянного труда не бывает художников… а трудиться, думал я, глядя на его (Гагина, A.S.) мягкие черты, слушая его неспешную речь, – нет! трудиться ты не будешь, сжаться ты не сумеешь. (83f.)

Während das Dichter-Ich in *Tolpa* den literarischen Professionalismus und die banale Verflechtung des Schriftstellers mit der ökonomischen Welt noch programmatisch zugunsten eines traditionell-romantischen Dichtermodells negiert und damit auch die Gratisleistung des Geistes herausstellt, offenbart sich in *Večer v Sorrente* die Problematik des Rollenkonflikts, welchem der Künstler als

[972] BRANG 1977, 202.

Originalgenie *und* finanziell Abhängiger ausgesetzt ist. Immer deutlicher manifestiert sich die Vorstellung von der Zersetzung des Ästhetischen durch Geld, von der Erosion der althergebrachten Dichtkunst durch die Kommerzialisierung der Kultur:[973] In äusserster Freiheit läuft das Individuum Gefahr, sich ökonomischen Interessen und damit der Bedingtheit des Seins durch das Haben zu unterwerfen. Kunst und Poesie drohen von der allgemeinen Substituierbarkeit aller zu Waren gewordenen Dinge durch das Allgemeinäquivalent Geld erfasst zu werden.[974] Indes erweist sich gerade die Poesie als dysfunktionales Medium, das „poetisch" (von griechisch *poiein* „handeln, tun, hervorbringen, dichten") und damit selbst dann noch produktionslogisch verfährt, wenn die Distributionslogik zur dominanten gesellschaftlichen Verkehrsform geworden ist.[975]

In *Tolpa* und *Večer v Sorrente* scheint hinter der Diskrepanz von Dichterinteresse und Publikumsgeschmack insofern eine Ökonomiekritik auf, als die Poesie und mit ihr die ästhetische und produktive Erfahrung von Nichtidentität durch die zur Selbstverständlichkeit gewordenen Identitätsstrukturen des Tauschs unterspült wird: Der dichterische Schöpfungsakt droht dem geldgebundenen Waren- und Tauschmarkt zu unterliegen, auf welchem der ‚Wert' des an sich einzigartigen Produkts dichterischer Inspiration exakt taxierbar wird. Das damit einhergehende Moment des Inflationären stellt die Romantik und mit ihr sowohl die literarische Singularität als auch den Bezug zu einem absoluten, inkommensurablen Wert in Frage und gibt den Künstler dem Verschleiss durch Massenproduktion und Lohnarbeit preis.[976] Hintergrund dieses dialektischen Verhältnisses zur Kommensurabilität von Geld und Geist dürfte der Umstand gewesen sein, dass das Geld Ende der 1830er Jahre als Grösse (noch) nicht in zeitgenössische ästhetische Kategorien integriert war, aber auch nicht mehr ausserhalb dieser betrachtet werden konnte. Gerade in den Jahren nach 1830 entwickelten sich die Diskussionen über den Zustand der Gegenwartsliteratur, ja über Dichtung generell zu Debatten über Geld, wobei einflussreiche Kreise der literarischen Öffentlichkeit bereits das Ende der Kunst infolge der Kommerzialität befürchteten.[977] Dagegen prägte das Geld in den 1840er Jahren bereits entscheidend den literarischen wie auch ausserliterarischen Diskurs.[978]

973 Vgl. GROB 2001, 49.

974 HÖRISCH 1983, 109 u. 121.

975 HÖRISCH 1983, 121.

976 Vgl. hierzu HÖRISCH 1983, 121 u. GROB 2001, 52.

977 ANIKIN 1999, 69f.; Vgl. GROB 2004 (im Druck): „Weniges zeichnet den literarischen Diskurs der dreissiger Jahre so aus wie der Verlust der (relativen) Unschuld, mit der über Geld gesprochen (oder geschwiegen) werden konnte: Der Literaturbegriff selbst war durch das Geld kontaminiert."

978 GROB 2001, 46f.; GROB 2004 (im Druck). Vgl. auch GROB 2001, 47 u. 51: „Das Geld affizierte den metaliterarischen Diskurs und wurde zum Skandalon, […] im Geld-Diskurs konkretisierte sich der zunehmende Eindruck der Unterminierung sämtlicher kultureller Grundwerte. Das Geld wurde dabei als Kraft wahrgenommen, die die reine Inspiration

Geld repräsentiert eine generelle, jegliche Individualität negierende Austauschbarkeit und Prinzipienlosigkeit, da es, jenseits seines jeweiligen Verwendungszwecks, keinen absoluten Werten verpflichtet ist. In Turgenevs Frühwerk lässt sich eine noch weitgehend romantische Konzeption von Kunst und Poesie im Sinne explizit *nicht* verhandel- und austauschbarer Werte feststellen. Damit wird jener Epochendiskurs der späten Romantik bedient, in welchem die Vorstellung eines literarischen Marktes noch als Zerstörung der Literatur erschien.[979]

3.2.2. Das Geldäquivalent *personaler* Werte

Liebe und (Geld-)Heirat

> Люди опытные, помнится, говаривали мне, что брак по любви – совершенная нелепость [...].
>
> *Andrej Kolosov* (PSS, V, 29)

In Turgenevs Verserzählung *Paraša* (1843) wird die romantische (Liebes-)Idealität geradezu beispielhaft in eine nüchterne ökonomische Realität aufgelöst. Dass *Paraša* in engem Zusammenhang zu Puškins *Evgenij Onegin* steht, zeigt sich bereits äusserlich an der Strophenform.[980] Auf Puškins Vorbild deutet des weiteren die Thematik und deren Ironisierung durch Turgenev hin: In *Paraša* erfolgt insofern eine Entromantisierung der enthusiastischen, Puškins Tat'jana ähnlichen Heldin Paraša, als sich diese in den Gutsbesitzer Viktor verliebt, der sich, obschon seiner Liebe nicht sicher, vorsichtig und berechnend zur Heirat entschliesst und dadurch Onegins Los vermeidet, von tragischer Leidenschaft ergriffen zu werden.[981]

Bereits Parašas biographischer Hintergrund bereitet die triviale Auflösung

als Triebkraft des Dichterischen ablöst und dessen totale und unhintergehbare Profanisierung bewirkt. [...] Die Konkurrenz des Mittelmasses ist [...] bedrohlich, weil sie ein vermeintliches Monopol bricht und der ‚gehobenen' Literatur zumutet, sich dem Wertesystem des Geldes (der Auflage) zu unterwerfen und in denselben Organen wie die andere zu erscheinen; das grössere Publikum und die erweiterten Publikationsmöglichkeiten erschweren die Aufrechterhaltung der Hegemonie kleiner, überblickbarer etablierter Gruppierungen. Es verletzt den aus der aristokratischen Kultur übernommenen – und für den herrschenden literarischen Diskurs fundamentalen – kulturellen Elitarismus, wenn Werte auserwählten Freunden, *narod* und *tolpa* gleichermassen zur Disposition stehen."

979 Vgl. GROB 2001, 52.

980 KLUGE 1992, 28. Der Struktur von *Paraša* liegt eine dreizehnzeilige Strophe zugrunde, die eine Verkürzung der vierzehnzeiligen, auf das englische bzw. Shakespeare-Sonett zurückgehenden „Onegin-Strophe" Puškins darstellt. Bei Turgenev wird diese „Onegin-Strophe" dahingehend variiert, dass das erste Quartett um einen Vers vermehrt wird, die abschliessenden beiden Terzette dagegen zu Paarreimen reduziert werden.

981 KLUGE 1992, 28. Vgl. hierzu auch DOLNY 1996, 110.

des romantischen Liebesmodells vor, indem das Ökonomische in den Vordergrund gerückt wird: Als Tochter eines Gutsbesitzers wächst Paraša in bescheidenen Verhältnissen auf und bleibt zum Stadtleben aus persönlichen, aber auch aus wirtschaftlichen Gründen auf Distanz:

Они в деревне жили – и в Москву
Не ездили, затем что плохи годы,
Что с каждым годом падают доходы,
Да сверх того Параша – грех какой! -
Изволила смеяться над Москвой. (PSS, I, 80)

Das Heiratsmotiv konterkariert hier die romantische Liebe in doppelter Hinsicht: Einerseits gewinnen Verstand, Berechnung und wirtschaftliche Sekurität die Oberhand, andererseits erscheint Parašas Vermählung mit dem wohlhabenden, hochherzigen und väterlich-besorgten Viktor, der zunächst für Paraša in „heiligem und reinem Feuer" glüht (90), als ein zur ökonomisch motivierten Tauschbeziehung, ja zum reinen Geschäft pervertiertes, eher von Rationalität denn Emotionalität durchdrungenes Liebesverhältnis, das bereits nach wenigen Jahren Ehe abkühlt:

Мой Виктор перестал любить давно…
В нем сызмала горели страсти скупо:
Но, впрочем, тем же светом решено,
Что по любви жениться – даже глупо.

[…]

Он был женат на ней – четвертый год
И как-то странно потолстел. Супруги
Мне были ради оба. Мой приход
Напомнил ей о прежнем – и сначала
Ее встревожил несколько… она
Поплакала; ей даже грустно стало,
Но грусть замужней женщины смешна.
Как ручеек извилистый, но плавный,
Катилась жизнь Прасковьи Николавны;
И даже муж – я вам не всё сказал -
Ее весьма любил и уважал. (98f.)

Im Gegensatz zu *Evgenij Onegin* siegen bei Turgenev Nutzen, Sicherheit und damit auch das Banale über das Ideale: Die Hoffnungen, Sehnsüchte und Träume der schwärmerischen Paraša münden in eine gänzlich ‚unromantische' Zweckehe, in der Liebe mit Geld aufgewogen und damit auch neutralisiert wird. Die Definition der Liebesbeziehung über das Ökonomische impliziert die Gegenüberstellung von – aus Sicht der romantischen Ideologie – inkommensurablen Grössen und ‚Werten'.[982] Die Subversion des ‚romantischen' Liebesprinzips „als absoluter Beziehung jenseits des Tausches" (GROB)[983] durch vermeintlich ruhiges, bürgerliches Eheglück findet über Geld und damit ausgerechnet über jenes Medium statt, das Inbegriff von Vergleich- und Tauschbarkeit ist. Dass dieser Tauschakt eine regelrecht diabolische Dimension aufweist, zeigt sich an der Figur des Teufels, der in *Paraša* als reale Grösse auftritt, das Verhalten (und wohl auch die dahinter verborgene Versuchung) der Protagonisten mit einem derb-spöttischen Lachen quittiert und damit ein geheimes Wissen erkennen lässt, über das die anderen nicht verfügen:[984]

> Сбылося всё... и оба влюблены...
> Но всё ж мне слышен хохот сатаны.
>
> Друзья! я вижу беса... на забор
> Он оперся – и смотрит; за четою
> Насмешливо следит угрюмый взор.
> И слышно: вдалеке, лихой грозою
> Растерзанный, печально воет бор... (98)

Offen bleibt, ob die Eheschliessung als „‚bürgerlich-realistische' Lösung" (KLUGE) der komplizierten Beziehung zwischen Tat'jana und Onegin oder aber als romantische Parodie bzw. künstlerische Polemik auf den von Puškin inszenierten Konflikt zu verstehen ist.[985]

Von der Vergeldlichung der romantischen Liebe handelt auch die Verserzählung *Andrej* (1846). Der junge adlige Titelheld kehrt nach einigen Dienstjahren aus der Hauptstadt ins heimatliche Provinzstädtchen zurück, wo er Dunjaša (Avdot'ja), die junge Frau eines älteren Freundes, kennenlernt. Zögernd flammt

[982] Das Phänomen des „Wertes" erklärt Georg Simmel aus der Dichotomie von „Subjekt" und „Objekt": Demnach ist der Wert der „Dinge", d. h. der Objekte, keine „Eigenschaft" ihrer selbst, „sondern ein im Subjekt verbleibendes Urteil über sie." Da „ein und derselbe Gegenstand in einer Seele den höchsten, in einer anderen den niedrigsten Grad des Wertes besitzen kann [...], scheint als Grund der Wertung nur das Subjekt mit seinen normalen oder ausnahmsweisen, dauernden oder wechselnden Stimmungen und Reaktionsweisen übrig zu bleiben." (SIMMEL 1996, 28f.). Während der Wert der Dinge im Tauschakt seine unmittelbare Manifestation erfährt, hat er im Geld „seinen reinsten Ausdruck und Gipfel gefunden." (SIMMEL 1996, 55-92 u. 121).

[983] GROB 2004 (im Druck).

[984] KOSCHMAL 1984, 5, 118f. u. 122. Vgl. hierzu auch GROB 2001, 58: „Nicht nur bei Gogol' repräsentiert der Teufel die Wirklichkeit. Dies ist weniger eine Frage der religiösen Anschauung als eine der Zeitanalyse: Der Teufel repräsentiert das Geld (oder umgekehrt), und dieses hat von der Kultur Besitz ergriffen und lässt der Kunst keinen Raum mehr." Anders als bei Gogol', wo der Topos des teuflischen Goldes seine Wirkung schonungslos entfaltet (GÜNTHER 2004 [im Druck]), stellen bei Turgenev eindeutige Anspielungen auf den dämonischen Ursprung des Geldes und das Verführungspotential des Bösen eher eine Ausnahme dar.

[985] KLUGE 1992, 28; PAHOMOV s. a., 79.

in ihm die Liebe zu Dunjaša auf, was der Erzähler mit den ersten Bestechungsgeldern vergleicht, die ein Beamter annimmt:

В нем изредка пугливые догадки
Рождались... Он душил их, жил шутя.
Так первые таинственные взятки,
С стыдливостью соединив расчет,
Чиновник бессознательно берет. (PSS, I, 138)

Aus Furcht vor den Konsequenzen der Liebe nimmt Andrej den Tod seines Onkels und die damit verbundene Nachlassregelung zum Anlass, um nach Saratov abzureisen und sich dort der Wirtschaftsführung auf dem einträglichen Gut zu widmen (151f. u. 158). Drei Jahre später erreicht ihn ein Abschiedsbrief Dunjašas, in welchem sie Andrej erneut ihre Liebe gesteht und ihm gleichzeitig vorwirft, er habe sie nie wirklich geliebt (160-168). Das Ökonomische dient in diesem Werk primär als Vorwand für den liebesunfähigen Helden, um sich der persönlichen Verantwortung gegenüber der Geliebten zu entziehen, so dass hier die Liebe indirekt durch das Geld zerstört wird: Bereits die ersten Liebesgefühle Andrejs erhalten mit dem Korruptionsvergleich eine negative Dimension. Und auch sein Ortswechsel auf das Gut des verstorbenen Onkels bringt ihm letztlich kein Glück: Zwar wird angedeutet, dass ihn das Erbe zu beträchtlichem Wohlstand geführt hat, doch ein heimatliches „Nest", das ihm nur die Liebe und der innere Frieden hätten bieten können, wird ihm nicht zuteil – er vereinsamt in der Fremde:

Три года протекло... три длинных года.
Андрей нигде не свил себе гнезда.
[...]
Он испытал тревожные напасти
И радости скитальца; но в чужой
Земле жил одиноко; старой страсти
Не заменил он прихотью другой. (160)

Andrejs Einstellung zum Geld ist ebenso rational wie seine Sicht auf Liebe, Leidenschaft und gesellschaftliche Konventionen. Diese Haltung lässt ihn an der Liebe scheitern und ein ökonomisch ungebundenes, dafür aber einsames Leben in tiefer Enttäuschung führen.

Eine etwas andere Konnotation weisen Liebe und Vermögen im Gedicht *Staryj pomeščik* (1841) auf, wo ein alter Gutsbesitzer auf dem Sterbebett seinem Neffen gegenüber resigniert Lebensbilanz zieht:

И я был молод, ел и пил,
И красных девушек ласкал,
И зайцев сотнями травил,
С друзьями буйно пировал...
Бывало, в город еду я –
Купцы бегут встречать меня...

Я первым славился бойцом
И богачом, и молодцом.
Богатство всё перевелось -
Да что!.. любить не довелось! (PSS, I, 18)

Mut, Reichtum und ein vermeintlich erfülltes Leben werden hier zu unbedeutenden Werten angesichts der Tatsache, dass es dem Gutsbesitzer nie gelungen ist zu lieben bzw. geliebt zu werden. Nicht Geld, über welches er nach Belieben verfügt und es auch zu karitativen Zwecken eingesetzt hat, erscheint als *summum bonum*, sondern die Liebe und damit eine in diesem Fall hochdefizitäre, da nicht verfügbare Ware:[986]

Ах, Ваня, Ваня! чтó мне в том,
Что я деньжонок накопил,
Что церковь выстроил и дом:
Я не любим, я не любил!
Чтó в дéньгах мне? Возьмите всё
Добро последнее мое -
Да лишь бы смерть подождала
И насладиться мне дала...
Ах, дайте страсть узнать и жизнь -
И я умру без укоризн! (19)

Der Tausch von Geld gegen Liebe erweist sich als unmögliches Ansinnen, da Geld-Wert und Liebes-Wert inkommensurabel sind. Der Gutsbesitzer hat den „Kelch des Lebens“ zwar gekostet, nicht aber ausgekostet. Sein Leben erscheint ihm im Rückblick sinnlos, da es in mehrfacher Hinsicht „unfruchtbar“ gewesen ist: Weder hinterlässt der Held direkte Nachkommen (deshalb fungiert wohl ein „Neffe“ als Sterbebegleiter und letzter Gesprächspartner), noch vermochte er sich jenes Glück zu verschaffen, das für ihn hinter dem Liebesideal steht. Aus diesem Grunde sieht er sich als „Sünder“, obwohl er sein Leben an sich ordentlich bestritten und sein Vermögen ehrenhaft erlangt hat:

Я худо вижу... Смерть близка...
Ну, жизнь бесплодная, прощай!
Ох, Ваня! страшная тоска...
Родимый, руку мне подай...
Смотри же, детям расскажи,
Что дед их умер от тоски,
Что он терзался и рыдал,
Что тяжело он умирал -
Как будто грешный человек,
Хоть он и честно прожил век.(19)

[986] Vgl. PAHOMOV s. a., 53.

In *Staryj pomeščik* wird das Motiv der untauschbaren Liebe zur grundsätzlichen Ablehnung von Geld-Tauschbeziehungen in Liebesdingen verdichtet: Da Liebe nicht erkauft werden kann und unerfüllte Sehnsucht das Leben wenig lebenswert macht, zieht sich der Gutsbesitzer nach seiner Beichte gebrochen aus dem Leben zurück: Liebe und wahres Glück sind weder verhandelbar noch mit Geld vergleichbar. Die Verbindung von Geld und Leidenschaft erhält ihre romantische Konnotation in der Unstillbarkeit (und Erfüllbarkeit) des Begehrens. Das Verlangen nach Geld wird mit anderen Leidenschaften identifiziert und zugleich dehierarchisiert: Das Konstitutivum ist die ewige, ja libidinöse Knappheit des ersehnten Gutes, sei es des Goldes, sei es der Liebe, so dass sich der Mehrwert aus der Mehrlust ergibt.[987]

Der Gedanke, dass Geldbesitz und persönliche Zuneigung untauschbar sind, Liebe also durch Reichtum nicht ‚erkauft' werden kann, wird in den beiden Dramen *Mesjac v derevne* (1848-50, gedruckt 1855) und *Cholostjak* (1849, gedruckt 1857) fort- und weiter ausgeführt. Wie in *Paraša* erscheint die Ehe hier als Versorgungseinrichtung, als eine nach Geschäftsprinzipien abgewickelte Tauschbeziehung, in welcher Liebe und Leidenschaft obsolet werden. So wirft in *Mesjac v derevne* Natal'ja Petrovna ihrer Ziehtochter Vera vor: „Вы все хотите выйти замуж по любви, не по рассудку, не правда ли?" (PSS, III, 99f.) Und auch Beljaev sieht für sich und Vera keine Zukunft, da er, wie er sagt, erst zwanzig Jahre alt sei und zudem keinen Groschen besitze (128). In *Cholostjak* entgegnet fon Fonk, als er erfährt, dass Vilickijs Braut Maša über kein Vermögen verfügt: „Да. Ну, впрочем, я понимаю… Любовь…" (PSS, II, 204) Fon Fonk, der den Umgang mit Vertretern unterer sozialer Schichten meidet, gehört ebenfalls zu jenen Charakteren, die in der Heirat primär einen Geschäftsabschluss und nicht einen Liebesbeweis sehen (220f.). Ohne finanzielles Fundament erscheint ihm die Ehe zum vornherein undenkbar: „Не в том вопрос, Петр Ильич, любите ли вы теперь вашу невесту или нет, а в том, будете ли вы с нею счастливы?" (221) Es scheint, als ob hier wahres Glück nur durch standesgemässe Beziehungen und materielle Sicherheit erlangt werden könne.[988]

In Turgenevs Prosa finden sich ebenfalls immer wieder Verbindungen, die aus ökonomischen Erwägungen geschlossen werden und sich dann zwar als fi-

987 Vgl. GROB 2004 (im Druck) u. PAHOMOV s. a., 37-51, 73 u. 89-99.

988 Ein weiteres Beispiel wäre Špigel'skij aus *Mesjac v derevne*, der nicht nur seine Verbindung zur Gesellschafterin Lizaveta Bogdanovna wie ein Geschäft aushandelt (PSS, III, 119-122; KOTTMANN 1984, 102), sondern grundsätzlich Liebe und Heirat von der finanziellen Potenz eines Bräutigams abhängig macht (PSS, III, 51f. u. 86f.). Insofern überrascht es nicht, dass er Lizaveta Bogdanovna sogar offen unter Druck setzt: „Вы тоже, чай, в детстве не на золоте ели, а всё-таки вы, голубушка, не можете себе представить, что такое настоящая, заматерелая бедность…" (122). Seiner Ansicht nach bietet ihr lediglich die Vernunftehe mit ihm einen sicheren Schutz vor Armut und Entbehrung.

nanziell vorteilhaft erweisen, emotional jedoch defizitär bleiben: In *Rudin* (1856) etwa wird geschildert, wie der aus armem Elternhaus stammende Pigasov einst eine reiche und halbgebildete Gutsbesitzerin heiratete, um der Mittellosigkeit zu entfliehen und soziale Anerkennung zu erlangen. Nach einigen Jahren unglücklicher Ehe verkauft Pigasovs Frau dann ohne sein Wissen das Gut, woraufhin sich Pigasov nicht nur erneut fast vollständiger Besitzlosigkeit ausgesetzt sieht, sondern auch zum misogynen Zyniker verkommt, der, wie Ležnev behauptet, sich bei den Reichen einschmeichelt und während seiner Dienstzeit Bestechungsgelder angenommen hatte (PSS, VI, 249f. u. 351).[989]

Resigniert schliesst auch der auf ökonomischen Gewinn an sich wenig bedachte Titelheld der Skizze *Uezdnyj lekar'* (1848) aus den *Zapiski ochotnika* seine Geschichte mit den Worten:

> Ведь я с тех пор в законный, как говорится, брак вступить успел… Как же… Купеческую дочь взял: семь тысяч приданного. Зовут ее Акулиной; Трифону-то под стать. Баба, должен я вам сказать, злая, да благо спит целый день… (PSS, IV, 52)

In dieselbe Kategorie fallen Astachovs und Nadežda Alekseevnas Vernunftehen in *Zatiš'e* (1854; PSS, VI, 145, 153f. u. 158) oder die von Krupicyn initiierte Brautsuche Vjazovnins in *Dva prijatelja* (1854), wo sowohl der Besitzstand der potentiellen Braut (PSS, VI, 28 u. 35) als auch Vjazovnins eigenes Vermögen („А главное – состояние"; 58) für die sich anbahnende Eheschliessung eine wichtige Rolle spielen. Subvertiert wird dieser Diskurs von Veročkas Vater Stepan Barsukov, der keinerlei Interesse an den Vermögensverhältnissen seines künftigen Schwiegersohnes zeigt, sondern lediglich wissen möchte, ob dieser „ein guter Mensch" sei und Veročka wirklich „liebe" (66).

Insgesamt ist festzustellen, dass bei Turgenev auffallend oft die finanziellen Verhältnisse einer Braut oder eines Bräutigams („с состоянием") hervorgehoben werden (vgl. etwa die entsprechenden Aussagen Mar'ja Aleksandrovnas in *Perepiska* [1856; PSS, VI, 180], jene Ipatovs bzw. Fličs in *Zatiš'e* [PSS, VI, 103 u. 145], Lavreckijs Heiratsantrag an seine künftige Gattin Varvara Pavlovna[990]

[989] Wie Beljaev in *Mesjac v derevne* führt auch Rudin während seiner Aussprache mit Natal'ja seine Armut als Argument gegen die gemeinsame Flucht aus dem Hause Dar'ja Lasunskajas an. Während Natal'ja mit ihm zu fliehen bereit wäre, da ihr ihre Mutter kategorisch jede Verbindung mit Rudin verbietet, sieht Rudin keine Zukunft mit Natal'ja ohne die Einwilligung ihrer Mutter und predigt daher Verzicht (PSS, VI, 323). Dagegen stellt im Roman *Nov'* (1877) Mariannas Flucht aus dem Hause Sipjagins nicht zuletzt auch eine Reaktion auf ihre materielle Abhängigkeit von den Sipjagins dar. So beklagt Marianna gegenüber Neždanov wiederholt ihren Status als ohnmächtige Kostgängerin: „[…] чужой хлеб горек – и я не умею переносить снисходительных оскорблений – и покровительства не терплю… […]" (PSS, XII, 93); „Я несчастна тем, что я барышня, приживалка, что я ничего, ничего не могу и не умею!" (96).

[990] „[…] Варваре Павловне хорошо было известно, что жених ее богат; а Каллиопа Карловна подумала: «Meine Tochter macht eine schöne Partie», – и купила себе

bzw. das Interesse eines Gutsnachbarn an Glafira Petrovna in *Dvorjanskoe gnezdo* [1859; PSS, VII, 191], die Vernunftehen zwischen Nikolaj Artem'evič Stachov und Anna Vasil'evna in *Nakanune* [1860; PSS, VIII, 18][991], zwischen den Eltern des Ich-Erzählers bzw. zwischen Zinaida und Dol'skij in *Pervaja ljubov'* [1860; PSS, IX, 8 u. 74], Petrs Heirat mit der Tochter eines städtischen Gemüsehändlers in *Otcy i deti* (1862) [PSS, VIII, 399], die Ehe zwischen Irina und General Ratmirov in *Dym* [1867; PSS, IX, 220-222] oder zwischen Ratč und Susannas Mutter in *Nesčastnaja* [1869; PSS, X, 107][992]). Ferner lehnt in *Vešnie vody* (1872) Džemmas Mutter eine Verbindung ihrer Tochter mit dem wenig begüterten Helden Sanin ab, da sie für Džemma eine materiell sichere Partie – den von Džemma ungeliebten, aber aufstrebenden und vermögenden Kontoristen Karl Kljuber – bevorzugt (PSS, XI, 9f., 68f. u. 93f.). Nachdem aber Sanin und Džemma zueinander finden und einer Heirat eigentlich nur noch die Vermögensfrage entgegensteht,[993] lässt sich Sanin auf einen Handel mit Mar'ja Niko-

новый ток." (PSS, VII, 170). Auch später wird Varvara Pavlovna ihre Aufmerksamkeit auf begüterte Männer richten. So möchte sie vor ihrer ersten Begegnung mit Panšin wissen: „Кто он такой? Бедный какой-нибудь?" (259).

991 „Смолоду его (Николая Артемьевича, A.S.) занимали две мечты: попасть в флигель-адъютанты и выгодно жениться; с первою мечтой он скоро расстался, но тем крепче держался за вторую." (PSS, VIII, 18). Konterkariert wird dieses Zweckbündnis in *Nakanune* durch die Liebesheirat zwischen Insarov und Elena, die trotz Insarovs Warnung, er sei „arm, fast bettelarm" (94), vollzogen wird. Dass Elenas Eltern ihre Tochter erfolglos mit dem beim Senat tätigen Obersekretär Egor Andreevič Kurnatovskij, der allem Anschein nach gerade in materieller Hinsicht eine ‚gute Partie' zu sein verspricht, vermählen wollen (105-109), unterstreicht lediglich die Diskrepanz zwischen Vernunft- und Liebesheirat sowie die unterschiedlichen Einstellungen zu den beiden Erscheinungsformen der Ehe bei Turgenev. Es ist denn auch Ironie des Schicksals, dass Elenas Mutter schliesslich die Ehe ihrer Tochter mit Insarov regelrecht erkaufen muss, indem sie sämtliche Schulden ihres Gatten begleicht und ihm darüber hinaus 1'000 Rubel schenkt, nur um sein Einverständnis für die Heirat zu erhalten (144).

992 Susanna, die Heldin der Novelle *Nesčastnaja*, ist aus der unehelichen Verbindung zwischen dem reichen Gutsbesitzer Ivan Koltovskoj und der Tochter eines jüdischen Malers hervorgegangen, die später auf Verlangen Koltovskojs dessen Verwalter Ratč heiraten muss: „Г-н Ратч не любил моей матери, и она его не любила. Он женился на ней из-за денег, а она должна была повиноваться." (PSS, X, 107).

993 „Тогда фрау Леноре (Džemmas Mutter, A.S.) заметила ему, что [...] г-н Клюбер, *бывший* Джеммин жених, уже теперь обладает восемью тысячами гульденов дохода - и с каждым годом эта сумма будет быстро увеличиваться, - а его, г-на Санина, каков доход?" (93; Hervorhebung im Original, A.S.). Sanin kann den stattlichen Einkünften Kljubers lediglich die Aussicht auf eine mit jährlich 2'000 Assignatenrubeln dotierte Beamtenstelle sowie sein kleines Gut im Gouvernement Tula entgegenhalten, das bei einer ordentlichen Gutsverwaltung fünf- oder sechstausend Assignatenrubel im Jahr abwerfen müsste (93f.). DOLNY (1996, 204) weist darauf hin, dass Frau Lenores kleinbürgerlicher Sichtweise eine rein materielle Wertschätzung der Figuren entspricht, die von ihr gleichsam ‚gehandelt' werden und an Wert zulegen bzw. einbüssen können. Bezeichnenderweise heisst „Džemma" auf italienisch „Edelstein" (96).

laevna Polozova, der reichen Gattin eines ehemaligen Pensionskollegen, in der Hoffnung ein, sein kleines russisches Gut gewinnbringend veräussern zu können und damit an das für seine Heirat mit Džemma notwendige Geld zu gelangen (94f., 99-101 u. 115-117). Die Verführungskünste der Polozova lassen Sanin jedoch seine ursprünglichen Absichten vergessen, er verfällt der Frau und verliert Džemma.[994] Und auch die Polozova hat sich durch ihre Zweckheirat einen sozialen Aufstieg und persönliche Freiräume verschafft (128), dafür bezahlt sie die materiellen Vorteile ihrer Ehe mit menschlichen Defiziten, die sie letztlich in das Chaos des Ehebruchs und – nach ihrem Tod – in die Vergessenheit führen (154).[995]

Die negative Konnotation der Verbindung von Liebe und Geld mündet bei Turgenev in eine grundsätzliche Ablehnung sowohl der Kaufehe als auch des Geldes an sich: In der Skizze *Petr Petrovič Karataev* (1847) gibt der Titelheld angesichts einer Liebesenttäuschung dem Erzähler zu verstehen, dass ihm – nachdem er sein gesamtes Vermögen umsonst ausgegeben hatte, um das von ihm geliebte leibeigene Mädchen Matrena bei sich behalten zu können – Geld überhaupt nichts mehr bedeute:

> - А не умру с голоду, бог даст! Денег не будет, друзья будут. Да что деньги? – прах! Золото – прах!
> Он зажмурился, пошарил рукой в кармане и поднес ко мне на ладони два пятиалтынных и гривенник.
> - Что это? ведь прах! (И деньги полетели на пол.) (PSS, IV, 258)

Für Karataev haben Geld und Gold ihre einstige Relevanz vollständig eingebüsst, da es ihm nicht gelungen ist, mit ihnen Liebe und Glück zu erlangen: Nicht zuletzt deshalb ist er zu der Erkenntnis gekommen, dass die persönliche Beziehung – und sei es zu „Freunden" – einen höheren Stellenwert besitze, dass Geld im Grunde genommen nur „Staub" sei und zu nichts diene. Nirgendwo sonst bei Turgenev wird der Umstand, dass die Substantialität des Geldes lediglich Schein sei und ein zu Materie erstarrtes Gelten der Dinge ohne die Dinge selbst darstelle, derart emphatisch herausgestellt, die Ablehnung jeglicher Geld-Tauschbeziehungen so deutlich manifestiert.[996]

[994] Der finanziellen Transaktion zwischen Sanin und der Polozova ist insofern gleichsam ein emotionaler ‚Handel' hinterlegt, als die Polozova den Kauf des angebotenen Gutes absichtlich hinauszögert, um sich Sanin gefügig zu machen (123-125).

[995] Dolny 1996, 210.

[996] Vgl. hierzu Simmel 1996, 124. Dass in *Vešnie vody* die Polozova bzw. in *Nov'* Sipjagin, mithin zwei wirtschaftlich erfolgreiche und dementsprechend wohlhabende Figuren vom „schnöden Geld" („презренный металл") sprechen (PSS, XI, 124; PSS, XII, 26), ist als absichtsvolle, zweideutige Koketterie zu werten, die einen anderen Diskurs bedient als die Aussage Karataevs. Die Polozova und Sipjagin *besitzen* Geld, und sie subvertieren diese Tatsache gegenüber ihren unbemittelten Gesprächspartnern Sanin bzw. Neždanov, um auf diese Weise die sozioökonomischen Unterschiede zu kaschieren und ihre geplanten Ziele zu verwirklichen.

In all diesen von Tauschkriterien geprägten Verbindungen offenbart sich der zutiefst antiökonomische Charakter von Liebe und Gefühl: Die merkantilen Beziehungen stehen bei Turgenev entweder von Anfang an unter einem ungünstigen Stern oder kühlen bereits nach wenigen Jahren gemeinsamen Ehelebens ab. Auf diese Weise werden die Lebensgemeinschaften zum *chozjajstvo*, zum Geschäfts- und Wirtschaftsmodell im Zusammenleben zweier Menschen, degradiert, wobei sogar der ‚Wert' einer Gattin an der Höhe ihrer Mitgift gemessen wird.[997] Bereits der Akt der Heirat untergräbt ‚romantische' Liebesmodelle, während sich wirtschaftliche Geborgenheit als inadäquate Rettung aus unglücklicher Liebe oder auswegloser Verstrickung in Hierarchiekämpfen erweist. Hier wirkt jenes Moment, das für den russischen Kontext sowie dessen starke Orientierung des Romantischen am Erhaben-Aristokratischen gilt und das semantische Feld der ‚romantischen' Liebe weitgehend definiert: Im Gegensatz zu den nuptialen Verhandlungs- und Tauschakten stellt die ‚romantische' Liebe im Wertekosmos ein Absolutum dar und ist weder Handelsgesetzen unterworfen noch anderweitig kommensurabel.[998] Der Tatsache, dass in Turgenevs Werk immer wieder Zweckehen geschlossen werden, die später scheitern, liegt denn auch eine doppelte, antithetisch angelegte Vorstellung zugrunde: Während einerseits individuelle Gefühle gegenüber ökonomischen Überlegungen den Vorrang haben, sind andererseits die rein auf Zuneigung beruhenden Beziehungen der Individuen in eine soziale Struktur eingebunden, die von ökonomischen Kriterien und Rücksichtnahmen beeinflusst wird und die ‚Wahrhaftigkeit' der Liebesverhältnisse prinzipiell gefährdet. Zudem drohen solche Verbindungen wegen des von Anfang an durch die unterschiedlichen Vermögensverhältnisse der beiden Ehepartner bedingte Ungleichheit innerhalb der Beziehung zu scheitern.[999]

Im Gegensatz zu all diesen missglückten Versuchen, Liebe und Gefühl ‚einzukaufen', findet sich in der Novelle *Nesčastnaja* das umgekehrte Beispiel, nämlich die – ebenfalls ergebnislose – Bemühung Semen Koltovskojs, eines betagten und begüterten Lüstlings, das aufrichtige Liebesverhältnis zwischen seinem Sohn Michail und der mittellosen, sozial deklassierten Heldin Susanna durch einen ‚Loskauf' zu beenden, um dann offensichtlich – wiederum über fi-

997 Vgl. etwa den Fall der Nenila Makar'evna in der Novelle *Bretër* (1847), für die einst ein vornehmer Gutsherr eine Mitgift von nur gerade rund 10'000 Rubeln zu zahlen bereit war. Ironischerweise ist sie es, die sich dann nach ihrer Heirat mit Perekatov als kompetente Administratorin erweist und das gemeinsame Gut „klug, auf jeden Fall aber weitaus besser" als ihr Gatte verwaltet (PSS, V, 41f.).

998 Vgl. Grob 2001, 52.

999 Vgl. Arkadij Kirsanovs Gespräch mit Katja in *Otcy i deti*, wo Katja bekräftigt, sie würde nicht einmal dann einen reichen Mann heiraten, wenn sie ihn liebte: „- О нет! к чему это? Напротив, я готова покоряться, только неравенство тяжело. А уважать себя и покоряться, это я понимаю, это счастье; но подчиненное существование… Нет, довольно и так." (PSS, VIII, 367).

nanzielle Abgeltung – Susanna für sich zu gewinnen. Diese allerdings spürt, dass sich hinter Koltovskojs Vorschlag, für ihren „Wohlstand zu sorgen", sie „materiell gänzlich sicherzustellen" (PSS, X, 132), eine triebhafte Absicht verbirgt:

> Я ушам своим едва поверила. В первую минуту мне показалось, что Семен Матвеич хотел купить мое отречение от Мишеля, дать мне «отступного»... Но эти слова! Мои глаза начинали привыкать к темноте, и я могла различить лицо Семена Матвеича. Оно улыбалось, это старое лицо, а сам он всё расхаживал маленькими шагами, семенил предо мною... (132)

Weder gelingt es Semen, auf diesem Wege Susanna von Michail zu trennen, noch vermag er ihre Gefühle für sich zu gewinnen. Susannas Sehnsucht nach Geborgenheit und ‚echter' Liebe ist mit der Welt des ausschliesslich Materiellen unvereinbar. Im Freitod sieht sie letztlich den einzigen Ausweg aus ihrer Verstrickung in Armut und Heimatlosigkeit. Als nämlich auch ihre Liebe zum Studenten Fustov enttäuscht wird, da dieser den verleumderischen Anspielungen ihres Stiefbruders Viktor glaubt, die auf Susannas Namen von Semen Koltovskoj gezahlte Rente sei eine Abfindung für ihr Verhältnis mit dem letzteren („в виде вознаграждения"; 140), nimmt sich Susanna das Leben (142f. u. 149).[1000]

In den späteren Werken Turgenevs nimmt die Flucht der Charaktere in Zweckehen etwas ab. An ihre Stelle treten immer häufiger Entsagung und Resignation, d. h., die Eheschliessung findet oft gar nicht erst statt. Ein annähernd ausgeglichenes Verhältnis von erotischer Passion und monetärer Vernunft, von irrationaler Nichttauschbarkeit und geregeltem Austausch mit der Umwelt weist die Liebesheirat Arkadij Kirsanovs mit Katja am Ende von *Otcy i deti* auf (PSS, VIII, 366f., 378f. u. 397-399): „Аркадий сделался рьяным хозяином, и «ферма» уже приносит довольно значительный доход." (399)[1001] Allerdings erfolgt (auch) hier die sachliche und einträgliche Organisation des Alltags- und Gutswirtschaftslebens im Zusammenspiel mit einem ruhigen, glückbringenden Gefühl letztlich doch auf Kosten jener Gefühlsintensität (vgl. 339), für die zuvor Bazarov in seinem Verhältnis zu Anna Sergeevna Odincova ein anschau-

[1000] Vgl. BRANG 1977, 157. Viktors Intrige erklärt sich daraus, dass mit Susannas Heirat keine Pension mehr in ihrem Namen an Ratč ausbezahlt worden wäre (140), d. h., Ratč und Viktor wären ihrer (illegitimen) Einnahmequelle verlustig gegangen. Um dies zu verhindern, nimmt Viktor alles in Kauf, auch Susannas Untergang.

[1001] Arkadijs Entwicklung zu einem erfolgreichen Gutsbesitzer setzt langsam, aber stetig ein: „Хозяйничанье не возбуждало в нем отвращения: он даже с удовольствием мечтал об агрономической деятельности [...]." (PSS, VIII, 338). Ähnlich wie Lavreckij in *Dvorjanskoe gnezdo* erreicht Arkadij schliesslich sein Ziel, indem er die Erde unter den Pflug nimmt. Doch im Gegensatz zu Lavreckij, der in der Liebe scheitert und letztlich entsagt, gelingt es Arkadij, ein guter ‚Pflüger' *und* Ehemann zu werden.

liches Beispiel darstellte.[1002] Bazarovs Verhältnis zur Liebe erweist sich denn auch als Prüfstein des Helden: Bazarov hält alles für romantischen Unsinn (238), was nicht quantitativer Messung zugänglich ist und wissenschaftlich erklärt werden kann (202 u. 217). Mit seinem Materialismus (238f.) verbindet sich eine extrem rationale Sicht auf Liebe und Kunst. Während er die von seinem Antipoden Pavel Kirsanov vertretenen Prinzipien, Ideale, Normen und Werte nicht anerkennen, geschweige denn achten will, entspricht das Geld durchaus Bazarovs analytisch-sachlichem Denken und wird daher zu einem in seinen Augen nutzbringenden Leitmedium, das er mit der ‚nutzlosen' Kunst zu polemischen Verkürzungen koppelt:[1003] Seiner Ansicht nach ist ein „ordentlicher Chemiker zwanzig Mal nützlicher als jeder Dichter" (219), Raffael „keinen Kupfergroschen wert" (247) und der Kunstbegriff nur im Hinblick auf den Gelderwerb legitim: „– Искусство наживать деньги, или нет более геморроя!" (219). Obwohl Bazarov die Lebensart der Elterngeneration kritisiert, ist er selbst keineswegs ein Asket, sondern ein Genussmensch, der die luxuriösen Seiten des Lebens zu schätzen weiss, auch wenn er kaum Geld besitzt (281 u. 379): „ [...] кусок мяса лучше куска хлеба даже с химической точки зрения." (259). Die Liebe reduziert er, unter Ausschluss des *eros*, auf ein ausschliesslich physiologisches Problem, wobei er die Zweckehe für durchaus vernünftig hält: „[...] по моему мнению, выйти за богатого старика – дело ничуть не странное, а, напротив, благоразумное." (269). Erst die Liebesintrige offenbart die Lebensfremdheit seiner Theoreme, wird Bazarov doch gerade dadurch, dass er in seinem Verhältnis zur Odincova und damit an einem allgemeinmenschlichen Schicksal scheitert, letztlich mit der ‚Romantik' nicht fertig.[1004] Seine rationale Einstellung zu den zentralen Lebensfragen wird also durch das Emotionale untergraben.

Am deutlichsten manifestiert sich der Akt der Entsagung von Leidenschaft und ‚wahrer' Liebe am Beispiel der Odincova gegen Ende des Romans, wo ihre Vernunftehe mit einem kühlen Pragmatiker geschildert wird:

1002 Die Tatsache, dass Arkadijs Heirat mit einer der bei Turgenev seltenen Winterszenen (BRANG 1979, 137) korreliert (PSS, VIII, 397-399), unterstreicht den speziellen Charakter dieser stillen Vermählung. Auch für Nikolaj Kirsanovs gleichzeitig (!) geschlossene Ehe mit Fenečka ist ein Mangel an ‚wirklicher' Leidenschaft zugunsten pragmatischer Erwägungen und Rücksichtnahmen merkmalhaft (397). Konterkariert werden diese beiden Beziehungen einerseits durch Bazarovs Liebeswerben um die Odincova, andererseits durch Pavel Kirsanovs einstige leidenschaftlich-verhängnisvolle Verbindung mit der Gräfin R. (221-224).

1003 So findet es Bazarov in Ordnung, dass sein Vater einen *obrok*-Bauern durchprügeln liess, weil dieser „ein furchtbarer Dieb und Säufer" ist (PSS, VIII, 332). Obwohl Bazarov dem Geld einen hohen Stellenwert einräumt, ist er, wie sein Vater gegenüber Arkadij betont, doch stets ein „selbstloser, ehrlicher Mensch" geblieben, der von den Eltern in seinem ganzen Leben „keine unnütze Kopeke" genommen habe (320).

1004 BERLIN 1972, 29; BRANG 1979, 138f.

> Анна Сергеевна недавно вышла замуж, не по любви, но по убеждению, за одного из будущих русских деятелей, человека очень умного, законника, с крепким практическим смыслом, твердою волей и замечательным даром слова, – человека еще молодого, доброго и холодного как лед. Они живут в большом ладу друг с другом и доживутся, пожалуй, до счастья… пожалуй, до любви. (399)

Angesichts ihres egoistischen Materialismus und ihrer auf Bequemlichkeit und Freiheit gerichteten Bestrebungen (300 u. 365) hatte die einst in reichen, später – wie Bazarov – in ärmlichen Verhältnissen aufgewachsene Odincova bereits einmal des Geldes wegen geheiratet und nach dem Tode ihres ersten Gatten ein beträchtliches Vermögen geerbt (270, 282f., 293 u. 297), so dass sie fortan als ‚gute Partie' galt („Умница, богачка, вдова."; 263). Durch ihre zweite Vermählung vermag sie zwar weiter an gesellschaftlichem Ansehen und Einfluss zu gewinnen, dafür verharrt sie aber in jener Einsamkeit, auf die schon ihr sprechender Name verweist.[1005] Der Odincova ist bewusst, dass ihr Luxus, Vermögen und persönliche Unabhängigkeit nicht jene Lebens- und Liebesfreude ersetzen können, nach der sie sich erfolglos sehnt. So entgegnet sie Bazarov auf dessen Frage, warum sie unglücklich sei:

> Я несчастлива оттого… что нет во мне желания, охоты жить. Вы недоверчиво на меня смотрите, вы думаете: это говорит «аристократка», которая вся в кружевах и сидит на бархатном кресле. Я и не скрываюсь: я люблю то, что вы называете комфортом, и в то же время я мало желаю жить. (292f.)

Der Verlust von Liebe und Leidenschaft sind Odincovas Preis für Geld, Komfort und inneren Frieden. In ihrer zweiten Ehe verbindet sich daher eine berechnende, ‚ökonomische' Lebensweise mit dem Motiv der Entsagung.

Dass das bei Turgenev hier und da als Projektion einzelner Figuren anzutreffende Ideal einer ökonomisch abgesicherten Liebesheirat ein utopischer Widerspruch bleiben muss,[1006] zeigt besonders deutlich die geplante Ehe zwischen Fe-

[1005] Vgl. BRANG 1979, 142. Dass sich im Falle der Odincova Wohlstand und wahre Leidenschaft gegenseitig ausgeschlossen haben, wird vom Erzähler sogar explizit betont: „Не будь она богата и независима, она, быть может, бросилась бы в битву, узнала бы страсть… Но ей жилось легко, хотя она и скучала подчас, и она продолжала провожать день за днем, не спеша и лишь изредка волнуясь." (PSS, VIII, 282f.).

[1006] Vgl. etwa Astachov in *Zatiš'e*, über dessen Vorstellungen hinsichtlich einer „vorteilhaften Neigungsheirat" es ironisch heisst: „За Владимиром Сергеичем считалось около шестисот душ хорошего имения, и он думал о браке, браке по наклонности, но в то же время выгодном. Особенно хотелось ему сыскать жену со связями. Он находил, что у него недостаточно было связей." (PSS, VI, 87). Tatsächlich heiratet Astachov schliesslich, „wie er es sich stets gewünscht hatte", eine „reiche" Frau „mit den allerbesten Beziehungen" (154) und lebt mit ihr in einer wenig glücklichen Zweckehe dor Kister und Maša in der Novelle *Bretër* (1847): Kister möchte aus tiefer Zuneigung heiraten, gleichzeitig ist er sich aber auch der, wie er seiner Mutter schreibt, „materiellen Seite" seines Entschlusses bewusst, zumal Mašas Vater „vierhundert Seelen in bestem Zustand" besitze (PSS, V, 76). Doch ist es abermals das Schicksal, das bei Turgenev – wie so oft – in den Alltag der Menschen einbricht und die Pläne, Träume sowie idealtypischen Lebensentwürfe zerstört: Als Kisters Freund und Nebenbuhler, der „Raufbold" Lučkov, erfährt, dass Kister um Mašas Hand angehalten hat, fordert er ihn aus verletztem Stolz zum Duell und tötet ihn (83f.).[1007]

In der symbolischen Ökonomie Turgenevs stellen Liebe und Geld zwei unvereinbare Wertsysteme dar: Der Austausch von Gedanken und Gefühlen als ein Wert an sich unterliegt einem anderen Diskurs als der Austausch von Geldwerten, so dass der Versuch, die beiden Ebenen zusammenzuführen, scheitern muss. Die Ratio bildet die Grundlage des ökonomischen Denkens und Handelns, während das Geld selber eng mit Kalkulation verbunden ist – und beides läuft dem Spontaneitätsprinzip des Gefühls grundsätzlich zuwider.[1008] Turgenevs Kritik gilt insbesondere dem zeitgenössischen aristokratischen Heiratssystem, in welchem die Frau als begehrens- und liebenswertes Individuum, gleichzeitig aber eben auch als austauschbarer Vermögenswert erscheint, der von der Gesellschaft nach Besitzstand, Herkunft und Schönheit taxiert wird. Und selbst dort, wo bei Turgenev an sich alle Voraussetzungen für eine glückliche und geglückte Verbindung zweier Menschen in Liebe *und* materieller Sicherheit gegeben wären, greift eine höhere, oft tödliche Macht ein und zerstört die Utopie. In Turgenevs poetischem System ist die Liebe eine unwiderstehliche elementare Gewalt, die schicksalhaft in das Leben des Menschen einbricht.[1009] Diese zutiefst irrationale Prägung der Liebe ist mit der Rationalität und dem Kalkül, die dem System des geldvermittelten Tausches inhärent sind, nicht vereinbar.

(158). Und in *Dvorjanskoe gnezdo* äussert sich Marfa Timofeevna Pestova über Lavreckijs gescheiterte Ehe lakonisch: „Ну, да и женился он по любви, а из этих из любовных свадеб ничего путного никогда не выходит […]." (PSS, VII, 130).

1007 Für GROB (2004 [im Druck]) wird der Tod als Bild des inkommensurablen Einsatzes zum Fluchtpunkt des romantischen Liebesmodells: „Dieser Einsatz des Lebens zeigt sich prototypisch im Duell, das in der russischen romantischen Kultur so wirkungsmächtig war und neben Liebe und Freundschaft die wohl ‚romantischste' aller Kommunikationsformen darstellt. Das Duell definiert sich über den Begriff der Ehre, damit über die Nicht-Verhandelbarkeit, die Nicht-Tauschbarkeit; deswegen ist das Duell ohne Hilfe der Sekundanten nicht zu regulieren." Die von der jüngeren Forschung vermehrt festgestellte Präsenz von Romantikmodellen in Turgenevs Werk wird nicht zuletzt durch das häufige Auftreten der Duell-Motivik deutlich, die, neben *Bretër*, auch in *Tri portreta* (1846), *Dva prijatelja* (1854) oder *Otcy i deti* mit den Begriffen von Liebe und Ehre einhergeht.

1008 BUSCHMEIER 1990, 187.

1009 KLUGE 1982, 71.

Zwischen Liebe und Prostitution: Macht und Ohnmacht des Geldes

Eine für Turgenev seltene Parallelführung von erotischen und monetären Motiven, die das Thema der käuflichen Liebe zitieren und verschiedene Ebenen des Begehrens aufscheinen lassen, findet sich in der Erzählung *Žid* (1847), in der Novelle *Pervaja ljubov'* (1860) und im Roman *Dym*. In *Pervaja ljubov'* entlockt die Heldin Zinaida, die Tochter der verarmten Fürstin Zasekina, in einer Mischung von kindlichem Spiel und zielgerichteter, kapriziös-koketter Raffinesse durch das wechselhafte Anbieten ihrer Aufmerksamkeiten und das gegenseitige Ausspielen ihrer Verehrer diesen – insbesondere aber Belovzorov – materielle Werte. Zinaidas Verhalten wird angesichts ihrer ungünstigen sozioökonomischen Situation, aber auch ihrer Geschicklichkeit, sich die Gunst der Bewunderer zunutze zu machen, „in die Nähe der Kinderprostitution" gerückt (DOLNY).[1010] Weil die Fürstin, welche nach Ansicht der Mutter des Ich-Erzählers „zu allem fähig" sei (PSS, IX, 44), die keineswegs harmlosen Spiele ihrer Tochter bis zu einem gewissen Grad toleriert, kann angenommen werden, dass Zinaida auf ihre Weise erheblich zum Unterhalt der gesamten Familie beiträgt. Damit liesse sich auch der für eine mittellose Familie etwas ungewöhnliche Aufenthalt auf der Sommerfrische einer renommierten Dača erklären. Als Zinaida sich schliesslich von Belovzorov sogar ein Pferd als Geschenk wünscht, spürt ihre Mutter, dass gewisse moralische Grenzen überschritten werden (47). Obwohl sie auf die Koketterie ihrer Tochter ungehalten reagiert, interveniert sie nicht weiter:[1011] Zu gross ist ihre materielle Abhängigkeit und damit auch ihre gesellschaftliche Stellung von Zinaidas Gebaren. Letztlich erleiden die Gefühle des heranreifenden Mädchens durch dieses sich auf der Grenze zwischen Schuld und Unschuld bewegende Wechselspiel von Gunstbezeugungen und materiellen Vorteilen zum Zwecke des Erhalts eines bestimmten Lebensstils und Sozialprestiges einen irreparablen Schaden.[1012] Das Geldthema kulminiert im Umstand, dass, wie angedeutet wird, Zinaidas aussereheliche Beziehung zum Vater des Ich-Erzählers nicht ohne Folgen geblieben ist (74). Die Mutter des Erzählers überweist denn auch nach dem plötzlichen Tod ihres Gatten eine grössere Summe nach Moskau, wohl weniger aus Mitgefühl zu Zinaida als mit der Absicht, ihre Familie von dieser ‚Schuld' freizukaufen (72).[1013]

[1010] DOLNY 1996, 194. Während BRANG (1977, 136-140) im Zusammenhang mit der Figur Zinaidas das Thema der tragischen Versklavung ihrer Gefühle durch die Liebe herausstellt, weist DOLNY (1996, 194, Anmerkung 4) darauf hin, dass die sozioökonomische Lage des Mädchens unbedingt zu berücksichtigen sei, da sie möglicherweise entscheidend zur Steigerung des sich auf der Gefühlsebene abspielenden Dramas beitrage. KLUGE (1982, 67) deutet Zinaidas Spiel mit der Verehrerschar unter anderem als Versuch, die trostlose Umgebung in ihrer verarmten und unordentlichen Familie zu vergessen (vgl. PSS, IX, 34 u. 57).

[1011] DOLNY 1996, 194f., Anmerkung 4.

[1012] Vgl. DOLNY 1996, 194.

[1013] BRANG 1977, 139. Dass die Geldüberweisung mit der Niederkunft Zinaidas direkt zu-

Im Roman *Dym* ist es Irina, die ihre Verführbarkeit durch Luxus offenbart, sich von ihrem Verlobten Litvinov trennt und in einem Abschiedsbrief ihre endgültige Entscheidung für die Welt des Lasters verkündet.[1014] Irina folgt dem Grafen Rejzenbach, der sich ihren eindrücklichen Auftritt an einem Ballabend gesellschaftlich zunutze machen will, nach Moskau (PSS, IX, 194f.). Um seinen Plan verwirklichen zu können, muss der Graf allerdings Irina von ihren Eltern freikaufen:

> Надобно было ослепить, отуманить, поразить родителей. «Им же есть нечего, – продолжал граф свои размышления [...], – так небось упрямиться не станут. Не такие же уж они чувствительные. Можно и сумму денег дать. [...] Граф не ошибся в своих расчетах: князь и княгиня действительно не упрямились и взяли сумму денег, и Ирина действительно согласилась, не дав истечь назначенному сроку. (195)

Sowohl Irina als auch ihre Eltern gehen auf den Vorschlag Rejzenbachs ein: Die Eltern sind infolge ihrer Mittellosigkeit auf das Geld dringend angewiesen (179), und Irina nimmt ihre Chance wahr, aus dem ärmlichen Provinzleben auszubrechen, ja sogar Erbin des Grafen zu werden (195). Es sind die materiellen Umstände, die sie dazu bewegen, ihre Liebe zu Litvinov preiszugeben und einem Mann zu folgen, der ihr lediglich Reichtum und gesellschaftliches Ansehen bietet. Freilich hat auch hier – ähnlich wie in *Pervaja ljubov'* – das Motiv der Prostitution insofern seine Grenzen, als es dabei lediglich um materielle Sicherheit geht. Letztlich verkauft sich weder Zinaida an ihre Verehrer noch Irina an ihren Gönner.

Noch deutlicher zeigt Turgenev die Konsequenzen und Grenzen individuellen Verhaltens infolge von Armut und Entbehrung in *Žid*, wo der Jude Giršel' die russischen Truppen während der Belagerung Danzigs 1813 mit allerlei Waren versorgt und dem Ich-Erzähler Nikolaj Il'ič gegen entsprechende Bezahlung sogar seine eigene Tochter Sara zuführt, ein Mädchen von aussergewöhnlicher Schönheit. In dieser physiologischen Skizze erscheint Giršel' als Prototyp des ‚raffgierigen' Juden, der Spion, Bettler und Zuhälter in einer Person ist, ‚marktregulierend' dafür sorgt, dass auch Menschen – nämlich seine Tochter – zu Waren werden und dass für diese Waren eine Nachfrage besteht. Sein ganzes Leben

sammenhängt, erschliesst sich dem Leser erst aus der späteren Bemerkung Majdanovs, es „habe Folgen gegeben" (74).

1014 THIERGEN 1983, 293. So heisst es über das Verhältnis zwischen Irina und ihren Eltern: „[...] и чувствуют они себя виноватыми, без вины виноватыми перед этим существом, которому как будто с самого рождения дано было право на богатство, на роскошь, на поклонение" (PSS, IX, 181). Und später wendet sich Irina verzweifelt an Litvinov: „Ох, эта бедность, бедность, темнота! Как избавиться от этой бедности! Как выйти, выйти из темноты!" (186).

scheint sich nur um Geld und Profit zu drehen. So fängt er Nikolaj ab, nachdem dieser beim Spiel eine grössere Summe gewonnen hat:

> - Извольте, извольте-с. А позвольте их благородие поздравить с выигрышем...
> - А ты почему знаешь?
> - Уж как мне не знать-с... Большой выигрыш... большой... У! какой большой... Гиршель растопырил пальцы и покачал головой.
> - Да что толку, – сказал я с досадой, – на какой дьявол здесь и деньги?
> - О! не говорите, ваше благородие; ай, ай, не говорите такое. Деньги – хорошая вещь; всегда нужны, всё можно за деньги достать, ваше благородие, всё! всё! Прикажите только фактору, он вам всё достанет, ваше благородие, всё! всё! (PSS, V, 116)

Tatsächlich will Giršel' dem Helden für Geld, das motivisch im folgenden unterschiedlich traktiert wird, aber bis zum Ende der Erzählung handlungskonstituierend bleibt, *alles* besorgen können, auch ein Treffen mit seiner Tochter. Dadurch wird Sara zum reinen ‚Handelsobjekt' degradiert, zum Geldäquivalent im Rahmen eines nüchternen Geschäftsabschlusses, für welchen Nikolaj „eine kleine Anzahlung" (117) leisten muss.[1015] Obwohl Nikolaj Betrug wittert, wirft er Giršel' einen *červonec* hin und signalisiert auf diese Weise sein Einverständnis mit dem Angebot (ebd.).[1016] Während der ersten Begegnung zwischen Niko-

[1015] Hier wird nicht ein einfacher, direkter Warentausch vorgenommen, sondern ein ‚Handel' eingeleitet, bei welchem Giršel' als Händler und Mittler eine zentrale Rolle spielt und schon alleine für seine Dienstleistung ein Entgelt fordert. Diese Logik ist auch in Foucaults unter anderem auf Pierre Paul Mercier de la Rivière rekurrierender Wertbildungstheorie zu finden: „‚Das Ziel des Warentauschs ist der Genuss, der Konsum, so dass der Handel zusammenfassend definiert werden kann als der Austausch von nützlichen Dingen, damit diese bei ihrer Verteilung in die Hände ihrer Konsumenten gelangen.' Nun kann diese Wertbildung durch den Handel nicht ohne eine Substraktion (sic, A.S.) von Gütern geschehen: Tatsächlich transportiert der Handel die Dinge, bringt er Transportkosten, Lagerkosten, Transformationskosten und Verkaufskosten mit sich: kurz, es kostet einen bestimmten Verbrauch von *Gütern*, damit die *Güter* selbst in *Reichtum* verwandelt werden." (FOUCAULT 2000, 242; Hervorhebungen im Original, A.S.).

[1016] Der Tatsache, dass Nikolaj mit einer *Goldmünze* bezahlt, kommt in diesem Zusammenhang eine besondere Bedeutung zu, weil die Münze das Medium Geld näher an die ursprünglich für den Warentausch verwendeten Edelmetalle rückt und damit, im Gegensatz zu den Assignaten, eher als „Ware" denn „Zeichen" erscheint: „Das schöne Metall war in sich Merkmal des Reichtums. Sein ihm eigener Glanz zeigte zur Genüge an, dass es gleichzeitig verborgene Präsenz und sichtbare Signatur aller Reichtümer der Welt war. Aus diesem Grunde hatte es seinen *Preis*. Aus diesem Grunde *mass* es auch alle Preise. Aus diesem Grunde konnte man es auch gegen alles, was einen Preis hatte, *austauschen*. Es war das *Kostbare par excellence*." (FOUCAULT 2000, 220; Hervorhebungen im Original, A.S.).

laj und Sara wird dann mit dem Motiv des ‚Mauschelns' ein weiteres antijüdisches Klischee eingeführt, das eine heimliche geschäftliche Absprache suggeriert:

> Я заметил в стороне неподвижную, закутанную фигуру. Жид махнул ей рукой – она подошла к нему. Он с ней пошептался... (118); Гиршель опять выставил свою курчавую головку, сказал ей два слова; она нагнулась и ускользнула, как змея. (120)

Giršel' lässt die beiden erst dann ungestört, als ihn Nikolaj erneut entlohnt, diesmal gleich mit einer Handvoll *červoncy*. Umgehend bittet ihn auch Sara um Geld: „– Господин, дай и мне... – проговорила она. Я ей кинул несколько червонцев на колени; она подхватила их проворно, как кошка." (119). Ohne den ausgegebenen Betrag überhaupt zu überprüfen, ‚wirft' Nikolaj mit Geld um sich („бросил", „кинул"; 117 u. 119), das ihm zuvor im Spiel mit einem Schlage zugefallen ist. Sein Verständnis von Geld als etwas ‚Geltungslosem' und seine abschätzige Handhabung des Mammons[1017] stehen in markantem Gegensatz zu Giršel's Überzeugung von der ‚Allmacht', ‚Autorität' und universalen ‚Geltung' des Geldes. Gerade wegen seiner merkmalhaften Geringschätzung des Pekuniären, das zu diesem Zeitpunkt und an diesem Ort aus seiner Sicht allenfalls für den Kauf von Liebesdiensten verwendbar ist, hält Nikolaj, trotz seines Misstrauens, weiterhin an der Vereinbarung mit Giršel' fest und entrichtet Geldleistungen, obwohl er bis dahin noch keine Gegenleistung erhalten hat.

Nach Nikolajs erstem Treffen mit Sara verteidigt Giršel' die abwehrende Haltung seiner Tochter gegenüber dem jungen Offizier, indem er ihr Bescheidenheit attestiert. Nikolajs Reaktion darauf und Giršel's anschliessende Replik offenbaren noch deutlicher die beiden diametral entgegengesetzten Einstellungen zum Geld: Während für Nikolaj Bescheidenheit und Gewinnsucht unvereinbar sind, nimmt Giršel' das Verhalten seiner Tochter wesentlich pragmatischer wahr: „- Хороша скромность! а деньги-то она зачем взяла? – А как же-с? Деньги дают-с, так как же не брать-с?" (121). Geld wird also laut Giršel'

[1017] Der Begriff „Mammon" steht in der altbabylonischen Mythologie für „Kot der Hölle", was auf die chthonische Macht des ‚dämonischen' Kapitals verweist. HÖRISCH (1996, 115f.) hebt in diesem Zusammenhang das „anale Wortfeld" hervor, das die Geldsphäre häufig umgebe („Pecunia olet", „der Dukatenscheisser", „sein Geschäft erledigen", „einen Haufen Geld besitzen", „stinkreich sein" etc.) und glänzenden Reichtum mit dem Wertlosesten und Verächtlichsten verbinde: Das *tertium comparationis*, das dem glänzenden Code des Geldes und dem schmutzigen Kot gleichermassen eingeschrieben sei, liege, so HÖRISCH in seinem Rekurs auf Sigmund Freuds Studie *Charakter und Analerotik*, im Paradox, dass das Wertloseste – das schlechthin gebrauchswertlose Geld – zum Wertvollsten werde (ebd.). Dieses Diskurses bedient sich auch Peter Sloterdijk, wenn er mit dem Begriff „Oletismus" die Vorstellung verbindet, dass Geld nicht nur im übertragenen Sinne, sondern auch effektiv stinke (HAESLER 2002, 8).

„gegeben" und „genommen" – einerseits für die Mittlertätigkeit, andererseits für den ‚Gegen-Wert' Sara. Bezeichnenderweise ist es aber nur der Anblick der Schönen, für den Nikolaj jeweils bezahlt: Antlitz und Münze, ‚warm' und ‚kalt', Mensch und Ding stehen hier in einem ökonomischen Zusammenhang und werden im Kontext des Begehrens zu Scheinäquivalenten.[1018] Saras Integrität bleibt jedoch absolut, denn weder wäre Nikolaj in der Lage, das Mädchen zu missbrauchen, noch liesse ihr im Hintergrund stets anwesender Vater (121f.) dies zu, wie er später betont. Ihm sei es zwar ums Geld gegangen, nicht aber ‚um jeden Preis', also um den Preis seiner Tochter:

> - Ваше благородие, – закричал он, – я не отходил от палатки! Я ни за что… – Он остановился и закрыл на мгновенье глаза… – Я хотел ваших денежек, ваше благородие, нужно сознаться, денежек… но я ни за что… (130)

Auch Nikolajs zweitem Treffen mit Sara geht ein ‚Handel' voraus: Nikolaj bezahlt nicht nur für die vorangegangene Begegnung mit Sara, sondern auch für ein weiteres Stelldichein mit der Schönen. Erneut wirft er Giršel' einen *červonec* als Anzahlung hin und betont dabei noch deutlicher seinen antimonetären Standpunkt: „уговор лучше денег." (121). Und abermals werden Kriterien persönlicher Integrität wie das ehrenhafte Einhalten von Vereinbarungen dem geldwirtschaftlichen System gegenübergestellt, ja Nikolaj ist geradezu beleidigt, dass der Jude für die neue Vereinbarung eine Sicherheit in Geldform dem Ehrenwort eines russischen Soldaten vorzieht. Doch das zweite Wiedersehen mit Sara verläuft anders als erwartet. Sara bricht in Tränen aus, Nikolaj lässt umgehend von ihr ab und zahlt Giršel', der vor dem Zelt gewacht hat, aus: „- вот тебе обещанные деньги. Уведи Сару." (122). Nikolaj hat für sein Geld nicht jenen Liebesdienst erhalten, den er ursprünglich erwartet hatte. Dagegen offenbart er selbst genau jene Prinzipien, die für ihn Geltung haben: Weder vergeht er sich an Sara und holt sich mit Gewalt das, was ihm ‚zustünde', noch verweigert er die Entrichtung der vereinbarten Summe.

Damit stehen sich in *Žid* zwei grundlegend unterschiedliche Auffassungen zur Leistungsfähigkeit des Geldes gegenüber: Giršel's monetärer Diskurs, dem zufolge Geld omnipotent sei, wird nicht nur durch die Tatsache des gescheiterten Handels mit einem Menschen, sondern auch durch Nikolajs Maximen des Ehrenwerten und Galant-Ritterlichen als Gegenentwurf zum Pekuniären konterkariert. In *Žid* wird eine Prostitution präsentiert, die im Grunde gar keine ist bzw. die nur angedeutet wird und bereits im Ansatz misslingt. Diese Konstella-

[1018] Die vermeintliche Äquivalenz von Mensch und Metall wird noch dadurch verstärkt, dass der Erzähler während seiner zweiten Begegnung mit Sara ihr Gesicht mit Eis vergleicht und so ihrem Körper jegliche Wärme abspricht: „Я вскочил, обнял ее… прикоснулся губами до ее лица… Оно было холодно как лед." (122) Anschliessend wird aber dieser Sinnzusammenhang subvertiert, als sich nämlich herausstellt, dass Saras eiskaltes Gesicht Teil ihrer hilflosen Reaktion auf das vom Vater inszenierte Treffen ist (ebd.).

tion findet ihre Entsprechung in zwei antithetischen Konzeptionen innerhalb des Systems von Wertschätzungen: Die „unbedingte Fungibilität", die, so Simmel, „das Wesen jedes Geldes" ist, und mit ihr die innere Gleichartigkeit, die alles nach quantitativen Abwägungen ersetzbar macht,[1019] widersprechen der Idee, dass der Mensch einen absoluten Wert besitzt und damit als etwas einheitliches und unteilbares dasteht, das nicht mit einem quantitativen Massstab und auch nicht mit einem blossen Mehr oder Weniger eines anderen Wertes gemessen werden kann.[1020]

Für die Prostitution scheint Geld insofern als Äquivalent angemessen zu sein, als dieses wie jene zu nichts verpflichtet, bar jeder Persönlichkeit und Beziehung sowie prinzipiell jederzeit zur Hand und willkommen ist.[1021] Da die Prostitution als verkaufte Dienstleistung nicht derart mühelos und mit derselben Qualität bzw. Quantität von unbezahlten Partnern erwartet werden kann, wird ein Gebrauchswert geschaffen.[1022] Allerdings besteht ein Widerspruch zwischen dem *Verkauf* dieser Dienstleistung und ihrer *Natur*: „In der (Ver)kaufsbeziehung einigen sich Käufer und Verkäufer für eine vertraglich begrenzte Zeit; sie sind nach der Bezahlung einander nichts mehr schuldig – ‚quitt'; das Angebot des Verkäufers bestimmt den Käufer als anonymes Individuum, mit jedem beliebigen anderen Individuum austauschbar: Die Zahlungsfähigkeit ist notwendige und hinreichende Bedingung, um bedient zu werden. In diesem Fall aber stellt sich alles so dar, als ob ein Käufer, dessen Zahlungsfähigkeit zur Begründung seines Rechts genügt, als Kunde von der Prostituierten einen Dienst verlangt

1019 SIMMEL 1996, 588.

1020 SIMMEL 1996, 489. Simmel sieht die vom Christentum begründete „Aufgipfelung des Menschenwertes" (ebd.) in scharfem Kontrast zur „Evolution des früheren Zustandes, in dem der ganze Mensch durch Geld aufgewogen wurde" (504).

1021 Vgl. SIMMEL 1996, 513f.: „[…] für den käuflichen Genuss, der jede über den Augenblick und über den ausschliesslich sinnlichen Trieb hinausgehende Beziehung ablehnt, leistet das Geld, das sich mit seiner Hingabe absolut von der Persönlichkeit löst und jede weitere Konsequenz am gründlichsten abschneidet, den sachlich und symbolisch vollkommensten Dienst – indem man mit Geld bezahlt hat, ist man mit jeder Sache am gründlichsten fertig, so gründlich, wie mit der Prostituierten nach erlangter Befriedigung."

1022 Vgl. KLOSSOWSKI 1998, 24f.: „Ökonomisch besehen (sic, A.S.) lässt sich der sogenannte erotische Genuss von vornherein nicht mit dem Genuss eines x-beliebigen Gutes gleichsetzen. Nur in dem Masse, wo er sich auf ein Objekt bezieht, das heisst: auf das lebendige Objekt (den Körper), wird oder kann der Genuss dieses Objekts, soweit besitzbar, wie der eines Gutes geschätzt werden: ein Gebrauchsobjekt; was die Worte de Sades auf eine sehr einfache und sehr doppelsinnige Weise ausdrücken: *das Eigentumsrecht auf den Genuss*." (Hervorhebung im Original, A.S.). In seiner Schrift (1998) arbeitet KLOSSOWSKI analytisch mit einer Verdoppelung, indem er der Unveräusserlichkeit des individuellen Körpers und seiner Triebe das sich alles gleichsetzende Geld gegenüberstellt. Seiner These zufolge ist schlechthin alles tauschbar und Geld ein perverses Medium, da es sich gegenüber allen religiösen und kulturellen Zentren gleichgültig verhalte.

(und erhält), den *er selbst definieren will*, aus dem einzigen Grund, dass er Lust darauf hat.“ (GORZ). Dementsprechend erfolgt die kommerzielle Transaktion innerhalb der privaten Sphäre und betrifft eine Dienstleistung, die einer privaten Nachfrage entspricht, im Grunde aber nur eine Simulation darstellt. Und auch der Kunde weiss, dass er wahre Gefühle, eine wahre Übereinstimmung nicht kaufen kann, sondern eben nur die Inszenierung von Emotionen.[1023]

So existieren Akte, die weder nach Belieben noch auf Kommando hervorzubringen sind und von denen allenfalls das *Scheinbild* bezahlt werden kann. Es sind dies Beziehungsakte, die sich dadurch begründen, dass eine Person affektiv an den Gefühlen einer anderen partizipiert und letztere als absolut einzigartiges Individuum erscheinen lässt. Solcherart Beziehungen sind ihrem Wesen nach privat und entziehen sich jeglicher Form von Leistungs- und Gegenleistungsmessung, sie sind finanziell unerschwinglich:[1024] Geld kann, obgleich es das Äquivalent der knappen Reichtümer ist,[1025] für ein Verhältnis zweier Menschen, das auf gegenseitiges Eingehen, Verständnis, Sympathie, Zuneigung, Zärtlichkeit, ‚innere Wahrheit‘ etc. angelegt ist, niemals der adäquate Mittler sein.[1026] Jeder Mensch verfügt über eine unveräusserliche Dimension seiner Existenz, deren Genuss er nicht anderen verkaufen kann, ohne *sich selbst* als Zugabe zu überlassen, und deren Veräusserung die Gabe seiner selbst entwertet, ohne ihn von ihr zu dispensieren.[1027]

Tatsächlich wird die vorsätzliche Geste des Sich-Verkaufens und ‚Anschaffens‘ in Turgenevs *Žid* zunächst mit dem Gelddiskurs und dadurch mit einer mutmasslich adäquaten Ebene der Verrechenbarkeit in Zusammenhang gebracht. Überhaupt präsentiert hier der Erzähler das Medium Geld derart, dass es in seiner Wirkung von vornherein begrenzt ist und nur dem Lustgewinn zu dienen scheint. Dann aber verhindert der Umstand, dass der Akt der Prostitution als solcher sich zugunsten einer tieferen Verbindung zwischen Nikolaj und Sara auflöst,[1028] den eingeleiteten Tausch von Äquivalenten: Analog zur Geldheirat offenbart die Prostitution bei Turgenev gerade in ihrem Misslingen, dass der ganze und absolute Mensch sich nicht in ein Gleichungsverhältnis mit dem seiner Natur nach indifferenten Geld, einem relativen und bloss quantitativ bestimmbaren Wert bringen lässt. Auch hier muss die Verrechnungsleistung des Geldes versagen: Die von Giršel’ herausgestellte Allmacht des Geldes hat dort ihre Grenzen, wo die Zuneigung eines Menschen erkauft werden soll. Liebe und Sexualität stehen bei Turgenev ausserhalb des Systems monetären Tausches und

[1023] GORZ 1989, 208-210; Hervorhebung im Original, A.S.

[1024] GORZ 1989, 211f.

[1025] KLOSSOWSKI 1998, 71.

[1026] SIMMEL 1996, 513.

[1027] GORZ 1989, 212.

[1028] Vgl. PSS, V, 122: „Сара нагнулась, взяла мою руку, прижала ее к губам; я отвернулся…“

jenseits jeglichen Preises. Gefühlswerte können nicht nach dem Prinzip von Wert und Gegenwert, Leistung und Gegenleistung zwischen den Individuen ‚gehandelt', sozusagen auf einer Kontokorrent-Rechnung nachgeführt werden.

Der Preis für Recht und Leben

Die Vorstellung, dass Geld lediglich ‚totes Metall' sei, mag zur sorgfältigen Trennung der Geldsphäre vom Bereich des unersetzlichen Lebewesens beitragen. Dagegen gehört die Überlegung, auch das menschliche Leben könnte einen Preis haben oder gar selbst Geldcharakter tragen, nach wie vor zu den nachhaltigsten Gedankentabus der menschlichen Gesellschaft. Dass aber die Auseinandersetzung um diese Problematik in den literarischen Diskurs Eingang gefunden hat, erstaunt nicht angesichts der Konsequenzen des modernen Waren-, Tausch- und Gesellschaftsverkehrs, der die Möglichkeiten und Grenzen einer Kapitalisierung des Leibes überhaupt erst aufgezeigt hat.[1029]

Die auch in Turgenevs Œuvre erörterte Frage, ob der Mensch als preisgebundenes Objekt einem nüchternen Verrechnungs- und Tauschmodus unterliegen könne, umfasst zwei Ebenen: zum einen den Charakter des Individuums als ‚Ware' oder ‚Sache', zum anderen die Frage nach dem finanziellen Gegenwert menschlichen Lebens angesichts erlittenen oder zugefügten Unrechts. Der Warencharakter des Menschen tritt in einigen Skizzen der *Zapiski ochotnika* zutage, welche in besonderem Masse die Degradierung des leibeigenen Bauern zum beliebig verhandel- und veräusserbaren Gegenstand veranschaulichen: In der Skizze *Dva pomeščika* (1852) etwa werden die slavophilen Gutsherren als Heuchler und Despoten vorgeführt, die mit ihren Bauern wie mit leblosem Besitz umgehen (PSS, IV, 182-185), und dies, obwohl nach der Ideologie der Slavophilen gerade aus der bäuerlich-patriarchalischen brüderlichen Gemeinschaft (*sobornost'*) ein angeblich besseres Russland hervorgehen soll.[1030] In der Erzählung *Burmistr* lässt der in der höheren Gesellschaft angesehene und wirtschaftlich erfolgreiche Gutsbesitzer Penočkin, ein nach aussen hin zivilisierter Westler mit überfeinerten Manieren (134f.), seinen Hausdiener züchtigen, weil dieser den Wein nicht sorgfältig temperiert hat (136): „– Насчет Федора... распорядиться" (137). Der Leibeigene gilt hier nicht als Mensch, sondern als Sache, die durch entsprechende „Massnahmen" so hergerichtet werden soll, dass sie in Zukunft wieder erwartungsgemäss ‚funktioniert'.[1031] Gelingt dies nicht, muss der Leibeigene damit rechnen, strafversetzt oder veräussert zu werden. In der Erzählung *L'gov* (1847) wird der Fischer Kuz'ma („Sučok") nach der Laune seiner Herren gekauft, verkauft oder vererbt, muss andere Namen annehmen und die unterschiedlichsten Berufe ausüben (83-87). Dies soll einerseits die Unwirt-

[1029] Vgl. den Klappentext zu KLOSSOWSKI 1998.
[1030] Vgl. KLUGE 1992, 71 u. HAUMANN 1996, 339.
[1031] KLUGE 1992, 72.

schaftlichkeit des gesamten Leibeigenensystems illustrieren, andererseits aber auch aufzeigen, wie die Persönlichkeit eines Menschen zerstört bzw. in den Zustand einer grenzenlosen Kommensurabilität überführt wird, die dem in seinem Denken und Fühlen völlig versklavten Menschen nicht einmal mehr die Verfügungsgewalt über seinen eigenen Namen einräumt. In diesen Skizzen unterliegen die leibeigenen Bauern insofern einer Wertreihe, als sie für bestimmte Beträge gekauft, verkauft oder auch losgekauft werden können. Dieser Mechanismus reicht bis in die intimsten Beziehungen hinein: So rechnet der Gutsherr Karataev damit, dass er für den Freikauf des von ihm geliebten Bauernmädchens Matrena seiner Gutsnachbarin bis zu 500 Rubel werde zahlen müssen (*Petr Petrovič Karataev*; 250).

Weniger sozialkritisch als vielmehr moralische Massstäbe hinterfragend sind jene Stellen in Turgenevs Werk, wo mittels Geld Recht erkauft bzw. Unrecht rückvergütet wird. In der Erzählung *Žid* versucht der Titelheld Giršel' nach seiner Verhaftung, sich mit allen Mitteln vor den Folgen seiner Spionagetätigkeit zu retten: Zuerst will er sich bei jenem Soldaten freikaufen, der ihn aufgegriffen hat. Dieser nimmt Giršel's ‚Geschenk' zwar an, lässt ihn aber nicht laufen (PSS, V, 124). Dann verspricht er dem Ich-Erzähler Nikolaj Geld, damit dieser ihn freilasse (125). Später bietet er ihm sogar seine Tochter Sara als ‚Pfand' an (130). Und zuletzt versucht er auch noch verzweifelt, den General, der über sein weiteres Schicksal entscheiden muss, zu bestechen (131). Angesichts der klaren Beweislage und ungeachtet aller Unschuldsbeteuerungen Giršel's bzw. Nikolajs Verwendung für den Juden lässt der General, wenngleich schweren Herzens, Giršel' hängen und dessen Witwe nach der Hinrichtung hundert Rubel aushändigen (132). Für diese finanzielle Zuwendung bieten sich zwei Lesarten an: Einerseits kann die Anordnung als direkte, gleichsam finale Teilnahme am zuvor eingehend ausgeführten Gelddiskurs des Juden gedeutet werden. Demnach kauft sich der gesetzestreue General von seiner moralischen Schuld ‚frei', indem Giršel's Leben ‚vergolten' wird. Eine zweite Erklärung ergibt sich, wenn man die Geldgabe als aufrichtige, philanthropische Geste versteht, die die Armut der jüdischen Familie fürs erste lindern soll. Letztlich bleibt unklar, ob der Spende des Generals eigennützige oder selbstlose Beweggründe zugrunde liegen: Lediglich die zuvor über andere Bezüge realisierte Charakterisierung des Offiziers lässt vermuten, dass seine Handlungsweise auf altruistischen Überlegungen basiert. Beiden Interpretationen ist jedoch eines gemeinsam: Sowohl die ‚Autorität' des Geldes als auch die Scheinäquivalenz von ‚Geld' und ‚Leben' werden zerstört. Giršel's Überzeugung, mit Geld könne man alles erlangen (116), erweist sich als unzutreffend. Denn trotz seiner vermeintlichen Allmacht kann Geld hier weder dem Menschen die Freiheit zurückgeben noch den Verlust des Familienoberhauptes und Ernährers aufwiegen. Menschliches Leben hat zwar *seinen* Preis, nicht jedoch *einen* Preis.[1032]

[1032] SELJAK 2001, 127f. Das Abrücken des Persönlichkeitswertes vom Geldwert spiegelt sich

Auch in der Novelle *Postojalyj dvor* stellt das Geld jenes Medium dar, über welches Unrecht aufgewogen zu werden scheint. So reagiert der Held Akim auf den Umstand, dass er an den betrügerischen Naum seine Frau, sein Geld und auch seine Herberge, also seine gesamte Existenz, verloren hat, mit blinder Wut: Als er in seiner Verzweiflung eines Nachts versucht, seinen ehemaligen Gasthof anzuzünden, wird er von Naum aufgegriffen und festgesetzt (PSS, V, 330-333): „Бывший богатый дворник, уважаемый в околотке человек, сидел с связанными руками на соломе, как преступник...“ (333). Der Auslieferung und drohenden Gerichtsverhandlung entgeht Akim nur dadurch, dass er schwört, auf jegliche Besitzansprüche zu verzichten und damit sein gesamtes Vermögen preiszugeben (335). Anders als in *Žid* vermag dieser Akt des Besitzwechsels dem – wiederum rein juristisch gesehen – fehlbaren Helden seine Freiheit wiederzugeben. Doch Akim erhält noch weitaus mehr: Als *strannik* gewinnt er ein neues Leben, das ihm letztlich innere Ruhe und tiefes Glück gibt (342).

Hatte Giršel' für seinen Rechtsbruch buchstäblich mit dem Leben ‚bezahlt‘, so zeigt der in der Logik des Tauschhandels gleichwertige Fall Akims, dass Freiheit (und mit ihr auch Leben im weitesten Sinne) durchaus ‚erkauft‘ werden kann. Sowohl in *Žid* als auch in *Postojalyj dvor* tritt, gemessen an der ganzen Breite käuflicher Lebensinhalte (Geldheirat, Prostitution, Bestechung), die Wirkung des Geldes in zugespitzter Form hervor: Geld wird als Mittel vorgeführt, das in der Lage ist, Unrecht auszugleichen. Gleichzeitig tritt es aber in absoluten Gegensatz zu diesem Potential, da es angesichts der Unschätzbarkeit des menschlichen Lebens versagt und auch auf das künftige Glück des Menschen in einer weitgehend geldfreien Sphäre keinen Einfluss mehr hat. Die Taxierbarkeit des menschlichen Körpers erweist sich daher als inhuman (*Zapiski ochotnika*) oder schlichtweg als impraktikabel: Als *unbezahlbares* Objekt kann weder der Mensch selbst noch sein Leben einen Preis haben.

Psychologische Folgen des monetären Zweckcharakters – Geldverhalten als Mittel der Figurencharakterisierung

Ein signifikantes Element der Turgenevschen Figurenkonzeption ist – im Gegensatz zur *Entwicklung* von Charakteren – ihre ideologische *Determination*: Gerade in den Komödien sind häufig Figuren zu finden, die sich als statische, gleichsam ‚fertige‘ Charaktere während der Handlung nicht oder nicht mehr wesentlich ändern und durch Verhaltensautomatismen Komik erzeugen. Dieser be-

unter anderem im „Herabsinken der Geldstrafe zum niedrigsten Strafquale“ (SIMMEL 1996, 500) wider: Ein Kapitalverbrechen wie z. B. Mord kann nicht mehr durch Geld- oder Sachleistungen gesühnt werden („Wergeldzahlungen“), wohingegen Bagatelldelikte wie Kleindiebstahl, Beleidigung oder Störung der öffentlichen Ordnung, die früher empfindliche Strafen nach sich ziehen konnten, vermehrt durch Geldstrafen abgegolten werden (LAUER 1994, 165, Anm. 104).

grenzte Entwicklungsspielraum der Figuren erklärt sich primär aus Turgenevs Glauben an die Unveränderlichkeit des menschlichen Charakters.[1033] So bilanziert Ležnev im Epilog von *Rudin*: „Каждый остается тем, чем сделала его природа, и больше требовать от него нельзя!" (PSS, VI, 367), und in *Dym* wendet sich Potugin mit der rhetorischen Frage an Litvinov: „Характер людской разве меняется? Каким в колыбельку, таким в могилку." (PSS, IX, 238). In Turgenevs Vorstellungswelt erscheint der Mensch als „ein schwaches, verführbares, immer irrendes Wesen, dessen Ziel nur darin bestehen kann, zur ‚Ruhe im Leiden' und zur ‚Resignation in die Notwendigkeit' (Schiller) zu finden" (THIERGEN), so dass es in seinem Œuvre ein wirklich glückliches Leben ebenso selten gibt wie ganzheitliche Personen.[1034] Entscheidend ist daher weniger die – in einigen Werken Turgenevs durchaus vorhandene – Entwicklung und Wandlung eines Charakters als vielmehr dessen Aufdeckung. Gezeigt wird der Zustand der Figuren bei Turgenev überwiegend ‚von aussen' in ihrem Gebaren oder in szenischen Abschnitten durch die Aufnahme und Wiedergabe einer Person durch andere Charaktere, so dass die Verhaltens- und Handlungsmuster der Helden als deren Psychogramme zu lesen sind.[1035]

Seit Turgenevs Frühwerk werden die Figuren nicht nur über ihre Einstellung zur Natur, Liebe, Literatur oder Musik,[1036] sondern auch über ihr Geldverhalten und ihren Sinn für das Ökonomische direkt, häufiger noch indirekt charakterisiert. Tatsächlich lässt sich die Identität vieler Protagonisten auf der Basis ihres Verhältnisses zum Geld bestimmen.[1037] Turgenev arbeitet dabei häufig mit antithetischen und komplementären Figurenkonstellationen: Die Charaktere agieren in sich ergänzenden Oppositionssystemen, in denen neben der sozialen Polarität vor allem die Gegensätze Jugend vs. Alter, Gefühl vs. Ratio, Tat vs. Taktik, In-

[1033] THIERGEN 1983, 282; THIERGEN 1986, 100; ROTHKOEGEL 1998, 110.

[1034] THIERGEN 1986, 100.

[1035] KLUGE 1982, 69.

[1036] In seiner Untersuchung setzt sich GOZENPUD (1994) mit der Bedeutung der Musik für Turgenev auseinander und stellt dabei fest, dass das Verhältnis eines Menschen zur Musik bei Turgenev – und darin berührt er sich mit Shakespeare – „eines der Kriterien für die Bewertung seiner geistigen Eigenschaften" darstelle (ebd. 93). Bis auf einige wenige Ausnahmen (etwa Bazarov aus *Otcy i deti*) deute in Turgenevs Werk, so GOZENPUD, die Gleichgültigkeit einer Figur gegenüber der Musik auf die Verkümmerung ihrer Seele hin. Jenen Helden, die sich, wie etwa der finstere Lučkov aus *Bretër*, durch ihre ablehnende Haltung zur Musik auszeichnen, stehen ‚positive' Figuren gegenüber, für die eine tiefe Liebe zur Musik charakteristisch ist (Maša in *Bretër*, Liza, Lavreckij und Lemm in *Dvorjanskoe gnezdo*, Jakov Pasynkov in der gleichnamigen Novelle oder Susanna in *Nesčastnaja*; 1869) (ebd.). Zu den spezifischen Funktionen der Musik in Turgenevs ästhetischem System vgl. auch HEIER 2000, 103-120, insbesondere 112-117.

[1037] Die Geldsoziologie geht davon aus, dass das Geld als wahrnehmbarer Teil einer vom Menschen geschaffenen zweiten ‚kulturellen' Umwelt von sich aus in der Lage ist, „als ein agens besonderer Art" in bestimmten Situationen das menschliche Verhalten zu beeinflussen oder sogar zu begründen (BURGHARDT 1977, 50).

tegrität vs. Intrige, Naturnähe vs. Kulturüberfeinerung oder Reichtum vs. Armut dominieren. Das Verhältnis der Personen zueinander wird damit wesentlich von den Prinzipien der Parallelität und des kontrastiven Vergleichs bestimmt. Der Gefahr eines Schematismus innerhalb der Heldentypologie begegnet Turgenev dadurch, dass er Zwischenpositionen ermöglicht, soziale Gegensätze durch charakterliche Korrespondenz überlagert oder den Figuren Fülle und Vielseitigkeit verleiht, indem die negativen und positiven Gegenpole den Helden gegenübergestellt und von diesen angezogen bzw. abgestossen werden.[1038]

Das Verhältnis zu Geld und Ökonomie wird den Figuren oft als moralischer Massstab angelegt und lässt sich auf mehreren Ebenen der Persönlichkeitsdisposition nachweisen. Diese können Charaktereigenschaften wie Geiz und Grosszügigkeit oder Askese und Verschwendungssucht umfassen, daneben aber auch wirtschaftliche Kompetenz bzw. Inkompetenz oder milieugesteuerte, wiederum oft antithetisch angelegte Prägungen offenbaren (Stadt vs. Land, Russland vs. Ausland). Der Aspekt des Materiellen dient dabei nicht nur der Beschreibung und Bewusstmachung persönlicher Eigenarten, sondern insbesondere auch der Enthüllung vorgetäuschter Identitäten und ‚falscher' Beziehungen innerhalb des Personengefüges. Die materiell motivierten Verhaltensmuster geben demzufolge Aufschluss über die ‚wahre' Identität der Figuren sowie über deren gesellschaftliche Interaktion, sie sind jedoch höchst selten monokausal und tragen lediglich als *ein* Fragment zum Gesamtbild eines Charaktertypus bei. Eine wirklich existentielle Tragweite erreichen diese Anteile nur im Zusammenspiel mit anderen konstitutiven Kennzeichen.[1039]

Habgier und Gewinnsucht

Bereits in Turgenevs frühem Gedicht *Čelovek, kakich mnogo* (1843) (PSS, I, 45f.) heisst es über den frei von Entbehrungen aufgewachsenen Helden: „И долго жил темно и скупо – / Слыл добряком…" (PSS, I, 46). Das konträre Verhältnis zwischen der „geizigen" Lebensführung der Titelfigur und seinem Ruf als „gut(mütig)er Mensch" versinnbildlicht den Gegensatz von ‚innerem' Wesen und ‚äusserer' Wirkung: Die negative Konnotation, die durch den Geiz verkörpert wird, bestimmt den Charakter dieses Menschen bzw., wie der Titel des Gedichts suggeriert, „vieler" Menschen, obwohl er von der Gesellschaft po-

[1038] Vgl. hierzu THIERGEN (1986, 94), dessen Erkenntnisse zu Heldentypologie und Figurenkonstellation sich zwar auf *Mesjac v derevne* beziehen, jedoch ohne weiteres auch als allgemeine Grundparameter für das Personengefüge bei Turgenev angewendet werden können. Zum Prinzip der gegenseitigen Komplementarität der Charaktere im Roman *Rudin* vgl. STENDER-PETERSEN 1986, II, 246f.

[1039] An neueren Untersuchungen zu grundlegenden Aspekten der Turgenevschen Figurencharakterisierung ist der Aufsatz HEIERS (2000, 121-139) zu nennen, welcher der Frage nach dem „impressionistischen" Moment in Turgenevs Ästhetik nachgeht.

sitiv wahrgenommen wird. In diesem Sinne wird Habsucht denunziert *und* gleichzeitig als ‚salonfähig' erkannt. Eine ähnliche Aussage erfolgt in der Erzählung *Dva pomeščika* aus den *Zapiski ochotnika*, in welcher Chvalynskij als ein sehr geschäftiger und gleichwohl schlechter Gutsbesitzer dargestellt wird, der überdies noch einen ungewöhnlich dummen Verwalter hat (PSS, IV, 177). An Chvalynskijs offensichtliches ökonomisches Unvermögen schliesst sich sein Geiz an: Es macht ihm nichts aus, mit einer alten Equipage und ausgedienten Pferden seine Aufwartung zu machen, und Besucher empfängt er aus Sparsamkeit keine. Trotzdem wird er, wie der Held aus *Čelovek, kakich mnogo*, von seinen Nachbarn überaus geschätzt (180). Erst am Schluss des Porträts, wo betont wird, dass es sich nur der Staatsanwalt zu lächeln erlaubt, wenn von Chvalynskijs „vortrefflichen und soliden Eigenschaften" die Rede ist, und diese Beurteilung zudem durch die Bemerkung „да чего не делает зависть!.." (180) ironisiert wird, zeigt sich die Diskrepanz zwischen der Beurteilung Chvalynskijs durch die Nachbarn und seiner wahren Identität.[1040]

In Turgenevs Dramen werden die geldbezogenen Charaktereigenschaften der Figuren dem Leser häufig unverhüllt und von vornherein vermittelt: Für die Personenlisten einiger Stücke ist etwa kennzeichnend, dass nicht nur Äusseres, Alter, Gestus und Besitzstand der *dramatis personae* angeführt, sondern auch moralische Zensuren verteilt werden. Eine wichtige Rolle spielen dabei Armut, Reichtum und damit verbundene Wesenszüge wie Grosszügigkeit oder Habsucht.[1041] So sind charakterisierende und differenzierende Epitheta bzw. Bühnenanweisungen zu finden wie: „Театр представляет гостиную не богатого, но и не бедного чиновника." (über Moškin in *Cholostjak*; PSS, II, 187); „Театр представляет довольно бедную комнату молодого холостого чиновника." (über Vilickij in *Cholostjak*; PSS, II, 212); „Театр представляет гостиную в доме небогатого чиновника." (über Stupend'ev in *Provincialka* [1851]; PSS, III, 161); „Театр представляет залу богатого помещичьего дома" (über Libanovas Haus in *Gde tonko, tam i rvetsja* [1848]; PSS, II, 79) „Помещик 400 душ" (Tropačev in *Nachlebnik* [1848]; PSS, II, 122); „Очень

1040 Peters 1972, 104.

1041 Brang 1977, 192. Mit solchen Verzeichnissen pflegte Turgenev auch die Arbeit an seinen Romanen und Erzählungen zu beginnen (vgl. etwa den Plan zum Roman *Dva pokolenija* aus dem Jahre 1845, wo in der Personenliste Epitheta wie „богатый", „небогатый", „бедная" oder sogar „паразит" zu finden sind; PSS, VI, 379f.). Zu erwähnen sind in diesem Zusammenhang auch die Rätselspiele (*igra v portrety / jeux d'esprit*), die im Salon der Viardots und im Hause Turgenevs von 1856 bis in die 1870er Jahre hinein gespielt wurden und ein anschauliches Beispiel für Turgenevs Stärke bei der Personencharakterisierung liefern: Turgenev zeichnete Gesichter im Profil, woraufhin die übrigen Anwesenden die Charaktereigenschaften, Gewohnheiten, den Beruf, die Neigungen und nicht selten auch den Besitzstand sowie die Geldattitüden der skizzierten Figuren zu beschreiben versuchten. Dann trug man die Ergebnisse laut vor, erfreute sich an den besten und treffendsten Charakterisierungen und vergab für die dümmsten Deutungen die *Médaille d'honneur pour la bêtise la plus complète* (LN 1964, I, 427-576 u. Urban 2001).

беден“ (Ivanov in *Nachlebnik*; PSS, II, 122); „Не богат“ (Karpačov in *Nachlebnik*; PSS, II, 122); „Где можно крадет“ (Kartašov in *Nachlebnik*; PSS, II, 122); „бедный сосед-помещик“ (Mirvolin in *Zavtrak u predvoditelja*; PSS, III, 8); „богатый помещик“ (Islaev in *Mesjac v derevne*; PSS, III, 42).

Noch deutlicher treten die unterschiedlichen Vermögensverhältnisse der Protagonisten in der verbotenen Redaktion von *Zavtrak u predvoditelja* aus dem Jahre 1849 hervor, wo im Verzeichnis der handelnden Figuren der Besitzstand sämtlicher Adliger exakt angegeben wird: Balagalaev – 400 „Seelen“; Pechter'ev – 600 „Seelen“; Suslev (sic, A.S.) – 200 „Seelen“; Alupkin – 100 „Seelen“; Mirvoškin („бедный сосед“) – 12 „Seelen“; Bespandin – 80 „Seelen“; Kaurova – 70 „Seelen“ (PSS, III, 293).

Auf diese Weise erfolgt bereits zu Beginn der Stücke eine erste Aussage über den gesellschaftlichen Status und die materielle ‚Gleichheit' bzw. ‚Ungleichheit' der Figuren im Verhältnis zueinander. Demgegenüber sind direkte Charakterisierungen („geizig“, „stiehlt, wo er kann“) in den Personenlisten seltener zu finden, da die Wesensarten der einzelnen Figuren erst im weiteren Verlauf der Handlung vor allem indirekt über ihr Verhalten aufgedeckt werden.

Dass die unterschiedlichen Geldattitüden von den Figuren bisweilen auch bewusst reflektiert und zur Erreichung bestimmter Ziele eingesetzt werden, zeigt der Fall Špigel'skijs aus *Mesjac v derevne*, der ausgesprochen sachlich um die Gesellschafterin Lizaveta Bogdanovna wirbt, ihr ausführlich die Vorzüge einer Heirat mit ihm darlegt und dabei explizit negative Charaktereigenschaften von sich weist: „[…] а впрочем, я не ревнив и не скуп […]“ (PSS, III, 121). Eifersucht und Geiz markieren hier seiner Ansicht nach eine ‚glückliche' Ehe, unter welcher Špigel'skij keineswegs eine romantische, sondern in erster Linie eine zweckdienliche Verbindung zweier Menschen versteht, unnötig störende Momente. Die Abkehr von solchen ‚negativen' Eigenarten soll seinen ‚Marktwert' bei Lizaveta erhöhen. Hier wird – anders als in *Čelovek, kakich mnogo* oder *Dva pomeščika*, wo eine auktoriale Instanz den Geiz ironisiert – das Thema der Habgier offen angesprochen und als schlechter Wesenszug entlarvt.

Eine zentrale Rolle bei der überwiegend allusiv über bestimmte Verhaltensmuster realisierten Personencharakterisierung spielt die Einstellung der Figuren zu Geld und Ökonomie in den *Zapiski ochotnika*, wo nicht nur das habgierige Verhalten einzelner adliger Gutsherren, sondern, bis auf einige wenige Ausnahmen,[1042] die Auswirkungen und sozioökonomischen Konsequenzen des gesamten Leibeigenensystems angeprangert werden.[1043] Die Systemkritik richtet

[1042] Hierzu gehören die Erzählungen *Uezdnyj lekar'*, *Lebedjan'* und *Les i step'* sowie die drei letzten, bereits nach der Aufhebung der Leibeigenschaft entstandenen „Aufzeichnungen“ *Konec Čertopchanova* (1872), *Živye mošči* (1874) und *Stučit!* (PETERS 1972, 100).

[1043] In diesem Zusammenhang sei darauf hingewiesen, dass Turgenev auch in seinen Dramen, wenngleich weitaus seltener und diskreter, auf die Kehrseite des Leibeigenensystems hingewiesen hat. Das Problem wird etwa in *Bezdenež'e* anlässlich eines Gesprächs zwischen Blinov und dem Boten einer Druckerei, der jährlich 100 Rubel *obrok*-Zins an sich dabei keineswegs nur einseitig gegen die Gutsbesitzer, die ebenfalls als Opfer der überlebten Feudalordnung dargestellt werden. Im Grunde erweist sich in den Skizzen das gesellschaftliche und wirtschaftliche System der Leibeigenschaft insgesamt als inhuman, unzeitgemäss und unproduktiv.[1044] Die unterschiedlichen ökonomischen Problemkreise sind daher ein wichtiger Bestandteil der den *Zapiski ochotnika* zugrunde liegenden Themenvielfalt: Behandelt werden etwa die durch die Leibeigenschaft verursachte Verarmung der Bauern (*Burmistr*; 1847; *Birjuk*; 1848), die Vertragswirtschaft und damit auch die Lage der *obrok*-Bauern,[1045] der Frondienst, die autarke Wirtschaftsform kleiner, aber freier Einhöfer, die ausserhalb der Dorfgemeinde leben und als eine Art früher „Aussiedler-Bauern" zu Wohlstand gelangen können (*Odnodvorec Ovsjanikov*; 1847),[1046] daneben aber auch Gutsverwaltung, Handels- und Verkaufsverfahren,

seinen Herrn zahlt, kurz beleuchtet, jedoch nicht weiter ausgeführt. Zwar wird aufgrund der Bühnenanweisung zu einer Replik des Boten „*(сквозь зубы)*" deutlich, dass die Lebenssituation des Leibeigenen nicht befriedigend ist, dennoch bleibt Blinovs Einstellung zur Leibeigenschaft in seiner Funktion als Gutsbesitzer letztlich offen (PSS, II, 73f.). Und in *Razgovor na bol'šoj doroge* (1851) wird auf das Schicksal der Einhöfer aufmerksam gemacht, deren Hafer zwar prächtig gedeiht, die sich aber trotzdem wirtschaftlich mehr schlecht als recht durchschlagen (PSS, III, 220).

1044 KLUGE 1992, 71.

1045 In *Chor' i Kalinyč* zeigt sich der *obrok*-Leibeigene Chor' als mündiger Mensch, der weiss, wer sein Barin ist und welchen Pachtzins er ihm zu entrichten hat (PSS, IV, 12). Aus diesem Wissen entscheidet Chor' sein Handeln: Er bleibt bei dem, was er hat, auch wenn er sich eigentlich freikaufen und in Eigenregie wirtschaften könnte. Obwohl sich der Abgabenvertrag in dieser frühen Skizze noch als humanere und produktive Form vom Frondienst abhebt, erscheint er bereits in der nur gerade neun Monate später gedruckten Erzählung *Burmistr* als Instrument der Ausbeutung, das die Bauern verelenden lässt, weil sie den willkürlich gesteigerten Zins nicht mehr aufbringen können und zudem mit ansehen müssen, wie ihre Söhne und damit ihre wertvollsten Arbeitskräfte vom Gutsvogt eigenmächtig zur Rekrutierung in die Armee ausgehoben werden (PSS, IV, 145-147). Auch in *Malinovaja voda* (1848) richtet das *obrok*-System die Leibeigenen zugrunde. So ist der *obrok*-Bauer Vlas nicht mehr in der Lage, die 95 Rubel Zins aufzubringen, die er seinem Herrn schuldet: Um produktiver wirtschaften zu können, müsste Vlas mehr Land bearbeiten dürfen, doch das Gut verfügt praktisch nur über herrschaftlichen Wald, nicht aber über fruchtbares Ackerland (PSS, IV, 41f.). In den *Zapiski ochotnika* entlassen demnach viele Gutsbesitzer ihre Bauern aus der Fronarbeit in die Zinsknechtschaft, weil sie angesichts der Kargheit des Bodens auf diese Weise mehr Gewinn aus ihnen herauspressen können. Insofern ist es symptomatisch, dass in *Živye mošči* die unheilbar kranke Luker'ja auf die Frage des Erzählers, ob sie irgend etwas benötige, erwidert: „- Ничего мне не нужно; всем довольна, слава богу [...] Дай бог всем здоровья! А вот вам бы, барин, матушку вашу уговорить – крестьяне здешние бедные – хоты бы малость оброку с них она сбавила! Земли у них недостаточно, угодий нет... Они бы за вас богу помолились... А мне ничего не нужно – всем довольна." (PSS, IV, 334).

1046 „Овсяников был исключением из общего правила, хоть и не слыл за богача. Жил он один с своей женой в уютном, опрятном домике, прислугу держал неüberbordender Bürokratismus und Kanzleieifer, die Unrecht und Korruption überhaupt erst möglich machen (*Kontora*; 1847; *Lebedjan'*; 1848; *Stučit!*).[1047] So erscheinen insbesondere habsüchtige und ausbeuterische Gutsbesitzer in einem negativen Licht, wobei aber Turgenev – oft sogar ausdrücklich – zwischen den an sich guten Charaktereigenschaften mancher Gutsbesitzer und ihrem durch die gesellschaftlichen Verhältnisse bedingten negativen Gebaren unterscheidet.[1048] Turgenevs kritische Absicht intensiviert sich in Skizzen wie *Malinovaja voda* oder *Odnodvorec Ovsjanikov*: Während in *Malinovaja voda* vom Bauern Stepuška erzählt wird, den seine Herrschaft bei ihrem Umzug einfach vergessen hat und der nun völlig auf sich selber gestellt dahinvegetiert, immer auf der Suche nach etwas Nahrung, berichtet in *Odnodvorec Ovsjanikov* der Titelheld dem Erzähler, wie dessen Grossvater seinerzeit despotisch das Land der Leibeigenen annektierte, jeden Widerstand brutal niederschlug (PSS, IV, 64) und wie Gutsherren nach wie vor willkürlich gegen ihre Leibeigenen vorgehen (74-76). Obwohl die Gutsbesitzer einigen der Leibeigenen für deren Tätigkeit etwa als Diensthabende im herrschaftlichen Hauptkontor ein Gehalt zahlen, ziehen es diese vor, mit den Kaufleuten deren einfaches „russisches“ Leben zu teilen und von ihnen nur Essen, Trinken und Kleidung zu erhalten. Dafür werden sie – anders als auf dem Gutshof – in Ruhe gelassen (*Kontora*; PSS, IV, 155).

Das ausbeuterische Verhalten der Grundherren kann sogar soweit gehen, dass die Bauern, die in den *Zapiski ochotnika* grundsätzlich nicht als eine gewaltsam gegen ihre Unterdrücker kämpfende Klasse dargestellt werden, einen besonders grausamen Gutsbesitzer, der ihnen durch Rechtsbeugung immer mehr Land wegnimmt und seinem eigenen Wirtschaftsbetrieb einverleibt, zwingen wollen, solange von der gestohlenen Erde zu essen, bis er tot ist (*Zemleed*).[1049]

Doch auch nichtadlige, an sich subalterne Personen wie der Gutsvogt Sofron in der Erzählung *Burmistr* können sich durch skrupelloses Gewinnstreben negativ auszeichnen, selbst wenn die Rentabilität der ihnen vom Gutsherrn anvertrauten Besitzungen ihr Vorgehen aus ökonomischer Sicht zu rechtfertigen scheint. Der seine Standesgenossen ausbeutende Gutsvogt nimmt innerhalb dieses sozioökonomischen Systems eine Funktion wahr, die in der stellvertretenden Ausübung von Macht besteht. Für den eigentlichen Gutsbesitzer Penočkin bedeutet dieses Amt eine mühelose Einkommenssicherung, für Sofron dagegen vor allem Machtzuwachs, da er sich mit der Duldung seines Herrn auf Kosten der

большую, одевал людей своих по-русски и называл работниками. Они же у него и землю пахали. Он и себя не выдавал за дворянина, не прикидывался помещиком, никогда, как говорится, «не забывался» [...].“ (PSS, IV, 61f.)

1047 Kluge 1992, 71; Haumann 1996, 346.

1048 Vgl. Gorbačev 1928, 35f.; Peters 1972, 101.

1049 Peters 1972, 77; Haumann 1996, 349. Die Ende der 1840er Jahre konzipierte Erzählung *Zemleed*, die als einzige Skizze des gesamten Zyklus einen offenen und gewalttätigen Aufruhr leibeigener Bauern gegen ihren Herrn zum Inhalt hat, ist vermutlich aus Zensurgründen Plan geblieben (PSS, IV, 478f.; Peters 1972, 77).

rechtlosen Leibeigenen bereichern kann. Da Sofron und Penočkin an der Bewahrung dieser Verhältnisse interessiert sind, machen sie gemeinsam gegen die Bauern Front und ignorieren deren Interessen, die der Gutsvogt eigentlich ebenfalls vertreten müsste. So hat der wirtschaftlichen Neuerungen gegenüber aufgeschlossene Penočkin (PSS, IV, 144) zwar seinen Bauern einen Abgabenvertrag zugestanden, obwohl er dem Ich-Erzähler zu verstehen gibt, dass der Frondienst für ihn wohl einträglicher wäre (143), gleichzeitig lässt er aber durch Sofron das Soll der Leibeigenen willkürlich erhöhen. Als Folge davon müssen sich die Bauern hoffnungslos verschulden, um ihren Pflichten nachzukommen (137f. u. 143-147). Sofrons primär auf wirtschaftlichem Erfolg begründete Selbständigkeit (143) und sein Prestigezuwachs drohen schliesslich sogar die Position des Gutsherrn zu unterwandern.[1050] Aus diesem Grunde glaubt der Bauer Anpadist, der den Ich-Erzähler auf die Jagd begleitet, dass Sofron – und nicht Penočkin – auf dem Gut Šipilovka der eigentliche Herr über Land und Leibeigene sei:

> - Как своим добром владеет. Крестьяне ему кругом должны; работают на него словно батраки: кого с обозом посылает, кого куды… затормошил совсем.
> - Земли у них, кажется, немного?
> - Немного? Он у одних хлыновских восемьдесят десятин нанимает да у наших сто двадцать; вот те и целых полтораста десятин. Да он не одной землей промышляет: и лошадьми промышляет, и скотом, и дегтем, и маслом, и пенькой, и чем-чем… Умен, больно умен, и богат же, бестия! Да вот чем плох – дерется. Зверь – не человек; сказано: собака, пес, как есть пес. (PSS, IV, 147f.)

Sofrons ‚positive' Anteile als kompetenter und erfolgsorientierter Wirtschafter stehen in keinem Verhältnis zu seinen negativen Charakterzügen, seiner unerbittlichen Bereicherungs- und Machtsucht auf Kosten der leibeigenen Bauern, die er in Schuldknechtschaft hält und nach Belieben unterdrückt.[1051] Seine Wesensart ist denn auch nicht mehr jene eines Menschen, sondern, so die Aussage Anpadists, die eines Tieres: Sofron mag gerissen und reich sein – sein ‚Menschsein' hat er durch sein Handeln jedenfalls verloren.

Eine ähnlich negative Verbindung von Gewinnstreben und menschlicher ‚Vertierung' ist in *Istorija lejtenanta Ergunova* zu finden, wo das mehrfach mit Reptilien verglichene Mädchen „Kolibri" (PSS, X, 25, 27 u. 33) den Titelhelden in eine Falle lockt, so dass Ergunov Opfer eines brutalen Raubüberfalls wird. Und auch die Jüdin Sara aus der Erzählung *Žid* trägt unübersehbar zoomorphe Züge, als sie sich mit dem Ich-Erzähler Nikolaj auf ein von ihrem Vater Giršel' arrangiertes Stelldichein trifft.[1052] Sie greift die ihr von Nikolaj zugeworfenen

1050 KESSLER 1979, 40; KLUGE 1992, 70.

1051 Vgl. DANILOV 1925, 24f.

1052 Demnach kann BRANGS Hinweis (1977, 152), dass in *Istorija lejtenanta Ergunova* – wie

Goldstücke auf, erwehrt sich anschliessend aber seiner Avancen: „она (Sara, A.S.) подхватила их (червонцы, A.S.) проворно, как кошка.“ (PSS, V, 119); „она нагнулась и ускользнула, как змея.“ (120).[1053] Erst der weitere Verlauf der Erzählung zeigt, dass die Geschäftstätigkeit der beiden Juden nicht aus Besitzgier erfolgt, sondern auf der Armut der in der Nähe ansässigen jüdischen Gemeinschaft gründet (122f.).

Der Tiervergleich wird auch in *Chor' i Kalinyč* (1847) aus den *Zapiski ochotnika* dazu verwendet, um das Geschäftsgebaren der als Wucherer denunzierten Kaufleute zu veranschaulichen. In dieser Skizze wird ein Bild davon vermittelt, wie die Welt der leibeigenen Bauern über das Medium des Geldes mit jener der Kaufleute in Berührung kommt. Der Humor, der den Passagen zugrunde liegt, kann nicht darüber hinwegtäuschen, dass Turgenev den Auswüchsen kaufmännischer Wucherei kritisch gegenüberstand.[1054] So schildert Chor' dem Ich-Erzähler, wie die Bauersfrauen bei geschäftstüchtigen und gerissenen Aufkäufern, sogenannten „Adlern“, für ein paar Groschen das Hemd ihres Mannes oder sogar ihren eigenen Rock versetzen und auf diese Weise letztlich nur den Profit dieser Materiallieferanten fördern:[1055]

später auch im Falle der Polozova in *Vešnie vody* (PSS, XI, 126 u. 136) – das verführerische Weib als Reptil gesehen werde, im Rahmen einer ökonomiebezogenen Lesart auf das Motiv der Geldgier erweitert werden.

1053 Den der Zoologie entnommenen Bildern, die den Protagonisten bestimmte Charaktereigenschaften zuordnen, kommt über das jeweilige *tertium comparationis* ein entscheidender Anteil am Abwertungsprozess der Figuren zu. Mit den Tiervergleichen verbinden sich Assoziationen wie ‚Verschlagenheit', ‚Listigkeit' oder einfach nur Brutalität. Insofern führen, so die Aussage, Besitzgier, Geiz und Betrug dazu, dass die eigennützig und materialistisch handelnden Menschen ihrer Menschlichkeit verlustig gehen und als ‚Unmenschen' erscheinen oder, im äussersten Fall, selber wie ‚Tiere' behandelt werden (*Zemleed*).

1054 HÄUSLER 1935, 32f.

1055 DANILOV (1925, 24) weist auf das Fabrikmotiv in den *Zapiski ochotnika* hin, das in einigen Skizzen zu finden sei, das Aufkommen industrieller Produktionsmethoden in Russland und nicht zuletzt auch die wachsende Relevanz der Geldwirtschaft im bäuerlichen Wirtschaftshaushalt dokumentiere. Während in den Skizzen *L'gov*, *Pevcy* und *Bežin lug* die Beschäftigung leibeigener Bauern bzw. ihrer Kinder in Papierfabriken angedeutet werde, so DANILOV, veranschauliche das Verhalten der Bäuerinnen gegenüber den als „Adler“ betitelten Aufkäufern in *Chor' i Kalinyč* das folgenreiche Eindringen des Geldwesens in die bäuerlichen Lebenswelten (ebd.). Demgegenüber ist GORBAČEV (1928, 35f.) – zu Unrecht – der Ansicht, dass in den *Zapiski ochotnika* weder der Kapitalisierungsprozess innerhalb der bäuerlichen Wirtschaftsformen noch das Thema des ländlichen Fabrikwesens bzw. der unterschiedlichen sozioökonomischen Beziehungen zwischen Gutsherr und Leibeigenem behandelt werde: „[…] в «Записках охотника» совершенно не отразились те основные процессы капитализации сельского хозяйства, которые составляют содержание сельской экономики сороковых годов: усиление как барщиной, так и оброчной эксплуатации крестьян в связи с развитием торговли и власти денег, на ряду с повышением агрикультуры и попыт-

> Поставщики материала на бумажные фабрики поручают закупку тряпья особенного рода людям, которые в иных уездах называются «орлами». Такой «орел» получает от купца рублей двести ассигнациями и отправляется на добычу. Но, в противность благородной птице, от которой он получил свое имя, он не нападает открыто и смело: напротив, «орел» прибегает к хитрости и лукавству. [...] Бабы чутьем угадывают его приближение и крадутся к нему навстречу. (PSS, IV, 16)

Während abermals der Tiervergleich das Verhalten und den Charakter dieser Geschäftemacher negativ konnotiert, erscheinen die heimlich ablaufenden ‚Handelstätigkeiten' der Bauersfrauen als althergebrachte Lebensgewohnheit, die, obwohl wenig einträglich, fester Bestandteil dieses *byt* ist, traditionellen Verhaltensmustern folgt und daher nicht ohne weiteres geändert werden kann. Diesen Aussagen entspricht auch die Feststellung, dass die Bauern ihren Hanf viel zu billig an reisende Aufkäufer veräussern, einfach weil sie zu träge sind, um die Ware selbst in die Stadt zu transportieren und dort einen besseren Preis zu erzielen (16).

In welchem Masse Gewinnsucht bei Turgenev als ein prominentes Charaktermerkmal der ‚negativen' Helden erscheint, zeigt die Novelle *Postojalyj dvor*. Dort wird geschildert, wie Naum Ivanov, der erfolgreich eine Herberge führt und mit seinem Betrieb ein beträchtliches Vermögen erwirtschaftet hat (PSS, V, 294-296), sich einst auf unlautere Weise in den Besitz des Gasthofes gebracht, seinen gesamten Reichtum also unrechtmässig erlangt hat. Der Umstand, dass Naum die Gattin des früheren Wirtes Akim umworben, sich dadurch dessen Ersparnisse erschlichen und mit ihnen der Gutsherrin und eigentlichen Besitzerin der Immobilie die Herberge abgekauft hatte,[1056] wird sogar einem ‚höheren' Ge-

ками помещиков всякими способами повысить квалификацию и интенсивность труда своих крепостных." (ebd.). Unter den Zaren Aleksandr I. und Nikolaj I. erfolgte eine kontinuierliche Erweiterung der bäuerlichen Handels- und Gewerberechte, die 1818 sogar die Erlaubnis zur Gründung von „Fabriken und Werken" (*fabriki i zavody*) nach sich zog. Von da an waren nicht nur der Adel, dem dieses Recht bereits unter Katharina II. zugestanden worden war, sondern auch seine Bauern sowie alle anderen Kategorien unfreien Bauerntums den Gildekaufleuten rechtlich gleichgestellt, wenn es um die Errichtung und Unterhaltung von grossgewerblichen Unternehmen ging. Im Anschluss an die Gildenreform von 1824, die zu einer Einteilung der Bauern gemäss ihrem Kapital in sechs Steuerkategorien führte, war Mitte der 1820er Jahre das Recht zur Inbetriebnahme grossgewerblicher Unternehmen auf alle Teile der Bevölkerung ausgedehnt worden, d. h., jeder, der eine „Fabrik" oder ein „Werk" zu gründen beabsichtigte, konnte ein entsprechendes Patent erwerben. Nichtsdestoweniger blieben die bäuerlichen Unternehmer weiterhin persönlich unfrei und rechtlos – geschäftsfähig waren sie nur im Namen ihrer Herren (HELLER 2004 [im Druck]).

1056 DOLNY (1996, 154) weist auf die Thematisierung des problematischen spätfeudalen russischen Besitzrechtes in *Postojalyj dvor* hin. Dieses habe sich nicht an der Tüchtigkeit einer Person orientiert, sondern am Namen, wodurch dem Unrecht Tor und Tür geöffnet richt überlassen – am Ende der Novelle ist Naum nach wie vor ein reicher Mann, mit dem es das Schicksal, zumindest bislang, gut gemeint hat:

> Видно, он свою «задачу» с собой унес, – твердили все… О нем ходят слухи, будто он занялся хлебной торговлей и разбогател сильно. Но надолго ли? Не такие столбы валились, и злому делу рано или поздно приходит злой конец. (PSS, V, 343)

Naums Antagonist, der einst ebenfalls wirtschaftlich erfolgreiche und dann ‚gefallene' ‚positive' Held Akim („хороший был человек, ласковый хозяин"; 297), findet schliesslich sein Glück in der geldentbundenen und asketischen Sphäre des *stranničestvo*. Demgegenüber bleibt die Zukunft des Geschäftsglückes, das dem geldfixierten Naum („своя рубашка к телу ближе"; 324) hold zu sein scheint, im Ungewissen. Einzig die Intrigantin Kirillovna (301 u. 309), die als Zimmermädchen der Gutsbesitzerin Kunce die ihr von ihrer Herrin anvertrauten Gelder veruntreut hatte (317) und sich später mit Hilfe dieser Geldmittel freikaufen konnte, wird am Ende ihrer Strafe zugeführt – einer „Liebesheirat" nämlich, die sich als Qual entpuppt: „Кирилловна от нее откупилась за порядочные деньги и вышла замуж, по любви, за какого-то молодого, белокурого официанта, от которого терпит муку горькую […]." (343f.) Darin sowie in der Bemerkung des Erzählers, dass „einer schlechten Sache früher oder später ein schlimmes Ende" beschieden sei, liegt die Verurteilung verwerflichen Geldverhaltens und damit auch der entsprechend agierenden Figuren begründet.[1057]

Weitere Beispiele für die über das Motiv des Geizes realisierte negative Personencharakterisierung sind in *Otcy i deti*, *Rudin* und *Nesčastnaja* zu finden. In *Otcy i deti* ist es das ohnehin wenig schmeichelhafte Porträt von Anna Odincovas Tante, das durch den Hinweis auf ihre übertriebene Sparsamkeit beim Süssen des Tees noch pointiert wird (PSS, VIII, 280). In *Rudin* wird Pandalevskij, der später Natal'jas Beziehung zu Rudin ausspionieren und schliesslich erreichen wird, dass Dar'ja Lasunskaja diesem ihre Gunst entzieht, als schmarotzerhafter und intrigierender Kostgänger geschildert, der es sich zur Methode gemacht hat, sich bei reichen Witwen anzubiedern, auf deren Kosten zu leben und auf diese Weise auch berufliche Vorteile zu erlangen (PSS, VI, 241). Dieser Umstand offenbart von Anfang an einen zutiefst negativen Wesenszug Pandalevskijs, der in auffallendem Kontrast zu der ansonsten schmeichelhaften Charakterisierung der Figur durch den Erzähler steht (241f.). Doch auch Rudins Geldattitüden, sein Kostgang bei Dar'ja Lasunskaja und seine wiederholten Geldaufnahmen (288 u. 347) werden im Roman mit Anspielungen auf seinen

worden seien. Aus juristischen Gründen hat Akim als Leibeigener den Gasthof auf den Namen der Herrin kaufen müssen und sich dadurch in soziale Abhängigkeit und rechtliche Unsicherheit begeben.

1057 Der Vorstellung, dass letztlich das Schicksal bzw. Gott allein über Naum zu richten habe, entspricht auch Akims Aussage „а нас с тобой бог рассудить должен" (334).

ambivalenten Charakter kritisch kommentiert: „Да и сам Рудин, хотя всегда шумно приветствовал Волынцева, хотя называл его рыцарем и занимал у него деньги, едва ли был к нему расположен.“ (288); „[…] любит пожить на чужой счет […]“ (293); „Этот господин всегда найдет себе двух или трех поклонников, которые будут его слушать разиня рот и давать ему взаймы деньги.“ (346). Erst die Tatsache, dass Rudin seine Schulden zu begleichen verspricht (329 u. 334) sowie Ležnevs spätere Stellungnahme zu Rudins Kostgang relativieren diese Kritik und offenbaren in erster Linie die Hilflosigkeit des Titelhelden: „Он не актер, как я называл его, не надувало, не плут; он живет на чужой счет не как проныра, а как ребенок… Да, он действительно умрет где-нибудь в нищете и в бедности […].“ (348)[1058] Und in der Novelle *Nesčastnaja* erfährt das ohnehin negative Porträt Ratčs, des Stiefvaters der Heldin Susanna, durch dessen Finanzgebaren eine zusätzliche Abwertung: Ratč entpuppt sich als geldgieriger Intrigant, der nicht nur anlässlich seiner gutsverwalterischen Tätigkeit Gelder veruntreut hat, sondern grundsätzlich auf materielle Vorteile bedacht ist und die Susanna von ihrem Onkel Semen Koltovskoj zugedachte Pension eigenmächtig verwaltet (PSS, X, 113 u. 135-137).[1059]

Bisweilen wird der Geiz einer Figur vom Erzähler auch wohlwollend-ironisch kommentiert, so dass die Habsucht ihre weitgehend negative Konnotation zugunsten einer überwiegend humorvollen Lesart von Charaktereigenschaften verliert. In der Erzählung *Istorija lejtenanta Ergunova* etwa heisst es über den für seine musterhafte Lebensweise bekannten, geistig allerdings etwas beschränkten Titelhelden Kuz'ma Vasil'evič Ergunov, er sei ein äusserst achtenswerter Adliger gewesen, auch wenn er die Angewohnheit hatte, beim Preferencespiel seinen Mitspielern in die Karten zu schauen: „[…] но это он делал не столько из жадности, сколько из бережливости, ибо не любил попусту тратить деньги.“ (PSS, X, 8). Ergunovs übertriebene „Vorsicht“ in Gelddingen (Кузьма Васильевич был скупенек; 18) kommt auch dadurch zum Ausdruck, dass er als Aufseher über bestimmte Marinebauten grössere Geldsummen verwaltet, die er aus Sicherheitsgründen stets in einem Ledergurt an seinem Körper trägt (ebd.). Seine Schwäche für das weibliche Geschlecht führt jedoch dazu, dass er

[1058] Als geradezu tragikomische Replik hierzu erscheint Rudins Aussage in seinem Brief an Natal'ja, wo er – freilich eine andere, metaphysische Diskursebene anzitierend – prophezeit: „Всё мое богатство пропадет даром: я не увижу плодов от семян своих.“ (337).

[1059] Ein zu Ratčs ökonomischem Habitus diametral entgegengesetztes Geldverhalten zeigt die ‚positive‘ Heldin Susanna, die ein signifikantes Desinteresse am Mammon offenbart (PSS, X, 116f. u. 120) und sich lediglich nach Behausung und Wärme sehnt (vgl. BRANG 1977, 157f.). Ähnlich wie Karataev (*Petr Petrovič Karataev*; PSS, IV, 258) demonstriert Susanna, obschon unbewusst, ihre Gleichgültigkeit gegenüber dem Geld dadurch, dass sie ein vom Bruder ihres leiblichen Vaters erhaltenes Bündel Assignaten in ihrem Zimmer auf den Boden wirft (PSS, X, 120).

sich auf ein Liebesabenteuer einlässt, welches ihn das derart aufbewahrte Geld und beinahe auch sein Leben kostet (37-39).

In all diesen negativen Figurencharakterisierungen erscheint das Geld als lustbesetzt: Die Welt des Wertes wird zum Gegenstand absoluten Verlangens und Triebes. Den Pathologien totaler Geldfixierung (geldgierige Schatzbildung, Geiz, Betrug, Ausbeutung, Verschwendungssucht etc.) liegt die Logik zugrunde, *nur noch* Geld zu begehren. Die rein materialistisch-akquisitorische Einstellung der Figuren trägt in hohem Masse zur pejorativen Konnotation ihrer Persönlichkeit bei: Sie verlieren an Menschlichkeit und Gefühl, werden gar zu ‚inhumanen' Wesen, die zwar reich an Geld, dafür aber arm an Emotionen sind und letztlich auch keine Liebesgefühle entwickeln können.[1060] Exemplarisch hierfür ist der folgenreiche Vater-Sohn-Konflikt in der Novelle *Tri portreta*: Während der geizige und wohlhabende Gutsbesitzer Ivan Lučinov – ähnlich wie Baron Filipp in Puškins *Skupoj rycar'* (1830, publiziert 1836)[1061] – sein Geld in einer ‚Schatztruhe' am Kopfende seines Bettes zu horten pflegt, jeden Abend von seinem Diener die Kiste öffnen lässt und mit einem Stock auf alle Säcke schlägt sowie jeden Samstag persönlich das gesamte Geld nachzählt, gelingt es seinem völlig verschuldeten Sohn Vasilij, mit Hilfe des väterlichen Dieners das Geld zunächst unbemerkt aus der Kiste zu entwenden und die Säcke mit Scherben zu füllen, in der Hoffnung, den Betrag bis am darauffolgenden Samstag wieder zu beschaffen (PSS, V, 93). Ivan Lučinovs ‚statischer', auf das Horten von ‚totem' Kapital beschränkter Geldversessenheit wird die – aus der Sicht kapitalistischer Ökonomie eigentlich korrekte – ‚dynamische', auf Schuldentilgung und Umlauf ausgerichtete Geldsucht seines Sohnes (96) gegenübergestellt. Gleichzeitig korreliert Ivan Lučinovs Geiz als Verkehrung der dem Geld innewohnenden Tendenz zur Zirkulation mit Omnipotenzphantasien und sozialer Gefühllosigkeit. Doch negativ besetzt wird hier nicht so sehr der Geiz des Vaters als primär die Habgier des Sohnes,[1062] der, berechnend und die Güte des väterlichen Dieners

[1060] Der ‚verderbliche' Einfluss des Geldes auf den menschlichen Charakter stellt einen Topos dar, dessen sich viele Schriftsteller bedient haben. Verwiesen sei hier lediglich auf Émile Zola, der diesen Umstand in seinem Roman *L'argent* (1891) besonders emphatisch herausgestellt hat: „Ah ! l'argent, cet argent pourrisseur, empoisonneur, qui desséchait les âmes, en chassait la bonté, la tendresse, l'amour des autres ! Lui seul était le grand coupable, l'entremetteur de toutes les cruautés et de toutes les saletés humaines." (ZOLA 1999, 156).

[1061] Im Gegensatz zu seinem in ärmlichen Verhältnissen lebenden und des väterlichen Erbes harrenden Sohn Al'ber, der für eine Ökonomie der Zirkulation und damit für die praktische Verwendung von Geld eintritt, genügt seinem Vater, dem geizigen Baron Filipp, die alleinige Tatsache des Besitzes von Gold, da er darin das Symbol uneingeschränkter Macht sieht (ANIKINE 1993, 109; LOTMAN 1997, 7).

[1062] Die allusive Charakterisierung Vasilijs kommt auch in der lexikalisch-semantischen Bedeutung des Familiennamens seines Begleiters Burs'e zum Ausdruck. Burs'e (von franz. boursier = 1. Stipendiat, 2. Börsenmakler) ist im Grunde Vasilijs Eleve, der Vasilij bei „all seinen vielen Streichen" half (PSS, V, 96), wohl vor allem dann, wenn es darum missbrauchend, in den Besitz des Geldes gelangt und nach der Entdeckung des Diebstahls sogar den Degen gegen seinen eigenen Vater zieht.[1063] Der Umgang mit Geld ist hier demnach weniger ein pathologischer als ein pathogener: Mit krimineller Energie ausgestattet wird Vasilij im folgenden weiteres, vor allem aber noch weitreichenderes Unheil anrichten, Beziehungen zerstören und Menschen zugrunde richten. Vorbereitet wird diese Entwicklung aber bereits während der Auseinandersetzung um das väterliche Geld, die Vasilijs ‚wahres' Gesicht offenbart und ihm jegliches Gefühl abspricht.

In Turgenevs gesamtem Werk finden aggressiv-eigennützige Gewinnbewahrung und -maximierung – wenn auch in unterschiedlicher Abstufung und Wertung – ihren negativen Ausdruck. Insbesondere habsüchtige und korrupte Adlige oder Beamte werden durch ihr Verhältnis zu Geld und Schulden direkt, häufiger noch indirekt charakterisiert: Besitzgier, Missgunst und engstirnige Rationalität in Gelddingen erscheinen – bisweilen auch ironisch gebrochen wie in den frühen Poemen, den Dramen oder den *Zapiski ochotnika* – als negative Epitheta, die sich zudem in der Sozialisation und fehlenden Emotionalität der Figuren niederschlagen. Das finanzielle und materielle Begehren macht sich häufig in Beziehungen bemerkbar, die sich durch falsche Authentizität und verborgene Absichten auszeichnen. Im Grunde erscheint der Geiz bei Turgenev als Symbol von Lebensfeindlichkeit, despotischem Auftreten und Asozialität – es ist, als ob hier das Emotionale dem ‚Geld-Hunger' zum Opfer falle und verschlungen werde.

Askese und Gabe

> Я ничего не понимал; я не понимал, как могла такая хорошо воспитанная, молодая, богатая девушка бросить всё и всех, родной дом, семью, знакомых, махнуть рукой на все привычки, на все удобства жизни, и для чего?
>
> *Strannaja istorija* (PSS, X, 184)

Gleichsam als Gegenentwurf zu solchen von Geldgier geprägten Attitüden finden sich bei Turgenev figurale Verhaltensmuster, die entweder der Philanthropie verpflichtet sind und Geldbesitz als Grundlage für Wohltaten erscheinen lassen oder aber ein materiell entbundenes Dasein bestimmter Charaktere beschreiben. Antithetisch zur Gruppe jener Figuren, die egoistisch-berechnend einem Erwerbs- und Gewinndenken anhaften und im Geld das Mass aller Dinge sehen,

ging, Geld zu beschaffen (DOLNY 1996, 125).

1063 Die Nähe von *Tri portreta* zu *Skupoj rycar'* zeigt sich auch daran, dass bei Turgenev das realisiert wird, wovor Puškins Baron Filipp Angst hat, nämlich das Vergehen des Sohnes gegenüber seinem eigenen Vater.

stehen demnach jene Personen, welche die Macht und Strahlkraft des Geldes gänzlich negieren oder aber ihre finanziellen Mittel zur Notlinderung einsetzen. Entsprechend erfährt die Perzeption des Geldes in diesen Kontexten eine Inversion: Das Geld wird in der Wahrnehmung der Figuren vom *summum bonum* zum Odiosum, zur *chose négligeable* oder aber zum Medium der Nächstenliebe. Das Spektrum der individuellen Verhaltensweisen reicht dabei vom asketischen, geldfreien Leben bis hin zur Preisgabe der ‚letzten Kopeke' für wohltätige Zwecke.

So lebt der leibeigene Jäger Ermolaj in der Skizze *Ermolaj i mel'ničicha* (1847) aus den *Zapiski ochotnika* äusserst bescheiden, zugleich rückt er aber auch von seinen Gewohnheiten ungern ab: Obwohl er sich für das Geld, das er beim Verkauf von erlegtem Wild einnimmt, zweckmässige Patronen- und Jagdtaschen kaufen könnte, hat er an eine solche Erwerbung nicht einmal gedacht und fährt fort, Schrot, Pulver und Pfropfen in einem zweigeteilten Beutel bzw. seiner Mütze aufzubewahren und das Gewehr so geschickt, ja nachgerade kunstvoll zu laden, wie er es bisher getan hat (PSS, IV, 22). Zudem benötigt er gar kein Geld, da seine einzige Abgabepflicht darin besteht, der herrschaftlichen Küche einmal im Monat je zwei Paar Birkhähne und Rebhühner zu liefern (23). Er ist auf das Geld als Mittel für ein praktischeres Leben oder eine grössere Unabhängigkeit von seinem Gutsherrn nicht angewiesen: Wie der Ich-Erzähler mit respektvollem Erstaunen konstatiert, nimmt Ermolaj die Möglichkeiten, die ihm ein Entgelt für seine Jagdtätigkeit böte, gar nicht erst wahr und lebt weiterhin in einfachsten Verhältnissen (24f.),

In der Erzählung *Kas'jan s Krasivoj Meči* (1851) weist das Verhalten der Titelfigur Kas'jan auf seine Zugehörigkeit zu der eschatologischen Sekte der *stranniki* oder *beguny* hin.[1064] Seine sektiererischen religiösen Überzeugungen äussern sich unter anderem darin, dass er trotz seiner Bedürftigkeit das vom Erzähler für die Mithilfe beim Besorgen einer neuen Wagenachse angebotene Geld zuerst zurückweist („Не надо мне твоей платы.") (PSS, IV, 119) und erst gegen Ende der Erzählung nach einigem Zögern annimmt: „[...] я выехал, оставив Касьяну немного денег, которые он сперва было не принял, но потом, подумав и подержав их на ладони, положил за пазуху." (131) Zudem versichert Kas'jan, dass er die von ihm eingefangenen Nachtigallen nicht verkaufe, sondern „an gute Menschen abgebe" (126). Kas'jan glaubt den Berichten über ein paradiesisches Land, wo Bäume und Früchte aus Silber und Gold sind, und möchte deshalb wie „viele andere Bauern in Bastschuhen" auf der Suche nach Gerechtigkeit weiterziehen (128):[1065]

[1064] Vgl. hierzu PETERS 1972, 116f., BRANG 1977, 72f. sowie KLUGE 1992, 74. Diese Altgläubigensekte distanzierte sich radikal von der staatlichen Obrigkeit, der zeitgenössischen Zivilisation sowie den Gesetzen, Regeln und Pflichten des (staats-)bürgerlichen Lebens.

[1065] PETERS 1972, 116.

> А то за Курском пойдут степи, этакие степные места, вот удивленье, вот удовольствие человеку, вот раздолье-то, вот божия-то благодать! И идут они, люди сказывают, до самых теплых морей, где живет птица Гамаюн сладкогласная, и с дерев лист ни зимой не сыплется, ни осенью, и яблоки растут золотые на серебряных ветках, и живет всяк человек в довольстве и справедливости… И вот уж я бы туда пошел… (128)

Kas'jans asketisches Leben erklärt sich aus seiner Einstellung zu Natur, Mensch und Gott: Dass er in Armut lebt und, wie Ermolaj in *Ermolaj i mel'ničicha*, aus seiner Jagdtätigkeit kein Kapital schlägt, entspricht seinem persönlichen Wertekosmos, in welchem Geld und Handel keine relevanten Grössen darstellen. Seine „Absage an die satanische Welt" (KLUGE) durchstösst die Sozialkritik mit der Überzeugung von der Verbesserbarkeit des Negierten.[1066] Kas'jan stellt nicht nur die von Kirche und Staat vertretene Daseinsordnung sowie ihre sittlichen und ideologischen Prinzipien,[1067] sondern auch das in dieser Gesellschaft omnipräsente Leitmedium Geld in Frage: Der anfängliche Versuch des Erzählers, Kas'jans Unterstützung zu ‚erkaufen', muss demnach scheitern. Dass Kas'jan zudem von der Existenz eines Paradieses überzeugt ist und seine Wanderschaft mit dieser Utopie verbindet, verleiht dem Gelddiskurs eine spezielle Dimension: Kas'jans Vernachlässigung des Mammons in der Gegenwart weist bereits auf jene Welt hin, die der Sektierer sucht: Eine paradiesische und nicht zuletzt auch geldfreie Gesellschaft, wo das Edelmetall buchstäblich ‚an den Bäumen hängt'. In der Überfülle und Mangellosigkeit paradiesischen Seins wäre Geld ohnehin überflüssig, da es nur dort Geltung hat, wo es als Medium künstlicher und libidinöser Knappheit den Zugang zu den beschränkten Gütern regelt.[1068]

Ein weitaus markanterer und dynamischerer Akt der Entsagung von Besitztum und Geld erfolgt in der Erzählung *Postojalyj dvor*, in welcher der leibeigene Bauer Akim durch Handel zu einem stattlichen Vermögen gelangt ist, auf den Namen und mit der Einwilligung seiner Gutsherrin Lizaveta Kunce Land gekauft und darauf eine Herberge errichtet hat (PSS, V, 296-298). Eine Zäsur erleidet Akims erfolgreicher und einträglicher Wirtschaftsbetrieb dadurch, dass

[1066] KLUGE 1992, 74.

[1067] KLUGE 1992, 74.

[1068] Vgl. hierzu HÖRISCH 1996, 306f.: „Sprache ist […] durchaus, Geld aber ist mitnichten ein Element im Schöpfungswerk des jüdischen, christlichen und islamischen Gottes. Ja: Sprache ist mehr als ein hochrangiges Element im Schöpfungswerk – sie ist das Element der Schöpfung selbst, sie ist die prekäre Voraussetzung (von) Gottes (Schöpfung). Kapital musste hingegen nicht vorhanden sein, als Gott sprechend die Welt schuf. Und auch im Paradies hat Geld nichts zu suchen. In der Überfülle und Mangellosigkeit des paradiesischen Seins wäre Geld auch gänzlich überflüssig. Denn Geld hat nur dort (und also überall ausserhalb des Paradieses) Geltung, wo es als das Medium künstlicher Knappheit den Zugang zu den knappen Gütern regelt."

sich seine Frau Avdot'ja in den jungen durchreisenden Handlungsgehilfen Naum verliebt, die Ehe bricht und sogar die Ersparnisse ihres Mannes Naum zukommen lässt, der damit der Gutsherrin den Gasthof abkauft. In seiner Verzweiflung versucht Akim, den Gasthof anzuzünden und damit Naum seines neuen Besitzes zu berauben. Akim scheitert jedoch mit seinem Vorhaben und wird von seinem Antagonisten festgenommen, der ihn erst wieder freilässt, nachdem Akim auf jegliche Besitzansprüche verzichtet hat (334f.). Dieser rigorose Akt der Geldpreisgabe geht mit einem tiefgreifenden Erweckungserlebnis einher:[1069] Akim lässt seine Frau auf dem Hof der Gutsherrin zurück und beginnt ein frommes und enthaltsames Leben als Pilger. Sein sozialer und wirtschaftlicher Abstieg sowie der Wandel von Verzweiflung und Rachsucht in Reue und Hoffnung auf göttliche Gnade markieren zugleich die Zäsur in Akims Verhältnis zur irdischen Welt, zu Besitztum und wirtschaftlichem Erfolg: Wie in *Kas'jan s Krasivoj Meči* scheint am Schluss von *Postojalyj dvor* die christliche Nächstenliebe als utopisches Gegenzeichen zur materiellen Welt auf. Gerade die vollständige Inversion der persönlichen Vermögensverhältnisse Akims und seines damit verbundenen ursprünglichen Lebensentwurfes lässt die Bedeutungslosigkeit des Geldes für das stille Glück dieses *strannik* um so deutlicher hervortreten.[1070]

Ein ähnliches asketisches Leben wählt Elena im Roman *Nakanune*, nachdem ihr Gatte Insarov in Venedig gestorben ist, ohne seinen geplanten Befreiungskampf gegen die Türken in Bulgarien aufgenommen zu haben. Elena entsagt dem materiellen Wohlstand und der (erotischen) Liebe, um als Krankenschwester Verwundete zu pflegen und auf diese Weise für Insarovs Sache einzutreten (PSS, VIII, 165). Schon seit ihrer Kindheit strebte sie nach Tätigkeit, nach dem tätigen Guten:

> [...] она с детства жаждала деятельности, деятельного добра; нищие, голодные, больные ее занимали, тревожили, мучили; она видела их во сне, расспрашивала об них всех своих знакомых; милостыню она подавала заботливо, с невольною важностью, почти с волнением. [...] На десятом году Елена познакомилась с нищею девочкой Катей и тайком ходила к ней на свидание в сад, приносила ей лакомства, дарила ей платки, гривеннички – игрушек Катя не брала. (PSS, VIII, 33)

[1069] „Лета мои старые, пора о душеньке своей подумать. Меня сам господь вразумил. Вишь я, старый дурак, с молодой женой хотел в свое удовольствие пожить..." (341).

[1070] Vgl. BRANG 1977, 65. Die innere Entwicklung des Helden Akim nimmt bereits sein Name vorweg, der etymologisch auf einen Weisen und die Bedeutung „Jahve möge retten" zurückgeht (ebd. u. DOLNY 1996, 153). Dagegen dürfte für Turgenevs Wahl des Namens „Naum" primär die Assonanz zu russ. „ум" („Verstand", metonymisch „kluger Kopf") respektive „наумка", „наумление" („Belehrung") ausschlaggebend gewesen sein, zumal Naum nicht nur durchtrieben ist, sondern auch Akim eine Lehre fürs Leben erteilt (DOLNY 1996, 153f., Anmerkung 8).

Elenas ursprünglicher, in ihrem Wesen tief verwurzelter ‚Durst' nach barmherziger Tätigkeit (vgl. auch 80 u. 90) mündet schliesslich in die „Opfer-Liebe" (14) einer sich selbst verschenkenden und zugleich entsagenden Frau.[1071] Der „weibliche Don Quijote" Elena (BRANG),[1072] Akim, Kas'jan, aber auch der einsiedlerische, hochbetagte Altgläubige Prochoryč (*Sobaka*; 1866), der für seine wertvollen Ratschläge kein Geld annehmen will (PSS, IX, 131f.), oder die sich für den herumziehenden ‚heiligen Narren' Vasilij völlig aufopfernde Sofi (*Strannaja istorija*; 1870; PSS, X, 178 u. 184f.) gehören zu jener Gruppe von Figuren, die für eine Idee leben bzw. zu leben beginnen und die mit diesem Weg verbundene Armut und Entbehrung in Kauf nehmen. Sie sind in einem gewissen Sinn jene von Turgenev unter dem Begriff „Don Quijote-Typus" zusammengefassten Enthusiasten, die bedenkenlos an ein Ideal ausserhalb ihrer selbst glauben und dieser Berufung ihre gesamte Existenz widmen (vgl. *Gamlet i Don-Kichot*; PSS, VIII, 184).[1073] Reichtum und Geld stehen jenseits ihres Bedürfnis- und Vorstellungshorizontes, da ihr uneigennütziger Enthusiasmus mit einer Geringschätzung der persönlichen Vorteile einhergeht, was „für einen armen Menschen beinahe gleichbedeutend ist wie die Gleichgültigkeit gegenüber dem täg-

[1071] Die Bedeutungslosigkeit, die Elena dem Geld vor dem Hintergrund ‚höherer Werte' beimisst, kommt darin zum Ausdruck, dass sie Insarov gegenüber Streitigkeiten um finanzielle Belange als „Lappalien" („пустяки") bezeichnet (PSS, VIII, 65f.) und später ohne zu zögern bereit ist, ihr gesamtes Geld – 80 Rubel – für Insarovs Kampf zu opfern (112). Tatsächlich geht Elenas Ökonomie der Gabe über die reine Geldspende hinaus: Als sie in einer kleinen Kapelle einer alten Bettlerin begegnet, instinktiv in ihre Tasche greift und feststellt, dass sie kein Geld bei sich hat, schenkt sie der mittellosen Frau ihr Taschentuch (90). Für Elena stellt der Akt des Gebens einen Verhaltensimperativ dar, wobei der Geldwert des Almosens eine untergeordnete Rolle spielt. Zudem ist Elena später – auf der Höhe ihres Liebesglücks – davon überzeugt, dass die Bettlerin ihr diesen Segen gleichsam als ‚Gegengabe' beschert habe (96).

[1072] BRANG 1977, 96.

[1073] In seinem Essay *Gamlet i Don-Kichot* (1860) legt Turgenev eine idealtypische, dualistische Typologie anthropologischer Grundbefindlichkeiten vor, die im Charakter seiner Helden mehr oder weniger dominant hervortreten. Hamlet erscheint darin als zentripetaler, zur Liebe unfähiger, egoistischer, introvertierter, reflektierender und deshalb handlungsunfähiger Skeptiker, der dafür über Bildung, Wissen und intellektuelle Sensibilität verfügt. Don Quijote dagegen wird als realitätsferner und gesellig-zentrifugaler Typ dargestellt, der sich vollständig und ohne zu zweifeln seinem Ideal opfert, kämpft und sogar zu sterben bereit ist. Doch weiss er – im Gegensatz zum Hamlet-Typ – wenig, er reflektiert nicht und braucht auch nicht viel zu wissen, weil ihm, der Inkarnation der Güte und reinen Liebe, seine Überzeugung genügt (KLUGE 1992, 92; ROTHKOEGEL 1998, 73-91). Angesichts seines Enthusiasmus ist Don Quijote bereit, auf Annehmlichkeiten und materielle Sicherheiten zu verzichten, da die Erreichung seiner Ziele Willensstärke und nicht finanzielle Potenz voraussetzt: „В нем нет и следа эгоизма, он не заботится о себе, он весь самопожертвование – оцените это слово! – он верит, верит крепко и без оглядки. Оттого он бесстрашен, терпелив, довольствуется самой скудной пищей, самой бедной одеждой: ему не до того." (PSS, VIII, 174).

lichen Brot" (180): „А Дон-Кихот, бедный, почти нищий человек, без всяких средств и связей, старый, одинокий, берет на себя исправлять зло и защищать притесненных (совершенно ему чужих) на всем земном шаре." (177f.).

Vor den Verstrickungen in Geldwirtschaft und materialistisch determinierte Verhaltensweisen stellt der Rückzug aus der Gesellschaft bei Turgenev *eine* mögliche Lösung dar. Die Reaktion auf eine dehumanisierte und durchmonetarisierte Umwelt mündet dabei häufig in eine religiös motivierte Bewegung: Kas'jan wie auch Akim sind oder werden zu Wanderpilgern, die jeglichem ökonomischen Diktat entsagen. Dadurch werden der Zirkulationscharakter des Geldes und der menschliche Aneignungstrieb gleichsam durch die Wanderschaft der Sektierer sublimiert – der Drang nach Gold verwandelt sich in einen Drang zu Gott und zu einer höheren Wahrheit, so dass hier der ökonomischen Ordnung die göttliche entgegengestellt und letztlich auch übergeordnet wird. Die persönliche Freiheit ist nicht mehr durch die finanzielle Verfügungskraft bestimmt, sondern – im Gegenteil – durch die vollständige Entsagung vom Materiellen.[1074]

Unmerklich, emotionsfrei aber überkomplex vergesellschaftet zu sein, ist die durchaus mit schmerzlichen Verlusterfahrungen verbundene Konsequenz einer Vergeldlichung des menschlichen Daseins.[1075] Turgenev hat sich mit den Erscheinungsformen und Folgen dieses Phänomens in seinem Œuvre auseinandergesetzt, den bewussten Auszug aus der ‚entzauberten' Welt jedoch nur als einen Sonderfall dargestellt – dafür aber als einen, der mit der persönlichen Wahrnehmung tiefen Glücks und mit dem Gewinn sämtlicher Freiheiten verbunden ist.

Ergänzt wird diese bis zur völligen Unterschlagung von Geldwerten reichende Rückzugsbewegung bei Turgenev vom Altruismus empfindsamer Ideologie. Dabei bestimmen philanthropische, auf Gefühls-, ja ‚Herzwerten' basierende Verhaltensweisen das geldbezogene Denken und Handeln bestimmter Figuren, und auffallend oft sind gerade die mittellosen Protagonisten mit einem emotionalen Reichtum ausgestattet, der sie über ihre Umwelt hebt und ihre materielle Armut gewissermassen durch ein solides Kapital an Gefühl ‚vergütet': Zu diesen Charakteren, die keine Berechnung kennen und ganz ihre Empfindungen und Neigungen ausleben, gehören etwa Čertopchanov in *Čertopchanov i Nedopjuskin* (1849) / *Konec Čertopchanova*, Pokorskij in *Rudin* (PSS, VI, 296), Egor in *Poezdka v Poles'e* (1857; PSS, VII, 57), Lemm und Michalevič in *Dvorjanskoe gnezdo* (PSS, VII, 138f. u. 205), Gus'kov in *Brigadir* (1868), Charlov in *Stepnoj korol' Lir* (vgl. etwa PSS, X, 243), Džemma in *Vešnie vody*, Punin in *Punin i Baburin* (1874; vgl. PSS, XI, 162) oder Raisa in *Časy*. Besonders deutlich wird

[1074] Liza aus *Dvorjanskoe gnezdo* gehört nur bedingt dieser Figurenkategorie an, da ihr Rückzug ins Kloster zwar mit materieller Entbehrung einhergeht, ihr eigentlicher Entsagungsakt aber der Liebe zu Lavreckij gilt.

[1075] LAUER 1994, 166.

dieses komplementär-chiastische Verhältnis in *Jakov Pasynkov* (1855), wo es über den Titelhelden heisst:[1076]

> Но, [...] несмотря на смешные его платья, на его крайнюю бедность, все его очень любили, да и невозможно было его не любить: более доброй, благородной души, я думаю, и на свете не было. (PSS, VI, 202)[1077]

In der Komödie *Cholostjak* unterhält der kleine Beamte Moškin trotz seiner begrenzten Geldmittel die neunzehnjährige Pflegetochter Maša, nachdem er bereits für die Bestattung von Mašas Mutter sein letztes Geld aufgewendet hat (PSS, II, 192f.). Als sich Mašas ebenfalls unvermögender Bräutigam Vilickij (194f.) von seinem deutschen Freund fon Fonk dazu bewegen lässt, die Verlobung wenige Tage vor der Hochzeit aufzulösen, da man, so fon Fonk, den Umgang mit Leuten aus niederem Stand meiden müsse (219-224), heiratet Moškin selber seine Pflegetochter, um ihr die Schande zu ersparen und ihre materielle Zukunft zu sichern (262-267).[1078] In augenfälliger Opposition zum grossherzigen Verhalten Moškins steht die Aussage eines wohlhabenden Verwandten der verstorbenen Mutter Mašas, der im Zusammenhang mit Mašas künftigem Schicksal von Moškin um Hilfe gebeten worden ist und darauf nur erwidert: „Всех-де нищих не накормишь; коли вас, мол, так сostраданье разобрало, так возьмите ее к себе, а мне не до того.“ (193) Mitleid und Nächstenliebe werden hier unmittelbar mit der ‚Geldgabe‘ verbunden und als positives Moment einem von Herzlosigkeit, Geiz und Berechnung bestimmten Gebaren entgegengestellt. Dadurch wird Moškin als Mensch charakterisiert, der bereit ist, sein gesamtes Geld, aber eben auch seinen persönlichen Lebensentwurf für einen Mitmenschen zu opfern.

Gerade dieser Verzicht auf die ‚letzte Kopeke‘ spielt eine wichtige Rolle bei der allusiven Personencharakterisierung: In der Novelle *Petuškov* (1848) schenkt der als Vollwaise aufgewachsene und nun als Armeeleutnant in äusserst bescheidenen Verhältnissen lebende Titelheld einem kleinen bettelnden Jungen einen Groschen mit den Worten: „На тебе на твое сиротство“ (PSS, V, 155).

1076 Dass Mittellosigkeit auf einen an sich ‚schlechten‘ Charakter, dessen negative Anteile sich durch Geldbesitz erst recht entfalten würden, ‚vorteilhaft‘ wirken kann, zeigt das Beispiel des Kostgängers Suvenir in der Novelle *Stepnoj korol' Lir* (1870): „Мне всегда казалось, что, будь у Сувенира деньги, самый бы скверный человек из него вышел, безнравственный, злой, даже жестокий. Бедность поневоле его «сократила».“ (PSS, X, 194).

1077 DOLNY (1996, 179) schreibt dem Familiennamen „Pasynkov“ (von russ. „пасынок“ = „Stiefsohn“) die Aufgabe zu, die schutzlose Situation des ohne Eltern aufgewachsenen Jünglings zu charakterisieren.

1078 Wie KLUGE (1992, 37f.) festgestellt hat, evoziert das Motiv des Eheantrags eines wesentlich älteren mitleidigen Beamten an ein mittelloses und gekränktes junges Mädchen das Verhältnis zwischen Devuškin und Varvara in Dostoevskijs *Bednye ljudi* (1846).

Petuškovs Verhalten als Wohltäter, seine Achtung vor jenen Menschen, die „an keinem Bettler vorübergehen, ohne ihm wenigstens eine Brotrinde zu geben" (171) sowie sein Desinteresse gegenüber Gelddingen (168-170) markieren ihn als ‚positiven' Helden.[1079] Dieselbe Funktion hat auch Varvara Zlotnickajas milde Gabe in *Jakov Pasynkov*, wo die Heldin einem Bettler eine kupferne Fünfkopekenmünze zuwirft (PSS, VI, 196f.).[1080] In *Dym* weiss Potugin über die Suchančikova sehr viel Gutes zu berichten, zumal sie, obwohl sie selber unvermögend ist, ihr letztes Geld für zwei arme Nichten hingegeben hat (PSS, IX, 166). Und in *Brigadir* ist es der ritterlich-gutherzige und vertrauensselige Gus'kov, der sich in die schöne und nach dem Tode ihres Gatten in finanzielle Bedrängnis geratene Witwe Agrippina (Agrafena) Ivanovna Telegina verliebt, nicht nur ihre Schulden begleicht, sondern für sie auch sein gesamtes Geld aufs Spiel setzt: „А пользоваться им – она пользовалась, «во всех частях» – и деньги, какие у него были, он всё к ней тащил, как «муравей»." (PSS, X, 62) Als die Telegina dann im Affekt Totschlag an einem Laufburschen begeht, nimmt Gus'kov das Verbrechen auf sich und muss in der Folge der Justiz sein gesamtes Vermögen überlassen – den Rest nehmen ihm Teleginas Verwandte ab, so dass er schliesslich an den Bettelstab gerät (62f. u. 67f.).

Positiv gekennzeichnet werden ferner diejenigen Figuren, welche Nächstenliebe oder Berufsethos bzw. Dienstpflicht über sämtliche ökonomischen Erwägungen stellen. So nimmt in *Jakov Pasynkov* der „gutmütige Deutsche" Winterkeller (Vinterkeller) den verwaisten und völlig mittellosen Pasynkov bei sich auf und sorgt auch während seines Studiums für ihn (PSS, VI, 202 u. 205). Und der Titelheld aus der Skizze *Uezdnyj lekar'* ist sich zwar bewusst, dass ihm sein ärztlicher Dienst bei einer verarmten Gutsbesitzerin, deren Tochter im Sterben liegt, kaum mehr als zwei Silberrubel einbringen wird (PSS, IV, 44). Dennoch zögert er nicht, die anstrengende Nachtfahrt auf sich zu nehmen, da die „Pflicht allem anderen vorgehe" („долг прежде всего"; 44). Beim Anblick des ihm von der Gutsbesitzerin zur Verfügung gestellten Kutschers wird dem Arzt dann endgültig klar, dass er kaum mit Entgelt wird rechnen können:

1079 Als nachgerade grotesk erscheint der zwei Diskurse gegeneinander ausspielende Dialog zwischen Petuškov und der Bäckerin: Während sich Petuškov einzig für die von ihm geliebte Vasilisa interessiert und die Bäckerin nach dem Verbleib und Befinden ihrer Nichte ausfragt, richtet die Bäckerin ihre Aufmerksamkeit auf die offenen Rechnungen, die Petuškov bei ihr hat und die sie ihm gegenüber akribisch ausweist (PSS, V, 168-170). Während des gesamten Gesprächs verlassen beide Figuren ihre Diskursebenen nicht, so dass ein absurdes Aneinander-Vorbei-Sprechen entsteht.

1080 Dass sich diese Kupfermünze im Hause der Zlotnickijs bis dahin unter einer Räucherkerze befand (197f.), offenbart die Diskrepanz der subjektiven Wertzumessung: Der Zweckentfremdung des Geldstücks als ‚Unterlage' (wie dies übrigens auch an einer Stelle des Romans *Otcy i deti* der Fall ist; PSS, VIII, 230) steht der ‚Wert' gegenüber, den der bescheidene Geldbetrag für den Bettler hat.

> Ну, думаю, видно, брат, господа-то твои не на золоте едят… Вы изволите смеяться, а я вам скажу: наш брат, бедный человек, всё в соображенье принимай… Коли кучер сидит князем, да шапки не ломает, да еще посмеивается из-под бороды, да кнутиком шевелит – смело бей на две депозитки! (44)

Aus solchem Pflichtbewusstsein und altruistischen Verhalten erwächst bei Turgenev eine regelrechte Ökonomie der Gabe, die dem Leser Aufschluss über die positive Wesensart des jeweiligen Stifters gibt: Der Einhöfer Ovsjanikov hält es für eine Sünde, Getreide, das ein Geschenk Gottes sei, zu verkaufen. Aus diesem Grunde hatte er während einer Hungersnot seine gesamten Vorräte an die benachbarten Gutsbesitzer und Bauern verteilt, die ihm bereits im darauffolgenden Jahr ihre Schuld mit Dankbarkeit *in natura* zurückerstatteten (*Odnodvorec Ovsjanikov*; 1847; PSS, IV, 62). In derselben Skizze wird überdies geschildert, wie einst die „Krüppel“ und „Bettler“ zu Hunderten von den Almosen des Grafen Orlov-Česmenskij lebten, der nicht nur für seinen luxuriösen Lebensstil, sondern auch für solche philanthropischen Gesten viel Geld ausgab (66). Dabei fällt auf, dass der Graf zu jenen wenigen adligen Figuren in Turgenevs Werk gehört, die, niemanden und nichts herausfordernd, ihr Vermögen und damit auch ihre Autorität *nicht* einbüssen: „Да оно всегда так бывает: кто сам мелко плавает, тот и задирает.“ (67)[1081] Es überrascht auch nicht, dass Ovsjanikov Nächstenliebe explizit für eine Pflicht hält, die sich der Mensch auferlegen müsse und dabei sich selbst nicht schonen dürfe: „[…] точно: по справедливости должен человек жить и ближнему помогать обязан есть. Бывает, что и себя жалеть не должен…“ (74). Diese Einstellung kann bis zur materiellen Selbstaufopferung reichen, wie im Falle Moškins aus *Cholostjak*, des „Philanthropen“ Baburin in *Punin i Baburin* oder der „gutherzigen“ (PSS, IV, 208) Gutsbesitzerin Tat’jana Borisovna, die auf ihre Vermögensverhältnisse keinerlei Rücksicht nimmt und sich lediglich von philanthropischen Motiven leiten lässt (*Tat’jana Borisovna i ee plemjannik*; 1848). So schickt sie ihrem in St. Petersburg als Künstler tätigen Neffen auf dessen eindringliche Bitte hin ihre allerletzten Ersparnisse. Und auch später kommt sie bei sich zu Hause für ihn auf, obwohl er einen wenig liebenswürdigen Charakter hat (209f.). Im Roman *Rudin* hat Aleksandra Pavlovna Lipina, eine verwitwete, kinderlose und „ziemlich reiche“ Gutsbesitzerin, die schliesslich Ležnev heiraten wird, eine Krankenstation für ihre Leibeigenen errichten lassen, und sie sorgt persönlich für die medizinische Versorgung der Kranken und Betagten (PSS, VI, 237-239). Auch Rudins mittellose Mutter, die einst ihr letztes Geld für ihren Sohn verwendete,

[1081] Unklar bleibt, ob Graf Orlov-Česmenskij, ein wahllos-verschwenderischer Geber, seine finanzielle Freigebigkeit, ob bewusst oder unbewusst, dazu eingesetzt hat, sich einen emotionalen Gewinn – etwa den Beifall oder Dank der von ihm Bedachten – zu verschaffen. In diesem Fall wäre von einer symbolischen Rückerstattung der finanziellen Investition auf der Ebene der sozialen Anerkennung zu sprechen.

wird ausdrücklich als „gute Frau" geschildert (286). Lavreckijs Vater Ivan wird in *Dvorjanskoe gnezdo* angesichts seiner materiellen Notlage zunächst von einem ständig betrunkenen, aber herzensguten Matrosen im Ruhestand und später von seiner Mutter finanziell unterstützt (PSS, VII, 153f.). Lavreckij selbst, dessen „immerwährende Güte" hervorgehoben wird (245), erweist sich als äusserst grosszügiger Mensch, der im Anschluss an einen Gottesdienst sein gesamtes Geld an die Bettler verteilt (227). In *Otcy i deti* ist es Pavel Kirsanov, der „jedem zu helfen bereit ist" und seinem Bruder Nikolaj in Notzeiten immer wieder beistand, indem er ihm sein gesamtes Geld gab (PSS, VIII, 225). Erst als er selbst über keine finanziellen Mittel mehr verfügt, muss Pavel seine Hilfeleistungen an Nikolaj einstellen (227). Während in *Dym* die Šestovas vom Postkutscher ausdrücklich als „gute Herrinnen" geschildert werden, die kostenlos die medizinische Versorgung für die Bewohner der gesamten Gegend sicherstellen und eine Schule eingerichtet haben (PSS, IX, 324), erweist sich in *Starye portrety* (*Otryvki iz vospominanij – svoich i čužich, I.*) (1881) der reiche Gutsbesitzer Telegin als überaus grosszügiger Gönner, der eine Vielzahl von verarmten Adligen bei sich beherbergt, keinen Bettler abweist, Kranke auf seine Kosten behandeln lässt und trotzdem nicht als „Wohltäter" verehrt werden möchte (PSS, XIII, 9f. u. 18f.).[1082]

Ein weiterer wichtiger Aspekt der über das System der Gabe realisierten Personencharakteristik ist der mehr oder weniger nachdrückliche Widerstand bestimmter Figuren, vom Geber Geld oder Geschenke zu empfangen – sei es aus Stolz, wie der mittellose Insarov in *Nakanune*, der sich von niemandem Geld borgt und Bersenevs Einladung auf seine Dača nur unter der Bedingung annimmt, dass er für das vorgesehene Zimmer den vollen Anteil bezahlen darf (PSS, VIII, 38f. u. 52),[1083] oder wie Čertopchanov, der sich dem Schenkungsakt des Juden Lejba verweigert, obwohl er das für den Kauf des begehrten Pferdes Malek-Adel' notwendige Geld nicht hat (*Konec Čertopchanova*; PSS, IV, 327), sei es, weil das Geld in den Augen der Charaktere zur Nebensache wird: Ähnlich wie in *Kas'jan s Krasivoj Meči* nimmt in *Jakov Pasynkov* Maša, die den Titelhelden bis zu seinem Tod aufrichtig geliebt hat und nun auf der Suche nach

[1082] Im Gegensatz zu solchen ‚aufrichtigen' Schenkungsakten ist bei Turgenev auch die ‚unaufrichtige', einzig auf die Befriedigung narzisstischer Bedürfnisse angelegte Gabe zu finden: In der Novelle *Vešnie vody* wirft die negative Heldin Polozova einem Mittellosen ihre Geldbörse zu und sagt dann zu Sanin, dass sie dies sich selbst – und nicht dem Bettler – zuliebe getan habe: „Ведь я не для него это сделала, а для себя. Как же он смеет меня благодарить?" (PSS, XI, 142).

[1083] Bezeichnenderweise ist es Bersenevs Schilderung der wirtschaftlichen Verhältnisse Insarovs und dessen Einstellung zur Kreditnahme, die in Elena einen tiefen Eindruck hinterlassen: „У него, должно быть, много характера" (PSS, VIII, 52). Tatsächlich geht Insarovs Charakterfestigkeit über den materiellen Aspekt hinaus, was ihm die Bewunderung und später auch die Zuneigung Elenas einbringt.

einer Arbeitsstelle ist, erst nach längerem Zögern vom Ich-Erzähler einige Assignaten an („На что мне деньги?“; PSS, VI, 233). Hier kann die finanzielle Zuwendung weder Liebesleid noch Zukunftsangst lindern.

In den späteren Werken Turgenevs erfolgt mit der Annäherung an lyrische Texte eine Reduzierung des realistischen Erzählungskontextes bis hin zur Inversion: So sind in *Stuk... stuk... stuk!..* (1871; PSS, X, 273f.) oder in den Prosagedichten *Milostynja* (1878 verfasst; PSS, XIII, 171f.) und *Niščij* (1878 verfasst; PSS, XIII, 151) Bettlerfiguren zu finden, die nicht mehr primär als Empfangende, sondern – im Gegensatz zu den in ‚realistischen' Werken gängigen Vorstellungen – als Gebende auftreten.[1084] Im Prosagedicht *Niščij* gelangt das lyrische Ich, das dem vor ihm stehenden Bettler nichts ausser einem Händedruck geben kann, zur Erkenntnis, dass es selbst „eine Gabe von seinem Bruder“ dem Bettler erhalten habe:

> Потерянный, смущенный, я крепко пожал эту грязную, трепетную руку...
> - Не взыщи, брат; нет у меня ничего, брат.
> Нищий уставил на меня свои воспаленные глаза; его синие губы усмехнулись – и он в свою очередь стиснул мои похолодевшие пальцы.
> - Что же, брат, – прошамкал он, – и на том спасибо. Это тоже подаяние, брат.
> Я понял, что и я получил подаяние от моего брата.
>
> (PSS, XIII, 151)

Hier wird symbolhaft veranschaulicht, dass eine wie auch immer realisierte Gabe stets eine Gegengabe impliziert, also reziprok ist, und selbst ein geldentbundener, ausschliesslich altruistisch motivierter Schenkungsakt Not lindern kann. Entscheidend für die Qualität der Gabe ist letztlich weniger die Höhe des gestifteten Geldbetrags als die emotionale Aufrichtigkeit.[1085] *Idealiter* – und damit von der realistischen Sinnebene entkoppelt – stehen bei Turgenev der Gebende und der Empfangende auf derselben Ebene, es sind „Brüder“, die sich gegenseitig helfen.[1086]

[1084] KOSCHMAL 1984, 181f.

[1085] Vgl. hierzu das Prosagedicht *Dva bogača* (1878 verfasst; PSS, XIII, 176).

[1086] Wie in *Niščij* wird auch im Prosagedicht *Milostynja* die Reziprozität der Gabe deutlich: Ein Unbekannter empfiehlt einem einst reichen Greis, der aus Güte sein gesamtes Vermögen an seine „Freunde und Widersacher“ verschenkt hat und sich jetzt schämt, selbst um Geld zu betteln, seinen Stolz abzulegen und seiner Umwelt die Möglichkeit zu geben, ebenfalls Gutes zu tun: „- Так и ты теперь не гордись, бедняк, - заговорил опять незнакомец, - ступай, протягивай руку, доставь и ты другим добрым людям возможность показать на деле, что они добры.“ (PSS, XIII, 172). Die Nächstenliebe, die der Mittellose einst an den Tag gelegt hat, kommt nunmehr ihm selbst dadurch zugute, dass er ein Almosen für den Kauf von Brot erhält und seine Bettelei nicht mehr

Die aggressiv von Erwerbstrieb und Besitzegoismen dominierte, ‚entmenschlichende' Haltung bestimmter ‚negativer' Helden steht in Turgenevs Werk jenen Geldattitüden gegenüber, die der Fürsorge und Nächstenliebe verpflichtet sind und ein mitmenschliches, emotionales und damit auch ‚positives' Verhalten der Individuen zeigen. Zugleich offenbart das Turgenevsche System der Gabe aber jene Crux, die dem Verpflichtungscharakter des emotionsbestimmten Schenkungsaktes zugrunde liegt: Während der über Geld abgehandelte Kauf dem Käufer die Möglichkeit der Emanzipation vom Verkäufer gibt, empfinden bestimmte Figuren die Annahme einer Gabe als Verbindlichkeit und ‚Schuld'.[1087] Die individuellen Haltungen gegenüber dem Geben und dem Gebenden tragen zum Charakterbild der dargestellten Figuren bei und verdeutlichen die Komplexität des monetären Altruismus, der in gleichem Masse befreien wie auch Abhängigkeiten schaffen kann.

Ökonomische Kompetenz und Inkompetenz

Ein weiteres wichtiges Merkmal des Turgenevschen Charakterisierungssystems sind die Eigenschaften und Verhaltensmuster bestimmter Figuren im Hinblick auf eine erfolgreiche, gewinnorientierte oder aber unproduktive Führung ihres Wirtschaftshaushaltes. Die mit diesem Aspekt einhergehende, in erster Linie allusiv-indirekte Personencharakterisierung ist Teil der figuralen Bestandsaufnahme und keineswegs schablonenhaften Mustern unterworfen, denen zufolge ökonomische Kompetenz und Inkompetenz klaren Konnotationsschemata (‚positiv', ‚negativ') zuzuordnen wären. Vielmehr ist es abermals das Gesamtbild einer Figur, das von Bedeutung ist und den Grad individueller Vertrautheit mit Wirtschaftsangelegenheiten unterschiedlich auflöst.

In der Verserzählung *Pomeščik* (1845) (PSS, I, 169-188), die thematisch und auch phraseologisch-stilistisch in der Nachfolge von Puškins *Graf Nulin* (1826)

als Erniedrigung empfindet (ebd.).

1087 Dies trifft geradezu exemplarisch auf das Verhältnis zwischen Neždanov und Paklin im Roman *Nov'* zu: Paklin versucht, seine niedrige soziale Stellung und seine von materieller Entbehrung geprägte Herkunft (PSS, XII, 12f.) dadurch zu kompensieren, dass er sich den *narodniki* um den Helden Neždanov anbiedert und ihnen Geld für ihren geplanten Gang ins Volk bereitstellen möchte (17f.). Neždanovs stolze Ablehnung dieser finanziellen Unterstützung („Я этого не допущу и не приму. Я достану деньги, я сейчас же их достану. Я не нуждаюсь ни в чьей помощи!"; 18) unterstreicht Paklins Aussenseitertum, dem Neždanov nichts schuldig bleiben will. Paklin reagiert denn auch getroffen auf Neždanovs Zurückweisung: „– Ну, брат, [...] я вижу: ты хоть и революционер, а не демократ!" (18). Später nimmt Neždanov, wenngleich widerwillig, von Paklin einen Zehnrubelschein an, weil er für seine künftigen Aktivitäten dringend Geld benötigt (32). Auch Goluškin unterhält im selben Roman eine Vielzahl von Gnadenbrotempfängern, und zwar nicht aus uneigennütziger Grosszügigkeit, sondern mit dem Ziel, seine Popularität zu steigern und Macht auszuüben (117), also für sein Geld eine ‚Gegenleistung' zu erhalten.

steht,[1088] wird ein satirisches Bild vom russischen Landadelleben entworfen. Während die Charakterisierung des Titelhelden zunächst den Anschein erweckt, dass es sich bei diesem gutmütig-grobschlächtigen Vertreter der Aristokratie um einen wirtschaftlich erfolgreichen Gutsbesitzer handelt („Притом хозяин превосходный"; PSS, I, 169), der seine Ländereien fachkundig leitet, wird dieser Eindruck schon bald durch die ironische Schilderung seiner absurden Reaktion auf kleine Unregelmässigkeiten im leibeigenen Wirtschaftsbetrieb in Frage gestellt:

> Пришел в ужасное волненье,
> Клялся, что будущей зимой
> Всё с молотка продаст именье, -
> И медленно пошел домой. (171)

Die ironische Brechung des wirtschaftlichen Gebarens ist ein wichtiger Bestandteil der Turgenevschen Satire auf die Lebensweise derjenigen Adligen, die Leibeigene besitzen, ihnen Moral und Tüchtigkeit vorschreiben, über ihr Schicksal entscheiden, sich selber aber ganz andere Freiheiten nehmen.[1089] Der Gutsbesitzer offenbart in diesem Poem nicht nur eine Schwäche für das andere Geschlecht, sondern auch wenig Standfestigkeit hinsichtlich der zweckmässigen Wirtschaftsführung auf seinem Gut. Negativ konnotiert werden in *Pomeščik* aufgrund ihres Geldverhaltens aber auch andere Figuren, so etwa die vom Gutsbesitzer umworbene Witwe, deren Gatte in der Blüte seiner Jahre bei der Jagd tödlich verunfallt war, seine Angelegenheiten in hoffnungslosem Chaos hinterlassen hatte und sich damit exemplarisch unter jene Adlige einreihte, die sich beim Weidwerk, nicht aber bei der Gutsverwaltung als Meister ihres Fachs auszeichnen. Die Witwe scheint nach dem Tode ihres Mannes die Gutsgeschäfte zwar wieder in Ordnung gebracht zu haben, dafür tyrannisiert sie jetzt als herrische und pedantisch-geizige Person ihre Diener (174-176). Ziel bissigen Spotts ist schliesslich auch ein leichtlebiger und liebenswürdiger Salonlöwe, der auf dem Lande ein ganz besonderes Verhalten an den Tag legt, die provinzielle Gastfreundschaft nicht nur über sich ergehen lässt, sondern sie sich auch klug zunutze macht, indem er seine Schulden einfach ignoriert und weiter dem Kartenspiel frönt:

> Бывало, в хлебосольный дом
> Из дальней северной столицы
> Примчится борзый лев; и львом
> Весьма любуются девицы.
> В деревне лев, глядишь, ручной
> Зверек – предобрый; жмурит глазки;
> И терпеливо сносит ласки

[1088] BRANG 1977, 47.
[1089] Vgl. KLUGE 1992, 29.

Гостеприимности степной.
В деревне – водятся должишки
За ним… играет он в картишки…
Не платит… но как разговор
Его любезен, жив, остер! (182)

Weitergeführt wird das über die Frage nach der individuellen ökonomischen Kompetenz realisierte Charakterisierungsprinzip in Turgenevs Dramen. So trägt bereits Žazikov in *Bezdenež'e* sämtliche negativen Züge eines in Wirtschaftsdingen gänzlich unfähigen Nutzniessers, der auf fremde Kosten in der Hauptstadt lebt und die Gutsbesitzerexistenz auf dem Lande vor allem deshalb ablehnt, weil man dort „Armut" und „Unterdrückung" mit ansehen müsse:

> Одно в деревне, признаться, нехорошо… Бедность там какую-нибудь видеть, притеснение… с моими идеями неприятно; действительно неприятно. Ну, а зато верховая езда, охота, много удовольствий, признаться… (PSS, II, 69)

Auch in einigen anderen Dramen Turgenevs werden die Eigenschaften bestimmter ‚negativer' oder tragischer Figuren über ihr vorwiegend degeneriertes und finanziell abträgliches Wirtschaftsverhalten mitdefiniert, wobei wiederum die Komisierung ein bevorzugtes Verfahren darstellt (vgl. etwa Anna Kaurova in *Zavtrak u predvoditelja*, Ljubin in *Provincialka* oder Michrjutkin in *Razgovor na bol'šoj doroge*).

Eine Sonderstellung innerhalb des gesamten Dramensystems nimmt dagegen Arkadij Islaev aus *Mesjac v derevne* ein, der sich selbst für einen „geborenen Gutsbesitzer" hält. Die Figur Islaevs antizipiert jene später vor allem in den Romanen auftretenden Adligen, die, von Idealen und Reformversuchen ebenso wie vom persönlichen Schicksal enttäuscht, sich ganz der Bewirtschaftung ihres Gutes widmen und selber tatkräftig Hand anlegen, was in ihrem aristokratischen Milieu auf Unverständnis und Kritik stösst:[1090]

> Наталья Петровна. Видели вы Аркадия сегодня?
> Ракитин. Я с ним встретился на плотине… Ее у вас чинят. Он объяснял что-то рабочим и, для большей ясности, вошел в песок по колена. (PSS, III, 44)
> […]
> Ислаев. […] Я человек положительный, рожден быть хозяи-

[1090] KLUGE 1992, 41. Hierzu ist allerdings anzumerken, dass für Islaev, im Gegensatz zu den späteren, von unerfüllter Liebe enttäuschten Romanfiguren wie etwa Lavreckij in *Dvorjanskoe gnezdo*, die Liebe seiner Frau zu Beljaev keine wirklich schicksalhafte Zäsur darstellt („Словно буря в ясный день. Ну, перемелется… мука будет."; PSS, III, 155). Ohnehin wird über die Ernüchterung, die Islaev einst dazu bewogen hatte, sich ganz der Gutsbewirtschaftung zuzuwenden, nichts Genaues gesagt.

ном – и больше ничем. Было время – я о другом мечтал; да осекся, брат! Пальцы себе обжег – во-как! (60)

Allerdings beherrscht auch Islaev nicht die Sprache seiner Leibeigenen und wird daher als erfolgreicher Wirtschafter letztlich wohl scheitern. Einzig Beljaev, welcher dermassen der eigenen, russischen Kultur verhaftet ist, dass er nicht einmal Französisch spricht, ist in der Lage, den Arbeitern beim Dammbau die Anliegen ihres Herrn in ihrer ‚eigenen' Sprache vermittelnd beizubringen.[1091] Dieses Motiv tritt später auch in *Otcy i deti* zutage, wo Bazarov seinem Antagonisten Pavel Kirsanov vorwirft, er sei unfähig, mit seinen Bauern zu sprechen: „– Спросите любого из ваших же мужиков, в ком из нас – в вас или во мне – он скорее признает соотечественника. Вы и говорить-то с ним не умеете." (PSS, VIII, 244)[1092]

Demnach kommt in den Dramen bereits weitaus deutlicher als in Turgenevs lyrischem Werk die Fähigkeit, vor allem aber die Unfähigkeit bestimmter Protagonisten in Wirtschaftsdingen zum Ausdruck. Auf diese Weise werden die in den Personenlisten der einzelnen Stücke vorab vermittelten Informationen über die Charaktere entscheidend ergänzt, und der Rezipient erfährt anhand des Wirtschaftsverhaltens der Figuren mehr über deren Wesen.

Noch elaborierter und vielschichtiger äussert sich diese Spielart der allusiven Personencharakterisierung in Turgenevs Prosa. In den *Zapiski ochotnika* stehen aktive, tatkräftige, bisweilen auch mit krimineller Energie ausgestattete Protagonisten (kluge Bauern, gerissene Aufkäufer und Kaufleute, machtbesessene und gewinnsüchtige Gutsvögte oder Gutsbesitzer), die ihr ökonomisches Schicksal selbst in die Hand nehmen und gewinnorientiert wirtschaften, schwärmerischen Romantikern und althergebrachten ökonomischen Verhaltensweisen verbundenen Bauern oder schlichtweg inkompetenten Gutsverwaltern bzw. Gutsherren gegenüber. Ihre Praktiken und Kenntnisse bei der Verwaltung der Besitzungen geben Anhaltspunkte zu den jeweiligen Dispositionen und leisten damit einen wichtigen Beitrag zur Veranschaulichung von Lebensart, Denkweise und persönlicher Weltsicht. Dabei fällt auf, dass die Wirtschaftskompetenzen der einzelnen Figuren bzw. Figurengruppen meistens beiläufig als *ein* Merkmal unter anderen geschildert und in der überwiegenden Zahl der Fälle vom Ich-Erzähler wohlwollend ironisiert werden. Eher selten anzutreffen ist dagegen eine unmissverständliche Verurteilung von aggressivem Geldtrieb, wie er etwa in der Erzählung *Burmistr* zutage tritt. Tatsächlich ging es Turgenev bei der Darstellung der verschiedenen Figuren in den *Zapiski ochotnika* weniger um

[1091] KOSCHMAL 1983, 232.

[1092] Dass jedoch auch Bazarov ausserstande ist, mit den Bauern zu sprechen, wird gegen Ende des Romans deutlich, wo es heisst: „Увы! презрительно пожимавший плечом, умевший говорить с мужиками Базаров (как хвалился он в споре с Павлом Петровичем), этот самоуверенный Базаров и не подозревал, что он в их глазах был все-таки чем-то вроде шута горохового…" (PSS, VIII, 384).

Wertungen als um das Festhalten von Charaktereigenschaften, Lebensgewohnheiten, Leidenschaften und Neigungen.

In *Chor' i Kalinyč* umfasst die Konstellierung der beiden Titelfiguren auch den Aspekt des wirtschaftlichen Erfolgs. Während der „Idealist" und „Romantiker" Kalinyč Bastschuhe trägt, sich „irgendwie über Wasser hält", kurz: seine Armut und Abhängigkeit vom Gutsherrn Polutykin offenbart (PSS, IV, 15), besitzt der „Praktiker" und „Administrator" Chor' Stiefel, die aus „Mammutleder" angefertigt zu sein scheinen (14 u. 19). Anders als Kalinyč hat Chor' eine vorteilhafte ökonomische Position erlangt und sich von seinem Herrn wie auch von der Obrigkeit bis zu einem gewissen Grad emanzipiert:[1093]

> Хорь был человек положительный, практический, административная голова, рационалист; Калиныч, напротив, принадлежал к числу идеалистов, романтиков, людей восторженных и мечтательных. Хорь понимал действительность, то есть: обстроился, накопил деньжонку, ладил с барином и с прочими властями [...]. Хоря занимали вопросы административные и государственные. (14f. u. 18)

Chor's Wohlstand und Selbstbewusstsein dienen als Beispiel dafür, dass der geschickte und tüchtige Leibeigene durchaus wirtschaftliche und persönliche Fortschritte erzielen kann, sofern er über entsprechende land- und handelswirtschaftliche Kenntnisse verfügt (12f.) und es ihm gelingt, aus der Fronarbeit in einen Abgabenvertrag entlassen zu werden. Während Kalinyč Frondienst leistet, jeden Tag mit seinem Herrn auf die Jagd geht und nicht zuletzt deshalb seine kleine kümmerliche Wirtschaft nicht in Ordnung zu halten vermag (11), zahlt Chor' einen *obrok*-Zins an seinen Herrn, früher 50, heute bereits 100 Rubel im

[1093] PETERS 1972, 109f. Chor's Reproduktionspotential manifestiert sich in doppelter Hinsicht: Zum einen akkumuliert er erfolgreich Kapital (10), zum anderen hat er „eine grosse Familie in die Welt gesetzt" (15). In augenfälligem Gegensatz dazu verfügt Kalinyč weder über eine gesunde Hauswirtschaft noch über Nachkommen (15). Zu finden ist das Thema des Wechselverhältnisses von ökonomischer und reproduktiver Fertilität auch in *Postojalyj dvor* (Akim) (PSS, V, 303), in *Rudin* (Ležnev) (PSS, VI, 342) oder in *Strannaja istorija* (ein früherer Bekannter des Ich-Erzählers) (1870; PSS, X, 162). In *Dvorjanskoe gnezdo* wird der bescheidene ökonomische Erfolg Lavreckijs nicht zuletzt auch durch den Umstand parallelisiert, dass der Held unfruchtbar bleibt, also keine Nachkommen hinterlässt (vgl. LANGER 2002, 307). Und in der Novelle *Pesn' toržestvujuščej ljubvi* (1881) führt das Ehepaar Fabij und Valerija zwar ein glückliches Leben in beträchtlichem Wohlstand, bleibt aber bis zur Rückkehr Mucijs aus der Fremde und der anschliessenden Liebesintrige kinderlos: „Одного недоставало молодым супругам; одно завелось у них горе: детей у них не было... но надежда не покидала их." (PSS, XIII, 56). Auf das Motiv der Koppelung von finanzieller und sexueller Potenz in der deutschen Literatur weist HÖRISCH (1996, 114) hin: „Kinder machen, Geld machen: die sexuellen und spezifischer phallischen Konnotationen der fiskalischen Begrifflichkeit sind unüberhörbar. Wer eine Stange Geld hat, ist potent und liquide und kann sich also Finanzspritzen erlauben."

Jahr (10). In *Chor' i Kalinyč* wird jedoch nicht nur das individuelle ökonomische Verhalten der beiden Titelhelden geschildert, sondern auch jenes des russischen Bauern im allgemeinen, wobei insbesondere seine Trägheit und Gebundenheit an Traditionen herausgestellt werden. Der Bauer erscheint hier als Mensch, der sich in der an Bedeutung gewinnenden Geldwirtschaft nur mit Mühe zurechtfindet, weiterhin an eingefahrenen Verhaltensweisen festhält und sich daher auch unökonomisch verhält. So erfährt der Erzähler von Chor', dass die örtlichen Bauern ihre Sensen lieber bei umherziehenden Händlern als bei ihrem Gutsbesitzer kaufen, weil sie sich an das umständliche Begutachten und Feilschen ebenso gewöhnt haben wie an den Kauf auf Kredit, obwohl ihnen dieser einen erheblichen finanziellen Nachteil einbringt:[1094]

> […] каждое лето, перед покосом, появляется в деревнях небольшая тележка особенного вида. В этой тележке сидит человек в кафтане и продает косы. На наличные деньги он берет рубль двадцать пять копеек – полтора рубля ассигнациями; в долг – три рубля и целковый. Все мужики, разумеется, берут у него в долг. Через две-три недели он появляется снова и требует денег. У мужика овес только что скошен, стало быть, заплатить есть чем; он идет с купцом в кабак и там уже расплачивается. Иные помещики вздумали было покупать сами косы на наличные деньги и раздавать в долг мужикам по той же цене; но мужики оказались недовольными и даже впали в уныние; их лишали удовольствия щелкать по косе, прислушиваться, перевертывать ее в руках и раз двадцать спросить у плутоватого мещанина-продавца: «А что, малый, коса-то не больно того?» Те же самые проделки происходят и при покупке серпов, с тою только разницей, что тут бабы вмешиваются в дело и доводят иногда самого продавца до необходимости, для их же пользы, поколотить их. (PSS, IV, 15f.)

Vereinzelt gelingt es jedoch den russischen Bauern, sich von ihren Gutsbesitzern oder ihrem traditionellen, finanziell abträglichen Geschäfts- und Geldverhalten zu lösen und ihre Wirtschaftskompetenz unter Beweis zu stellen, mithin sogar ihre eigenen Gutsherren an Fachwissen und Profit zu übertreffen.[1095] Dass dies möglich ist, liegt am Geschäftssinn und an der Tüchtigkeit einiger Bauern, noch mehr aber an der Unfähigkeit vieler Adliger, die Rentabilität ihrer Betriebe sicherzustellen oder durch Innovationen zu erhöhen. Es überrascht daher nicht, dass in den *Zapiski ochotnika* gerade die Fachkenntnisse der Adligen,

[1094] PETERS 1972, 112.

[1095] Vgl. etwa den ökonomischen Erfolg des „Blinzlers" in der Skizze *Pevcy* (1850), der nach einem kurzen Vagabundenleben wieder zu seiner Herrin zurückkehrte, von ihr zum Verwalter ernannt wurde, nach ihrem Tod irgendwie die Freiheit erlangte und sich unter die Kleinbürger aufnehmen liess. Daraufhin pachtete er von seinen Nachbarn Gemüsefelder, wurde reich und lebt nun „sorglos" (PSS, IV, 235).

welche sowohl die bescheidenen Wirtschaftsbetriebe ihrer Leibeigenen unterdrücken als auch ihr eigenes wirtschaftliches System vernachlässigen, kritisiert werden.[1096] In der Skizze *Odnodvorec Ovsjanikov* etwa wird darauf hingewiesen, dass die Adligen früher noch verschwenderischer lebten und weitaus skrupelloser ihre privilegierte Stellung ausnutzten. Jetzt sind sie zwar deutlich umgänglicher, höflicher und gebildeter, dafür verstehen sie aber von der Wirtschaftsführung äusserst wenig und lassen sich von ihrem als Verwalter eingesetzten Leibeigenen „wie ein Bogen hin und her biegen.“ (PSS, IV, 68). Zudem bleiben die Gutsbesitzer skeptisch gegenüber Neuerungen: So begrüssen sie die Landumteilung zwar prinzipiell, sabotieren sie aber sofort, wenn sie irgendeinen Nachteil für sich befürchten (68f.). Ovsjanikov lässt daher keinen Zweifel daran, dass die alten Zeiten und mit ihnen auch die alte Generation überholt seien, allerdings ohne dass sich eine „neue Ordnung“ etabliert habe:

> Молодые господа прежних порядков не любят: я их хвалю… Пора за ум взяться. Только вот что горе: молодые господа больно мудрят. С мужиком, как с куклой, поступают: повертят, повертят, поломают да и бросят. И приказчик, крепостной человек, или управитель, из немецких уроженцев, опять крестьянина в лапы заберет. И хотя бы один из молодых-то господ пример подал, показал: вот, мол, как надо распоряжаться!.. Чем же это кончится? Неужто ж я так и умру и новых порядков не увижу?.. Что за притча? – Старое вымерло, а молодое не нарождается! (70)

Ovsjanikov versteht nicht, warum es junge Gutsbesitzer gibt, die zwar ihr Erbe auf dem Stammgut antreten, dabei jedoch über keinerlei Kenntnisse in Wirtschaftsdingen oder im Umgang mit den Leibeigenen verfügen, so dass sich die Kluft zwischen Herr und Knecht immer weiter vergrössert (70f.). Eine ähnliche Kritik findet sich auch in *Dva pomeščika*, wo ironisch auf die dürftige Wirtschaftskompetenz der beiden Titelfiguren hingewiesen wird (PSS, IV, 177 u. 180). Über Mardarij Apollonyč Stegunov, einen typischen russischen Landadligen (181), heisst es:

> У него пятьсот душ. Мардарий Аполлоныч занимается своим именьем довольно поверхностно; купил, чтобы не отстать от века, лет десять тому назад, у Бутенопа в Москве молотильную машину, запер ее в сарай да и успокоился. (180)

In *Petr Petrovič Karataev* äussert der Erzähler die Ansicht, dass keine allzu

[1096] Brang zufolge (1977, 72) hat die sowjetische Turgenev-Forschung der 1920er Jahre in den „ökonomischen Ratschlägen“ der *Zapiski ochotnika* zu Recht einen Beweis dafür gesehen, dass Turgenev an der Erhaltung des Adels als Klasse interessiert gewesen sei, und zwar nicht aus klassenpsychologischer Befangenheit, sondern aufgrund seiner Überzeugung von der bis dahin noch ungelösten zivilisatorischen Aufgabe des russischen Adels.

gründliche Bildung notwendig sei, um ein Gut verwalten zu können (PSS, IV, 247). Karataev, der selber als Gutsherr gescheitert ist, pflichtet ihm zwar bei, glaubt aber trotzdem, dass man als Gutsbesitzer zumindest „einen besonderen Hang" zu derlei Dingen benötige (247). Gerade die bisweilen unerklärliche und vom Erzähler auch nicht weiter kommentierte Trägheit mancher Gutsbesitzer wird in den *Zapiski ochotnika* dafür verantwortlich gemacht, dass lukrative Handelsabschlüsse scheitern, ein längerfristiger ökonomischer Erfolg sich gar nicht erst einstellen kann (*Smert'*; 1848; PSS, IV, 214f.) oder aber die Ehefrauen der Gutsherren sich der Administration annehmen müssen, um durch umsichtiges Wirtschaften wenigstens eine gewisse Rentabilität der Besitzungen zu erreichen (*Bretër*; PSS, V, 41f.).

Ihren Beitrag zur Figurencharakterisierung leisten des weiteren Epitheta, die gleichsam nebenbei einen Hinweis auf die ökonomische Kompetenz der handelnden Personen geben. So berichtet in *Gamlet Ščigrovskogo uezda* (1849) der „Witzbold" Petr Petrovič Lupichin dem Erzähler, wie er von einem Gutsbesitzer verachtet werde, weil er ihm für 400 Rubel sein Pferd verkauft habe, das eigentlich 1'000 Rubel wert gewesen sei (PSS, IV, 275). In *Čertopchanov i Nedopjuskin* wird Tichon Nedopjuskins Vater als „guter und ehrlicher Mann" geschildert, der jedoch als Beamter Bestechungsgelder „seinem Dienstrang gemäss von zehn Kopeken bis zu zwei Silberrubeln einschliesslich" annahm. Trotzdem hatte er von seiner Geburt bis zu seinem Tode gegen Not und Armut zu kämpfen, wurde „schuldlos" im Dienst gemassregelt und starb schliesslich in irgendeinem Winkel, ohne für sich und seine Kinder das tägliche Brot verdient zu haben (PSS, IV, 304). In der Erzählung *Tat'jana Borisovna i ee plemjannik* kümmert sich die aus einer unbemittelten Gutsbesitzerfamilie stammende Tat'jana Borisovna, wie es ausdrücklich heisst, wenig um die Wirtschaftsführung auf ihrem Gut und liebt ihren Neffen, obwohl sich dieser seit seiner Rückkehr aus St. Petersburg auffallend blasiert benimmt. Dennoch bezeichnet sie der Erzähler als eine „sehr bemerkenswerte Frau", die – anders als die gewöhnlichen Gutsbesitzerinnen ihres Alters – frei denkt und empfindet (PSS, IV, 200). Hier wird die Nachlässigkeit bei der Gutsverwaltung lediglich als Tatsache und *ein* Charaktermerkmal der Hauptfigur konstatiert, aber nicht negativ markiert. Im Gegenteil: Der augenscheinlich schlecht unterhaltene Hof gehört insofern als positives Charakteristikum zu Tat'jana Borisovna, als sie mit ihrer Wesensart über dem Negativen steht – sowohl über dem herablassenden Gebaren ihres Neffen als auch über jeglichen Wirtschaftsinteressen.

In den *Zapiski ochotnika* werden mit dem Hinweis auf Bürokratismus, Obstruktionspolitik gegenüber Innovationen und eine bisweilen absurde ökonomische Vorgehensweise insbesondere der adligen Protagonisten all jene Mechanismen aufgezeigt, die dann auch in den späteren Werken Turgenevs immer wieder in Erscheinung treten und für den wirtschaftlichen Misserfolg der landadligen Gutsbetriebe verantwortlich zeichnen. Im Roman *Dym* etwa beklagt sich

Potugin über die „Erfindungsgabe" der Russen, die an den tatsächlichen landwirtschaftlichen Notwendigkeiten vorbeiziele:

> Российская изобретательность! Вот наши господа помещики и жалуются горько и терпят убытки, оттого что не существует удовлетворительной зерносушилки, которая избавила бы их от необходимости сажать хлебные снопы в овины, как во времена Рюрика: овины эти страшно убыточны, не хуже лаптей или рогож, и горят они беспрестанно. Помещики жалуются, а зерносушилок всё нет как нет. А почему их нет? Потому что немцу они не нужны; он хлеб сырым молотит, стало быть и не хлопочет об их изобретении, а мы… не в состоянии! Не в состоянии – и баста! (PSS, IX, 233f.)

Während das Verhalten jener adligen Figuren angeprangert wird, die trotz Schuldenlast und drohender Kuratel an ihrem herrischen Gebaren festhalten, weiterhin Macht ausüben und ihren ‚Beamtenapparat' für die wirtschaftliche Misere zur Rechenschaft ziehen (*Sobstvennaja gospodskaja kontora*; 1859; PSS, VI, 7-17), lassen sich durchaus Charaktere finden, die zwar ebenfalls wenig erfolgreich wirtschaften, dafür aber zu ihren Leibeigenen Sorge tragen, keine Schulden haben und damit als wenig kompetente, jedoch sanftmütige Gutsherren positiv gekennzeichnet sind (vgl. etwa Stepan Petrovič Barsukov in *Dva prijatelja* [1854; PSS, VI, 47] oder Michajlo Nikolaič Ipatov in *Zatiš'e* [PSS, VI, 95]).

Aufschluss über ihre Wesensart geben ferner jene an sich progressiven Figuren, die zwar ökonomische Reformen propagieren und entsprechende Projekte betreuen, jedoch keine greifbaren Ergebnisse zustande bringen. So erweist sich Rudin nach seinen erfolglosen ökonomischen Interventionsversuchen auf dem Gut von Dar'ja Lasunskaja[1097] in seinem Gespräch mit Ležnev gegen Ende des Romans als schwärmerischer Kostgänger mit innovativen Ideen,[1098] der von reichen Gönnern protegiert und finanziert wird, aber wegen seines fehlenden praktischen Sinns immer wieder scheitert (PSS, VI, 357-359).[1099] Während sich Rudin angesichts seines Versagens beleidigt zurückzieht („Я заметил, наконец, что состою у господина помещика в качестве приживальщика по части умственных упражнений."; 359), hält ihm der Pragmatiker und Realist Lež-

[1097] Dar'ja Lasunskaja lässt sich zwar von Rudin die Vorzüge bestimmter ökonomischer Innovationen erläutern, hält aber an ihrer angestammten und erfolgreichen Wirtschaftsführung durch einen alten, einäugigen und gerissenen Kleinrussen fest, der nicht durch Rhetorik besticht, sondern sich auf seine Erfahrung verlässt und keine „ausländischen Dummheiten" einführt (PSS, VI, 289; DANILOV 1927, 88).

[1098] DANILOV 1927, 87f.

[1099] DANILOV (1927, 85f.) weist darauf hin, dass die Haupthandlung von *Rudin* ins Jahr 1840 und damit in eine Zeit allgemeiner Missernten und Hungersnöte in Russland falle, weshalb die Frage nach Modernisierungsmöglichkeiten der gutsherrlichen Wirtschaftsbetriebe einen wichtigen Aspekt des Romans darstelle.

nev entgegen: „То есть бросил насущный кусок хлеба“ (359). Rudin erscheint als Mensch, der unfähig ist, seine Ideale zu verwirklichen und sein Leben materiell abzusichern. In seinem Scheitern bewahrt er zugleich aber auch seinen Enthusiasmus, gibt seine Ziele und seinen Glauben nicht preis und muss deshalb weiterhin Niederlagen im Leben ertragen (365f.), was ihm die Bewunderung und Zuneigung seines früheren Kontrahenten Ležnev einbringt.[1100] Geradezu symptomatisch hierfür ist Rudins fehlgeschlagener Versuch, zusammen mit einem gewissen Kurbeev, der noch weniger Geld besitzt als er selbst, einen Fluss schiffbar zu machen und damit zur Verbesserung der Infrastruktur beizutragen.[1101] Während Rudin fest davon überzeugt ist, dass Kurbeev nach dieser Episode als „Goldindustrieller“ in Sibirien sein Vermögen machen werde, antwortet ihm Ležnev: „Может быть; но ты уж наверное состояния себе не составишь. [...] Да я люблю тебя за это... помилуй!“ (361). Anders als im Falle Ležnevs (366) ist die Umsetzung solcher Projekte ebensowenig Rudins Stärke wie die Akkumulation von Kapital: Rudin bleibt ein materiell ewig Abhängiger, ein auf Kostgang und Geldanleihe angewiesener Mensch „ohne Fundament“ (357), mit einem Besitzstand von gerade einmal „zweieinhalb Seelen“ (365).

In *Otcy i deti* ist es der liberale Gutsbesitzer Nikolaj Kirsanov, der sich – zum Nachteil seines Wirtschaftsbetriebes – gütig und tolerant gegenüber den Leibeigenen zeigt, die diese Schwäche weidlich ausnutzen und den vereinbarten *obrok*-Zins nicht entrichten (PSS, VIII, 202 u. 205). Nikolaj Kirsanovs primär auf fehlendes Kapital zurückzuführende Misserfolge bei der Verwaltung des an sich stattlichen[1102] Gutes Mar'ino (202-205, 211, 217, 227 u. 336f.) dienen nicht nur Bazarov, der mit den Wirkungen modernen Wirtschaftens vertraut zu sein vorgibt, als Gegenstand bissigen Spotts (210, 236 u. 251), sondern stehen auch

1100 KLUGE 1992, 83.

1101 DANILOV (1927, 90) sieht in diesem Projekt Rudins und Kurbeevs eine Anspielung Turgenevs auf die unter Nikolaj I. allgemein propagierten Massnahmen zur Optimierung der Verkehrswege: „Водные пути наиболее приближали хозяйство к рынку и позволяли помещику слагать с себя значительную часть хозяйственных забот, переводя крестьян с барщины на оброк, потому что «там, где крестьянин сам мог знать рынок и самостоятельно реализировать (sic, A.S.) на нем свой натуральный продукт, помещичье хозяйство более быстро переходило к денежной оброчной оценке крепостных повинностей.»“ Diese These werde, so DANILOV, dadurch bestätigt, dass in *Rudin* Ležnevs Gut in der Nähe der Oka liege und seine Bauern alle einen *obrok*-Zins entrichteten (ebd.).

1102 „У него [...] хорошее имение в двести душ, или, как он выражается с тех пор, как размежевался с крестьянами и завел «ферму», – в две тысячи десятин земли.“ (PSS, VIII, 195). „Недавно заведенное на новый лад хозяйство скрипело, как немазаное колесо, трещало, как домоделанная мебель из сырого дерева. Николай Петрович не унывал, но частенько вздыхал и задумывался: он чувствовал, что без денег дело не пойдет, а деньги у него почти все перевелись.“ (227).

in Kontrast zur Tüchtigkeit, welche die Odincova bei der Bewirtschaftung ihrer dem *obrok*-System überantworteten Besitzung Nikol'skoe an den Tag legt (284).[1103] Freilich wird auch hier eine ökonomisch erfolgreiche Figur keineswegs automatisch positiv bewertet – im Gegenteil: Wie die ärmlichen, ihr Gut patriarchalisch bewirtschaftenden Eltern Bazarovs (307 u. 310f.) erscheint der jeglichen ökonomischen Neuerungen gegenüber aufgeschlossene, jedoch wenig praktische und in Wirtschaftsfragen glücklose Nikolaj Kirsanov in positivem Licht (196, 198, 209, 220 u. 227).[1104] Die ertragsarmen Ökonomien der „Väter-" bzw. Elterngeneration entsprechen ganz ihrer romantisch-gefühlsbetonten Sicht auf die Dinge (312f.).[1105] Dagegen passt die ökonomische Kompetenz der Odincova ebenso zu ihrem pragmatisch-nüchternen Wesen wie zu ihrem herrschaftlichen Landsitz.[1106]

Eine Verschärfung erfährt dieses Bild der ökonomisch erfolgreichen, dabei jedoch emotionslosen Frau in der Novelle *Vešnie vody*, wo die Wirtschaftskompetenz der Polozova vom Erzähler fast bewundernd hervorgehoben wird (PSS, XI, 123), obwohl ihre Fähigkeiten in Gelddingen im Grunde zum negativen Bild der rational-berechnenden Protagonistin beitragen („Неужели же это одна прихоть избалованной, богатой и едва ли не безнравственной женщины?"; 126).

1103 Dass das *obrok*-System für kapitalkräftige und umsichtig wirtschaftende Gutsbesitzer lukrativ sein kann, zeigen die Beispiele Odincovas und Ležnevs (*Rudin*). Dagegen zeichnet sich Nikolaj Kirsanovs Wirtschaftsbetrieb durch permanente Misserfolge aus, obwohl auch er auf Abgabeverträge mit den Bauern vertraut.

1104 So gesteht Nikolaj Kirsanov seinem Bruder Pavel: „Кажется, я всё делаю, чтобы не отстать от века: крестьян устроил, ферму завел, так что даже меня во всей губернии *красным* величают; читаю, учусь, вообще стараюсь стать в уровень с современными требованиями, – а они говорят, что песенка моя спета. Да что, брат, я сам начинаю думать, что она точно и спета." (PSS, VIII, 239; Hervorhebung im Original, A.S.).

1105 Die Rückständigkeit der Eltern Bazarovs zeigt sich unter anderem daran, dass in ihrem Haus noch in Assignatenrubeln gerechnet wird („[…] и понятия не имели о счете на серебро…") (PSS, VIII, 330). Ähnlich verhält es sich mit dem Gutsbetrieb der Eltern Litvinovs in *Dym*, der einen Bruchteil seines tatsächlichen Potentials abwirft. Aus diesem Grunde entscheidet sich Litvinov für einen Studienaufenthalt im Ausland, wo er sich agronomische Kenntnisse aneignet und mit dem Ziel nach Russland zurückkehrt, das mütterliche Gut „in eine Goldgrube" zu verwandeln (PSS, IX, 148f.).

1106 Brang 1979, 144f. Brang (ebd. 147) weist in diesem Zusammenhang auf die Nähe des Romans zum Drama hin: Mehr als in den übrigen Romanen Turgenevs erscheinen in *Otcy i deti* die Episoden als „Szenen", wobei die Handlung zweimal – wie auf der Drehbühne eines Theaterstücks – die Runde durch mehrere Lokalisationen macht: So werden die Szenerien Mar'ino als „Nest" der Kirsanovs (1), die Gouvernementsstadt (2), Odincovas Landsitz Nikol'skoe (3) und das Gut der Eltern Bazarovs (4) in der Reihenfolge 1 – 2 – 3 – 4 – 1 – 3 – 4 von Bazarov besucht. Dabei werden alle vier Milieus auf die ‚Ökonomien' (Armut / erfolgloses Wirtschaften, Reichtum / produktive Gutsführung, Verschwendung) der ihnen jeweils zugeordneten Protagonisten hin untersucht.

Ähnlich negativ wie die Kaufleute, Wucherer und „Adler“ der *Zapiski ochotnika* wird im Roman *Nov'* (1877) Kapiton Goluškin charakterisiert, der Sohn eines reich gewordenen Kaufmannes, ein etwas beschränkter und dünkelhafter Egoist, der revolutionäre Ansichten vertritt und Tingeltangelsängerinnen protegiert (PSS, XII, 116-118). Demgegenüber stellt der aufstrebende Unternehmer und Tatmensch Solomin den neuen, positiven Typus des Turgenevschen Kaufmanns dar. Solomin ist kein Adliger, sondern Sohn eines Küsters. Er verwaltet die Baumwollspinnerei des Kaufmanns Faleev und ist in seiner Funktion derart erfolgreich (79, 109, 113, 165, 173f. u. 291), dass sich der liberale Gutsbesitzer und höhere Beamte Sipjagin, ein typischer Vertreter des adligen Unternehmertums Russlands, um ihn bemüht (166 u. 181). Doch Solomin deckt die Untauglichkeit der neuen, vergeblichen Versuche der aristokratischen Fabrikanten auf: Er sieht in den Adligen ‚Fremdlinge‘ und Beamtenseelen, die weder über „kaufmännische Berechnung“ noch über Ausdauer verfügen und daher unfähig seien, ein richtiges industrielles Unternehmen zu leiten oder Finanzgeschäfte vorzunehmen (173-175). Aus diesem Grunde werden letzten Endes ihre Fabriken in die Hände der Kaufleute gelangen.[1107] Die angebliche Vertrautheit mit westlichen Wirtschaftstheorien und -theoretikern wie Adam Smith dient in *Nov'*, ähnlich wie in Puškins *Evgenij Onegin*,[1108] der Vorspiegelung ökonomischer Kompetenz, die aber gleichzeitig als Modeerscheinung ironisiert und in die politisch-ideologischen Auseinandersetzungen um Slavophile und Westler eingebunden wird. So überlagert der franko- bzw. anglophile Diskurs in *Nov'* den Kommentar über Adam Smith, den Sipjagin in seinem Gespräch mit dem wohlhabenden und reaktionären Kallomejcev abgibt (PSS, XII, 38f.):

> Но тут Сипягин снова осадил Калломейцева, объявив, что Адам Смит – одно из светил человеческой мысли и что было бы полезно всасывать его принципы (он налил себе рюмку шато д'икему)… вместе с молоком (он провел у себя под носом и понюхал вино)… матери! – Он проглотил рюмку. Калломейцев тоже выпил и похвалил вино. (68)

Ob die Anwendung der Ideen Smiths auf Russland der Nation wirklich nützen könnte, wie der „bis zu einem gewissen Grad slavophile“ (58) Sipjagin

[1107] HÄUSLER 1935, 33. Grundsätzlich fällt auf, dass Turgenevs Figuren nur selten explizit Geld *zählen* und es sich dort, wo dies der Fall ist, häufig um Kaufmannscharaktere handelt. Mit der negativen Darstellung der Kaufleute geht denn auch eine pejorative Besetzung des Geldzählens und Feilschens einher.

[1108] Dort heisst es über den Titelhelden: „Высокой страсти не имея / Для звуков жизни не щадить, / Не мог он ямба от хорея, / Как мы ни бились, отличить. / Бранил Гомера, Феокрита; / Зато читал Адама Смита / И был глубокий эконом, / То есть умел судить о том, / Как государство богатеет, / И чем живет, и почему / Не нужно золота ему, / Когда *простой продукт* имеет.“ (PUŠKIN, Izbr. proizv., 262; Hervorhebung im Original, A.S.) (ausführlich hierzu: ANIKIN 1999, 154 u. 184-191).

glaubt, bleibt indes höchst fraglich. Denn die Tatsache, dass über westliche Vorbilder gesprochen, vor allem aber französischer Wein getrunken wird, lässt Sipjagins Äusserung zur Farce geraten. Ähnlich unverhohlen werden die russischen Pseudogebildeten in *Dym* kritisiert, wo, neben den hier und da eingestreuten Bemerkungen über das bestimmten Figuren inhärente, bisweilen groteske Unvermögen in Wirtschaftsfragen,[1109] wiederum die Diskussion um Adam Smith die Absurdität der Phrasendrescherei offenbart (PSS, IX, 154). Und auch Ivan Lavreckijs vorgespiegelte Wirtschaftskompetenz in *Dvorjanskoe gnezdo* erscheint unglaubwürdig. Die Absicht des von Russland völlig entfremdeten, angloman-gallophilen Theoretikers, bar jeder praktischen Lebenserfahrung mit Hilfe von „Systemen" auf seinen Besitzungen verschiedene Neuerungen und Verbesserungen einzuführen, wird durch den ironischen Hinweis darauf entkräftet, dass auf seinem Gut – bis auf die Erhöhung der bäuerlichen Abgabepflichten – letztlich alles beim alten „Chaos" geblieben sei (PSS, VII, 159f.).[1110] Ivans Erfolglosigkeit offenbart sich ferner in der Tatsache, dass wieder seine Schwester Glafira – und nicht mehr er selbst – die Gutsgeschäfte führt und damit auch über die Methoden bestimmt (160 u. 163-165).

Wurde in den früheren Werken Turgenevs der Adelsstand noch hinsichtlich seiner Kompetenz bei der Wirtschaftsführung der Landgüter einer kritischen Analyse unterzogen, so wird in *Nov'* zum aristokratischen Unternehmertum und zur ‚neuen' russischen Kaufmannschaft Stellung genommen. Dabei zeigt sich, dass sich das Bild der Kaufleute bei Turgenev zugunsten einer wohlwollenderen Wahrnehmung gewandelt hat:[1111] Turgenevs Überzeugung, dass Russland ‚wirkliche' Menschen der Tat benötige, widerspiegelt sich in der Figur Solomins, der – anders als Sipjagin oder Goluškin[1112] – über einen einfachen, praktischen Geschäftssinn verfügt, weder eitel noch egoistisch ist, dort, wo er eine Arbeit findet, nicht viel von sich reden macht und eine gute Sache vertritt (PSS, XII, 160 u. 295). In *Nov'* wird ferner deutlich, dass Turgenev von der Notwendigkeit solcher Kaufleute und Unternehmer für Russland überzeugt war – möglicherweise

[1109] „Тут были даже государственные люди, дипломаты, тузы с европейскими именами, мужи совета и разума, воображающие, что золотая булла издана папой и что английский «poor-tax» есть налог *на* бедных […]" (PSS, IX, 146; Hervorhebung im Original, A.S.).

[1110] Zur ‚Systemkritik' in *Dvorjanskoe gnezdo* vgl. THIERGEN 1989, 28f.

[1111] In diesem Zusammenhang ist jedoch zu betonen, dass das Bild der Kaufleute in den *Zapiski ochotnika* keineswegs nur negativ ausfällt, wie dies HÄUSLERS Untersuchung (1935, 32-34 u. 125) suggeriert.

[1112] Goluškin erscheint in *Nov'* als wenig vertrauenswürdiger Hintermann der *narodniki*, denen er sich durch sein einziges „Opfer", die Bereitstellung finanzieller Mittel, anzudienen versucht und dafür erst noch den Dank seiner ‚Mitstreiter' erwartet (PSS, XII, 118, 146 u. 273). Nach seiner Verhaftung wird Goluškin unter anderem versuchen, sich mit Geldmitteln aus seiner bedrohlichen Lage zu befreien (248).

auch, weil er in ihnen eine Ergänzung zu sich selbst sah.[1113] Solomins Gewinnstreben und unternehmerisches Fachwissen weisen ihn als ‚echten' Wirtschaftsmann aus, der seine Ideale offen, direkt und aufrichtig vertritt, in der Schaffung einer mächtigen kapitalistischen Klasse die Rettung Russlands sieht und seine eigene Bereicherung mit jener des Volkes identifiziert.[1114] Solomins ökonomischer Erfolg geht denn auch mit persönlichen Eigenschaften einher und trägt zu seinem positiven Bild in *Nov'* bei, während Charaktere wie Sipjagin oder Goluškin vor dem Hintergrund ihres Geld- und Ökonomiegebarens als negative Gegenentwürfe figurieren.

Diese bei Turgenev immer wieder anzutreffende Kontrastierung von ökonomisch erfolglosen oder (noch) erfolglos wirtschaftenden Figuren (Rudin, Nikolaj Kirsanov in *Otcy i deti*, mit Einschränkungen auch Sipjagin in *Nov'*) und jenen Helden, die ihr Gut oder ihre Fabrik kompetent und ertragreich leiten (Ležnev in *Rudin*,[1115] der – wenngleich am Ende melancholisch zurückgezogene[1116] – „Pflüger" Lavreckij in *Dvorjanskoe gnezdo*, Litvinov in *Dym*[1117] oder Solomin in *Nov'*), erweist sich als ein zentrales Moment der Figurencharakterisierung.[1118] Zudem lässt sich im Hinblick auf die Wirtschaftskompetenz der

[1113] HÄUSLER 1935, 35.

[1114] HÄUSLER 1935, 33f.

[1115] THIERGEN (1989, 32) weist darauf hin, dass schon Ležnev, ähnlich wie später Lavreckij, ein Held sei, der die Aufgabe des Landadels darin sehe, das „Land zu pflügen".

[1116] Vgl. LANGER 2002, 311f.

[1117] Litvinovs Entwicklung vom ‚gebrochenen' Helden, der sich auf seinem ertragsarmen russischen Landgut niederlässt, zum allmählich erfolgreicher wirtschaftenden Gutsbesitzer wird gegen Ende des Romans deutlich. Litvinov gelingt es nicht nur, seine zuvor im Ausland erworbenen agronomischen Kenntnisse gewinnbringend umzusetzen, sondern auch neue Lebenskräfte zu schöpfen, nachdem er sich mit den Bauern arrangiert und seine Schulden beglichen hat (PSS, IX, 318f.).

[1118] Besonders deutlich wird die Relevanz der über diesen Motivkomplex operationalisierten Personencharakterisierung in *Dvorjanskoe gnezdo*, wo bei allen wichtigen Personen auf deren Umgang mit Geld verwiesen wird. Dieser Aspekt tritt insbesondere bei der Darstellung der Figurengenealogie in Erscheinung, die als „naturaler Identitätsgenerator" zu verstehen ist (LANGER 2002, 307). Durch die Hinweise auf die Vorfahren werden nicht nur die Charakterzüge der Figuren verdeutlicht, sondern auch realistische Begründungen (Vererbung) dieser Charaktereigenschaften geliefert (ROTHKOEGEL 1998, 104f.). So hatte sich Mar'ja Dmitrievna Kalitinas verstorbener Gatte aus einem ursprünglichen armen Milieu emporgearbeitet und schliesslich ein beträchtliches Vermögen akkumuliert. Mar'ja Kalitina selbst verstand es, diesen Kapitalstock klug zu verwalten und zu erweitern. Marfa Timofeevna Pestova zeichnet sich durch die Fähigkeit aus, sich trotz ihrer beschränkten Geldmittel so zu verhalten, als besässe sie Tausende von Rubeln (PSS, VII, 125f.). Der Vater des Bürokraten Vladimir Panšin, ein typischer, anglophiler und spielsüchtiger Vertreter der Petersburger Demimonde, hatte trotz seiner vielfältigen ‚Begabungen' nahezu ununterbrochen am Rande der Armut gelebt und seinem einzigen Sohn lediglich ein bescheidenes und zudem zerrüttetes Vermögen hinterlassen (133). Obwohl Vladimir Panšin selbst als „gewandter", „begabter" und erfolgreicher Mensch gilt, fällt

Charaktere bei Turgenev eine Entwicklung von den Dramen und *Zapiski ochotnika* hin zu den Romanen feststellen: Den ökonomisch gescheiterten, ‚tragischen', bisweilen auch ‚negativen' Gutsbesitzern aus den frühen Werken (Žazikov aus *Bezdenež'e*, Karataev, Chlopakov aus *Lebedjan'*, Čertopchanov), die auffallend häufig ausserstande sind, die Rentabilität ihrer Güter durch die Einführung von Innovationen zu erhöhen, stehen die späteren ‚positiven' Adligen gegenüber, die im wahrsten Sinne des Wortes ‚wirtschaften', nicht nur die Erde unter den Pflug, sondern auch ihre ökonomische Grundlage in die Hand nehmen, durch tätige Arbeit ihrem Volk dienen und dabei protokapitalistische Wirtschaftsformen an den Tag legen[1119] (Lavreckij in *Dvorjanskoe gnezdo*[1120] oder

sein Porträt negativ aus: „[…] в душе он был холоден и хитр […]" (134). Auch in Lavreckijs Ahnengallerie finden sich in Wirtschaftsfragen wenig bewanderte Figuren (THIERGEN [1989, 16] stellt in diesem Zusammenhang „Verfallserscheinungen" bei den Ahnen Lavreckijs fest): Während Lavreckijs Urgrossvater („Хозяин был"; 193) noch ein beträchtliches Vermögen erwirtschaftet hatte, dauerte es nicht lange, bis der Grossvater Petr, der sich von unzähligen Kostgängern und Profiteuren ausnehmen liess, das ererbte Gut ruinierte (149 u. 193). Desungeachtet stellte ihm seine Gattin ihre gesamte Mitgift zur freien Verfügung (150), weshalb ihr Sohn Ivan, Lavreckijs Vater, nur noch auf das Erbe einer begüterten Tante hoffen konnte. Dieses ging aber ebenfalls fast vollständig verloren, so dass Ivan von seiner Tante schliesslich nur gerade 5'000 Rubel erhielt (150 u. 155), sich in der Folge jedoch geschickt durch das Leben schlug: „Денег у него было очень мало; но он счастливо играл в карты, заводил знакомства, участвовал во всех возможных увеселениях, словом, плыл на всех парусах." (155). Lizas Vater zeichnete sich dagegen zeit seines Lebens durch eine strenge Arbeitsethik aus (239). Und Pavel Petrovič Korob'in, der Vater von Lavreckijs Gattin Varvara Pavlovna, hat sich als Armeeangehöriger langsam, aber stetig aus seiner einstigen Armut emporgearbeitet, dann jedoch mit Staatsgeldern spekuliert, was ihn seine Karriere kostete und seine materiellen Verhältnisse weitgehend untergrub (168), ihn gleichwohl nicht daran hinderte, „mit einer angenehmen Melancholie in Gesichtsausdruck und Gebaren" vorübergehend die Verwaltung von Lavreckijs Gut zu übernehmen (171f.). Lavreckij entwickelt sich denn auch zu einem Wirtschafter, der sich von den überwiegend missratenen Ökonomien seiner Vorfahren zu emanzipieren und neue Wege zu beschreiten sucht.

1119 Vgl. hierzu DANILOV (1927, 91), der auf die wachsende Kapitalisierung der gutsherrlichen Wirtschaftsbetriebe Russlands seit den 1830er Jahren hinweist und in Turgenevs *Rudin* eine Widerspiegelung dieser Entwicklung sieht. In den *Zapiski ochotnika* erweist sich das System der Leibeigenschaft als einer der Gründe dafür, dass weder die Gutsbesitzer noch die Bauern wirklich effizient wirtschaften können. Tatsächlich scheinen die bürokratisch-unproduktiven Verhältnisse in *Kontora* oder die willkürlich erzwungenen Berufswechsel in *L'gov* die von der Turgenev-Forschung aufgestellte Behauptung zu bestätigen, dass eine Entwicklung kapitalistischer Verhältnisse unter solchen Bedingungen gar nicht möglich gewesen sei (vgl. BRANG 1956, 373). Freilich lassen sich auch in Turgenevs späteren Werken kaum rein ‚kapitalistische' Wirtschaftsbetriebe nachweisen (am ehesten noch in *Nov'*), wohingegen stellenweise das vorkapitalistische, nicht voll monetisierte Ideal eines schollenverbundenen, weniger auf Plan und Gewinn denn Subsistenz ausgerichteten Wirtschaftens des gutsbesitzenden Adels aufscheint.

1120 Lavreckijs Selbstcharakterisierung als Pflüger wird zum Schlüsselbild des Romans (LANder dem Leser als „reicher Mensch" präsentierte Ležnev in *Rudin*, der den enthusiastischen Idealismus seiner Jugendzeit durch rationalistische, an der Lebenspraxis orientierte Ansichten überwunden hat, alle seine Leibeigenen in Abgabeverträgen hält und sich persönlich um die Festlegung der Grenzen kümmert [PSS, VI, 274 u. 276]).[1121] Zwischen diesen beiden Positionen sind jene Figuren zu verorten, die sich ihrer desolaten finanziellen Situation bewusst werden und sich entschliessen, ihre maroden Wirtschaftsbetriebe umzugestalten und rentabler zu machen. Dass diesen überwiegend naiv-halbherzigen Aktionen kein Erfolg beschieden sein kann, wird dem Leser häufig auf ironische Weise zu verstehen gegeben (vgl. etwa Glafira Ivanovna in *Sobstvennaja gospodskaja kontora* [PSS, VI, 10-14], Vjazovnin in *Dva prijatelja* [PSS, VI, 18] oder Astachov in *Zatiš'e* [PSS, VI, 81, 86 u. 112]). Entsprechend ‚mittelmässig', weder ausnehmend negativ noch speziell positiv, fallen die Charaktereigenschaften solcher Figuren aus. So heisst es in *Zatiš'e* über Astachov, der, wie er selber zugibt, ein „akkurater" und „tüchtiger", d. h. nicht zuletzt auch in Wirtschaftsdingen „pflichtbewusster" Mensch zu sein sucht (PSS, VI, 99 u. 112):

> Владимир Сергеич Астахов принадлежал к числу людей, которые, осторожно попытавши свои силы на двух-трех различных поприщах, сами говорят о себе, что решились, наконец, взглянуть на жизнь с практической точки зрения и посвящают досуг умножению своих доходов. Он был не глуп, довольно скуп и очень рассудителен, любил чтение, общество, музыку, но всё в меру… и держал себя очень прилично. (PSS, VI, 87)[1122]

GER 2002, 306). Auf Panšins Frage, was er in Russland zu tun gedenke, antwortet Lavreckij: „– Пахать землю, […] и стараться как можно лучше ее пахать." (PSS, VII, 233). Im Epilog wird dann die Erfüllung dieses adligen Lebensplans bestätigt: „Лаврецкий имел право быть довольным: он сделался действительно хорошим хозяином, действительно выучился пахать землю и трудился не для одного себя: он, насколько мог, обеспечил и упрочил быт своих крестьян." (293). KLUGES Deutung, Lavreckij, „der betrogene Ehemann", verkümmere am Ende des Romans „untätig und ohne Lebenshoffnung auf seinem Herrensitz" (1982, 71) greift zu kurz, da Lavreckij – ungeachtet seiner Entsagung von der Liebe – Lebenssinn und Zukunftsperspektive in der Bewirtschaftung seines Gutes sucht. LANGER (2002, 306) zufolge konterkariert das archaische Vitalität suggerierende Bild des Pflügers Lavreckij zunächst jenes des „lišnij čelovek" und bindet den Adel an den „Boden" im wörtlichen wie auch übertragenen Sinne zurück. Allerdings falle, so LANGER weiter, die mangelnde Produktivität Lavreckijs auf, zumal weder das Bild des vitalen Pflügers narrativ entfaltet noch detailliert über die Früchte seiner Arbeit berichtet werde: „Der Held hat wohl gepflügt, aber er hat weder gesät noch geerntet." (ebd. 307). Dieser Deutung widerspricht freilich die oben zitierte auktoriale Aussage im Epilog, dass aus Lavreckij tatsächlich ein guter Gutsbesitzer geworden sei.

1121 Vgl. KLUGE 1992, 83.

1122 BRANG (1977, 125) beschreibt das Verhältnis des Erzählers zu Astachov als ein zwischen satirischer Distanzierung und sympathisierendem Einverständnis schwankendes.

Das Motiv der ökonomischen Kompetenz bzw. Inkompetenz der – zumeist adligen – Charaktere wird, so bleibt festzuhalten, bei Turgenev unterschiedlich eingesetzt. Häufig unterliegt gerade die Diskrepanz zwischen vorgetäuschten Kenntnissen und tatsächlicher praktischer Umsetzung zum Zwecke der Gewinnoptimierung einer Ironisierung, die das Vergebliche der Bestrebungen und Beteuerungen offenbart. Auf subtile, auffallend oft ironische Weise erhellt Turgenev anhand des Verhältnisses seiner Figuren zu ökonomischem Denken und Handeln ihre vielfach komplexen Wesenszüge, wobei er auf schablonenhafte Bezüge und eindeutige Wertungen weitgehend verzichtet.

Fremdes und Nationales

Das für die Turgenevsche Personencharakteristik typische Verfahren der entlarvenden figuralen Kontrastierung gelangt auch bei der Darstellung von Nationalcharakteren zur Anwendung. Einige der damit verbundenen Oppositionsverhältnisse (Fremdes bzw. Ausländisches vs. Nationales bzw. Russisches) sind wiederum von sozioökonomischen Faktoren bestimmt und lassen einerseits Verzeichnungen nationaler oder regionaler Typisierungen, andererseits die Zertrümmerung eingefahrener Klischees erkennen.[1123] Bestimmte Geldattitüden werden bei Turgenev mit dem ausdrücklichen Hinweis auf nationale Eigenheiten positiv oder negativ konnotiert und geben direkt, häufiger noch indirekt Aufschluss über die Wesensart der bezeichneten Charaktere. Solche über nationale bzw. regionale Mentalitäten, Sitten oder Verhaltensmuster hergeleiteten Kennzeichnungen sind in Turgenevs Werk bisweilen mit Vergleichen verbunden, so dass beispielsweise nicht nur deutsche oder französische Protagonisten mit spezifisch ‚deutschen' oder ‚französischen' Eigenheiten in Verbindung gebracht werden, sondern auch Russen, deren persönliche Disposition durch transnationale Entsprechungen veranschaulicht werden soll.

In *Bezdenež'e* erscheint Žazikovs ostentative Abkehr vom Russischen hin zum Gekünstelt-Ausländischen vor dem Hintergrund seines konsumptiven Geldverhaltens als negativer Charakterzug (PSS, II, 52 u. 59). Ihm gegenübergestellt wird die volkstümlich-russische Ursprünglichkeit des gutmütigen Blinov (70), der – anders als Žazikov und trotz seines offensichtlich beschränkten geistigen Horizonts – seine Finanzen im Griff hat und sogar anstandslos bereit ist, Žazikov hundert oder zweihundert Rubel zu borgen (74).[1124] In *Dym* wird der Akt der willfährig-irrationalen Kreditierung, die weit über die finanziellen Verhältnisse des Kreditgebers hinaus reichen kann, sogar als typisch russisch erkannt: „Зачем же он (Литвинов, A.S.) дал их (деньги, A.S.) ему? – спросит читатель. А чёрт знает зачем! На это русские тоже молодцы." (PSS, IX, 210). In *Večer v Sorrente* trifft die Kritik gleichermassen die im Ausland le-

[1123] Ausführlich hierzu: BRANG 1995.
[1124] Vgl. KOTTMANN 1984, 35.

benden, ‚entwurzelten' Russen wie auch jene Ausländer, die infolge ihrer überfeinerten Lebensart die Russen als Barbaren betrachten und nur an Geschäftemacherei mit ihnen Interesse zeigen. Der Umgang mit Geld wird hier zur negativen habituellen Chiffre des Fremdländischen, so dass in letzter Konsequenz Russland als erstrebenswerte Alternative zu jenem Bild erscheint, das die multinationale Gesellschaft in Sorrent abgibt.[1125] In *Dvorjanskoe gnezdo* wird geschildert, wie sich Lavreckijs Vater Ivan eine Zeitlang in Paris aufhielt („для своего удовольствия"; PSS, VII, 159) und als Anglomane nach Russland zurückkehrte, der ausschliesslich politische und wirtschaftspolitische Gespräche führte, die Wirksamkeit von Systemen betonte und sich als „Patriot" bezeichnete, obwohl er seine Heimat kaum kannte, keine einzige russische Gewohnheit pflegte und sich zudem „sonderbar" auf Russisch ausdrückte (PSS, VII, 159). In *Nakanune* ist vom russischen Grafen Boboškin die Rede, einem berühmten, aber wenig kunstsinnigen Reichen, der zuerst dem Bildhauer Šubin eines seiner Werke für 1'000 Scudi abkaufen wollte, sich dann aber für eine offensichtlich zweitklassige Arbeit eines französischen Künstlers entschloss und erst noch das Dreifache ausgab (PSS, VIII, 167). Auch Pavel Kirsanovs Hang zu einer angloman-aristokratisch verfeinerten, luxuriösen Lebensart wird einer unverhohlenen Kritik unterzogen, zumal er sich mit den Verhältnissen in Russland ebensowenig zurechtfindet wie im Umgang mit den Leibeigenen: „[...] он всякому рад помочь и, между прочим, всегда вступается за крестьян; правда, говоря с ними, он морщится и нюхает одеколон..." (*Otcy i deti*; PSS, VIII, 225f.). Während in *Pervaja ljubov'* der verstorbene Fürst Zasekin, ein Bankrotteur und zudem unstandesgemäss verheirateter Lebemann, abschätzig „le Parisien" genannt wird (PSS, IX, 20),[1126] ist es in *Dym* der Gatte der Fürstin Pachette, der, nachdem er in eine angesehene Stellung beim Staat gelangt war, zwanzigtausend Silberrubel veruntreute (147). Gerade das französierende Element mit seiner Konnotation des widernatürlich Konsumptiven stellt in den Werken Turgenevs häufig ein negatives Merkmal bestimmter Figuren und ihrer Einstellungen zu Lebensweise, Milieu oder Kunst dar.

Vor allem die Deutschen werden bei Turgenev sehr oft charakterisiert und – neben den Juden – auch am stärksten stereotypisiert,[1127] nicht zuletzt im Hinblick auf ihre ökonomische Mentalität. In *Mesjac v derevne* schätzt der tatkräftige Gutsbesitzer Islaev zwar den russischen Bauern, der „sehr gescheit und verständig" sei, gleichzeitig wirft er ihm aber auch vor, dass ihm, anders als dem Deutschen, „Duldsamkeit" und die „Liebe zur Arbeit" abgehe (PSS, III, 59f.). In *Gamlet Ščigrovskogo uezda* beschreibt Lupichin einen deutschen Architekten als Mann, der „einen Schnurrbart trägt und seine Sache nicht versteht" (PSS, IV, 275). Lupichin fügt jedoch sogleich hinzu, dass dies auch nicht nötig sei: „A

[1125] KOTTMANN 1984, 73f.
[1126] Vgl. DOLNY 1996, 190.
[1127] BRANG 1995, 16. Ausführlich hierzu: WIEGAND 1939, 32-47.

впрочем, на что ему и знать свое дело-то; лишь бы взятки брал да колонн, столбов то есть, побольше ставил для наших столбовых дворян!“ (275) Der Deutsche erscheint hier als bestechlicher und wenig kompetenter Mensch, der sich die mangelnde Sachkenntnis seiner adligen Kunden zunutze macht und auf unlautere Weise finanzielle Gewinne erzielt. Analog dazu droht in *Nov'* ein hochbezahlter deutscher Verwalter die Schreibwarenfabrik Sipjagins zu ruinieren (PSS, XII, 58), während in *Dym* von einem „ehrlichen deutschen Unternehmer“ die Rede ist, unter dessen Leitung eine einst florierende Fabrik bankrott ging (PSS, IX, 149). Im selben Roman wird die Ansicht eines Russen, der in St. Petersburg die Spitze der Admiralität erklommen und auf diese Weise den deutschen Architekten eine Nase gedreht habe, wiedergegeben, dass diese Baukünstler zu nichts taugten: „только деньги берут…“ (231). Überhaupt werden die Deutschen bzw. Figuren deutscher Herkunft in Turgenevs Werk gerne als sparsam („немец бережлив!“; *Asja*; PSS, VII, 72), ordnungsliebend („Уж не немка ли здесь хозяйка?“; *Otcy i deti*; PSS, VIII, 231) ausbeuterisch (*Odnodvorec Ovsjanikov*; PSS, IV, 70) oder berechnend geschildert (fon Fonk in *Cholostjak*; PSS, II, 219-224):[1128] Von der aus Mitau stammenden Gutsherrin Lizaveta Prochorovna Kunce heisst es in der Erzählung *Postojalyj dvor*, dass sie auch nicht den geringsten Vorteil ausser acht liess und aus allem für sich einen Nutzen zog: „[…] и в этом, да еще в необыкновенном уменье тратить вместо гроша копейку сказалась ее немецкая природа […].“ (PSS, V, 299). In der Skizze *Burmistr* aus den *Zapiski ochotnika* nimmt der – notabene russische – Gutsbesitzer Penočkin dermassen grosse Vorräte an Wäsche, Kissen und anderen ‚Necessaires' mit, dass dieser „Segen“ „manchem sparsamen und sich einschränkenden Deutschen“ für ein ganzes Jahr gereicht hätte (PSS, IV, 138). Und in *Zatiš'e* erzählt Astachov vom Prachtgarten eines reichen Gutsnachbarn, dessen deutscher Obergärtner ein Gehalt in der Höhe von 2'000 Silberrubeln erhalte (PSS, VI, 92). Dagegen ist es in *Jakov Pasynkov* explizit ein „gutmütiger Deutscher“, der den elternlosen Titelhelden aus Mitleid bei sich aufnimmt und während längerer Zeit aushält (PSS, VI, 202 u. 205). Schliesslich stellt auch das einfühlsame Porträt des aus einer armen deutschen Musikantenfamilie stammenden Lemm in *Dvorjanskoe gnezdo* die oben angeführten klischeehaften Bilder ‚der Deutschen' in Frage.[1129]

[1128] WIEGAND 1939, 33-37, 41f. u. 47; BRANG 1995, 19. Im Gegensatz zu den sparsamen Deutschen zeichnen sich die in Deutschland herumreisenden Russen durch ihre Kaufsucht aus: In *Vešnie vody* heisst es, in Frankfurt am Main würden immer ab Anfang Mai, wenn eine Vielzahl von Russen die Stadt aufsuchen, in allen Geschäften die Preise erhöht und als „Russen- oder Narrenpreise“ bezeichnet (PSS, XI, 28).

[1129] Vgl. „бедный немец“, „узнал нищету“, „бедного музикуса“, „Этот немец – бедный, одинокий, убитый человек“ (PSS, VII, 138-140). Dieser Eindruck wird in *Dvorjanskoe gnezdo* durch den Hinweis verstärkt, dass ein Bewunderer Lemms, „ebenfalls Deutscher und ebenfalls arm“, auf eigene Kosten zwei Sonaten des Musikers veröffentlicht habe (139). Vgl. hierzu auch WIEGAND 1939, 40 u. 43.

Einen weiteren Aspekt der Verbindung von ‚Nationalcharakter' und Geldverhalten bei der Figurencharakterisierung stellt das Bild der Juden bei Turgenev dar, das ausserordentlich vielschichtig ausfällt und sich keineswegs nur auf die Anhäufung von Topoi wie Zinswucher, Akkumulationswut oder Materialismus beschränkt.[1130] In der Erzählung *Žid*, die in der Tradition der Darstellung jüdischer Figuren von Gogol's Jankel' aus *Taras Bul'ba* (1835) bis zu Dostoevskijs Bumštejn aus den *Zapiski iz Mertvogo Doma* (1860-62) steht, werden landläufige antijüdische, vor allem ökonomisch konnotierte Stereotypen in die Erzählung eingeschrieben und verdichtet, im weiteren Verlauf der Handlung jedoch teilweise umkodiert. In *Konec Čertopchanova* weist das Bild des Juden markante Parallelen zu jenem in *Žid* auf, allerdings legt Turgenev hier insofern einen deutlicheren Gegenentwurf vor, als die Klischees vom jüdischen ‚Wucherer', ‚Betrüger' und Sündenbock nachhaltiger unterlaufen werden.[1131] Letztlich erscheint der Jude in beiden Werken als Opfer, als unglücklich-glückloser Mensch. Turgenev aktualisiert und entlarvt zugleich das im damaligen Russland landläufige Bild vom ‚betrügerischen' und ‚geldgierigen' Juden. Einige dieser den russischen Protagonisten in den Mund gelegten Klischees werden umgedeutet, negativ verzeichnete und zum russischen Kontext antithetisch stehende ökonomische Assoziationsfelder in neue Sinnzusammenhänge gestellt und den ‚traditionellen' antisemitischen Vorstellungen entgegengehalten: So werden in *Žid* Giršel's und Saras Geldbeschaffungsmassnahmen schliesslich durch die schiere Armut der Juden erklärt,[1132] und in *Konec Čertopchanova* konterkarieren Mošel' Lejbas Grosszügigkeit und Güte die judenfeindlichen Invektiven der russischen Figuren. Dementsprechend werden die für den zeitgenössischen Hintergrund charakteristischen Bewertungstrends bei Turgenev erfüllt und gleichzeitig enttäuscht.[1133] Die Charakterisierung der jüdischen Figuren wird zunächst über feste, klischeehafte Vorstellungen vollzogen und so negativen Rezeptionsprozessen überantwortet, anschliessend aber unterwandert: In dem Masse, wie sich das Bild vom ‚geldfixierten' Juden innerhalb eines Textes ändert, rückt auch die Perzeption seines Charakters vom ausschliesslich Negativen ab: „И обнял бы он этого жида, и побил бы его... […] Чертопханов взобрался было на крыльцо, но круто повернул на каблуках и, подбежав к жиду, крепко стиснул ему руку." (*Konec Čertopchanova*; PSS, IV, 328). Dieses Schwanken

[1130] Vgl. demgegenüber INGOLD 1981a, 46-49 u. 211-214 (Anm.). Zu finden sind jüdische Figuren etwa in der Novelle *Nesčastnaja* sowie in den Erzählungen *Žid*, *Istorija lejtenanta Ergunova*, *Strannaja istorija* und *Konec Čertopchanova*.

[1131] Brangs Feststellung, dass Turgenev Klischees dort zertrümmere, wo er Stereotypen häufe und sie auf diese Weise plakatiere (1995, 23), gilt auch für die Darstellung der jüdischen Charaktere in *Žid* und *Konec Čertopchanova*.

[1132] In *Žid* wird die vermeintliche ‚Geldgier' der Juden mit materieller Entbehrung in Zusammenhang gebracht, was die Grenze zwischen Profitorientierung und Existenzdeckung verwischen lässt (vgl. GITLIC 1990, 63; SELJAK 2001, 126).

[1133] Ausführlich hierzu: BRANG 1995, 20-22; SELJAK 2001.

zwischen tradierten Vorurteilen und einer für Turgenev charakteristischen humanen Weltsicht löst sich dann in der versöhnlichen Schlussszene von *Konec Čertopchanova* auf, die Lejbas positiven Charakter noch einmal verdeutlicht :

> Когда его (Чертопханова, A.S.) хоронили, гроб его провожали два человека: казачок Перфишка да Мошель Лейба. Весть о кончине Чертопханова каким-то образом дошла до жида – и он не преминул отдать последний долг своему благодетелю. (351)

Die Kontrastierung von ‚eigenen‘, russischen und ‚fremden‘, ausländischen Merkmalen erweist sich ferner bei der Untersuchung der Turgenevschen Frauengestalten als besonders fruchtbar und ermöglicht die Unterscheidung zwischen jenen weiblichen Figuren, die in der Fremde – überwiegend in Westeuropa – leben, Lexeme fremder Sprachen verwenden und dem Helden letztlich auch ‚fremd‘ bleiben und jenen, die aufrichtig fühlen bzw. sprechen, in Russland leben oder dorthin zurückkehren und mit dem Helden ‚verbunden‘ sind. Nicht selten zählen zu dieser zweiten Gruppe Frauen niedriger sozialer Herkunft, die über bescheidene oder überhaupt keine finanziellen Mittel verfügen. Erwähnt seien etwa Mar'ja (*Cholostjak*), Vera (*Mesjac v derevne*), Natal'ja Alekseevna (*Rudin*), Liza (*Dvorjanskoe gnezdo*), Tat'jana Petrovna (*Dym*) oder Susanna (*Nesčastnaja*).[1134] Ein markantes Gegenbild zu solchen ‚echten‘ Charakteren ist Lavreckijs Frau Varvara Pavlovna (*Dvorjanskoe gnezdo*), die durch ihre negative Einstellung zu Russland, ihre überspannte Frankophilie und ihr nutzniesserisch-konsumptives Geldverhalten (PSS, VII, 170f.) auf mehreren Vergleichsebenen komplementär zu ihrer positiven Antagonistin Liza steht (vgl. 234). Bei diesen Gegenüberstellungen dient die Nähe bzw. Distanz der Heldinnen zu Russland und zum ‚authentischen‘ russischen Leben im Zusammenspiel mit ihrer sozialen Stellung und finanziellen Verfügungskraft als Angelpunkt sowohl für die Aufdeckung der individuellen Wesensart als auch für die Bestimmung ihrer Beziehung zu den Gegenspielerinnen und zum Helden.

Auf der Ebene der russischen Selbstbilder lassen sich ebenfalls ökonomisch motivierte Oppositionsverhältnisse aufzeigen, die durch regionale Besonderheiten gekennzeichnet sind und zur Darstellung von Wesenszügen herangezogen werden. So erfolgt zu Beginn der Skizze *Chor' i Kalinyč* aus den *Zapiski ochotnika* nach der Art des *bytopisanie* eine Gegenüberstellung der beiden Gouvernements Orel und Kaluga, was die geographischen, ethnologischen und auch ‚soziologischen‘ Unterschiede veranschaulichen soll (PSS, IV, 7f.). Anschliessend verbindet der Erzähler diesen Vergleich mit der Beschreibung der beiden Titelfiguren. Obwohl Chor' und Kalinyč beide dem harm- und etwas geistlosen Gutsbesitzer Polutykin gehören und beide im Landkreis Žizdra des Gouvernements Kaluga leben, gelangt die zuvor dargelegte ‚regionale‘ Gegenüberstellung bei der kontrastierenden Typisierung der beiden Leibeigenen, ihrer Charaktere

[1134] Vgl. KOSCHMAL 1983, 111f.

und Lebensweisen zur Anwendung. Allerdings wird die regionale Determinierung der beiden Titelfiguren in *Chor' i Kalinyč* insofern differenziert, als Turgenev aufzuzeigen versucht hat, dass der russische Bauer im Grunde weder vom patriarchalischen Verhältnis zu seinem Herrn noch von seiner Umgebung gänzlich geprägt ist. Vielmehr soll veranschaulicht werden, wie sich zwei Leibeigene ein und desselben Gutsbesitzers und Landkreises durch ihren Charakter und ihre Lebensführung unterscheiden, auch wenn regionale Besonderheiten zu wirken scheinen: Demnach steht hier nicht das Ergebnis äusserer Einflüsse im Mittelpunkt, sondern Wesen und Entwicklung individueller Fähigkeiten und Vorlieben, so dass das vermeintlich auf Charakter und Lebensstil einwirkende regionale Moment zunehmend an Relevanz verliert.[1135]

Stadt und Land

> С деревенскими соседями в городе не кланяются... ce n'est pas comme il faut. Джентльмен должен всегда держать себя джентльменом, если хочет, чтобы...
>
> *Zatiš'e* (PSS, VI, 158)

An die ‚nationale' bzw. ‚regionale' Ebene der geldbezogenen Figurencharakterisierung schliesst sich jene an, welche eine Trennung zwischen urbanem und ruralem Raum vornimmt. Die bei Turgenev häufig anzutreffende Opposition von engen, künstlichen, anorganischen Topographien (Grossstadt, Hotel, Salon, Ballsaal) und der weiten Szenerie der organisch gewachsenen russischen Natur(landschaft) (Feld, Wald, Steppe, Garten)[1136] spiegelt sich in der Charakterisierung der Helden ebenso wie in ihrem Umgang mit Geld wider, der in hohem Masse von der Zuordnung zur jeweiligen Raumkategorie geprägt ist. In der Regel werden die natürlichen, offenen Landräume den moralisch ‚guten' Helden zugerechnet, während die moralisch ‚verdorbenen' oder zumindest indifferenten Figuren oft in den geschlossenen Räumen der Städte bzw. einer Demimonde gezeigt werden. Demnach ist bei Turgenev Naturnähe ein konstitutives Merkmal der ‚positiven', Naturferne dagegen ein Kennzeichen der ‚negativen' Helden. Damit einher geht auch die Kritik am absentistischen Adel, der das kostspielige mondäne Grossstadtleben dem ökonomisch produktiven Engagement auf den Landgütern vorzieht.[1137] Entsprechend konträr ist einerseits der Geldbedarf, d. h. das konsumptive Moment in der Stadt bzw. auf dem Land, andererseits aber auch die Einstellung der Protagonisten zu den finanziellen Erfordernissen und Möglichkeiten in diesen Räumen.

[1135] Vgl. PETERS 1972, 110;
[1136] THIERGEN 1989, 22f.
[1137] THIERGEN 1989, 21 u. 23.

In *Bezdenež'e* ist es die ‚reiche' Stadt, die im Gegensatz zum ‚ärmlichen' Landleben steht, zu einem aufwendigen Lebensstil verleitet und die Gefahr von Misswirtschaft oder Ruin in sich birgt. Žazikovs Diener Matvej kritisiert daher die Zustände in der Stadt, wo die strenge gesellschaftliche Hierarchie, die er selber rückhaltlos befürwortet, unterwandert wird. In der Grossstadt verdirbt das Geld nach Matvejs Ansicht die Menschen:

> Поехали бы вы, кормилец, в Сычовку, зажили бы вы себе барином, завелись бы домком, хозяюшкой... Что вы здесь живете, батюшка мой? Здесь-то вы от каждого звоночка, словно зайчик, сигаете, да и денежек-то у вас не водится, да и кушаете вы не в меру. [...] Да и что за люди здесь? Подобострастья никакого; страху нет; наш же брат, холоп, а куды-те! Идет себе да поглядывает, словно невиноватый! Вор на воре – мошенник на мошеннике! Иного, кажется, прости господи, и сроду-то никто не учил! Что тут за жизнь, Тимофей Петрович, помилуйте! То ли дело в деревне? уваженье какое! почет, тишина! (PSS, II, 66f.)

Auf dem Land, so Matvejs Aussage, herrscht noch Ruhe und Ordnung, im Gegensatz zur Unordnung und Unruhe in St. Petersburg, wo Žazikovs und damit auch Matvejs Lebensqualität vom ständigen Klingeln der Gläubiger und der ununterbrochenen Suche nach Geld beeinträchtigt wird. Insofern überrascht es auch nicht, dass sich Žazikovs Gutsnachbar Blinov nur notgedrungen wegen eines Grenzstreites in der Stadt aufhält und sein ländliches Heim vorzieht: „А то какой бы дьявол меня сюда притащил? Мне и дома хорошо." (PSS, II, 70).[1138]

Nicht nur in diesem Stück wird das Bild einer geldbesessenen Gesellschaft topographisch näher an Stadt, Innenraum und ‚Schein' denn an Natur, Aussenraum und ‚Sein' gerückt: Zu einem ähnlichen Schluss wie Matvej in *Bezdenež'e* gelangen Michrjutkin und Seliverst in *Razgovor na bol'šoj doroge*, wo Seliverst sagt: „Вся причина в том, что люди в городе живут бесчувственные... Удоблетворили (sic, A.S.) их – какого им еще рожна нужно – прости, господи, мое прегрешенье! Экие черти, право, согрешил я, грешный!" Michrjutkin pflichtet ihm umgehend bei: „Именно грабители. Вот мне в городе леденец продали... говорили, малиной отзываться будет, а в нем и сладости никакой нет... просто один клей туда напихан." (PSS, III, 211).

Es fällt auf, dass sowohl in *Bezdenež'e* (Matvej) als auch in *Razgovor na bol'šoj doroge* (Seliverst) die Kritik am kostspieligen und ‚verderblichen'

[1138] Das Motiv der Gerichtsverhandlung, welche die ausschliesslich dem ländlichen Raum zugeordneten Gutsherren zwingt, die Stadt und damit eine ihnen verhasste Topographie aufzusuchen, klingt auch in *Dva prijatelja* an, wo sich Michej Micheič beklagt: „Ведь это вам, только, счастливцам, незачем в город ехать. А я, по милости опеки да вот этих судариков [...] всех лошадей загнал, в город таскавшись." (PSS, VI, 51).

Stadtleben von Dienern geäussert wird, also von subalternen Personen niederen Standes, die sich ihrerseits dem Dorf verbunden fühlen und die ökonomischen Probleme ihrer Herren als Argument gegen den Verbleib in der Grossstadt anführen.

Geldlosigkeit zwingt denn auch manchen verarmten Gutsbesitzer oder *raznočinec* zum Leben auf dem Land, da das Mindestauskommen im urbanen Umfeld, ja oft nicht einmal der Umzug in die Stadt finanziert werden kann. So sehen sich die Titelhelden von *Gamlet Ščigrovskogo uezda* (PSS, IV, 295) und *Rudin* (PSS, VI, 282 u. 290) oder auch die Eltern der Odincova in *Otcy i deti* (PSS, VIII, 270) nicht zuletzt infolge ihrer desolaten wirtschaftlichen Verhältnisse gezwungen, der Stadt den Rücken zu kehren.[1139] Diese finanziell bedingte Fluchtbewegung aufs Land scheitert jedoch dort, wo der Held seine innere Einstellung zu dem ihm nahestehenden Stadtraum nicht überwinden kann. In der Exposition der Erzählung *Dva prijatelja* etwa werden mittels des Kontrastverfahrens die beiden Gutsnachbarn Vjazovnin und Krupicyn geschildert, die sich innert kurzer Zeit anfreunden, obwohl sie an sich wenig Gemeinsamkeiten haben: Der Städter Vjazovnin, der jüngere der beiden, ist seinem älteren, ‚ländlichen' Freund an Bildung, Verstand und auch Vermögen überlegen. Doch Vjazovnin, der sich bislang das Stadtleben aufgrund seiner Abstammung aus reichem Hause leisten konnte, sieht sich infolge wachsender Schulden und sinkender Einkünfte gezwungen, der Hauptstadt und dem Staatsdienst den Rücken zu kehren und aufs Land zu ziehen (PSS, VI, 18f. u. 22):

> Доходы его уменьшались с каждым годом, долги увеличивались: он убедился в невозможности продолжать службу, жить в столице – словом, жить, как жил до тех пор, и решился, скрепя сердце, посвятить несколько лет на исправление тех «домашних обстоятельств», по милости которых он внезапно очутился в деревенской глуши. (18)

Allerdings zeitigen seine in der Folge vorgenommenen halbherzigen gutswirtschaftlichen Massnahmen wenig Erfolg, so dass sich Vjazovnins Umzug aufs Land aus ökonomischer Sicht letztlich nicht auszahlt. Dafür findet er zusammen mit Krupicyn vorübergehend zu einem kontemplativ-geniesserischen Landleben, das erst durch seine Heirat mit Veročka gestört wird: Vjazovnin, der selbst auf seinem Gut gewisse städtische Marotten nicht abzulegen vermag (22),

[1139] Auf Natal'jas Frage, ob er lange auf dem Lande zu bleiben beabsichtige, antwortet Rudin: „Всё лето, осень, а может быть, и зиму. Я, вы знаете, человек очень небогатый; дела мои расстроены, да и притом мне уже наскучило таскаться с места на место. Пора отдохнуть." (PSS, VI, 282). Natal'ja greift dieses Thema später noch einmal auf („ведь вы на зиму поедете в Петербург?"; 290) und erhält von Rudin abermals eine ähnliche Antwort: „Не знаю, [...] если соберусь со средствами, поеду." (ebd.) Rudins Verbleib auf Dar'ja Lasunskajas Gut hängt demnach in erheblichem Masse von seiner finanziellen Situation ab.

entfremdet sich rasch vom ungebildeten ‚Landkind' Veročka, täuscht dringende Geschäfte vor, um nach St. Petersburg und von dort weiter nach Paris reisen zu können (69-74), wo er wegen einer flüchtigen Bekanntschaft mit einer Cancan-Tänzerin von einem streit- und eifersüchtigen Infanterieoffizier im Säbelduell getötet wird (74-79). In dem Masse, wie Vjazovnin die nicht hinreichend verinnerlichte ländliche Einfachheit,[1140] seine Gattin und seinen Freund zurücklässt und über die Stationen *St. Petersburg – Paris* das ruhige Landleben gegen die Betriebsamkeit in der Metropole eintauscht,[1141] nimmt auch sein Leben eine schicksalhafte Wendung. Hatte er einst St. Petersburg noch als finanziell Angeschlagener verlassen können, um auf dem Land ein bequemes, wenn auch vergleichsweise bescheidenes Auskommen zu finden, so wird ihm nun die Rückkehr in die Grossstadt und damit auch in die Selbstüberschätzung zum Verhängnis: Paris markiert hier den negativen, ja tödlichen Schlusspunkt in der topographischen Bewegung des ‚heimatlosen' Helden, wohingegen sein genügsamer Freund (22) Krupicyn auf dem Land ‚verwurzelt' bleibt, schliesslich Veročka heiratet und mit ihr in glücklicher Ehe lebt (79f.).

Auch in *Rudin* gibt die Einstellung zum Stadtraum dem Rezipienten Aufschluss über die Wesensart einer Figur. Über die nunmehr auf dem Land ansässige reiche Gutsherrin Dar'ja Lasunskaja, die einst zur Moskauer Prominenz gehörte und in jenen Kreisen als „nicht völlig gute" Frau galt (PSS, VI, 246), heisst es:

> Дарья Михайловна действительно не любила стеснять себя в деревне, и в свободной простоте ее обхождения замечался легкий оттенок презрения столичной львицы к окружавшим ее, довольно темным и мелким существам... Она и с городскими знакомыми обходилась очень развязно, даже насмешливо; но оттенка презрения не было. (247)

Besonders deutlich wird die mit dem Geldmotiv verbundene negative Konnotation der Stadt und damit auch der ihr zugeordneten Figuren im Roman *Dvorjanskoe gnezdo* (1859), wo Lavreckijs von Eitelkeit und Verschwendungssucht beherrschte Frau Varvara Pavlovna als Angehörige des französisierten, amoralischen und absentistischen Adels – der „Petersburger Pariser" (PSS, VII, 133) – einer unverblümten Kritik unterzogen wird.[1142] Varvara strebt von An-

[1140] Dass Vjazovnin seine Nähe zur Stadt nicht überwinden kann, bleibt trotz des offensichtlich angenehmen Dorflebens deutlich. So antwortet er auf Krupicyns Frage, weshalb er, ein „junger, vernünftiger und gebildeter Mensch", auf dem Land leben möchte: „- Вы ведь знаете, Петр Васильич, [...] что если б не мои обстоятельства... Обстоятельства меня к этому принуждают, Петр Васильич." (24).

[1141] Der Vorwurf des Kosmopolitismus mit all seinen negativen Implikationen wurde häufig Paris zugeordnet und stellte einen festen Topos in der zeitgenössischen Literatur dar (THIERGEN 1989, 32).

[1142] THIERGEN 1989, 21; LANGER 2002, 304f. u. 310f. Zu den „Petersburger Parisern" gehört fang an mit allen Mitteln nach dem luxuriösen und glamourösen Leben in Paris (173), sie betrachtet Lavriki, das ländliche Gut ihres Gatten, als „Steppennest" (171) und beherrscht virtuos das Spiel der kalkulierten Posen und Phrasen. Die Stationen *Lavriki – St. Petersburg – Paris* und mit ihnen Varvaras Entfernung von Russland korrelieren mit ihrer Annäherung an den Ehebruch (174f.), auf den Lavreckij zwar mit einer sofortigen Trennung reagiert, gleichzeitig aber auch Varvara mit jährlich 15'000 Francs finanziell absichert (176). Für Lavreckij völlig unerwartet kehrt Varvara später nach Russland zurück und tritt ihm mit einem theatralischen Schuldbekenntnis entgegen (245).[1143] Nachdem sie ihrem bedürfnislosen Gatten (vgl. 145) schliesslich Geld entlockt und damit das eigentliche Ziel ihrer Reise erreicht hat (283 u. 287),[1144] wendet sie sich abermals von Lavreckij ab, wobei sich ihre Reiseroute *Lavriki – St. Petersburg – Paris* wiederholt und erneut die Stufen des Sittenverfalls markiert (283 u. 287f.).[1145] Das Geldthema deckt hier Varvaras Charakter („это пустое, бессердечное существо"; 199) und ihr ‚wahre' Absicht auf, nämlich finanzielle Mittel zu erhalten, um schliesslich wieder einen mehr oder weniger mondänen Lebensstil in der französischen Metropole pflegen zu können. Lavreckij kann sich nur durch einen „Loskauf" davor bewahren, ein weiteres Mal von seiner Gattin in Russland aufgesucht zu werden (288). Ein ähnlicher Vorfall wird im Hinblick auf Lavreckijs Genealogie geschildert: So war Lavreckijs Vater Ivan Petrovič unter

auch Irina aus *Dym*, die das Leben im hauptstädtischen Glanz geniesst. Entsprechend unaufrichtig und absichtsvoll ist ihre Litvinov gegenüber herausgestellte Ablehnung des „ewigen widerlich-süsslichen Petersburger Französisch" (PSS, IX, 216f.). Im Grunde hält Irina weiterhin am luxuriösen Leben (vgl. 308) und französischen Idiom fest.

1143 Die ‚äussere' Distanz zwischen Lavreckij und Varvara Pavlovna findet ihre Entsprechung auf der Metaebene, die eine über Lavreckijs Geldverhalten verdeutlichte ‚innere' Distanz zu Gattin und Tochter offenbart: So sichert Lavreckij Varvara Pavlovna zweimal – sowohl nach ihrem Ehebruch als auch im Anschluss an ihre überraschende Rückkehr nach Russland – finanzielle Unterstützung zu, weigert sich aber, eine erneute Bindung mit ihr einzugehen. Ähnliches gilt für seine Tochter Ada: Als Lavreckij aus einer Zeitschrift vom (angeblichen) Tod seiner Gattin erfährt, lässt er umgehend alle notwendigen Massnahmen einleiten, um die finanzielle Zukunft Adas zu sichern. Allerdings macht er keinerlei Anstalten, Ada zu sich zu nehmen, was wohl darauf zurückzuführen ist, dass ihm, wie ein Gespräch mit Liza zeigt, die tatsächliche Herkunft des kleinen Mädchens bewusst ist: „Я уже послал письма во все места. Будущность моей дочери, как вы ее… как вы говорите… обеспечена. Не беспокойтесь." (219).

1144 Dass Lavreckij hinter Varvara Pavlovnas Rückkehr einzig und allein Geldmangel vermutet, wird aus seiner dreifachen Replik auf das „Melodram" (246) seiner Gattin deutlich: „Вы можете жить где вам угодно; и если вам мало вашей пенсии…" (246); „Я не знаю, зачем вам угодно было пожаловать сюда: вероятно, у вас денег больше не стало." (250); „вы будете получать всё нужное, сверх пенсии…" (250). Auch Marfa Timofeevna sieht in Varvara Pavlovnas Akt „Berechnung" und ist davon überzeugt, dass Lavreckijs Gattin nicht lange mit Geldforderungen zuwarten werde (271).

1145 THIERGEN 1989, 22f.

anderem von einem französischen Hauslehrer, einem gewissen Courtin, unterrichtet worden, der das Vertrauen einer reichen alten Tante Ivan Petrovičs missbrauchte, deren Geld, das eigentlich Ivan als Erbschaft hätte zufallen sollen, an sich brachte und „es vorzog, sich nach Paris zu entfernen" (150). In *Dvorjanskoe gnezdo* wird zweimal explizit das mit dem topographischen Raum der französischen Hauptstadt gekoppelte unlautere Finanzgebaren zur negativen Charakterisierung der Figuren herangezogen.

Ähnlich augenfällig ist die Verbindung von Stadtraum und Sittenverfall im Roman *Nakanune*, wo Nikolaj Artem'evič Stachov, der durch seine Vernunftehe mit Anna Vasil'evna zu beträchtlichem Vermögen gelangte, es sich erlauben kann, dem überdrüssigen Landleben den Rücken zu kehren und seine Zeit überwiegend in Moskau zu verbringen. Dort wohnt er im Haus seiner Gattin, frönt – entgegen seinen früheren Gewohnheiten – dem Karten- und Lottospiel und macht einer Witwe deutscher Herkunft den Hof (PSS, VIII, 19). Hatte Stachov nach seiner Heirat mit Anna Vasil'evna den Militärdienst quittiert, um sich ganz der Bewirtschaftung der Landgüter zu widmen, so zeigt sich angesichts der nunmehr geregelten wirtschaftlichen Verhältnisse eine Gegenbewegung zurück in die Stadt, wo Glücksspiel und Ehebruch Stachovs Alltag prägen (19f.). Und auch in *Dym* werden Baden-Baden sowie seine russische Kolonie als Ort der Vanitas und des (geldgesteuerten) Lasters geschildert, als Raum, in dem Geschwätz und Obskurantentum, Eitelkeit und Luxus, Müssiggang und Glücksspiel, Ehebruch und Mätressentum herrschen,[1146] wo Geldbesitz eine unabdingbare Voraussetzung für die Gesellschaftsfähigkeit der Protagonisten ist.[1147]

Allerdings stellt auch das Landleben bei Turgenev keineswegs von vornherein einen quasi ‚idealen' Raum dar. Die dort ansässigen Adligen können ebenfalls ein negatives Geldverhalten an den Tag legen, wobei wiederum die räumliche Konzeption, insbesondere der Topos der Abgeschlossenheit einzelner Landsitze oder Innenräume, eine wichtige Rolle spielt. In den Dramen *Zavtrak u predvoditelja*, *Neostorožnost'* (1843) und *Gde tonko, tam i rvetsja* befinden sich die handelnden Figuren wie Gefangene in einem abgeschlossenen Innenbereich und sind gleichsam gezwungen, sich mit sich selbst, ihren (materiellen) Wünschen, Neigungen und Sehnsüchten auseinanderzusetzen.[1148] Es fällt auf, dass Geld, Vermögen und Besitzstreben primär unter solchen räumlichen Bedingungen diskursiviert werden: Wie in den Geldwechsler-, Geldverleiher-, Steuereinnehmer oder Händler-Darstellungen eines Niccolò di Pietro Gerini, Quentin

[1146] THIERGEN 1983, 290.

[1147] In *Dym* tritt die negative Konnotation des mit Baden-Baden eng verbundenen Glücksspiels besonders deutlich zutage, wenn Potugin zu Litvinov sagt: „А если вам непременно хочется почесать зубки насчет гнилого Запада, то вот бежит рысцой князь Кокó; он, вероятно, спустил в четверть часа за зеленым столом трудовой, вымученный оброк полутораста семейств, нервы его раздражены […]. (PSS, IX, 175)."

[1148] Vgl. KOTTMANN 1984, 58.

Massys, Hans Holbein des Älteren bzw. des Jüngeren, Rembrandt Harmensz van Rijn oder Marinus van Roymerswaele erscheint die ökonomische Sphäre als ein nach aussen hin abgeschlossenes System, das in dialektischem Verhältnis zum offenen Raum und damit auch zur Natur sowie zum Naturhaften steht.

Als Gegenentwurf zu jenen Adligen, die ihrer Geldnot durch einen Ortswechsel von der Stadt aufs Land zu begegnen suchen, sind bei Turgenev Figuren anzutreffen, die ihre ökonomischen Probleme durch Landflucht lösen wollen und dabei ebenfalls häufig scheitern. Insbesondere in den *Zapiski ochotnika* sehen manche wirtschaftlich erfolglose Gutsbesitzer ihren einzigen Ausweg in der Übersiedlung vom Land in die Stadt. Mit dieser Ausbruchsbewegung verbinden sie häufig den Versuch, ihre Rolle als Gutsbesitzer vollständig abzulegen und in den Staatsdienst einzutreten (Petr Petrovič Karataev in der gleichnamigen Skizze oder Graf Petr Il'ič in *Malinovaja voda*), auch wenn sie von dieser Entscheidung nicht überzeugt sind. So räumt Karataev dem Erzähler gegenüber ein, dass er das Landleben nach wie vor über jenes in der Stadt stelle: „– В столице… ну, я не знаю, что там в столице хорошего. Посмотрим, может быть, оно и хорошо… А уж лучше деревни, кажется, и быть ничего не может." (PSS, IV, 247).[1149]

Die Entscheidung, das heimatliche Landgut in der Hoffnung auf ein mögliches wirtschaftliches Glück in der Grossstadt zu verlassen, kann sich bisweilen auszahlen, wenn auch wiederum nur bedingt: So findet der wenig begüterte Gutsbesitzer Porfirij Kapitonyč aus der Erzählung *Sobaka*, nachdem er sich infolge des Rückgangs seiner Gutseinkünfte entschieden hat, in St. Petersburg eine geeignete Stelle zu suchen, einen wenig attraktiven Posten, der ihm zumindest ein regelmässiges Einkommen garantiert (PSS, IX, 123f.).

Die Charakterisierung der Figuren über ihre Nähe zur Stadt bzw. zum Land und die damit verbundenen Ökonomien umfasst bisweilen sogar mehrere Ebenen. Exemplarisch hierfür steht Vasilij Lučinov in der Novelle *Tri portreta*, der gleich dreifach negativ besetzt ist: Er verhält sich gegenüber der Natur und dem Dasein auf dem Land erkennbar abschätzig (PSS, V, 102), er zieht das ausschweifende Stadtleben vor und reagiert auf seine Spielschulden mit einem Diebstahl (92-96). Die Linie *Stadt – Naturferne – Raub* bildet hier eine Argumentationskette, welche den Helden als ‚negativen' Charakter ausweist.

Der Stadt als Ort der konsumorientierten Lebensführung eines seine Gutsgeschäfte weitgehend vernachlässigenden Adels steht das Land als jener Raum gegenüber, der die eigentliche ökonomische Grundlage des Landadels darstellt. Und nur jene Gutsherren, die sich hinreichend um ihre Besitztümer kümmern, sind in der Lage, aus ihnen den notwendigen materiellen Gewinn zu ziehen. Daraus erklärt sich auch, warum jene Protagonisten, die ihr Gut und damit ihre

[1149] Erst als der Erzähler später in Moskau zufällig auf Karataev trifft und ihn nach seinem Befinden fragt, erwidert dieser: „– Живу, как изволите видеть. Здесь житье хорошее, народ здесь радушный. Здесь я успокоился." (257)

eigentliche Existenzgrundlage verwirtschaftet haben und in die Hauptstadt ziehen, endgültig scheitern: Die urbane Enge und Künstlichkeit spiegelt nicht nur den Verlust von Natürlichkeit, Heimat und Gewissen wider,[1150] sondern bietet auch keine ‚natürlichen' Einkommensquellen mehr. Dementsprechend wird der Staatsdienst bei Turgenev zum einen als zutrittsgeschützter Bereich markiert, d. h. viele ‚tragische' Figuren erlangen gar nicht erst einen Beamtenposten, der ihr Auskommen sichern würde, oder sie verlieren ihre Stelle und damit auch ihre materielle Grundlage. Zum anderen offenbart dieser Berufsstand angesichts des bei Turgenev immer wieder auf ironische Weise angeführten Motivs der Bestechung seine pathologischen Züge: Die Stadt bietet, pointiert gesagt, keine wirklich gesicherten oder lauteren Möglichkeiten, um Geld zu verdienen. Sie ist weder ein Ausweg für ruinierte Gutsherren noch ein adäquater längerfristiger Aufenthaltsort für Adlige, die über Ländereien verfügen.

Anknüpfend an die Gogol'sche Tradition dienen bei Turgenev geldbezogene Phänomene wie Egoismus, Geld- und Streitsucht, Grobheit und Unfähigkeit häufig als Mittel der Satire. Dabei liegen den komischen Konflikten nicht die wirklichen materiellen Interessen der handelnden Figuren zugrunde, sondern in erster Linie ihre Charaktere, wie sie sich unter den Bedingungen von Standesdünkel und Leibeigenensystem herausgebildet haben.[1151] Daneben werden, ob satirisch denunzierend oder realistisch-nüchtern beschreibend, immer wieder die scheinhaften Beziehungen der Personen mit dem Aspekt des Geldes verbunden, das als Handlungsmotiv problematisiert wird. Die Verarbeitung der materiell motivierten Ursachen von individuellen Verhaltensmustern geht dabei selten mit einer Entwicklung der jeweiligen, bei Turgenev häufig ‚statisch' angelegten Figuren einher, sondern zielt vor allem auf die Offenlegung der ‚wahren' Identitäten, Intentionen und nichtauthentischen Beziehungen innerhalb der sozialen Wechselverhältnisse: Insofern vermag das Medium Geld ‚Verstecktes' und ‚Verborgenes' aufzudecken und zu demaskieren, wobei es keine Rolle spielt, ob es sich dabei um ‚positive' oder ‚negative' Charakteranteile handelt. Entwurzelte, oft tragische, manchmal auch ‚schmarotzerhafte' Figuren stehen als wirtschaftlich gestrandete Gegenpole jenen ‚ganzen' Persönlichkeiten gegenüber, die, wie Ležnev in *Rudin*, in ihrem bescheidenen Bereich leben und durch umsichtiges Wirtschaften ökonomisch erfolgreich sind.[1152]

[1150] THIERGEN 1989, 23.
[1151] Vgl. BRANG 1977, 196.
[1152] Vgl. STENDER-PETERSEN 1986, II, 246.

Gerade in der sogenannten „Neuzeit" vermag Geld intersubjektive Beziehungen und Verflechtungen hervorzubringen, die ansonsten kaum entstünden bzw. die, selbst wenn sie nicht von beiden Seiten gewünscht sind, Geltung haben und oft nicht ohne weiteres aufzukündigen sind. So kann etwa eine Freundschaft oder eine Ehe durchaus gelöst, eine Schuldner-Gläubiger-Beziehung aber nicht ohne weiteres aufgehoben werden.[1153] Turgenev hat die Problematik von Geld und Beziehung, Mammon und Mensch, Sachwert und personalem Wert in seinen fiktionalen Texten ausgestaltet und dabei vor allem eines immer wieder aufgezeigt: dass nämlich wie auch immer geartete, in Wertreihen gebrachte und sachlich ‚gewertete' Eigenschaften von Individuen und Verhältnisse zwischen Menschen durch das Medium Geld zunächst scheinbar angemessen, letztlich aber doch inadäquat zum Ausdruck gebracht werden. Turgenev stellt keineswegs in Abrede, dass Geld Beziehungen schafft und der Verrechnung von Leistungen verschiedenster Art dient. Er lässt aber genau diese Relationen in allen ihren Erscheinungsformen scheitern, als ob es darum ginge aufzuzeigen, dass Mensch, persönliche Freiheit, Recht und Unrecht, Liebe und Intimität einer Untauschbarkeit unterliegen, die letztlich auf einem mit Geld und Gold nicht mehr taxierbaren Mehrwert menschlichen Daseins, auf einer durch keinen noch so hohen Geldbetrag aufzuwiegenden Sonderbarkeit und Einmaligkeit des Humanen gründet. Diese Unverkäuflichkeit des Individuums deutet auf dessen Dasein als ‚Unikat' hin, oder zumindest darauf, dass „Parzellen (seiner) selbst unveräusserlich, das heisst unverrückbar sind." (HAESLER)[1154]

Während der Äquivalententausch bei Turgenev dort misslingt, wo Mensch und Münze gegeneinander abgewogen werden, offenbart das Geld auf der gesellschaftlichen Ebene eine enorme Wirkungskraft, indem es nämlich in die Sozialisationsformen und -stadien der Figuren eingreift und über Autorität oder Machtlosigkeit entscheidet.

[1153] HÖRISCH 1996, 98.

[1154] HAESLER 2002, 8. Vgl. ebd. 9: „Ist Käuflichkeit einmal zur Universalnorm geworden, so ist kein Platz mehr für das Einzelne, das Unikat, das Nichtidentische. An ihrer Stelle macht sich eine universelle Unzucht mit den Werten, den Dingen und den Menschen anheischig."

3.2.3. Das Geldäquivalent *sozialer* Werte: Reichtum als korrelatives Medium zu Machtgewinn, Machterhalt und Machtverlust

> Равнодушная, а может быть и насмешливая природа влагает в людей разные способности и наклонности, нисколько не соображаясь с их положением в обществе и средствами [...].
>
> *Čertopchanov i Nedopjuskin* (PSS, IV, 305)

> Были времена, да прошли. Вот и я – сиятельная, [...] - да что за честь, коли нечего есть.
>
> *Pervaja ljubov'* (PSS, IX, 23)

Neben die Frage nach der Verrechenbarkeit *personaler* Werte tritt in Turgenevs Werk ein zweiter zentraler Problemkomplex, der sich mit dem Einfluss des Geldes auf die *gesellschaftliche* Interaktion auseinandersetzt. Dabei können Geld- und Tauschbeziehungen zunächst einmal erzähltechnisch von Bedeutung sein, indem sie auf der narrativen Ebene dazu dienen, soziale Kontakte aufrechtzuerhalten oder überhaupt erst zu ermöglichen: Eine Vielzahl von ‚sozialen' Dienstleistungen wird bei Turgenev entweder als käuflich oder – umgekehrt – ausdrücklich als nicht remunerierbar markiert.[1155] Einem geldvermittelten Verrechnungsmodus können des weiteren Leistungen unterliegen, deren Abgeltung mit Geld als unangemessen erscheint: So schildert der Erzähler in der Skizze *Smert'*, wie eine sterbende Gutsbesitzerin einen Silberrubel unter ihrem Kopfkissen aufbewahrt hat, um den Geistlichen für ihre letzte Ölung zu bezahlen (PSS, IV, 224). Hier bricht sich die Tugend der konsequenten Schuldentilgung an der Maxime, dass die Sterbebegleitung als Dienst(pflicht) eines Geistlichen an sich unentgeltlich ist und auch keinem Preismassstab unterworfen sein kann. Oft wird in Turgenevs Werk auch aus Stolz, Pflichtgefühl, Genügsamkeit oder einfach nur aufgrund persönlicher Geringschätzung des Geldes der für eine Gegenleistung angebotene Betrag abgelehnt, so dass Handelsabschlüsse scheitern und neue Wege gesucht werden müssen, um das angestrebte Ziel zu erreichen.

Eine im Vergleich zu dieser ‚Initialfunktion' weitaus wichtigere soziale Rolle kommt dem Geld dort zu, wo es das Verhältnis der Figuren zueinander bestimmt. Als Medium des Anspruches auf Güter ebenso wie auf Menschen trägt Geld den Charakter einer pretialen Macht, da es dem Geldbesitzer dort, wo diese

[1155] Verwiesen sei in diesem Zusammenhang vor allem auf die *Zapiski ochotnika*, wo diese Funktion des Geldes besonders häufig auftritt. So eröffnet sich dem Ich-Erzähler erst über die explizite oder wenigstens im voraus zugesicherte Bezahlung der ärztlichen Versorgung (*Uezdnyj lekar'*; PSS, IV, 44), des Nachtlagers (und damit auch der Gastfreundschaft) (*Ermolaj i mel'ničicha*; 26ff.) oder des Regenrefugiums (*Kontora*; 152) die Möglichkeit, mit neuen Figuren in Kontakt zu treten und etwas über sie zu erfahren. Dabei kann das Geld auch zur Neutralisierung des Misstrauens von potentiellen Auskunftspersonen dienen (*Ermolaj i mel'ničicha*; 26).

Plutokratie legitim ist, Autorität verleiht und die Möglichkeit zur Herrschaftsausübung eröffnet. Wer über Geld(macht) verfügt, besitzt ein Instrument, um diejenigen Menschen, die auf Geld angewiesen sind, in einen unbedingten Gehorsam zu nehmen. Da in der Geldherrschaft Voraussetzungen angelegt sind, die Dispositionen von Personen, welche dieser Form von Machtausübung unterworfen sind, im Sinne eigener Vorteilsvorstellungen zu beeinflussen, erweist sich das Geld als ein Machtattribut, das für die Dauer der Verfügungsgewalt über Geld an den Geldbesitzer gebunden ist.[1156]

Dieser Sinnzusammenhang stellt in Turgenevs gesamtem Werk ein konstitutives Element für die Dynamik sozialer Beziehungen und hierarchischer Verhältnisse dar. Auffallend oft dienen Geld und Reichtum als Indikatoren für gesellschaftliche Positionen, indem sie den Wandel, vor allem aber die Zersetzung historisch gewachsener Gesellschaftsstrukturen signalisieren, die der Maxime, dass wer Geld besitze, auch Geltung habe, verpflichtet sind. Mit diesem Aspekt führte Turgenev nun keineswegs eine Neuerung in die russische Literatur ein, sondern griff auf prominente Vorbilder zurück. Verwiesen sei nur etwa auf Puškins *Skupoj rycar'*, wo das Thema der alle menschlichen Gefühle und Beziehungen durchdringenden absoluten Macht des Geldes eine zentrale Stellung einnimmt.

Nun manifestiert sich die mit dem Machtaspekt verbundene Grösse ‚Geld' bei Turgenev nur selten statisch als akkumuliertes oder gehortetes Vermögen wie im Falle Ivan Lučinovs (*Tri portreta*), sondern, einer ‚Triebkraft' gleich, überwiegend dynamisch als Ausgabe oder Verlust, vereinzelt auch als Gewinn: Genauso schnell, wie der Markt, das Glücksspiel oder die gesellschaftliche Stellung die Möglichkeit individuellen Erwerbs und Aufstiegs bieten, können sie die Protagonisten auch ins Unglück stürzen. Insofern wird das reine Saldophänomen vom Prozess und den Folgen des ökonomischen Schadens oder Ertrags dominiert. Geldbewegungen, die das Aufbrechen starrer gesellschaftlicher Konstellationen begleiten, gehören daher mit zum literarischen Diskurs.[1157] In zahlreichen Werken Turgenevs wird die Machtstellung und Reputation bestimmter Figuren über deren Besitzstand definiert und die auf diese Weise konstruierte soziale Verortung als unaufrichtig entlarvt. Dabei richtet sich Turgenevs Hauptinteresse auf die gesellschaftlichen Brüche, die sich aus dem Wandel der Vermögensverhältnisse ergeben. Bestimmend für die soziale Identifikation der Figuren ist nicht mehr die Ehre allein, sondern immer häufiger der persönliche materielle Wohlstand, der sich über die Standesgrenzen hinwegsetzt.

Die folgende Auswahl von Beispielen soll einen ersten Eindruck vermitteln, auf welche Weise die Wechselwirkung von Geldbesitz und sozialem Ansehen bei Turgenev zutage tritt: In *Andrej Kolosov* etwa erzählt das namenlose „kleine Männchen", wie es in seiner Jugend als „reicher Mensch" galt und deshalb nicht

[1156] BURGHARDT 1977, 57.
[1157] Vgl. KOSCHMAL 1983, 244-247.

nur über Unabhängigkeit verfügt, sondern auch über eine Vielzahl von Schmeichlern und Kriechern geboten habe (PSS, V, 9). Der Geld- und Machtverlust dieser Figur kommt überdies im Prinzip der Namenlosigkeit zum Ausdruck, die hier bis zur tautologisch lächerlichen Bezeichnung „nebol'šoj čeloveček" reicht.[1158] Das Verschweigen des Familiennamens ist auch für Ol'ga Ivanovna N. N., genannt Lučinova (*Tri portreta*), merkmalhaft und weist auf ihre schwierige wirtschaftliche Lage und Abhängigkeit als ein im Hause geduldetes Waisenmädchen hin. Ihre Namenlosigkeit ist somit existentiell.[1159] Für die Odincova aus *Otcy i deti* geht, ähnlich wie für Irina in *Dym* (vgl. etwa PSS, IX, 214 u. 267f.), mit ihrer ersten Ehe ein rascher sozialer Aufstieg aus ärmlichen Verhältnissen und damit auch der Gewinn von Unabhängigkeit sowie gesellschaftlicher Macht einher (PSS, VIII, 270-274 u. 282f.). Demgegenüber verliert Nikolaj Kirsanov angesichts seiner desolaten Gutswirtschaft sowohl seinen Bauern als auch Bazarov gegenüber an Autorität (202-205, 210, 236 u. 251). In *Pervaja ljubov'* mietet die verarmte Fürstin Zasekina einen bescheidenen Seitenflügel im Gebäude, in welchem auch die Familie des Ich-Erzählers wohnt. Die mit ihrer Mittellosigkeit verbundene niedrige soziale Stellung der Fürstin ist augenscheinlich und kann nicht einmal mehr durch ihren Adelstitel aufgehoben werden (PSS, IX, 10, 12-14 u. 20).[1160] Ihre einzige Möglichkeit, diesem gesellschaftlichen Niedergang entgegenzuwirken, sieht die Fürstin in Geldbeschaffungsmassnahmen, die jedoch überwiegend fehlschlagen und ihr zudem die Antipathie ihrer Nachbarn einbringen (12, 20, 22f., 36 u. 65). Ein ähnliches Schicksal hat die Osinins in *Dym* getroffen, deren Vorfahren einst mit umfangreichen Schenkungen für ihre Dienste bedacht worden waren, dann aber in Ungnade fielen und ihre Machtstellung einbüssten. Die Osinins selbst leben in bescheidenen Verhältnissen und verfügen über keinerlei Autorität mehr, nicht einmal gegenüber dem Krämer, der sein Geld einzutreiben sucht (PSS, IX, 178-181). In der Erzählung *Brigadir* büsst der einst vermögende Junggeselle Gus'kov nicht nur nach und nach sein gesamtes Vermögen durch seine aufopfernde Liebe zur verwitweten und mittellosen Beamtengattin Agrippina (Agrafena) Ivanovna Telegina ein, sondern wird nach deren Tod sogar von ihrer Verwandtschaft restlos ausgeplündert und verstossen, so dass er seinen Lebensabend als sozial Deklassierter auf einer dürftigen Bleibe verbringen muss (PSS, X, 49, 52 u. 58-69): „Ну, а теперь уж он, конечно, не в числе человеков (sic, A.S.)." (63). Auch Susanna, die Heldin der Novelle *Nesčastnaja*, wird nach dem Tode ihres leiblichen Vaters und angesichts des Umstands, dass ihr keine Erbschaft zuteil wurde, systematisch ausgegrenzt und ihrer Rechte beraubt, bis sie sich schliesslich das Leben nimmt (PSS, X, 119f., 125, 142f. u. 149).[1161] In der Novelle

[1158] DOLNY 1996, 112.

[1159] DOLNY 1996, 126.

[1160] Vgl. DOLNY 1996, 193.

[1161] Die Charakterisierung Susannas als „бедная… бедняжка" (PSS, X, 144) kann in dop-

Vešnie vody übt die reiche und, wie sie selber betont, freiheitsliebende Polozova über ihre Umwelt nahezu uneingeschränkte Befehlsgewalt aus (PSS, XI, 121f., 134, 136, 148 u. 150), wohingegen der wohlhabende, zum „Kapitalisten" avancierte Kontorist Kljuber sein Geschäft in die Pleite steuert und ruiniert im Gefängnis stirbt (152). In der Erzählung *Punin i Baburin* ist der nicht lebensfähige Träumer Punin von seinem Freund und Gönner, dem „Philanthropen" Baburin wirtschaftlich und sozial völlig abhängig (PSS, XI, 160 u. 166). Und in *Otčajannyj* (*Otryvki iz vospominanij – svoich i čužich, II.*) (1882) wird die Geschichte des „für die Romantik typischen jugendlichen Desperado" Miša Poltev geschildert (DOLNY),[1162] der nach dem Tod seiner Eltern ein ungeordnetes Leben beginnt, sein gesamtes Erbe innert kürzester Zeit ausgibt (PSS, XIII, 32-35) und im Anschluss an ein Intermezzo in der Armee (36) zu einem alkoholabhängigen Bettler verkommt (45f. u. 49), der körperlich zerfällt und an seiner Sucht stirbt (50f.). Geldverlust, Alkoholismus und Tod markieren die Stationen dieses „Verzweifelten", der sich selber um Vermögen, gesellschaftliche Stellung und Leben bringt. In den *Stichotvorenija v proze* schliesslich wird die Kehrseite unermesslichen materiellen Reichtums herausgestellt und auf das konfligierende Verhältnis von Autorität und Neid hingewiesen: „[…] сделаешься богаче всех людей – будут все тебе завидовать […]." (*Vostočnaja legenda*; 1878 verfasst; PSS, XIII, 159).

Im folgenden soll eingehender gezeigt werden, wie die Engführung von Geld und Macht, die sich bereits in Turgenevs Frühwerk manifestiert und später unterschiedlich variiert wird, in den einschlägigen Texten in Erscheinung tritt.

In der Exposition des Gedichts *Filippo Strodzi* (1847), das den Aufstieg und Niedergang des gleichnamigen florentinischen Freiheitskämpfers zur Zeit Karls V. und Alessandro de Medicis schildert, wird der Titelheld als angesehener, reicher und zugleich bescheidener Kaufmannssohn dargestellt:

Он был богат и знатен; торговал
Со всей Европой, заседал в судах
И вел за дело правое войну
С соседами; не раз ему вверяла
Свою судьбу тосканская столица.
[…]
Не позволял он называть себя
Почетными названьями; льстецам
Он говорил: «Меня зовут Филиппом,
Я сын купца». […] (PSS, I, 432)

Filippo befreit seine Heimat, indem er Alessandro durch dessen Verwandten Lorenzino ermorden lässt, woraufhin er jedoch selber Cosimo I. zum Opfer fällt

pelter Hinsicht verstanden und sowohl auf ihr persönliches Unglück als auch auf ihre materielle Situation bezogen werden.

1162 DOLNY 1996, 330.

(433-435). Bereits in diesem frühen Gedicht ist das Motiv des wohlhabenden und gesellschaftlich geachteten Protagonisten angelegt, der alles – Vermögen, Macht, Ansehen und Leben – verliert. Dieses Thema wird dann vor allem in den Dramen bedeutsam weiterentwickelt.

Im gesamten poetischen System des Turgenevschen Bühnenwerks erweist sich der Verlust von materiellen Gütern oder Geld als Zeichen für den sich wiederum vor allem dynamisch manifestierenden Verfall von Machtpositionen innerhalb eines grösseren Ordnungsgefüges, das die Gesellschaft bestimmt.[1163] Dieser Niedergang zeichnet sich bei den Subjekten der Machtausübung einerseits in der zweideutigen Rede ab, welche die Semantik der Sprechhandlung entwertet.[1164] Andererseits geht die Auflösung vermeintlich etablierter Machtstrukturen mit dem häufig von Alkoholismus begleiteten physischen Verfall und der finanziellen Not der betroffenen Figuren einher. Hinter der Fassade von exaltiertem Illusionismus und wirtschaftlicher Sicherheit, schwärmerischem Gehabe und der durch Standesprivilegien scheinbar garantierten Risikolosigkeit solcher Eskapaden verbirgt sich die Kritik an einer ungerechten, auf dem Grundsatz Herrschender und Beherrschter basierenden Rechts- und Gesellschaftsordnung, während parallel dazu offensichtliche Zerfallserscheinungen das illusorische Element verstärken.[1165]

Wohlstand und wirtschaftliche Sicherheit reflektieren in diesem Kontext Macht und Ansehen der Besitzenden: Häufig markieren kleine oder grössere Statussymbole die sozialen Unterschiede, während gleichzeitig der Drang nach Selbstbestätigung durch die Zurschaustellung der persönlichen finanziellen Verfügungskraft angeprangert wird. Reichtum verleiht dabei nicht nur Autorität, sondern, wie in Turgenevs erstem Drama *Neostorožnost'*, sogar Unantastbarkeit angesichts eines verübten Unrechts, das hier im Mord gipfelt: Der finstere und geheimnisvolle Don Pablo Sangre, ein hochgestellter und einflussreicher Vertreter der Staatsmacht, erdolcht aus Eifersucht und gekränktem Stolz Don'ja

1163 KOSCHMAL 1983, 247.

1164 Konstitutiv für die zweideutig-implizite Redeweise ist die geheime Absicht, die auf eine Schädigung oder Herabsetzung des Partners abzielt und dem Sprecher momentane Vorteile verschafft. Ein festes Ziel verfolgend, kann der Sprecher das Redethema in die von ihm gewünschte Richtung lenken und dadurch verdeckt Macht ausüben. Zweideutig sprechende Figuren, deren Sprechhandlung von Andeutung, Anspielung, Doppelbödigkeit, Verheimlichung, Unaufrichtigkeit etc. bestimmt ist, unterlaufen die eindeutig-explizite, in der Regel offene, spontane und ‚aufrichtige' Rede und durchbrechen die Universalität der sprachlichen Kommunikation, indem sie eine nur Eingeweihten verständliche ‚Gegen-Sprache' schaffen. Damit grenzt sich diese Gruppe, die bei Turgenev vorwiegend aus Adligen besteht, in der Rede von den übrigen Sprechern ab, bewahrt ihr Überlegenheits- und Allmachtsgefühl und festigt ihre kollektive Identität *ex negativo*. Im poetischen System der Dramen wird die eindeutige Rede als vertrautes ‚Eigenes' positiv, die zweideutige Rede dagegen als ‚Fremdes' negativ gewertet (KOSCHMAL 1983, 80-82, 129, 137f. u. 377; THIERGEN 1986, 97).

1165 KOSCHMAL 1983, 244; KLUGE 1992, 32.

Dolores, die Frau seines Freundes Don Bal'tazar (PSS, II, 48), ohne irgendwelche strafrechtlichen Konsequenzen befürchten zu müssen.

Dagegen hat in *Bezdenež'e* Žazikov sein Geld verschwendet und damit auch seine Machtstellung innerhalb der sozialen Hierarchie eingebüsst, obwohl er immer wieder versucht, aus seiner privilegierten Stellung in der ständischen Gesellschaft Vorteile zu ziehen. Die permanente Verschuldung und das Leben über die eigenen Verhältnisse sind Žazikov zur zweiten Natur geworden, der er haltlos nachgibt. Als Folge seiner Misswirtschaft wird er zum abhängigen Schuldner von Gläubigern niederen Standes und damit von Personen, die ihm eigentlich untergeordnet wären. Dieser Akt der gesellschaftlichen Dehierarchisierung geht mit einer äusseren Entwürdigung des Protagonisten einher: So versteckt sich Žazikov jeweils beim Ertönen des Klingelzeichens hinter einem Wandschirm und lässt die ersten Gläubiger, die ihr Geld bei ihm einzufordern suchen, von seinem leibeigenen Diener Matvej abweisen. Obwohl Žazikov bemüht ist, seine Vorrangstellung gegenüber Matvej und anderen in der offiziellen Hierarchie niedrig Gestellten zumindest auf der pragmatischen Ebene aufrechtzuerhalten, indem er Befehle mehrfach wiederholt, niemanden empfangen will und sich über seine Umwelt ärgert oder lustig macht, scheint sein Vertrauen in die tradierte Macht doch stark geschwächt. Es entspricht denn auch der Logik des Sujets, dass sich allmählich eine Verschiebung der Autoritätsverhältnisse, ja eine Umkehrung der Hierarchie bemerkbar macht: Immer deutlicher wird nämlich die Überlegenheit Matvejs gegenüber seinem Herrn herausgestellt. Im Gegensatz zu Žazikov, der eine anmassende Haltung an den Tag legt und weder die Realität noch die eigene Lage selbstkritisch reflektiert (PSS, II, 54 u. 56), entwirft Matvej konkrete Pläne, überlegt und analysiert die Situation, macht sich um seinen Herrn, dessen wirtschaftliche Lage und die Zukunft Sorgen, so dass er schliesslich zur wenig verheissungsvollen Einsicht gelangt: „Прошло ты, золотое времечко! перевелось ты, дворянское племечко!" (75). Tatsächlich sind für den Adelsstand, dessen Selbstbewusstsein sich durch die soziale Herkunft bestimmt, die „goldenen" Zeiten mit dem Verlust der materiellen Grundlage dahin, da eine zentrale Basis für Machtausübung und Machterhalt fehlt.[1166] Žazikov ist ein Musterbeispiel für die Bereitschaft eines Adligen, die Privilegien des eigenen Standes und gesellschaftlichen Ranges zu ‚verkaufen' und sich wegen Schulden Gläubigern aus den verschiedensten sozialen Schichten auszuliefern. Obwohl sich Žazikovs Macht durch seine chronische Geldnot eigentlich bereits in Auflösung befindet, gibt er sich weiterhin der Illusion hin, über eine besondere soziale Stellung zu verfügen und Leute seinesgleichen um Gefälligkeiten – vor allem in Gelddingen – angehen zu können.[1167] So bewertet er für sich seinen zutiefst unterwürfigen Brief an General Šencel' mit der „alleruntertänigsten Bitte" um Geld als ordentlich, wenn auch „etwas familiär":

[1166] KOSCHMAL 1983, 244f.; KOTTMANN 1984, 34f.; KLUGE 1992, 33.
[1167] KOSCHMAL 1983, 246f.

> «Ваше превосходительство, позвольте мне прибегнуть к вам с покорнейшей *(поправляет)*, всепокорнейшей просьбой: не можете ли вы мне дать взаймы на несколько дней триста рублей ассигнациями? Мне чрезвычайно совестно вас беспокоить, но я надеюсь на вашу снисходительность. Я, с своей стороны, буду вам чрезвычайно благодарен и непременно к сроку отдам все деньги сполна. Остаюсь искренно и душевно преданный вам…» Кажется, хорошо? Немножко фамилиарно (sic, A.S.), да это не беда. Показывает всё-таки самостоятельность некоторую, развязность… Ничего! ведь я не разночинец какой-нибудь, чёрт возьми! я дворянин! (59)

Žazikov redet sich immer wieder ein, dass er Adliger sei, bestimmte Rechte habe und diese auch wahrnehmen müsse. Sein ganzes Trachten und Sinnen beschränkt sich auf Äusserlichkeiten, was ihm den Blick auf die Wirklichkeit verstellt und allenfalls die Einsicht verschafft, das Geld vonnöten sei (53f.).[1168] Sein aristokratisch-konsumptives Geldverhalten verbindet er insofern mit einer standesgemässen Selbstbespiegelung, als er – zumindest nach aussen hin und gegenüber Vertretern aus seiner eigenen sozialen Gruppe – verspricht, er würde die Rückstände vollumfänglich und fristgemäss begleichen, obwohl klar ist, dass er diese Zusicherung weder halten will noch kann. Mit seinen fruchtlosen Geldbeschaffungsversuchen kaschiert er die Selbsterniedrigung und Aufgabe alter Machtpositionen zur Aufrechterhaltung des äusseren, materiellen Scheins der Autorität. Gegenüber dem gutmütig-einfältigen Provinzgutsbesitzer Blinov übertrifft sich Žazikov selbst an Unterwürfigkeit, wobei Blinovs Naivität Žazikovs Würdelosigkeit nur noch deutlicher hervortreten lässt (70). Žazikov verbirgt seine Geldknappheit vor Blinov, während er gleichzeitig nach Wegen sucht, um bei seinem Standesgenossen finanzielle Unterstützung zu erhalten:

> Блинов. Есть у тебя деньги?
> Жазиков. Есть, есть… деньги у меня есть.
> Блинов. Ну, а я думал, что ты – того. Как же это у тебя и закусить-то нечего? а?
> Жазиков. Так, как-то не случилось, да притом и человека дома нету… понять не могу, куда он девался! (72)

Zwar verschafft ihm seine Erniedrigung ein weiteres Mal Zugang zu Geld und damit auch zum äusseren Zeichen von Macht, so dass Žazikov schliesslich doch nicht Matvejs dringenden Ratschlag befolgt und auf sein ländliches Familiengut zurückkehrt. Nur beginnt damit das ganze ‚Spiel‘ um Fremd- und Selbsterniedrigung, Verleugnung, Geldsuche und -verschwendung wieder von vorne.[1169]

[1168] Vgl. Kottmann 1984, 34f.
[1169] Koschmal 1983, 247.

Auch in anderen Dramen Turgenevs spielt die Korrelation von Geld und Macht eine prominente Rolle. Thema in *Nachlebnik*, wo Turgenev versucht hat, „das psychologische Drama mit der Pauperismusthematik zu verbinden“ (BRANG),[1170] ist die Wehr- und Würdelosigkeit des unterdrückten Individuums in einer Gesellschaft, in welcher der Mensch nicht als Mensch wahrgenommen wird, sondern als Angehöriger einer begüterten oder unbegüterten Gruppe. Während sich die vermögenden Figuren frei bewegen können, über Autorität verfügen und Macht ausüben, haben die materiell und damit auch in ihren Lebensäusserungen Abhängigen keinen oder allenfalls einen äusserst begrenzten Handlungsspielraum, aus dem sie nicht ohne weiteres ausbrechen können. In diesem Gefüge scheinen Freundschaft, Verständnis und Empathie nur unter materiell ähnlich Gestellten möglich (Kuzovkin und Ivanov).[1171] Am Ende des Stücks bietet der Kollegienrat Eleckij dem seit zwanzig Jahren auf dem Anwesen der Eltern seiner Frau Ol’ga Petrovna wohnenden Kostgänger Kuzovkin Geld an, um ihn zur Abreise zu bewegen. Kuzovkin hat infolge eines Rechtsstreites seine kleinen Adelsgüter Vetrovo und Ugarovo verloren (PSS, II, 143-148 u. 154) und ist wegen seiner Mittellosigkeit völlig auf fremde Unterstützung angewiesen (165).[1172] Als Gegenleistung für Eleckijs Zahlung muss Kuzovkin sein kurz zuvor in einer Situation der völligen Erniedrigung öffentlich preisgegebenes Geheimnis, dass er Ol’gas leiblicher Vater sei, zurücknehmen, da diese Enthüllung Eleckijs Ansehen – und damit auch seine Machtstellung (128) – zu beschädigen droht. Eleckij will daher Kuzovkins Widerruf und Schweigen mit 10'000 Rubeln

[1170] BRANG 1977, 191.

[1171] KOTTMANN 1984, 79 u. 81. Das oppositionelle Verhältnis von Ingroup und Outgroup zeigt sich in *Nachlebnik* schon daran, dass die unbegüterten Figuren über einen gemeinsamen ‚Stammplatz‘ in der Ecke des Raumes verfügen und dadurch in einer Äquivalenzbeziehung zueinander stehen. Sie verharren abseits, sind zu einem erniedrigenden Schattendasein verurteilt und dürfen ihren „Winkel“ (PSS, II, 161) nur verlassen, wenn sie dazu aufgefordert werden. Nicht zuletzt gegen diese Ausgrenzung lehnt sich Kuzovkin auf, wenn er sagt: „[…] ведь я всё-таки не злодей какой-нибудь и не дурак – свое место знаю.“ (169). Derselbe Gedanke wird auch in den späteren Werken Turgenevs aufgegriffen. So berichtet im Roman *Rudin* der Intrigant Pandalevskij Dar’ja Lasunskaja von Rudins Stelldichein mit ihrer Tochter und fügt in Anspielung auf Rudins Armut hinzu: „Как это не знать своего места, удивляюсь!“ (PSS, VI, 333). Vor seiner Abreise auf sein kleines Gut sagt Rudin denn auch zu Ležnev: „Там что-то осталось. Две души с половиною. Угол есть, где умереть.“ (365). In *Dvorjanskoe gnezdo* heisst es über den mittellosen Lemm: „[…] Лемм не выходил из своего угла, молчал, тихо шевелился весь, как паук, глядел угрюмо и тупо […].“ (PSS, VII, 194). Und in der Erzählung *Brigadir* wird die ärmliche Behausung des Titelhelden zweimal explizit als „уголок“ bezeichnet (PSS, X, 58 u. 66).

[1172] Kuzovkins Güter leiten sich etymologisch von den Substantiven „ветер“ und „угар“ ab, also von „Wind“ und „Kohlengas“. Sie entziehen sich damit jeder ‚Verfestigung‘ und bezeichnen nur für Kuzovkin ‚feste Körper‘ (KOSCHMAL 1983, 259). Hinter diesen sprechenden Ortsnamen verbirgt sich demnach ein materieller Verlust, hat sich doch Kuzovkins Besitz gleichsam ‚in Luft‘ aufgelöst.

erkaufen, was dieser jedoch zunächst mit dem Hinweis auf seine Ehre als Adliger aus altem Geschlecht beharrlich ablehnt und erst akzeptiert, als Ol'ga an seine Vaterliebe appelliert (176-180):

> Кузовкин. Я столбовой дворянин... Вот кто я-с!
> Елецкий. Хорош дворянин, нечего сказать!
> Кузовкин. Каков ни на есть – а купить его нельзя-с.
> [...]
> Кузовкин. Не богат я, Павел Николаич; да подарочек-то ваш больно горек. Уж и так я вдоволь стыда наглотался... да-с. Вы вот изволите говорить, что мне денег надо; не надо мне денег-с. Рубля на дорогу от вас не возьму-с.[1173]
> [...]
> Ольга. Вы могли отказать чужой, богатой женщине – вы могли отказать моему мужу, – но дочери, вашей дочери, вы не можете, вы не должны отказать... (177 u. 179)

Mittels Geld soll Rechtfertigung erlangt werden für etwas, das nur durch menschlicheres Verhalten und aufrichtige Anteilnahme zum Besseren gewendet werden könnte.[1174] Angesichts der Inkongruenz der beiden Ebenen ‚Geld‘ und ‚Menschlichkeit‘ ist denn auch keine zufriedenstellende Lösung des Konflikts möglich. Mit Kuzovkin, auf dessen charakterliche Nähe zu Dostoevskijs Devuškin aus *Bednye ljudi* (1846) die Kritik hingewiesen hat, schuf Turgenev einen Gutsherrn, der sein gesamtes Vermögen – Leibeigene wie Anwesen – verloren hat, auf Kostgang angewiesen ist und von seinen Standesgenossen verachtet wird (174). Kuzovkins Schicksal steht exemplarisch für den Verfall nicht nur von Macht und Ansehen, sondern für den Niedergang eines ganzen gesellschaftlichen Systems, dessen Führungsschicht versagt, wenn sie sich ihres Besitzes und ihrer damit verbundenen Privilegien beraubt sieht.[1175]

Ähnliches gilt für den fünfzigjährigen Hauptmann Čuchanov in *Gde tonko, tam i rvetsja*: Für ihn als Kostgänger ist es selbstverständlich, nicht nach seinen eigenen Vorgaben, sondern einzig und allein nach den Launen der ihn aushaltenden Gutsherrin Anna Vasil'evna Libanova zu leben, die nicht nur reich ist, sondern als „administrativer Kopf“ ihr Gut auch selber verwaltet (PSS, II, 79f. u.

[1173] Die Verwendung der Partikel „-c“ als Verkürzung von „сударь“ bringt Kuzovkins Ergebenheit und Unterwürfigkeit zum Ausdruck und stellt seinen Eleckij gegenüber suggerierten Adelsstolz in Frage (vgl. KOSCHMAL 1983, 94f. u. 186). Ein ähnlicher, durch unterschiedliche Besitzverhältnisse motivierter Unterordnungsgestus findet sich in *Zavtrak u predvoditelja*, wo der arme Gutsbesitzer Mirvolin den Adelsmarschall Balagalaev siezt und umgekehrt von diesem geduzt wird (PSS, III, 10). Zudem übernimmt Mirvolin gegenüber Balagalaev die Rolle eines Kammerdieners, der Befehle ohne Widerrede ausführt (19).

[1174] KOTTMANN 1984, 84.

[1175] KLUGE 1992, 37.

118). Libanovas Nachbar Gorskij trifft in seiner Formulierung das erniedrigende Abhängigkeitsverhältnis, in dem sich Čuchanov befindet:[1176]

> [...] так как она в карты не играет, а преферанс только втроем хорош, то и держится для этого на подножном корму разорившийся капитан в отставке, некто Чуханов, с виду усач и рубака, а на деле низкопоклонник и льстец. (81)

Čuchanov hat die Unterwürfigkeit des Wehrlosen angenommen, dessen Besitzlosigkeit und ökonomische Abhängigkeit ihn zur Überanpassung zwingen, weshalb er in Gorskijs Wahrnehmung als „Kriecher“ und „Schmeichler“ erscheint. Čuchanov wird von der Libanova kaum beachtet, sie behandelt ihn wie einen lästigen Lakaien oder einen Gegenstand, von dem man keine Äusserungen, Wünsche und Ansprüche erwartet. Aus diesem Grunde muss Čuchanov Gorskij bitten, sich für ihn bei der Libanova wegen eines bereits versprochenen Wäldchens einzusetzen. In der gesellschaftlichen Hierarchie hat Čuchanov seine einstige Autorität als „Kapitan“, d. h. als Kommandant, wegen seiner Besitzlosigkeit verloren, so dass er im Hause Libanovas eine isolierte Stellung einnimmt. Im Gegensatz zum ebenfalls sozial deklassierten Kuzovkin in *Nachlebnik*, der betrunken gemacht wird und sich genau in jenem Moment, als man ihm eine Papiermütze aufsetzt und ihn zum Narren kürt,[1177] zur Wehr setzt („Я вам не шут дался...“; PSS, II, 153-156),[1178] hat Čuchanov als Narr, der keine Spässe mehr zu bieten hat, ausgedient und wird nur noch notgedrungen zur Notiz genommen. Seine erniedrigende Position ist ausweglos, er besitzt keine Mittel mehr, über welche er seine verlorengegangene Würde wiedererlangen könnte – weder Geld noch Geheimnisse.[1179]

[1176] KOTTMANN 1984, 49. Der Familienname „Čuchanov“ geht auf eine Art Kaftan (чуха) zurück, ein Kleidungsstück, das vorwiegend von Angehörigen der unteren sozialen Schichten getragen wurde (KOSCHMAL 1983, 324).

[1177] Kuzovkin wird bereits vor dieser Kulmination von Eleckijs Nachbarn Tropačev als „eine Art Hofnarr“ bezeichnet (PSS, II, 136), der schon früher von Ol'gas Vater „zur Belustigung“ im Hause gehalten wurde (135).

[1178] So sagt Kuzovkin am Ende des ersten Akts zu Eleckij: „Извините-с. Я пьян – но я знаю, что я говорю. Вот вы теперь – барин важный – петербургский чиновник, образованный, конечно... а я вот шут, дурак, гроша за мной нету медного, я попрошайка, дармоед... а знаете ли вы, кто я? Вот вы женились... На ком вы женились – а?“ (PSS, II, 156).

[1179] KOTTMANN 1984, 49; KLUGE 1992, 36. Das Kostgängerthema und der damit verbundene Antagonismus zwischen arm und reich bzw. abhängig und unabhängig scheinen Turgenev wiederholt beschäftigt zu haben, jedenfalls plante er, neben *Nachlebnik* und *Gde tonko, tam i rvetsja*, mit *Kompan'onka* (1850 begonnen) ein weiteres, allerdings unvollendetes Stück, in welchem eine mittellose Generalsfrau als Kostgängerin bei einer reichen Gutsbesitzerin lebt (vgl. PSS, III, 287). Auch in den *Zapiski ochotnika* ist das Motiv des einst vermögenden, nunmehr aber verarmten, sozial deklassierten und auf Kostgang angewiesenen Gutsbesitzers zu finden: In der Skizze *Moj sosed Radilov* (1847) kommt

In *Razgovor na bol'šoj doroge* droht Michrjutkins heruntergewirtschaftetes Gut unter Kuratel gestellt zu werden, da der Adlige sein letztes Geld verspielt bzw. vertrunken hat (PSS, III, 210). Obwohl Michrjutkin – wie Žazikov in *Bezdenež'e* – auf seinen Machtverlust mit einem demonstrativen, wenngleich sinnlosen und im Grunde ohnmächtigen Befehlsgebaren gegenüber seinen beiden Leibeigenen Seliverst und Efrem reagiert, ist ihm doch bewusst, dass für ihn die althergebrachte Hierarchie bald nicht mehr gelten wird. Begleitet wird sein Niedergang zudem von physischen Zerfallserscheinungen, aus denen Michrjutkin kein Hehl macht:[1180]

> То-то, как. *(утихая.)* Поправь мне подушку сзади. *(Селивёрст поправляет подушку.)* Одному я удивляюсь: кажется, уж на что я снисходителен, уж на что; а никакой привязанности в вас не заслужил. Вы все меня за грош готовы продать – ей-ей! *(Едва сдерживая слезы.)* Да вот потерпите маленько; недолго мне вам надоедать. Скоро, скоро, сложу я свою головушку. *(Кланяется.)* Посмотрю я, лучше ли вам будет без меня. (PSS, III, 210)

Tatsächlich erfolgt über die ökonomische Handlungsweise der beiden Leibeigenen eine ‚Entmündigung‘ Michrjutkins: Während Seliverst eigenmächtig darüber bestimmt, ob der für die Übernachtung in einer Herberge verlangte Preis akzeptiert werden soll oder nicht (206f.), dominiert Efrem das Gespräch mit seinem Herrn über Wert und Unwert der vor den Reisewagen gespannten Pferde sowie darüber, ob man sie verkaufen oder besser auswechseln soll (208f.). Selbst Michrjutkins gebieterische Aufforderung an Efrem, er solle endlich schweigen (209), ändert nichts an seinem bereits fortgeschrittenen Machtverlust.[1181] Während in *Nachlebnik* die Umkehrung der Hierarchien lediglich angedeutet wird, indem Kuzovkin zum Ankläger einer für überlebt und unmenschlich gehaltenen (da unbemittelten) Gesellschaftsgruppe avanciert und vom An-

die Titelfigur für Fedor Micheič auf, der, ausgemergelt und alkoholsüchtig, in irgendeiner „Ecke“ verkrochen sein Dasein fristet und für sein dargebotenes, wenn auch wenig geglücktes Geigenspiel als Belohnung ein Glas Vodka erhält (PSS, IV, 55f.).

1180 Dass Michrjutkins Gesundheit zerrüttet ist, wird bereits zu Beginn des Stücks aus der Bühnenanweisung deutlich: „Г-н Михрюткин часто кашляет, – грудь у него расстроена“ (205).

1181 Eine ähnliche Konstellation weist das Verhältnis zwischen Petuškov, einem verarmten und vom Schicksal benachteiligten Armeeleutnant (PSS, V, 133), und seinem Diener Onisim in der Novelle *Petuškov* auf: Onisim bringt seinem Herrn keinerlei Respekt entgegen, was Petuškov zu einem wirkungslosen Befehlsgebaren verleitet. Auch auf Petuškovs erfolgloses Werben um Vasilisa, die hübsche Nichte einer Bäckerin, vermag Onisim Einfluss zu nehmen. Er ist in der gesellschaftlichen Hierarchie seinem Herrn zwar untergeordnet, behält aber – wie Matvej in *Bezdenež'e* oder Seliverst bzw. Efrem in *Razgovor na bol'šoj doroge* – die Übersicht und damit auch die Oberhand. Angesichts seines Scheiterns verfällt Petuškov schliesslich dem Alkohol und teilt damit das Los jener Turgenevschen Figuren, die auf ihren Abstieg mit Trunksucht reagieren.

gegriffenen zum Angreifer wird,[1182] zeigt sich diese Inversion in *Razgovor na bol'šoj doroge* wesentlich deutlicher, wenn Efrem zu Seliverst sagt:

> Разве ты не видишь – барин у нас еще млад, малодушен... Надобно ж ему посоветовать, как то есть ему в жизни действовать... (214)

Schliesslich ist es Seliverst, der die Ursache für die ausweglose Situation seines Herrn auf den Punkt bringt: „Вольно ж было ему. Несчастный, кричит, человек я теперича стал в свете... А кто виноват? Не дурачился бы сверх мер человеческих. Да." (214) Michrjutkin hat über seine Verhältnisse gelebt und ist nun von jenem allgemeinen Niedergang der „Adelsnester" bedroht, der mit ökonomischem Verfall einhergeht und dem, wie Efrem zu berichten weiss, bereits andere, einst hochmütige Gutsherren zum Opfer gefallen sind:

> Вот, например, вы изволите знать соседа нашего – Финтренблюдова? Уж на что был важный барин! Лакей в кубическую сажень ростом, чтó одного галуна, дворня – просто картинная галдарея (sic, A.S.), лошади – рысаки тысячные, кучер – не кучер, просто единорог сидит! Залы там, трубачи-французы на хорах – те же арапы; ну просто все удобства, какие только есть в жизни. И чем же кончилось? Продали всё его имение сукциону. А вас, может быть, господь и помилует, и всё так обойдется. (213)

Das Motiv der drohenden Auktion verweist auf den wirtschaftlichen Verfall des Adels: Gleichsam ‚auf einen Schlag' gehen Güter und mit ihnen auch privilegierte Positionen, ja ganze Adelsexistenzen verloren. In einem Traum nimmt Michrjutkin sein bevorstehendes Schicksal prophetisch vorweg: „Не помню хорошенько, что такое было, а только очень что-то неприятное. *(Помолчав.)* Насчет именья... опеки. Будто вдруг меня под суд во Францию повезли... Очень неприятно... очень." (215). Seine Freude auf die Heimkehr wird denn auch getrübt vom Elend, das ihm wieder einfällt. Letztlich gibt er sich kraftlos und pessimistisch dem Schicksal hin, auch wenn er noch ein fröhliches Lied anstimmt:

> Хорошие овсы. *(Помолчав.)* И у нас овсы не дурны... Но к чему мне они теперь? К чему всё это? Ведь я пропал, совершенно пропал... Пропала моя головушка... Отнимут у меня и это последнее удовольствие... (220)

Die soziale Ungleichheit infolge materieller Unterschiede und Abhängigkeiten ist auch für den Konkurrenzkampf zwischen Natal'ja Petrovna und ihrer Ziehtochter Vera um die Zuneigung Beljaevs in *Mesjac v derevne* kennzeichnend. Beljaev bekennt sich offen zu seiner niederen Herkunft und den beschei-

[1182] KOTTMANN 1983, 83.

denen Verhältnissen, in denen er als Student lebt (PSS, III, 80f., 128 u. 133).[1183] Das philanthropische Verhalten, das er offenbart, indem er etwa eine greise Bettlerin auf seinen Armen zur nächstgelegenen Krankenstation trägt, steigert seine Beliebtheit gerade bei den sozial Niedriggestellten im Hause Islaevs (102). Beljaev kann sich schliesslich den Ausbruch aus der Machtsphäre Natal'ja Petrovnas und damit auch aus einem für ihn fremden Milieu leisten, da er für sich selber sorgen kann und auch einer anderen Gesellschaftsschicht mit entsprechend abweichenden Anschauungen und Denkmustern angehört. Insofern gelingt es ihm, Natal'ja Petrovnas Einfluss zu brechen und in sozioökonomischer Hinsicht wieder jenen Weg einzuschlagen, der seinem Wesen und seinen Ansprüchen entspricht. Im Gegensatz dazu ist Vera wirtschaftlich von Natal'ja Petrovna völlig abhängig (98). Zugleich erweist sie sich aber nicht nur als unglücklich liebendes, von ihrer Adoptivmutter permanent bevormundetes junges Mädchen („она еще ребенок"; 54), sondern auch als Frau, die über persönliche Würde verfügt, sich nicht gängeln lässt und es schliesslich vorzieht, das Haus der Islaevs zu verlassen. Das kann sie jedoch nur, wenn sie den ältlichen, etwas dümmlichen, aber solventen und daher auch innerhalb seines Standes ,sozialisierten' Gutsbesitzer Bol'šincov heiratet, der sich um ihre Hand bemüht und dabei betont, dass er immerhin 320 „Seelen" besitze und keinerlei Schulden habe (86). Wie Beljaev entzieht sich Vera letztlich Natal'ja Petrovnas Autorität, allerdings für den Preis des ökonomischen Kalküls, das die Verehelichung an einen ungeliebten Mann impliziert.[1184]

In *Večer v Sorrente* ist Avakov fest davon überzeugt, dass sich Nadežda Pavlovna von fremden Leuten um ihr Geld betrügen lässt, die an ihr als Person keinerlei Interesse zeigen und nur ihr Vermögen im Auge haben (PSS, III, 227f.).[1185] Es ist demnach die „erotische Anziehungskraft des Geldes" (KOTTMANN),[1186] die die Fremden reagieren lässt und Nadežda Pavlovna Aufmerksamkeit verschafft, auch wenn sie selbst Avakovs Beobachtung dementiert:

> А в а к о в. Я одному удивляюсь, Надежда Павловна… Как вы, с вашим умом, даете себя в обман. Ведь вы посмотрите на них – ведь у них так в глазах и написано, что вы, мол, варвары – и если б не ваши деньги…
> Н а д е ж д а П а в л о в н а. Ну, уж извините, Сергей Платоныч, я не думаю, чтобы со мной знакомились из-за моих денег… (233)

[1183] Die soziale Ebene in *Mesjac v derevne* wird von der Opposition ,Adel' (die Islaevs, Rakitin, Bol'šincov) vs. ,*Raznočincy-Intelligencija*' (Beljaev, Špigel'skij, mit Vorbehalt auch Šaaf) bestimmt und mit der Antithese reich/unabhängig vs. arm/abhängig in Zusammenhang gebracht (THIERGEN 1986, 93).

[1184] Vgl. hierzu KLUGE 1992, 39-41.

[1185] KOSCHMAL 1983, 247.

[1186] KOTTMANN 1984, 73.

Dieselbe ideologische Position, die für das Verhalten der fremden Figuren aus *Večer v Sorrente* kennzeichnend ist, vertritt Dar'ja Ivanovna in *Provincialka*, wo es um diskrete Verführung und alte Beziehungen geht, aus denen gesellschaftliche Vorteile gewonnen werden sollen. Dar'ja Ivanovna schenkt dem vermeintlich reichen Grafen Ljubin nur deshalb Aufmerksamkeit, weil sie an Ljubins gesellschaftlichem Einfluss in St. Petersburg Interesse hat und Zuneigung mit dem Ziel provozieren möchte, ihrem Gatten Stupend'ev, einem subalternen, einkommensschwachen und wenig dienstbeflissenen Provinzbeamten, eine Stelle in der Hauptstadt zu verschaffen (was ihr schliesslich auch gelingt). Ob aber Ljubin seine Machtposition noch lange wird halten können, ist höchst fraglich, da er finanziell bereits völlig abgewirtschaftet und seinen früheren Reichtum, dem er auch seine soziale Stellung verdankt, verloren hat (PSS, III, 161, 172f. u. 193):[1187]

> Дарья Ивановна. [...] я всё-таки провинциалка, жена уездного чиновника, бывшая воспитанница богатой барыни, которую потом кой-как пристроили... а он, он знатный человек, в чинах, богатый... ну, не совсем богатый: дела его расстроились в Петербурге, и он, я думаю, не на один месяц сюда приехал. [...] Притом мы бедны, зависим от других; всё это мешает сближенью – такому сближенью, которое бы меня не оскорбляло. Такое сближенье невозможно... (172 u. 178)

Ljubins materieller Niedergang zeigt sich bereits anhand seines mütterlichen Herrschaftsgutes in Spasskoe (sic, A.S.), das verfällt und im kommenden Jahr abgerissen werden soll (175). Dieser wirtschaftliche Abstieg deutet ferner auf den zunehmenden Verlust der dialogischen Macht Ljubins gegenüber seiner einstigen Geliebten Dar'ja Ivanovna und damit auch auf das Ende seiner überlieferten Macht hin. Insofern wird Dar'ja Ivanovna, die als finanziell abhängige Erziehungsbefohlene auf dem Gut von Ljubins Mutter aufgewachsen ist und sich nun durch die Versetzung ihres Mannes nach St. Petersburg einen Wegzug aus der Provinz und Reichtum erhofft (184), künftig wohl Ljubins gesellschaftliche Stellung in der Hauptstadt einnehmen.[1188] Damit werden nicht nur die in Dar'ja Ivanovnas Jugend, sondern überhaupt die in den bis dahin entstandenen Stücken Turgenevs vorherrschenden Abhängigkeitsverhältnisse umgedreht, was auch zu einer Transformation des Kostgängermotivs führt: In der dargestellten Gegenwart von *Provincialka* ist die einst abhängige Dar'ja Ivanovna diejenige, welche Ljubin zu einer Marionette degradiert und in der sozialen Hierarchie auf-

[1187] KOSCHMAL 1983, 247; KLUGE 1992, 34. Die unterschiedlichen Einkommens- und Lebensverhältnisse der beiden männlichen Protagonisten zeigen sich bereits anhand ihres äusseren Erscheinungsbildes: Während Stupend'ev abgewetzte Kleider tragen muss, tritt Graf Ljubin in einer eleganten Garderobe auf, wie sie bei „alternden Bel Hommes" üblich ist (PSS, III, 162 u. 167).

[1188] KOSCHMAL 1983, 247.

steigen wird.[1189] Entsprechend dieser Umkehrung des Kostgängerthemas können Machtpositionen nicht mehr nur aufgrund wirtschaftlicher Interdependenzen zwischen rivalisierenden Figuren aufrechterhalten werden. Die materielle Basis als Instrument zur Machtausübung scheint immer zweifelhafter.[1190]

Analog zur Korrelation von Geld- und Machtverlust steht die – bei Turgenev freilich weitaus seltener anzutreffende – Verbindung von Kapitalgewinn und sozialem Aufstieg. Diese Interaktion ist etwa in *Zavtrak u predvoditelja* zu finden, wo sie allerdings nur am Rande und mit Vorbehalt in Erscheinung tritt: Der kleinadlige Gutsnachbar Alupkin hat zwar von seiner verstorbenen Frau einen bescheidenen Besitz mit 52 „Seelen" geerbt und sich nach seinem Umzug aus dem Gouvernement Tambov einen mehr oder weniger angesehenen Platz innerhalb der gesellschaftlichen Hierarchie seines Standes verschafft, doch stehen seine Vermögensverhältnisse nach wie vor nicht zum Besten (PSS, III, 14). Nicht zuletzt deshalb bleibt Alupkins Autorität bei der Schlichtung des Erbstreites begrenzt, auch wenn er sich aristokratisch gebärdet und weiterhin seinen Einfluss geltend zu machen sucht.

Obwohl Turgenev in seinen Dramen Abhängigkeits- und Besitzverhältnisse für die Veranschaulichung von Machtpositionen und Machtunterschieden verwendet, sind in diesen Werken nicht Konflikte *zwischen* Schichten oder Klassen primärer Gegenstand der Darstellung. So werden die beiden Kostgänger Kuzovkin und Karpačov (*Nachlebnik*) auf eine soziale Stufe mit ihren Unterdrückern gestellt: Beide gehören dem Adel an, und gerade in Momenten grösster Erniedrigung beruft sich Kuzovkin wiederholt darauf, dass auch er „Adliger" sei (PSS, II, 153 u. 177). In *Zavtrak u predvoditelja* sind alle Hauptfiguren Mitglieder der Gutsbesitzerschicht oder gleichrangiger sozialer Gruppen. Insofern verbinden sich die Bestrebungen einzelner Figuren nach Machtausübung nicht automatisch mit der Zugehörigkeit zu bestimmten Gesellschaftsklassen.[1191] Dagegen dienen die jeweiligen Vermögensverhältnisse als wichtiges Differenzierungskriterium bei der Frage nach Einfluss und Abhängigkeit *innerhalb* eines Standes. Zudem werden vor allem in Turgenevs letzten Stücken alte soziale Hierarchien auch dadurch abgebaut, dass die dialogische Macht immer deutlicher auf Vertreter der jüngeren Generation übergeht, deren zweideutige Rede jener der älteren Sprecher überlegen ist.[1192]

Während in den Dramen die Korrelation von Macht und Reichtum gerade wegen der absichtsvollen Diskursivierung sozialer Unterschiede, Ungerechtigkeiten und Positionswechsel besonders deutlich zutage tritt, werden in Turgenevs Prosa diese Interaktionen mehr und mehr in den Gesamtkontext des Sujets ver-

[1189] Koschmal 1983, 17f.
[1190] Vgl. Koschmal 1983, 19f.
[1191] Koschmal 1983, 193f.
[1192] Koschmal 1983, 368f.

woben, zur Veranschaulichung von sozialen Kräfteverhältnissen herangezogen, variiert, aber im Grunde genommen nicht prinzipiell anders konnotiert: Besitz, Macht bzw. Autorität und physische Konstitution bilden ein Netz von Wechselwirkungen, die in vielen Fällen mit Verlust, Niedergang und Krankheit oder Tod verbunden sind. Wie zuvor im Bühnenwerk geht mit finanziellem Ruin oder Kostgang häufig eine niedrige Position innerhalb des sozialen Machtgefüges einher, wobei die mittellosen Figuren unterschiedliche Strategien zur Bewahrung oder Wiederherstellung ihrer Autorität anwenden.

Gerade die *Zapiski ochotnika* veranschaulichen die moralischen Konsequenzen uneingeschränkter Machtausübung sowie das folgenreiche Eindringen des Geld- und Fabrikwesens in die feudale Gesellschaftsordnung.[1193] In diesen Skizzen stehen Fälle, wo Reichtum als ‚statische' Erscheinung Macht und Ansehen verleiht,[1194] Beispielen von Geld- und Machtverlust gegenüber.[1195] Dabei fällt auf, dass die auf dem Leibeigenensystem begründete und als überholt wie auch unproduktiv denunzierte Gutsbesitzerkultur entweder bereits die Phase des materiellen Niedergangs und damit der Infragestellung historisch gewachsener Machtstrukturen erreicht hat oder aber diese Zerfallserscheinungen zumindest als drohende Zukunftsvision eingeschrieben trägt.[1196] In der Skizze *Petr Petrovič Karataev* hat der kleinadlige Gutsbesitzer Karataev seinen Hof verwirtschaftet und damit auch gegenüber seinen Leibeigenen versagt (PSS, IV, 247f. u. 258). Seinen einzigen Ausweg sieht er im Wegzug nach Moskau, wo er in den Staatsdienst eintreten möchte, obwohl er eigentlich Angst davor hat (247). Mit dem ökonomischen und sozialen Niedergang Karataevs geht zudem ein für seine Lebensgeschichte weitaus entscheidenderes persönliches Unglück einher, für welches wiederum das Leibeigenschaftssystem verantwortlich gemacht wird (249-256). Analog dazu hat in *Malinovaja voda* (1848) der Graf Petr Il'ič, „ein Herr, wie er sein soll" (PSS, IV, 39), durch sein konsumptives Verhalten, seinen verschwenderischen und leichtsinnigen Lebensstil nicht nur sich selbst, sondern

[1193] DANILOV 1925, 24.

[1194] So etwa im Hinblick auf den Grafen Orlov-Česmenskij (*Odnodvorec Ovsjanikov*; PSS, IV, 66f.), des „reichen Gutsbesitzers" Aleksandr Michajlyč G*** (*Gamlet Ščigrovskogo uezda*; PSS, IV, 270) oder des Gutsbesitzers und Generalmajors a. D. Vjačeslav Illarionovič Chvalynskij, der völlig ausserstande ist, Adlige ohne Vermögen oder Rang als seinesgleichen zu behandeln (*Dva pomeščika*; PSS, IV, 176f.).

[1195] Eine ‚Mittelstellung' in diesem Gefüge nimmt Nedopjuskin ein (*Čertopchanov i Nedopjuskin*): Nedopjuskin ist zwar als Erbe seines letzten Wohltäters, eines begüterten Branntweinpächters, mit dem Dorf Besselendeevka samt 22 „Seelen" bedacht worden (zur Etymologie des Ortsnamens vgl. Anmerkung 1198), doch führt dieser Nachlass wegen der Art und Weise, wie das Testament zustande gekommen ist, zu keinem Machtgewinn Nedopjuskins – im Gegenteil: Die Grösse des Erbes und die Tatsache, dass die übrigen Erbberechtigten den Anteil Nedopjuskins als „Scherz" betrachten, verschaffen Nedopjuskin bei den benachbarten Gutsbesitzern keinerlei Autoritätszuwachs (PSS, IV, 306f.).

[1196] Vgl. DANILOV 1925, 25f.

auch seine Leibeigenen zugrunde gerichtet (38f.). Die lapidare Feststellung, dass des Grafen Vermögen „nicht für das ganze Leben ausgereicht habe" (37), zeugt von der Inkongruenz der gräflichen Ausgaben- und Einnahmenseite. Auf seinen persönlichen Bankrott und sozialen Abstieg folgt, wie bei Karataev, die Flucht nach St. Petersburg, wo Petr Il'ič noch vor dem geplanten Eintritt in den Staatsdienst in einem Hotelzimmer stirbt:[1197]

> Долго пировал граф, долго расхаживал, приветливо улыбаясь, в толпе подобострастных гостей; но именья его, к несчастию, не хватило на целую жизнь. Разорившись кругом, отправился он в Петербург искать себе места и умер в нумере гостиницы, не дождавшись никакого решения. (37)

Dennoch schliesst Petr Il'ičs ehemaliger Haushofmeister Tuman seine Erzählung mit den Worten: „А всё-таки хорошее было времечко!" (40). Mit dem Tod ihres Gutsherrn hat sich die Lage der Bauern nämlich keineswegs gebessert, da nunmehr der in Moskau wohnhafte Sohn des Grafen nach eigenem Gutdünken über Frondienst und Pachtzins bestimmt (40-42). Einer dieser leibeigenen Verlierer ist Tumans Kamerad Stepuška. Früher, als noch reiche Gutsbesitzer im Dorf Šumichino wohnten, „ging bei ihnen alles seinen geordneten Gang", bis plötzlich das ganze prächtige Anwesen niederbrannte und die Herrschaft in ein „anderes Nest" übersiedelte (34). Daraufhin verödete die Besitzung, und die zurückgelassenen Leibeigenen versuchten, sich auf diese oder jene Weise durchzuschlagen. Der durch den materiellem Verlust ausgelöste gesellschaftliche Abstieg des Grafen Petr Il'ič spiegelt sich demnach in Stepuška wider: Stepuška erscheint als Mensch, der mit dem Niedergang Šumichinos jeglicher Lebensgrundlage beraubt wurde und aufgrund seiner Mittellosigkeit nun sozial völlig deklassiert lebt – ohne Vergangenheit und ohne Stellenwert (35f.):

> Всякий человек имеет хоть какое бы то ни было положение в обществе, хоть какие-нибудь да связи; всякому дворовому выдается если не жалованье, то по крайней мере так называемое «отвесное»: Степушка не получал решительно никаких пособий, не состоял в родстве ни с кем, никто не знал о его существовании. У этого человека даже прошедшего не было; о нем не говорили; он и по ревизии едва ли числился. (35)

Ein weiteres anschauliches Beispiel der Korrelation von Geldverlust und versuchtem Machterhalt findet sich in der Skizze *Lebedjan'* (1848), wo der Oberleutnant a. D. Viktor Chlopakov, der seinen Grundbesitz schon vor langer Zeit verloren hat, nunmehr einzig und allein auf Kosten seiner Freunde lebt, nicht einmal zum Narren taugt (PSS, IV, 189f.), jedoch über die Fähigkeit verfügt, sich den reichen Petersburger „Wildfängen" anzubiedern, mit ihnen zu rauchen, zu trinken sowie Karten zu spielen und sie zu duzen (189). Damit verbin-

[1197] Vgl. PETERS 1972, 101 u. 115.

det Chlopakov die Utopie, zu den relevanten Zirkeln der Hauptstadt Zugang zu haben und zumindest teilweise an jener Macht zu partizipieren, die er früher als Gutsherr selber besass.

Auch der Titelheld der Erzählung *Gamlet Ščigrovskogo uezda*, ein in Gelddingen gutgläubiger „Provinzler, Mann ohne Würden und armer Schlucker" (PSS, IV, 280 u. 286), ist vom Erzähler während der Abendgesellschaft nicht bemerkt worden, weil er sich, wie er selber zugibt, hinter den anderen Menschen verstecke, hinter den Türen stehe und sich mit niemandem unterhalte. Sogar dem Haushofmeister gegenüber besitzt er keinerlei Autorität. Er erklärt seine Machtlosigkeit aus dem Umstand, dass er, erstens, arm sei, und, zweitens, sich unterworfen habe (279). Das bescheidene Erbe, das er von seinen mittellosen Eltern erhalten hatte (285), wurde von den betrügerischen Gutsverwaltern weitgehend aufgebraucht (289). Die Folge hiervon war ein materieller und sozialer Niedergang des Helden, der wegen seines Geldmangels auf dem Land verharren musste und jegliches Interesse an seiner Umwelt verlor: „[...] безденежье меня приковывало к ненавистной мне деревне; ни хозяйство, ни служба, ни литература – ничто ко мне не пристало; помещиков я чуждался, книги мне опротивели [...]." (295)

Indes kann der mit sozialem Abstieg und Machtverlust verbundene finanzielle Schaden auch zu anderen Reaktionen führen, die den bei Turgenev so häufig vorhandenen Resignations- und Duldungsgestus durch Opposition, ja Rebellion kontrastieren. So wird in der Erzählung *Čertopchanov i Nedopjuskin* Čertopchanovs „unermesslicher Stolz auf seinen alten Adel" ausdrücklich daraus erklärt, dass er sich „völlig unerwartet von einem reichen Erben in einen armen Schlucker verwandelt sah" (PSS, IV, 303):

> Отцу Пантелея Еремеича досталось имение уже разоренное; он в свою очередь тоже сильно «пожуировал» и, умирая, оставил единственному своему наследнику, Пантелею, заложенное сельцо Бессоново, с тридцатью пятью душами мужеска и семидесятью шестью женска пола да четырнадцать десятин с осьминником неудобной земли и пустоши Колобродовой, на которые, впрочем, никаких крепостей в бумагах покойника не оказалось. Покойник, должно сознаться, престранным образом разорился: «хозяйственный расчет» его сгубил. (301)

Čertopchanovs Hochmut und würdevolles Gebaren werden – im Gegensatz zur Ruhmsucht anderer in den *Zapiski ochotnika* porträtierter Gutsbesitzer – nicht als Standesdünkel angeprangert, sondern primär in seinen positiven Auswirkungen gegenüber den Bauern und seinem Freund Nedopjuskin gezeigt, der, wie Čertopchanov, keinen Groschen besitzt und sich nicht zuletzt deshalb mit Čertopchanov angefreundet zu haben scheint (299). Čertopchanovs Autorität gründet sich gerade nicht auf seine Vermögensverhältnisse, die ihn, den Besitzer des kleinen, bereits vom sprechenden Namen her wenig verheissungsvollen Gutes Bessonovo, als machtlosen Menschen erscheinen lassen („Чертопханов, не важная птица"; 308).[1198] Vielmehr kompensiert er seinen auf der materiellen Ebene erlittenen Machtverlust durch einen Machtanspruch im Sprechverhalten: Als Adliger aus altem Geschlecht ist es ihm völlig gleichgültig, wenn er von seinen Mitmenschen wegen seiner Mittellosigkeit nicht ‚standesgemäss' wahrgenommen wird. Er verschafft sich auf seine Art Geltung, reagiert jähzornig und heissblütig, missachtet gesellschaftliche Hierarchien und ist ein anständiger, gutmütiger und von Gerechtigkeitssinn beherrschter Mensch. Der Verlust von Geld und Besitz hat bei ihm nicht zu sozialer Unterordnung geführt, sondern zu einer Trotzreaktion, die seinen persönlichen Charakter über den Besitzstand hebt. Auch hier bestimmen der soziale Status und dessen Wandel das Verhalten des Helden innerhalb der Gesellschaft, allerdings mit dem Unterschied, dass die Knappheit der finanziellen Mittel durch charakterliche Festigkeit aufgewogen wird.[1199] Und doch ist auch Čertopchanov letztlich nicht in der Lage, über seiner Mittellosigkeit zu stehen: Als ihn seine Geliebte, die bildhübsche Zigeunerin Maša, verlässt, glaubt er, dass seine Armut der Grund für die Trennung sei (*Konec Čertopchanova*; PSS, IV, 320).

Čertopchanovs Auflehnung gegen die Autorität des Geldes hat demnach dort ihre Grenzen, wo die Liebe ihre Rechte geltend macht. Dabei spielt es keine Rolle, ob sich Maša tatsächlich aus materiellen Gründen von Čertopchanov abkehrt oder nicht: Dadurch, dass er diesen Anlass als möglich wahrnimmt, bedient Čertopchanov jenen von ihm bis dahin bewusst subvertierten Diskurs, der Reichtum, Sozialstand und damit auch persönliche Attraktivität in eine gegenseitige Abhängigkeit setzt. Mašas Weggang, Nedopjuskins Tod, der Verlust des letzten Geldes sowie seines geliebten Pferdes Malek-Adel', das ihm als einziger ‚Wertgegenstand' verblieben ist und sein Ansehen bei den benachbarten Gutsbesitzern noch aufrecht erhält (329f.),[1200] leiten dann auch bei Čertopchanov je-

[1198] Dass sich Čertopchanovs Vermögen in einem ähnlich desolaten Zustand wie jenes seines Freundes Nedopjuskin befindet, zeigt die Analogie, die den sprechenden Namen der beiden fast benachbarten Güter zugrunde liegt: Während Bessonovo das Adjektiv „бессонный", also „schlaflos", anzitiert, evoziert Nedopjuskins Gut Besselendeevka mit seinen 22 „Seelen" die Vorstellung einer verschwindend kleinen Siedlung (von „без-" und „селение"). Das Erbe, das Čertopchanov nach Nedopjuskins Tod von diesem erhält, fällt denn auch äusserst bescheiden aus (*Konec Čertopchanova*; PSS, IV, 323).

[1199] Ein ähnliches Verhalten ist in der Skizze *Uezdnyj lekar'* zu finden, wo die verarmte, aber aussergewöhnlich gebildete Gutsbesitzerfamilie den Umgang mit ihren reichen Nachbarn „aus Stolz" meidet (PSS, IV, 49).

[1200] Malek-Adel' gehört zu jenen ‚Werten', die sich durch ihre Inkommensurabilität auszeichnen: Das Prachtpferd ist für Čertopchanov unbezahlbar („[...] деньги дело наживое, а главное: Малек-Адель опять у меня!"; 339), so dass er einem Jäger, der bereit ist, jeden Preis dafür zu zahlen, sogar Frau und Kinder, ja das Letzte wegzugeben, in Shakespearescher Manier antwortet: „Коли ты царь, [...] подай мне всё твое царство за моего коня – так и того не возьму!" (330). Als ihm das Pferd eines Nachts entwendet wird, setzt Čertopchanov erfolglos sein gesamtes Vermögen ein, um Malek-Adel' wiederzubekommen (337 u. 342).

nen Niedergang ein, der in gebrochenem Stolz, geistiger Zerrüttung, Alkoholismus und physischem Tod endet:

> [...] обиженный, одинокий, без близкой души человеческой, без гроша медного, да еще с кровью, зажженной вином, он находился в состоянии, близком к помешательству [...] Осталось одно чувство стыда и безобразия – да сознание, сознание несомненное, что на этот раз он и с собой покончил. (347 u. 349)

Die *Zapiski ochotnika* zeigen aber auch, wie ein sein Metier beherrschender Bauer es zu einigem Wohlstand bringen, manchmal sogar erfolgreicher wirtschaften kann als sein Gutsherr und trotzdem gegen althergebrachte hierarchische Strukturen nicht anzukommen vermag. Turgenev stellt die bisweilen paradoxen Beziehungen zwischen den Menschen in einem Moment dar, wenn die ökonomischen Initiativen der einen und die den alten Wirtschaftsformen verhaftete Lebensweise der anderen in Kontrast zueinander stehen. So gibt es durchaus Bauern, die praktisch reicher sind als ihre Herren, zugleich aber gezwungen werden, ihren Reichtum zu verbergen, da ihr Gutsbesitzer immer noch über unbegrenzte Macht verfügt: Er kann seine Leibeigenen in Ketten legen oder hungern lassen, er kann sie versetzen, verbannen, in den Militärdienst schicken oder ruinieren, ohne dabei einen Profit für sich herauszuschlagen. Und er nimmt diese Macht rücksichtslos wahr. Wie in den Dramen zeigt sich auch in den *Zapiski ochotnika*, dass ökonomische Entfaltung und finanzieller Gewinn primär einen Einfluss auf die Machtverhältnisse *innerhalb* eines Standes haben, dass sich die sozialen Hierarchien infolge unterschiedlicher Vermögens- und Gewinnverhältnisse verschieben können – doch nur selten reichen diese Bewegungen über die Standesgrenzen hinaus.

Auf die autonomen Wirtschaftsformen der leibeigenen Bauern in den *Zapiski ochotnika* verweisend und gleichzeitig die Grenzen zur kapitalisierenden Subsistenzwirtschaft überschreitend, werden in der Novelle *Postojalyj dvor* Aufstieg und Fall des Leibeigenen Akim geschildert, der auf der Höhe seines zielstrebig erlangten ökonomischen Erfolges und sozialen Prestiges wegen der Untreue seiner Gattin sein Vermögen, seine lukrative Gastwirtschaft und sein Ansehen verliert. Auch er sucht seine Zuflucht zunächst im Alkohol, dann lehnt er sich nachgerade prometheisch gegen sein Schicksal auf und versucht, seine ehemalige Herberge in Brand zu setzen, und schliesslich sieht er seinen einzigen Ausweg im Wegzug: „Я только здесь не хочу остаться, вот что; не хочу, чтобы на меня пальцами тыкали…" (PSS, V, 340). Erst als wandernder Pilger findet Akim wieder zu Ruhe, Glück und auch Bewunderung zurück: „Он казался совершенно спокойным и счастливым, и много говорили о его набожности и смиренномудрии те люди, которым удавалось с ним беседовать." (342) Dagegen erleidet Akims Frau Avod'tja einen nachhaltigen sozialen und wirtschaftlichen Niedergang, als habe sie das Schicksal für ihren zweifachen Betrug an Akim – Ehebruch und Diebstahl – bestraft:

Авдотья живет по-прежнему на женской половине у Лизаветы Прохоровны, но опустилась еще несколькими ступенями ниже, одевается очень бедно, почти грязно, и от столичных замашек модной горничной, от привычек зажиточной дворничихи не осталось уже в ней и следа… (344)

Im Roman *Dvorjanskoe gnezdo* ist Lavreckijs Grossvater Andrej – ähnlich wie das „kleine Männchen“ in *Andrej Kolosov* (PSS, V, 9) – von zahlreichen Kostgängern und Nutzniessern umgeben, solange er über ein intaktes Vermögen verfügt (PSS, VII, 149). Von einem wirtschaftlichen und gesellschaftlichen Niedergang betroffen ist Lavreckijs Vater Ivan, der sich als Zwanzigjähriger unversehens von einem (aussichts-)reichen Erben in einen sozial geächteten Gnadenbrotempfänger verwandelt sieht: „в Петербурге общество, в котором он вырос, перед ним закрылось“ (150). Und in *Nakanune* offenbart der reflektierende, ichbezogene und in Gelddingen wenig pragmatische Bildhauer Šubin nicht zuletzt durch seine wirtschaftliche, an Kostgang grenzende Abhängigkeit von der wohlhabenden Gutsherrin Anna Vasil'evna Stachova seine untergeordnete Stellung sowohl im gesamten Personengefüge als auch gegenüber seinem Antagonisten, dem Tatmenschen Insarov, der zwar ebenfalls mittellos ist, dafür aber charakterliche Stärke aufweist (PSS, VIII, 16, 18, 20, 42, 52 u. 54).

Eine augenfällige Verdichtung von Unrecht, Berechnung und Grausamkeit hat Turgenev in der Novelle *Stepnoj korol' Lir* realisiert, wo die Verschränkung von Geld und Macht mit dem Thema der Schädigung von Männern durch Frauen verbunden wird:[1201] Ein vorausdeutender Traum löst den verhängnisvollen Entschluss des Helden Charlov aus, schon zu Lebzeiten auf seinen bescheidenen Besitz (PSS, X, 190) und die mit ihm verbundene Machtstellung im Hause zugunsten seiner Töchter zu verzichten (205 u. 207-214). Aus dieser Entsagung von Vermögen und Autorität entwickelt sich immer deutlicher die erniedrigende Verdrängung und Entmündigung Charlovs (vgl. 224, 230 u. 240-243). Stolz und düster wendet er sich gegen den Verlust seiner gesellschaftlichen Stellung:

Убили вы во мне веру-то! Всё убили! Был я орлом – и червяком для вас сделался… а вы – и червяка давить? […] Али закон вспомнил: коли принявший дар учинит покушение на жизнь дателя, […] то датель властен всё назад потребовать? Ха-ха, не бойся, законник! Я не потребую – я сам всё покончу… (254f.)

Im Gegensatz zu Charlov steigt der habgierige und charakterlose Slëtkin, der Gatte von Charlovs älterer Tochter Anna, als neuer Mitbesitzer des Gutes und Gebieter über Land und Leibeigene sozial auf: Während ihn seine Frau nur noch mit dem Titel „barin“ benennt, wird er vom Volk mit Vor- und Vatersna-

[1201] Vgl. hierzu KOSCHMAL 1983, 365.

men beehrt.[1202] Charlov hingegen sucht verzweifelt nach Rache und stirbt schliesslich, als er den Dachstuhl seines Hauses mit blossen Händen einreisst (251-257). Damit bestimmt Charlov in einem letzten Kraftakt über Wert und Unwert seines ehemaligen ‚Machtzentrums'.

Dass sich das ökonomische Ungleichgewicht innerhalb einer Beziehung auf das Kräfteverhältnis zwischen den Geschlechtern auswirken kann, zeigen ferner jene Beispiele, wo etwa die Frau das gemeinsame Gut verwaltet und über ihren in Wirtschaftsdingen wenig begabten Gatten nach Belieben verfügt (*Bretër*; PSS, V, 42-44), oder wo der Mann aufgrund seiner Spielsucht sich vollständig seiner Gattin unterordnen muss, da sie nicht nur sein Laster zu ertragen bereit ist, sondern ihm sogar ihr letztes Geld aushändigt und seine Schulden begleicht, ihn also ebenfalls in einer finanziellen Abhängigkeit hält (*Dnevnik lišnego čeloveka*; 1850; PSS, V, 180). Dabei werden die Machtlosigkeit und niedrige gesellschaftliche Stellung des ‚Spielers' explizit herausgestellt: „Отец (Чулкатурина, A.S.) не имел в собственном доме никакой власти и никакого значения как человек, явно преданный постыдному и разорительному пороку […]." (180) Dass das Spielermotiv, das dem Geld die magische Kraft zuschreibt, ‚auf einen Schlag' Reichtum stiften zu können,[1203] lediglich einen weitreichenderen materiellen und damit auch sozialen Abstieg der gesamten Familie Čulkaturin vorbereitet, wird bald darauf deutlich, wenn der Ich-Erzähler vom Verkauf des „Nestes" spricht: Wegen der Ausstände gelangte schliesslich der gesamte Gutsbesitz unter den Hammer, und den Čulkaturins blieb nur noch ein kleines Dörfchen übrig, in welchem der todkranke Erzähler nun lebt (183). Fast idealtypisch korrespondieren hier die persönlichen Vermögensverhältnisse mit der sozialen Position und dem physischen Zustand dieser psycho-sozial motivierten russischen Melancholie-Figur:[1204] Der „überflüssige Mensch" ist mittellos, ohne jede Autorität und krank, also in jeder Hinsicht dem Verfall preisgegeben.[1205] Während in *Otcy i deti* Katja gegenüber Arkadij festhält, dass sie sich

[1202] Vgl. DOLNY 1996, 252.

[1203] Vgl. hierzu VERNON 1984, 30, der die Spekulation und das Papiergeld als Voraussetzung für das in der Literatur des 19. Jahrhunderts häufig anzutreffende Motiv des „Traumes vom plötzlichen Reichtum" („dream of sudden fortune") sieht. Dagegen weist HÖRISCH (1996, 201) in diesem Zusammenhang auf die vom Geld entfaltete unaufhebbare Ambivalenz (und Verschränkung) von Rationalität und Irrationalität hin, wie sie gerade im literarisch häufig thematisierten Typus des Glücksspielers zum Ausdruck kommt. Es überrascht daher nicht, dass in *Dym* Litvinov anlässlich seiner fieberhaften Geldbeschaffungsmassnahmen für die geplante Flucht mit Irina entgegen seiner sonstigen Einstellung sogar (wenn auch vergeblich) auf einen Gewinn beim Roulette setzt, als sei dies seine letzte Chance, um rasch an eine grössere Geldsumme zu gelangen (PSS, IX, 304f.). Und in der Novelle *Nesčastnaja* erweist sich das Kartenspiel für Viktor als ultimative Möglichkeit, um an dringend benötigtes Geld zu gelangen: Mit lediglich sechs Rubeln in der Tasche gelingt es ihm, ganze 750 Assignatenrubel zu gewinnen (PSS, X, 97f.)

[1204] Vgl. LANGER 2002, 294.

[1205] Turgenevs Typus des „lišnij čelovek" (vgl. ROTHKOEGEL 1998, 31f.) muss nicht zwinals unvermögende Frau eine Liebesheirat mit einem reichen Mann nicht vorstellen könne, da eine solche Konstellation zu schwer erträglicher Ungleichheit führen würde (PSS, VIII, 366f.), glaubt Matrena Semenovna Suchančikova in *Dym*, dass alle Frauen Nähmaschinen besitzen und sich zu Genossenschaften zusammenschliessen müssten, um auf diese Weise ihr Brot selber zu verdienen und sich auf einen Schlag emanzipieren zu können (PSS, IX, 159f.).

Ein sozusagen chiastisches Verhältnis zwischen materiellem Reichtum und geschlechterübergreifender Machtausübung tritt in der Novelle *Pervaja ljubov'* zutage, wo die Fürstentochter Zinaida in spielerischer Koketterie nicht nur ihre älteren Verehrer beherrscht, sondern auch über den in sie verliebten Ich-Erzähler unbeschränkte Macht hat. Während Zinaidas Mutter als ruinierte Fürstin ihre Mittel- und damit auch Machtlosigkeit permanent vor Augen geführt bekommt, gelingt es Zinaida, die mangelnde finanzielle Verfügungskraft ihrer Familie durch verführerische Grazie und Begehrlichkeit zu kompensieren. Liebe und Zuneigung verdrängen hier gleichsam das Geld als machtstiftendes Medium („[…] в нашем доме она превращалась в барышню, в княжну […]"; PSS, IX, 35). Zinaida gebietet trotz ihrer Armut über die sie umringenden, grösstenteils wohlhabenden Männer, ja sie benutzt deren Hingabe, um sich materielle Vorteile zu verschaffen. Da aber die Liebe innerhalb der Novelle den eigentlich dominanten Diskurs ausbildet, wird das Machtthema schliesslich von seiner materiellen Komponente befreit und auf die rein erotische übertragen: In ihrem Verhältnis zum Vater des Ich-Erzählers gibt Zinaida sich selber vollständig auf, sie wird zur Sklavin ihres Gefühls, verliert ihre Position als Machtinstanz und wird zur hierarchisch untergeordneten Figur – in materieller und erotischer Hinsicht. Vorweggenommen wird dieser Umstand in zwei symbolischen Träumen, die Zinaida erzählt: Einmal verlässt sie ruhig und entschlossen ein Boot mit jungen Mädchen, um den Verlockungen von reich geschmückten Bacchantinnen zu folgen (41), das andere Mal gibt sie als Königin Herrschaft und unermesslichen Reichtum auf, um dem mittellosen Unbekannten, der sie ruft und den sie liebt, bedenkenlos zu folgen, ohne dass irgendeine Macht sie aufhalten könnte (53f.).[1206] Zinaida sehnt sich nach Reichtum und Wohlstand,

gend mittellos sein, sondern kann durchaus etwa über ein ererbtes Vermögen verfügen. Allerdings widersprechen die zielgerichtete Aktion und der Glaube an ‚Werte' (‚Geldwerte', ‚Warenwerte' etc.) als Hauptbedingungen für den ökonomischen Erfolg diesem suchenden, ringenden und unfertigen Charakter, in dem sich „die mephistophelische Negation zur lähmenden Reflexion, zur Infragestellung jeglichen Handelns" verflüchtigt hat (KLUGE 1992, 116 u. 126). Insofern überrascht es nicht, dass die dem „lišnij čelovek" entsprechenden Helden, wie im Falle Čulkaturins, ihrer materiellen und schliesslich auch existentiellen Grundlage verlustig gehen können. An Čulkaturins materielle Verhältnisse und physischen Niedergang erinnern auch Charaktere wie der vielseitig begabte, seine Talente jedoch verschwendende, alkoholabhängige Veret'ev aus *Zatiš'e*, der schliesslich heruntergekommen in St. Petersburg umherstreift (PSS, VI, 128 u. 154-157).

[1206] KLUGE (1982, 67f.) deutet diesen Schritt nicht als Akt dämonischer Triebhaftigkeit, sondern als Wissen um die Fähigkeit zu leidenschaftlicher elementarer Liebe.

und doch ist sie bereit, für die Liebe alles preiszugeben – auch ihre persönliche Würde.[1207]

Geldwirtschaft und Besitzverhältnisse beeinflussen in Turgenevs gesamtem Œuvre die sozialen Beziehungen, indem sie diese dem Massstab des Geldwertes und der persönlichen finanziellen Potenz unterordnen. Dadurch werden gesellschaftliche Konstellationen versachlicht, objektiviert und (vermeintlich) berechenbar. Die unterschiedliche Verteilung von Vermögenswerten wirkt auf die interfiguralen Beziehungen, differenziert zwischen den einzelnen Charakteren und schafft soziale Distanz (oder Nähe) bzw. Ungleichheit, was sich in Machtausübung und Machtgewinn, besonders häufig aber in Machtverlust manifestiert. Dabei fällt auf, dass gerade das Moment der Logik immer wieder dort unterwandert wird, wo über Geld und Reichtum Ziele verfolgt und bestimmte gesellschaftliche Positionen angestrebt oder verteidigt werden. Es ist, als ob bei Turgenev in das mit dem Geldwert verbundene Objektive, Absolute und Rationale mit dem Numinosen und Schicksalhaften gleichsam ‚höhere Werte' eindringen. Während auf den ersten Blick tatsächlich jener zu regieren scheint, der Geld hat, offenbart sich bald die Unberechenbarkeit sozialer Verhältnisse und in letzter Konsequenz auch der menschlichen Existenz an sich. Das Geld hält der Gesellschaft den Spiegel vor, zugleich spiegelt es aber auch seine eigene Charakterlosigkeit, Indifferenz und Hierarchisierungsleistung in die Gesellschaft zurück: Dieser vom rein Äusserlichen und Relativen dominierte, auf Wertreihen und Quantitätsdifferenzen reduzierte Ort spricht der menschlichen Seele ihre Existenz nachgerade ab. Dort, wo Geld bei Turgenev der Machtausübung dient und alle natürlichen Rangordnungen zwischen den Dingen und ihren Werten nivelliert, kommt der Mensch der Gesellschaft letztlich abhanden. Konterkariert wird dieser materiell bedingte Autoritätsverlust des sozialisierten Individuums bei Turgenev auf anderen Diskursebenen – entweder durch den Versuch der Figuren, wenigstens ihre dialogische Macht aufrechtzuerhalten (Čertopchanov, Rudin[1208] bzw. Pigasov[1209] in *Rudin*), oder durch emotionalen Reichtum, der den

[1207] In *Pervaja ljubov'* lässt sich insofern eine Homologie zwischen dem Geld und der Liebe herstellen, als beide Diskurse die handelnden Figuren in Hierarchien verweisen und zwischen Herrschern und Beherrschten unterscheiden: Während unterschiedliche Besitzverhältnisse zu sozialer Ungleichheit führen, generiert die Liebe ein Missverhältnis zwischen dem Liebespaar. Letzteres wird in *Perepiska* auf den Punkt gebracht, wo Aleksej in seinem letzten Brief an Mar'ja Aleksandrovna schreibt: „В любви нет равенства, нет так называемого свободного соединения душ и прочих идеальностей, придуманных на досуге немецкими профессорами... Нет, в любви одно лицо – раб, а другое – властелин, и недаром толкуют поэты о цепях, налагаемых любовью. Да, любовь – цепь, и самая тяжелая." (PSS, VI, 190).

[1208] Rudin erkennt aber bald, dass er mit seiner Dominanz auf der dialogischen Ebene zu scheitern droht, wenn es ihm nicht gelingt, wirklich zu „handeln": „Я не должен скрывать свой талант, если он у меня есть; я не должен растрачивать свои силы на одну болтовню, пустую, бесполезную болтовню, на одни слова..." (PSS, VI,

Charakteren eine ‚natürliche', geldentbundene Autorität verleiht (Jakov Pasynkov).[1210]

Dass dem menschlichen Besitz- und Machtstreben endgültige Grenzen gesetzt sind, die auch den Geltungsbereich des Geldes aufkündigen, zeigt sich eindrucksvoll in Turgenevs letztem Prosagedicht *Moi derev'ja* (1882 verfasst), wo das erzählende Ich einen Zeitgenossen der Verblendung bezichtigt, weil dieser, bereits blind und todkrank, glaubt, als reicher Gutsbesitzer und Aristokrat über die Natur wie über sein Eigentum verfügen zu können. Doch die Natur kennt bei Turgenev weder Gut noch Böse, weder Vernunft noch Gerechtigkeit, weder Vergangenheit noch Zukunft, weder Sinn noch Ziel (vgl. *Priroda*; 1879 verfasst, PSS, XIII, 188f.), so dass vor dieser ewigen und unergründlichen Elementargewalt selbst das Leitmedium Geld und dessen Allmacht kraft- und sinnlos erscheinen müssen. Als Antithese zur Überzeugung der Gutsbesitzerfigur in *Moi derev'ja* erweist sich die Natur als nicht besitz- oder vererbbar – im Gegenteil, sie ist es, die hier als etwas Anthropomorphes über den sich in Natur verwandelnden Menschen („червяк"; 218) gebietet. Im Angesicht der ewigen Natur und des Todes als ‚Gleichmacher' verlieren auf nichtigem Reichtum begründete gesellschaftliche Positionen jegliche Gültigkeit. Menschliches und mit ihm auch die vom Menschen hervorgebrachten ‚Werte' werden angesichts der ‚majestätischen' Natur bedeutungslos.[1211] Allenfalls in einem Punkt nähert sich das Wesen

283). Rudins Herkunft als kleiner Landadliger aus ärmlichen Verhältnissen („бедный, нечиновный и пока неизвестный человек"; 333) und seine Mittellosigkeit (vgl. 282 u. 286) kontrastieren denn auch sein rhetorisches Talent, das ihm Bewunderung, aber auch den Vorwurf der Schönrederei einbringt.

1209 PSS, VI, 248f.: „Пигасову в жизни не повезло – он эту дурь и напустил на себя. Он происходил от бедных родителей. [...] особенно сильно было в нем чувство честолюбия, желание попасть в хорошее общество, не отстать от других, назло судьбе. Он и учился прилежно и в Дерптский университет поступил из честолюбия. Бедность сердила его и развила в нем наблюдательность и лукавство."

1210 Vgl. etwa die Wertschätzung, die der aus reichem Hause stammende Ich-Erzähler dem mittellosen Helden Jakov Pasynkov entgegenbringt, nachdem er ihn zunächst wegen seiner niedrigen sozialen Stellung ignoriert hat (*Jakov Pasynkov*; PSS, VI, 202f.).

1211 Hacker 1988, 63. Dass Turgenev diesen Gedanken bereits sehr früh künstlerisch gestaltet hat, zeigt die Skizze *Smert'* (1848) aus den *Zapiski ochotnika*, wo eine alte Gutsherrin und ein Student den Tod genauso klaglos hinnehmen wie zwei Bauern (PSS, IV, 212-224). Zudem regeln die Figuren in *Smert'* ihre finanziellen Verpflichtungen auffallend gewissenhaft, bevor sie sterben, als ginge es darum, sämtliche Verbindlichkeiten noch im Diesseits zu begleichen, da sie im Jenseits ohnehin keine Geltung mehr haben (vgl. 216 u. 223f.). Vorweggenommen wird das in *Moi derev'ja* verwendete Wurmmotiv in Bazarovs Sterbeszene (*Otcy i deti*), wo Bazarov zur Odincova sagt: „Вы посмотрите, что за безобразное зрелище: червяк полураздавленный, а еще топорщится. И ведь тоже думал: обломаю дел много, не умру, куда! задача есть, ведь я гигант! А теперь вся задача гиганта – как бы умереть прилично, хотя никому до этого дела нет..." (PSS, VIII, 396).

des Geldes jenem der Turgenevschen Natur an – in der personell indifferenten Sachlichkeit und Emotionslosigkeit.

Мои деревья

Я получил письмо от бывшего университетского товарища, богатого помещика, аристократа. Он звал меня к себе в имение.

Я знал, что он давно болен, ослеп, разбит параличом, едва ходит… Я поехал к нему.

Я застал его в одной из аллей его обширного парка. Закутанный в шубе – а дело было летом, – чахлый, скрюченный, с зелеными зонтами над глазами, он сидел в небольшой колясочке, которую сзади толкали два лакея в богатых ливреях…

– Приветствую вас, – промолвил он могильным голосом, – на *моей* наследственной земле, под сенью *моих* вековых деревьев!

Над его головою шатром раскинулся могучий тысячелетний дуб.

И я подумал: «О тысячелетний исполин, слышишь? Полумертвый червяк, ползающий у корней твоих, называет тебя *своим* деревом!»

Но вот ветерок набежал волною и промчался легким шорохом по сплошной листве исполина… И мне показалось, что старый дуб отвечал добродушным и тихим смехом и на мою думу – и на похвальбу больного.[1212]

[1212] PSS, XIII, 217f.; Hervorhebungen im Original, A.S.

3.3. Zusammenfassung: Die Axiologie des Geldes in Turgenevs ästhetischem System

> – Да правда-то где, на какой стороне?
> – Где? Я тебе отвечу, как эхо: где?
>
> *Otcy i deti* (PSS, VIII, 324)

Bereits in einigen Dramen Turgenevs spielt das Geld eine zentrale Rolle, indem es die Funktion eines wichtigen Movens für den Fortgang des Sujets übernimmt, also die Handlung vorantreibt. Dabei fällt auf, dass das Geld nicht zur Handlungslösung beiträgt, wie es die Logik der Sujetentfaltung suggeriert, sondern vielmehr die Absurdität menschlichen Verhaltens offenbart. An die Stelle einer Katharsis tritt ein pausenloses Sich-Drehen um finanzielle Streitigkeiten und Umschuldungsaktionen. Die ganze Welt scheint, so die zentrale Aussage, temporeich dem Geld nachzujagen, ohne eine befriedigende, geschweige denn befreiende Lösung zu erlangen. In Turgenevs ästhetischem Wertsystem wäre diese primär dem Genre des Vaudevilles entstammende erzähltechnische Funktion des Geldes der Ebene des Niedrigen und Trivialen zuzuordnen: Geld wird als banale Realität wahrgenommen, die jedoch eine ungeheure Anziehungskraft besitzt und daher das Leben und Streben der Menschen bestimmt. Nicht zuletzt daraus erklärt sich auch die allgemeine Bedeutung des Geldmotivs für die *Natural'naja škola*, wo das Geld als wichtiges, alltägliches, ja ‚hässliches' Element erscheint, das aus der Wahrnehmung des Menschen nicht mehr wegzudenken ist. Dieselbe Axiologie gilt auch für Turgenevs Dichterbilder, wie sie im Frühwerk hier und da zu finden sind: Im Spannungsfeld von odiös besetzten realökonomischen Erwägungen – der Dichter als remunerierbarer *Handwerker* – und einer programmatisch geldentbundenen Existenz des Originalgenies – der Dichter als *Künstler* – erscheint der Mammon als schnödes Gut, das abgelehnt werden sollte, allerdings nicht immer zurückgewiesen werden kann. Die kritischen Reflexionen beziehen sich hier sowohl auf den Warencharakter der künstlerischen ‚Dienste' als auch auf die mit dem Kunstmarkt allgemein auftretenden Gefährdungen, die den Künstler zur bedingungslosen Orientierung am Publikumsgeschmack und damit zum kommerziellen Sündenfall verleiten.

Auf einer höheren, gleichsam ‚mittleren' Ebene innerhalb des geldbezogenen Wahrnehmungsschemas sind jene Aspekte der Turgenevschen Geldthematik zu verorten, die dem ‚realistischen' Prinzip zugeordnet werden können, bestimmte monetäre Zustände, Korrelationen oder Wirkungen auf das gesellschaftliche Gefüge neutral-objektiv festhalten und meistens keiner emphatischen oder offenen Wertung unterliegen. Hierzu gehört ein im Vergleich zur sujetstiftenden Funktion des Geldes weitaus wichtigerer Zusammenhang, der sich zunächst in den Dramen, dann vor allem in Turgenevs Prosa immer wieder manifestiert: Ähnlich wie bei Charles Dickens, Honoré de Balzac, Puškin, Dostoevskij oder Ostrovskij sind bei Turgenev die sozialen Beziehungen zwischen den einzelnen Personen häufig über finanzielle Abhängigkeits- und Machtverhältnisse definiert, so dass das Geld zum zentralen Differenzierungsmedium innerhalb der Gesellschaft wird, welche die „Bindungskraft des Absoluten" durch die „Verstrickungskraft des Geldes" (HÖRISCH) ersetzt.[1213] Geld bewegt demzufolge nicht mehr nur das Handlungsgeschehen, sondern als Instrument sozialer Selbstdarstellung und Medium der Autorität auch die gesellschaftliche Interaktion, es verdinglicht die sozialen Beziehungen und veranschaulicht als Teil eines nüchtern-sachlichen Instrumentariums Statik und Wandel der zwischenmenschlichen Kräfteverhältnisse. Die soziale und ökonomische Beziehung erscheint damit als ein Vorgang, der eine Distanz zu den daran beteiligten Individuen herstellt und einer eigenen Gesetzmässigkeit gehorcht. Gerade diese Distanz entbindet scheinbar von individuellem, moralischen Zielen verpflichtetem Handeln, so dass diese Struktur die Ablösung von ‚persönlicher' Verantwortung veranschaulicht, gleichzeitig aber auch eine verdinglichte Machtausübung gestattet: Die ökonomische Basis sozialer Beziehungen wird betont und auf der Grundlage der Eigendynamik des Geldes für nicht beeinflussbar erklärt. Reichtum dient von diesem Blickwinkel aus gesehen dem Versuch, eine begehrte gesellschaftliche Wertschätzung zu sichern, also den persönlichen Status zu stabilisieren, wenn nicht zu valorisieren. Der Faktor Geld zerstört traditionelle Strukturen und Normengefüge der Gesellschaft und schafft gleichzeitig neue soziale Interdependenzen, die sich über Reichtum – und nicht mehr über althergebrachte Kräfteverhältnisse – definieren. Bei Turgenev korrelieren in diesem Kontext auffallend oft Geld- und Machtgier, noch weitaus häufiger aber der Verlust von Geld und Macht bzw. Freiheit, und dies vor allem bei den Repräsentanten der überkommenen sozialen Strukturen. Gerade das Motiv der Versteigerung von Adelsgütern spielt in diesem Zusammenhang eine zentrale Rolle, da es die Urangst des von ökonomischem Niedergang bedrohten Gutsbesitzers wiedergibt, Besitzstand *und* Machtstellung ‚auf einen Schlag' zu verlieren. Diese Wechselwirkungen zwischen Reichtum und Autorität verlaufen denn auch meistens dynamisch, d. h. Reichtum wird gewonnen oder verloren, selten jedoch einfach nur als gegeben dargestellt. Als Folge davon werden soziale Beziehungen erkauft, gesellschaftliche Verpflichtungen finanziell verhandelbar, Geldherrschaft dem Geldgehorsam gegenübergestellt, Freiheit und persönliche Abhängigkeit mit der materiellen Potenz in Verbindung gebracht. Dementsprechend führt finanzieller Ruin zu sozialem Abstieg und löst Niedergangsbewegungen aus, die bis hin zum Tod der

[1213] ANIKINE 1993, 109 u. 112; ANIKIN 1994, 105. HÖRISCH (1996, 99f.) stellt fest, dass „die Umstellung persönlicher Beziehungsreihen auf monetäre Sachzwänge" die realistische Literatur des 19. Jahrhunderts hochgradig fasziniert habe: „Die Protagonisten dieser Romane (*Der grüne Heinrich*, *Schuld und Sühne*, *Soll und Haben*, *Geld und Geist*, A.S.) müssen die Erfahrung machen, dass ihre Loslösung (Absolvierung) von der Bindungskraft des Absoluten durch die Bindungs- und Verstrickungskraft des Geldes konterkariert wird. Geld avanciert im 19. Jahrhundert endgültig zum god term der Moderne und zum primären Medium der sozialen Synthesis […]."

Protagonisten durch Alkohol, Duell oder Suizid reichen. Dass Freundschaft, Verständnis oder Empathie bei Turgenev vor allem unter finanziell ähnlich Gestellten zutage tritt und materielle Not als Gleichmacher wirkt, zeigt sich an den insbesondere in den Dramen manifesten Solidarisierungstendenzen unter unbemittelten Charakteren. Einzig in denjenigen seltenen Fällen, wo sich eine Figur gänzlich vom Materiellen lossagt und etwa in der asketischen Pilgerschaft ihre Berufung findet, verliert das Geld seine Machtbedeutung. Geldwirtschaft ist, so die Pointe, eine Form sozialer Differenzierung, die keine (qualitativen) Differenzen kennt. Als die Indifferenz selbst greift Geld auf die sozialen Unterschiede über und stiftet ein universales Beziehungsnetz, das alle mit allen potentiell zusammenbringen kann. Geld vermag nicht nur soziale Strukturen zu supplementieren, sondern auch Verbindungen zu schaffen, die sonst undenkbar wären. Die Geldhaftigkeit der Beziehungen schiebt gleichsam eine unsichtbare funktionelle Distanz zwischen die Menschen, die als Individuen in den wirtschaftlichen Transaktionen nicht mehr vorkommen.[1214]

Während das Geld als ubiquitäres Medium bei Turgenev auf der personalen und sozialen Ebene menschlicher Existenz seine Strukturen ausbildet, der gesellschaftlichen Perspektivierung dient und vielfältige Abhängigkeiten bzw. Kräfteverhältnisse schafft, sind wirklich prononcierte und in sich konsistente sozioökonomische Konzepte in seinem Werk nicht bzw. allenfalls ansatzweise zu finden.[1215] Turgenev interessierte sich offenbar weniger für die Darstellung ökonomischer Visionen als für die Darlegung der Konsequenzen, die dem Eindringen des Geldes in das Dasein des Menschen zugrunde liegen. Der Tatsache, dass die Individuen durch Preise ihren eigenen Wertschätzungen eine soziale Messbarkeit geben können, stellt Turgenev die Problematik des ‚wahren' Wertes einer Person oder Sache gegenüber: Das Geld als ein reiner, letztlich ungedeckter Funktionswert stösst bei ihm als Medium dort an seine Grenzen, wo bestimmte Wünsche und Begehrungen gerade nicht dem geldvermittelten Tausch unterliegen.

Ein weiterer, damit verknüpfter Aspekt der symbolischen Ökonomie besteht in der Aufdeckung des ungerechten oder unangemessenen Tausches, der oft mit dem Motiv der käuflichen Liebe, der Geldheirat oder auch der Prostitution einhergeht: Diese monetär vermittelten bzw. von finanziellen Erwägungen gelenkten Tauschakte, die über das Geld als Inbegriff des unbegrenzten Tausches gleich setzen, was nicht gleich ist, und damit den Tausch des Untauschbaren anstreben, es andererseits aber ermöglichen, unpersönliche Beziehungen zwischen Menschen zu knüpfen, die sich gegenseitig nicht einmal zu kennen brauchen,[1216] scheitern bei Turgenev ebenso häufig, wie der ‚Einkauf' von Gefühlen mittels

[1214] Vgl. LAUER 1994, 163 u. SIMMEL 1996, 395.

[1215] Vgl. THIERGENS (1989) Untersuchung zum Einfluss der Thesen Wilhelm Heinrich Riehls auf *Dvorjanskoe gnezdo*.

[1216] ZWEYNERT 2004 (im Druck).

Geld insgesamt fehlschlägt. Berücksichtigt man diesen Aspekt der Liebesintrige, so avanciert das Ökonomische zu einem wichtigen Bestandteil der Turgenevschen „Liebesprobe"[1217] und damit des zentralen Prüfsteins der Helden im gesamten Werk. Die Geldwirtschaft scheint Beziehungen aufzulösen und Lebensinhalte zu zerstören, indem Werte zum Tausch stehen, die nicht dafür geschaffen wurden. Als eigenschaftsloser Träger des Warenstromes befreit das Geld zwar von Bindungen, aber es zeigt auch seine Kehrseite, indem es alles zur ‚Ware' macht, die zwischenmenschlichen Verhältnisse verdinglicht und dabei Liebe bzw. Ehe auf geldbezogene Aspekte wie Vermögen, Mitgift oder soziale Stellung reduziert. Das ausgeprägte Denken in Geldkategorien droht die Liebe zu unterminieren und materiellen Massstäben als ‚wichtigstem' Aspekt für die Beziehung zwischen Mann und Frau zu unterwerfen: Wenn eine ‚exklusive' Verbindung nicht von ‚Amor', sondern vom Geist des Geldes gestiftet wird, ist sie, so der Leitgedanke, nicht mehr exklusiv.[1218] Überhaupt entpersonalisiert der Austausch von Besitz und Leistungen gegen Geld das Leben. Diesen geldanalytischen Gedanken treibt Turgenev an eine Grenzlinie – die des schlechthin Untauschbaren – und hält ihm die empfindbaren Bedeutungen der Wesen, Dinge und Symbole entgegen, die den materiellen Verlust kompensieren sollen. Tiefere Strömungen und Wertungen werden überall dort sichtbar, wo Werte nicht durch Geld ersetzt oder ausgedrückt werden können, wo sich inkommensurable Originalität und Individualität manifestieren, wo sich – durchaus auch geldvermittelte – Befreiungen *von* etwas in Freiheiten *zu* etwas Neuem gewandelt haben.[1219] Demnach bedrohen der bereits in Turgenevs Lyrik angelegte Verlust der Einmaligkeit und die das gesamte Œuvre durchziehende Tauschbarkeit, die ihre idealtypische Repräsentation in der Käuflichkeit findet, die Werte und Beziehungsformen, welche einer hauptsächlich aus der Romantik ererbten Vorstellung von Inkommensurabilität verpflichtet sind.[1220] Angesichts der Häufigkeit der auf diese Weise gescheiterten Tauschakte ist anzunehmen, dass es sich dabei um ein wohlkalkuliertes Darstellungsverfahren Turgenevs handelt, das dem Rezipienten die Labilität des vermeintlich allmächtigen Geldes vor Augen führen und in ihm eine Auseinandersetzung mit jener ‚romantischen' Haltung zur (In-)Kommensurabilität provozieren soll, die in den Werken immer wieder zutage tritt.

Dem Modell solcher ‚falschen' Tauschakte stehen ‚echte' Austauschformen der Liebe gegenüber, die eine dritte, gleichsam ‚hohe' Ebene in Turgenevs Axiologie des Geldes erkennen lassen und das Medium aus den Bereichen des Banalen, Kalkulierten und Nüchtern-Vermittelnden heben: Eine besondere Rolle spielt die Ökonomie der Gabe, die eine ganze Reihe von Wohltaten umfasst und

[1217] Vgl. THIERGEN 1983, 277f.
[1218] Vgl. HÖRISCH 1996, 97.
[1219] Vgl. KÖHNKE 1990, 331.
[1220] Vgl. GROB 2004 (im Druck).

sich in verschiedenen Formen des philanthropisch motivierten Besitzwechsels wie Geschenk, Trinkgeld oder Almosen zeigt. Dabei wird gerade der moralische Wert jener Gaben besonders hoch veranschlagt, die von mittellosen Spendern ausgerichtet werden. Wichtig ist nicht die Höhe der gestifteten Summen, sondern vielmehr der Umstand, dass ein ohnehin armer Mensch bereit ist, aus Nächstenliebe seine ‚letzte Kopeke' wegzugeben. Dahinter verbirgt sich zum einen die Vorstellung, dass das vom Wesen des Schenkungsaktes abhängige symbolische Kapital eines Individuums nicht eingebüsst werden kann, sondern sogar mit dem finanziellen Verlust wächst, also einer Reziprozität unterliegt. Zum anderen wird der Wert des Geldes als Zahlungsmittel vom moralischen Wert überboten, der in der Gabe als solcher begründet liegt.

Des weiteren gibt das Geld in Turgenevs Œuvre häufig Aufschluss über die Persönlichkeitsstruktur seiner Träger. Der Besitz von Geld, der Umgang damit und die Einstellung dazu verweisen auf die Charaktereigenschaften einer Person. Gerade in der Situation des Tausches erscheint das Verhalten der Menschen über das Medium Geld intersubjektiv transparent. So wird etwa materieller Reichtum oft durch emotionale Armut ‚bezahlt' und umgekehrt materielle Armut, die bei Turgenev bisweilen einen romantisch-verklärten Ausdruck erhält, durch emotionalen Reichtum ‚vergütet': Wohlhabende Figuren verfügen vielfach über einen markant zersetzten Gefühlsbereich – bis hin zum emotionalen Bankrott, wohingegen sich insbesondere die asketischen Charaktere durch affektive Opulenz auszeichnen. Es ist, als ob der kalt-funktionale Code des Geldes, die ‚Gefühllosigkeit' des Mediums, in diesen Fällen auf dessen Besitzer überginge und ‚menschliche' Kategorien verdrängte, als ob der geldbestimmte Tausch zu einer Entemotionalisierung führte. Häufig werden bei Turgenev die negativen Auswüchse der Geldwirtschaft auf moralische Defizite der Figuren zurückgeführt – und weniger auf das Ergebnis mitunter komplexer makroökonomischer Zusammenhänge, wie dies etwa in den *Zapiski ochotnika* der Fall ist. Andererseits können persönliche Risikobereitschaft und unternehmerische Initiative durchaus mit individuellem Reichtum belohnt werden, sofern deren Träger sich ihrer sozialen Verantwortung bewusst sind und entsprechend handeln. Entscheidend ist letztlich die Art und Weise, wie die Helden mit ihrem Vermögen umgehen.

Eine wichtige Rolle spielen denn auch die monetär bzw. antimonetär unterströmten Gefühlsdispositionen der Charaktere zu den verschiedenen Formen des Tausches bei der direkten und indirekten, allusiven Figurencharakterisierung. Diese vollzieht sich bei Turgenev häufig in einem System gegenseitiger Komplementarität, für welches antithetische Geldattitüden bezeichnend sind. Entsprechend konträr ist in diesen Oppositionssystemen die Konnotation des Geldes: Während die spontane philanthropische Geldgeste oder die Verweigerungshaltung gegenüber dem nackten, egoistischen Materialismus positiv gewertet werden, gelten Verselbständigungen des Geldinteresses mit den verschiedenen Formen negativen Verhaltens wie pathologischer Geldtrieb, Skrupellosigkeit,

Eigentumsdelikte oder Erbschleicherei als verwerflich. Das Geldverhalten offenbart die wahre Identität der Figuren und deckt, ähnlich wie bei der Frage nach der Zweckehe, vorgetäuschte und damit ‚falsche' Beziehungen auf. Die sozioökonomischen Interaktionen erscheinen auf diese Weise als ein Vorgang, der eine Distanz zu sowie zwischen den daran Beteiligten herstellt und lediglich seinen eigenen Gesetzmässigkeiten gehorcht. Umgekehrt droht diese Distanz zwischen dem Medium ‚Geld' und den Menschen von individuellem, moralischen Zielen verpflichtetem Handeln zu entbinden.[1221] Dem Rezipienten erschliesst sich der ‚wahre' Charakter einer Figur meistens über mehrere Faktoren, so dass das Geldverhalten vielfach nur im Zusammenspiel mit anderen Dispositionen zum Gesamtbild einer Persönlichkeit beiträgt.

Die insbesondere in den Romanen feststellbare Hingabe bestimmter Figuren an die praktische Arbeit und eigenhändige Bewirtschaftung von Haus und Gut folgt auffallend häufig auf eine persönliche Enttäuschung oder Ernüchterung. Daher überrascht es nicht, dass mit dem äusseren Einsatz und Vorstoss der Protagonisten in neue Räume des wirtschaftlichen Bereichs oft auch das Motiv des Entsagens verbunden ist, sei es, wie in *Dvorjanskoe gnezdo*, in erotischer Hinsicht, indem das persönliche Liebesglück geopfert und ökonomischer Erfolg als Kompensation und neues Lebensziel angestrebt wird, sei es, wie in *Otcy i deti*, in sozialpolitischer Hinsicht durch die Preisgabe gesellschaftlicher Reformpläne. Doch auch der Aufbruch zu wirtschaftlicher Tat und die gleichzeitige Absage an privates Glück oder sozialen Wandel entbehren bei Turgenev einer eindeutigen positiven oder negativen Wertung: Es ist, als bliebe der ‚Energiehaushalt' der entsprechend agierenden Figuren in letzter Konsequenz ausgeglichen, als wirke eine geheime, auf Kompensation und Komplementierung ausgerichtete Ökonomie. Ähnlich wie im Hinblick auf die ökonomische Armut bestimmter Figuren, die mit emotionalem Reichtum vergolten wird, steht hier dem ‚Verlustakt' der ‚Gewinn' an Aktivität im Ökonomischen und damit in einem anderen Lebensbereich gegenüber.

Turgenev bedient sich in seinem Werk althergebrachter Topoi poetischer Geldkritik, die sowohl implizit auf das Verhalten bestimmter Figuren (Gutsbesitzer, Beamte, Stadtadlige etc.) als auch generell auf Geldakkumulation und ihre Folgen zielt: Geld kann ein in sozialer Hinsicht destruktives Triebpotential entfesseln, die Sinnkategorien der handelnden Menschen formen und so unterweisen, dass sie moralisch ‚verkehrten' Kategorien und Vorstellungen verpflichtet sind. Geld kontrolliert und differenziert bei Turgenev nicht nur das System der Wirtschaft, sondern greift insbesondere in andere lebensweltliche Systeme ein – in die intersubjektiven Beziehungen ebenso wie in das menschliche Bewusstsein und damit in die persönliche Weltsicht der Figuren.[1222] Das Geld wird in Turgenevs Œuvre aber keineswegs nur negativ konnotiert. Die ökonomi-

[1221] Vgl. BUSCHMEIER 1990, 61.
[1222] Vgl. HÖRISCH 1990, 335.

sche Orientierung verdrängt nicht einfach alle anderen sozialen und ethischen Normen und Werte, sondern wird den bestehenden gesellschaftlichen Verhältnissen angepasst und durchaus auch zum Nutzen des Individuums eingesetzt: Die Axiologie des Geldes reicht denn auch von gefühlsarmer Akkumulationswut bis hin zur philanthropischen Gabe, von der Vorstellung, dass Geld allmächtig sei, bis hin zum asketisch-religiösen Rückzug vom Mammon, das in diesen Fällen als gegengöttliches Medium erscheint. Wie für zahlreiche andere Schriftsteller seiner Zeit[1223] war für Turgenev das Geld *ein* Teil jenes Motivinventars, das er zur Beobachtung und Wiedergabe seiner Umwelt, der gesellschaftlichen Verhältnisse und der menschlichen Eigenschaften verwendete. Die entsprechend facettenreiche Apperzeption von Geld und Ökonomie schwankt in Turgenevs Werk zwischen der romantischen Sehnsucht nach einer weniger materialistischen Welt und der realistischen Erkenntnis, dass sich das Individuum den Bedingungen der zeitgenössischen, von einer zunehmenden Kapitalisierung dominierten Gesellschaft kaum widersetzen, sich aber durch Altruismus und abwägende Vernunft anpassen kann.

In Turgenevs Schaffen liegt insofern eine weitgehend antiökonomische Poetik vor, als die personalen Werte und sozialen Beziehungen zwar in hohem Masse von gelddeterminierten Einstellungen geprägt sind, indes nur äusserst selten als ‚verrechenbar' dargestellt und in adäquate Wertreihen gebracht werden können. Geld stellt bei Turgenev ein Mittel dar, das manches bewegen, aber angesichts seiner sachlichen Nüchternheit in die zutiefst menschlichen Probleme wie Liebe, Tod, Krankheit, Einsamkeit und Lebenssinn nicht entscheidend eingreifen kann. Grundsätzlich bestimmt Turgenevs Ästhetik des Massvollen und der ‚Zwischentöne' auch den Gelddiskurs in seinem Werk, so dass eine Diabolisierung des Geldtriebs oder eine wie auch immer geartete Kapitalismusfurcht ebensowenig dominieren wie die Hochstilisierung des Geldes zu einem quasi sakralen Medium. Überhaupt sind solche Zwischenpositionen für Turgenevs gesamtes poetisches System charakteristisch, ja sie veranschaulichen im Grunde den Einfluss der Hegelschen Philosophie auf seine Weltsicht, mithin auch seine permanente Suche nach einem ‚*Tertium*'.[1224] Turgenevs Ziel und Methode bestand in der Vorführung verschiedener ‚Wahrheiten', in der Zeichnung einer Vielzahl sich überschneidender Perspektiven, in denen das Geld durchaus auf etwas ‚Besseres' hin korrigiert werden kann.[1225] Bei der Frage nach der Semiotik des Geldes in seinem Werk sind denn auch die Nuancen wichtiger als die Positionen, was das weitgehende Fehlen von Extremen erklärt:[1226] Turgenev bietet keine klaren Antworten auf die vielfältigen Herausforderungen der Geldwirtschaft, sondern in erster Linie eine Beschreibung ihrer Erscheinungsformen und

[1223] ANIKINE 1993, 105.
[1224] Vgl. BERLIN 1972, 49.
[1225] Vgl. BRANG 1979, 155.
[1226] Vgl. KLUGE 1982, 66 u. HEIER 2000, 130.

sozialen Implikationen.[1227] Letztlich bleibt es dem Rezipienten überlassen, sich ein Urteil über den Stellenwert des Geldes bei Turgenev zu bilden: Der Autor liefert weder anwendbare Lösungen noch wirklich messbare Ergebnisse, sondern Anspielungen und Impulse, die der Leser in Eigenverantwortung verarbeiten kann – zu Ansichten oder eben Praktiken.[1228] Die Logik des Geldes wird bei Turgenev weder gänzlich ausgeblendet, noch tritt sie einseitig hervor. Allerdings erfolgt dort eine Legitimation des rationalen Verhaltens und persönlichen Vorteils im Umgang mit Geld und Besitz, wo Geldattitüden dem zwischenmenschlichen Gefühl verpflichtet bleiben und nicht auf einen egoistischen Materialismus hinauslaufen. Turgenevs literarische Bearbeitung des Geldthemas bewegt sich letztlich zwischen den beiden antithetisch angelegten Grundrichtungen: einer dem romantischen Modell zugeordneten strikten Trennung von Kunst und Kommerz sowie einer realistischen Darstellung von Erscheinungs- und Wirkungsformen des Geldes in menschlichen Beziehungen und Gesellschaften. Kritik scheint bei Turgenev jedoch dort auf, wo vom Geld determinierte Systeme mit radikaler und zerstörerischer Instabilität in Verbindung gesetzt werden.

Die Tatsache, dass das Geld nicht nur auf innergesellschaftliche Differenzen verweist, sondern diese Brüche (arm vs. reich, Knappheit vs. Überfluss, Gebrauchswert vs. Tauschwert etc.) auch unablässig herstellt, wird bei Turgenev erst mit dem vollständigen Niedergang menschlichen Seins aufgelöst:[1229] Der Tod ebnet Standesunterschiede ebenso wie unterschiedliche Besitzverhältnisse ein. Im Grunde erfolgt hier die finale Verdichtung des im gesamten Werk immer wieder auftretenden Motivs, das auf Geldverlust häufig Machtverlust und physischen Verfall folgen lässt. Mit dem Tod wird sowohl die Autorität des Geldes wie auch jene der jeweiligen gesellschaftlichen Position zerstört. Rationalität und ökonomisches Nutzdenken werden als Erscheinungsformen sozialen Seins zwar herausgearbeitet und in Wertreihen ausdifferenziert, doch letztlich erweisen sich sämtliche Geldphänomene in Turgenevs Œuvre als bestands- und gegenstandslos angesichts höherer Wahrheiten und Werte: Geld mag, wie dies in den Dramen besonders deutlich zum Ausdruck kommt, die Welt ‚umtreiben' – letztlich löst sich aber jede Geldzirkulation in nichts auf. Spätestens im Prosagedicht *Moi derev'ja* wird die Absurdität einer auf materiellem Besitz begründeten Macht herausgestellt: Einzig der Reichtum und die Allmacht der Natur scheinen die menschlichen Zeiträume und Hinwendungen zu den „kleinen Sorgen und Anstrengungen des Lebens" (*Poezdka v Poles'e*; PSS, VII, 51) zu überdauern.

[1227] Vgl. KORSUN 1990, 33 („Inasmuch as Turgenev's art does not give us explicit answers, what does it provide? I believe the answer is: the opportunity for experimentation and practice. We experiment with becoming what we are not, and we practice the skills that we need to get there.") sowie BERLIN 1972, 44-46, 59 u. 18 („[…] Turgenev remained cautious and sceptical; the reader is left in suspense, in a state of doubt; the central problems are left unanswered.").

[1228] KORSUN 1990, 33f.; HEIER 2000, 117, 128f. u. 135.

[1229] Vgl. HÖRISCH 1990, 336.

Angesichts des Todes und der ewigen Natur erweisen sich Besitzansprüche als Eitelkeiten menschlichen Mühens und Nichtigkeiten menschlicher Existenz. Da das Geld an das physische Dasein des Menschen gebunden ist, muss es mit dessen Tod seine Bedeutung verlieren. In diesem Sinne obsiegt bei Turgenev letztlich die Gleichgültigkeit der Natur (PSS, VIII, 402) über die Indifferenz des Geldes: „[…] человек не повторяется, как бабочка, и дело его рук, его искусства, его свободное творение, однажды разрушенное, – погибает навсегда…“ (*Dovol'no*; 1865; PSS, IX, 121)

4. Versuch einer Zusammenschau: Zur ‚Geldgestik' in Turgenevs Biographie und Werk

4.1. Turgenevs Habitusmodelle in den Feldern der Literatur, Macht und Ökonomie

In einem letzten Schritt sollen die Charakteristika des Turgenevschen Geldverhaltens herausgearbeitet und auf ihren Zusammenhang zur Geldthematik in seinem Werk überprüft werden. Dabei ist zunächst den verschiedenen Positionen Turgenevs in den Feldern der Macht, Literatur und Ökonomie nachzugehen. Besonders aufschlussreich sind in dieser Hinsicht Turgenevs autobiographische Texte, die eine wichtige Quelle für seine Selbstwahrnehmung als Beamter und Schriftsteller, aber auch für seine Selbstinszenierungen darstellen.

In Russland ist eine Tradition von Schriftstellerautobiographien feststellbar, in deren Mittelpunkt ursprünglich weniger die literarische Produktion eines Autors als seine Beamtenlaufbahn stand.[1230] Bis ins 19. Jahrhundert hinein hing der gesellschaftliche Rang eines Schriftstellers primär von seiner sozialen Herkunft und seiner Position innerhalb des Beamtenapparates ab. Erst um die Mitte des 19. Jahrhunderts bildete sich dann ein neuer autobiographischer Diskurs, der zu einer Loslösung von den gängigen Dienstbiographiemustern führte und die Aufmerksamkeit auf die Beschreibung des freien Schriftstellers in seiner überwiegend literarischen Existenz richtete.[1231] Zu dieser neuen Form der Memoirenliteratur gehören auch die autobiographischen Schriften Turgenevs, in denen er sich auffallend stark als professioneller Autor stilisiert.

Obwohl sich Turgenev, wie viele andere russische Autoren, dem Genre der Memoiren zuwandte – verwiesen sei etwa auf seine *Literaturnye i žitejskie vospominanija* (PSS, XIV, 7-202) –, hat er doch nie eine wirklich umfassende Autobiographie geschrieben. Seine textuellen Selbstpräsentationen beschränken sich auf das vermutlich in den Jahren 1852/53 entstandene *Memorial* (PSS, XV, 199-203), das einen knappen Überblick über die wichtigsten Ereignisse in seinem Leben zwischen 1830 und 1852 gibt und lediglich für den Eigengebrauch bestimmt war, sowie auf die beiden jeweils nur etwa zwei Seiten langen Skizzen *Ivan Sergeevič Turgenev* (1872; PSS, XV, 204f.) und *Avtobiografija* (1876; PSS, XV, 206-208), die als Auftragsarbeiten zeitlich nahe beieinander liegen.[1232] Während das *Memorial* in der Ich-Form geschrieben ist und einige wichtige persönliche Details aus Turgenevs Leben offenbart, fällt bei den in der dritten Person abgefassten Autobiographien (1872/76) die deutliche Ironisierung einiger Begebenheiten auf. Auch hier steht nicht die objektive Faktographie im Vordergrund, sondern eher eine persönliche, wenn auch im Vergleich zum *Memorial*

[1230] SCHMID 2000, 55.

[1231] SCHMID 2004 (im Druck).

[1232] Vgl. hierzu auch PSS, XV, 396-412.

weitaus weniger intime Note. In allen drei Texten stellt Turgenev seine Präsenz im literarischen Feld heraus: seine frühe Neigung zur Literatur sowie seine Bekanntschaften und Begegnungen mit Schlüsselpersonen des literarischen Lebens. So verweist das *Memorial* auf die Meilensteine seiner Karriere als Autor bis 1849 – auf das erste umfangreiche Poem *Steno* (1834), die Publikation von *Paraša* (1843), *Chor' i Kalinyč* (1846 verfasst) sowie die Dramen *Gde tonko, tam i rvetsja*, *Nachlebnik*, *Cholostjak* und *Zavtrak u predvoditelja* (1848/49) (PSS, XV, 199-203) – und damit auf die zentrale Bedeutung dieser Werke sowie des Schriftstellerberufs insgesamt für Turgenev.

Betont wird in allen drei Texten überdies der Erwerb kulturellen Kapitals: der frühe Eintritt in die Universität, der Abschluss als „Kandidat" der Philosophie, die Fortsetzung der Studien in Berlin und das Streben nach einer Professur (*Memorial*). Die Verschränkung von Literatur und Bildung, von literarischem und intellektuellem Feld erscheint in Turgenevs Selbstreflexion ebenso wie in der Wiedergabe seiner eigenen ‚Laufbahn' als höchst bedeutungsvoll.

Anders ist Turgenevs Einstellung zum Feld der Macht, in dem er sich nur für kurze Zeit aufhielt. In den beiden publizierten Autobiographien diskreditiert Turgenev seine Beamtentätigkeit im Innenministerium (1843-1845), indem er die Dauer seiner Dienstzeit verkürzt, sie chronologisch um zwei Jahre nach vorne verlegt und erst noch seine dürftige Leistung als Staatsdiener hervorhebt. Auf diese Weise entwertet er zentrale Aspekte einer konventionellen Dienstbiographie und verstärkt zugleich die Bedeutung seines literarischen Debüts:

> В 1841 году он (Turgenev, A.S.) вернулся в Россию, поступил в 1842 году в канцелярию министра внутренних дел под начальство В. И. Даля, служил очень плохо и неисправно и в 1843 году вышел в отставку. В том же году он вступил на литературное поприще [...]. (*Avtobiografija*; PSS, XV, 207)

In beiden Texten erscheinen Turgenevs Rückzug vom Feld der Macht und sein Wechsel in das literarische Feld als endgültige Positionsbezüge bzw. als Absagen an unerwünschte Positionen in nichtliterarischen Feldern.[1233] In diesen Zusammenhang stellt Turgenev auch seine Konfrontation mit dem russischen Staat im Jahre 1852 infolge seines Gogol'-Nekrologs. Als geradezu heroischen Akt präsentiert er seine Opposition gegen die Obrigkeit und sein darauffolgendes ‚Martyrium' in der Verbannung, war er doch, wie er festhält, „in Wirklichkeit" für die *Zapiski ochotnika* und damit für ein *literarisches* Werk bestraft worden:

> В 1852 году Тургенев за напечатание статьи о Гоголе (в сущности же за «Записки охотника») был отправлен на жительство в деревню, где пробыл два года. С тех пор Тургенев жил то в Рос-

[1233] „С тех пор они (литературные занятия, A.S.) не прекращались" (PSS, XV, 208).

сии, то за границей до 1863 г., когда поселился в Баден-Бадене, откуда только наезжает в отечество. (*Ivan Sergeevič Turgenev*; PSS, XV, 205).

Vom Feld der Macht mit seiner zaristischen Regelkultur und bürokratischen Hierarchie hatte sich Turgenev also bereits nach knapp zwei Jahren verabschiedet. Anlässlich seines Nachrufs auf Gogol' zeigte sich dann die Kehrseite dieses Positionsverzichts: Als „Kollegiensekretär im Ruhestand" konnte Turgenev den Anschuldigungen der Staatsmacht wenig – nicht einmal einen vorteilhaften Dienstgrad – entgegenhalten. Dafür zog er fortan aus dieser Kalamität und aus seinem darauffolgenden Exil in Spasskoe im literarischen Feld einen Vorteil und stilisierte sich in seinen Autobiographien zum ‚Opfer' der Obrigkeit. Dass er ausgerechnet für sein populärstes (und auch finanziell einträglichstes) Werk verbannt worden war, kam ihm dabei nur zugute. Turgenevs Preisgabe einer Beamtenkarriere und damit auch einer künftigen, aussichtsreichen Position im Machtfeld hatte nämlich zur Folge, dass ihm dafür eine wichtige Stellung im literarischen Feld zuteil wurde nach der Formel „Wer verliert, gewinnt" („un jeu à qui perd gagne"), die Bourdieu für das reziproke Verhältnis zwischen den beiden Feldern im Frankreich des 19. Jahrhunderts geltend macht.[1234] Obwohl ihm ein prestigeträchtiger Beamtenrang fehlte, verfügte Turgenev als wohlhabender Adliger sowohl über eine entsprechende soziale Stellung als auch über Vermögenswerte, die es ihm erlaubten, gesellschaftlichen Erwartungshaltungen, zaristischen Leitprinzipien und ökonomischen Zwängen unbefangener zu begegnen und von der Autokratie unabhängig zu bleiben. Zudem führte seine Emigration nach Westeuropa 1863 dazu, dass er sich auch räumlich vom Feld der Macht in Russland zu lösen begann, obwohl ihm dies – wie etwa seine Verwicklung in den sogenannten „Prozess der 32" zeigt – letztlich nur bedingt gelang.[1235]

Während etwa Gončarov infolge seines Mangels an Geldmitteln als Zensor und Schriftsteller in widersprüchlichen Positionen in den Feldern der Literatur und der Macht verharrte, Tolstoj das Feld der Macht zur untergeordneten Kategorie erklärte und Nekrasov eine oppositionelle Haltung einnahm,[1236] gelang es Turgenev, solche Extrempositionen zu vermeiden. Für ihn stellte das Machtfeld

[1234] BOURDIEU 1992a, 302.

[1235] Vgl. hierzu BRANG 1977, 30 u. TIME 1998, 10. Nachdem der russischen Regierung im Juni 1862 Briefe von Herzen, Ogarev und Bakunin in die Hände gefallen waren, die unter anderem auch Turgenev zu belasten schienen, erhielt Turgenev Anfang 1863 die Aufforderung, unverzüglich aus Paris nach Russland zurückzukehren, andernfalls würden ihm seine Adelstitel entzogen und sein Besitz konfisziert. Turgenev schrieb daraufhin an Aleksandr II., beantwortete einen Fragenkatalog der Untersuchungsbehörde und gab einen im wesentlichen wahrheitsgetreuen Bericht über die Entwicklung seines Verhältnisses zur Londoner Emigration. Im Januar 1864 sagte er zudem vor der Senatskommission im „Prozess der 32" aus, Anfang Februar wurde ihm durch eine Senatsverfügung die Ausreise aus Russland gestattet, und Mitte Juni stellte man das Verfahren ein.

[1236] SCHMID 2004 (im Druck).

nach 1845 (spätestens aber nach dem Tode seiner Mutter Varvara Petrovna 1850) keine berufliche Alternative, sondern allenfalls noch eine Bedrohung dar, die er jedoch später, als er im Zenit seines Erfolges als Schriftsteller stand, zu instrumentalisieren oder gar zu verklären suchte. Hatte Turgenev zu Varvara Petrovnas Lebzeiten noch mit klaren Rollenerwartungen seitens seiner Mutter zu kämpfen (Staatsdienst, Professur, Adel vs. Schriftstellerberuf), so konnte er sich nach 1850 dank seines Erbes auf Dauer als freier Autor betätigen.[1237] Turgenev sah seine Berufung einzig und allein in der Literatur. Dabei nützte ihm auch der Umstand, dass sich in Russland von den 1820er Jahren an immer deutlicher eine Opposition zwischen den Feldern der Macht und der Literatur abzeichnete, welche die noch für das Zeitalter des Klassizismus idealtypische Rollenkonvergenz von Autor und Staatsmann allmählich untergrub. In seiner Bewertung der verschiedenen Lebensrollen lässt Turgenev denn auch den Schriftstellerberuf als biographischen Fluchtpunkt erscheinen. Erlauben konnte er sich eine solche Haltung freilich nur durch seine finanzielle und persönliche Unabhängigkeit, die er aber ohnehin als Grundvoraussetzung für die erfolgreiche Arbeit jedes Schriftstellers betrachtete. Turgenevs materielle Sicherheit ermöglichte es ihm, sich zeitweise sogar von allen relevanten Feldern – selbst von jenem der Literatur – zurückzuziehen und längere Schaffenspausen einzulegen. Turgenevs zunächst gleich starke Stellung im ökonomischen wie im literarischen Feld bekräftigte die Vereinbarkeit beider Rollen und schuf eine Ausgewogenheit zwischen literarischer und ökonomischer Position, die Turgenev wohl auch als Idealbild für seinen eigenen Habitus betrachtete. Diese Haltung zielte darauf ab, einer durch Kommerzialismus bedingten Degradierung des literarischen Schaffens zuvorzukommen und sich gleichzeitig einen ‚adäquaten' Lebensstil sowie die grösstmögliche Unabhängigkeit von literarischen Einkünften einzuräumen.

[1237] Das Beispiel Turgenevs zeigt, dass die soziale Herkunft nicht Ausgangspunkt einer linearen Serie mechanischer Determinierungen sein muss, wobei etwa der Beruf des Vaters oder auch die Erwartungen der Mutter die eingenommene Position bestimmen, die ihrerseits die Positionierungen festlegt (BOURDIEU 2001, 406f.). Turgenev verfügte angesichts der Umbruchsbewegungen auf dem literarischen Markt Russlands und seiner eigenen Ausstattung mit ökonomischem Kapital über genügend Möglichkeiten, um andere Positionen in ‚fremden', vom Elternhaus nicht akzeptierten Feldern einzunehmen. Die subjektive Beziehung, die ein Schriftsteller zum Raum des Möglichen unterhält, hängt in hohem Masse von den Möglichkeiten ab, die ihm zum gegebenen Zeitpunkt statusmässig zuerkannt werden, aber auch von seinem Habitus, der sich ursprünglich in einer Position ausbildete, die wiederum einen bestimmten Zugang zum Möglichen implizierte: Ob die gesellschaftliche Konsekration und Statuszuweisung auf gehobene soziale Herkunft (wie im Falle Turgenevs der Adelsstand), besondere Auszeichnungen (etwa seine Ehrendoktorwürde) oder – für Schriftsteller besonders wichtig – auf den Beifall aus Kollegenkreisen zurückzuführen ist (was Turgenev bisweilen über den Verkaufserfolg stellte), erleichtert in jedem Fall den Zugang zu den seltensten Möglichkeiten und erhöht über die damit verliehene Sicherheit die subjektive Fähigkeit, sie praktisch in Anspruch zu nehmen (BOURDIEU 2001, 412f.).

Allerdings begann Turgenev bereits 1856,[1238] spätestens aber nach 1863 durch seine längeren Abwesenheiten in Spasskoe auch seine an sich vorteilhafte Position im ökonomischen Feld zu schwächen, da er sich nur noch gelegentlich vor Ort ein Bild vom tatsächlichen wirtschaftlichen Zustand seiner Güter machte. Im ökonomischen Feld offenbarte er ein nahezu programmatisches Desinteresse an den ‚Spielregeln' dieses Feldes. Hinzu kam ein durch diese Leidenschaftslosigkeit bedingtes Unvermögen, sich die Mechanismen der Gutswirtschaft, aber auch des literarischen Marktes gezielt anzueignen und am ‚Spiel' aktiv teilzunehmen, d. h. sich in das Spiel einzubringen und systematisch eine Gewinnmaximierung in beiden Einkommensbereichen anzustreben. Turgenev akzeptierte über Jahre hinweg die meist bescheidenen Erträge, die seine Güter trotz ihres Potentials abwarfen. Zudem schrieb er äusserst selten ausschliesslich für Geld, und er lotete auch nicht den Raum zwischen Markt und ‚Inspiration' zielgerichtet aus, wenngleich er es verstand, seine Interessen bis zu einem gewissen Grad zu verteidigen. Obwohl ihm bewusst war, in welch hohem Masse sein Lebensstil und seine Autonomie als Künstler von seiner Finanzkraft abhingen,[1239] vernachlässigte er seine einst durchaus vorteilhafte ökonomische Position und kokettierte auch in dieser Hinsicht mit Rückzugsbewegungen.

Seinen *Ursprung* hatte diese Einstellung zu Geld- und Wirtschaftsfragen offenbar in Turgenevs Jugend- und Studienzeit, zeigte doch der junge Turgenev in seinen privatökonomischen Verhaltensformen eine Fortsetzung romantischer Exaltationen und Selbststilisierungen, die sich bei ihm dann auch in späteren Jahren immer wieder bemerkbar machten und seine Praktiken im Umgang mit Geld bestimmten. Gerade der Lebensstil der Berliner und Petersburger Bohème mit seinen verschiedenen Formen der Überschreitung (käufliche Liebe, Provokation, Opposition gegen ‚pragmatische' Wirtschaftsformen) trugen in hohem Masse zur Ausformung der künstlerischen, zugleich aber auch konsumorientierten Lebensart Turgenevs bei. Bestimmend für Turgenevs weitgehende Gleichgültigkeit gegenüber finanziellen Angelegenheiten dürfte aber auch eine für weite Kreise des russischen Adels charakteristische Erwartungshaltung gewesen sein, der zufolge die Verfügbarkeit von Geld schlichtweg vorausgesetzt wurde. Ungeachtet seiner unzureichenden Aufmerksamkeit gegenüber ökonomischen

[1238] ZÚÑIGA 2001, 135.

[1239] Dadurch, dass Turgenev die Autonomie des Künstlers verfocht und auf jegliche Machtausübung ausserhalb des literarischen Feldes verzichtete, vertrat er wichtige Prinzipien der *L'art pour l'art*-Schriftstellerkreise, zu welchen er ohnehin enge Kontakte pflegte. Allerdings ging er im Hinblick auf die Exklusivität des literarischen Feldes nicht bis zur vollständigen Ablehnung der aufkommenden Kulturindustrie oder ‚industriellen Literatur' im Sinne von Massenproduktion. Die vom Buchmarkt ausgehenden Zwänge konnte und wollte auch Turgenev nicht ignorieren. Zudem waren ihm die Urteile von Künstlerkollegen zwar enorm wichtig, doch akzeptierte er – anders als bestimmte Schriftsteller des *L'art pour l'art* – nicht ausschliesslich Meinungsäusserungen von seinesgleichen (vgl. BOURDIEU 2001, 526f.).

Belangen wurde Turgenev jedoch der ‚romantischen' Unbestechlichkeit ebensowenig untreu wie er auch im Verhältnis zu seinen Freunden oder Angehörigen kaum Anzeichen von Geiz erkennen liess. Die mit seiner gehobenen Herkunft verbundenen Lebensbedingungen begünstigten also Dispositionen wie Kühnheit oder Gleichgültigkeit gegenüber materiellen Gewinnen bzw. Verlusten.

Turgenevs Schwäche bestand demnach nicht in der durch die Erbschaft und die finanziellen Auswirkungen des literarischen Erfolgs zugewiesenen Stellung an sich, sondern darin, dass er dem ökonomischen Feld – noch mehr aber jenem der Macht – eine sekundäre Bedeutung zumass: Während ihm sein Positionsverzicht im Machtfeld später nicht nur keine gravierenden Nachteile, sondern im literarischen Feld sogar Vorteile und einen Zugewinn an symbolischem Kapital brachte, führte seine passive Haltung im ökonomischen Feld bald zu unausgeglichenen Bilanzen und Gewinneinbrüchen. Dass er sich in Notzeiten dann vermehrt, manchmal sogar ausschliesslich wirtschaftlichen Fragen zuwandte, ja für kurze Zeit sogar die Verwaltung seiner Güter selber übernahm, um dann wieder das ‚Feld zu räumen', untermauert zum einen die strukturellen Unzulänglichkeiten dieser Eingriffe, und zum anderen die Rollenkrise Turgenevs, dem eine zweckmässige Verschränkung seiner Rolle als Künstler mit jener als Agronom bzw. literarischer Unternehmer misslang.

Turgenevs Domäne war und blieb das literarische Feld, auf das er sich bereits Mitte der 1840er Jahre nahezu vollständig zurückzog. Mit ökonomischem und kulturellem Kapital reichlich ausgestattet, gelang es ihm innerhalb weniger Jahre, im literarischen Feld Russlands eine dominante Position einzunehmen und diese durch die permanente Akkumulation von symbolischem Kapital zu festigen. Selbst wenn er immer wieder an seinem Talent als Schriftsteller zweifelte, so hätten ihm sein stetig wachsender Markterfolg und seine enorme Beliebtheit bei der Leserschaft eigentlich das Gegenteil beweisen müssen. Überhaupt war die Ansicht weit verbreitet, dass Turgenev eine führende Rolle im literarischen Leben Russlands einnahm, was sich für ihn auch finanziell auszahlte. Desungeachtet fällt auf, dass Turgenev gerade die materiellen Implikationen seiner schriftstellerischen Tätigkeit nicht wirklich kritisch reflektierte und in dieser Hinsicht auf einem Auge ‚blind' gewesen sein muss. Wohl deshalb pflegte er Freunde, Bekannte und Verwandte mit seinen Wirtschaftsangelegenheiten zu betrauen, was manchmal zu lukrativen Vertragsabschlüssen, bisweilen aber auch zu beträchtlichen Verlusten führte.

Wendet man Bourdieus Modell auf Turgenev an, so lässt sich also feststellen, dass Turgenev seine schwache Position im Feld der Macht durch starke Positionen in den Feldern der Ökonomie und der Literatur kompensierte. Allerdings nahm er sich dieser dominanten Stellungen unterschiedlich an: Seine Finanzlage erlaubte es ihm, sich ganz auf die literarische Tätigkeit zu konzentrieren, wohingegen sein Finanzgebaren zu einer allmählichen Schwächung seiner ökonomischen Grundlage und damit auch seiner Position auf diesem Feld führte: Turgenevs weitgehendes Desinteresse an der Privatwirtschaft und sein oft wenig kritisches Verhältnis zum persönlichen Gewinn- und Verlustsaldo schadeten ihm zusehends. Aus diesem Grunde überrascht es nicht, dass das Phänomen der Bilanzierung in Turgenevs ökonomischem Denken weitgehend fehlte – bisweilen ist in seinen Briefen auch eine Ironisierung des Bilanzierungsgestus feststellbar. Trotzdem hält sich bis heute das Bild vom adligen, talentierten und reichen Schriftsteller Turgenev, das Dostoevskij als einer der ersten und durchaus neidvoll bemüht hatte. In ihren Grundzügen mag diese Vorstellung stimmen, allerdings wird sie der Tatsache nicht gerecht, dass Turgenevs Finanzen oft zerrüttet waren und ihn zwangen, auf dem literarischen Feld vermehrt produktiv zu werden, auf das er sich – wiederum aufgrund seiner potentiell bequemen ökonomischen Situation – zurückgezogen hatte. Sein habituelles Selbstverständnis richtete er denn auch stets an der Autorschaft aus.

Als Künstler hatte Turgenev mit einem permanenten Widerspruch zu leben, einem Antagonismus zwischen dem unbezahlbaren Künstler-Ich und dem (remunerierbaren) Handwerker-Ich, der exemplarisch in der Figur des Sänger-Improvisators aus *Večer v Sorrente* zum Ausdruck kommt. Ein Kunstwerk, so Gustave Flaubert, ist nicht schätzbar, es hat keinen Handelswert und kann daher auch nicht bezahlt werden. Dadurch, dass es ohne Preis ist, steht es ausserhalb der Logik der gewöhnlichen Ökonomie.[1240] Zum einen teilte Turgenev diese Ansicht Flauberts, zum anderen überschritt er jedoch die Grenze zum ökonomischen Kalkül, auch wenn er als Produzent seine Werke meistens zunächst innerhalb des eigenen Feldes gegenüber befreundeten Schriftstellern zur Diskussion stellte, bevor er sie dem literarischen Markt zugänglich machte. Im Grunde versuchte er, sich mit Hilfe des ökonomischen Kapitals, das ihm aus den Werkverkäufen und Ländereien zufloss, von den Zwängen und Dringlichkeiten der unmittelbaren Nachfrage auf dem literarischen Markt zu befreien und auch ‚durchzuhalten', wenn er sich ausserstande sah, Texte zu schreiben. Die literarischen und ausserliterarischen Einkünfte verschafften ihm gewissermassen die Freiheit vom Geld, sie gaben ihm Sicherheiten und Garantien, sie ersparten ihm jene Kompromisse, zu denen ihn fehlendes Kapital sonst möglicherweise gezwungen hätte: etwa zu rein kommerziellen Unternehmungen oder schriftstellerischer Hast und damit zu Formen des literarischen Handwerks, die er ablehnte.[1241] Nur war das Schwundrisiko im Hinblick auf das ökonomische Kapital bei Turgenev sehr hoch. Hatte er noch zur Zeit seiner literarischen Anfänge als ‚reiner' Poet einen Teil seiner Energie, ja Inspiration aus der Verweigerung von kommer-

[1240] Vgl. BOURDIEU 2001, 134.

[1241] Auch BOURDIEU (2001, 138 / 1993, 68) verweist auf die Bedeutung der Interaktion von ökonomischem Kapital und künstlerischer Unabhängigkeit: „[…] economic capital provides the conditions for freedom from economic necessity, a private income [*la rente*] being one of the best substitutes for sales [*la vente*], as Théophile Gautier said to Feydeau: ‚Flaubert was smarter than us … He had the wit to come into the world with money, something that is indispensable for anyone who wants to get anywhere in art.'" (1993, 68).

ziellen Kompromittierungen geschöpft und finanzielle Interessen aus dem Bereich des Dichterisch-Sakralen verbannt, so führte sein verhältnismässig rascher Übergang zum Status eines ‚Erfolgsautors' dazu, dass er die Akkumulation von ökonomischem Kapital akzeptierte und als Voraussetzung sowohl für die persönliche (schriftstellerische) Unabhängigkeit wie auch für die Sicherung seines Lebensstils betrachtete. Konzessionen an den literarischen Markt im Sinne rein kommerzieller Produkte machte Turgenev jedoch höchst selten.

Anhand von Turgenev lässt sich zeigen, welche paradoxe Stellung ein Autor in der sozialen Welt einnehmen kann, wenn er sich im Spannungsfeld von Rollenerwartungen, Positionsbezügen und -verleugnungen, Rücksichtnahmen auf und Absagen von bestimmten Erscheinungsformen der schriftstellerischen Existenz befindet. Mit ökonomischem Kapital ausgestattet, war Turgenev immerhin in der Lage, diese unterschiedlichen Kräfte in den Feldern der Literatur, Ökonomie und Macht auszuhalten und jene Autonomie des schreibenden Subjekts zu bewahren, für die er selber zeit seines Lebens eintrat. Für Turgenev trifft überdies Bourdieus Feststellung zu, dass sich die literarische Ordnung zum spiegelverkehrten Gegenbild der ökonomischen Welt – und damit auch zur Provokation jeder Form von Ökonomismus – herausgebildet hat: Wer in sie eintritt, hat an Interesselosigkeit Interesse und versucht, seine Glaubwürdigkeit durch materielle Uninteressiertheit zu fördern. Bei Turgenev wurde dieser schriftstellerische Habitus freilich noch durch den aristokratischen ergänzt, was möglicherweise zum hohen Grad seines ökonomischen Desinteresses beitrug. Als adliger Schriftsteller mied er das Geldthema sich selbst und anderen gegenüber. Doch das Geld erlaubte es ihm, als Autor in der profanen Wirklichkeit die mit der Autonomie des Künstlers verbundenen Werte zu vertreten, ohne sich dabei dem Diktat des Geldes zu beugen und zu einem industriellen Kulturproduzenten zu werden, der um des Geldes willen schreiben musste.

Im folgenden soll nun der Frage nachgegangen werden, inwiefern Turgenevs Verhaltensmuster im Umgang mit Geld und seine Einstellung zum Pekuniären insgesamt mit dem Geldthema in seinem Werk korrespondieren. Von besonderer Bedeutung ist dabei der Aspekt der *Objektivierung* von ökonomiebezogenen Erfahrungen, Determinierungen und Ansichten, zumal bestimmte konstitutive Dispositionen des Habitus auch bestimmte Wahrnehmungs-, Bewertungs- und Umsetzungsschemata bedingen, die wiederum als Struktur oder Repräsentationssystem in den literarischen Text eingehen und dort ihren eigenen Diskurs ausbilden. Pointiert gesagt, beeinflusste Turgenevs eigener ökonomischer Habitus als Steuerungsgrösse die Verhaltensmuster und sozialen Wechselbeziehungen seiner fiktiven Figuren.

4.2. Zur Korrespondenz des Geldthemas in Turgenevs Lebenstext und Kunsttext

Geht man dem Verhältnis zwischen dem biographischen und dem literarischen Gelddiskurs bei Turgenev nach, so lassen sich sowohl signifikante Parallelen als auch Verschiebungen und Brüche aufzeigen. Dabei stellt sich die Frage, welche Wechselbeziehungen zwischen ‚Lebenstext' und ‚Kunsttext' wirken,[1242] also welche Aspekte des Gelddiskurses in biographie- und werkrelevanter Hinsicht zueinander in Analogie stehen bzw. wo Geld und Ökonomie in den fiktiven Texten im Vergleich zum realen Lebenstext mit einem disparaten oder gar idealisierend-überhöhten ‚Sinn' besetzt sind.

Eine *Analogie zwischen Realität und Fiktion* ist bei Turgenev zunächst dort festzustellen, wo das Geld als triviales und niederes, gleichzeitig aber für den Menschen ausserordentlich bedeutsames Medium in Erscheinung tritt. Insbesondere in Turgenevs Frühwerk gelangt jene Haltung zum Ausdruck, die auch für seine persönliche Einstellung gegenüber dem Pekuniären charakteristisch war: Die Ubiquität des Geldes beherrscht – durchaus im dramaturgischen Sinne – den Menschen, selbst wenn dieser sich aus dem Wirkungsbereich des grossen Mediators und abstrakten Universaläquivalents zu befreien sucht. Auf diese Aporie reagierte Turgenev gewöhnlich mit der ihm eigenen (Selbst-)Ironie: Im biographischen Diskurs behandelte er Geldfragen meistens humorvoll und schloss jene Briefpassagen, in denen er sich *nolens volens* mit ökonomischen Themen auseinanderzusetzen hatte, häufig abrupt ab, um sich seiner Ansicht nach interessanteren Fragen zuzuwenden. Diese Wahrnehmung des Mammons ging insofern transformiert in sein Œuvre ein, als dort die programmatische Abkehr vom Geld allenfalls noch in den frühen Dichterbildern möglich ist. Bereits in den Dramen tritt dann aber der ewige, bisweilen sogar sujetstiftende Reigen um das Geld zutage, der – wiederum in hohem Grade ironisch gebrochen – der menschlichen Natur inhärent zu sein scheint.

Einen zweiten Aspekt der Engführung von Finanzbiographie und Werk stellt der Zusammenhang von ökonomischer Struktur und gesellschaftlicher Position dar, also die Interdependenz zwischen materiellem Reichtum und persönlicher Autonomie, Unabhängigkeit oder Freiheit bzw. – umgekehrt – zwischen materieller Armut und sozialer Abhängigkeit. In Turgenevs Korrespondenz und Werk

[1242] Die Verwendung der Begriffe „Lebenstext" und „Kunsttext" erfolgt in Anlehnung an INGOLD (1981b), der dem Kunsttext als Makrotext der Kunst (im vorliegenden Fall der künstlerischen Texte Turgenevs) den sogenannte Lebenstext gegenüberstellt, welcher als Makrotext der Nicht-Kunst sowohl für den kulturellen, künstlerisch jedoch nicht signifikanten Realitätstext in Bereichen wie Kultur, soziale Bräuche, Politik, Wissenschaft, Religion usw. als auch für den natürlichen, weder kulturell noch künstlerisch relevanten Realitätstext steht (ebd. 37). Am Beispiel des Symbolismus und der Avantgarde Russlands – mithin zweier völlig gegensätzlicher künstlerischer Systeme – zeigt INGOLD die Wechselbeziehungen (und damit auch die wechselnde „Differenz"), die zwischen den beiden auf diese Art und Weise verstandenen ‚Textformen' wirken.

wird gleichermassen herausgestellt, dass nur wirtschaftlich eigenständige Individuen über persönliche Freiheit verfügen können, da Geld Unabhängigkeit ebenso wie Abhängigkeiten verschiedenster Art schafft, also sozial differenzierend wirkt. Dies war auch der Hauptgrund dafür, dass Turgenev das Schreiben für Geld als legitim betrachtete, wenn auf diese Weise ein Künstler seine Autonomie bewahren und sein Talent fördern konnte.[1243] Zudem wusste er aus eigener Erfahrung um das Elend und die Hilflosigkeit eines Lebens ohne ausreichende finanzielle Mittel. Einen wichtigen Einfluss auf Turgenevs Einstellung zur Remunerierbarkeit eines Schriftstellers hatte sein schwieriges Verhältnis zu seiner Mutter Varvara Petrovna: Schon früh musste Turgenev erkennen, dass sich die Macht, welche Varvara Petrovna während Jahren über ihn und seinen Bruder Nikolaj ausübte, einzig und allein auf ihre finanzielle Verfügungskraft gründete. Aus diesem Grunde warf ihr Turgenev vor, sie habe ihn und seinen Bruder nur deshalb knapp bei Kasse gehalten, um ihren Einfluss auf die beiden nicht einzubüssen.[1244] Turgenev war nicht nur Anhänger der Autonomieästhetik, sondern auch einer der Schöpfer jener Literatur, die marktgesteuert funktioniert und marktökonomisch ihren Wert einbringt. Diese Paradoxie – das Zugleich von pragmatischer Honorarnahme und Skepsis gegenüber den wirtschaftlichen Möglichkeiten, die der literarische Markt bot – ist für Turgenevs Fall bezeichnend. Doch gerade *weil* er aufgrund seines Lebensstils und der schwankenden Einkünfte aus seinen Ländereien wirtschaftlich vom Erfolg seiner Werke abhängig blieb, war für ihn der sich in seinem gesellschaftlichen Umgang ebenso wie in seiner Korrespondenz manifestierende Rückzug auf das Forum des literarischen Tausches umso wichtiger: Auf diesem ‚Binnenmarkt' des künstlerischen Feldes konnte er sich jenen Tauschgesprächen zu literarischen und ästhetischen Fragen widmen, die insbesondere seine Beziehung zu Flaubert prägten. Auf diese Weise gelang es ihm, unter den heteronomen Produktionsbedingungen des literarischen Marktes seine Autorschaft wenn nicht ökonomisch, so doch wenigstens symbolisch zu behaupten. Eine scharfe Trennlinie zwischen der Dichtung als Akt der Inspiration und dem Produkt dieser Dichtung, das als Ware zirkuliert und einer nahezu beliebigen Vervielfältigung unterliegt, ist hauptsächlich in Turgenevs spätromantischen Dichterbildern zu finden. Ihnen folgte schon bald das realitätsbezogene Argument, dem zufolge persönliche Freiheit vor allem mit Geld zu erlangen bzw. zu sichern sei. Immer wieder ist in Turgenevs Œuvre das nüchterne Wahrnehmungsschema anzutreffen, welches die sachliche Wirkung des Geldes auf soziale Kräfteverhältnisse und Hierarchisierungen beschreibt. Der persönliche Status der Individuen bildet sich demnach in einem Netz von ökonomischen Differenzierungen aus, wobei sich der Verlust von Reichtum gegenüber der Geldakkumulation als deutlich dominant erweist.

Von diesem Punkt aus lässt sich zwischen Biographie und Werk eine dritte

[1243] Vgl. HEIER 2000, 111.

[1244] ŽITOVA 1961, 139.

Parallele ziehen, die das Motiv der ökonomischen Inkompetenz und den Gestus der Verschwendung umfasst. Beide Aspekte sind in gleichem Masse Turgenevs eigenem ökonomischen Habitus wie auch dem Verhalten vieler seiner adligen Figuren eigen. In Turgenevs Œuvre, insbesondere aber in den Dramen und den *Zapiski ochotnika*, wird der repräsentative, die Grenzen der persönlichen finanziellen Kraft überschreitende Lebensstil der adligen Helden unmissverständlich angeprangert. Tatsächlich war die Verschuldung ein Problem, das wie ein Damoklesschwert über den Vertretern der russischen Adelsgesellschaft hing und bis zur Schuldhaft führen konnte. Dass Turgenev selbst seit seiner Jugendzeit höchst selten auf ausgeglichene Bilanzen und einen massvollen persönlichen Wirtschaftshaushalt achtete, überhaupt Geld ungern ‚zählte', seine Gutsangelegenheiten nicht im Griff hatte und diese Nachlässigkeit in seinen Briefen wiederholt ironisch oder selbstkritisch herausstellte, zeigt, in welch hohem Masse er diesen Problemkomplex reflektierte und auch als ein signifikantes Merkmal jener Klasse erkannte, der er selber angehörte. Turgenev beschrieb in seinem Werk überwiegend seinen eigenen Stand, dessen Schwächen, Perspektiven, aber eben auch dessen Lebensstil, in welchem sich der Habitus sinnlich wahrnehmbar in sämtlichen Lebensäusserungen und -praktiken der ihm angehörenden Individuen objektiviert. Durch diese literarische Objektivierung des eigenen Habitus offenbarte Turgenev, dass er sich mit den Konsequenzen einer kostspieligen Lebensführung durchaus befasste.

Viertens ist auch die Aberkennung des dem Gelde zugeschriebenen Machtpotentials bei Turgenev gleicherweise für den literarischen und biographischen Diskurs bedeutungsvoll. In markanter Antinomie zur immer wieder herausgestellten Machtfülle des Geldes hinterfragte Turgenev die scheinbar apodiktischen pekuniären Kräfte in ihrer Bedeutung und versuchte auf diese Weise, die Endlichkeit und Begrenztheit des vom Menschen hervorgebrachten Instrumentes sozialer Selbstdarstellung, Differenzierung und Wertzuschreibung offenzulegen. Konterkariert wird die monetäre Allmacht im sozialen und personalen Valorisierungskontext durch den Hinweis auf die Möglichkeiten vollständiger Machteinbussen des Geldes: Als ein vom Menschen geschaffenes Medium, das bindet und trennt, misst und verstrickt, sind dem Geld – wie dem Menschen selbst – Grenzen gesetzt. Diese Endlichkeit des Mammons und seiner Macht geht bei Turgenev einher mit der Begrenztheit menschlicher Existenz. Während im literarischen Werk diese Flüchtigkeit einerseits durch die Nichtverrechenbarkeit von ‚ewigen' Werten wie Leben oder Liebe, andererseits durch die ständige Bedrohung des Alltags durch den Tod veranschaulicht wird, der Besitzverhältnisse zerrüttet und die Absurdität menschlicher Werte insgesamt erkennen lässt, offenbarte Turgenev selbst diese Bewusstheit vor allem in der Art und Weise, wie er seinen Nachlass regelte. Die in den erhaltenen Testamenten vorhandenen Inkonsistenzen zeugen weniger von seiner Unschlüssigkeit, wen er als Erben einsetzen sollte als vielmehr von der Nachlässigkeit, mit welcher er derlei Dinge angesichts des nahenden Todes behandelte: Das Geld war in Turgenevs Vorstellungswelt grundsätzlich an den lebenden Menschen gebunden, weshalb bei ihm die ‚wahre' Autorität des Geldes als absurdes, bisweilen auch groteskes Schwanken zwischen Omnipotenz und Machtlosigkeit erscheint.

Von zentraler Bedeutung sowohl für Turgenevs Lebenstext wie auch für seinen Kunsttext ist, fünftens, seine Verzichtphilosophie und damit die Geste der Resignation. Die Entsagungsbewegungen erfolgen dabei insbesondere auch im Zusammenhang mit dem Ökonomischen: Der Rückzug zahlreicher Figuren von materiellem Reichtum oder Vorteil im Werk findet seine Entsprechung in Turgenevs eigenen Verhaltensmustern: Waren seine ausdrücklichen Verzichtserklärungen 1850 im Hinblick auf seinen bevorstehenden Erbschaftsantritt noch in hohem Masse Gegenstand hyperbolischer Selbstdarstellung,[1245] so wurde der Gestus der resignierten Preisgabe finanzieller Vorteile oder auch nur verbriefter Eigentumsrechte zu einem merkmalhaften Zug seines ökonomischen Habitus: Nur selten ging Turgenev wirklich energisch gegen die Machenschaften und Finanzoperationen seiner inkompetenten oder betrügerischen Gutsverwalter bzw. seines Schwiegersohnes Gaston Bruère vor, um dem offensichtlichen Zerfall seines Vermögens Einhalt zu gebieten. Immer häufiger beschränkte er sich darauf, sein Los zu beklagen und sich mit den finanziellen Verlusten abzufinden. Turgenevs biographische Verzichtpose fand gleichsam ihren Widerhall im Resignationsgestus, den viele seiner Helden an den Tag legen.

Die sechste und letzte Analogie zwischen biographischem und literarischem Gelddiskurs betrifft Turgenevs philanthropische Haltung, die sowohl für seine Praktiken und pekuniären Hilfeleistungen im Privatleben als auch für die zahlreichen Schenkungsakte in seinem Œuvre charakteristisch ist. Turgenev nahm stets Anteil an jenen Mitmenschen, die unter Geldnot litten und ihn um Hilfe baten. Insofern interagierte bei ihm die Ebene des Geldes und des Materialismus mit jener des Gefühls und der Nächstenliebe. Dies ist auch der Grund dafür, dass in seinem Lebens- und Kunsttext der Geiz als Antipode des Kreativen und Humanen erscheint. Turgenevs Ablehnung von Gewinnsucht zeigt sich zum einen an seiner eigenen ökonomischen Grundfigur, der Planung, Berechnung und ‚Ökonomie' im weitesten Sinne des Wortes abgingen, zum anderen in der geldvermittelten Wohltätigkeit, die er selber praktizierte und als zentrales Motiv in seinem Werk verankerte. Dass für ihn der ‚richtige', sich insbesondere auf Gefühlswerte stützende Umgang mit Geld von grosser Bedeutung war, wird auch anhand der Verschränkung von Geldverhalten und Personencharakteristik deutlich. Diese wiederum ist in Turgenevs Äusserungen über geldbezogene Eigenschaften bestimmter Mitmenschen ebenso wie in seinem Werk zu finden, wo die Charakterisierung von Figuren über deren Einstellung zu Geld und Ökonomie

[1245] Vgl. etwa Turgenevs Brief vom 21. Juli (2. August) 1850 an Pauline Viardot: „[…] je me suis vu forcé de choisir entre la perte de ma dignité, de mon indépendance – et la pauvreté. Mon choix n'a pas été long à faire – j'ai quitté la maison de ma mère et renoncé à sa fortune." (GRANJARD / ZVIGUILSKY 1972, 28).

eine wichtige Rolle spielt. Turgenev missbilligte moralisch anrüchige Geschäfte, jede ausschliesslich auf materiellen Vorteil bedachte Handlung und damit verbundene Wesensmerkmale wie Habgier oder Egoismus und stellte diesen negativen Aspekten ökonomischen Handelns ein emotional besetztes System von monetären Zuwendungen gegenüber. Die Ökonomie der Gabe und der christlichen Nächstenliebe (*agape*) sind demnach als zentraler Bestandteil von Turgenevs ethischem System zu lesen, welches das Geld als legitimes Mittel zum Ausdruck von Mitleid und zur Umsetzung von Beistand begreift, ja Geld als ‚gutes' Medium erscheinen lässt. Selbst wenn in Turgenevs philosophisch-psychologischer Vorstellung das Geld als Erdengrösse zu „Staub" wird, kann es dort von Bestand sein, wo es der guten Tat zugrunde liegt.[1246]

Ein ausschliesslich *antithetisches Verhältnis* zwischen dem biographischen und dem literarischen Gelddiskurs stellt bei Turgenev eine Ausnahme dar. Als ein Beispiel ist die Zweckehe zu nennen, die im Œuvre als Motiv auffallend oft erscheint und fast ausschliesslich negativ konnotiert ist im Sinne eines Primats rationaler Überlegungen über emotionale Verbindlichkeiten. Während in den Werken den infolge von nüchtern-sachlichen Beweggründen geschlossenen Ehen stets der Makel fehlender Empfindung anhaftet, stand Turgenev *realiter* der Vernunftehe keineswegs völlig ablehnend gegenüber, ja er akzeptierte sie im Falle seiner eigenen Tochter sogar ausdrücklich: Als Paulinette nämlich 1865 Gaston Bruère heiratete, hoffte er, dass die Ehe sie angesichts der erfolgversprechenden finanziellen Verhältnisse des Bräutigams in eine glückliche Zukunft ohne Geldsorgen führen würde. Darüber hinaus glaubte er, damit auch das Problem lösen zu können, dass Paulinette zwar seinen Nachnamen trug, formalrechtlich aber nach wie vor nicht als seine Tochter beglaubigt worden war.[1247]

[1246] Neben dem erkenntnisskeptischen Pessimismus lassen sich auch in diesem Punkt Parallelen zwischen Arthur Schopenhauer und Turgenev aufzeigen. Nach Schopenhauer sind Egoismus, Bosheit und Mitleid die drei wichtigsten ethischen Grundtriebfedern des Menschen, wobei Egoismus und Mitleid als *eros* und *agape* die beiden Gegenpole in Schopenhauers Liebesbegriff darstellen. Ihm zufolge ist wahre und reine Liebe Mitleid (*agape*), und jede Liebe, die nicht Mitleid ist, Selbstsucht (*eros*) (THIERGEN 1983, 304). Im Hinblick auf die christliche Nächstenliebe ist anzumerken, dass die Bibeltexte für Turgenev sowohl eine Fundgrube für Motive und Metaphern als auch Impulsgeber für anthropologische Entwürfe und ethische Systeme waren. Der Versuch, in Turgenev einen gläubigen Christen entdecken zu wollen, wäre jedoch insofern sinnlos, als er aus tiefem Skeptizismus ein unreflektiertes Christentum ablehnte und sich auch mehrfach zum Atheismus bekannte, was insbesondere Dostoevskij zu heftiger Kritik provozierte (THIERGEN 1983, 305f.).

[1247] In diesem Zusammenhang schrieb Turgenev am 13. (25.) Dezember 1864 aus Baden-Baden an die Gräfin Lambert: „Сообщу Вам прежде всего важную для меня новость: моя дочь в конце февраля выходит замуж. Жениха зовут M-r Gaston Bruère: он молодой человек (29 лет) – хорошей фамилии и живет почти постоянно в деревне, где имеет значительную стеклянную фабрику. [...] Он понравился моей дочери – и дело слажено. [...] он выводит мою дочь из ложного положения, в

Ob ihm allerdings der Umstand bewusst war, dass Bruère und vor ihm auch einige andere Verehrer Paulinettes primär Turgenevs eigenen Besitzstand als Heiratsmotiv betrachteten, bleibt unklar.[1248] Jedenfalls hielt Turgenev noch Mitte der 1860er Jahre die Vernunftehe seiner Tochter mit einem Mann, der ihr gefiel, überwiegend auf dem Lande lebte und zudem Pächter einer potentiell einträglichen Fabrik war, für legitim.[1249] Die Diskrepanz zwischen der literarischen Verarbeitung von derart motivierten Eheschliessungen und seiner persönlichen Einstellung mag darauf zurückzuführen sein, dass Turgenev den langfristigen Erfolg einer Liebesheirat sehr pessimistisch einschätzte, die Zweckehe als gesellschaftliches Phänomen in seinen Werken kritisch beleuchtete, gleichzeitig aber selber – nicht zuletzt infolge seiner wirtschaftlichen Situation – diese Konzession an den Zeitgeist machte und froh war, für seine Tochter eine ‚gute Partie' gewonnen zu haben. In seiner Ablehnung monetärer Kommensurabilität blieb Turgenev realistisch genug, um das im literarischen Text entworfene Idealbild nicht unverändert in den Alltag zu übernehmen.

Eine sozusagen *kompensatorisch-sublimierende Korrespondenz* zwischen Lebenstext und Kunsttext weist dagegen Turgenevs ambivalentes Verhältnis zu den Juden auf: Während er in seinen Briefen und Äusserungen in einigen Fällen Ansätze einer Kapitalismuskritik mit antisemitischem Pedal spielte, lassen sich ökonomisch besetzte judenfeindliche Klischees in Turgenevs Werk eher als Mittel zur Aktualisierung und anschliessenden Destruktion landläufiger Stereotypen deuten. Insofern werden in den literarischen Texten jene antisemitischen Klischees kritisch hinterfragt, die Turgenev selber hier und da – meist aus einer affektbestimmten Reaktion heraus – anklingen liess.[1250]

Ein weiteres kompensatorisch-sublimierendes Verhältnis zwischen dem biographischen und dem literarischen Diskurs liegt bei Turgenev dort vor, wo er, in augenscheinlichem Kontrast zu seinem eigenen, überwiegend von Absentismus und Verlustsaldo geprägten Rollenverhalten als Gutsbesitzer, in seinen Werken Porträts wirtschaftlich erfolgreicher adliger ‚Tatmenschen' zeichnet, die – wie Lavreckij in *Dvorjanskoe gnezdo* – gelernt haben, eigenhändig ihre Felder zu bestellen und damit ordentliche oder zumindest akzeptable Einnahmen zu erzielen. Zu dieser Gruppe gehören auch Arkadij und Nikolaj Kirsanov (*Otcy i deti*), denen es gelingt, ihren darniederliegenden Gutsbetrieb zu einer – wenn auch vorerst noch bescheidenen – Rentabilität zu führen. Ferner sind in diesem Kontext jene Realisten und Pragmatiker anzuführen, die von Anfang an, d. h.

котором она находилась – и избавляет меня от великой ответственности." (PSP, V, 307). Vgl. hierzu auch PSP, V, 658.

1248 Pritchett 1986, 183.

1249 Das Scheitern dieser Ehe mag Turgenevs Ablehnung der Zweckheirat verstärkt haben, allerdings ist das negativ behaftete Motiv der aus ökonomischen Erwägungen geschlossenen Ehe in seinem Werk bereits sehr früh angelegt, so dass nur bedingt von einem direkten Zusammenhang auszugehen ist.

1250 Vgl. Seljak 2001, 131-133.

ohne überhaupt erst ökonomische ‚Entwicklungsstadien' durchlaufen zu haben, ihren Besitzstand kompetent verwalten und mehren (Odincova in *Otcy i deti*, Ležnev in *Rudin*), oder solche, die im sich entwickelnden Fabrikwesen Russlands ihre wirtschaftliche Kompetenz unter Beweis stellen (Solomin in *Nov'*). In all diesen Figuren finden sich jene Anteile ökonomischen Verhaltens gleichsam kompensiert, die Turgenev selber abgingen und deren Mangel er nicht nur in seiner Korrespondenz reflektierte, sondern sublimiert in sein Werk einfliessen liess. Dabei ging es Turgenev weniger um das Geldthema an sich als um das Thema des Wirtschaftens, das ihm die Gelegenheit bot, über die Positionierung, vor allem aber über eine Neupositionierung des landbesitzenden russischen Adels nachzudenken. Während das Motiv der ökonomischen Inkompetenz einen hohen Deckungsgrad in Turgenevs Lebens- und Kunsttext aufweist, ist das Thema der ökonomischen Kompetenz dem Bereich idealistisch-verklärender Projektionen zuzuordnen: Turgenev veranschaulichte hier jene Anteile wirtschaftlicher Pragmatik, die nicht nur ihm, sondern auch einer Vielzahl von Angehörigen seiner Klasse fehlten. Obwohl er bereits 1842/43 in seinem Memorandum *Neskol'ko zamečanij o russkom chozjajstve i o russkom krest'janine* die ökonomischen Missstände innerhalb der gutsbesitzenden Adelsschicht Russlands kritisch und durchaus realitätsnah herausgearbeitet hatte, zog er daraus für sein eigenes wirtschaftliches Verhalten keinerlei Konsequenzen. Dagegen sind in seinem Werk hier und da adlige Gutsherrenfiguren zu finden, deren Handlungsweise an jene Porträts produktiver Landbesitzer erinnert, die in der russischen Literatur des 19. Jahrhunderts, etwa bei Gogol' oder Tolstoj, auftreten. Solche fiktiven Entwürfe tätiger Gutsherren entsprachen gerade nicht Turgenevs eigener, primär auf das Amt des Schriftstellers beschränkter Rolle. Durch die kompensatorische Projektion des eigenen Habitus auf solche ‚wahrhaftigen' Gutsmenschen trug Turgenev zur Gestaltung dieses literarischen Topos bei und offenbarte zugleich die Inkompatibilität seiner Rolle als Autor, die er in der Realität *lebte*, und jener als Gutsherr, die er biographisch weitgehend unterschlug, dafür aber literarisch überhöht-idealisierend *konstruierte*.

Die als Kompensationsbewegung determinierten Aspekte im Spannungsfeld zwischen Turgenevs Lebenstext und Kunsttext weisen ein stark psychologisierendes Moment auf, so dass Turgenev unterstellt werden kann, er habe in seinem Werk hin und wieder bewusst gegen seinen eigenen Habitus angeschrieben und Modelle ökonomischer Unternehmungen entworfen, die in seinem Lebensmodell nicht oder allenfalls in Ansätzen angelegt waren. Dem hehren literarischen Ideal stand, ökonomisch gesehen, Turgenevs gemässigt idealisierter Lebensstil mit pragmatischem, vor allem aber mit romantischem Gestus gegenüber.

Grundsätzlich gilt für den biographischen und literarischen Diskurs bei Turgenev, dass nicht das Monetäre als solches negativ besetzt ist. Turgenev war klar, dass er das Geld sosehr oder sowenig negieren konnte wie die Welt, mit der es in so hartnäckigem Gleichklang steht. Kritikbedürftig waren für ihn vielmehr Fehlformen des menschlichen Umgangs mit Geld wie Geiz oder Verschwendung. Deshalb konturiert sich bei ihm eine Differenzierung tradierter Geldkritik, indem nämlich nicht im Namen des Gefühlslebens Anathemata gegen den Mammon geschleudert, sondern Möglichkeiten aufgezeigt werden, dieses problematische und mit Mängeln behaftete Medium sinnvoller, in einer vom Menschen zu verantwortenden Weise einzusetzen. Das Geld erscheint denn auch bei Turgenev oft als Prüfstein der Humanität. Turgenev unterschied klar einen hilfreichen von einem destruktiven Umgang mit Geld. Insofern ist seine argumentative Grundfigur offensichtlich: Sofern Geld in einer ethisch ‚guten' oder vertretbaren Weise verwendet wird, sofern es sich dem ‚Geist' und insbesondere dem ‚Herzen' fügt, sofern es sekundär bleibt, ist es nicht zu beanstanden. Sobald es sich aber verselbständigt und den Platz des Primären einnimmt, wird es schädlich, in seltenen Fällen sogar diabolisch. Diese Ambivalenz dürfte mit ein Grund dafür sein, dass sich bei Turgenev, wenn auch höchst selten, die *coincidentia oppositorum* verwirklicht, nämlich die Versöhnung der Gegensätze von Kunst und Geld sowie der Liebe aus Leidenschaft und der Liebe aus Vernunft.

Die unterschiedlichen Geldgesten, die in Turgenevs Werken manifest werden, sind das Ergebnis einer intentionalen Diskursivierung ökonomischer Fragen und Verhaltensmuster sowie einer unbewussten Verankerung habitueller Charakteristika, die Turgenevs eigenen Umgang mit Geld- und Wirtschaftsdingen widerspiegeln. Betrachtet man zusammenfassend das Verhältnis zwischen Turgenevs Lebenstext und Kunsttext, so lässt sich zeigen, dass hinsichtlich des ökonomischen Moments beide Bereiche verschränkt und dabei vielfach positiv aufeinander bezogen werden. Das überwiegend korrelierende, selten antithetische bzw. kompensatorische Verhältnis zwischen Leben und Werk deutet im Grunde auf eine ‚unscharfe' Autorstrategie hin, die dem Rezipienten über verschiedene Register der Turgenevschen Ökonomien Aufschluss gibt – über die absichtsvoll reflektierten ebenso wie über die als objektivierter Habitus in die Textstruktur eingegangenen Aspekte. Und doch bleibt ein grundlegender, nicht überbrückbarer Unterschied zwischen dem biographischen und dem literarischen Diskurs spürbar: Ungeachtet seiner immer wieder an den Tag gelegten Vermeidungshaltung gegenüber unliebsamen Geldfragen ist für Turgenevs Finanzbiographie eine prinzipielle Teilnahme an der Kommerzialisierung des literarischen Marktes und allgemein ein mehr oder weniger pragmatischer Zugang zu den Möglichkeiten literarischer bzw. ausserliterarischer Einkünfte feststellbar. Demgegenüber gilt für sein Werk, dass dort das ökonomische System nur am Rande bedient oder aber demontiert wird.

Das Geld bildet weder eine zentrale Achse des Turgenevschen Werks noch seiner Biographie in dem Sinne, dass Turgenev seine Lebens- und Berufspläne axiologisch über den Aspekt des Monetären definiert hätte. Wohl aus diesem Umstand ist sein Gestus des Wegblickens zu erklären: Das Ökonomische manifestiert sich bei ihm nicht als Kausalkette mit Anfang (Unternehmung, Investition, Einnahmen) und Ende (Gewinnmaximierung, Ausgabe, Verlust, Reinvestition etc.), sondern – ganz in romantischer Manier – als weitgehend planlose und nicht zuletzt auch zufällige Teilnahme am ökonomischen Fliessen der Werte. Turgenevs Vorstellung zufolge stellt das Geld eine nicht oder allenfalls bedingt steuerbare Grösse dar, die durchaus schicksalhaften Wendungen unterliegen kann, eine unberechenbare Flüssigkeit, die strömt, rinnt oder aber versiegt.[1251] Diese Verschränkung von Ökonomie und Schicksal dürfte dazu beigetragen haben, dass Turgenev Finanzangelegenheiten als Sache betrachtete, die sich von selbst erledigt – was in seinem Fall freilich nur sehr selten zutraf.

[1251] PRITCHETT 1986, 184.

5. Schluss

Im 19. Jahrhundert avancierte das Geld mit seiner Beziehungs- und Bindungskraft zum primären Medium der sozialen Organisation, wodurch fortan personale, institutionelle und auch interkulturelle Kontakte in kleinen wie grössten Kontexten allesamt geldvermittelt waren. Diese universale Ökonomisierung hatte zur Folge, dass das Geld sachlich zwingende Beziehungen zwischen den Elementen einer modernen Gesellschaft sowie zwischen den Gesellschaften selbst stiftete und soziale Vernetzungen schuf, die gerade von Künstlern argwöhnisch beobachtet wurden.[1252] Doch ungeachtet des Gegensatzes von Kunst und Kommerz übte die Strahlkraft des Geldes auf die zeitgenössischen Schriftsteller in Ost und West eine erhebliche Faszination aus, sei es, weil sie in den sich herausbildenden literarischen Märkten die Möglichkeit erkannten, sich von Abhängigkeiten verschiedenster Art – etwa von aristokratischen Mäzenen oder staatlichen Machtinstanzen – zu befreien und eine weitgehend selbstbestimmte Berufslaufbahn zu verfolgen, sei es, weil ihnen mit der zunehmenden monetären Durchdringung der Lebenswelten ein vielfältiges literarisches Themeninventar bereitgestellt wurde.

Die vorliegende Arbeit hat gezeigt, dass vor diesem Hintergrund auch Turgenevs Leben und Werk aus ökonomischer Sicht gelesen werden können. Es wurde deutlich, bis zu welchem Grad und auf welche Weise sich der Themenkomplex ‚Geld und Reichtum' in Biographie und Œuvre dieses Schriftstellers niedergeschlagen und dort ein reiches, wenn auch subtil organisiertes Motivarrangement ausgebildet hat. Turgenevs eigene komplexe Haltung zu Wirtschafts- und Geldfragen bestimmte das ökonomische Kolorit, das er seinen Werken verlieh. In seinem Œuvre sind denn auch typische Repräsentanten der zeitgenössischen russischen Gesellschaft zu finden. Durch die experimentelle Kombination emotionaler *und* ökonomischer Kompetenzen entwirft er gleichsam eine Typologie des gesellschaftlichen Handelns im Russland des 19. Jahrhunderts, wobei der Fokus überwiegend auf dem Adel und damit auf jenem Stand lag, dem er selber angehörte.

Für Turgenev gilt, was sich bereits in der russischen Literatur des frühen 19. Jahrhunderts bemerkbar gemacht hatte: Das Geld erscheint als Inbegriff nicht nur der reinen Tauschbarkeit, sondern auch der absoluten Relativität, die sich durch ‚Ent-Wertung', verstanden als Untergrabung fester Kategorien, die Welt zu unterwerfen sucht.[1253] Turgenevs Einstellung zum Geld wurde davon mitgeprägt, dass sein Schaffen in eine stürmische Wachstumsphase des russischen Literaturbetriebs fiel. Die markante Ausweitung der Leserkreise und die beträchtliche Auflagensteigerung führten in den literarischen Bereich unweigerlich ein finanziell-merkantiles Element ein. Trotz seiner zurückhaltenden und durch-

[1252] HÖRISCH 1996, 96-112.
[1253] GROB 2004 (im Druck).

aus kritischen Haltung gegenüber dem Geld verschloss Turgenev aber nie die Augen vor der Realität der ökonomischen Prozesse seiner Zeit. Er war sich der Wirkungsmechanismen einer zunehmend von Geld und Besitz geprägten Gesellschaft, der wachsenden Verfeinerung der Geldwirtschaft und der Umstellung persönlicher Beziehungsreihen auf monetäre Sachzwänge bewusst. Es überrascht daher nicht, dass in Turgenevs Korrespondenz das Geldthema regelmässig anzutreffen ist, selbst wenn es dort nur selten die Hauptrolle spielt. In seinen Briefen behandelte er das Geld meistens ohne Umschweife und ohne Geringschätzung, obwohl er bisweilen – und dies fast ausschliesslich jenen Personen gegenüber, die von ihm mit Wirtschaftsangelegenheiten betraut worden waren – das Geldthema überbetonte. Sein Briefwechsel gibt Aufschluss über die Entwicklung seiner Honorare, den allgemeinen Zustand seines Finanzhaushaltes, die Höhe bestimmter Einnahmen- und Ausgabenposten, Phasen akuter Geldnot oder die mit der Verwaltung seiner Güter in Russland einhergehenden finanziellen Transaktionen. Turgenev setzte sich also mit den ‚prosaischen' Seiten seines Lebens als Künstler auseinander, wenn dies der Markt oder der Alltag erforderten. Er erkannte, dass dem Geld bei den wirtschaftlichen Veränderungen eine immer bedeutendere Rolle zukam, gleichzeitig zweifelte er aber am ‚Glück durch Ökonomie' und hielt einer zunehmend materialistischen Gesellschaft altruistische Verhaltensmodelle entgegen.

Die vorliegende Arbeit hat auch die beiden eingangs aufgestellten Leitthesen bestätigt: So kann anhand der schriftstellerischen Tätigkeit Turgenevs die wachsende Kommerzialisierung und Marktorientierung der literarischen Produktion in Russland zwischen 1840 und 1880 aufgezeigt werden. Geradezu exemplarisch lassen sich an seinem Beispiel die Ausweitung und kommerzielle Verdichtung des literarischen Marktes während des betrachteten Zeitraums nachweisen. In Turgenevs Fall verschränkte sich der Ästhetizismus eines künstlerisch-aristokratischen Lebensstils mit dem Modell des berufsmässigen Künstlers, der die Freiheit gegenüber den Konformismen einer vom Markt vorgegebenen schriftstellerischen Existenz mit dem – deutlich weniger ausgeprägten – Rigorismus einer Arbeitsdisziplin zu verbinden suchte. Mit der ökonomischen Ordnung brach Turgenev nie, so dass der im literarischen Feld wirksame Hauptgegensatz zwischen der reinen, für einen eingeschränkten Markt der Produzenten bestimmten Kunst und der an den Erwartungen des breiten Publikums ausgerichteten Massenproduktion in dieser antithetischen Ausprägung bei ihm nicht feststellbar ist: Turgenev war ein Autor, der sich nicht dem Regelkanon einer erprobten Ästhetik beugte (Erfolgsromane, Bestseller, ‚preisverdächtige' Literatur), sondern diese Ästhetik selber hervorgebracht hatte und mit grossem Erfolg anwendete. Dabei gelang es ihm, sowohl in der ‚externen' Hierarchisierung, für welche das Kriterium des ‚weltlichen' Erfolgs (Auflagenhöhe, Honorarsatz etc.) und der gesellschaftlichen Bekanntheit galt, als auch in der ‚internen' Hierarchisierung, gemessen am Grad der feldspezifischen Anerkennung etwa durch Schriftstellerkollegen, ähnlich vorteilhafte Positionen einzunehmen, also externe und interne Taxonomien aufeinander abzustimmen und Brüche zwischen diesen Standpunkten des Autors zu vermeiden.[1254] Weder reduzierte Turgenev das Geschäft der Kunst auf reine Geldgeschäfte noch schloss er als ‚reiner' Künstler die Vorzüge des Merkantil-Zweckdienlichen apodiktisch aus. Seine Definition des schriftstellerischen Metiers bewegte sich entlang einer Linie, die den Bereich der Kunst nur unscharf von jenem der Ökonomie trennte. Turgenev ist ein Musterbeispiel dafür, dass eine idealistische Künstlerästhetik und eine professionelle Marktorientierung nicht inkompatibel sind, dass polarisierende Modelle (zum Beispiel Selbstinteresse vs. Altruismus) einen gemeinsamen Diskurs ausbilden können. Bereits früh akkumulierte Turgenev jenes symbolische Kapital, das ihn in Russland und Westeuropa zu einem der gefragtesten zeitgenössischen Schriftsteller werden liess. Auch konnte er dieses symbolische Kapital relativ rasch in ökonomisches konvertieren, was stetig wachsende Honorare zur Folge hatte, seinen Werken den Status von ‚Bestsellern' einbrachte und sein symbolisches Kapital weiter wachsen liess. Turgenev wurde auf dem literarischen Markt zu einem Garanten für Verkaufserfolge, zu einem festen ‚Wert', ja zu einem Markenzeichen, der in Ost und West über urheberrechtliche Grenzen hinaus umworben und in Dienst genommen wurde, auch wenn er seine literarischen Unternehmungen ganz auf den russischen Buchmarkt ausrichtete. Turgenev war sozusagen ein ökonomischer ‚Benchmark', an dem sich viele russische Schriftsteller orientierten, und ein Name, aus dem zahlreiche Verleger und Buchhändler – zuletzt wohl am lukrativsten Glazunov – Kapital schlagen konnten. Negative Kritik an seinen Werken traf zwar Turgenev in seinem Selbstwertgefühl, doch tat sie dem Absatz seiner Werke keinen Abbruch – im Gegenteil: Gerade jene Romane Turgenevs verkauften sich auffallend gut, über die sich Literaturkritiker abschätzig geäussert hatten. Zu erklären ist dieses Phänomen wohl aus dem bis heute verbreiteten Effekt der Negativpropaganda, die zu einem regen Interesse bei der Leserschaft führen kann.

Anders als etwa Dostoevskij verurteilte Turgenev keineswegs die Gesetze des Literaturmarktes, auf den er ungeachtet seines Grundbesitzes angewiesen war. Er gehörte aber auch nicht zu jenen Schriftstellern, die es verstanden, sich diese Gesetze systematisch zu eigen zu machen und höchste Gewinne zu erzielen: Für Turgenev war Geld insofern wichtig, als es ihm bzw., allgemeiner gesprochen, dem Künstler jenen Freiraum sicherte, den dieser für die Entfaltung seines Talents benötigte. Die Ökonomie des freiberuflichen Autors, der ausschliesslich mit der Feder seinen Lebensunterhalt zu bestreiten suchte, war für ihn durchaus Gegenstand der Reflexion: Ihm war klar, dass nur ein finanziell abgesicherter Schriftsteller sein Talent entwickeln und in den Dienst der Kunst stellen könne. Sein persönliches Ziel war jedoch weniger die ausnahmslos auf der Grundlage der Schriftstellerei bestrittene Existenz als das Künstlerleben. Dieses konnte er sich jedoch nur durch den finanziellen Rückhalt erlauben, den

[1254] Ausführlich hierzu: BOURDIEU 2001, 340-353.

ihm seine Güter und seine Erfolge als prominenter Autor boten. Dennoch richtete er in der Rolle des Textproduzenten sein Augenmerk nicht auf die *Quantität*, sondern in erster Linie auf die *Qualität* seiner Erzeugnisse. Möglicherweise hätte er durch grössere, gleichsam auf den literarischen Markt ‚geworfene' Textmengen sein Einkommen erheblich steigern können, allerdings hätte er dadurch die Qualität, den Erfolg seiner Werke sowie sein eigenes symbolisches Kapital und zuletzt auch den ökonomischen Gewinn seiner Werke riskiert. Doch solche Überlegungen entsprachen nicht Turgenevs Logik: Er war Künstler, und sein Denken weitaus weniger marktorientiert als ästhetisch. Dementsprechend vermochte er der ausschliesslich kommerziellen Vielschreiberei ebensowenig abzugewinnen wie seiner Ansicht nach überzogenen Honorarforderungen. Im Grunde ist für Turgenevs Fall eine eigenartige Brechung feststellbar, gehörte er doch zu jenen Autoren, mit welchen sich der eigentliche Schriftsteller*beruf* überhaupt erst herauskristallisierte, während gleichzeitig sein ‚Neoromantizismus' zu einem hierzu abweichenden Rollenverständnis des Autors, gleichsam zu einem retardierenden Moment der Berufsgeschichte führte. Dieser Diskrepanz liegt möglicherweise insofern eine Rollenambiguität zugrunde, als Turgenev weniger die Frage reflektierte, was ein Schriftsteller sein muss, als jene, was ein Adliger zu sein hat.

Bestätigt werden kann auch die zweite Leitthese, der zufolge die textuelle Verarbeitung ökonomischer Verhältnisse in Turgenevs Œuvre eine motivische Einheit bildet, die zwar von seinem Frühwerk bis hin zu den *Stichotvorenija v proze* Transformationen durchläuft, im Grunde aber in sich konsistent bleibt: Alle wesentlichen Geldmotive wie die Bewertung des Geldes als Gegenstand künstlerischer Bearbeitung insgesamt weisen hinsichtlich ihrer Funktionen einen hohen Grad an Homogenität und Konstanz auf. Der höchst materiellen Interessiertheit des Menschen stellte Turgenev all das entgegen, was ihm selbst als wertvoll galt. Hochmut und Demut, Egoismus und Altruismus, Genussliebe und Opferliebe sind Grundprobleme seiner Werke.[1255] Dass er diese Themen mit dem Gelddiskurs verschränkte, zeigt ihre Zeitbezogenheit, aber auch ihre zeitlose Aktualität. Turgenev anerkannte das Geld als ein Leitmedium seiner Epoche, und er problematisierte es im Kontext seiner übrigen Motive, die ihrerseits eine deutlich sichtbare Genese von der frühen hin zur späten Schaffensphase aufweisen. Bereits in Turgenevs Lyrik erfolgt jene demonstrative Entweihung des Pekuniären, die sich dann auch in seinem Prosawerk immer wieder bemerkbar macht: Noch weitgehend unter dem Einfluss romantischer Konzeptionen und Dichterbilder wird dem „Mammon" die Zweckfreiheit des Dichterberufs entgegengehalten. Die idealtypische Inkommensurabilität romantischer Werte wird durch die Geldmotivik untergraben, romantische Idealität durch die ökonomisch definierte Realität destruiert bzw. ironisch aufgelöst, während andererseits die Unvereinbarkeit von ‚Geld' und ‚Liebe', ‚Reichtum' und ‚wahrem Glück' her-

[1255] THIERGEN 1983, 306.

ausgestellt wird. Darüber hinaus haben in Turgenevs Frühwerk jene späteren Variationen der Geldthematik ihren Ursprung, die an den romantischen Diskurs anschliessen, diesen jedoch gleichzeitig transzendieren: So wird Geld mit Leidenschaft verbunden, wobei die romantische Konnotation in der Unstillbarkeit der Sehnsucht besteht, die das Verlangen nach Geld mit anderen Begierden verbindet. Konterkariert wird dieses Streben nach Kapitalakkumulation durch andere Leidenschaften vergleichbarer Intensität, etwa durch den asketischen Rückzug einer Figur vom Materialismus und ihre vollständige Hingabe an den göttlichen Heilsgedanken.

Letztlich verharrte Turgenev zwischen zwei Wertsystemen: zwischen einer aristokratisch-indifferenten Haltung zu Geld und Wirtschaft sowie einer – wenngleich deutlich weniger ausgeprägten – pragmatischen Einstellung zur Welt der Waren und Tauschbeziehungen. Und doch finden sich bei ihm immer wieder Bereiche, wo die Remunerierbarkeit aufgehoben wird, wo die Allmacht des Geldes schwindet, wo man für Geld schlicht nichts kaufen kann. Turgenevs Einstellung zum Geld lässt sich terminologisch wahrscheinlich am besten als positive Negation bezeichnen: Die erkannten ‚guten' und nützlichen Aspekte der Geldwirtschaft konfligieren immer wieder mit jenen, die in Situationen strafversetzt werden, wo sie scheitern müssen. Das Geld ist weder im romantischen Sinn ausschliesslich ‚schlecht' noch im ökonomischen Sinn überwiegend ‚gut'. Vielmehr ist es das Spiel mit tradierten Ansichten und Konventionen, das dem Rezipienten den Facettenreichtum des Phänomens vor Augen führen und zu einer kritischen Auseinandersetzung mit dem Thema anregen soll. Dabei wird die Realität nicht mit einem absoluten Ideal konfrontiert, sondern ein Ideal aus der Realität heraus entwickelt.

Versucht man, Turgenevs Umgang mit Geld zu einem ökonomischen Modell zu formalisieren, so ist für dieses eine ausgeprägte Spontaneität und Planlosigkeit gegenüber der Zukunft charakteristisch: Wie viele russische Adlige seiner Zeit[1256] orientierte sich Turgenev nahezu vollständig an seinen aktuellen Einnahmen, er richtete sein Budget überwiegend nach seiner Liquidität aus und hatte höchst selten eine wirkliche Kontrolle über seine Umsätze. Letzteres zeigt sich insbesondere daran, dass er in seiner Korrespondenz nur sporadisch auf die Kostenseite seines Finanzhaushaltes einging und es im Grunde vorzog, jene Geldsummen im Blick zu behalten, die für die Aufrechterhaltung seines Lebensstils von unmittelbarer Bedeutung waren. Dieses auf finanzielle Autarkie angelegte Modell stand einer zielgerichteten Akkumulation von Kapital entgegen: Turgenev ging es in erster Linie darum, von seinen literarischen und ausserliterarischen Einkünften komfortabel und unabhängig leben zu können. Gewinnbringende Investitionen mit dem Ziel einer Kapitalerhöhung gehörten zwar

[1256] Vgl. ROOSEVELT 1995, 234.

ebenfalls zu seinen ökonomischen Unternehmungen, allerdings schlugen diese aus verschiedenen Gründen häufig fehl: So musste er mehrfach Wertpapiere, Immobilien oder Grundstücke verkaufen, um kurzfristig an Bargeld zu gelangen, was wiederum eine Eingrenzung seines möglichen Gewinnhorizontes zur Folge hatte. Zudem hatte Turgenev mit der Wahl seiner Gutsverwalter wenig Glück, da diese entweder in die eigene Tasche wirtschafteten oder aber ausserstande waren, seine Ländereien rentabel zu bewirtschaften. Grössere Ausgabenposten wie die Aufwände für den Hausbau in Baden-Baden oder die langfristige Unterstützung seiner Tochter Paulinette hatten überdies zur Folge, dass Turgenevs ohnehin meist angespannter Finanzhaushalt aus den Fugen geriet. Es gab zwar Phasen, in denen er ohne akute Geldsorgen war, doch selbst in Zeiten, als ihm für seine Werke höchste Honorarsätze bezahlt wurden, war ihm eine nachhaltige Besitzanhäufung kaum möglich. Erst gegen Ende seines Lebens konnte er – auf der Grundlage seiner literarischen Produktion und dank der umsichtigen Gutsverwaltung durch Nikolaj Ščepkin – Einnahmen ausweisen, die seinem wirtschaftlichen Potential angemessen waren. Sein ökonomisches Lebensmodell gab Turgenev denn auch treffend wieder, als er 1876 anlässlich der für ihn ruinösen Kišinskij-Affäre festhielt, er, der „nie reich gewesen“ sei, habe sich von einem „Menschen mit Vermögen“ in einen Mann verwandelt, der sich finanziell gerade noch über Wasser halten könne (PSP, XI, 334).

Drei Punkte sind für die Frage nach der Relevanz des Geldes bei Turgenev von zentraler Bedeutung: Erstens war Turgenev ein *Künstler*, was seine Sicht auf die Gesellschaft, die Märkte und damit auch auf das Geld prägte. Zweitens war sein Geldverhalten durch seine Herkunft konditioniert. Als ein in der russischen Adelskultur sozialisierter *Aristokrat* war er nicht nur mit entsprechenden Kapitalformen ausgestattet, sondern hielt sich auch an ‚aristokratische‘ Verhaltensformen und -kodices, was in seinem Fall ein Unbehagen gegenüber Schulden, Besitzstanddiskussionen und unlauterem Geschäftsgebaren, aber auch eine Form des Geldumgangs implizierte, die auf ‚Verschweigen‘, ‚Wegblicken‘ oder die Selbstverständlichkeit einer ständigen Verfügbarkeit von Geldmitteln gründete und bis zur Geste des Geldverachtens reichte.[1257] Und drittens avancierte er als Schriftsteller verhältnismässig rasch zu einem *Garanten für Verkaufserfolge*, der auf das Geld, das ihm seine Werke einbrachten, manchmal gar nicht, bisweilen aber auch dringend angewiesen war, selbst wenn er nicht zu jenen Textproduzenten gehörte, die ihre Einnahmen ausschliesslich aus literarischer Arbeit bestritten. Entsprechend disparat fielen Turgenevs Ansichten über das Geld aus, denen zufolge Kapital eine wichtige Grösse, ein mehr oder weniger zu vernach-

[1257] Vgl. GORBAČEV 1928, 36f.: „[…] в чуждой хозяйственным заботам голове Тургенева отразилось в абстрагированном от реальных экономических причин виде недовольство капитализирующих свое хозяйство и обуржуаживающихся дворян-интеллигентов, составлявших среду писателя. […] Дворянская психология резко проступает в психологии всех героев Тургенева и в манере его письма, особенно в построении его романов.“

lässigender Aspekt des Schriftstelleralltags oder auch ein odiös besetztes Moment sein kann.

Die von der jüngeren Forschung postulierte romantische Unterströmung[1258] in Turgenevs Œuvre ist auch für die literarische Verarbeitung von Ökonomie, Geldverhalten und Geldkritik bestimmend: Die sowohl in seiner frühen Lyrik als auch in seinen späteren Prosawerken hier und da aufscheinende Dämonisierung, zumindest aber Demontage von Geld und Reichtum lässt sich literaturgeschichtlich als Erbe der Romantik deuten, die ihrerseits als „Primärsystem" in Turgenevs Schaffen aufgefasst werden kann.[1259] In diesem literarischen Diskurs steht das Geld immer wieder mit zutiefst romantischen Mythologemen von Kunst und Künstler sowie ‚reinen', untauschbaren und unverkäuflichen ‚Werten' wie Liebe, Freiheit und Autonomie in Wechselwirkung. Als Stichwortgeber dürfte insbesondere Puškin Turgenevs Ansichten zur Rolle des Geldes beeinflusst haben.[1260] Demgegenüber sind Entwürfe des bäuerlichen, vor allem aber gutsadeligen Wirtschaftens, wie sie in den *Zapiski ochotnika* oder den Romanen zu finden sind, eher einem quantitativ ungleich gewichtigeren, „in seinen philosophischen Grundlagen jedoch zutiefst dem romantisch-idealistischen Weltbild" (NOHEJL) verpflichteten realistischen „Sekundärsystem" des Turgenevschen Œuvres zuzuordnen.[1261] Damit weist die literarische Konstruktion von Geld, Eigentum und Ökonomie bei Turgenev sowohl eine ‚romantische' als auch eine ‚realistische' Konnotation auf, in deren gemeinsamem Fluchtpunkt weder ein ausschliesslich diabolisiertes Zerrbild des Mammons noch dessen Apotheose als *summum bonum* geliefert wird. Das Geld wird bei Turgenev zwar nicht ideologisch konzeptualisiert, dafür erweist sich der Text als Medium der Reflexion über das Medium Geld. Durch die Literatur diskursivierte Turgenev sozusagen jene ökonomischen Phänomene, die er in seiner Finanzbiographie signifikant ausblendete oder zumindest nicht bediente.[1262]

1258 NOHEJL 1995, 110.

1259 Vgl. NOHEJL 1995, 133, LANGER 2002, 293 u. PAHOMOV s. a.

1260 Vgl. hierzu GROB 2004 (im Druck), wo darauf hingewiesen wird, dass gerade Puškin sehr früh den Zusammenhang von Geld und dichterischer Biographie verdeutlichte und bereits für seine Zeitgenossen den idealtypischen Dichter verkörperte – eine Rolle, die gleichzeitig sein *self-fashioning* bestimmte und die Virulenz des Themas in seinen literarischen Texten insbesondere um das Jahr 1830 demonstrierte.

1261 NOHEJL 1995, 133.

1262 Die aus geistesgeschichtlicher Perspektive hergeleitete These, dass die Romantik zum primären System in Turgenevs Werk erhoben werden könne, auf dem ein realistisches Sekundärsystem fusse, ist als überzeugender Erklärungsansatz für Turgenevs Schwanken zwischen weltflüchtigem Kunst- und irdischem Kommerzgeist, alltagsentrücktem Dichtertum und handfesten Marktinteressen zu werten: Nicht nur seinem Kunsttext, sondern auch seinem Lebenstext scheint jene romantische Unterströmung inhärent gewesen zu sein, die bei ihm seit den 1850er Jahren zu einer unentwirrbaren Symbiose von romantischen und realistischen, existentiellen und zeitgeschichtlichen Elementen führte (vgl. NOHEJL 1995, 132f.) und die sich auch in seinem Verhältnis zum Geld manifestierte.

Zunächst wird das Geld bei Turgenev ontologisiert: Als ‚Realist' mit manifest-aktuellem Zeitbezug *beschrieb* er, wie dieses Medium über das System Wirtschaft hinaus, in dessen Rahmen es unbestreitbar funktional ist, auf andere Systeme übergreift,[1263] wie die zeitgenössischen geldwirtschaftlichen Umwälzungen auf die Gesellschaft und ihre unterschiedlichen Lebensbereiche einwirkten, indem ökonomische Determinanten bestimmte Normen der ‚traditionellen' Welt in Frage zu stellen oder durch neue sozialpolitische und wirtschaftliche Prozesse zu zersetzen begannen. Turgenevs besonderes Interesse galt dabei der Zerstörung bzw. Umformung etablierter Gesellschafts- und Machtstrukturen durch Reichtum und Materialismus. Dann wird das Geld bei Turgenev aber auch de(kon)struiert: Als ‚Romantiker' hielt er der zunehmenden Vergeldlichung der Lebens- und Kunstverhältnisse ein rückwärtsgewandtes, gleichsam vorkapitalistischen Prinzipien verpflichtetes Kunstideal entgegen und *hinterfragte* die Entfremdungsqualität des Geldes. Er verstand es also, beide Seiten – das irreale, irrationale ebenso wie das reale, rationale Moment – des Geldes herauszuarbeiten und einander gegenüberzustellen.

In sozioökonomischer Hinsicht kann Turgenevs Wirklichkeitsauffassung auf die Beobachtung, Beschreibung, zugleich aber auch auf die Unterschlagung eines pluralistischen Wertekosmos festgelegt werden: Während sich in dieser Weltsicht einheitsbegründende Werte aufzulösen drohen und sich ausdifferenzierende Lebensbereiche wie Recht und Moral, Kunst und Wissenschaft oder Wirtschaft und Politik eigenständigen Regeln und Bewegungsmustern unterliegen, deren Charakter Turgenev wahrzunehmen und zu beschreiben suchte, hielt er doch an identitätsstiftenden, rückwärtsgewandten, die klassischen ästhetischen Werte fortführenden bzw. restituierenden Traditionen und damit auch an der Einheit des „Wahren, Schönen und Guten" fest.[1264] Geldwirtschaft und Materialismus scheinen bei ihm zwar immer wieder als persönliches oder literarisches Thema auf, eine wirklich eingehende Auseinandersetzung mit den Ökonomien einer Gesellschaft bleibt aber ebenso aus wie der utopische Entwurf einer geldfreien Gemeinschaft. Insofern mag der Begriff „präsente Absenz" die Art und Weise umreissen, wie das Geld bei Turgenev in Erscheinung tritt, zumal dieser Terminus auch oder gerade die Ambivalenz der Tiefenstrukturen, die das Ökonomische in Turgenevs Leben und Werk ausbildete, veranschaulicht: Das Geld erweist sich in seinem ästhetischen System häufig als ‚niedere', wenngleich ubiquitäre Realität, bisweilen als durchaus ‚erhabener' philanthropischer Code, äusserst selten jedoch als Odiosum. Es ist, als ob sich der Mammon in erster Linie durch seine gänzliche Inkompatibilität mit der für Turgenevs Ästhetik konstitutiven Vorstellung des Erhabenen, ja des ‚heiligen Tempelraumes' der Kunst

[1263] HÖRISCH 1996, 61.
[1264] Zu Turgenevs Schönheitsbegriff vgl. HACKER 1988, 60-63.

auszeichne.[1265] Dennoch erfolgen Wahrnehmung und Auslegung der Welt und des menschlichen Daseins bei Turgenev immer wieder vor dem Hintergrund einer auf funktionaler Differenzierung und Rationalisierung beruhenden, in einer Vielzahl sozialer Prozesse und Systeme zergliederten und durch die wachsende Herrschaft der modernen Geldwirtschaft zumindest ‚entzauberten', wenn nicht gar pervertierten Gesellschaft.

Vom Schriftsteller forderte Turgenev, der sich in seinem *Predislovie k romanam* zu einem ‚Chronisten seiner Zeit' stilisierte (PSS, XII, 303), unbedingte Objektivität und Unparteilichkeit: „[…] точно и сильно воспроизвести истину, реальность жизни – есть высочайшее счастье для литератора, даже если эта истина не совпадает с его собственными симпатиями." (*Po povodu „Otcov i detej"*; PSS, XIV, 100). Dieser Anspruch berührt sich mit dem für seine Ästhetik wesentlichen Postulat nach ‚Wahrheit' in der Dichtung und mit dem Streben des Dichters nach ‚Freiheit', sofern unter Unparteilichkeit die Unabhängigkeit von ideologischen Einflüssen und ‚Systemen' aller Art verstanden wird.[1266] Insofern dürfte auch hinsichtlich der Frage nach der ‚letztgültigen' Konnotation des Mediums Geld bei Turgenev die Wahrheit, wie so oft, irgendwo in der Mitte zwischen dem sich vor allem im Werk hier und da manifestierenden asketischen Ideal der Armut, das im franziskanischen Grundsatz „*Nihil habentes, omnia possidentes*" und dem hierzu konträren sowie, laut Simmel, das Streben des modernen Menschen charakterisierenden „*Omnia habentes, nihil possidentes*" liegen.[1267] Turgenevs Idealbild lässt sich demzufolge beschreiben als eine moralisch vertretbare Ausgewogenheit zwischen materialistischem Selbstinteresse und ökonomischer Selbstaufgabe und damit zwischen einem rein pragmatischen und einem ausschliesslich emotionalen Zugang zur Welt der Waren. Obwohl er dem Leser in realistischer Manier die dominanten sozioökonomischen Mechanismen seiner Zeit vor Augen führte, blieb sein Gestus im literarischen und biographischen Diskurs auf einen Ausgleich bedacht. Turgenev war sich bewusst, dass die Lesbarkeit der modernen Welt ohne die Lesbarkeit von Geld nicht mehr zu haben war. Die Dichtung ermöglichte es ihm, mehr als nur einen Sinn im Geld zu entdecken. Ihr eigentlicher Ehrgeiz besteht jedoch darin, die ‚Währung' des Sinns selbst herauszuarbeiten.[1268] Innerhalb der fiktionalen Axiologie bleiben daher ökonomischer Erfolg bzw. Misserfolg sowie die Sehnsucht nach Geld oder wirtschaftlicher Sicherheit ohne eindeutige Wertung: In

[1265] Im Zusammenhang mit der geplanten, jedoch nie realisierten Erzählung *Vor*, die zum Zyklus der *Zapiski ochotnika* gehören und sich auf einen Diebstahl im Hause von Turgenevs Mutter stützen sollte, bilanzierte Turgenev um 1873: „Был у меня еще рассказ, писанный с натуры, – только он мне просто не удался. *Сюжет был не для меня: годился бы разве для щедринского таланта.*" (PSS, IV, 486f.; Hervorhebung von mir, A.S.).

[1266] HACKER 1988, 44.

[1267] Vgl. MÜLLER 1993, 21.

[1268] HÖRISCH 1996, 49.

moralisch überwiegend unverpflichtetem Spiel zeigt Turgenev bei der Auseinandersetzung mit dem Pekuniären Allzumenschliches auf. Im Grunde spiegeln die verschiedenen Erscheinungsformen des Wirtschaftens letztlich Turgenevs eigenen ökonomischen Habitus wider, der zwischen der Indifferenz des solventen Salonlöwen, der sozialen Verantwortung des Aristokraten und der Nervosität des betrogenen Gutsbesitzers schwankt.

Zusammenfassend bleibt festzuhalten, dass sich Turgenevs habitualisierte Umgangs- und Praxisformen in Geldfragen ebenso wie die symbolischen Kodierungen von Geld in seinem Werk in einem antiökonomischen ökonomischen Universum verorten, d. h. in einem wirtschaftlich beherrschten Bereich, wo das Geld als Leitmedium zwar permanent präsent ist, gleichzeitig aber auch ständig von anderen, ‚ewigen' Werten konterkariert wird. Kunst und Geld stehen bei Turgenev in einem ähnlichen Gegensatz wie reine Liebe und käufliche Liebe, leidenschaftliche Liebe und Zweckehe. Die Unvereinbarkeit der Welten vollzieht sich über die Homologie von Liebes- und Kunstformen, wie sie in Turgenevs Leben, insbesondere aber in seinem Werk immer wieder zu finden sind. Dass Geld für Turgenev in letzter Konsequenz lediglich Teil des „kleinen Spiels des Lebens" war (*Nakanune*; PSS, VIII, 166), mag die untergeordnete Rolle und Endlichkeit dieses Mediums im Hinblick auf das kosmische Ganze erklären. Nicht nur der Mensch selbst – und mit ihm auch jegliche menschliche Macht(stellung) – wird durch den Tod zu „Staub", vergeht, ohne eine Spur zu hinterlassen, löst sich in „Rauch" auf. Auch das Geld, das sich an den lebenden Menschen heftet, verfällt, wie dieser, zu „Staub" (PSS, IV, 258):[1269]

[1269] THIERGEN (1983, 286) weist darauf hin, dass der Begriff „dym" und seine synonymischen Verwandten zum topischen Inventar von Empfindsamkeit, Romantik und Folgezeit gehörten, nachdem sie spätestens im Barock kanonisiert worden waren. In der Tat erinnert Turgenevs Verwendung des Wortes „Staub" an jene biblische Formel, die den Menschen mahnt, er sei Staub und müsse wieder zu Staub werden (Gen 3,19).
1867 hielt Nikolaj Strachov in seiner Abhandlung über Turgenevs Roman *Dym* fest: „Итак, откуда же отчаянная мысль, что все человеческое дым? Нужно говорить правду, это мысль не Литвинова, а самого г. Тургенева. Вот уже третье произведение, в котором проглядывает эта мысль. *Призраки, Довольно, Дым* – все это вариация на старинную тему: суета сует и всяческая суета!" (zitiert nach THIERGEN 1983, 280; Hervorhebungen im Original, A.S.). Tatsächlich ist Turgenevs Rauchmetaphorik „nicht nur als Konzentrat für den ‚ideologischen Nebel' der 1860er Jahre, sondern zugleich als Bildwort für eine grundsätzlichere Existenzdeutung" zu lesen (THIERGEN 1983, 281f.). Gerade die Verbindung der mit Bildwörtern wie „Rauch" und „Staub" einhergehenden Konnotationen des Nebulosen, Nichtigen und Inkonstanten des Menschenlebens (ebd. 284) mit dem Medium Geld offenbart, bis zu welchem Grad Turgenev auch das Pekuniäre dem Bereich des Ephemeren und Vergänglichen zuordnete. Thiergen stellt zu Recht heraus, dass „dym", neben Begriffen wie „tuman", „ten'" oder „prach", zum Alltag der Bildlichkeit für alles Undurchsichtige, Illusionäre und Flüchtige des Erdendaseins gehöre (ebd. 284). Vgl. hierzu auch Anmerkung 1172 der vorliegenden Arbeit sowie HEIER 2000, 127.

> Всё пройдет, всё исчезнет, высочайший сан, власть, всеобъемлющий гений, всё рассыплется прахом…
>
> Всё великое земное
> Разлетается, как дым…[1270]
>
> (*Gamlet i Don-Kichot*; PSS, VIII, 191)

Turgenev sah durch die übertriebene Gewichtung des ökonomischen Prinzips innerhalb der Gesellschaft den Wert des Individuums bedroht, da dieses immer ausschliesslicher an materiellen Grössen gemessen wurde. Dementsprechend waren in seiner Vorstellungswelt der Wirkungsmächtigkeit des Geldes in gleichem Masse Grenzen gesetzt wie der menschlichen Existenz insgesamt. Tatsächlich kennt bei Turgenev weder das Geld noch die Natur eine vom menschlichen Individuum vorgegebene oder anerkannte Gerechtigkeit – allerdings verliert das Geld durch seine Bindung an den Menschen seine Gültigkeit, wohingegen die Natur als transzendierende Macht Menschliches ebenso wie das vom Menschen Hervorgebrachte überdauert, negiert und auf diese Weise auch zerstört. Das Geld ist fester Teil des menschlichen Lebens und Miteinanders, und wie alle Epitheta menschlicher Existenz ist der zirkulierende Mammon im Grunde nur Schall und Rauch. Besonders eindrücklich wird diese Überlegung anhand von Litvinovs Schlussreflexion in *Dym* veranschaulicht:

> «Дым, дым», – повторил он несколько раз; и всё вдруг показалось ему дымом, всё, собственная жизнь, русская жизнь – всё людское, особенно всё русское. Всё дым и пар, думал он; всё как будто беспрестанно меняется, всюду новые образы, явления бегут за явлениями, а в сущности всё то же да то же; всё торопится, спешит куда-то – и всё исчезает бесследно, ничего не достигая […] ненужная игра. (PSS, IX, 315)

Die ständige und unabweisbare Bedrohung des Menschen durch den Tod ist, neben der Macht der Liebe und jener der bezaubernd schönen, aber gleichgültigen Natur, eines der drei Leitmotive in Turgenevs Gesamtwerk.[1271] Dass das Prinzip des Irrationalen in seiner Weltsicht eine, wenn nicht *die* zentrale Rolle spielte, mag erklären, warum das rückhaltlos dem Rationalen verpflichtete Medium des Geldes von Turgenev zur untergeordneten Kategorie erklärt wurde. So hielt er noch Anfang 1882 vor dem Hintergrund akuten Geldmangels fest: „Впрочем: денежная беда – не беда.“ (PSP, XIII_1, 190).

Nur die guten Taten – und mit ihnen auch die Liebe – verflüchtigen sich, so Turgenev in *Gamlet i Don-Kichot*, nicht in Rauch: „Но добрые дела не раз-

[1270] Der Rauchvergleich stammt aus Schillers Gedicht *Das Siegesfest* (1803), wo es heisst: „Rauch ist alles irdsche Wesen, / Wie des Dampfes Säule weht, / Schwinden alle Erdengrössen, / Nur die Götter bleiben stet.“ (vgl. THIERGEN 1983, 288).

[1271] KLUGE 1982, 72.

летятся дымом; они долговечнее самой сияющей красоты. «Всё минется, – сказал апостол, – одна любовь останется».“ (PSS, VIII, 191) Doch dieser Bewusstseinshorizont umfasst das Geld allenfalls noch dort, wo es uneigennützigen und auf Gefühlswerten basierenden Verhaltensweisen zugrunde liegt. Dagegen stellen egoistisch motivierte ökonomische Zweckrationalität und Kapitalakkumulation einen Komplex dar, der mit dem ‚reinen‘, zweckentbundenen Gefühlshaushalt des Menschen unvereinbar ist. Aus dieser Diskrepanz heraus lässt sich vielleicht erklären, warum bei Turgenev Gefühlshaltung und Geldverhalten so häufig irrational ausfallen. Turgenev versuchte, die Mechanismen und Kräfte des Geldes in einer zunehmend sich kapitalisierenden Gesellschaft, in welcher Reichtum eine fast schon übermächtige Stellung einnimmt, herauszuarbeiten und mit ‚traditionellen‘ Werten und Wertvorstellungen zu konfrontieren. Turgenev erkannte, dass rationales und damit auch ‚kalkuliertes‘ Verhalten in einem durchökonomisierten Alltag notwendig, zumindest aber unvermeidbar ist. Zugleich stellte er jedoch heraus, dass darüber nicht die Tugenden des eigenen Standes und des mitmenschlichen Gefühls aus den Augen verloren werden dürfen. Letztlich bewegte sich Turgenevs ambivalente Einstellung zu Geld und Wirtschaft in einem Spannungsfeld, in welchem das Pekuniäre mit Allmacht und Machtlosigkeit, Verlangen und Resignation, Wert und Entwertung zugleich verklammert war. Diese für ihn ewige Aporie brachte er bereits 1859 auf den Punkt, als er an Marija Markovič bedeutungsvoll schrieb:

> Никогда я так не досадовал на отсутствие «*презренного*» металла. Нечего делать: надобно покориться.[1272]

[1272] Aus Turgenevs Brief vom 20. Juli (1. August) 1859 (PSP, III, 326; Hervorhebung im Original, A.S.)

Appendices

A Attest vom 5. (17.) Mai 1845 über Turgenevs Staatsdienst

№2359
Аттестат получил я 5го Мая 1845го года
Коллежский Секретарь Иван Тургенев

Аттестат

Предъявитель сего, Коллежский Секретарь Иван Сергеевич Тургенев, как значится в формулярном о службе его списке, происходит из Дворян, от роду 26 лет, православного вероисповедания, холост. По окончании курса наук в Императорском С. Петербургском Университете выпущен из оного с званием Кандидата 1го Отделения Философского Факультета 1837го Июля 10; на основании Высочайшего разрешения последовавшего по всеподданейшому докладу Министра Народного просвещения, согласно его прошению, причислен к Министерству Внутренних Дел, с назначением для занятий по Особенной Канцелярий Министра 1843 Июля 8; по указу правительствующего Сената 29 Июня 1843 года, на основании 171 ст. 3. Тома Св. Зак. /: изд. 1842 г. :/ утвержден в чин Коллежского Секретаря, со старшинством со дня вступления в действительную службу; - согласно его прошению, по болезни, уволен от службы по Министерству Внутренних Дел 1845 Апреля 18; В походах, штрафах и под судом не был; к продолжению службы способным и к повышению достойным; в отпусках был: с 14 февраля 1844 на 28 дней, явился 17 ма<я> того года по болезни, в удостоверение чего представил свидетельство выданное ему московским обер полицеймейстером, и с 9 февраля 1845 года на два месяца из сего отпуска невозвращаясь по болезни о которой прислал медицинское свидетельство, уволен согласно его прошению от службы. Во время служения его в Министерстве Внутренних Дел не подвергался ни одному из случаев, кои могли бы препятствовать ему к получению в установленный срок знака отличия безпорочной службы. – В удостоверение чего и дан сей Аттестат Коллежскому Секретарю Тургеневу за моим подписанием и с приложением герба моего печати. С Петербург 5го, Мая 1845 года.
Его Императорского Величества Всемилостивейшего Государя моего Действительный Тайный Советник, Министр Внутр. Дел, Член Государ. Совета, Гофмейстер, Камергер, Сенатор, Товарищ Министра Уделов и орденов: Св. Александра Невского, алмазами украшенного, Белого Орла, Св. Анны 1 и 4, и Св. Равноапостольного Князя Владимира 2 ст. большого креста Австрийского Леопольда малого креста и прусского за заслуги кавалер, имеющий золотую шпагу с надписью за храбрость и серебрянные (sic, A.S.) медали 1812 и 1814 годов и знак отлич. безпор. службы за XXX л. / подписал :/ Перовский

Скрепим: Директор К. фон Поль
Верно: Старший Помощник Столоначальника
И. Уманов[1273]

[1273] *RGIA*, f. 1284, op. 28, d. 285, l. 42-43 ob.; Hervorhebungen im Original, A.S.

B Turgenevs Vertrag mit den Salaev-Erben für die Werkausgabe von 1880

Контракт с Е. А. Погожевым, С. Д. Думновой и В. Д. Андреевой

1 (13) мая 1879. Париж

Тысяча восемьсот семьдесят девятого года, мая первого числа, мы, нижеподписавшиеся, коллежский секретарь Иван Сергеевич Тургенев и наследники книгопродавца Федора Иванова Салаева, полковник Евгений Александрович Погожев, жена московского купеческого сына Софья Дмитриевна Думнова и дочь подольского купца Вера Дмитриевна Андреева, заключили следующее условие:

1°.) Я, Тургенев, предоставляю наследникам Ф. И. Салаева право на печатание, издание и продажу в собственную их пользу нового (четвертого) полного собрания моих сочинений в *десяти* томах, в которое войдут, сверх всех статей, помещенных в последнем издании 1873-го года – а также и отдельно вышедшего романа «Новь», следующие статьи: а.) уже напечатанные в «Вестнике Европы» и «Новом времени» рассказы «Часы», «Сон» и «Рассказ отца Алексея»; б.) сделанные мною переводы двух легенд Г. Флобера, тоже напечатанные в «Вестнике Европы»: «Иродиада» и «С-й Июлиан»; в.) три уже напечатанные критические статьи и г.) новые прибавления к «Литературным и житейским воспоминаниям» – а также д.) новое предисловие к романам. Статьи под буквами *в*, *г* и *д* объемом приблизительно в восемь листов печатных. Подробный перечень и порядок расположения статей по томам обозначены в прилагаемом к сему списке.

2°.) Издание имеет быть в пять тысяч пятьсот экземпляров (из коих двадцать пять предоставляется мне, Тургеневу, бесплатно) на бумаге одинакового качества с присланным образцом; шрифт и формат также имеют быть согласны с присланным образцом.

3°.) Я, Тургенев, обязуюсь – прежде чем от этого нового, четвертого, издания 1879-го года не останется у наследников Ф. И. Салаева менее двухсот экземпляров – ни самому не предпринимать другого издания – полного или отдельных статей – ни отчуждать этого права другим лицам.

4°.) К каждому экземпляру этого нового издания прилагается портрет Тургенева, заказ, гравировку и пересылку которого беру я, Тургенев, на себя, с тем чтобы наследники Ф. И. Салаева приняли на себя половину всех сделанных по этому пункту издержек.

5°.) Прибавочные статьи обязан я, Тургенев, доставить издателям не позже 1-го/13-го августа нынешнего года – а все сделанные мною в тексте поправки и изменения должны быть мною представлены не позже 1-го/13-го сентября нынешнего же года. Десятый же том, в котором заключаются комедии, должен быть доставлен немедленно в исправленном виде, с тем чтобы издатели могли начать с него печатание всего издания.

6°.) Я, Тургенев, предоставляю себе право отдельного дешевого (народного) издания «Записок охотника» и продажи его в мою пользу.

7°.) Опубликованная цена на полное собрание моих сочинений в *десяти* томах не должна превышать *пятнадцать* рублей за экземпляр.

8°.) Издатели имеют право, по выпуске первых двух или трех томов, открыть, по усмотрению, подписку на остальные и выдавать билеты на их получение.
9°.) Наследники Ф. И. Салаева обязуются обратить особое внимание на корректурную исправность текста.
10°.) За право печатания и продажи нового собрания моих сочинений гг. наследники Ф. И. Салаева обязуются взнести мне, Тургеневу, двадцать две тысячи рублей сер. в следующие сроки:
1.) первый платеж – восемь тысяч рублей, в день подписания наследниками Ф. И. Салаева сего контракта, т. е. 15/27-го мая 1879-го года (из этих восьми тысяч рублей полторы тысячи уже взнесены; следовательно, остается шесть тысяч пятьсот);
2.) второй платеж – 15/27-го ноября 1879-го года: три тысячи пятьсот рублей;
3.) третий платеж – 15/27-го мая 1880-го года: три тысячи пятьсот рублей;
4.) четвертый платеж – 15/27-го ноября 1880-го года: три тысячи пятьсот рублей – и 5.) пятый платеж – 15/27-го мая 1881-го года: три тысячи пятьсот рублей.
Неуплата же денег в один из назначенных сроков влечет за собою уничтожение контракта, и полученные до тех пор деньги остаются в пользу Тургенева.
11°.) Контракт сей должен сохраняться обеими сторонами во всех пунктах свято и нерушимо – и имеет одинаковую силу для наших наследников, как и для нас самих.
12°.) Наследники Ф. И. Салаева обязуются доставить мне, Тургеневу, засвидетельствованную копию настоящего контракта с их подписями – а самый контракт с моей подписью хранить у себя.

Коллежский секретарь Иван Сергеев Тургенев.

На срок 1-го мая 1879-го года восемь тысяч рублей получил.
Ив. Тургенев

На срок 15-го ноября 1879-го года три тысячи пятьсот рублей получил.
Ив. Тургенев

На срок 15-го мая 1880-го года три тысячи пятьсот рублей получил.
Ив. Тургенев

Расчет сполна учинен согласно условию.
Ив. Тургенев
25-го мая 1881-го года.
Москва.[1274]

[1274] PSP, XII_2, 330-332; Hervorhebungen im Original, A.S. Vgl. auch *Russkaja starina* 10 (1883), 244-246.

C Turgenevs Vertrag mit Ivan Glazunov für die Edition von 1883-84

Контракт И. С. Тургенева с И. И. Глазуновым

С.-Петербург. 1882 года августа 21 дня. Нижеподписавшиеся: действительный статский советник Иван Ильич Глазунов и действующий по доверенности коллежского секретаря Ивана Сергеевича Тургенева, титулярный советник Александр Васильевич Топоров, заключили настоящий договор в следующем:

1) г. Глазунову предоставляется право напечатания и продажи в свою пользу пятого издания полного собрания сочинений – И. С. Тургенева, в десяти томах, в которые войдут, кроме всех статей, напечатанных в четвертом издании и в журналах за последние годы, еще две новые, а именно: 1) „Семейство Аксаковых и Славянофилы" и 2) „Пожар парохода Николай I". Эти статьи должны быть доставлены издателю не позже первого января тысяча восемьсот восемьдесят третьего года.
2) Предпринимаемое пятое издание имеет быть напечатано в количестве шести тысяч ста экземпляров, с предоставлением из них в пользу автора пятидесяти экземпляров бесплатно и с назначением опубликованной, цены не свыше пятнадцати рублей за экземпляр.
3) К каждому экземпляру пятого издания должен быть приложен портрет автора, который и принимает на себя заказ его, гравировку и доставку, с отнесением половины всех, по этому предмету, издержек на счет издателя; все же прочие по изданию расходы г. Глазунов производит за свой счет, употребляя бумагу, шрифт и формат согласно с посланными г. Тургеневу образцами.
4) Редакция корректуры принадлежит принявшему на себя этот труд безвозмездно М. М. Стасюлевичу, а потому всякий окончательно приготовленный к печати лист должно прежде доставлять к нему и без его подписи не печатать; если же против его поправок окажется хотя одна ошибка, то, по требованию г. Стасюлевича, таковой лист перепечатать.
5) Выбор типографии для печатания предпринимаемого издания принадлежит г. Глазунову, но два тома должны быть напечатаны в типографии г. Стасюлевича.
6) Доколе все экземпляры пятого издания полного собрания сочинений И. С. Тургенева не будут г. Глазуновым распроданы, выпуск в свет ни самим автором, ни кем либо другим, шестого издания полного собрания его сочинений не допускается, но г. Тургеневу предоставляется право отдельного стереотипного или иного народного издания и продажи в свою пользу „Записок Охотника".
7) За право издания и продажи в свою пользу пятого полного собрания сочинений И. С. Тургенева г. Глазунов уплачивает автору двадцать пять тысяч пятьсот рублей, в следующие сроки: при подписании сего договора пять тысяч пятьсот рублей, а первого июля тысяча восемьсот восемьдесят третьего, первого января и первого июля тысяча восемьсот восемьдесят четвертого и первого января тысяча восемьсот восемьдесят пятого года, каждый раз, по пяти тысяч рублей.
8) Платежи эти должны быть производимы безостановочно, независимо от того когда предпринимаемое издание будет окончено печатанием; если же с первого января тысяча восемьсот восемьдесят четвертого года его нельзя будет пустить в продажу по той причине, что у прежнего издателя Салаева не будут еще распроданы

все экземпляры четвертого издания полного собрания сочинений И. С. Тургенева, то в таком случае и производство назначенных в предыдущем пункте срочных платежей с 1-го января тысяча восемьсот восемьдесят четвертого приостанавливается; но лишь только это препятствие к выпуску предпринимаемого издания в свет будет устранено, то в то же время должны быть уплачены автору пять тысяч рублей за срок первого января тысяча восемьсот восемьдесят четвертого года, а остальные два срочные платежа чрез шестимесячные промежутки.

9) В случае неисправного платежа денег или какого либо иного нарушения условий сего договора, г. Глазунов уплачивает автору единовременно всю сумму, какая будет оставаться по сему договору и тогда, само собою разумеется, может пользоваться всеми предоставленными ему сим договором правами.

10) Настоящий договор обеим сторонам и наследникам их хранить свято и ненарушимо; подлинному быть у г. Глазунова, а г. Топорову получить для доверителя своего засвидетельствованную копию.

Действительный Статский Советник Иван Ильич Глазунов.

К сему договору руку приложил и означенные в оном пять тысяч пятьсот рублей получить, по доверенности Коллежского Секретаря Ивана Сергеевича Т у р г е н е в а, Титулярный Советник Александр Васильевич Т о п о р о в.[1275]

[1275] *Russkaja starina* 10 (1883), 248f. (Hervorhebungen im Original, A.S.).

D Turgenevs Vollmacht vom 26. Juni (8. Juli) 1868 zugunsten seines Gutsverwalters Nikita A. Kišinskij

26 июня (8 июля) 1868

Милостивый государь
Никита Алексеевич!

Взамен выданных мною Вам доверенностей, засвидетельствованных 1-я в 1-ом департаменте Московской Гражданской палаты 9 марта 1867 г. за № 61, а последние три в Российской миссии при Баденском дворе 20 сентября/2 октября 1867 г. за № 143; 2/14 февраля за № 25 и 21 февраля/4 марта 1868 г. за № 40, и согласно заключенному между нами условию для распоряжений Ваших по управлению имением моим, заключающимся в землях, лесах, мельницах, разнородных хозяйственных обзаведениях, постройках и скоте, состоящих Орловской губернии Мценского уезда при селе Спасском, Малоархангельского уезда при селе Тапках и д. Хмелевой, Кромского уезда при сельце Холодове, Тульской губернии Новосильского уезда при хуторе Тросне, Ефремовского уезда при хуторе Кадном, Чернского уезда при дер. Кальне, Тамбовской губернии Елатомского уезда при дер. Почково, Ист<л>ееве и Сасово и Калужской губернии Жиздринского уезда при д.д. Милееве, Погорельцы, Казаки, Березово и прочих; доверяю Вам следующее:

1) Потребных для ведения и устройства хозяйств по имениям служащих лиц, техников, землемеров, мастеровых и рабочих имеете нанимать и увольнять по своему усмотрению.

2) Все добываемые по хозяйству и при техническом производстве предметы продавать, а нужные для производства покупать. Земли, мельницы и другие статьи отдавать в аренду.

3) По найму лиц, по отдаче в аренду и по другим предметам, касающимся по имению, заключать условия и контракты и входить в обязательства, причем строго следить за исполнением таковых с обеих сторон.

4) Иметь наблюдение за сохранением лесов, усадебных и хозяйственных построек, приводя всё в должный порядок и ведя всему правильный учет, отдавая мне отчет, согласно заключенному между нами условию, руководствуясь притом в высылке и распределении сумм моим назначением.

5) По крестьянским делам требовать исполнения издельной повинности, уплаты оброков и дополнительных выкупных сумм, а при неисполнении крестьянами сих обязательств требовать чрез кого и где следует об исполнении.

6) По размежевании земельных угодий и чресполосных владений предъявлять о сем, где надлежит, требовать землемера, заключать и подписывать законные сделки с соседними землевладельцами, соблюдая при сем мой интерес.

7) Представлять, куда следует, о выкупе крестьянских наделов обязательно или по соглашению и следуемые мне выкупные ссуды получать.

8) По долгу моему Московскому Опекунскому совету имеете взносить платежи процентными государственными билетами, свидетельствами и другими допускаемыми бумагами и кредитами, равно имеете таковой долг переводить на крестьянские наделы.

9) Назначенные мною в дар участки земли бывшим служащим лицам имеете

утвердить за ними на законном основании и на условиях, какие могут быть допущены, а на определенные мною к продаже земли, леса, мельницы и прочие угодья, находящиеся в имениях Елатомского, Жиздринского, Кромского, Малоархангельского и Чернского уездов, имеете отыскать покупателей и по соглашению в определении ценности и условий платежа заключать запродажные записи и купчие крепости, получая по ним деньги. Равно имеете покупать и совершать купчие и прочие акты на земли, дома и проч. предметы, назначаемые мною к приобретению в мою собственность.

10) По предъявляемым на меня или на мое имение искам, требованиям и прочим жалобам, равно по таковым же от моего имени, в ограждение и защиту прав и имущества моего имеете подавать от моего имени прошения, объявления и апелляции, выслушивать решения и изъявлять удовольствия или неудовольствия.

11) Если случатся предметы, по имениям и делам моим, коих в этой доверенности не объявлено, то имеете действовать, как бы я сам, сообразуясь с интересом и пользою моею.

12) Так как по управлению отдельными имениями, равно и по ходатайству по делам, будет встречаться надобность в передоверии Вами сего права другому лицу, то можете делать по своему усмотрению.

Во всем, что Вы по этой доверенности сделаете, в том верю, спорить и прекословить не буду. Остаюсь с истинным уважением Иван Сергеевич Тургенев, коллежский секретарь. 26 июня 1868 года.

Сия доверенность принадлежит коллежскому секретарю Никите Алексеевичу Кишинскому.

1868 г. июня 28 доверенность эта явлена у меня, Андрея Петровича Поль, московского нотариуса, в конторе моей, находящейся Твер<ской> части на Тверской улице, в д. под № 261, коллежским секретарем Иваном Сергеевичем Тургеневым, живущим Твер<ской> ч<асти> кв. в доме Удельной конторы, лично мне неизвестным, представившим в удостоверение своей самоличности и законной правоспособности к совершению актов заграничный паспорт, выданный в С.-Петербурге 3 апреля 1867 г. за № 738. Причем я, нотариус, удостоверяю, что доверенность эта собственноручно подписана г. Тургеневым.

Иван Сергеевич Тургенев.

По реестру № 1214. Нотариус Андрей Поль.
По актовой книге части 1-ой № 236. На подлинной приложена печать.
С подлинным верно. За производ<ителя> дел

Д. Зерцалов.

Подлинную доверенность обратно получил коллежский секретарь Кишинский.[1276]

[1276] PSP, VII, 348-351.

E Anonymer, gegen Turgenevs Gutsverwalter Nikita A. Kišinskij gerichteter Belastungsbrief vom Oktober 1868

Милостивейший государь
Иван Сергеич!

Г-н Кишинский запродал хлеб в августе и в начале сентября сего года на сумму до 15-<т>и тысяч, получил в руки 8 тысяч, из них отправил к Вам 2 тысячи, а остальные обратил в серии; в это же время пронеслась у нас весть, будто Вы опасно заболели; г-н К. решился послать к Вам телеграмму; проходит день и другой – ответа нет. Г-н К. поскакал в город и занял там еще две тысячи с тем, чтобы за оные деньги поставить хлеб в декабре месяце с уступкой за каждую четверть по 30 коп. Непонятно, для чего ему нужны деньги?! Между тем цены на хлеб с каждым днем дорожают, рожь была 5 р. 25 к., овес 3 р., пшеница до 8 р. Он же продал рожь 4 р. 50 коп., овес 2 р. 75 к., пшеницу 7 р. 50 к. Наконец в Любовше запродал большую партию ржи по 3 р. 25 коп. и таким мелким торговцам, которых мало знают.

Не лишним считаю присовокупить к сведению Вашему следующее: г-н К., принявши в свое управление имение, продал по соглашению Вашему капитальных статей на 30 000 р., как-то земель, лесов и оставший<ся> хлеб прежних годов, из них он положил себе в карман 3000 по условию да с доходов экономических известный Вам %; изо всего этого цель г-на К. видна, и единственное желание его – всё, что можно, продавать, ломать и возводить постройки с тем, чтобы мутить воду; например, постройка в Петровском, которая Вам будет стоит более 3 тысяч, и всё это произошло не без цели. Вы когда-то имели слабость высказаться г-ну К., что когда-нибудь Вы обратите Ваше достояние в капитал; вследствие этой мысли у него родилась своя мысль – приобрести Петровское с лесами, полями в свою собственность, а Вам отрезать землю по большой пруд, за которую уплатить одну половину деньгами, а вторую он заслужит. Это так, верно; но в нынешний приезд Ваш мысли обратились наоборот, отчего он просто опустил голову и руки, дело постройки пошло иначе, замедлилось, а разломать всё разломал – как-то амбары и риги и скотный двор, лишил приюта рогатый скот; несчастный скот стоит под открытым небом, по брюхо в жидком навозе. В доме старом везде течь пошла, ему до этого и дела нет. Обставляет себя новыми своими лицами, выписывая их из края, где он прежде жил, – что-то, если не ошибаюсь, до пяти человек, как-то конторщики, старосты и единственный его друг землемер. Последнему отвел Ваш кабинет – и все эти народы поместились в большом доме. Идеи г-на К. тонки, замысловаты. Вот, например: землемер как друг его, он дал ему дело, что стоит для Вас до 1500 р., а насколько это нужно – неизвестно. Касательно хозяйства он решительно ничего не понимает; например, приказывает жать рожь зеленую, сказано – сделано! Послали народ и приступили к делу. И что-то два или три снопа сжали да и остановили; говорят мужики, что рука не поднимается, зелена больно, серп не берет, – делать нечего, надобно было предложить ему, чтобы он отправился по деревням осмотреть поля в Кадном и в Любовше, имея в виду, что через неделю рожь поспеет и мешать не будет.

Многое бы Вам следовало сообщить, но здесь не место – я пишу Вам в предосторожность будущих его предложений, теперь он занят Тапками и Холодовым – вот тут не будет ли чего купить в свою собственность.
Вы дали ему доверенность на продажу каленской мельницы и жиздринских лесов; удержите, если это можно, впредь до Вашего усмотрения, иначе Вы потерпите многое, потому что леса и в том крае в настоящее время дорожают, а он думает его разрабатывать своими руками и будет вроде тамбовского леса; там ведет он дело темное; известно только то, что он тому человеку, который продал лес в тамбовском имении, продал в Тапках землю дешевле других на 600 рублей.
Постарайтесь, И. С., приехать сюда incognito и получить деньги – иначе дело будет худо, и едва ли попадет четвертая доля; всё развесится по сучкам.
Хлеба у Вас родилось море; надо думать, что цифра дойдет до 20 000 р. Конторы у Вас нет! Учитывать его трудно, и всё, что пишется и доносится, выходит из его руки.
Порфирию Тимофееву (Кудряшеву, A.S.[1277]) Кишинский отрезал землю далеко не так, как Вы пожаловали; за прудом десятина, и вершок к нему не дошли, которую г-н К. продал подрядчику Пармену Петрову за 150 р. – участок, состоящий из трех десятин и птичьего двора.[1278]

[1277] Vgl. hierzu Anmerkung 107.
[1278] PSP, VII, 519f.

F Turgenevs Testamente

Testament vom 1. Mai 1877:

Je donne et lègue à Madame Viardot, née Michelle Pauline Garcia – ou, en cas de prédécès – à ses enfants – le pavillon que j'ai fait construire dans le domaine des Frênes, à Bougival, 16, rue de Mesmes, dont j'ai l'usufruit et Madame Viardot la nue-propriété. – Je donne et lègue également à Madame Viardot ou à ses enfants, tous les objets mobiliers qui garnissent le dit pavillon.

Fait à Paris le premier Mai mil huit cent soixante dix sept. Ivan Tourguéneff[1279]

Testament vom 15. Mai 1882:

Mes dernières volontés

Je donne et lègue à mes amis Mr Louis Viardot et Madame Pauline Viardot tous mes livres, meubles, avec mes tableaux et objets d'art se trouvant à Paris Rue de Douai 50 – ou à Bougival, au Chalet des Frênes. – Je lègue tous les manuscrits de mes ouvrages imprimés, ainsi que ceux que l'on trouverait inachevés – et ma correspondance à mon ami Monsieur Paul Annenkoff, auquel j'ai également cédé le droit de vendre la totalité de mes ouvrages, à la charge pour lui de remettre la totalité du produit à Monsieur et à Madame Viardot.

Ivan Tourguéneff

Paris, le quinze Mai mil huit cent quatre vingt deux.[1280]

Testament vom 29. März 1883:

Во имя отца, и сына, и святого духа. Будучи в здравом уме и твердой памяти, я, нижеподписавшийся, коллежский секретарь Иван Сергеевич Тургенев, на случай моей смерти завещаю все авторские права и литературную собственность на сочинения мои, как изданные, так и неизданные, а равно и еще должные мне по контракту книгопродавцем-издателем Иваном Ильичем Глазуновым двадцать тысяч рублей – всецело французской подданной Полине Виардо-Гарсия.

Писано со слов моих и по личной моей просьбе в квартире моей в Париже, улице Дуэ (Doui) (sic, A.S.[1281]), № 50, семнадцатого – двадцать девятого марта тысяча восемьсот восемьдесят третьего года действительным статским советником Андреем Николаевичем Карцовым.

Коллежский секретарь Иван Сергеевич Тургенев[1282]

Letztes Testament vom 17. Juni 1883:

J'institue Madame Pauline Viardot ma légataire universelle en toute propriété.

Ivan Tourguéneff

Bougival, 17 Juin 1883.[1283]

[1279] *Bibl Nat*, n. a. fr. 16275, f. 454. WADDINGTON (1974, 40f.) zitiert das Testament in englischer Übersetzung.

[1280] *Bibl Nat*, n. a. fr. 16275, f. 456. Vgl. auch WADDINGTON 1974, 42.

[1281] Eigtl. (Rue de) Douai, A.S.

[1282] Zitiert nach ARZUMANOVA 1960, 269.

[1283] Zitiert nach WADDINGTON 1974, 45.

G Durchschnittliche Wechselkurse des Rubels 1839-1887[1284]

Jahr	London (in Pence)	Paris (in Centimes)	Hamburg/Berlin (in Pfennig) (*)
1839	39.47	410.81	--
1840	39.16	406.92	--
1841	38.83	406.95	--
1842	37.83	401.72	--
1843	37.63	401.88	--
1844	38.06	405.52	--
1845	37.91	405.86	--
1846	38.11	406.73	--
1847	38.64	408.25	--
1848	36.63	395.23	--
1849	36.97	391.36	--
1850	38.11	401.16	--
1851	37.83	391.73	--
1852	38.23	401.70	--
1853	38.66	402.08	--
1854	36.41	375.63	--
1855	36.08	375.06	--
1856	38.09	398.44	--
1857	37.19	390.55	--
1858	35.91	375.05	--
1859	35.02	365.61	--
1860	35.70	372.05	--
1861	34.19	361.06	--
1862	34.55	362.84	98.85 **
1863	36.45	382.11	101.87 **
1864	32.42	339.98	90.37 **
1865	31.53	329.69	88.53 **
1866	29.67	309.03	88.48 **
1867	32.55	340.61	--
1868	32.84	344.03	92.98 ***

[1284] Aus: KAŠKAROV 1898, II, 36-40, 44-48; SCHNEIDER / SCHWARZER 1990, 296, 408; ZIMARINA 1994, 64, 75, 79, 85, 95, 107.

Jahr	London (in Pence)	Paris (in Centimes)	Hamburg/Berlin (in Pfennig) (*)
1869	30.58	320.39	87.31 ***
1870	29.75	308.97	83.63 ***
1871	32.03	349.50	89.10 ***
1872	32.72	348.56	91.64*** / 276.81
1873	32.44	344.66	90.51*** / 274.13
1874	33.31	349.97	93.38***/ 283.31
1875	32.77	345.06	280.06
1876	30.84	324.63	264.13
1877	26.00	271.94	219.53
1878	24.50	256.97	208.44
1879	24.25	255.44	210.94
1880	25.31	264.42	213.75
1881	25.19	266.19	215.20
1882	24.19	253.75	205.97
1883	23.72	249.39	202.27
1884	24.38	256.16	207.84 *
1885	24.19	254.48	205.91 *
1886	23.36	245.78	198.53 *
1887	21.39	226.03	181.63 *

* = Berliner Börse (ab 1884)

** = Taler im 14-Taler-fuss (Leipziger Börse)

*** = Taler preussisch Kurant je 100 Silberrubel Nennwert (Berliner Börse)

H Turgenevs Marktwert: Entwicklung des Honorarsatzes

Jahr	Zeitschrift	Honorar*	Bemerkungen
1849	*Otečestvennye zapiski*	200 Assignatenrubel pro Druckbogen	
1849	*Sovremennik*	50 Silberrubel pro Druckbogen	
1855	*Sovremennik*	75 Silberrubel pro Druckbogen	
1856/57	*Sovremennik*	100 Silberrubel pro Druckbogen (*Faust*)	
1857	*Sovremennik*	75 Silberrubel pro Druckbogen	Laut Exklusivvertrag vereinbartes Honorar
1858	*Sovremennik*	150 Silberrubel pro Druckbogen (*Asja*)	Laut Exklusivvertrag vereinbartes Honorar
1860	*Sovremennik*	150 Silberrubel pro Druckbogen	
1858	*Russkij vestnik*	200 Silberrubel pro Druckbogen	
1858	*Sovremennik*	200 Silberrubel pro Druckbogen	Angebot für einen mind. 10 Druckbogen langen Roman
1860	*Russkij vestnik*	400 Silberrubel pro Druckbogen	
1870	*Vestnik Evropy*	400 Silberrubel pro Druckbogen	
1875	*Vestnik Evropy*	400 Silberrubel pro Druckbogen	
1876	*Vestnik Evropy*	500 Silberrubel pro Druckbogen	
1877	*Vestnik Evropy*	500 Silberrubel pro Druckbogen	
1882	*Niva*	1'000 Silberrubel pro Druckbogen[1285]	Von Turgenev aus persönlichen und gesundheitlichen Gründen zurückgewiesenes Angebot

* = Angebote bzw. tatsächlich bezogene Honorare

[1285] Turgenev wurden in diesem Fall sogar 2'000 Silberrubel pro Bogen angeboten, allerdings war der Umfang des bei der *Niva* verwendeten Druckbogens ungefähr doppelt so gross wie jener des *Vestnik Evropy*.

I Turgenevs Marktwert: Entgelt und Angebote für Einzelwerke und Werksammlungen

Jahr	Drama	Prosa	Werksammlung	Publikation	Honorar
1855		*Jakov Pasynkov*		*Otečestvennye zapiski*	125 Silberrubel
1856		*Zapiski ochotnika*		*Sovremennik*	1'000 Silberrubel (Rechte für die 2. Ausgabe)
1856		*Faust*		*Sovremennik*	250 Silberrubel (100 pro Druckbogen)
1856			*Povesti i rasskazy s 1844 g. po 1856 g.*		8'000 Silberrubel
1857	*Čužoj chleb*			*Sovremennik*	250 Silberrubel (75 pro Druckbogen)
1858		*Asja*		*Sovremennik*	431 Silberrubel (150 pro Druckbogen)
1859		*Dvorjanskoe gnezdo*		*Sovremennik*	4'000 Silberrubel
1860		*Nakanune*		*Russkij vestnik*	4'300 Silberrubel
1860		*Nakanune*		*Sovremennik*	8'600 Silberrubel (Nekrasovs Angebot)
1860/61			*Sočinenija. Ispravlennye i dopolnennye*	N. A. Osnovskij	5'500 Silberrubel von 8'000 (gemäss Vereinbarung)
1862		*Otcy i deti*		*Russkij vestnik*	4'775 Silberrubel
1863		*Nakanune*		*Sovremennik*	8'000 Silberrubel (Nekrasovs Angebot)
1864		*Prizraki*		*Ėpocha*	800 Silberrubel
1867		*Dym*		*Russkij vestnik*	5'000 Silberrubel
1868		*Brigadir*		*Journal des Débats*	90 Silberrubel
1868		*Nesčastnaja*		*Russkij vestnik*	1'500 Silberrubel
1877		*Nov'*		*Vestnik Evropy*	9'000 Silberrubel
1877/78		*Nov'*		Buchausgabe (Br. Salaevy)	2'000 Silberrubel
1872		*Vešnie vody*		*Vestnik Evropy*	3'125 Silberrubel
1872		*Konec Čertopchanova*		*Vestnik Evropy*	775 Silberrubel
1875		*Časy*		*Vestnik Evropy*	1'038 Silberrubel
1880			*Sočinenija (1844-1868-1874-1880)*	Nasledniki br. Salaevych	22'000 Silberrubel
1882		*Otčajannyj*		*Vestnik Evropy*	500 Silberrubel
1882			Einkünfte aus den Werken (ohne die *Zapiski ochotnika* gerechnet)		6'000 Silberrubel jährlich
1882		*Zapiski ochotnika*			1'000-1'400 Silberrubel jährlich
1883		*Klara Milič* u. *Stichotvorenija v proze*			2'000 Silberrubel
1883-84			*Polnoe sobranie sočinenij*	I. I. Glazunov	80'000 Silberrubel (Abtretung der Werkrechte)

J Preise und Lebenshaltungskosten

Jährliche Studiengebühr an der Petersburger Universität	100 Assignatenrbl. (27.25 Silberrbl.)	1839	[1286]
Durchschnittlicher ‚Wert' eines Leibeigenen	100 Silberrbl.	um 1840	[1287]
Jahresumsatz einer Baumwollfabrik mit 200 Arbeitskräften im Gouvernement Kostroma	217'000 Silberrbl.	1841	[1288]
Durchschnittlicher Wert des unbeweglichen Eigentums eines *raznočinec* in St. Petersburg	2'000 Silberrbl.	1843/44	[1289]
Durchschnittlicher Wert des unbeweglichen Eigentums eines Handwerkers in St. Petersburg	5'639 Silberrbl.	1843/44	[1290]
Durchschnittlicher Wert des unbeweglichen Eigentums eines Kaufmanns in St. Petersburg	16'139 Silberrbl.	1843/44	[1291]
Durchschnittlicher Wert des unbeweglichen Eigentums eines Adligen / Beamten in St. Petersburg	12'079 Silberrbl.	1843/44	[1292]
Jährliche Steuerbelastung einer Petersburger Kaufmannsfamilie	30 Silberrbl.	um 1850	[1293]
Preis für eine zweirädrige Pferdekutsche	600 Silberrbl.	1852	[1294]
Jährlicher Steuerertrag pro Kopf in Moskau, St. Petersburg, Odessa und Riga	6 Silberrbl. 11 Kop.	1856	[1295]
Jahresmiete für eine Wohnung	500 Silberrbl.	1857	[1296]
Jahresabonnement des *Sovremennik*	15 Silberrbl.	1857	[1297]
Geschätzte Lebenshaltungskosten während einer viermonatigen Reise durch Westeuropa (Paris, England, Rheinland, Baden-Baden, Schweiz)	4'000 Francs (1'000 Rbl.)	1857	[1298]

[1286] REJSER 1946a, 358.
[1287] STÖKL 1983, 486.
[1288] HILDERMEIER 1986, 522.
[1289] HILDERMEIER 1986, 447.
[1290] HILDERMEIER 1986, 447.
[1291] HILDERMEIER 1986, 447.
[1292] HILDERMEIER 1986, 447.
[1293] HILDERMEIER 1986, 303f.
[1294] PSP, II, 63.
[1295] HILDERMEIER 1986, 258.
[1296] NEKRASOV, PSS, XIII_2, 340.
[1297] EVGEN'EV-MAKSIMOV 1946a, 119.
[1298] PSP, III, 114

Wochenmiete für ein möbliertes Apartment in London (einschliesslich Bedienung, Wäsche und Frühstück)	50 Francs (13.30 Rbl.)	1858	1299
Tagespreis für ein Zimmer in Baden-Baden einschliesslich Kost und Bedienung	5 Francs (1.52 Rbl.) (Wintersaison) 6-6½ Francs (1.82-1.97 Rbl.) (Sommersaison)	1865	1300
Dreimonatsmiete für eine Wohnung in Baden-Baden	1'000-1'200 Gulden (630-754 Rubel)	1867	1301
Preis eines in Baden-Baden angefertigten Jagdgewehrs	100 Silberrbl.	1867	1302
Schuldenlast auf einer Desjatine Bauernland im Jahresdurchschnitt	1 Rbl. 44 Kop.	1871-1875	1303
Schuldenlast auf einer Desjatine Gutsbesitzerland im Jahresdurchschnitt	14.5 Kop.	1871-1875	1304
Angebot des Moskauer Konservatoriums an Pauline Viardot für ein siebenmonatiges Pensum als Gesanglehrerin	5'000 Rubel	1871	1305
Turgenevs veranschlagtes Jahresbudget für die Pacht eines Jagdreviers in Frankreich (inkl. Nebenkosten)	800 bis 1000 Francs (etwa 230 bis 290 Rubel)	1872	1306
Tatsächliche Pachtkosten für dieses Jagdrevier	1'647 Francs (etwa 475 Rubel)	1872	1307
Preis eines in der renommierten französischen Büchsenmacherei Houliez-Blanchard angefertigten Jagdgewehrs	1'000 Francs (etwa 290 Rbl.)	1874	1308
Preis für ein Exemplar der Gesammelten Werke I. S. Turgenevs, erschienen im Verlag der Salaev-Brüder	15 Rbl.	1880	1309

1299 PSP, III, 217.
1300 PSP, VI, 29.
1301 PSP, VI, 228.
1302 PSP, VII, 5.
1303 STÖKL 1983, 543.
1304 STÖKL 1983, 543.
1305 GRANJARD / ZVIGUILSKY 1972, 177.
1306 PSP, X, 474.
1307 PSP, X, 33 u. 474.
1308 PSP, X, 189.
1309 MIRONOV 1961, 335.

Register der Werke Turgenevs

Literaturverzeichnis

Lexika und Nachschlagewerke

Bol'šaja Sovetskaja Ėnciklopedija (BSĖ). 3. Ausgabe. 30 Bde. (und Sonderbd.). Moskva 1970-1978.

Brockhaus – die Enzyklopädie in vierundzwanzig Bänden (BROCKHAUS). 20., überarbeitete und aktualisierte Auflage. Leipzig etc. 1996-1999.

Ėnciklopedičeskij slovar' (ĖS). Pod red. I. E. Andreevskogo. Izd. F. A. Brokgauz, I. A. Efron. 86 Bde. St. Peterburg 1890-1907.

ENGLER, Winfried 1984: *Lexikon der französischen Literatur*. 2., verbesserte und erweiterte Auflage. Stuttgart.

Gabler Wirtschafts-Lexikon. 13., vollständig überarbeitete Auflage. 8 Bde. Wiesbaden 1994.

HILLMANN, Karl-Heinz 1994: *Wörterbuch der Soziologie*. 4., überarbeitete und ergänzte Auflage. Stuttgart.

OŽEGOV, S. I. 1990: *Slovar' russkogo jazyka*. Pod red. N. Ju. Švedovoj. 22-e izd. Moskva.

Russkie propilei (RP). Materialy po istorii russkoj mysli i literatury. Sobral i prigotovil k pečati M. Geršenzon. Tom III: Pisanija I. S. Turgeneva ne vključennye v sobranija ego sočinenij. Moskva 1916.

ŽUKOV, V. P. 1991: *Slovar' russkich poslovic i pogovorok*. Izd. 4-e, ispravlennoe i dopolnennoe. Moskva.

Bibliographien und Archivführer

ALEKSEEV, M. P. (Red.) 1958: *Opisanie rukopisej i izobrazitel'nych materialov Puškinskogo doma*. Bd. IV, I. S. Turgenev. Moskva – Leningrad.

BRODSKIJ, N. L. 1924: Ukazatel' literatury ob I. S. Turgeneve. In: Ders.: *I. S. Turgenev v vospominanijach sovremennikov i ego pis'mach*. Moskva, 183-187.

BRODSKIJ, N. L. 1951: *I. S. Turgenev. Opis' dokumental'nych materialov ličnogo fonda № 509*. Pod. red. N. L. Brodskogo. Moskva. (Centr. ros. gos. lit. archiv SSSR)

CHOE, Dongkyu 1996: *Ivan Turgenev in English Literary Criticism (1855-1995). A Critical Study*. Diss. Michigan State University.

Issledovanija poslednich let o Turgeneve. In: Kurljandskaja, G. B. (Red.): *I. S. Turgenev: mirovozzrenie i tvorčestvo, problemy izučenija. Meževuzovskij sbornik naučnych trudov*. Orel 1991, 118-137.

MOSTOVSKAJA, N. N. 1977: Bibliografija literatury ob I. S. Turgeneve 1968-1974. In: *Turgenev i ego sovremenniki*. Leningrad, 237-284.

MOSTOVSKAJA, N. N. 1990: Bibliografija literatury ob I. S. Turgeneve 1980-1986. In: Mostovskaja, N. N. / Nikitina, N. S. (Red.): *I. S. Turgenev. Voprosy biografii i tvorčestva*. Leningrad 1990, 255-278, ukazatel' 279-283.

MURATOVA, K. D. 1962: *Istorija russkoj literatury XIX veka. Bibliografičeskij ukazatel'*. Moskva – Leningrad.

NAZAROVA, L. N. / ALEKSEEV, A. D. 1970: *Bibliografija literatury o I. S. Turgeneve, 1918-1967.* Leningrad (Rezension: Brang, Peter in: Zeitschrift für Slavische Philologie 36 [1971], 233-235).

N. P. [PIKSANOV, N. K.] 1933: Turgenevskij fond v archive Instituta russkoj literatury Akademii nauk SSSR (IRLI). In: *Vestnik AN SSSR* 10 (1933), 47-50.

SCHMIDT, Christoph 1989: *Ausgewählte Bibliographien und Bibliothekskataloge zur russischen Sozialgeschichte (1861-1917).* Wiesbaden.

TIME, G. A. 1979: Raboty nemeckich slavistov o Turgeneve. In: *Russkaja literatura* 2 (1979), 186-189.

WADDINGTON, Patrick 1987: An Annotated Bibliography of French Writings on I. S. Turgenev, Published up to 1900. In: *New Zealand Slavonic Journal* (1987), 1-79.

WYTRZENS, Günther 1975: *Bibliographie der russischen Autoren und anonymen Werke.* Frankfurt am Main, 114-116.

WYTRZENS, Günther 1982: *Bibliographie der russischen Autoren und anonymen Werke 1975-1980.* Frankfurt am Main 1982, 149-151.

YACHNIN, Rissa / STAM, David H. 1962: *Turgenev in English. A Checklist of Works by and about Him.* New York.

ŽEKULIN, Nicholas G. 1985: *Turgenev. A Bibliography of Books 1843-1982 by and about Ivan Turgenev.* Calgary.

ŽEKULIN, Nicholas G.: *International Turgenev Bibliography.* (Links vom 27. Dezember 2003) http://www.acs.ucalgary.ca/~zekulin/tbibl

Publikationen 1983: http://www.acs.ucalgary.ca/~zekulin/tbibl/1983.html

Publikationen 1984: http://www.acs.ucalgary.ca/~zekulin/tbibl/1984.html

Publikationen 1985: http://www.acs.ucalgary.ca/~zekulin/tbibl/1985.html

Publikationen 1986: http://www.acs.ucalgary.ca/~zekulin/tbibl/1986.html

Publikationen 1987: http://www.acs.ucalgary.ca/~zekulin/tbibl/1987.html

Publikationen 1988: http://www.acs.ucalgary.ca/~zekulin/tbibl/1988.html

Publikationen 1989: http://www.acs.ucalgary.ca/~zekulin/tbibl/1989.html

Publikationen 1990: http://www.acs.ucalgary.ca/~zekulin/tbibl/1990.html

Publikationen 1991: http://www.acs.ucalgary.ca/~zekulin/tbibl/1991.html

Publikationen 1992: http://www.acs.ucalgary.ca/~zekulin/tbibl/1992.html

Publikationen 1993: http://www.acs.ucalgary.ca/~zekulin/tbibl/1993.html

Publikationen 1994: http://www.acs.ucalgary.ca/~zekulin/tbibl/1994.html

Publikationen 1995: http://www.acs.ucalgary.ca/~zekulin/tbibl/1995.html

Publikationen 1996: http://www.acs.ucalgary.ca/~zekulin/tbibl/1996.html

Publikationen 1997: http://www.acs.ucalgary.ca/~zekulin/tbibl/1997.html

Publikationen 1998: http://www.acs.ucalgary.ca/~zekulin/tbibl/1998.html

Publikationen 1999: http://www.acs.ucalgary.ca/~zekulin/tbibl/1999.html

Publikationen 2000: http://www.acs.ucalgary.ca/~zekulin/tbibl/2000.html

Archivmaterialien

Rossijskij gosudarstvennyj istoričeskij archiv (RGIA), St. Petersburg:

f. 482, op. 2 (765/1941), d. 311 (*Delo o voznagraždenii pisatelja Turgeneva avtorskoju platoju za dannyja na scene Imperatorskich Teatrov p'esy ego*)

f. 497, op. 10, d. 387 (*Uslovija s avtorami i perevodčikami p'es, oper i baleta, 1882-1895*)

f. 497, op. 2, d. 24569 (*Delo Kontory Imperatorskich Teatrov o voznagraždenii avtorskoju pospektakl'noju platoju pisatelja Turgeneva i o peredače im prav na ėtu platu učitel'nice Gdovskogo Gorodskogo Učilišča, Evdokii Ivanovne Kuz'minoj*)

f. 497, op. 2, d. 24627 (*Delo Direkcii Imperatorskich Teatrov po repert. časti ob udovletvorenii I. S. Turgeneva avtorskoju platoju*)

f. 577, op. 26, d. 2339 (*Delo o vykupe osedlosti i ugodij krest'janami sela Spasskago u pomeščika ich Ivana Sergeeviča Turgeneva*)

f. 776, op. 3, № 909 (*Formuljarnyj spisok I. A. Gončarova*)

f. 1284, op. 28, d. 285 (*Delo po prošeniju Kandidata S. Peterburgskogo Universiteta Ivana Turgeneva ob opredelenii ego na službu po Ministerstvu Vnutrennich Del*)

f. 777, op. 3, d. 10 (*Delo S. P. B. Cenzurnogo Komiteta o russkich knigach, napečatannych za graniceju*)

f. 779, op. 1, d. 82 (*Delo po Komitetu Cenzury Inostrannoj po pros'be Moskovskogo knigoprodavca Salaeva o vospreščenii vvoza v Rossiju otpečatannoj v Berline povesti G. Turgeneva „Dym"*)

Rossijskaja nacional'naja biblioteka (RNB), St. Petersburg:

f. 795 (I. S. Turgenev), №№ 45, 89-99 u. 116.

f. 560 (I. I. Panaev), op. 1, ed. ar. 2

Rossijskij gosudarstvennyj archiv literatury i iskusstva (RGALI), Moskau:

f. 509 (I. S. Turgenev), op. 1, № 136 (*V Kromskuju Uezdnuju Zemskuju Upravu – Vladel'ca Kolležskogo Sekretarja Ivana Sergeeviča Turgeneva Svedenija, o količestve zemel' sostojaščich pri Imenijach v Kromskom Uezde – Maja 4 čisla 1866 goda*)

f. 509 (I. S. Turgenev), op. 1, № 137 (*Ivanom Sergeevičem Turgenevym naznačena pensija sledujuščim licam* [l. 1]; *Spisok lic, kotorym vyduvalos' vspomoščestvovanie naznačennoe gospodinom Ivanom Sergeevičem Turgenevym 1876 go<da> i naznačenija v nynešnem lete 1876 goda Ijulja 17 dn.* [l. 2]).

f. 509 (I. S. Turgenev), op. 1, № 171 (*Kniga dlja zapisyvan'ja ne ispravnostej moich ljudej, za čto budet im vyčitat'sja ich žalovan'e, za ispravnoe že poveden'ja* (sic, A.S.) *budet nagražden'e*)

Bibliothèque nationale de France, Paris (*Bibl Nat*):

N.A.Fr. 16275 (Papiers Viardot, tome IV) (2 Testamente)

Slave 80, Mazon.95.M.34 (*Pis'mo imperatoru Aleksandru II.*)

Slave 80, Mazon.101.D.61 (*Lettre au gérant de Spasskoé*)

Slave 82, Mazon.120.D.70 (*Quittance d'un don*)

Primär- und Sekundärliteratur

ALEKSEEV, A. D. 1960: *Letopis' žizni i tvorčestva I. A. Gončarova.* Moskva – Leningrad.

ALEKSEEV, M. P. (Hg.) 1960: *I. S. Turgenev (1818 – 1883 – 1958). Stat'i i materialy.* Orel.

AMBURGER, Erik 1977: Buchdruck, Buchhandel und Verlage in St. Petersburg im 18. Jahrhundert. In: Göpfert, Herbert G. / Koziełek, Gerard / Wittmann, Reinhard (Hgg.): *Buch- und Verlagswesen im 18. und 19. Jahrhundert. Beiträge zur Geschichte der Kommunikation in Mittel- und Osteuropa.* Berlin, 201-216.

ANGARSKIJ, N. 1927: Spor o nasledstve I. S. Turgeneva meždu dočer'ju Turgeneva Pelageej Ivanovnoj Turgenevoj i Polinoj Viardo. In: *Nedra* Kn. 10. Moskva, 235-242.

ANGST, Christina 1999: *Gustave Flaubert – Ivan Sergeevič Turgenev. Le rôle de l'auteur à travers la correspondance.* Basel (unveröffentlichte Lizentiatsarbeit).

ANIKIN, Andrej V. 1989: *Muza i mamona. Social'no-ėkonomičeskie motivy u Puškina.* Moskva.

ANIKINE, Andreï V. (ANIKIN, Andrej) 1993: Le thème de l'argent dans la littérature classique russe. In: *Diogène* 162 (1993), 105-116.

ANIKIN, Andrei (Andrej) 1994: Money in Alexander Pushkin's „The Queen of Spades". In: DiGaetani, John L. (Hg.): *Money. Lure, Lore and Literature.* Westport – London 1994, 103-110.

ANIKIN, Andrej V. 1999: *Puškin, Rossija, sovremennost'.* Političeskie i social'no-ėkonomičeskie aspekty. Moskva.

ANNENKOV, P. V. 1928: *Literaturnye vospominanija.* Predislovie N. Piksanova. Vstupitel'naja stat'ja, redakcija i primečanija B. M. Ėjchenbauma. Leningrad.

ANNENKOV, P. V. 1969: Molodost' I. S. Turgeneva 1840-1856. In: Petrova, S. M. / Fridljand, V. G. (sostavlenie i podgotovka teksta): *I. S. Turgenev v vospominanijach sovremennikov.* 2 Bde., Moskva, I, 97-120.

ARZUMANOVA, M. A. 1960: Zaveščanie I. S. Turgeneva. In: Alekseev, M. P. (Hg.): *I. S. Turgenev (1818 – 1883 – 1958). Stat'i i materialy.* Orel, 264-286.

BAB, Julius 1994: *Die Berliner Bohème.* Paderborn.

BECKER, Seymour 1985: *Nobility and Privilege in Late Imperial Russia.* DeKalb (Illinois).

BEL'ČIKOV, N. F. 1964: Zametki o material'nom byte I. S. Turgeneva v 70-e gody. In: *Izvestija AN SSSR. Serija literatury i jazyka.* 23,6 (1964), 529f.

BERLIN, Isaiah 1972: *Fathers and Children. Turgenev and the Liberal Predicament.* Oxford.

BINSWANGER, Hans Christoph 1985: *Geld und Magie. Deutung und Kritik der modernen Wirtschaft anhand von Goethes Faust.* Stuttgart.

BIZJUKIN, Fedot I. (Pseudonym Ф. Б – ъ) 1885: Iz vospominanij o sele Spasskom-Lutovinove i I. S. Turgeneve. In: *Russkij vestnik* 175 (1885), 338-373.

BJALYJ, G. A. / MURATOV, A. B. 1970: *Turgenev v Peterburge.* Leningrad.

BLAGOJ, D. D. 1923: Turgenev – Redaktor Tjutčeva. In: Brodskij, N. L. (Red.): *Turgenev i ego vremja.* Pervyj sbornik. Moskva – Petrograd, 142-163.

BLOOM, Harold (Hg.) 2003: *Ivan Turgenev.* Philadelphia.

BÖHLER, Michael 2002: *Geteilte Autorschaft: Goethe und Schiller – Visionen des Dichters, Realitäten des Schreibens.* IASL Online Archiv. http://iasl.uni-muenchen.de/register/boehler1.htm (Link vom 27. Dezember 2003).

BORST, Arno 1995: *Der Turmbau von Babel. Geschichte der Meinungen über Ursprung und Vielfalt der Sprachen und Völker.* München.

BOURDIEU, Pierre 1979: *La distinction. Critique sociale du jugement.* Paris.

BOURDIEU, Pierre 1980: *Le sens pratique.* Paris.

BOURDIEU, Pierre 1992a: *Les règles de l'art. Genèse et structure du champ littéraire.* Paris.

BOURDIEU, Pierre 1992b: *Die verborgenen Mechanismen der Macht.* Herausgegeben von Margareta Steinrücke. Hamburg. (Schriften zu Politik & Kultur 1)

BOURDIEU, Pierre 1993: *The Field of Cultural Production. Essays on Art and Literature.* Cambridge.

BOURDIEU, Pierre 2001: *Die Regeln der Kunst. Genese und Struktur des literarischen Feldes.* Frankfurt am Main.

BRANG, Peter 1956: I. S. Turgenev in der russischen Literaturwissenschaft 1917-1954. In: *Zeitschrift für Slavische Philologie* 24 (1955f.), 182-215 und 358-410.

BRANG, Peter 1977: *I. S. Turgenev. Sein Leben und sein Werk.* Wiesbaden.

BRANG, Peter 1979: Iwan Turgenjew. Väter und Söhne. In: Zelinsky, Bodo (Hg.): *Der russische Roman.* Düsseldorf, 134-160.

BRANG, Peter 1995: Images und Mirages in Turgenevs Darstellung der Nationalcharaktere. Klischeezertrümmerung oder Trendverstärkung? In: Thiergen, Peter (Hg.): *Ivan S. Turgenev. Leben, Werk und Wirkung. Beiträge der Internationalen Fachkonferenz aus Anlass des 175. Geburtstages an der Otto-Friedrich-Universität Bamberg, 15.-18. September 1993.* München, 1-25. (Vorträge und Abhandlungen zur Slavistik 27)

BRODSKIJ, N. L. (Red.) 1923: *Turgenev i ego vremja.* Pervyj sbornik pod redakciej N. L. Brodskogo. Moskva – Petrograd.

BRODSKIJ, N. L. (Red.) 1940: *I. S. Turgenev. Materialy i issledovanija.* Orel.

BRODSKY, Anna 1995: *Poetic Autobiography in Russian Literature: Turgenev, Bunin, Nabokov, Sokolov.* Diss. Yale University.

BRON', T. I. 1966: Turgenev i ego doč' Polina Turgeneva-Brjuėr. In: *T sb*, II, 324-338.

BROOKS, Jeremy 1985: *When Russia Learned to Read. Literacy and Popular Literature. 1861-1917.* Princeton.

BURGHARDT, Anton 1977: Soziologie des Geldes und der Inflation. Wien etc.

BUSCHMEIER, Manfred 1990: *Die Gesellschaft und das Geld. Untersuchungen zum Geld in englischen Romanen und Komödien der sentimental era.* Trier. (Horizonte 4)

CADOT, Michel 1983: The Role of I. S. Turgenev and Louis Viardot in the Promulgation of Russian Literature in France. In: *Zapiski Russkoj Akademičeskoj Gruppy v SŠA – Transactions of the Association of Russian-American Scholars in the U.S.A.* 16 (1983) (Turgenev Commemorative Volume 1818-1883), 225-239.

CHMELEVSKAJA, E. M. 1964: Utračennye pis'ma I. S. Turgeneva (1836-56). In: *T sb*, I, 344-354.

CHRISTOLOVA, Lena / PAECH, Joachim 2002: *Zeit geben: Eine dekonstruktive Lektüre des Films „Smoke" (1994).* http://www.uni-konstanz.de/FuF/Philo/LitWiss/MedienWiss/Texte/smoke.htm (Link vom 27. Dezember 2003).

ČISTOVA, I. S. 1966: Turgenev i „Russkaja biblioteka" M. M. Stasjuleviča. In: *T sb*, II, 286-289.

COPELAND, Edward 1995: *Women Writing about Money. Women's Fiction in England, 1790-1820.* Cambridge. (Cambridge Studies in Romanticism 9)

CORINO, Karl (Hg.) 1987: *Genie und Geld. Vom Auskommen deutscher Schriftsteller.* Nördlingen.

CROSBY, Christina 1999: „A taste for more": Trollope's addictive realism. In: Woodmansee, Martha / Osteen, Mark (Hgg.): *The New Economic Criticism. Studies at the Intersection of Literature and Economics.* London – New York, 293-306.

ČUKOVSKIJ, Kornej 1960: Tema deneg v tvorčestve Nekrasova. In: Ders. *Ljudi i knigi.* Vtoroe izdanie dopolnennoe. Moskva, 264-293.

DAHRENDORF, Ralf 1961: *Homo sociologicus.* Ein Versuch zur Geschichte, Bedeutung und Kritik der Kategorie der sozialen Rolle. Köln – Opladen.

DANILOV, V. V. 1925: „Zapiski ochotnika" Turgeneva so storony social'no-ėkonomičeskogo momenta. In: *Rodnoj jazyk v škole.* Nr. 7, Leningrad, 19-27.

DANILOV, V. V. 1927: „Rudin" Turgeneva v svete social'no-ėkonomičeskoj sovremennosti. In: *Rodnoj jazyk v škole.* Nr. 4, Leningrad, 84-94.

DELANY, Paul 1999: Who paid for modernism? In: Woodmansee, Martha / Osteen, Mark (Hgg.) 1999: *The New Economic Criticism. Studies at the Intersection of Literature and Economics.* London – New York, 335-351.

DELANY, Paul 2002: *Literature, Money and the Market. From Trollope to Amis.* Basingstoke – New York.

DEN, T. P. 1968: Zapiska Turgeneva 1857 g. o krepostnom prave. In: *T sb*, IV, 107-144.

DENKINGER, Joachim 1990: Geld. In: *Universitas* 4 (1990), 307-309.

DERRIDA, Jacques 1993: *Falschgeld. Zeit geben I.* München.

DIGAETANI, John L. (Hg.) 1994: *Money. Lure, Lore and Literature.* Westport – London.

DOLNY, Christoph 1996: *Literarische Funktionen der Personeneigennamen in den Novellen und Erzählungen von I. S. Turgenev.* Bern etc. (Slavica Helvetica 51)

DORNACHER, K. 1988: Grundzüge der deutschen Turgenev-Rezeption im 20. Jahrhundert. In: *Zeitschrift für Slawistik* 33 (1988), 235-243.

DOSTOEVSKIJ, Fedor Michajlovič M. (PSS): *Polnoe sobranie sočinenij v tridcati tomach.* Leningrad 1972-1990.

DRISCOLL, James S. 2004 (im Druck): On the Origins of Interest: the Economics of Character in the 19th Century Russian Novel. In: Guski, Andreas / Schmid, Ulrich (Hgg.): *Literatur und Kommerz im Russland des 19. Jahrhunderts. Institutionen, Akteure, Symbole.* Zürich.

DRIZEN, N. V. 1913: I. S. Turgenev i avtorskij gonorar (Archivnaja spravka). In: *Ežegodnik Imperatorskich teatrov* V (1913), 49-52.

DRUŽININ, Aleksandr V. 1857: Neskol'ko predpoloženij po ustrojstvu russkogo literaturnogo fonda dlja posobija nuždajuščimsja licam učenogo i literaturnogo kruga. In: *Biblioteka dlja čtenija* 146 (nojabr') (1857), 1-28.

DUBININ, M. 1975: Merkantil'nye obstojatel'stva Puškina. (175-letie roždenija poėta). In: *Novyj žurnal* 118 (1975), 94-119 u. 120 (1975), 136-161.

DÜRR, Carola 2000: *Das russische Vaudeville am Beispiel der Stücke von D. T. Lenskij (1828-1855) und ihrer französischen Vorlagen.* Wiesbaden. (Slavistische Veröffentlichungen 85)

EICHENBAUM (ĖJCHENBAUM), Boris 1987: *Mein Zeitbote. Belletristik, Wissenschaft, Kritik, Vermischtes.* Leipzig – Weimar.

EMMONS, Terence 1968: *The Russian Landed Gentry and the Peasant Emancipation of 1861.* Cambridge.

ERLICH, Victor 1964: *The Double Image. Concepts of the Poet in Slavic Literatures.* Baltimore.

EVGEN'EV-MAKSIMOV, V. E. 1946a: Nekrasov žurnalist. In: *Literaturnoe nasledstvo* 49/50 (1946), 91-130.

EVGEN'EV-MAKSIMOV, V. E. 1946b: Gonorarnye vedomosti „Otečestvennych Zapisok". In: *Literaturnoe nasledstvo* 53/54 (1946), 303-328.

FELLMANN, Ferdinand 2001: Die Sprache des Geldes. Georg Simmel und die Tragödie der europäischen Kultur. In: Kadi, Ulrike / Keintzel, Brigitta / Vetter, Helmuth (Hgg.): *Traum, Logik, Geld. Freud, Husserl und Simmel zum Denken der Moderne.* Tübingen, 202-222.

FENSTER, Aristide 1983: *Adel und Ökonomie im vorindustriellen Russland. Die unternehmerische Betätigung der Gutsbesitzer in der grossgewerblichen Wirtschaft im 17. und 18. Jahrhundert.* Wiesbaden. (Beiträge zur Wirtschafts- und Sozialgeschichte 23)

FERTIG, Ludwig 1996: *„Abends auf den Helikon." Dichter und ihre Berufe von Lessing bis Kafka.* Darmstadt.

FET, Afanasij A. 1890: *Moi vospominanija. 1848-1889.* I-II. Moskva.

FISCHER-DIESKAU, Dietrich 1990: *Wenn Musik der Liebe Nahrung ist. Künstlerschicksale im 19. Jahrhundert.* Stuttgart.

FITZLYON, April 1964: *The Price of Genius. A Life of Pauline Viardot.* London.

FOUCAULT, Michel 1969: Qu'est-ce qu'un auteur? In: *Bulletin de la Société Française de la Philosophie* 63 (1969), 73-104.

FOUCAULT, Michel [1974] 2000: *Die Ordnung der Dinge. Eine Archäologie der Humanwissenschaften.* Frankfurt am Main.

FRANK, Joseph 1995: *Dostoevsky. The Miraculous Years 1865-1871.* Princeton (New Jersey).

FREEBORN, Richard 1963: Turgenev: The Novelist's Novelist. A Study. London (Reprint).

FREEBORN, Richard 1983: Turgenev, the Dramatist. In: *Zapiski Russkoj Akademičeskoj Gruppy v SŠA – Transactions of the Association of Russian-American Scholars in the U.S.A.* 16 (1983) (Turgenev Commemorative Volume 1818-1883), 54-74.

GERIGK, Horst-Jürgen 1995: In Feindschaft verbunden: Dostojewskij und Turgenjew. In: *Fjodor M. Dostojewskij.* Katalog anlässlich der gleichnamigen Ausstellung im Jesuitensaal des Rathauses Baden-Baden vom 15. Oktober bis 19. November 1995. Herausgegeben vom Kulturamt der Stadt Baden-Baden. Baden-Baden, 21-33.

GESSEN, Sergej 1930: *Knigoizdatel' Aleksandr Puškin. Literaturnye dochody Puškina.* Leningrad.

GITERMANN, Valentin 1987: *Geschichte Russlands.* 3 Bde. Frankfurt am Main.

GITLIC, E. A. 1990: Struktura i smysl rasskaza Turgeneva „Žid". In: Mostovskaja, N. N. / Nikitina, N. S. (Red.): *I. S. Turgenev. Voprosy biografii i tvorčestva.* Leningrad, 57-67.

GORBAČEV, G. E. 1928: *Kapitalizm i russkaja literatura. Istoriko-literaturnye i kritičeskie stat'i.* Izdanie vtoroe, ispravlennoe i dopolnennoe. Moskva – Leningrad.

GORZ, André 1989: *Kritik der ökonomischen Vernunft. Sinnfragen am Ende der Arbeitsgesellschaft.* Berlin.

GOUX, Jean-Joseph 1999: Cash, check, or charge? In: Woodmansee, Martha / Osteen, Mark (Hgg.): *The New Economic Criticism. Studies at the Intersection of Literature and Economics.* London – New York, 114-127.

GOZENPUD, A. A. 1994: *I. S. Turgenev.* Issledovanie (serija „Musica et litteratura"). Sankt-Peterburg.

GRANJARD, Henri 1954: *Ivan Tourguénev et les courants politiques et sociaux de son temps.* Paris.

GRANJARD, Henri / ZVIGUILSKY Alexandre 1972: *Ivan Tourguénev. Lettres inédites à Pauline Viardot et à sa famille.* Edition établie par Henri Granjard et Alexandre Zviguilsky. Paris.

GRENZER, Andreas 1995: *Adel und Landbesitz im ausgehenden Zarenreich. Der russische Landadel zwischen Selbstbehauptung und Anpassung nach Aufhebung der Leibeigenschaft.* Stuttgart.

GREVS, I. M. 1928: *Istorija odnoj ljubvi. I. S. Turgenev i Polina Viardo.* 2-oe izdanie, pererabotannoe i dopolnennoe. Moskva.

GRIC, T. / TRENIN, V. / NIKITIN, M. 1929: *Slovesnost' i kommercija. Knižnaja lavka A. F. Smirdina.* Moskva.

GRIGOROVIČ, Dmitrij V. 1928: *Literaturnye vospominanija (s priloženiem polnogo teksta vospominanij P. M. Kovalevskogo).* Leningrad.

GROB, Thomas 2001: Inflationäre Romantik. Kunst und Geld in der russischen Künstlererzählung der 1830er Jahre. In: Weitlaner, Wolfgang (Hg.): *Kultur. Sprache. Ökonomie.* Beiträge zur gleichnamigen Tagung an der Wirtschaftsuniversität Wien 3.-5. Dezember 1999. Wien, 45-65. (Wiener Slawistischer Almanach, Sonderband 54)

GROB, Thomas 2004 (im Druck): Inkommensurabilität, Tausch und Verschwendung: Puškin und das Geld. In: Guski, Andreas / Schmid, Ulrich (Hgg.): *Literatur und Kommerz im Russland des 19. Jahrhunderts. Institutionen, Akteure, Symbole.* Zürich.

GROMOV, V. A. 1966: Iz vospominanij krest'jan o Turgeneve. In: *T sb*, II, 289-299.

GROMOV, V. A. 1986: „Ja učenik Puškina" (I. S. Turgenev). In: Rozanova, S. A. (Sostav.): *„Oni pitali moju muzu...". Knigi v žizni i tvorčestve pisatelej.* Moskva, 29-42.

GÜNTHER, Hans 2004 (im Druck): Zwischen Markt und Mystik. Die Künstlerproblematik in Gogol's *Portret.* In: Guski, Andreas / Schmid, Ulrich (Hgg.): *Literatur und Kommerz im Russland des 19. Jahrhunderts. Institutionen, Akteure, Symbole.* Zürich.

GUT'JAR, N. M. 1907: *Ivan Sergeevič Turgenev.* Jur'ev.

GUT'JAR, N. M. 1910: *Chronologičeskaja kanva dlja biografii I. S. Turgeneva.* Sbornik otdelenija russkogo jazyka i slovesnosti Imperatorskoj Akademii nauk. t. 87, № 2. Sankt-Peterburg.

HACKER, Paul 1988: *Studien zum Realismus I. S. Turgenevs.* München. (Vorträge und Abhandlungen zur Slavistik 11)

HAESLER, Aldo J. 2002: Das Geld und die Gabe. In: *Basler Magazin* 18 (2002). *Politisch-kulturelle Wochenend-Beilage der Basler Zeitung* Nr. 103 (4. Mai 2002), 8f.

Handbuch der Geschichte Russlands (HGR 1981-). Herausgegeben von Manfred Hellmann, Gottfried Schramm und Klaus Zernack. Stuttgart 1981-.

HAUMANN, Heiko 1990: *Geschichte der Ostjuden.* München.

HAUMANN, Heiko 1996: *Geschichte Russlands.* München.

HAUMANT, Emile 1906: *Ivan Tourguénief. La vie et l'œuvre.* Paris.

HÄUSLER, Eugen 1935: *Der Kaufmann in der russischen Literatur.* Königsberg/Pr.

HEIER, Edmund 2000: *Comparative Literary Studies: Lermontov, Turgenev, Goncharov, Tolstoj, Blok – Lavater, Lessing, Schiller, Grillparzer.* München. (Vorträge und Abhandlungen zur Slavistik 39)

HELLER, Klaus 1983: *Die Geld- und Kreditpolitik des russischen Reiches in der Zeit der Assignaten (1768-1839/43).* Wiesbaden.

HELLER, Klaus 1987: *Russische Wirtschafts- und Sozialgeschichte.* Bd. 1. Die Kiever und Moskauer Periode (9.-17. Jh.). Darmstadt.

HELLER, Klaus 2004 (im Druck): Unternehmertum und Unternehmertypen im Russland des 19. Jahrhunderts. In: Guski, Andreas / Schmid, Ulrich (Hgg.): *Literatur und Kommerz im Russland des 19. Jahrhunderts. Institutionen, Akteure, Symbole.* Zürich.

HIELSCHER, Karla 1999: *Dostojewski in Deutschland.* Frankfurt am Main – Leipzig.

HILDERMEIER, Manfred 1986: *Bürgertum und Stadt in Russland 1760-1870. Rechtliche Lage und soziale Struktur.* Köln – Wien.

HINGLEY, Ronald 1966: *Les Ecrivains russes et la Société 1825-1904.* Paris.

HOFFMANN, Rainer-W. 1990: Implikationen von Inflationen. Notizen zu verborgenen Verzweigungen eines globalen Problems. In: *Universitas* 4 (1990), 310-321.

HÖRISCH, Jochen 1983: *Gott, Geld und Glück. Zur Logik der Liebe in den Bildungsromanen Goethes, Kellers und Thomas Manns.* Frankfurt am Main.

HÖRISCH, Jochen 1989: *Das Abendmahl, das Geld und die Neuen Medien.* Bremen.

HÖRISCH, Jochen 1990: Poesie des Geldes. In: *Universitas* 4 (1990), 334-344.

HÖRISCH, Jochen 1996: *Kopf oder Zahl. Die Poesie des Geldes.* Frankfurt am Main.

INGOLD, Felix Philipp 1972: *Schulden und Schuld bei F. M. Dostojewskij.* [Unveröffentlichte Antrittsvorlesung vom 9. Mai 1972 an der Hochschule St. Gallen].

INGOLD, Felix Philipp 1981a: *Dostojewskij und das Judentum.* Frankfurt am Main.

INGOLD, Felix Philipp 1981b: Kunsttext und Lebenstext. Thesen und Beispiele zum Verhältnis zwischen Kunst-Werk und Alltags-Wirklichkeit im russischen Modernismus. In: *Die Welt der Slaven* (1981), 37-61.

IVANOV-NATOV, A. 1983: I. S. Turgenev i Literaturnyj Fond v Rossii. In: *Zapiski Russkoj Akademičeskoj Gruppy v SŠA – Transactions of the Association of Russian-American Scholars in the U.S.A.* 16 (1983) (Turgenev Commemorative Volume 1818-1883), 241-276.

IVANOVA, L. N. 1990: Turgenev i žikinskoe delo. In: Mostovskaja, N. N. / Nikitina, N. S. (Red.): *I. S. Turgenev. Voprosy biografii i tvorčestva.* Leningrad, 202-216.

IZMAJLOV, N. V. 1930: Turgenev i krug „Sovremennika". Vstupitel'naja stat'ja. In: *Turgenev i krug „Sovremennika". Neizdannye materialy 1847-1861.* Sostavleno po materialam Puškinskogo doma Akademii nauk SSSR. Moskva – Leningrad, V-XLVII.

JONAS, G. 1968: Neueste Ergebnisse der sowjetischen Turgenevforschung. In: *Zeitschrift für Slawistik* 13 (1968), 683-695.

JURT, Joseph 1995: *Das literarische Feld. Das Konzept Pierre Bourdieus in Theorie und Praxis.* Darmstadt.

KAHAN, Arcadius 1989: *Russian Economic History. The Nineteenth Century.* Chicago etc.

KAPPELER, Andreas 1997: *Russische Geschichte.* München.

KAŠKAROV, Michail 1898: *Denežnoe obraščenie v Rossii.* Istoriko-statističeskoe issledovanie. 2 Bde. S.-Peterburg.

KENT, Robert W. / SCHMIDT, Lothar (Hgg.) 1989: *Geld. Aphorismen und Zitate aus drei Jahrtausenden.* Königstein.

KESSLER, Rainer 1979: *Zu Form und Kritik in I. S. Turgenevs „Zapiski ochotnika".* Fünf Aufsätze. Frankfurt am Main etc. (Europäische Hochschulschriften, Reihe 16, Slawische Sprache und Literatur 13)

KETTNER, Matthias 2001: Volatilität. Das Triebleben in den Finanzmärkten. In: Kadi, Ulrike / Keintzel, Brigitta / Vetter, Helmuth (Hgg.): *Traum, Logik, Geld. Freud, Husserl und Simmel zum Denken der Moderne.* Tübingen, 246-264.

KLAWOHN, Lothar 1985: *Die Vernunft des Geldes und der Kunst. Zur gesellschaftlichen Form ästhetischer Wahrnehmung am Beispiel von ‚Minnesang' und Goethes ‚Werther'.* Frankfurt – New York.

KLEMAN, M. K. 1921: Otec Turgeneva v pis'mach k synov'jam. In: Koni, A. F. (Red.): *T sb* 1921, 131-143.

KLEMAN, M. K. 1934: *Letopis' žizni i tvorčestva I. S. Turgeneva.* Red. Piksanov, N. K. Moskva – Leningrad.

KLEMAN, M. K. 1940: Iz perepiski Turgeneva s načinajuščimi avtorami. In: Brodskij, N. L. (Red.): *I. S. Turgenev. Materialy i issledovanija.* Orel, 148-155.

KLOSSOWSKI, Pierre 1998: *Die lebende Münze.* Berlin.

KLUGE, Rolf-Dieter 1982: Turgenjew. Erste Liebe. In: Zelinsky, Bodo (Hg.): *Die russische Novelle.* Düsseldorf, 63-72.

KLUGE, Rolf-Dieter 1992: *Ivan S. Turgenev. Dichtung zwischen Hoffnung und Entsagung.* München. (Quellen und Studien zur russischen Geistesgeschichte 11)

KNOWLES, Anthony Vere 1988: *Ivan Turgenev.* Boston.

KÖHNKE, Klaus Christian 1990: Die Verdrängung der Werte durchs Geld. In: *Universitas* 4 (1990), 328-233.

KORITZ, Amy / KORITZ, Douglas 1999: Symbolic economics. Adventures in the metaphorical marketplace. In: Woodmansee, Martha / Osteen, Mark (Hgg.): *The New Economic Criticism. Studies at the Intersection of Literature and Economics.* London – New York, 408-419.

KORNILOV, A. A. 1909: *Pjatidesjatiletie Literaturnogo fonda (1859-1909).* Obščij očerk. Po poručeniju Komiteta Literaturnogo fonda. S.-Peterburg.

KORSUN, Zoia Hraur 1990: *The Young Turgenev: The Development of the Writer.* Diss. University of Pennsylvania.

KOSCHMAL, Walter 1983: *Das poetische System der Dramen I. S. Turgenevs. Studien zu einer pragmatischen Dramenanalyse.* München. (Slavistische Beiträge 166)

KOSCHMAL, Walter 1984: *Vom Realismus zum Symbolismus. Zu Genese und Morphologie der Symbolsprache in den späten Werken I. S. Turgenevs.* Amsterdam. (Studies in Slavic Literature and Poetics 5)

KOŚNY, Witold 2001: Vorgeschichte und Einführung des Vaudevilles in Russland. In: *Zeitschrift für Slawistik* 46 (2001) 2, 127-156.

KOTTMANN, Hildegard 1984: *Ivan Turgenevs Bühnenwerk.* Frankfurt am Main etc. (Europäische Hochschulschriften Reihe 16, Slawische Sprachen und Literaturen 24)

KOVALEVSKIJ, Maksim M. 1969: Vospominanija ob I. S. Turgeneve. In: Petrova, S. M. / Fridljand, V. G. (sostavlenie i podgotovka teksta): *I. S. Turgenev v vospominanijach sovremennikov.* 2 Bde., Moskva, II, 139-154.

KRAETZ, Julius (s. a.): Iwan Turgenjew – seine Wohnsitze in Baden-Baden. Das Schlösschen und das Theater im Thiergarten. In: *Pauline Viardot – Iwan Turgenjew.* Baden-Baden s. a., 6-17. (Beiträge zur Geschichte der Stadt und des Kurortes Baden-Baden 13)

KREUZER, Helmut 2000: *Die Boheme. Analyse und Dokumentation der intellektuellen Subkultur vom 19. Jahrhundert bis zur Gegenwart.* Stuttgart – Weimar.

KRON, Friedhelm 1976: *Schriftsteller und Schriftstellerverbände. Schriftstellerberuf und Interessenpolitik 1842-1973.* Stuttgart.

KRUFT, Hanno-Walter 1988: Ein Papst stiftet eine Stadt. Pius II. und Pienza. In: Becker, Josef (Hg.): *Mäzenatentum in Vergangenheit und Gegenwart. Hommage für Kurt Bösch.* München, 19-44. (Schriften der Philosophischen Fakultäten der Universität Augsburg 36)

KUZ'MINA, L. I. 1967: Turgenev i chudožnik N. D. Dmitriev-Orenburgskij. In: *T sb*, III, 264-271.

LANGER, Gudrun 2002: Lavreckij als Melancholiker. Identitätskonstruktion und Melancholietradition in Turgenevs Roman „Dvorjanskoe gnezdo“. In: Jekutsch, Ulrike / Steltner, Ulrich (Hgg.): *Slavica litteraria.* Festschrift für Gerhard Giesemann zum 65. Geburtstag. Wiesbaden, 293-313. (Opera Slavica. Neue Folge 43)

LAUER, Enrik 1994: *Literarischer Monetarismus. Studien zur Homologie von Sinn und Geld bei Goethe, Goux, Sohn-Rethel, Simmel und Luhmann.* St. Ingbert. (Mannheimer Studien zur Literatur- und Kulturwissenschaft 2)

LEBEDEV, Ju. 1990: *Turgenev.* Moskva.

LEDKOVSKY, Marina 1973: *The Other Turgenev: From Romanticism to Symbolism.* Würzburg. (colloquium slavicum 2)

LEMKE, Michail 1909: *Nikolaevskie žandarmy i literatura 1826-1855 godov. Po podlinnym delam tret'jago otdelenija sobst. E. I. veličestva kancelarii.* Sankt-Peterburg.

LEVIN, Ju. D. 1968: O predislovii k russkomu izdaniju romana B. Auėrbacha „Dača na Rejne“. In: *T sb*, IV, 167-177.

LICHTBLAU, Klaus 1986: Die Seele und das Geld. Kulturtheoretische Implikationen in Georg Simmels „Philosophie des Geldes“. In: Neidhart, Friedhelm et al. (Hgg.): *Kultur und Gesellschaft.* Opladen, 57-74. (Kölner Zeitschrift für Soziologie und Sozialpsychologie Sonderheft 27)

Literaturnoe nasledstvo 73 1.2. (LN 1964): *Iz Parižskogo archiva I. S. Turgeneva.* Moskva.

Literaturnoe nasledstvo 76 (LN 1967): *I. S. Turgenev. Novye materialy i issledovanija.* Moskva.

LOTMAN, Jurij 1997: *Russlands Adel. Eine Kulturgeschichte von Peter I. bis Nikolaus I.* Köln etc. (Bausteine zur slavischen Philologie und Kulturgeschichte, Reihe A, Slavistische Forschungen 21)

LOWE, David A. 1983: *Turgenev's Fathers and Sons.* Ann Arbor.

LOWE, David A. (Hg.) 1989: *Critical Essays on Ivan Turgenev.* Boston.

LUISIER, Annette 2000: *Literatur und Geld im Briefwechsel von N. A. Nekrasov.* Basel (unveröffentlichte Lizentiatsarbeit).

LUNIN, B. V. (Sostav.) 1980: *Živye stranicy: I. S. Turgenev. Molodye gody. Načalo tvorčeskogo puti. V vospominanijach, pis'mach, dnevnikach, avtobiografičeskich proizvedenijach i dokumentach.* (Kompozicija, sostavlenie, soprovoditel'nyj tekst i primečanija: B. V. Lunin. Naučnaja redakcija: P. G. Pustovojt). Moskva.

MAGARSHACK, David 1954: *Turgenev. A Life.* London.

MALYŠEVA, Inna M. 1915a: Pis'ma materi. (Iz neizdannoj perepiski V. P. Turgenevoj s synom). In: *T sb* 1915, 24-48.

MALYŠEVA, Inna M. 1915b: Turgenev v zabotach o narodnom obrazovanii. (Čerty iz perepiski s N. A. Kišinskim). In: *T sb* 1915, 55-61.

MALYŠEVA, Inna M. 1915c: Mat' I. S. Turgeneva i ego tvorčestvo (Po neizdannym pis'mam V. P. Turgenevoj k synu). In: *Russkaja mysl'* 6 (1915), 99-111.

MALYŠEVA, Inna M. 1915d: Mat' I. S. Turgeneva i ego tvorčestvo (Po neizdannym pis'mam V. P. Turgenevoj k synu). In: *Russkaja mysl'* 12 (1915), 110-115.

MASARYK, Tomáš G. 1995: Turgeněv. In: Ders.: *Polemiken und Essays zur russischen und europäischen Literatur- und Geistesgeschichte. Dostojevskij. Von Puškin zu Gorkij, Musset, Byron, Goethe, Lenau.* Herausgegeben von Peter Demetz. Wien etc., 251-292.

MATLAW, Ralph E. 1954: Poetry and Poet in the Romantic Society. In: *Soviet and East European Review* 80 (1954), 102-119.

MAUSS, Marcel [1925] 1968: *Die Gabe. Form und Funktion des Austauschs in archaischen Gesellschaften.* Frankfurt am Main.

MAVER LO GATTO, Anjuta (1967 und 1973/74): Turgenev e i suoi litigi. In: *Ricerche Slavistiche* 15 (1967), 188-236 und 20-21 (1973/74), 245-284.

MAZON, André 1930: *Manuscrits Parisiens d'Ivan Tourguénev. Notices et Extraits.* Paris.

MEC, N. D. 1960: *Naš rubl' Istoričeskij očerk.* Moskva.

MEYNIEUX, André 1966: Pouchkine, homme de lettres et la littérature professionnelle en Russie. Paris.

MICHAELS, Walter Benn 1987: *The Gold Standard and the Logic of Naturalism. American Literature at the Turn of the Century*. Berkeley.

MIQUEL, Pierre 1981: Les maîtres du paysage français dans la collection Tourguéniev. In: *Cahiers Ivan Tourguéniev – Pauline Viardot – Maria Malibran* 5 (1981), 121-138.

MIQUEL, Pierre 1988: Quelques remarques sur la collection de tableaux de Tourguéniev. In: *Cahiers Ivan Tourguéniev – Pauline Viardot – Maria Malibran* 12 (1988), 75-79.

MIRONOV, A. G. 1961: I. S. Turgenev i knigoizdatel'stvo brat'ev Salaevych v Moskve. In: *Kniga.* Issledovanija i materialy. Sbornik V, Moskva, 323-356.

MOSER, Charles A. 1972: *Ivan Turgenev*. New York – London (Columbia Essays on Modern Writers 60).

MOSTOVSKAJA, N. N. (Sostav.) 1997: *Letopis' žizni i tvorčestva I. S. Turgeneva (1867-1870).* Sankt-Peterburg.

MOSTOVSKAJA, N. N. (Sostav.) 1998: *Letopis' žizni i tvorčestva I. S. Turgeneva (1871-1875).* Sankt-Peterburg.

MÜLLER, Hans-Peter 1986: Kultur, Geschmack und Distinktion. Grundzüge der Kultursoziologie Pierre Bourdieus. In: *Kultur und Gesellschaft.* Kölner Zeitschrift für Soziologie und Sozialpsychologie. Sonderheft 27 (1986). Herausgegeben von Friedhelm Neidhart, M. Rainer Lepsius und Johannes Weiss, 162-190.

MÜLLER, Hans-Peter 1993: *Soziale Differenzierung und Individualität. Georg Simmels Gesellschafts- und Zeitdiagnose.* Antrittsvorlesung 26. April 1993. Berlin.

MURAŠOV, Jurij 2001: Von der Sprache des Geldes zur Schrift der Assignaten. Prolegomena zu einer russischen Mediengeschichte des 18. Jahrhunderts. In: Weitlaner, Wolfgang (Hg.): *Kultur. Sprache. Ökonomie.* Beiträge zur gleichnamigen Tagung an der Wirtschaftsuniversität Wien 3.-5. Dezember 1999. Wien, 7-29. (Wiener Slawistischer Almanach, Sonderband 54)

MURATOV, Askol'd B. 1966: Turgenev i žizdrinskie krest'jane (1877 g.). In: *T sb*, II, 299-303.

MURATOV, Askol'd B. 1995: Turgenev i Ostrovskij. In: Thiergen, Peter (Hg.): *Ivan S. Turgenev. Leben, Werk und Wirkung. Beiträge der Internationalen Fachkonferenz aus Anlass des 175. Geburtstages an der Otto-Friedrich-Universität Bamberg, 15.-18. September 1993*. München), 97-108. (Vorträge und Abhandlungen zur Slavistik 27)

NARYKOV, M. 1940: I. S. Turgenev i krest'jane. In: Brodskij, N. L. (Red.): *I. S. Turgenev. Materialy i issledovanija.* Orel, 61-65.

NEKRASOV, Nikolaj Alekseevič (PSS): Polnoe sobranie sočinenij i pisem v pjatnadcati tomach. Sankt-Peterburg 1981-.

NEKRASOV, Nikolaj Alekseevič (PSSt): Polnoe sobranie stichotvorenij v trech tomach. Leningrad 1967.

NEUSCHÄFER, Hans-Jörg 1981: Das Autonomiestreben und die Bedingungen des Literaturmarktes. Zur Stellung des „freien Schriftstellers" im 19. Jahrhundert. In: *LiLi. Zeitschrift für Literaturwissenschaft und Linguistik* 42 (1981), 73-92.

NIETZSCHE, Friedrich [1954-56] 1997: *Werke in drei Bänden.* Darmstadt.

NIKITINA, N. S. (Sostav.) 1995: *Letopis' žizni i tvorčestva I. S. Turgeneva (1818-1858).* Sankt-Peterburg.

N. N. 1857: *Neskol'ko predpoloženij po ustrojstvu russkogo literaturnogo fonda dlja posobija nuždajuščimsja licam učenogo i literaturnogo kruga.* Sonderdruck des in den *Sankt-Peterburgskie vedomosti* (266 [1857]) erschienenen Artikels.

NOHEJL, Regine 1995: Das lyrische Frühwerk als Schlüssel zum Schaffen Turgenevs. In: Thiergen, Peter (Hg.): *Ivan. S. Turgenev. Leben, Werk und Wirkung.* Beiträge der Internationalen Fachkonferenz aus Anlass des 175. Geburtstages an der Otto-Friedrich-Universität Bamberg, 15.-18. September 1993. München, 109-136. (Vorträge und Abhandlungen zur Slavistik 27)

OKSMAN, Ju. G. 1957: I. S. Turgenev na službe v Ministerstve vnutrennich del. In: *Učenye zapiski Saratovskogo universiteta* 56 (1957), 172-183.

OLLIVIER, Sophie 1971: L'argent chez Dostoïevski. In: *Europe*, Octobre 1971, 70-83.

OLLIVIER, Sophie 1984: Argent et révolution dans *Les Démons*. In: *Dostoevsky Studies. Journal of the International Dostoevsky Society* 5 (1984), 101-115.

OLLIVIER, Sophie 1992: Argent et révolution dans ‚Les Démons' de Dostoevskij. In: Guiraud-Weber, Marguerite / Charles Zaremba (Hg.): *Linguistique et Slavistique: Mélanges offerts à Paul Garde.* Aix-en-Provence – Paris, II, 783-785.

OSTROVSKIJ, A. (Sostav.) 1939: I. S. Turgenev. In: Baluchatov, S. (Red.): *Russkie pisateli o literature (XVIII-XX vv.).* V trech tomach. Leningrad, I, 324-374.

PAHOMOV, George S. (s. a.): *In Earthbound Flight: Romanticism in Turgenev.* Rockville (Maryland).

PANAEVA, Avdot'ja Ja. (Golovačeva) 1969: Iz „vospominanij". In: Petrova, S. M. / Fridljand, V. G. (sostavlenie i podgotovka teksta): *I. S. Turgenev v vospominanijach sovremennikov.* 2 Bde., Moskva, I, 121-171.

PAPERNO, Irina 1988: *Chernyshevsky and the Age of Realism. A Study in the Semiotics of Behavior.* Stanford (California).

PERESELENKOV, S. A. 1921: Pis'ma I. S. Turgeneva k baronu G. O. Gincburgu. In: Koni, A. F. (Red.): *T sb* 1921, 145-152.

PETERS, Jochen-Ulrich 1972: *Turgenevs „Zapiski ochotnika" innerhalb der očerk-Tradition der 40er Jahre. Zur Entwicklung des realistischen Erzählens in Russland.* Berlin.

PETROVA, S. M. / FRIDLJAND, V. G. (Hgg.) 1969: *I. S. Turgenev v vospominanijach sovremennikov.* 2 Bde., Moskva.

PIKSANOV, N. 1923: Istorija „Prizrakov". In: Brodskij, N. L. (Red.): *Turgenev i ego vremja.* Pervyj sbornik. Moskva – Petrograd, 164-192.

PIŠČULIN, Jurij P. 1988: *Ivan Sergeevič Turgenev. Žizn'. Iskusstvo. Vremja.* Moskva.

POHLMANN, Friedrich 1987: *Individualität, Geld und Rationalität. Georg Simmel zwischen Karl Marx und Max Weber.* Stuttgart.

POSTOUTENKO, Kirill 2004 (im Druck): Money and [the Russian] Revolution: Why Cultural History Needs Its Own Theory of Money. In: Guski, Andreas / Schmid, Ulrich (Hgg.): *Literatur und Kommerz im Russland des 19. Jahrhunderts. Institutionen, Akteure, Symbole.* Zürich.

POTEMPA, Georg 1978: *Geld – „Blüte des Bösen"? Drei Aufsätze über literarisch-finanzielle Themen bei Dante, Goethe und Thomas Mann.* Oldenburg.

PRITCHETT, V. S. [1977] 1986: *The Gentle Barbarian. The Life and Work of Turgenev.* New York.

PURDY, Anthony (Hg.) 1993: *Literature and Money*. Amsterdam. (Rodopi Perspectives on Modern Literature 13)

PUŠKIN, Aleksandr S.: *Izbrannye proizvedenija* (Izbr. proizv.). Leningrad 1968.

RACHMANOWA, Alja (Rachmanova, Al'ja) 1952: *Die Liebe eines Lebens. Iwan Turgenjew und Pauline Viardot.* Aus dem russischen Manuskript ins Deutsche übersetzt von Arnulf von Hoyer. Frauenfeld.

RASKIN, D. I. 1992: Istoričeskie realii biografii russkich pisatelej XIX – nač. XX vv. In: Nikolaev, P. A. et al. (Red.): *Russkie pisateli 1800-1917. Biografičeskij slovar'.* Tom II. Moskva, 593-613.

REIMANN, Ute (Hg.) 1998: *Ivan Sergeevič Turgenev und seine Zeit.* Baden-Baden. (Baden-Badener Beiträge zur russischen Literatur 1)

REINHARD, Wolfgang 1988: Strukturen frühneuzeitlicher Kulturförderung in Rom und Augsburg. In: Becker, Josef (Hg.): *Mäzenatentum in Vergangenheit und Gegenwart.* Hommage für Kurt Bösch. München, 1-17. (Schriften der Philosophischen Fakultäten der Universität Augsburg 36)

REJSER, S. 1946a: Nekrasov v peterburgskom universitete. In: *Literaturnoe nasledstvo* 49/50 (1946), 351-364.

REJSER, S. 1946b: Gonorarnye vedomosti „Sovremennika". In: *Literaturnoe nasledstvo* 53/54 (1946), 229-288.

REJTBLAT, A. 1991: Literaturnyj gonorar kak forma vzaimosvjazi pisatelej i publiki. In: *Ot Bovy k Bal'montu. Očerki po istorii čtenija v Rossii vo vtoroj polovine XIX veka.* Moskva, 78-96 (frz. Übersetzung in: Stroev, Alexandre (éd.): *Livre et lecture en Russie.* Paris 1996, 143-160).

REJTBLAT, A. 2001: *Kak Puškin vyšel v genii. Istoriko-sociologičeskie očerki o knižnoj kul'ture Puškinskoj ėpochi.* Moskva.

RICE, James L. 1997: Varvara Petrovna Turgeneva in Unpublished Letters to Her Son Ivan 1838-1844. In: *Slavic Review* 56:1 (1997), 1-14.

RIGGENBACH, Heinrich 2004 (im Druck): Das russische Urheberrecht und die Honorarsituation im 19. Jahrhundert. In: Guski, Andreas / Schmid, Ulrich (Hgg.): *Literatur und Kommerz im Russland des 19. Jahrhunderts. Institutionen, Akteure, Symbole.* Zürich.

VON RIMSCHA, Hans 1970: Die bisher unbekannten Briefe Ivan S. Turgenevs an seinen deutschen Verleger Erich Behre in Mitau. In: *Jahrbücher für Geschichte Osteuropas*, Neue Folge, 18 (1970), Nr. 4, 530-574.

ROOSEVELT, Priscilla R. 1995: *Life on the Russian Country Estate. A Social and Cultural History.* New Haven.

ROTHKOEGEL, Anna 1998: *Russischer Faust und Hamlet. Zur Subjektivismuskritik und Intertextualität bei I. S. Turgenev.* München. (Vorträge und Abhandlungen zur Slavistik 35)

RUSAKOV, Viktor 1904: Literaturnye gonorary russkich belletristov (Dokumenty dlja istorii literaturnogo zarabotka v Rossii). In: *Knižnyj vestnik* 32-34 (1904), 917-924 (№ 32), 948-951 (№ 33), 964-968 (№ 34).

RÜSS, Hartmut 1994: *Herren und Diener. Die soziale und politische Mentalität des russischen Adels. 9.-17. Jahrhundert.* Köln – Weimar – Wien. (Beiträge zur Geschichte Osteuropas 17)

RUSSELL, Norman 1986: *The Novelist and Mammon. Literary Responses to the World of Commerce in the Nineteenth Century.* Oxford.

RUSSKIE PISATELI: Nikolaev, P. A. et al. (Red.): *Russkie pisateli 1800-1917. Biografičeskij slovar'.* Moskva 1989-.

ŠAŠKOV, S. 1876: Literaturnyj trud v Rossii. Istoričeskij očerk. In: *Delo* 8 (1876), 1-48.

SAŽIN, Valerij N. 1975: N. G. Černyševskij v Literaturnom fonde (po archivnym materialam). In: *Russkaja literatura* 3 (1975), 154-158.

SAŽIN, Valerij N. 1978: Literaturnyj fond v gody revoljucionnoj situacii. In: *Ėpocha Černyševskogo. Revoljucionnaja situacija v Rossii v 1859-1861 gg.* Sbornik 7. Moskva, 138-157.

SAŽIN, Valerij N. 1979a: *Russkie pisateli i Literaturnyj fond (1859 – 1865 gg.).* Avtoreferat dissertacii na soiskanie učenoj stepeni kandidata filologičeskich nauk. Leningrad.

SAŽIN, Valerij N. 1979b: *Russkie pisateli i Literaturnyj fond (1859 – 1865 gg.).* (Manuskript zur unveröffentlichten Dissertation) Leningrad.

Sbornik uzakonenij i rasporjaženij pravitel'stva po delam pečati. S.-Peterburg – Moskva 1878.

Sb XXV let: *XXV let. 1859-1884. Sbornik Obščestva dlja posobija nuždajuščimsja literatoram i učenym.* Izdannyj komitetom obščestva dlja posobija nuždajuščimsja literatoram i učenym. S.-Peterburg 1884.

Sb 1909: *Jubilejnyj sbornik Literaturnogo fonda. 1859 – 1909 (k 50-letiju).* Sankt Peterburg.

SCHAPIRO, Leonard Bertram [1978] 1982: *Turgenev. His Life and Times.* Cambridge Mass.

SCHEERBART, Paul 1993: *Berlins literarische Bohème.* Eine Studie nach dem Leben. Steinweiler.

SCHEIBERT, Peter 1973: Das Petrinische Kaiserreich. In: *Russland.* Frankfurt am Main, 175-270. (Fischer Weltgeschichte 31)

SCHMID, Ulrich 1993: Narzissmus in der Krise: Turgenev und Rudin. In: *Schweizerische Beiträge zum XI. Internationalen Slavistenkongress in Bratislava, September 1993*, Bern etc., 341-353. (Slavica Helvetica 42)

SCHMID, Ulrich 2000: *Ichentwürfe. Die russische Autobiographie zwischen Avvakum und Gercen.* Zürich.

SCHMID, Ulrich 2001: Glanz und Elend des Kapitalismus: I. A. Gončarovs Inspektion der Weltwirtschaft. In: Weitlaner, Wolfgang (Hg.): *Kultur. Sprache. Ökonomie.* Beiträge zur gleichnamigen Tagung an der Wirtschaftsuniversität Wien 3.-5. Dezember 1999. Wien, 85-99. (Wiener Slawistischer Almanach, Sonderband 54)

SCHMID, Ulrich 2004 (im Druck): Habituskonflikte bei I. A. Gončarov. Literatur, Macht und Geld. In: Guski, Andreas / Schmid, Ulrich (Hgg.): *Literatur und Kommerz im Russland des 19. Jahrhunderts.* Zürich.

SCHNEIDER, Jürgen / SCHWARZER, Oskar (Hgg.) 1990: *Statistik der Geld- und Wechselkurse in Deutschland (1815-1913).* St. Katharinen. (Quellen und Forschungen zur historischen Statistik von Deutschland 11)

SCHNEIDER, Jürgen / SCHWARZER, Oskar / SCHNELZER, Petra (Hgg.) 1993: *Statistik der Geld- und Wechselkurse in Deutschland und im Ostseeraum (18. und 19. Jahrhundert).* St. Katharinen. (Quellen und Forschungen zur historischen Statistik von Deutschland 12)

SCHOPENHAUER, Arthur 1998: *Die Welt als Wille und Vorstellung.* München.

SCHÜRZ, Martin 2001: *Feine Unterschiede der Kapitalarten bei P. Bourdieu.* (http://www.beigewum.at/schuerz.html) (Link vom 27. Dezember 2003).

SCHWINGEL, Markus 1998: *Pierre Bourdieu zur Einführung.* Hamburg.

SELBMANN, Rolf 1994: *Dichterberuf. Zum Selbstverständnis des Schriftstellers von der Aufklärung bis zur Gegenwart.* Darmstadt.

SELJAK, Anton 2001: „Vsegda pital i pitaju živoe sočuvstvie k evrejam" – Ambivalenzen des antisemitischen Diskurses bei I. S. Turgenev. In: Weitlaner, Wolfgang (Hg.): *Kultur. Sprache. Ökonomie.* Beiträge zur gleichnamigen Tagung an der Wirtschaftsuniversität Wien 3.-5. Dezember 1999. Wien, 115-134. (Wiener Slawistischer Almanach, Sonderband 54)

SELJAK, Anton 2002: *Zum russischen Geldsystem vom Kiewer Reich bis 1897.* Webpublikation für das ©MoneyMuseum (www.moneymuseum.com).

SELJAK, Anton 2004a (im Druck): Das Geld- und Kreditsystem in Russland vom Kiever Reich bis 1897 – ein währungshistorischer Überblick. In: Guski, Andreas / Schmid, Ulrich (Hgg.): *Literatur und Kommerz im Russland des 19. Jahrhunderts. Institutionen, Akteure, Symbole.* Zürich.

SELJAK, Anton 2004b (im Druck): Zwischen Sozialfürsorge und berufsständischer Interessenvertretung: Zur Geschichte des *Literaturnyj fond* 1859-1880. In: Guski, Andreas / Schmid, Ulrich (Hgg.): *Literatur und Kommerz im Russland des 19. Jahrhunderts. Institutionen, Akteure, Symbole.* Zürich.

SÉMÉNOFF, Eugène 1933: *La Vie douloureuse d'Ivan Tourguéneff.* Avec des lettres inédites de Tourguéneff à sa fille. Paris.

ŠEPELEV, Leonid E. 1999: *Činovnyj mir Rossii. XVIII – načalo XX v.* St. Peterburg.

SERGL, Anton 2001: Tolstojs Ökonomien, Tolstojs Umsätze: Zum Zusammenspiel von Ökonomie und Sex in ‚Krejcerova sonata'. In: Weitlaner, Wolfgang (Hg.): *Kultur. Sprache. Ökonomie.* Beiträge zur gleichnamigen Tagung an der Wirtschaftsuniversität Wien 3.-5. Dezember 1999. Wien, 153-164. (Wiener Slawistischer Almanach, Sonderband 54)

SHELL, Marc 1982: *Money, Language, and Thought. Literary and Philosophical Economies from the Medieval to the Modern Era.* Berkeley – Los Angeles – London.

SIMMEL, Georg [1900] 1996: *Philosophie des Geldes.* Herausgegeben von David P. Frisby und Klaus Christian Köhnke. Gesamtausgabe (Herausgegeben von Otthein Rammstedt), Bd. 6. Frankfurt am Main.

SMIRNOV-SOKOL'SKIJ, Nikolaj P. 1957: *Knižnaja lavka A. F. Smirdina. K stoletiju so dnja smerti izdatelja-knigoprodavca A. F. Smirdina (1795-1857-1957).* Moskva.

STÄDTKE, Klaus 2002: Realismus und „Zwischenzeit". In: Ders. (Hg.): *Russische Literaturgeschichte.* Unter Mitarbeit von Christine Engel, Andreas Guski, Wolfgang Kissel, Joachim Klein und Wolf-Heinrich Schmidt sowie Dirk Uffelmann (Red.). Stuttgart – Weimar, 165-225.

STEINER, Harald 1998: *Das Autorenhonorar – seine Entwicklungsgeschichte vom 17. bis 19. Jahrhundert.* Wiesbaden. (Buchwissenschaftliche Beiträge aus dem Deutschen Bucharchiv München 59)

STENDER-PETERSEN, Adolf 1986: *Geschichte der russischen Literatur.* München.

STÖKL, Günther 1983: *Russische Geschichte. Von den Anfängen bis zur Gegenwart.* Stuttgart.

STOTZ, Christian 1998: *Das Motiv des Geldes in der Prosa Gottfried Kellers.* Frankfurt am Main. (Europäische Hochschulschriften I/1684)

THIEME, Galina 2000: *Ivan Turgenev und die deutsche Literatur. Sein Verhältnis zu Goethe und seine Gemeinsamkeiten mit Berthold Auerbach, Theodor Fontane und Theodor Storm.* Frankfurt am Main etc. (Heidelberger Publikationen zur Slavistik, B. Literaturwissenschaftliche Reihe 15)

THIERGEN, Peter 1978: *Wilhelm Heinrich Riehl in Russland (1856-1886). Studien zur russischen Publizistik und Geistesgeschichte der zweiten Hälfte des 19. Jahrhunderts.* Giessen 1978. (Bausteine zur Geschichte der Literatur bei den Slawen 11)

THIERGEN, Peter 1983: Turgenevs *Dym*: Titel und Thema (Turgenev-Studien V). In: Harder, Hans-Bernd / Rothe, Hans (Hgg.): *Studien zu Literatur und Kultur in Osteuropa. Bonner Beiträge zum 9. Internationalen Slawistenkongress in Kiew.* Köln – Wien, 277-311.

THIERGEN, Peter 1986: Iwan Turgenjew. Ein Monat auf dem Lande. In: Zelinsky, Bodo (Hg.): *Das russische Drama.* Düsseldorf, 88-102.

THIERGEN, Peter 1989: *Lavreckij als „potenzierter Bauer". Zur Ideologie und Bildsprache in I. S. Turgenevs Roman „Das Adelsnest".* München. (Vorträge und Abhandlungen zur Slavistik 13)

TIME, Galina 1998: Turgenev in Baden-Baden. In: Reimann, Ute (Hg.): *Ivan Sergeevič Turgenev und seine Zeit.* Baden-Baden, 9-24.

TODD, William Mills (Hg.) 1978: *Literature and Society in Imperial Russia, 1800-1914.* Stanford.

TODD, William Mills 1986: *Fiction and Society in the Age of Pushkin. Ideology, Institutions, and Narrative.* Cambridge etc.

TROYAT, Henri 1985: *Tourgueniev.* Paris.

TURGENEV, Ivan Sergeevič (PSS): *Polnoe sobranie sočinenij i pisem v dvadcati vos'mi tomach.* Sočinenija v pjatnadcati tomach. Moskva – Leningrad 1960-68.

TURGENEV, Ivan Sergeevič (PSS [2-e izd.]): *Polnoe sobranie sočinenij i pisem v tridcati tomach.* Sočinenija v dvenadcati tomach. Moskva 1978-86.

TURGENEV, Ivan Sergeevič (PSP): *Polnoe sobranie sočinenij i pisem v dvadcati vos'mi tomach.* Pis'ma v trinadcati tomach. Moskva – Leningrad 1961-68.

TURGENEV, Ivan Sergeevič (PSP [2-e izd.]): *Polnoe sobranie sočinenij i pisem v tridcati tomach.* Pis'ma v vosemnadcati tomach. Moskva 1982-.

TURGENEV, Ivan Sergeevič (Sobr. soč.): *Sobranie sočinenij v dvenadcati tomach.* Moskva 1975-1979.

TURGENEV, Ivan Sergeevič (*Z. o.*): *Zapiski ochotnika.* Polnoe sobranie očerkov i rasskazov 1847-1876. Šestoe stereotipnoe izdanie. S.-Peterburg 1883.

Turgenev i krug „Sovremennika" (T i krug Sovr). Neizdannye materialy 1847-1861. Sostavleno po materialam Puškinskogo doma Akademii nauk SSSR. Moskva – Leningrad 1930.

T sb 1915: Piksanov, N. K. (Red.): *Turgenevskij sbornik.* Petrograd.

T sb 1921: Koni, A. F. (Red.): *Turgenevskij sbornik.* Peterburg.

T sb, I: Alekseev, M. P. / Izmajlov, N. V. (Red.*): Turgenevskij sbornik. Materialy k Polnomu sobraniju sočinenij i pisem I. S. Turgeneva.* T. I . Moskva – Leningrad 1964.

T sb, II: Izmajlov, N. V. / Nazarova, L. N. (Red.): *Turgenevskij sbornik. Materialy k Polnomu sobraniju sočinenij i pisem I. S. Turgeneva.* T. II. Moskva – Leningrad 1966.

T sb, III: Izmajlov, N. V. / Nazarova, L. N. (Red.): *Turgenevskij sbornik. Materialy k Polnomu sobraniju sočinenij i pisem I. S. Turgeneva.* T. III. Leningrad 1967.

T sb, IV: Izmajlov, N. V. / Nazarova, L. N. (Red.): *Turgenevskij sbornik. Materialy k Polnomu sobraniju sočinenij i pisem I. S. Turgeneva.* T. IV. Leningrad 1968.

T sb, V: Alekseev, M. P. / Izmajlov, N. V. (Red.): *Turgenevskij sbornik. Materialy k Polnomu sobraniju sočinenij i pisem I. S. Turgeneva.* T. V. Leningrad 1969.

von Ungern-Sternberg, Wolfgang 1974: *Chr. M. Wieland und das Verlagswesen seiner Zeit: Studien zur Entstehung des freien Schriftstellertums in Deutschland.* Frankfurt am Main.

Urban, Peter (Hg.) 2001: *Ivan Turgenev: Rätsel-Spiele (Jeux d'esprit). Porträtskizzen von Ivan Turgenev mit Bildlegenden von Pauline Viardot und Ivan Turgenev.* Berlin.

Ustav 1859: *Ustav Obščestva dlja posobija nuždajuščimsja literatoram i učenym.* Sankt Peterburg.

Vernon, John 1984: *Money and Fiction. Literary Realism in the Nineteenth and Early Twentieth Centuries.* Ithaca – London.

Vlaskin, A. P. 1998: Problema deneg v chudožestvennom mire Dostoevskogo. In: *Problemy istorii, filologii, kul'tury* 6 (1998), 274-280.

Waddington, Patrick 1974: Turgenev's Last Will and Testament. In: *New Zealand Slavonic Journal* 2 (1974), 39-64.

Waddington, Patrick 1977: Some New Light on Turgenev's Relations with his French Publisher, Pierre-Jules Hetzel. In: *The Slavonic and East European Review* 55 (1977), 328-347.

Waddington, Patrick 1981: *Turgenev and England.* New York.

Waddington, Patrick 1983: I. S. Turgenev and the International Literary Congress of 1878. In: *New Zealand Slavonic Journal* (1983), 37-70.

Waddington, Patrick 1995: Turgenev and his Russian Friends at Fontainebleau: The Trubetskoy-Orlov Family. In: Thiergen, Peter (Hg.): *Ivan S. Turgenev. Leben, Werk und Wirkung. Beiträge der Internationalen Fachkonferenz aus Anlass des 175. Geburtstages an der Otto-Friedrich-Universität Bamberg, 15.-18. September 1993.* München), 203-225. (Vorträge und Abhandlungen zur Slavistik 27)

Watts, Cedric 1990: *Literature and Money. Financial Myth and Literary Truth.* New York etc.

Weitlaner, Wolfgang (Hg.) 2001: *Kultur. Sprache. Ökonomie.* Beiträge zur gleichnamigen Tagung an der Wirtschaftsuniversität Wien 3.-5. Dezember 1999. Wien. (Wiener Slawistischer Almanach, Sonderband 54)

Wiegand, Käthe 1939: *I. S. Turgenevs Einstellung zum Deutschtum.* Leipzig. (Veröffentlichungen des Slavischen Instituts an der Friedrich-Wilhelm-Universität Berlin 24)

Woodmansee, Martha / Osteen, Mark (Hgg.) 1999: *The New Economic Criticism. Studies at the Intersection of Literature and Economics.* London – New York.

Yarmolinsky, Avrahm 1959: *Turgenev. The Man – His Art – His Age.* New York.

ZABOROVA, R. B. 1967: Turgenev i ego djadja N. N. Turgenev. In: *T sb*, III, 221-234.

ZABOROVA, R. B. 1975: F. M. Dostoevskij i Literaturnyj fond (po archivnym dokumentam). In: *Russkaja literatura* 3 (1975), 158-170.

ZABOROVA, R. B. 1982: K sud'be zapiski Turgeneva ob izdanii žurnala „Chozjajstvennyj ukazatel'". In: *I. S. Turgenev. Voprosy biografii i tvorčestva*. Leningrad, 212-216.

ZAJCEV, B. K. 1949: *Žizn' Turgeneva*. Paris.

ZIEGENGEIST, G. (Hg.) 1965: *I. S. Turgenev und Deutschland. Materialien und Untersuchungen*. Bd. I. Berlin. (Veröffentlichungen des Instituts für Slawistik der Deutschen Akademie der Wissenschaften zu Berlin 34)

ZIMARINA, N. P. (Red.) 1994: *Russkij rubl'. Dva veka istorii XIX-XX vv*. Moskva.

ŽITOVA, V. N. 1961: *Vospominanija o sem'e I. S. Turgeneva*. Tula.

ŽITOVA, V. N. 1969: Iz „Vospominanij o sem'e I. S. Turgeneva". In: Petrova, S. M. / Fridljand, V. G. (sostavlenie i podgotovka teksta): *I. S. Turgenev v vospominanijach sovremennikov*. 2 Bde., Moskva, I, 39-86.

ZOLA, Emile 1999: *L'argent*. (Association de Bibliophiles Universels; http://abu.cnam.fr/cgi-bin/go?argent1) (Link vom 27. Dezember 2003).

ZÚÑIGA, Juan Eduardo 2001: *Iwan S. Turgenjew. Eine Biographie*. Frankfurt am Main – Leipzig.

ZVIGUILSKY, Alexandre (Hg.) 1971 / 1972: *Nouvelle correspondance inédite*. 2 vols. Paris 1971 (I) / 1972 (II).

ZVIGUILSKY, Alexandre 1978: Ivan Tourguéniev et le problème juif. In: *Annales du C.E.S.E.R.E. (Centre d'études supérieures et de recherches sur les relations ethniques et le racisme européens)* 1 (deuxième semestre 1978), 77-97.

ZVIGUILSKY, Alexandre (Hg.) 1989: *Gustave Flaubert – Ivan Tourguéniev. Correspondance*. Texte édité, préfacé et annoté par Alexandre Zviguilsky. Paris.

ZVIGUILSKY, Alexandre 1998: Le philanthrope et le poète : Tourguéniev et Yakov Polonsky. In: *Cahiers Ivan Tourguéniev – Pauline Viardot – Maria Malibran* 22 (1998), 93-119.

ZVIGUILSKY, Tamara 1980: Varvara Petrovna Loutovinova (1788-1850), mère d'Ivan Tourguéniev. In: *Cahiers Ivan Tourguéniev – Pauline Viardot – Maria Malibran* 4 (1980), 43-70.

ZVIGUILSKY, Tamara 1988: Tourguéniev et sa fille, d'après leur correspondance. In: *Cahiers Ivan Tourguéniev – Pauline Viardot – Maria Malibran* 12 (1988), 17-58.

ZVIGUILSKY, Tamara 1993: *Le Musée Tourguéniev. Littérature, musique, peinture*. Condé-sur-Noireau.

ZWEYNERT, Joachim 2004 (im Druck): Das ökonomische Denken der russischen Intelligencija um die Mitte des 19. Jahrhunderts im Lichte eines systemtheoretischen Modernisierungskonzepts. In: Guski, Andreas / Schmid, Ulrich (Hgg.): *Literatur und Kommerz im Russland des 19. Jahrhunderts. Institutionen, Akteure, Symbole*. Zürich.